鎌倉政権得宗専制論

細川重男著

吉川弘文館

目次

挿表目次

序論　研究史と研究の方法

一　研究史とその問題点

一般に鎌倉幕府と呼ばれているわが国最初の本格的武家政権の政治体制は現在、将軍独裁・執権政治・得宗専制の三段階に区分されて理解されている。鎌倉政権（鎌倉幕府）後期の政治体制を執権政治から得宗専制として独立させたのは、太平洋戦争の戦時下および敗戦後に発表された佐藤進一氏の一連の研究である。佐藤氏は、鎌倉政権後期の政治体制は、東国在地領主層の利益代表である評定衆の合議を根幹とした執権政治体制から、執権北条氏の家督による専制体制へ変質したとし、これを当時の北条氏家督の呼称から得宗専制と名付けたのである。この学説は、その後の鎌倉政権研究の理論的前提として通説化し、以来半世紀近く得宗専制の研究は深化・発展されて現在に至っている。本書はこの得宗専制の時代とされる鎌倉後期の武家政権政治体制の構造とその基盤の解明を目的とする。

佐藤氏の得宗専制論は、昭和十八（一九四三）年に発表された『鎌倉幕府訴訟制度の研究』(1)、同二十三年『鎌倉幕府守護制度の研究』(2)、同三十年「鎌倉幕府政治の専制化について」(3)の三論文によって提起された。その論旨をまとめると以下のようになる。鎌倉幕府初期の政治体制は「公事奉行人とよばれる京都下りの下級貴族およびその亜流によって囲繞される将軍の独裁制」であった。この体制下では「鎌倉幕府創設の原動力であった東国の豪族領主層御家人は遠く政治の中枢部から除外され」、源頼朝没後の二代・三代源家将軍期における幕府の内紛は「将軍独裁制支持者と東国御家人との反目抗争が常にその底流をなしていた」。「この反目抗争の調停者たる立場に立って時局を拾収したのが執権北条氏」である。「北条氏を政治的首導者として形成された執権政治」は、「鎌倉幕府の第二段の政治体制」であって、これは「将軍独裁制を克服して武士階級自身による武家政治を実現する上に大きく一歩をふみ出したものであ」り、「御成敗式目の制定と評定衆設置に見られる合議制の確立はその具体的成果」である。だが、「豪族領主層を中心とする東国御家人の政治的主張の体現として成立した執権政治」は、「十三世紀の後半に入る頃からようやくその政治体制としての本質的な部分に変化を生じ、鎌倉幕府としては第三段の政治体制に移行する」。「執権政治においては幕政の最高権力は、豪族領主層御家人を中心とする武士階級の政治的代弁者として制度的に位置づけられた執権の職に固着していたのに対して、新しい体制では、それが執権という幕府の公職から離れて北条氏の家督個人の手中に移る」。「当時北条氏の家督は義時の別称にちなんで得宗とよばれたから、この新しい北条氏家督中心の専制体制を便宜得宗専制と称したい」。以上は前掲「専制化」の「はしがき」(4)の文章を要約したものであるが、佐藤氏の得宗専制論の中核はこの部分に集約されているといってよい。

そして佐藤氏は得宗専制の権力基盤(佐藤氏の言葉に従えば〝得宗権力の非制度的・制度的拠点(5)〟)を次の諸事項に求めた。①寄合(6):「時頼時代の私的な密議に源を発したであろう得宗私邸の政治会議」である寄合は、得宗と「得宗勢力の支持者と見られる少数特定の人々」を構成員=「寄合衆」とし、執権政治期には幕政の「最高議決機関」であった評定制から、その「核心的な権限を奪いとり、実質的に自己を評定制の上に位置させるに至」る。佐藤氏はこれを「得宗権力の非制度的拠点」と位置付けながら、「結局は幕府制度の一部となったと考えられる」と結論している。②御内人(得宗被官)の任用(7):幕府の「既存諸制度を権力下に編入(組織)する」方策として、侍所をはじめとする幕府諸機関に得宗の被官である御内人を任用したことに始まり、引付など正式機関に対する弾劾権を御内人に与え、さらに進んで正式機関を廃し、その権限を御内人に与えるに至った。③北条氏一門の要職占取(8):執権・連署・評定衆・

引付衆などの中央要職、南北両六波羅・鎮西探題および各国守護への北条氏一門の大量進出。守護への北条氏一門任用は、承久の乱以後、宝治合戦以後と暫時国数を増加させていき、とくに文永・弘安両役とその直後に勃発した霜月騒動の後に急増することは、前掲『守護制度』により実証されている。

次に得宗専制の成立時期については、佐藤氏は弘安八（一二八五）年霜月騒動を画期とする。[9]これは佐藤氏が同騒動で衝突した北条時宗の外戚安達泰盛と家令平頼綱をおのおの、当時の幕政中枢における外様御家人と得宗被官の代表であり、同騒動は外様御家人勢力と得宗被官勢力の激突、前者の敗北・壊滅と評価するがゆえである。そして同騒動とこれに続いて勃発した平禅門の乱を経て成立した貞時の執政下において、幕府訴訟制度における職権主義の傾向がきわめて顕著になることを指摘している。佐藤氏は霜月騒動以前の時頼・時宗の時代、とくに時宗期の文永・弘安年間については、専制化の過程にあった時期として、時宗を「得宗専制の第一段の確立者」[10]と評価しながらも、貞時期の得宗への「驚異的な権力集中」[11]を大きく評価し、霜月騒動を得宗専制成立の画期とするのである。

このような佐藤氏の得宗専制論は、氏の幕府訴訟制度・守護制度についての大量かつ緻密な実証研究という基盤に立脚しており、その大綱は何者も首肯せざるをえない。ゆえに以降、現在までの研究は、前述のごとく得宗専制論を理論的前提とするに至ったのである。だが、これは、裏を返せば、現在までの得宗専制研究は佐藤氏の理論を一歩も出るものではなかったことをも意味している。佐藤氏の得宗専制論は明確なもので、これに異を挟む必要は大枠ではなかったということもあり、その後に続く研究はもっぱら佐藤氏の理論を暗黙の前提としてなされ、研究の方向はおもに得宗専制の成立時期の究明と、得宗専制の実証的な補強作業に向けられてきた。成立時期については、とくに一九五〇年代以降議論百出して現在に至っている。[12]その方向は得宗専制の成立を佐藤氏の説よりも溯らせる傾向にあり、最も早いものは寛元四（一二四六）年と翌宝治元年の寛元・宝治政変に成立を求め、最近では霜月騒動直前の弘安七年五月における追加法令群「新御式目」の発布をもって成立とする説が提出されており、この間に起こった政治的諸事件をおのおの契機とする諸学説がある。これらの学説はいずれもそれなりの根拠を持つものではあるが、結局は政治的諸事件の解釈論であり、決定的な説得力を持つまでには至っていない。次に、実証研究においてその中心課題となったのは、得宗権力の経済的基盤とされる得宗領の発掘と得宗および北条氏の守護分国の研究、[13]得宗家家政機関と得宗被官諸家の研究、[14]六波羅および鎮西探題とその管轄領域の研究[15]などであり、得宗専制期における鎌倉政権中枢についての研究は以上のテーマに比較するとき、きわめて少なかったと評価される。[16]得宗専制論は多くの学問的業績を生み出したが、その中核は半世紀の間微動だにしなかったといってよい。得宗専制の成立時期に対する学説が乱立したまま行き詰まりをみせ、その他の研究も細分化の一途を辿っている現今の研究状況を打破するためには、何をなせばよいのであろうか。得宗専制論が誕生して半世紀を過ぎた現在こそ「得宗専制とは何か？」という素朴な問いを今一度提起すべきときなのではないだろうか。具体的には得宗専制期とされる鎌倉後期の武家政権中枢の研究が必要であると考えられる。

私があえて右のような問いを発しようとする理由の一つは、得宗専制の成立時期についての学説が多数提出されているのは何故なのかという疑問である。この原因は、諸学説がいずれも佐藤氏の得宗専制論を自説の前提としながら、おのおのが佐藤学説の解釈を異にしたがゆえと考えられる。佐藤学説は明確なものであるにもかかわらず、どうしてこのような解釈の相違が発生することになったのであろうか。この点を突き詰めていくと、「得宗専制」という言葉、とくに「専制」という言葉の持つ曖昧さに要因があるように思われる。試みに『日本国語大辞典』によって、「専制」を引いてみると、①「独断で思うままにとりはからうこと。自分の勝手・気ままに事を処理すること。特に政治を独断で行うこと」、②「『せんせいせいたい（専制政体）』または『せんせいせいじ（専制政治）』の略」とある。そこで「専制政体」と「専制政治」を引くと、「専制政体」は「専制主義によって行われる政治体制。立憲政体に対する」、「専制政治」は「専制主義によって行われる政治。非民主的な政治。専制」ということで、よって「専制主義」を引くと、「国家のすべての権力が特定の個人や少数者の手に集中され、その意志のままに自由に政治が行われるような体制」と解説されている。「専制」という言葉の理解としてはこれでよいのであろうが、「専制」とされる実際の政治体制においては、その実態は大きく分けて次のような二つのパターンがあるように思われる。

①専制を行う主体自身に権力が集中する場合：このパターンでは、たとえそれが恣意的なものであっても、主体の行為そのものが権力のあり方を規定する。よって、主体の権力を支える制度（システム）が、主体の行為を規制することはなく、むしろ主体の行為は制度そのものを破壊することすらありうる。

②専制を行う主体を含めたシステムが機能し、主体の権力を構成する場合：このパターンでは、主体の行為は、それがいかなる性格のものであっても、権力の在り方には影響を与えず、むしろ主体の行為はその権力を支える制度（システム）によって規制される。

もちろん、実際の政治体制においては、主体とシステム相互の関係によって①と②の間に位置するさまざまな政治形態がありえようが、「専制」の実態を区分すれば、この二つのパターンに分類することができる。本書では以下、①パターンの専制を「主体型」、②パターンを「システム型」と称することとする。主体型専制の代表的事例として掲げられるのは、院政期における院権力であろう。[17]また、言葉としては「専制」とはいわれていないが、源頼朝執政期の将軍権力[18]もこのパターンに含めてよいであろう。これに対し、源実朝期の将軍権力[19]はシステム型専制の事例とみることができよう。では、得宗専制は、どちらのパターンの「専制」にあたるのであろうか。霜月騒動時点で十五歳であった貞時や暗愚で知られる高時を主体とする得宗専制が主体型専制でないことはいうまでもないが、「専制」という言葉でイメージされる政治形態は一般には主体型である。つまり、「専制之主」[20]と称された白河院の権力などである。実際、一般向けの歴史解説書では得宗専制について「得宗が実権を握り」と記しているもの[21]があり、これでは得宗個人が本当に権力を握り、恣意的な権力行使を行っていたような誤解を生む可能性がある。得宗専制の成立時期についての学説が多数提出されている要因も、得宗専制がいずれのパターンの「専制」にあたるのかが明確にされていないこと、あるいは二つの「専制」のパターンが混同されたまま議論がなされていることに要因があるのではないだろうか。以上が本書における問題関心である。この問題を解決するには、得宗専制とはいかなる政治体制であったのかということ、つまり得宗専制の実態が明らかにされなければならないのである。

なお、本書で使用する用語等について若干の解説・取決めをしておく。

① 本書では治承四（一一八〇）年に始まり文治五（一一八九）年に終結したいわゆる、治承・寿永の内乱の過程で成立し、元弘三（一三三三）年五月二十二日に滅亡した武家政権――一般に鎌倉幕府と呼ばれる――について、基本的に「鎌倉政権」の呼称を用いる。「幕府」は本来の語義に従えば将軍の居所であり、現在学会では征夷大将軍の主催する政権を意味する学術用語として通用しているが[22]、鎌倉末期の武家政権は、いわゆる「幕府」の機構と、本来これとは別個の組織である得宗家家政機関の機構との融合がみられ、幕府という用語をこの政権に対し使用することが、必ずしも的確ではないように思われるからである。

② 「寄合」「寄合衆」について

寛元年間以降『吾妻鏡』に現れ、寄合の原初形態とされている「深秘沙汰」をも含めて、便宜「寄合」と称する。また「寄合衆」は、基本的に右記寄合の出席者および史料に「寄合衆」と記載されている者の呼称とする。

③ 頻出する史料・史料集および先行著書・論文については、以下の略称を用いる。

［史料・史料集］とくに記述のないかぎり（　）内の刊本に拠る。

・『鏡』　『吾妻鏡』（『新訂増補国史体系』本）
・『分脈』　『尊卑分脈』（『新訂増補国史体系』本）
・『類従』　『群書類従』（続群書類従完成会本）

・『続類従』　『続群書類従』（続群書類従完成会本）
・『建記』　『建治三年記』（『続史料大成』本）
・『永記』　『永仁三年記』（『続史料大成』本）
・『鎌記』　『鎌倉年代記』（『鎌記裏書』は同書裏書のこと。『増補続史料大成』本）
・『武記』　『武家年代記』（『武記裏書』は同書裏書のこと。『増補続史料大成』本）
・『大日記』　『鎌倉大日記』（『増補続史料大成』本）
・『将次第』　『将軍執権次第』（『類従』「補任部」）
・『金文』　『金沢文庫古文書』。各文書の番号は神奈川県立金沢文庫が昭和二十七（一九五二）年より三十九年にかけて刊行した『金沢文庫古文書』の文書番号。
・『貞時供養記』　元亨三（一三二三）年十月付『北条貞時十三年忌供養記』（『円覚寺文書』）。
・『大斎料番文』　徳治二（一三〇七）年五月付『円覚寺大斎料番文』（『円覚寺文書』）。
・『太平記』　『日本古典文学大系』本
・『間記』　『保暦間記』（『類従』「雑部」）
・『関評』　『関東評定伝』（『類従』「補任部」）
・「六条注文」　「六条八幡宮造営注文」[23]
・『東大写真』　東京大学史料編纂所所蔵写真帳
・『東大影写』　東京大学史料編纂所所蔵影写本
・『東大謄写』　東京大学史料編纂所所蔵謄写本

〔著書・論文〕

長井	太田	矢野	安達	長崎	諏訪	尾藤	その他	計(人)	出　　典
			義景	盛時	盛重	景氏	三浦泰村	9	『鏡』同年3月23日・6月10日条
			義景		盛重			5	『鏡』同年6月22日・26日条
		倫長						1	『鏡』同年9月26日条
			泰盛					4	『鏡』同年6月20日条
	康有		泰盛	頼綱	盛経		佐藤業連	6	『建記』
	康有							1	『鎌記』太田康有履歴
								1	『鎌記』北条時村履歴
宗秀		倫景						7	『永記』
								1	『鎌記』大仏宗宣履歴
								1	『鎌記』赤橋久時履歴
宗秀	時連		時顕	高綱		時綱	北条師時	10	『金文』324「金沢貞顕書状」
			時顕	高綱				3	『金文』135「金沢貞顕書状」
				高綱				3	『金文』227「金沢貞顕書状」
1	2	2	3	3	2	2	3	33	

・『訴訟制度』　佐藤進一氏『鎌倉幕府訴訟制度の研究[24]』
・『守護制度』　佐藤進一氏『鎌倉幕府守護制度の研究[25]』
・「専制化」　佐藤進一氏「鎌倉幕府政治の専制化について[26]」
・「職員表」　佐藤進一氏「鎌倉幕府職員表復元の試み[27]」
・『基礎的研究』　奥富敬之氏『鎌倉北条氏の基礎的研究[28]』
・『北条一族』　奥富敬之氏『鎌倉北条一族[29]』
・「北条侍所」　森幸夫氏「北条氏と侍所[30]」
・「六評考」　森幸夫氏「六波羅評定衆考[31]」
・「六波羅ノート」　森幸夫氏「六波羅探題職員ノート[32]」
・「六波羅ノート補」　森幸夫氏「六波羅探題職員ノート補逸[33]」

④　本書に登場する人物の履歴については、とくに記述のないかぎり「鎌倉政権上級職員表」（以下「基礎表」と略称[34]）を参

照いただきたい。

二　本書における研究の方法

本書では、佐藤氏によって「得宗専制の非制度的拠点(35)」とされた「寄合」およびこれを構成する「寄合衆」を研究課題の中心に据える。佐藤氏は「専制化」において、執権政治期の評定を幕政の「最高議決機関」と評価(36)したうえで、得宗専制体制下においては「寄合」が「評定制の核心的な権限を奪いとり、実質的に自己を評定制の上に位置させるに至った」と述べている(37)。これに従えば、「寄合」は得宗専制期における鎌倉政権の「最高議決機関」であったことになる。よって「寄合」とその構成員「寄合衆」は、得宗専制の実態を解明するに最良の研究対象であると考えられる。だが、ここで最大の問題となるのは、当該期の鎌倉政権中枢に関する史料は絶対的な欠乏状態にあり、これは寄合・寄合衆についても当てはまるということである。現在、確認される寄合についての史料をすべて掲げたのが「寄合関係基本史料」であり、これから寄合衆就任が認められる者を抜き出したのが表1であるが、これだけの史料のみでは、考察は不十分なものとならざるをえない。

表1　寄合衆表

年	得宗	名越	赤橋	北条	金沢	大仏	二階堂
寛元4 (1246)	経時 時頼			政村	実時		
宝治元 (1247)	時頼			政村	実時		
建長5 (1253)							
文永3 (1266)	時宗			政村	実時		
建治3 (1277)	時宗						
弘安5 (1282)							
正応2 (1289)				時村			
永仁3 (1295)	貞時	公時		時村		宣時	行藤
永仁4 (1296)						宗宣	
嘉元2 (1304)			久時				
延慶2 (1309)	貞時			煕時	貞顕	宗宣	
正和5 (1316)					貞顕		
文保2 (1318)	高時				貞顕		
家別合計	5	1	1	3	2	2	1

そこで試みに表1にみえる寄合衆を家別に分類してみる。すると、寄合衆は一七の家から合計三三人が出ている。このうち、三人以上を出したのは得宗家・政村流北条家・安達氏・長崎氏の四家である。これらを系図化してみると、次のようになる（太字が寄合衆）。

［得宗家］
経時
時頼―時宗―貞時―高時[38]

［政村流北条家］ 政村―時村―為時―煕時[39]

［安達氏］
義景―泰盛
顕盛―宗顕―時顕[40]

［長崎氏］
盛時―頼綱
光盛―光綱―高綱[41]

この四家については、寄合衆の世襲化傾向がみてとれる。また、二人を出しているのは金沢・太田・矢野・諏訪・尾藤の五家であるが、これらをも系図化してみると、

［金沢家］ 実時―顕時―貞顕[42]　　［太田氏］ 康有―時連[43]

［矢野氏］ 倫長―倫景[44]　　［尾藤氏］ 景氏―頼景―時綱[45]

［諏訪氏］ 盛重―盛経[46]

となって、親子・孫での就任がわかり、やはり世襲化が推測される。そして幕府の中央要職が世襲化・家格化の傾向にあったことは、佐藤氏以来指摘されているところである。[47] また、寄合について『沙汰未練書』[48]は「一、御寄合事、評定衆中ニ宗人々有御寄合、秘密御内談在之也」と記し、寄合衆は評定衆から選任されていたとしている。これは表1とも一致するところがあり、寄合衆の性格の一面を正しく伝えている。寄合衆選出の基盤の一つは、評定・引付衆であった。だが、表1に拠ると、寄合衆選出の基盤はこれのみではない。もう一つの基盤は得宗被官上層部である。よって、寄合衆は評定・引付衆と得宗被官上層部から選ばれていたことになる。つまり、寄合衆は評定・引付衆と得宗被官上層部を選出基盤とし、そのどちらについても世襲化の傾向にあったということができる。この「評定・引付衆」・「得宗被官上層部」・「世襲化」の三語を寄合・寄合衆の実態解明のためのキー・ワードと考えられないだろうか。

後期鎌倉政権では役職の世襲化傾向が認められ、寄合衆・評定衆等については栄爵化が指摘される。[49] 役職が世襲化・栄爵化していたということは、鎌倉政権では役職にランク付けが起きており、かつ各役職に就任する家柄の固定化が起きていたということになろう。つまり、得宗専制期の鎌倉政権には役職を基準とする家格秩序が形成されており、寄合衆はこの家格秩序の頂点に位置する家柄であったのではないか。このような観点から、評定・引付衆および得宗被官上層部について考察を加えることにより、寄合衆の鎌倉政権における位置を明らかにできるのではないか。以上が本書を一貫する研究の視点である。この視点に立って、いくつかのテーマを設け、これを二部九章に分けて論述することとする。

第一部は、鎌倉政権における家格秩序の形成を主題とし、六章で構成する。第一・二章は評定・引付衆を対象とする。第一章は北条氏、第二章は北条氏以外の氏族（以下、これを「非北条氏系氏族」と称す）を取り上げる。これは佐藤氏の述べる「北条氏一門の要職占取」(50)を持ち出すまでもなく、後期鎌倉政権中枢に北条氏一門が多数進出していたことは明白な事実であり、まず北条氏内部における家格秩序を明らかにし、次いで非北条氏系氏族を検討するのが早道であると考えるためである。第三・四・五・六章は得宗被官上層部を対象とする。佐藤氏が得宗専制の制度的拠点の一つとした得宗被官の幕政諸機関への任用において、その対象となったのは得宗被官の中でも得宗家の家政機関である得宗家公文所の上級職員を務める得宗被官上層部であった。(51)そこで第三章では得宗家公文所発給文書の検討を通じて公文所上級職員の得宗被官内部における位置について検討する。第四章では得宗被官上層部の代表として鎌倉末期に公文所長官たる執事の職にあった長崎氏について検討する。長崎氏を選んだ理由は鎌倉最末期の得宗高時政権期が長崎氏専権時代(52)といわれるほどに執事長崎氏が権勢をふるったとされており、長崎氏の評価は高時政権期ひいては得宗専制の評価に直結すると考えるがゆえである。第五・六章では長崎氏とともに寄合衆を出した諏訪氏と尾藤氏を取り上げ、長崎氏と比較することによって、得宗被官諸家の序列を明らかにする。第二部は、得宗専制期の政治体制の分析を主題とし、三章で構成する。第一章では弘安七（一二八四）年発布のいわゆる「新御式目」の検討を通じて、得宗専制の成立時期について考察する。第二章では佐藤氏によって得宗専制の極点とされた得宗貞時政権の再評価を試みる。第三章は鎌倉最末期である北条高時政権を対象とする。そして結論において、以上の研究成果を基礎に、寄合の鎌倉政権における位置・機能の変遷をまとめ、もって得宗専制政権の実態解明を行うこととする。

註

（1）初版：畝傍書房、一九四三年。再版：岩波書店、一九九三年。本書における引用は岩波書店版に拠る。以下『訴訟制度』と略称。
（2）初版：要書房、一九四八年。再版：東京大学出版会、一九七一年。本書における引用は東京大学出版会版に拠る。以下『守護制度』と略称。
（3）初出：竹内理三氏編『日本封建制成立の研究』吉川弘文館、一九五五年。一九九〇年、佐藤氏の論文集『日本中世史論集』（岩波書店）に収録。本書における引用は『日本中世史論集』版に拠る。以下「専制化」と略称。
（4）「専制化」六七〜七〇頁。
（5）「専制化」七〇・八一・八四頁。
（6）「専制化」七〇〜八一頁。
（7）「専制化」八一〜八四頁。
（8）「専制化」八四〜九一頁。
（9）『訴訟制度』五〇〜五一頁・六一〜六二頁註九。「専制化」九三頁。佐藤氏『日本の中世国家』（岩波書店、一九八三年。以下『中世国家』と略称）一二六〜一二八頁・一五五〜一五七頁。
（10）「専制化」九三頁。
（11）「専制化」七四頁。
（12）佐藤学説以外の得宗専制の成立時期についての主な学説を、成立時期をより早期に求める順に掲げれば以下のごとし。奥富敬之氏：寛元・宝治政変により得宗権力は執権職を根拠とするものではなくなったとして、宝治元（一二四七）年を成立とする。この説では霜月騒動によって得宗専制そのものに変質がもたらされ、権力は得宗個人の手を離れて、得宗被官上層部に移ったとされる（註(13)後掲奥富氏『基礎的研究』一五八〜一六九頁）。上横手雅敬氏：やはり、寛元・宝治政変を成立とする。この説では、寛元・宝治政変から霜月騒動までは専制の対象が公家に向けられた時期、騒動以降を専制が御家人に向けられた時期としており、いわば二段階成立説（「鎌倉幕府と公家政権」、新版『岩波講座　日本歴史』五「中世1」岩波書店、一九七五年）。村井章介氏：文永二（一二六五）年の引付改編、翌三年の引付廃止・将軍宗尊親王放逐事件を得宗専制成立の画期とする（「執権政治の変質」、『日本史研究』二六一、一九八四年）。渡辺晴美氏：北条時宗政権期に成立とする（「得宗専制体制の成立過程」Ⅰ・Ⅱ・Ⅲ・Ⅳ、『政治経済史学』一二五・一三九・一六二・一六五、一九七六・七七・七九・八〇年）。五味文彦氏：弘安七（一二八四）年五月の「新御式目」発布をもって成立とする（「執事・執権・得宗」。石井進氏編『中世の人と政治』〈一九八八年、吉川弘文館〉に初出。五味氏『吾妻鏡の方法』〈一九九〇年、吉川弘文館〉に収録）。

(13)　奥富敬之氏『鎌倉北条氏の基礎的研究』（吉川弘文館。初版・一九八〇年、第三版・八八年。本書における引用は第三版に拠る。以下『基礎的研究』と略称）。石井進氏「九州諸国における北条氏所領の研究」（竹内理三博士還暦記念会編『荘園制と武家社会』吉川弘文館、一九六九年）。入間田宣夫氏・遠藤巌氏・豊田武氏「東北地方における北条氏の所領」（『日本文化研究所研究報告』別巻七、東北大学日本文化研究所、一九七〇年）等。現在までのその研究成果は、奥富氏「得宗領」（『国史大辞典』一〇、一九八九年）にまとめられている。

(14)　註(13)前掲奥富氏『基礎的研究』。森幸夫氏「北条氏と侍所」（『国学院大学大学院紀要』「日本文学科」一九、一九八八年）等。

(15)　[六波羅関係] 高橋慎一朗氏「六波羅探題被官と北条氏の西国支配」（『史学雑誌』九八―三、一九八九年）・「「武家地」六波羅の成立」（『日本史研究』三五二、一九九一年）。森幸夫氏「六波羅探題職員ノート」（『三浦古文化』四二、一九八七年）・「南北両六波羅探題についての基礎的考察」（『国史学』一三三、一九八七年）・「六波羅探題職員ノート・補遺」（『国学院雑誌』8、一九九〇年）・「六波羅評定衆考」（小川信先生の古希記念論集を刊行する会編『小川信先生古希記念論集・日本中世政治社会の研究』一九九一年）等。[鎮西関係] 川添昭二氏「鎮西特殊合議訴訟機関」（『史淵』一一〇、一九七三年）。村井章介氏「蒙古襲来と鎮西探題の成立」『史学雑誌』八七―四、一九七八年）等。

(16)　筧雅博氏「道蘊・浄仙・城入道」（『三浦古文化』三八、一九八八年）、森幸夫氏「平頼綱と公家政権」（『三浦古文化』五四、一九九四年）、末常愛子氏「六波羅探題金沢貞顕　武蔵守補任の背景―北条師時・北条貞時連続卒去「鎌倉騒動」との関連―」（『政治経済史学』三三二、一九九四年）等が挙げられる。

(17)　石母田正氏『古代末期政治史序説』（一九六四年、未来社）三六七～三六八頁。

(18)　源頼朝期の鎌倉政権が鎌倉殿たる頼朝の独裁制であったことは定説となっている。佐藤進一氏「幕府論」（初出『新日本史講座』「封建時代前期」〈中央公論社、一九四九年〉。のち、註(3)前掲の佐藤氏『日本中世史論集』収録。本書における引用は後者に拠る）および註(9)前掲佐藤氏『中世国家』八八～九六頁等を参照。佐藤氏は「幕府論」一七頁で、頼朝期鎌倉政権の根幹を成した御家人制においては「将軍個人の人格」が「大きな意味を有した」としている。

(19) 現在、源実朝期の幕府政治体制は源頼朝期と同じく将軍独裁期に含めるのが定説である。だが、この場合の将軍権力とは、将軍たる実朝個人に集中された権力ではなく、実朝とこれを補佐する特定の集団（将軍外戚北条氏、大江広元に代表される法曹官僚など）、あるいは政所を中心とした機構をも含めたものを指すと理解される。杉橋隆夫氏「執権・連署制の起源」（初出：『立命館文学』四二四～四二六、一九八〇年。のち、日本古文書学会編『日本古文書学論集』五「中世Ⅰ」〈吉川弘文館、一九八六年〉収録）参照。

(20) 中御門宗忠はその日記『中右記』天仁元（一一〇八）年十月二十八日条において、白河院を評して「今思太上天皇威儀、已同人主。就中我上皇、已専制之主也」と述べている。

(21) 『日本史B用語集』（山川出版社、一九九五年）六九頁。

(22) 『日本国語大辞典』八「幕府」、『国史大辞典』八「幕府」。

(23) 海老名尚氏・福田豊彦氏「『田中穣氏旧蔵典籍古文書』『六条八幡宮造営注文』について」（『国立歴史民俗博物館研究報告』四五、一九九二年）。

(24) 註(1)参照。

(25) 註(2)参照。

(26) 註(3)参照。

(27) 『中央大学文学部紀要』「史学科」二八（一九八三年）・二九（八四年）・三〇（八五年）・三二（八七年）に（其一・二・三・四）として弘安七（一二八四）年分より元亨二（一三二二）年分までを発表。元亨三年分より正慶二（一三三三）年分等を補筆し、岩波書店版『訴訟制度』（註(1)参照）付録とされる。本書における引用は岩波書店版に拠る。

(28) 註(13)参照。

(29) 新人物往来社、一九八三年。

(30) 註(14)参照。

(31) 註(15)参照。

(32) 註(15)参照。

(33) 註(15)参照。

(34) 本表については一九・二〇頁および表の凡例を参照。
(35) 「専制化」七〇・七八頁。
(36) 「専制化」七一・七九頁。
(37) 「専制化」七八頁。
(38) 系図5「寄合衆系図」。
(39) 系図5「寄合衆系図」。
(40) 系図8「安達・大曾禰系図③」。
(41) 系図17「長崎系図②」。
(42) 系図5「寄合衆系図」。
(43) 系図15「康信流三善系図」。
(44) 系図15「康信流三善系図」。
(45) 系図19「尾藤系図③」。
(46) 系図18「諏訪系図③」。
(47) 『専制化』七一〜七二頁・八〇頁。
(48) 『中世法制史料集』第二巻「室町幕府法」付録。
(49) 『専制化』七九頁。
(50) 『専制化』七二頁。
(51) 『専制化』八三頁。
(52) 高梨みどり氏「得宗被官長崎氏の専権」(『歴史教育』八—七、一九六〇年)・新田英治氏「鎌倉後期の政治過程」(新版『岩波講座　日本歴史』六「中世2」岩波書店、一九七五年)等。

第一部　鎌倉政権における家格秩序の形成

小序　幕府役職と家系

従来、鎌倉政権の構成員を分類するときには、およそ以下のような方法が採られてきた。①北条氏とそれ以外（本書でいうところの非北条氏系氏族）②外様御家人と御内人（得宗被官）③在地領主と法曹官僚。これらの方法から時々の政治情勢を分析するに都合がよい方法が採用されてきた。おのおの有効な方策であることはいうまでもないが、後期鎌倉政権の政治情勢を分析するために、以上のような、構成員の出自を基準とした分類方法とは異なる視点による、より有効な分類方法をみつけられないだろうか。そこで私が試みようとするのは、幕府役職による分類方法である。

鎌倉後期に幕府役職が栄爵化・家職化の傾向にあったという指摘は佐藤進一氏以来のものであり、目新しいものではないが、これを後期鎌倉政権中枢の構成員全体に適用し、それによって鎌倉政権の構成員を分類してみようという研究はこれまでなかったように思われる。だが、たとえば後期鎌倉政権においては評定・引付衆のような中央要職に就任する人びとと奉行人層を構成する人びとでは明らかに一線を画すことができるのであり(1)、一つの氏族の中でも子細にみてみると中央要職に就任する家系とそうでない家系とがあることがわかる。中央要職への就任者を一人ひとり追っていけば、前述のようなおおまかな分類ではなく、より実態に即した詳細な分類が可能なのではないだろうか。つまり、北条氏・二階堂氏といった分類ではなく、北条氏内部・二階堂氏内部における家系を追うことにより、鎌倉政権の構成員を分析するための新たな視角を提出することが可能ではないか。具体例としては次の史料を掲げることができる。

施薬院使長周（丹波）朝臣注進之

三月八日夜ゐのときに、かまくらいゐしまよりひいてき候て、あくる日のうのときまてやけて候。わかみや・いまみや・将軍家（守邦親王）・典厩（北条高時）御宿所・相州（北条凞時）・奥州禅門大仏（宣時）・相模左近大夫（北条）貞規・武蔵左近大夫（赤橋）守時・奥州（大仏）維貞・丹波守（大仏）貞宣・遠江中務大輔（名越朝貞）・遠江入道（名越時基）道西子・宇都宮下野入道蓮昇（貞綱）・城（安達）介時顕、御所近隣のやかた人〻、上野介・掃部頭入道（長井宗秀）道雄・刑部大輔（摂津）親鑒・出羽前司（二階堂）貞藤・城（安達）加賀守師景・城（安達）越後権介師顕・長崎左衛門入道（高綱）円喜・諏方（訪）入道直性・尾藤左衛門入道演心、以下略之。政所・問注所・公文所同前。若宮別当坊・今宮別当坊同前。此外僧坊不知其数。

当時将軍ハ讃岐守（普音寺）基時亀谷亭ニ御座。典厩、葛西禅尼宿所ニ被移住候。雪下若宮別当僧正房海坊焼失候。火、建長寺飛候て塔焼失候。寺ハ無為候。

これは『公衡公記』(2) 正和四（一三一五）年三月十六日条に引用されている施薬院使丹波長周の注進状で、三月八日に鎌倉を襲った大火の被災者を記している。ここに記載された被災者のうち当時の地位・役職あるいは系譜の確認される者はすべて鎌倉政権中枢の要人ばかりであり、(3)「御所近隣のやかた人〻」・「以下略之」の文言からも、これらの人びとは多くの被災者の中から、関東申次西園寺公衡、ひいては朝廷に報告されるべき人びととして選択されたものであることが理解される。ところがここに記された人びとを従来の方法で分類してみると、北条氏一門・外様御家人・法曹官僚・得宗被官のすべてが含まれている。つまり、後期鎌倉政権中枢を構成した人びとは従来の出自による分類ではすべてのタイプが揃っていたことになる。よって後期鎌倉政権中枢の構成員を理解するには、彼らの出自よりも役職・地位による分類のほうが実態に即しているように思われる。

そこでまず執権・連署・引付頭人・評定衆・引付衆の就任者を各種史料より抽出し、彼らの官職歴を図表化する。この作業は、『鏡』・『関評』によって、弘安七（一二八四）年までは右記役職就任者のほぼ全員とその履歴が判明する。しかし、同年以降になると右の二書に匹敵する史料が存在しないため、評定・引付衆、なかでも非北条氏系のそれについては、断片的にしか就任者を知ることができない。だが、弘安七年以降を含め評定・引付衆の兼職をみると、御所・安堵・恩沢・寺社等の奉行、越訴頭人（奉行）、執奏等の職はほぼ評定・引付衆が兼ねている。よって、これらの職の就任者は評定・引付衆就任を直接記す史料が存在しなくとも、評定・引付衆に在職していた可能性が高く、少なくとも評定・引付衆に準じる地位を認められていたということができる。同様のことは東使(4)についても適用される。また、六波羅および鎮西探題については評定・引付衆と同格以上の職であったと判断される。政所・問注所の執事もやはり評定・引付衆が兼職するのが通例であり、同様の処理が可能である。以上のことを基準に作成したのが「鎌倉政権上級職員表」（「基礎表」）である。この「基礎表」が第一・二章のデータ・ベースであり、引付衆以上の要職就任者をできうるかぎり検出した。次にこの「基礎表」に検出した人びとを系図化し、これに鎌倉政権の人材を多数引き継いだことが認められている建武政権・室町政権の要職就任者を加え、さらにその同族で六波羅評定衆・守護等を務めた者等をも必要に応じて付加し、系図2～7・8③～13・14②・15・16②③を作成した。以上の作業により、後期鎌倉政権において要職就任者を出す家系の存在が明らかになるであろう。だが、得宗被官については、御家人である幕府要職就任者よりもその実態を示す史料はさらに限られており、得宗家家政機関の役職も幕府のそれに比せばはるかに明らかでないため、こちらについては個別研究を重視することとする。

註

（1）佐藤進一氏「職員表」。

（2）『史料纂集』。

（3）この被災者二〇人のうち、得宗被官の長崎高綱・諏訪直性・尾藤演心を除く一七名の中で、当時の役職がわかる者は以下の一一名。守邦親王（将軍）・北条高時（得宗）・北条煕時（執権・寄合衆）・大仏宣時（元連署）・赤橋守時（一番引付頭人）・大仏維貞（評定衆。前四番引付頭人）・大仏貞宣（四番引付頭人）・安達時顕（寄合衆。五番引付頭人。高時外戚）・長井宗秀（寄合衆。評定衆。元七番引付頭人）・摂津親鑒（元越訴頭人。評定衆）・二階堂貞藤（評定衆）。また、次の三名は本人の当時の役職・地位は不明だが、系譜や後の役職から右記一一名と同等の格であったと推定される。北条貞規（第十代執権北条師時の子。高時の又従兄弟。のち、一番引付頭人）・名越朝貞（元三番引付頭人名越時基の子）・宇都宮貞綱（元五番引付頭人宇都宮景綱の子）。残る上野介（氏名不詳）・安達師景・安達師顕の三名は役職不明。

（4）東使については森茂暁氏「東使考」参照（初出、川添昭二先生還暦記念会編『日本中世史論攷』文献出版、一九八七年。のち、森氏『鎌倉時代の朝幕関係』〈思文閣出版、一九九一年〉に「『東使』とその役割」として収録）。

第一章　北条氏の家格秩序

はじめに

北条時政一人から始まった北条氏は鼠算を思わせる繁衍を遂げ[1]、幕府政治機構の枢要を占拠するに至るが、鎌倉後期の北条氏一門は数千人に達していたとの推測もなされている。[2]とすれば、自明のことではあるが、北条氏一門であれば、誰でも要職に就く資格があったというわけにはゆくまい。当然のことながら、北条氏内部にはなんらかの序列が存在したはずである。本章ではこの北条氏内部の序列について考察する。[3]

第一節　要職就任者を出す家系の概観

系図1によって、北条氏の凄まじい分流の様子が理解される。だが、傍系の人には子孫が記されていない者も多い。本当に子孫のなかった人もあろうが、系譜の伝わらなかった者も少なくなかったと考えられる。よって、分流は実際にはさらに激しいものであったと思われる。[4]そこで系図2「北条氏要職就任者系図」をみると、弘安七（一二八四）年以降は就任者が散発的にしか判明しないという史料的制約があるが、およそ二十数流の系統から就任者が出ており、全体的に世襲化傾向にあることが読み取れる。

次に系図2から両六波羅および鎮西探題就任者を選んだのが、系図3「探題系図」である。六波羅探題は得宗家出身の五人を除く二一人が赤橋・常葉・普音寺・政村流北条・金沢・佐介・大仏の七家から出ている。とくに極楽寺流の赤橋家と常葉家は嫡系三代が北方探題を務めており、初代南方探題時房流の佐介家と大仏家はほぼ南方のみを務めている。両六波羅は明確に特定の家系による家職化の傾向を示しているといえよう。一方、鎮西探題は初期二代を金沢家傍流の上総家が世襲しながら、後期二代は得宗家傍流阿蘇家と赤橋家から出ており、鎮西探題については世襲化傾向は顕著ではない。

以上によって、北条氏では幕府要職が二十数流の家に集中し、全体的に世襲化の傾向にあったことが理解される。数十流に分派した北条氏にあって要職が二十数家に集中していることは、特定の家系による役職の家職化を示すものである。つまり、当然のことではあるが、同じ北条氏であっても役職に就きうる家と就きえない家が存在したということである。史料の残存状況が鎌倉末期には悪く、また、引付頭人・鎮西探題一名のみを出した阿蘇家、評定衆に一人の就任が推定される時房傍流の時直流のような例もあるゆえ、役職が二十数家に完全に独占されていたというわけではない。しかし、右の二十数家ではいくつもの役職を歴任している者が多数みられ、これは役職の家職化・独占化傾向、言い換えれば北条氏内部における家格の存在を示唆するものである。

要職の特定家系への集中という事実を確認して、系図4「執権・連署系図」に移る。両執権が六つの家にほぼ独占され世襲化していたことがわかる。得宗・赤橋・普音寺・政村流北条家時村系・金沢・大仏家宗宣系である。例外は得宗家傍流の師時と極楽寺流塩田家の祖義政の二名のみである。

次いで系図5「寄合衆系図」をみると、寄合衆は得宗・名越・赤橋・政村流北条家時村系・金沢・大仏家宗宣系の六系統から出ている。人数が少ないので断定的な発言はできないが、世襲化の傾向にあったといえよう。

そこで系図4・5を総合した系図6「寄合衆・執権・連署系図」をみると、寄合衆を出す家と両執権を出す家がほぼ重複することがわかる。得宗・赤橋・政村流北条家時村系・金沢・大仏家宗宣系の五家は完全に重なる。寄合衆のみを出したのは名越家、両執権を出しながら寄合衆就任者の確認がとれないのは普音寺家である。例外は前述の北条師時（寄合衆・執権）と塩田義政（連署）である。寄合衆と両執権の就任者は相補ってある家格を有する家系の成立を物語っている。すなわち寄合衆・両執権を世襲する家系である。普音寺家は寄合衆就任者を確認できないが、鎌倉末期の史料残存状況から寄合衆を出していた可能性はあり、少なくとも寄合衆を出しうる家格ではあったと判断される（寄合衆一名のみが確認される名越家については後述する）。よって要職に就任する二十数家は、寄合衆・両執権を出す家とそれ以外に分類される。

傍証になると考えられるのが、系図7「垸飯勤仕者系図」である。垸飯の史料は『鏡』完結後の鎌倉後半期にはきわめて少なく、勤仕した北条氏一門も鎌倉前半期を中心に一七名しか確認できないが、系図化すると、寄合衆・両執権の系統とほとんど重なる。例外は得宗家傍流の阿蘇時定と佐介家の家祖時盛の二名のみで、残る一五名は寄合衆を出した得宗・名越・赤橋・政村流北条・大仏の五家の出身者である。寄合衆・両執権を出しながら垸飯勤仕者を確認できないのは普音寺家と金沢家である。承久の乱後、北条氏以外で垸飯を務めたのは、ほぼ足利氏のみであり、垸飯勤仕はほとんど北条氏に独占されている。すなわち北条氏は垸飯を勤仕する一族ではなく、勤仕できる一族になったのであり、垸飯勤仕は一種の特権となっていたと考えられ、その垸飯勤仕が北条氏内部にあってはいくつかの家に集中していることは、それらの家が北条氏内部で高い家格を有していた証しとなるであろう。

つまり、数十家に及ぶ北条氏諸家は、まず要職に就きうる二十数家とそれ以外に分類され、要職を務める家が寄合衆・両執権を出す家とそれ以外にさらに分けられるのである。よって、北条氏は幕府職制を基準とし、嫡宗たる得宗家を頂点とするピラミッド型の家格秩序を形成していたことになる。以下では、北条氏各家について個別的に考察を加え、上記の家格秩序の存在を確認してみることにする。

第二節　北条氏諸家の個別研究

一　極楽寺流諸家

極楽寺流は、北条義時の三男で時頼の連署となった重時を祖とする家系で、重時には多くの子息が確認されるが、要職を世襲することになるのは長時の赤橋家、時茂の常葉家、義政の塩田家、業時の普音寺家の四家である。長男為時の系統は要職就任者が確認されず、末子忠時は引付衆となったが、その子孫には役職就任の徴証はない。重時の娘は時頼の正室となって、時宗を生んでおり、これが極楽寺流発展の一大要因であったと考えられる。(5)

1　赤橋家

赤橋家は極楽寺流の嫡家であるが、家祖長時以来、義宗・久時・守時と四代、引付衆を経ることなく評定衆となっており、守時を除く三代はいずれも十代から二十代前半で六波羅北方探題に就任するのを要職就任の最初とした。叙爵年齢も十六、十七歳、守時に至っては十三歳であり、歴代得宗に次ぐものである。一番引付頭人・寄合衆を経て執権に至る家であり、その家格は得宗家一門に次ぐ高いものであった。(6)

2　常葉家

常葉家は、家祖時茂が十六歳で六波羅北方探題となり、十七歳で叙爵するという順調な出世を遂げたが、探題在任中に三十歳の若さで没した。その子時範・孫範貞と歴代北方探題を務めたが、時範は叙爵二十七歳、引付衆就任二十九歳、探題就任四十五歳と父に比して出世はきわめて遅かった。引付衆を経る点でも赤橋家との家格の相違は歴然としている。

3　塩田家

塩田家は、家祖義政が十八歳で叙爵、二十四歳で引付衆となり、三番引付頭人から連署に進んだが、三十六歳で突如出家を遂げたうえ、遁世・逐電して信濃国善光寺に走り、所帯収公された。その子国時・時春、国時の子俊時はいずれも引付頭人にまでは昇った（俊時の兄藤時は評定衆在職のみ確認）が、寄合衆・両執権となることはなかった。義政自身が引付衆となっていることから、そもそも赤橋家よりも低い家格であったようである。(7)

4　普音寺家

普音寺家は、家祖業時が十九歳で叙爵、二十五歳で引付衆となり、一番引付頭人から連署に昇った。その子時兼は弘安九（一二八六）年二十一歳での四番引付頭人就任が、確認される最初の役職就任であるが、弘安七年には引付衆にもなっておらず、弘安八・九年のわずか二年間に二十歳から二十一歳で引付衆・評定衆と出世を遂げたことになる。この急激な出世は弘安八年の霜月騒動による政権中枢の人員の欠乏を補うためであったと考えられるが、時兼自身がその出世に見合う家格であったということもできよう。しかし、永仁四（一二九六）年三十一歳で没した。時兼の子基時は十四歳で叙爵、十六歳で六波羅北方探題、二十歳で三番引付頭人となり、三十歳で執権に昇った。ほとんど赤橋家の惣領に匹敵する出世である。その子仲時は二十五歳で北方探題となっている。引付衆を経るものの叙爵年齢・就任役職等では赤橋家と大差なく、普音寺家は極楽寺流では赤橋家に次ぐ高い家格を有していた。(8)

二　政村流北条諸家

政村は義時の四男。二十歳の元仁元（一二二四）年六月、伊賀氏の乱で義時の後妻伊賀方（政村の生母）一族に擁立され、兄泰時と執権職を争うことになったが、伊賀氏の乱終結後に泰時の厚免によって罪なきとされた。(9)のち、時宗の幼少時には執権を務め、時宗が成長するとその連署となって、「東方遺老」の異名をとった。(10)子女に恵まれたが、要職に就いたのは時村と政長の二系統である。

1　時村系

時村は叙爵二十一歳、引付衆二十八歳、評定衆二十九歳、三十二歳で二番引付頭人となり、三十六歳で六波羅北方探題就任。四十六歳で東下して一番引付頭人となり、四十八歳で寄合衆、六十歳で連署となった。時宗政権から頼綱政権・貞時政権と一貫して政権中枢にあったが、六十四歳の嘉元三（一三〇五）年四月北条宗方によって殺害された。時村の子為時は夭折した[11]が、その子熙時は十五歳で叙爵、十七歳で引付衆、二十三歳で評定衆・四番引付頭人と、父祖を越えた出世を遂げている。祖父の横死後も二十九歳で一番引付頭人、三十一歳で寄合衆、三十三歳で連署、三十四歳で執権となった。その子茂時は生年不詳だが、父祖と同じく左近将監となっていることから、熙時とほぼ同年齢かそれ以下で叙爵したと推定される。父と同じく一番引付頭人を経て連署となった。時村系は引付衆を経るものの、歴代寄合衆・両執権となっており、その家格は得宗家・赤橋家に次ぐきわめて高いものであった。

2　政長系

政長は二十九歳で引付衆、三十五歳で評定衆となり、三十七歳での五番引付頭人が最高職であった。兄時村に比してその出世は幾分遅かった。その子時敦は十九歳で叙爵、二十六歳で引付衆、三十歳で六波羅南方探題となっており、父よりも格段早い出世であったが、二歳年長の従兄熙時に比べるとかなり差のある出世であった。三十五歳で北方に転じたが、五年後、在職のまま没した。その子時益は生年不詳。元徳二（一三三〇）年六波羅南方探題に就任。官職は父も二十三歳で任官した左近将監であった。政長系は時村系に比べ家格が低かったことは明白であり、六波羅南方探題を最高職とする家であった。

三　伊具家

伊具家は義時の子有時を祖とする家で、その一門は非常に多かったが、有時が四十二歳で評定衆となりながら、わずか二年にして病を理由に引退し、以後三〇年近く出仕することがなかったがゆえか、政治的活動のみられるのは、有時の孫（通時の子）斎時のみである。その斎時も嘉元元（一三〇三）年四十二歳で七番引付頭人となったのが確認される役職就任の最初であり、文保元（一三一七）年二番引付頭人罷免を最後に以後の政治活動は不明となる。伊具家は要職就任者を出す家の中では低い家格であったようである。(12)

四　金沢家

金沢家は義時の末子実泰を祖とする。実泰は『鏡』によれば、十四歳で兄泰時に従って承久の乱に従軍し（承久三年六月十八日条）、寛喜二（一二三〇）年三月二日、六波羅北方探題として上洛した兄極楽寺重時の後任として二十三歳で小侍所別当に就任している。だが、文暦元（一二三四）年六月三十日、二十七歳で同職を病を理由に嫡子実時に譲って以降、五十六歳で没する（弘長三年九月二十六日条）まで二十九年間『鏡』から姿を消す。小侍所辞任以降は完全に引退したようである。実泰の嫡子実時は引付衆就任が二十九歳、評定衆就任が三十歳、叙爵は三十二歳と出世は一見遅いようだが、実は要職就任の最初は文暦元年の小侍所別当就任であり、このとき十一歳。重職であるうえ、あまりに年少であるため、異論もあったが、伯父である執権泰時の強い推薦によって就任を果たしている。以後、弘長三（一二六三）年十月まで在職の徴証がある。二十三歳のときから寄合衆をも務めており、三十三歳で三番引付頭人となり、文永元（一二六四）年四十一歳で二番頭人に進み、同年安達泰盛とともに越訴頭人を兼ねた。文永十年五十歳で一番頭人に昇る。二年後の建治元年病を理由に引退、翌年五十三歳で没した。両執権には至らなかったが、時頼の初政以来、時宗政権の文永年間まで、寄合衆として政権の中枢にあった。

1　顕時系

実時の嫡子顕時は二十二歳で引付衆、三十一歳で評定衆となり、弘安四（一二八一）年三十四歳で四番引付頭人に至ったが、霜月騒動で安達泰盛に縁座し（泰盛の娘が顕時の妻。「基礎表」顕時の典拠8参照）配流された。平禅門の乱後の永仁元（一二九三）年十月、四十六歳で執奏に就任して復権。翌年四番引付頭人となり、正安元（一二九九）年四月まで頭人を務めた。翌年三月五十四歳で没。顕時の復活期間は五年ほどであった。顕時の末子で後継者となった貞顕は、永仁四（一二九六）年十九歳で叙爵。要職就任の最初は二十五歳での六波羅南方探題就任である。延慶元（一三〇八）年まで六年間これを務めて東下。翌二年四月、三十二歳で祖父実時と同じ寄合衆に補任された。翌三年には今度は北方探題として上洛。正和三（一三一四）年まで四年間これを務めている。正和四年七月、三十六歳で金沢家としては初めて連署に昇る。一一年間同職を務め、嘉暦元（一三二六）年三月、得宗高時の執権辞職・出家の後を受けて四十九歳で執権に昇ったが、高時の同母弟泰家を執権に据えようと考えていた高時・泰家の母大方殿と泰家の怒りを恐れ、わずか一〇日にして執権を辞職、出家に及んだ。以後も寄合衆として、また、北条氏一門の長老として政権の中枢にあり、元弘三（一三三三）年の鎌倉滅亡に際し、高時とともに東勝寺に自刃した。貞顕の庶兄甘縄顕実は、貞顕が六波羅探題として在京中の徳治二（一三〇七）年三十五歳で六番引付頭人に就任して以降、嘉暦二（一三二七）年に五十五歳で没するまで頭人を務めている。最高職は二番頭人。貞顕在京中の鎌倉における金沢氏の代表であった。貞顕の嫡子貞将は、文保二（一三一八）年の五番引付頭人就任が日時の確認される最初の要職就任である。父だが、これ以前に評定衆となり、官途奉行にも就任していたことがわかっている。正中元（一三二四）年十一月、父と同じ六波羅南方探題として上洛。元徳二（一三三〇）年、東下して一番引付頭人に就任。在京中の正中元年に連署の任官する武蔵守となっており、いずれは父と同じく連署・執権へと進むことを予定されていたと考えられる。貞将の弟貞冬も元徳元（一三二九）年、評定衆・官途奉行に就任している。

2　上総家

上総家は実時の子上総介実政を祖とする家である。[13]　実政は永仁四（一二九六）年四十八歳で鎮西探題に就任。正安三（一三〇一）年九月の出家まで在職した。翌年五十四歳で没。後任には子政顕が正安三年十一月に就任し、鎮西探題は上総家によって世襲された。政顕の在職は正和四（一三一五）年七月ごろまでで、これ以降職を退き、出家している。政顕の引退後は子種時が探題の職務を代行したが、正式に任命されることはなかったようである。以降、上総家は鎮西探題から退き、替わって文保元（一三一七）年得宗家傍流阿蘇家出身の随時が下向してくることとなる。だが、上総家は探題を退いた後も鎮西にあり、その傍流規矩・糸田両家は豊前・肥後両国の守護を世襲し（佐藤進一氏『守護制度』）、鎌倉滅亡後には鎮西において北条余党として挙兵している（『太平記』巻十二「安鎮国家法事付諸大将恩賞事」）。上総家では、以上の家のほかに、実政の孫（実村の子）上総介時直が、鎌倉末期に周防・長門両国守護に就任しており（佐藤進一氏『守護制度』）、これがいわゆる、周防長門探題である（『太平記』巻十一「長門探題降参事」）。家祖実政以降、鎮西方面に土着化した北条氏諸家の中でも異色の家系である。

金沢家では、事実上の家祖である実時が両執権には至らなかったものの、二十代前半から寄合衆として三〇年の長きにわたって政権中枢にあった。その嫡流である顕時系は、顕時が霜月騒動に縁座したため、一時的に勢力を後退させたが、顕時の子貞顕の代になると、貞顕が六波羅探題から寄合衆・連署・執権に至り、その嫡子貞将は六波羅探題から一番引付頭人、次男貞冬も引付頭人・評定衆・官途奉行となり、貞顕の庶兄である二番引付頭人顕実の甘縄家を分出して、全盛時代を現出した。顕時系は寄合衆から両執権に至る家格であったと判断される。傍流上総家は鎮西に土着した特殊な家である。さらに一門時直が周防・長門守護となるなど、鎌倉末期において金沢一族はとくに鎮西方面に大きな勢力を築いている。

五　名越家

名越家は義時の次男朝時を祖とする家であるが、朝時以来得宗家に対抗し、これがため数度の討滅を受けた特殊な家である。要職でも、執権・連署・探題を一人も出しておらず、にもかかわらず寄合衆一名が確認されるという特徴を持っている。[14] 朝時は兄泰時より一一歳下であったが、叙爵は泰時より三歳早かった。嘉禎二（一二三六）年九月十日評定衆として初参したが、『関評』によれば「初参之後即辞退」とあり、兄である執権泰時の下で評定衆を務めることを拒否するという露骨な対抗の態度を示している。朝時には多数の男子があったが、嫡子は光時であったらしい。寛元四（一二四六）年の宮騒動に際し、光時は得宗時頼派に対抗する前将軍九条頼経派の巨魁となった。『間記』によれば、このとき光時は「我ハ義時ガ孫也。時頼ハ義時ガ彦也」と言い放ち、あからさまに時頼の執権就任に対抗したと伝えられる。結果的には宮騒動は頼経派の敗北に終わり、光時は出家、髻を時頼に献じた。[15] 光時の弟時章・時長・時兼は陳謝して許されたが、[16] 今一人の弟時幸は自害している。[17] 光時はこの事件で失脚したらしく、その子孫からは要職就任者を出していない。その後、光時の兄弟のうち時章・教時・時基の三名が評定衆に就任したが、文永三（一二六六）年の宗尊親王上洛に際し、教時はこれに反対して軍兵数十騎を率いて示威行動に出ている。[18] だが、これも不発に終わった。文永九（一二七二）年二月、二月騒動が勃発。名越家は時宗の討滅を受け、一番引付頭人時章・評定衆教時、教時の子宗教（『武記裏書』）が討たれる。教時の系統はこの事件で没落した。だが、時章については誤殺であったとされ、討手の得宗被官五名が斬首された。[19] この事件を契機に名越家の反抗は終わった。二月騒動以降、名越家で要職についたのは、騒動で誤殺された時章の系統と、時章の弟時基の系統である。

1　時章系

時章の嫡子公時は二月騒動時引付衆であったが、翌年評定衆に進み、最終的には二番頭人に昇った。永仁三（一二九五）年に寄合衆在職が確認される。その子時家は永仁元年、得宗家傍流の兼時とともに異国警固の任を担って鎮西に下向。同三年東下し、正安三（一三〇一）年三番引付頭人に就任している。嘉元二（一三〇四）年九月五番引付頭人辞職の後、史料から姿を消している。時家の子高家は嘉暦元[20]（一三二六）年評定衆在職が確認されるが、元弘三

（一三三三）年四月、足利尊氏とともに鎌倉方の大将として上洛。二十七日久我畷の合戦で討死した。『太平記』巻九「山崎攻事付久我畷合戦事」はこのときの高家を「気早ノ若武者」と称しており、二十代前後であったようである。

2　時基系（小町家）(21)

時基は三十八歳で引付衆就任、四十三歳で評定衆に進み、五年後に三番引付頭人となった。翌弘安七（一二八四）年の時宗の卒去に際して出家。その後、二番・三番頭人就任を繰り返し、正安元（一二九九）年四月三番頭人辞職を最後に史料から姿を消す。時章の系統に比べ出世は明らかに遅く、寄合衆に至ることもなかったようである。時基の子朝貞の履歴はほとんど不明だが、『公衡公記』正和四（一三一五）年三月十六日条引用の丹波長周注進状によって、同月八日の鎌倉大火で被災したことが確認される。時に中務大輔であった。前述のごとく、この注進状に載せられた人びとは当時の鎌倉政権の有力者ばかりであることから、朝貞も当時鎌倉政権の要人と認識されていたことがわかり、評定・引付衆に在職していたか、少なくともそれに準じる地位を認められており、父の地位を継承していたと判断される。この系統は引付頭人に至る家格であったと考えられる。

名越家は北条氏内部では得宗家に対抗しうる高い家格を有し、これがため得宗家と争い、結果討滅を受けることとなった。両執権・六波羅探題に就任しなかったのも、この高い家格が得宗側から恐れられたがゆえと推定される。だが、二月騒動の後、得宗家に対抗することはなくなり、時章系が寄合衆に至る家格、時基系が引付頭人に至る家格を有する家として確立したようである。高家はそれまでの家例と異なり、得宗から偏諱を受けており、名越家はこの時期には嫡流時章系以下、完全に得宗の下に雌伏したといえよう。

六　時房流諸家

時房は時政の三男で、義時の十二歳下の弟にあたる。甥の泰時より八歳年長であった。承久の乱に際し、泰時とともに上洛。そのまま泰時が北方、時房が南方の初代六波羅探題となった。元仁元（一二二四）年泰時とともに東下して初代連署となり、仁治元（一二四〇）年正月、六十六歳で没するまで一六年間、執権泰時の補佐役として泰時政権第二位の地位にあった。時房には多数の子女があり、その男時盛（佐介祖）・朝直（大仏祖）等も非常に子だくさんであった。時房流は義時流に劣らぬ分流を遂げたのである。ところが、時房流で要職への就任者が確認されるのは、長男時盛の佐介家および、資時流、時村流、朝直の大仏家、そして時直流の五流に過ぎない。これは時房流が北条氏内部では最も傍系であったことに原因があると考えられる。(22)

1　佐介家

佐介家は時房の長男時盛に始まる。時盛は二十八歳の元仁元（一二二四）年父時房の後任として第二代六波羅南方探題に就任。同日、北方第二代には泰時の嫡子時氏が就任した。時盛は四十六歳の仁治三（一二四二）年正月まで一八年間同職を務めた。探題辞任ののち、六月出家し東下した。この間、嘉禎二（一二三六）年四十歳で越後守に任官・叙爵し、二年後の暦仁元（一二三八）年正五位下に叙されている。父時房の叙爵が三十一歳であるから、これに比べても時盛の叙爵は遅く、北条氏一門としては官職の出世は遅いほうである。だが、父時房の後任として北条氏惣領家の嫡子とともに六波羅探題に就任したのであるから、少なくとも探題就任時点では、時盛は時房の後継者の地位にあったはずである。ところが、四十六歳で出家・東下して以後、時盛は八十一歳の長命を保ったにもかかわらず、要職には就任しなかった。しかも、一〇人以上いた時盛の男子も一人も要職に就任していない。『鏡』に姿をみせるのも、時親・時員の二人のみであり、この二人の活動も公式行事への参加・将軍行列の随兵等、政治的には重要とはいいかねる活動ばかりである。また、長男時景は系図によれば「配流」とある。(23)佐介家は、時盛の後半生からその子供たちの世代にかけて、大きく没落してしまったということができる。この原因は、渡辺晴美氏の述べるごとく、(24)佐介家と大仏家の間で時房流惣領家の座を巡る確執があり、これに佐介家が敗北したためと考えられる。時盛の孫の代になると、佐介家は復活の兆をみせる。時盛の六男時員の子時国が、文永九（一二七二）年、二月騒動での北条時輔の滅亡後、空職であった六波羅南方探題に就任するため、建治元（一二七五）年、十二月十三歳の若さで上洛。時盛の辞任以来、実に三三年ぶりで佐介家は探題に復活した。時国は七十九歳の祖父時盛を奉じて上洛した。建治三年五月、時盛は六波羅に没したが、時国は弘安七（一二八四）年まで六波羅南方を務めた。ところが、弘安七年四月の得宗時宗の没後、佐介家は立て続けに事件を起こし、再び没落する。まず六月、時国が関東に召し下され、常陸に配流され十月誅された。享年二十二歳。「依悪行」（『分脈』）とされているだけで、詳細は不明。続いて時盛の次男（時国の伯父）時光が八月、「陰謀事露顕」ということで「拷訊」ののち、佐渡に配流された（『鎌記裏書』同年条）。『分脈』で清和源氏大和流の興福寺悪僧とわかる満実法印と同意していたとされるが、やはり詳細は不明。時国事件と時光事件に関連があるのかどうかも史料的にはわからない(25)。いずれにしろ、弘安七年事件によって佐介家は再び没落。これにより、時房流には大仏家の優位が確立して、佐介家は大仏家の下風に立つこととなった。弘安七年事件ののち、鎌倉政権中枢で佐介家を代表することになるのは、時盛の孫（政氏の子）で、時国の従兄弟にあたる盛房である。盛房は四十一歳で右近将監任官・叙留。四十五歳で引付衆となり、翌年評定衆に補任された。正応元（一二八八）年二月四十七歳で六波羅南方探題就任。永仁五（一二九七）年五月まで九年間在職して東下。同年七月五十六歳で没した。

佐介家は、家祖時盛の時代には時房流北条氏の有力な家であったが、その子の代には大仏家との抗争に敗れ、一時没落した。建治・弘安年間には時盛の孫時国・盛房が要職に就任し、復興の兆がみられたが、弘安七年の事件により、佐介家は大仏家に圧倒され、ついに時盛期の勢威を取り戻すことはなかった。しかし、鎌倉政界から姿を消すことは免れ(26)、時員系と政氏系はおのおの評定・引付衆を出す家として鎌倉末期まで存続したと考えられる。

2　時村流

時房の次男時村は承久二（一二二〇）年すぐ下の弟資時とともに出家（『鏡』同年正月十四日条）。嘉禄元（一二二五）

年十二月没した（『佐野本北条系図』・『続類従』所収『北条系図』等）。その子には時広・時隆・忠源の三男があった。時広は祖父時房の養子となって、二十六歳で叙爵、四十三歳で引付衆、翌年評定衆となった。四十八歳で四番引付頭人に進み、建治元（一二七五）年六月五十四歳で没するまで六年これを務めた。政治的に成功したといえようが、子孫はなかったようである。時村流で時広の後継者となったのは、甥の宗房（時広の兄時隆の子）であったようである。宗房は時広が没した三年後の弘安元（一二七八）年三月引付衆に就任。弘安七年まで在職が確認され、この年の時宗の卒去に際し出家している。だが、『永記』には姿がみえず、永仁三（一二九五）年までに引退または卒去したと考えられる。時村流は宗房以後、要職就任者の確認がとれないが、鎌倉末期の史料状況から、その後も就任者を出したとみてよいであろう。

3　資時流

時房の三男資時は承久二年正月十四日、二十二歳の若さで兄時村とともに「俄出家」している。嘉禎三（一二三七）年三十九歳で北条氏としては初めて評定衆に就任。建長元（一二四九）年に五十一歳で三番引付頭人となり、同三年在職のまま五十三歳で没した。資時の子には時成があったが、「物狂」（系図1）とされており、子孫を残さなかったらしく、この系統は断絶したようである。

4　大仏家

大仏家は時房の男朝直を家祖とする家で、前述のごとく鎌倉後期には佐介家を抑えて時房流北条氏の嫡流の地位に就いた。朝直は兄佐介時盛より九歳下である。叙爵は二十九歳だが、これは同世代の北条氏一門では平均的なもので、時盛よりは一一歳も若い。延応元（一二三九）年三十四歳のとき、一歳上の北条政村とともに評定衆に就任。兄資時に次ぐ北条氏一門の評定衆補任であり、朝直が一門の若手有力者として待遇されていたことがわかる。当時、時盛は六波羅南方探題の職にあったが、三年後これを辞して出家・東下し、以後要職に就くことがなかったことは前述のごとくである。これに対し、朝直は寛元四（一二四六）年武蔵守任官、建長元（一二四九）年二番引付頭人就任と順調に出世を続けた。康元元（一二五六）年にはついに一番引付頭人に昇り、文永元（一二六四）年五十九歳で没するまでその職にあった。朝直の嫡子宣時は文永二年引付衆に就任したのを要職就任の最初とする。翌年の引付廃止で同職を退いたが、同六（一二六九）年の引付再設で復職。この間、文永四年に三十歳で叙爵し、同時に父朝直が長くその任にあった武蔵守に任官した。以後、順調に出世して、弘安六（一二八三）年四十六歳で父と同じく一番引付頭人に就任。翌年、得宗時宗が没し、鎌倉政権は霜月騒動へと雪崩込むが、宣時は平頼綱専権期の同十（一二八七）年連署に昇り、さらに正応二（一二八九）年には安達泰盛の就いていた陸奥守に任官している。山川智応氏は、このような霜月騒動前後の宣時の地位から、彼は霜月騒動では平頼綱に伍して泰盛を打倒したとの見解を発表しており[27]、首肯されるものと思う。その後、得宗貞時の下で連署を一四年務め、正安三（一三〇一）年六十四歳で貞時とともに出家、公職を退いた。宣時の後、大仏家は嫡流の宗宣系以下四流が要職就任者を出す家として成立するが、これは上記のような朝直・宣時が築いた鎌倉政権における地位に負うところが大であったと考えられる。

〔**宗宣系**〕　宣時の嫡子宗宣は祖父・父より五歳以上若い二十四歳で叙爵。二十八歳で引付衆に就任し、翌年評定衆に昇った。やはり、父祖より五歳前後早い出世である。その後も、父が連署を務める貞時政権において出世を続け、六波羅南方探題在任中の正安三年九月、宣時引退を受けて四十三歳で陸奥守を継承した。越訴頭人・引付頭人等をも歴任し、永仁四（一二九六）年には三十八歳で寄合衆に補任された。嘉元三（一三〇五）年七月四十七歳で連署となり、応長元（一三一一）年十月五十三歳で執権に昇ったが、翌正和元年五月、病により辞職・出家し、まもなく没した。宗宣の嫡子維貞は十七歳で叙爵、二十歳で引付衆に就任し、二十二歳で評定衆に昇り、翌年には五番引付頭人となった。父祖と比較して叙爵・要職就任年齢が極端に若くなっている。やがて寄合衆・執権・連署に昇るという大仏家の家格の確立を物語るものである。正和三（一三一四）年三十歳で父祖と同じ陸奥守に任官。当時の鎌倉政権の家格尊重主義を示す事例と思われる。その後、父も就任した六波羅南方探題・越訴頭人を経て、嘉暦元（一三二六）年四十二歳で連署に就任したが、翌年九月、病により辞職、翌日没した。維貞の嫡子家時の職歴は元徳元（一三二九）年の評定衆就任しかわからない。だが、このとき、彼は実に十八歳の少年であった。元弘三（一三三三）年阿蘇治時・名越元心とともに鎌倉方の大将となって上洛した（『楠木合戦注文』）が、このとき二十二歳の若さである。このような家時の若年での要職就任の履歴は、大仏家の家格の高さを示すものであるが、それは同時に末期鎌倉政権の異常な家格偏重主義をも現している。大仏家の嫡流宗宣系は寄合衆・執権・連署に至る家格であり、鎌倉末期には十代で叙爵・評定衆に就任することを家例としたと考えられる。

〔**宗泰系**〕　宗宣の弟宗泰は引付衆から引付頭人に進んだ。その子貞直も引付頭人在職が確認される。宗泰系は大仏家の庶家であり、嫡流宗宣系とは家格の差が歴然としているが、引付頭人に至る家であったといえよう。

〔**貞房系**（坂上家）[28]〕　宗宣の弟貞房は十九歳で叙爵しており、大仏家の叙爵年齢の低下を知らせてくれる。だが、貞房は要職就任では、三十歳で引付衆、三十六歳で評定衆となり、翌年六波羅北方探題に就任して、在職のまま翌年没しており、嫡系の宗宣系よりかなり出世が遅かった。その子で坂上を称した貞朝は『太平記』によって東勝寺で鎌倉滅亡に殉じたことがわかる。貞朝は要職就任の確認が取れないが、父の例からしてその出世はかなり遅かったと考えられるので、元弘三年当時には、未だ引付頭人には至っていなかったのではないだろうか。この系統も引付頭人に就任する家であったとしてよいと思う。

〔**貞宣系**〕　宗宣の弟貞宣も高時政権で引付頭人を務めている。その子時英（系図1）はやはり『太平記』によれば、東勝寺で鎌倉滅亡に殉じている。この系統も宗泰系同様、引付頭人に至る家であったのではないだろうか。

5　時直流

延慶三（一三一〇）年七月付一番引付番文（『斑目文書』）にみえる「安芸守」を、佐藤進一氏は時房の男時直の孫

（清時の子）時俊に比定している（同氏『職員表』同年条）。この系統で要職就任が推定されるのは時俊のみであり、貞時政権期になって新たに登用されたものと考えられる。よって、この家系は要職を世襲するには至っていないものと思われる。

時房流北条氏は義時流に劣らず多くの家が分流したが、得宗家から最も遠縁であったこともあり、要職を世襲する家は義時流に比べ、かなり少なかった。寄合衆・執権・連署に至る家格を築いたのは、大仏家の嫡流宗宣系のみであった。これに次ぎ、六波羅探題・引付頭人等に就任するのは、宗泰系・貞房系・貞宣系の大仏家傍流三家と佐介家の時員系・政氏系、そして時房の子である時村の系統の六家ほどであったと思われる。

七　得宗家傍流諸家

泰時の子孫の系統が得宗家である。得宗家では傍流も繁衍し、多くの系統に分流している。泰時の二人の子息時氏・時実は共に父泰時より早く夭折した。とくに時実は十六歳の若さで横死しており(29)、子はなかったようである。だが、時氏には執権となった経時・時頼に、阿蘇家を興した時定などの子供があった。このうち経時は執権在任わずか四年弱にして二十三歳の若さで没し、弟時頼が執権を継いだ。経時の二人の子息は共に僧となっており（『分脈』）、経時の系統も絶えた。時頼には数名の子があり、このうち嫡子時宗の系統がいわゆる、得宗家であり、北条氏一門全体の惣領家であると同時に泰時流の嫡家でもある。得宗流で鎌倉政権中枢に地位を得たのは、嫡家のほか、時宗の庶兄時輔、時宗の弟宗政・宗頼の系統、そして鎌倉最末期になって引付頭人を出した阿蘇家である。このほか、鎮西評定衆を出すことになる時頼の子時厳の桜田家がある。

1　宗政系

宗政は時頼二十七歳の子。母は時宗と同じく極楽寺重時の女。時宗の二歳下の弟である。十三歳で叙爵したが、兄時宗の叙爵は十一歳であるから、ほとんど遜色のない待遇である。二十歳で引付衆を経ずに評定衆に就任。引付衆を経ず評定衆となるのは、これ以後の得宗家一門の鎌倉政権中枢における例となった。この待遇を受けるのは得宗家以外では極楽寺流の嫡家赤橋家の嫡男のみであった。評定衆就任の翌年に三番引付頭人に就任し、建治三（一二七七）年二十五歳で武蔵守・一番引付頭人となる。周知のごとく武蔵守は相模守とともに執権・連署の別称となった官職であり（『沙汰未練書』）、時の得宗兼執権の弟に相応しい待遇といえよう。当時、時宗の嫡子貞時は七歳であり、彼は時宗の唯一人の男子であったから、宗政は時宗の同母弟として、時宗の後継候補者では貞時に次ぐ第二位にあったのである。だが、兄に先立ち二十九歳の若さで没した。宗政の嫡子師時は十一歳で叙爵。従兄貞時の政権下で永仁元（一二九三）年十九歳にして評定衆に就任。以後、順調に出世して、正安三（一三〇一）年貞時の後任として二十七歳の若さで執権となり、寄合衆ともなった。だが、応長元（一三一一）年九月、貞時に先立つこと一カ月にして三十七歳で没した。師時の子貞規は文保元（一三一七）年二十歳の若さで一番引付頭人に就任。父祖の例からして引付衆は経なかったと考えられるが、信じ難い若年での登用である。宗政系が得宗家に次ぐ高い家格であったことが理解される。しかし、二年後二十二歳で没した。師時の次男時茂は評定衆・一番引付頭人に至った。兄貞規の夭折後に宗政系の当主となったのは時茂でり、その家格に見合う待遇を受けたのであろう。宗政流は執権・寄合衆に至る非常に高い家格を形成したと考えられる。

2　宗頼系

宗頼は生年不詳。(30)建治二（一二七六）年周防・長門守護として現地に下向。(31)得宗の近親で自ら守護管国に下向したのは、彼が最初であり、宗頼の守護就任は蒙古襲来という外圧に対処するためのものであったことが理解される。弘安二（一二七九）年六月、現地に没した。(32)宗頼の長男兼時は弘安五（一二八二）年十九歳で叙爵、父と同じく異国警固のため翌年播磨守護となり現地に下向した。その後、南北六波羅探題を経て、永仁元（一二九三）年名越時家とともに鎮西に下向。同三年四月鎌倉に帰還し、五月評定衆に就任したが、九月三十二歳で没した。兼時の弟宗方は弘安元（一二七八）年父宗頼の任地長門で生まれた。兼時より一四歳年下である。永仁二（一二九四）年十七歳で叙爵。同五年二十歳で六波羅北方探題として上洛。正安二（一三〇〇）年二十三歳で東下して評定衆に就任してからは、引付頭人・越訴頭人等の要職を歴任した後、嘉元二（一三〇四）年侍所所司・得宗家執事という異例の職に就任した。だが、翌三年突如、連署北条時村を殺害。これが露見して滅ぼされた（嘉元の乱）。宗頼系は宗政系とともに時宗・貞時政権において活発な政治活動を示している。兼時・宗方兄弟は、宗政流の人に比べると叙爵年齢が少し遅いが、得宗の連枝として宗政系と並ぶ高い家格に位置付けられていたと推定される。だが、兼時・宗方には子供がなかったらしく[33]、嘉元の乱によってその家は滅亡した。

3　阿蘇家

時頼の同母弟時定（為時）[34]に始まるのが阿蘇家である。氏寺満願寺の寺伝『満願寺年代記』（『東大写真』）によれば、阿蘇家の系譜は時定―定宗―随時―治時となっている。治時は得宗高時の猶子となり、元弘の乱で鎌倉方の大将となった[35]。治時は随時二十八歳の文保二（一三一八）年鎮西に生まれたとされるので[36]、元弘三（一三三三）年には十六歳である。治時の系譜について、『続類従』所収「北条系図」等は時頼の四男宗時の孫（宗時の子時守の子。この系統も系図集には「阿蘇」とある）としているが、この系統は系図集以外にその存在を確認できず、時定から随時へと継承された肥前国高来郡山田荘が鎌倉末期には治時の所領となっていたことが確認されて[37]、『満願寺年代記』の記事が裏付けられるので、治時は随時の子として阿蘇家の当主となったと判断される。時定・定宗の二代は鎮西にあったらしく[38]中央要職には就任していない。ところが、随時は正和二（一三一三）年二番引付頭人在職が確認され、その直後の文保元（一三一七）年鎮西探題に就任している。異例の人事であったといえよう。阿蘇家は歴代鎮西に在住した家であり、得宗家の一門という家格からも鎮西探題たる資格は充分にあったと考えられるが、中央要職への就任がなかったため、随時自身の実務能力養成と一種の箔付けのため、探題就任前に短期の引付頭人就任が行われたのではないだろうか。随時の子治時が高時の猶子となっていることからも、阿蘇家は惣領家である得宗家との結び付きが強かったと考えられ、随時の鎮西探題就任は彼を通じて得宗家の支配をより強力に鎮西に及ぼすことを目指したものであったと評価される。

4　その他

このほか、得宗家の傍流で政治的活動の確認される家には、時頼の男時厳の桜田家があり、時厳の子師頼は鎌倉末期に鎮西評定衆を務めており、(39) 阿蘇家同様、この系統も鎮西に下向していたことがわかる。だが、師頼の弟貞国（瓜連とも称す）は元弘の乱において新田軍を迎え撃った鎌倉方の主将の一人として活動しており、(40) 鎌倉にあったことがわかる。

結局、得宗家傍流では、鎌倉政権中枢に地位を得たのは宗政系と宗頼系の二家であったが、宗頼系は嘉元の乱で当主宗方が討たれ滅亡した。宗政系のみが鎌倉最末期まで政権中枢で非常に高い家格を維持したのである。残る家のうち阿蘇家は早く建長年間に鎮西に下向・土着し、鎌倉最末期には鎮西探題を出している。鎮西評定衆を出した桜田家でも元弘の乱で有力武将を出している。得宗家傍流は得宗との血縁が濃いことがかえって妨げとなって政治的に自立する家は少なかったようだが、いったん地位を得た宗政流は得宗家に匹敵するような高い家格を確立しえたのである。残る家は得宗家の連枝として篤く遇されたであろうが、政治的には成功していない。早く鎮西に土着した阿蘇家がわずかな例外であろう。得宗家傍流の多くは普段は捨て扶持をもらって暮らす存在であり、有事のさいに得宗の代官として一軍の将となった程度で、その地位は得宗家の家子といったところが実態であったようである。

まとめ――北条氏諸家の家格

以上、要職就任者を中心に、北条氏の人びとをその家系別に観察してみた。その結果、鎌倉末期の北条氏内部には幕府の役職を基準とする家格秩序が存在したという第一節の推測が確かめられた。北条氏は、まず幕府要職への就任者を出すことのできる家格を持つ家とそうではない家に二分され、要職就任者を出す家がさらに執権・連署・寄合衆に至る家柄と右の三職には至らない家柄に大別される。以下、要職就任者を出す家のうち、寄合衆に至る家格を有する家を寄合衆家、寄合衆にはなりえない家を評定衆家と称することにする。これをまとめると、次のようになる。

寄合衆家――惣領が執権・連署・寄合衆に就任する最高家格

得宗家時宗系・得宗家宗政系・名越家時章系・赤橋家・普音寺家・政村流北条家時村系・金沢家顕時系・大仏家宗宣系――以上八家

評定衆家――惣領が引付衆以上引付頭人以下の要職に就任する。寄合衆家に次ぐ家格。

名越家時基系・常葉家・塩田家・政村流北条家政長村系・伊具家斎時系・甘縄家・佐介家時員系・佐介家政氏系・時房流北条家時村系・大仏家宗泰系・大仏家貞房系・大仏家貞宣系――以上一二家

合計二〇家。このほか、得宗家傍流阿蘇家（引付頭人・鎮西探題を出した）・金沢家傍流上総家（鎮西探題・長門探題を出した）の二家が鎮西方面で要職に就任しているが、いずれも地方に土着し、活動ももっぱら在地を中心としており、この二家は中央要職を世襲した家とは区別して考えるべきだと思われる。

鎌倉末期の北条氏には鎌倉政権の中央要職を基準とする寄合衆家・評定衆家・それ以外という家格秩序が存在したのであり、寄合衆家・評定衆家のみが中央要職を世襲によってほぼ独占していたと結論される。西国方面に土着した幾つかの家が鎮西探題等の地方要職に就任したのを例外として、寄合衆家・評定衆家以外の出身者は要職に就任することはほとんどなかったと判断される。寄合衆家・評定衆家は北条氏内部に生まれた特権層なのであり、寄合衆・執権・連署を独占する寄合衆家は北条氏内部における最高家格であったのである。

この北条氏の家格秩序の頂点に立つのは、いうまでもなく嫡宗家たる得宗家である。得宗は叙爵年齢や中央要職への就任年齢でも他家出身者と比較して群を抜いて早く、その家格の高さは明らかである。庶家の家格は、はじめ得宗家との血縁の親疎によっていた。たとえば、極楽寺流はその始祖重時の娘が時頼に嫁ぎ、その腹に時宗が生まれたという外戚関係が幕政における地位の基盤となっていた。一方、得宗家と最も血縁の遠い時房流ははじめ叙爵や官位の昇進・官職への任官の年齢は一門内部で比較的遅かった。また、父義時より時政以来の名越邸を譲られた朝時に始まる名越家ははじめ得宗家に匹敵する高い家格を有していた。だが、のちには父祖が就任した幕府役職を基準として子孫の就任役職が決まるようになり、これによる家格の固定化が進行した。極楽寺流の嫡家赤橋家は歴代引付衆を経ることなく評定衆・六波羅北方探題に就任しており、もはや、それは得宗家との血縁関係ではなく、赤橋家の家例となっていたと判断される。時房流の大仏家は、最も庶流であったにもかかわらず、宣時が執権に就任して以降、その惣領が執権・連署・寄合衆に就任する高い家格を有するようになる。逆に得宗家に匹敵する家格を有していた名越家は度重なる得宗家への反抗とその結果としての討伐により、しだいに力を失い、ついに執権・連署を一人も出すことなく、わずかに嫡流のみが寄合衆一人を出すにとどまる。このように、北条氏の家格秩序は、はじめは惣領家との血縁の親疎という素朴なものに拠っていたが、のちにはそれを離れ、幕府役職を基準とするものへと変質していったのである。つまり、北条氏の家格秩序は鎌倉政権政治史の中から生まれたのであった。

北条氏出身の寄合衆は、北条氏の家格秩序の中で最も高い家格である寄合衆家の惣領であったのである。

註

（1）略述すると、時政の子の代で義時流と時房流に分かれ、義時流は義時の子の代で得宗家・名越家・極楽寺流・政村流北条家・伊具家・金沢家等に分かれ、時房流は佐介家・大仏家等に分かれる。その後、得宗家から阿蘇・桜田・瓜連、名越家から江間・刈田・東漸寺など、伊具家から佐々目・石坂、金沢家から甘縄・上総・規矩・糸田、佐介家から淡河、大仏家から坂本などなどの家が分立し、極楽寺流は赤橋・常葉・塩田・普音寺などの家に分かれる。これら北条氏の分家については奥富氏『基礎的研究』付録（二）「北条氏一門庶家苗字一覧」参照。

（2）苗字の伝わらなかった家、とくに苗字を持たなかったと考えられる家も多く、『太平記』巻十「高時幷一門以下於東勝寺自害事」によると、鎌倉滅亡時、東勝寺に自刃した人びとの中には「名越一族三十四人、塩田・赤橋・常葉・佐介ノ人々四十六人」があったとあり、史料に北条氏一門とされてはいても系譜不明の人も多いから、鎌倉末期のこの一門の人口は相当数にのぼったものと推定される。奥富敬之氏は数千人（最低一〇〇〇人以上）との見解を出している（「鎌倉北条氏の族的性格」（森克己博士古希記念会編『史学論集・対外関係と政治文化』二「政治文化　古代・中世編」吉川弘文館、一九七四年）一九三頁・一九五頁註（2））。

（3）北条氏の系図には、おもに以下のような種類がある。①『浅羽本北条系図』：『浅羽本系図』（『東大謄写』）所収。『続類従』「系図部」にも『浅羽本北条系図』として収む。また、『諸家系図纂』（『東大謄写』）所収「北条系図」は本系図の写し。②『入来院文書』所収『平氏系図』。③『関東開闢皇代並年代記事』所収「北条系図」：『関東開闢皇代並年代記事』（『東大写真』）所収。『続国史体系』五『吾妻鏡』の付録として翻刻あり。④『系図纂要』所収「北条系図」⑤『佐野本北条系図』：『佐野本系図』（『東大謄写』）所収。⑥『正宗寺本北条系図』：『正宗寺本諸家系図』（『東大謄写』）所収。⑦『姓氏分脈』所収「北条系図」（『浅羽本』とは別本）⑩『分脈』所収（『東大写真』）所収。⑧『続類従』所収『桓武平氏系図』⑨『続類従』所収『北条系図』（『浅羽本』とは別本）⑩『分脈』所収「北条系図」⑪『中条本北条系図』：『中条文書』（『東大写真』）所収⑫『野津本北条系図』：田中稔氏「野津本『北条系図、大友系図』」（『国立歴史民俗博物館研究報告』五、一九八五年）に写真および翻刻を収む。⑬『野辺文書』所収「平氏系図」：『野辺・東条家古文書』（都城市教育委員会、一九九四年）に写真および翻刻を収む。また『宮崎県史』「史料編　中世1」にも翻刻を収む。⑭『前田本平氏系図』：『前田本諸家系図』（尊経閣文庫所蔵。『東大影写』あり）所収「平氏系図」。

本来であれば、これらの系図を校合し新たな北条系図を作成すべきところであるが、各系図には異動がきわめて多く、これを校合することは現在の私の能力を越えているため、本書では便宜⑭『前田本平氏系図』を北条系図の基本とし、系図1として翻刻して、以下の論述で必要に応じて校合を行うこととした。『前田本平氏系図』を基本とした理由を述べておくと、南北朝期成立の⑩

『分脈』、鎌倉末期成立の⑫『野津本北条系図』等は、成立年代では『前田本平氏系図』を凌ぎ、内容的にも正確度が高いと考えられるが、とくに庶流の人びとについては記述が簡略であり、北条氏全体の系譜を復元するには適さない。一方、⑥『正宗寺本北条系図』をはじめとする近世成立の各系図は、成立年代において鎌倉末期との時間的隔たりが大きく、その記述の正確度に不安があることは否めない（実際、『正宗寺本北条系図』は得宗被官であって北条氏ではないことの明らかな長崎高重を常葉範貞の子とするなど、杜撰な誤りがある）。これに対し、『前田本平氏系図』は成立年代は室町時代前期を下らないものとされており（前掲・田中氏「野津本『北条系図、大友系図』」三四頁）、成立時期は『分脈』・『野津本北条系図』と比べても遜色のないものである。かつ『前田本平氏系図』は元は仁和寺に所蔵されていた系図の影写本であり、出所も明らかである（東京大学史料編纂所による一九八九年十二月付・影写本奥書）。しかも、『分脈』・『野津本北条系図』等と比べ、きわめて多くの北条氏一門を載せており、その傍註も比較的詳細である。そして他の史料と比較可能な部分の系譜についてはかなり正確な記述がなされていることが確認されるのである。以上の理由により、『前田本平氏系図』をもって本論における北条氏の基本系図とする。なお、現在最新の北条氏系図についての研究として『吾妻鏡人名総覧』（安田元久氏編、吉川弘文館、一九九八年）所収「北条氏系図考証」がある。

（4）　当時の家格の高低の基準となるものとしては、もちろん、叙位・任官の年齢がある。北条氏についてもこれによってその家格序列が明らかになるであろうか。試みに叙爵年齢についてみてみよう。叙爵年齢のわかる北条氏は合計四七名。その平均叙爵年齢は二十二・八歳。これは二階堂氏の三十六・五歳、康信流三善氏の三十八・三歳と比較すると一三～一五歳若く、北条氏が王朝官位の面で法曹官僚二氏より上位にあったことを示している。では、北条氏内部ではどうであろうか。右の四五名を家別に分類して系図化し比較してみると次のようになる。

○得宗家

時政(63)──義時(42)──泰時(34)──時氏(25)┬経時(14)
　├時頼(17)┬時輔(18)
　│　└時宗(11)──貞時(12)──高時(9)
　├宗政(13)──師時(11)
　└宗頼┬兼時(19)
　　└宗方(17)

時氏までの四代は、二十歳以上で叙爵しているが、経時・時頼兄弟以降急激に低年齢化し、平均は十四・一歳。王朝身分秩序においても得宗家が家格を上昇させたことがわかる。

○名越家

朝時(31)┬時章(24)──公時(22)

　　—教時(20)

四名の平均は二十四・三歳。

○極楽寺流　重時(26)—長時(16)—義宗(16)—久時(17)—守時(13)
　　　　　　　　　　├時茂(17)—時範(27)
　　　　　　　　　　├義政(18)
　　　　　　　　　　├業時(19)—時兼—基時(14)
　　　　　　　　　　└忠時(29)

一一名の平均は十九・三歳だが、重時の子の代以降やはり低年齢化の傾向にある。とくに赤橋・普音寺の二家は若く、赤橋守時・普音寺基時に至っては得宗家とほとんど変わらない年齢で叙爵している。

○政村流　政村(26)—時村(21)—為時—熙時(15)
　　　　　　　　　└政長—時敦(19)

四名の平均は二十・三歳であるが、熙時は赤橋守時・普音寺基時とほぼ同年齢で叙爵している。

○伊具家　有時(33)

○金沢家　実泰—実時(32)—顕時(18)—貞顕(19)

三名の平均二十三・〇歳であるが、やはり低年齢化傾向にある。

○時房流　時房(31)—時盛(40)—政氏—盛房(41)
　　　　　　　　　　　　　　　└時員—時国(15)
　　　　　　　　　├時村—時広(26)
　　　　　　　　　└朝直(29)—宣時(30)—宗宣(24)—維貞(17)
　　　　　　　　　　　　　　　　　　└貞房(19)

時房を除く九名の平均は二十六・八歳。佐介家三名三十二・〇歳、大仏家五名二十三・八歳。ただし、時国の十五歳は『六波羅守護次第』（『東大影写』）にみえる没年齢からの逆算であるが、これは時国が叙爵した弘安年間前後の佐介家の者としては異常に若く、あるいは誤伝かもしれない。だが、大仏貞房・維貞をみると十代で叙爵しており、やはり低年齢化の傾向が読み取れる。

家別に分類するとおのおのの標本数が少なくなるため、断定的なことはいえなくなってしまうが、得宗家が経時・時頼兄弟以降極端に低年齢化すること、これに次ぐのが極楽寺流の赤橋家と普音寺家であること、これに対し得宗家から最も血縁の遠い時房流は叙爵年齢も遅かったことなどが看取される。だが、鎌倉後期になると、比較的叙爵の遅かった政村流・金沢家・大仏家等の者も十代で叙爵するようになり、極端な格差は認められなくなる。北条氏の叙爵年齢の低年齢化は得宗家を中心にしてしだいに遠縁の一門にまで広がる形で進行し、鎌倉後期にはかえって平均化されてくるということができる。その後の昇進についても官職は受領が極官、官位は四位が極位であり、頭打ちの形で北条氏一門では平均化されてしまう。よって、王朝身分秩序の面では北条氏一門は大きな差異を認めることはできず、北条氏内部の序列は幕府役職によって考察すべきである。

(5) 湯山学氏「北条重時とその一族」(同氏『南関東中世史論集一・相模国の中世史』上、一九八八年)は極楽寺流一門の総合的研究である。

(6) 赤橋家は守時以下鎌倉滅亡に殉じた(『太平記』巻十「赤橋相模守自害事付本間自害事」)が、守時の甥重時は翌建武元年伊予に挙兵している(同書巻十二「安鎮国家法事付諸大将恩賞事」)。重時は『太平記』によれば「赤橋駿河守ガ子息駿河太郎重時」とあり、『続類従』所収『北条系図』・『浅羽本北条系図』・『佐野本北条系図』は、重時を守時の弟宗時(駿河守)の子、つまり守時の甥としている。『姓氏分脈』所収「北条系図」は重時を守時の孫(直時の子)とするが、これは守時の年齢から信憑性が低い。

(7) 元弘三年五月、塩田国時の子「陸奥六郎」が家人とともに篭城していた陸奥国安積郡佐々河城が宮方の攻撃で落城している(入間田宣夫氏・遠藤巌氏・豊田武氏「東北地方における北条氏の所領」〈『日本文化研究所研究報告』別巻七、一九七〇年〉一八頁)。また、建武二年八月十四日駿河国府合戦では、通称からやはり国時の子と考えられる「塩田陸奥八郎」が生け捕られている(「足利尊氏関東下向宿次・合戦注文」〈『国立国会図書館所蔵文書』〉)。

(8) 仲時の子左馬助友時(松寿)は鎌倉滅亡六年後の暦応二(一三三九)年二月伊豆国仁科城にて与党三七人と共に捕らえられ、一二人の手勢と同時に鎌倉竜ノ口に切られている(『鶴岡社務記録』同年条・『続類従』所収『桓武平氏系図』・『続類従』所収『北条系図』・『浅羽本北条系図』・『佐野本北条系図』・『姓氏分脈』所収「北条系図」)。

(9) 『鏡』元仁元年六月二十八日・七月十七日・同十八日条。

(10) 『吉続記』文永十年閏五月四日条。同七日条によれば、朝廷は「依政村事」り議定を延引。十二日には弔問のため左衛門尉時景を関東に下向させている。

(11) 『分脈』によって、従五位下・左近将監となり、弘安九(一二八六)年十月六日二十二歳で没したことがわかる。よって文永二(一二六五)年、時村二十四歳の子で、熙時は為時十五歳の子である。

（12）『建記』十二月十九日条の六波羅評定衆交名にある「駿川二郎」を、森幸夫氏は駿河守であった有時の一門伊具家の人に比定している（同氏「六評考」二五五頁）。正しい推測と思われる。森氏の研究によれば、北条氏一門で六波羅評定衆就任が確認されるのはこの人のみである。一門から六波羅評定衆を出したということ自体が伊具家の北条氏内部での家格の低さを示しているのかもしれない。

（13）実政を祖とする上総家の系譜は系図集によって異動が激しい。およそ次の三種になる（兄弟関係は異動あり）。

①『分脈』・『続類従』所収『北条系図』・『浅羽本北条系図』

実時——実村┬時直
　　　　　　├顕時——貞顕
　　　　　　└実政——政顕

②「系図1」・『正宗寺本北条系図』・『野津本北条系図』

実時┬実村
　　├顕時——貞顕
　　└実政——政顕

③『系図纂要』所収「北条系図」・『姓氏分脈』所収「北条系図」

実時┬顕時——貞顕
　　└実政┬実村——時直
　　　　　└政顕

①の実村が実時の子で顕時等の父であるという系譜が誤りであることは、関靖氏「金沢氏系図について」（『日本歴史』一二、一九四八年）以来の定説であり、疑問の余地はまずないと思う。問題は鎌倉最末期にいわゆる長門探題を務め、鎮西評定衆でもあった時直の系譜であるが、これについては児玉真一氏が「鎌倉時代後期における防長守護北条氏」（『山口県地方史研究』七一、一九九四年）三頁において考証を行って、③の系譜を指示する見解を発表している。児玉氏の見解は首肯すべきものであり、私はこれに従う。

（14）名越氏についての研究には、川添昭二氏「二月騒動と日蓮—自界叛逆難—」（『前進座』四、一九七九年）・「北条氏一門名越（江馬）氏について」（『日本歴史』四六四、一九八七年）、磯川いづみ氏「北条氏庶家名越氏と宮騒動」（『鎌倉』八六、一九九八年）

などがある。
(15)『鏡』寛元四年五月二十五日条。光時は六月十三日伊豆国江間に配流された（『鏡』同日・『葉黄記』同年六月五日条）。
(16)『鏡』寛元四年五月二十五日条。
(17)時幸は『鏡』によれば、寛元四年五月二十五日病により出家、六月一日没しているから、病没を思わせるような記述であるが、『葉黄記』同年六月五日条には「自害」とあり、こちらが真実を伝えているものと思われる。
(18)『鏡』文永二年七月四日条。
(19)『鎌記裏書』・『武記裏書』。
(20)時家と高家の間に貞家を入れる系図もあるが、時家・高家は父子とすべきである。基礎表・高家参照。
(21)時基の系統が小町を称したことは、『太平記』巻十「高時幷一門以下於東勝寺自害事」・『正宗寺本北条系図』等に、時基の嫡男朝貞について「小町」とあるに拠る。
(22)時房流北条氏の研究には、渡辺晴美氏「北条一門佐介氏について　時房流北条氏の検討その一」（中央大学大学院『論究』五、一九七三年）・「北条一門大仏氏について　時房流北条氏の検討その二」（『政治経済史学』一〇四・一〇五、一九七五年）・「北条時房の子孫について」（『政治経済史学』三〇〇、一九九一年）がある。
(23)時景は系図1によって「朝盛」と改名したことがわかり、『分脈』はこの朝盛について「配流」と記述している。ただし、『鏡』には寛元元年九月二十七日三十八歳での卒去の時点でも「時景」と記されている。
(24)註(22)前掲渡辺氏論文参照。
(25)この弘安七年の事件については、二つの解釈が提出されている。一つは渡辺晴美氏が「得宗専制体制の成立過程（II）」九頁（『政治経済史学』一三九、一九七七年）で発表したもので、佐介家は本来得宗家に対抗的な性格を有した家で、そもそも時国の南方探題就任が佐介氏を鎌倉から駆逐する目的でなされた人事であったのではないかと推定している。この傍証として渡辺氏は、時国の南方就任が、二月騒動に誅された前南方時輔と同じ「無官にして叙爵以前の就任」であったことを指摘している。そして渡辺氏は「時盛を中心として当時の佐介氏の一統が、時宗を頂点とする幕府にとってこれから脅威となりうる可能性があったか、あるいは時宗らがそれを感じたのではなかったのか」と述べ、「佐介氏は時宗の得宗権力の伸長の過程にその犠牲として消えていくのである」と結論している。もう一つは奥富敬之氏の解釈（『北条一族』二一三～二一七頁）である。奥富氏は、佐介家は同じ時房流の大仏家とともに北条氏一門中で最も得宗家に「随順」な家の一つであったとして、その佐介家から「執権の座を狙う陰謀の首魁が現われた」ということは「どうにも首肯し得ない」とする。そして弘安年間に政権の指導者となっていた安達泰盛の「外様御家人保護政策」と「公家、寺社に対してかなり協調的」な政策は、得宗家の「勢力伸長を阻止する性質」があったとして、佐介氏の事件はこの安達氏に対して企てられたとの推定をしたうえで、「いわば、得宗家に対する忠節の故に起こされた」ものと結論している。同じ事件に対する解釈は正反対のものであるが、私はまず、佐介家は北条氏中で最も傍系の時房流に属し、同じ時房流でも大仏家と違って寄合衆・執権・連署を一人も出していないから、佐介家が得宗家に対抗して執権職を狙うようなことは家格的に不可能であると思う。渡辺氏が注目する探題就任時無官・叙爵以前という時国の時輔との共通点も、時盛も叙爵は探題就任以後であり、あまり重視すべきではないと思う。しかも時国は上洛時十三歳であり、この系統としては無官であったのはむしろ当然のことではないだろうか。祖父時盛の後見によるものではあっても、時国の上洛は当時の佐介家にとっては破格の厚遇であったというべきであろう。時国の父の世代では一人も要職就任者を確認できない佐介家にとって、時国の探題就任は復興のチャンスであり、渡辺氏の見解のような鎌倉からの追放とは考え難いと思う。時国が祖父時盛を伴い上洛した建治元（一二七五）年ごろは、『建記』の記述等から、時宗の下で安達泰盛と平頼綱が政権の二大実力者となっていた時期である。これ以降、霜月騒動に至る一〇年間、鎌倉では泰盛を首領とする安達一派が急激に勢力を伸長していく。時国の探題在任期間はこの安達派の勢力伸長期に一致している。時国の探題就任＝佐介家の復興は安達泰盛との協力によるものなのではないだろうか。一方、大仏家では弘安年間、宣時が引付頭人として政権中枢にあったが、彼は霜月騒動後の平頼綱専権期に連署に昇っている。山川智応氏は宣時を頼綱の背後にあって霜月騒動で安達泰盛を打倒した北条氏一門の張本の一人ではなかったかとの見解を発表しており（同氏「武蔵守宣時の人物事蹟位地権力と其の信仰―聖人の法敵となりし政治界巨人の研究―其の二」〈『日蓮聖人研究』一、新潮社、一九三一年〉一九八・一九九頁）、傾聴すべきものと思う。時国事件は、安達泰盛―佐介家の勢力と平頼綱―大仏家の勢力との霜月騒動に至る最初の衝突であり、続く時光事件は時国事件に対する佐介家の復讐とその挫折であったのではないだろうか。関連史料の乏しい事件であり、推定に推定を重ねることになってしまうが、仮説の一つとして提示しておく。

(26)　時国の子備前守貞資と土佐守時元は『貞時供養記』の「諸方進物」に「備前《佐介》前司殿」、「土佐《佐介》前司殿」とみえ、おのおの砂金・銀剣を献じている。

(27)　註(25)前掲山川氏論文参照。

(28)　貞房の系統が坂上を称したことは、『太平記』巻十「高時并一門以下於東勝寺自害事」に「坂上遠江守貞朝」とあり、これが『正宗寺本北条系図』にある貞房の男貞朝（遠江守）と一致することに拠る。『佐野本北条系図』は貞朝について「坂上遠江守。高時同時自害」と記している。

（29）『鏡』安貞元年六月十八日条。

（30）宗頼は母も未詳。『鏡』の初見は文応元（一二六〇）年十一月二十一日条の将軍宗尊が二所詣のため極楽寺重時邸に入御した際の供奉人である。供奉人二三人中、兄の時宗（十歳）・宗政（八歳）・時輔（十三歳）に次いで四位にあった。このときの呼称は「同《（相模）》七郎」である。「四郎」を称する宗政が八歳であり、かつ供奉人となりえたことから、当時五・六歳程度であったのではないだろうか。

（31）『長門国守護職次第』（『続類従』「補任部」）・『長門国守護代記』（『東大写真』）によれば、同年正月十一日長門守護就任。周防守護を兼務したことは、佐藤氏『守護制度』「越前」・「周防」・「長門」の各項参照。当時「相模修理亮」を称していたが、二十代前半の年齢であったと推定される（註(30)参照）。

（32）没年は『分脈』に拠る。任地に没したことは大友頼泰の女を母とする次男宗方が前年に誕生したことより推定。

（33）系図1によれば、兼時は伯父である桜田禅師時厳の子（つまり従兄弟）治部権大輔兼貞を、宗方は同じく篤貞（通称平太）を養子としたとされるが、いずれも中央要職への就任の徴証はなく、官途からも宗頼系の家を継ぐことはなかったようである。

（34）『分脈』は為時・時定両方を載せ、別人のように扱っているが、肥前守護としての発給文書の花押によって同人たること明白であり、その改名の時期は『花押かがみ』三・一九二頁（№二四五〇）の推定のごとく弘安八（一二八五）年十一月より同九年閏十二月までの約一年二カ月の間であろう。時定の母は、『分脈』には「母城介景成女」とあるが、これは明らかに「景盛」の誤伝であり、安達景盛の女を母とする経時・時頼の同母弟であったことになる。生年未詳であるが、『鏡』宝治元（一二四七）年六月五日条によれば、宝治合戦に際し兄時頼によって大手大将軍に任命され、三浦勢と対決している。このとき、時頼が二十一歳であるから、十代後半から二十歳そこそこであったと思われる。時政以来の北条氏所領である肥前国阿蘇社を受け継ぎ、苗字もこれより出た（『阿蘇文書』）。弘安四年八月ごろ、肥前守護として現地に下向。『分脈』によれば、正応二（一二八九）年没。肥前守護職は嫡子定宗が継いだ（佐藤進一氏『守護制度』「肥前」）が、彼も永仁三（一二九五）年八月十九日現地に没している（『分脈』）。

（35）『楠木合戦注文』・『太平記』巻六「関東大勢上洛事」。治時が高時の猶子であることについては、『間記』に、「弾正少弼治時時頼が彦。遠江守随時が子。高時為子」とあり、『系図纂要』に「高時義子」、『佐野本北条系図』（「時治」とす）にも「高時養子」とあることなどに拠る。

（36）『満願寺年代記』によれば、随時は元亨元（一三二一）年に没したとき、三十一歳であり、これより逆算（随時が元亨元年に没したことは『分脈』・『満願寺年代記』・『常楽記』が一致する。ただし、月日は『分脈』は六月二十三日、『常楽記』五月二十五日、

『満願寺年代記』四月十五日と相違する)。

(37) 『満願寺年代記』。当時、父随時は鎮西探題在職中であった。

(38) 『比志島文書』弘安九年閏十二月二十八日付「関東式目」(この名称は『鎌倉遺文』に従った)によって時定の所領であったことがわかる山田荘は、『実相院文書』正和四年十一月二十三日付「関東下知状案」によれば、当時、随時の所領となっており、さらに『入江文書』康暦元年十二月二十四日付「足利義満下文」によって、鎌倉末期には治時の所領となっていたことが確認される。

(39) 川添昭二氏「鎮西評定衆、同引付衆について」(『歴史教育』一一－七、一九六三年)・「鎮西評定衆及び同引付衆・引付奉行人」(川添氏編『九州中世史研究』一、文献出版、一九七八年)一七三頁。

(40) 『太平記』巻十「新田義貞謀叛事付天狗催越後勢事」。

第二章　幕府職制を基準とする家格秩序の形成

はじめに——非北条氏系諸氏と鎌倉政権

本章では非北条氏系諸氏について検討する。『関評』[1]には嘉禄元（一二二五）年の評定衆設置時から弘安七（一二八四）年までの六〇年間のうち嘉禄二年より寛喜三（一二三一）年に至る六年間を除く五四年分の毎年の評定衆および引付衆が載せられている。このうち非北条氏系の諸氏を家別にみると、外様御家人系は安達・伊賀・宇都宮・大曾禰・小田・狩野・後藤・佐々木（京極・隠岐）・中条・千葉・土屋・三浦・武藤・結城の計一五家。法曹官僚系は大江（海東・長井・那波・毛利）・清原（清定系・教隆系）・佐藤・摂津・二階堂・三善（太田・町野・矢野）の計一二家。合計二七家となる。このうち一名しか評定・引付衆を出さなかったのは土屋・結城の計二家、二名しか出さなかったのは佐藤の一家で、この三家は評定・引付衆の世襲化には至らなかったと推定される。次に政争により滅亡または没落したものは、宝治合戦で千葉・三浦・毛利・那波の四家、霜月騒動で武藤の一家がある。のちに六波羅評定衆[2]に転じたのは、伊賀・小田・海東・狩野・中条の五家。つまり二七家のうち一三家は中途で評定・引付衆を出さなくなっている。この一三家を除く、外様御家人系の安達・宇都宮・大曾禰・佐々木（京極・出雲）・後藤の六家と法曹官僚系の摂津・長井・二階堂・三善（太田・町野・矢野）・清原（清定系・教隆系）の八家、合計一四家は、鎌倉滅亡までに少なくとも三世代以上にわたり、北条氏とともに鎌倉政権において引付衆以上の役職を世襲したと推定され、以下これら一四家について個別研究を行うこととする。

第一節　安達・大曾禰氏

安達氏と大曾禰氏の始祖藤九郎盛長は、源頼朝の流人時代からの近臣[3]で、頼朝の乳母比企尼の女婿[4]であることから、関東かその周辺の在地領主出身と考えられるが、その出自は明らかでない。[5]盛長は頼朝・政子夫妻の信頼篤く個人的にも親しい間柄であり、[6]幕府成立後は宿老の一人として幕政に重きをなした。[7]この盛長の長男景盛の系統が安達氏、次男時長の系統が大曾禰氏である。王朝官職では安達氏は景盛以来惣領が秋田城介を、大曾禰氏は時長の子長泰以来惣領が上総介をおのおの世襲した。幕府要職では、安達氏の惣領は景盛の子義景以来寄合衆・五番引付頭人等を世襲し、大曾禰氏の惣領も長泰以来引付衆を世襲、共に東使を複数出している。惣領以外でも弘安年間には安達氏の惣領泰盛の兄弟・子息・甥等が次々に評定・引付衆に昇り、大曾禰氏でも傍流の義泰が引付衆となる。[8]安達・大曾禰氏のこのような繁栄の要因は、景盛以来その娘を得宗の妻とし、安達氏が得宗外戚の地位を得たことによる。景盛の娘松下禅尼は北条時氏の妻となって経時・時頼兄弟を生み、泰盛の妹でその養女となった潮音院尼は時宗に嫁して貞時を生んだ。もともと安達氏は大江氏とともに得宗家と緊密な関係を築き、これを政治基盤としてきた家であったが、得宗外戚の地位を得たことが安達氏発展の最大の要因であったことは否定できない。とくに泰盛は寄合衆・五番引付頭人のほか、越訴頭人・恩沢奉行等の要職を歴任し、それまで北条氏一門の要人による任官が例となっていた陸奥守ともなっている。これはひとえに泰盛が文永・弘安年間に急速に権力を集中することとなった得宗時宗の外戚であったことによるものといえよう。

だが、泰盛を中心とした安達・大曾禰氏の勢力は霜月騒動によって壊滅する。政権中枢にあった者を中心に成人男子は大半が討たれ、安達・大曾禰氏は滅亡といってよい状態となる。ところが、この事件において安達・大曾禰氏の女子・幼少者はほとんど例外なく殺害を免れている。(9) これは比企の乱・和田合戦・宝治合戦等、それまでの鎌倉政権の内訌と大きく異なる点である。霜月騒動は安達派とでも呼ぶべき政治勢力を鎌倉政権から除去したものの、安達・大曾禰氏を族滅することはなかったのである。そして霜月騒動より十数年を経た正安年間、泰盛の弟顕盛の孫である時顕が政権中枢に登場するに及び、安達氏は復権を果たす。時顕は秋田城介に任官し、寄合衆・五番引付頭人となって、かつての安達氏惣領の地位を完全に回復する。さらに時顕の娘は得宗高時の妻となり（『間記』・『分脈』・『系図纂要』「安達」）、時顕は得宗外戚ともなるのである。時顕のほかにも、安達氏では泰盛の弟である時盛・重景の二系統、(10)大曾禰氏でもその嫡流(11)は高時政権期には復権を果たしていた可能性が高い。時顕が泰盛期の地位を回復し得宗外戚ともなったことは、高時政権期には安達氏惣領家は得宗外戚家であり寄合衆に至る家であるという家格を認知されていたことを示すものであろう。

安達・大曾禰氏では、霜月騒動後、安達氏惣領家が泰盛系から顕盛系に移ったが、得宗外戚家である安達氏惣領家は秋田城介・寄合衆・引付頭人・評定衆・引付衆を世襲し、東使を出す家格として認知されていた。安達氏傍流二家と大曾禰氏も高時政権期には復権を果たしていた可能性が高い。得宗外戚・寄合衆を世襲する安達氏惣領家は前にみた北条氏の家格では寄合衆家に属したことになる。安達氏傍流二家と大曾禰氏は評定衆家ということになろう。

第二節　佐々木氏

佐々木氏は近江国蒲生郡佐々木荘を本貫とする源家累代の家人（『近江蒲生郡志』）であり、平治の乱に参加した秀義（『平治物語』）の子である佐々木兄弟は流人時代以来源頼朝に仕え、幕府成立後は揃って守護を歴任する（佐藤進一氏『守護制度』）など、頼朝に重用された。その後、一門は繁衍し各地で在地領主化を果たして、中・近世武家社会で繁栄するが、鎌倉政権で地位を得た系統は六角・西条・京極・隠岐・塩谷の五系統である。

六角・西条・京極は、秀義の長男定綱の子信綱に始まる家である。定綱は佐々木氏の本領がある近江の守護となり、子孫は佐々木氏の嫡流とされた。その子信綱は近江守護を父より相伝するとともに評定衆に任じられる。ところが、信綱の子の代で定綱流佐々木氏は分裂する。嫡男泰綱を祖とする六角氏は近江守護を世襲して六波羅を活動の中心とすることとなり、泰綱の弟氏信を祖とする京極氏は評定衆を世襲し、東使に歴代任じられて、鎌倉を活動拠点とするのである。そして六角氏の傍流西条氏は二代にわたって六波羅評定衆を世襲している。結局、定綱流佐々木氏では京極氏のみが鎌倉政権中枢に地位を保った。京極氏の祖氏信は本来信綱の庶子であったが、嫡子泰綱とは同母兄弟であり、もともと叙爵・任官等では泰綱とほとんど遜色がなかったが、成長するに及び得宗家に積極的に接近し、得宗被官に近い活動をするようになる(12)。これが氏信が評定衆となった要因と考えられる。近江守護を相伝した六角氏が佐々木氏の嫡流であることは間違いないが、鎌倉末期においては政権中枢に地位のあった京極氏の方がむしろ有力な家であったとすら考えられるのであり、実態としては定綱流佐々木氏は六角・京極二流に分裂していたといえよう。京極氏では氏信の後、その子宗綱、宗綱の甥（兄満信の子）で宗綱の女婿でもある宗氏が評定衆となったことが確認され、京極氏は評定衆に就任する家格として認められていたと判断される。また、京極氏は室町政権においても摂津氏等とともに評定衆を世襲している（『花営三代記』・『御評定着座次第』〈『類従』「雑部」〉）。すると宗氏の子で宗綱の外孫である貞氏・高氏（導誉）兄弟は、高氏が高時に従って出家した（『分脈』）だけで、評定衆等への就任を示す史料は確認できていないが、京極氏は高時政権においても政権中枢に地位を保っていたと考えるのが妥当であろう。

次に隠岐氏・塩谷氏は秀義の末子義清の系統で、義清の子で父以来の隠岐・出雲守護を相伝し六波羅評定衆となった泰清（森幸夫氏『六評考』）を始祖とする。泰清の子時清の系統が隠岐守護を世襲した隠岐氏、その弟頼泰の系統が出雲守護を世襲した塩谷氏である（佐藤進一氏『守護制度』各国条参照）。隠岐氏は時清以来三代連続して隠岐守にも任官し、時清は評定衆に就任し東使をも務めており、その孫清高も引付衆・東使となっている。

佐々木氏では、京極と隠岐の二家が鎌倉政権中枢に評定・引付衆を世襲する家格として地位を保ったのである。

第三節　宇都宮氏

宇都宮氏は古代以来下野国に盤踞した豪族で、東国豪族領主の典型である。始祖は朝綱[13]で、弟に八田・小田・中条等の祖となった知家がいる。朝綱とその孫頼綱は源頼朝に仕え、頼綱はのちに幕府宿老となっている。[14]頼綱の子泰綱以来四代評定・引付衆となった。宇都宮氏の嫡流が評定衆となったのは泰綱からであるが、この一門をもう少し広くみてみると、朝綱の弟八田知家は正治元（一一九九）年の十三人合議制に加わっており（『鏡』正治元年四月十二日条）、その養子中条家長は泰綱に先立って評定衆となり、知家の孫小田時家も泰綱・景綱と並んで評定・引付衆となった。ただ、中条・小田氏の評定・引付衆はいずれも一代限りであり、両氏はのち、六波羅評定衆に転じている（森幸夫氏「六評考」）。宇都宮氏一門は幕初以来ほぼ一貫して政権中枢にあり、鎌倉後期には宇都宮氏嫡流がこの伝統を引き継いで評定・引付衆を世襲したということになる。

第四節　後藤氏

後藤氏は秀郷流藤原氏で家系としては外様御家人に属すが、鎌倉政権においては官僚としての側面が強い。鎌倉御家人後藤氏の始祖は基清で、源頼朝以来の有力御家人であったが、承久の乱で京方に属し刑死した。[15]だが、その子基綱は鎌倉方にあり、乱の後も鎌倉政権の有力者としての地位を保ち、初代評定衆の一人となり、九条頼経将軍期には摂津氏の始祖中原師員とともに将軍側近として、のちの御所奉行に相当する地位に就いている。[16]しかし、寛元四（一二四六）年の宮騒動で失脚、評定衆を罷免された。六年後に引付衆として復権を果たしたが、すでに七十二歳の高齢であり、四年後に没している。基綱の子基政は父卒去の翌年引付衆に補任されたが、評定衆に進むことはなく、六波羅評定衆に転じた。引付衆から六波羅評定衆に転じる例は、基政の子基頼に引き継がれ、以降、後藤氏は一門を挙げて活動拠点を六波羅に移した。[17]ところが、高時政権に至り、信濃入道が出て評定衆・御所奉行となっている。この人が後藤氏の系譜の何処に位置するのかは不明であるが、後藤氏は基綱の失脚以来八〇年ぶりで評定衆に返り咲いたことになる。後藤氏は鎌倉後期には六波羅評定衆を世襲する家となっていたが、最末期に至り鎌倉政権中枢に復権を果たしたのである。

第五節　摂津氏

摂津氏は明経道中原氏の庶流貞親流に属す師員が泰時政権期に鎌倉に下向し、初代評定衆の一員に加わってより、武家法曹官僚の家となった。[18]したがって摂津氏は要職に就いた家の中では鎌倉政権と接触した時期は比較的遅いのであるが、少し視野を広げてみると、貞親流中原氏は鎌倉政権とはその成立期から密接な関係にあった。つまり、師員の父師茂の従兄弟が中原親能・広元兄弟なのである。師員は後藤基綱とともに将軍九条頼経の近臣[19]として、のちの御所奉行に相当する地位に就き、とくに恩沢業務に関して大きな職権を有した。[20]泰時政権期から時頼政権初期にかけての鎌倉政権は得宗家を中心とする得宗派と九条将軍家を中心とする将軍派の対立・抗争がしだいに激しさを増していく時期だが、三浦・名越・後藤氏等の将軍派が寛元・宝治政変で没落したのに対し、師員は政変後も変わらず政権中枢にあり続けており、九条将軍の最有力側近であったにもかかわらず、いわゆる将軍派とは政治的立場を異にしていたことを窺わせる。むしろ師員は中立的な位置にあり、対立する両派の緩衝帯の役割を果たしていたのではないだろうか。寛元・宝治政変後の時頼政権では師員は短期ではあるが、引付頭人に昇っている。師員の子師連は九条頼嗣・宗尊親王・惟康親王の将軍三代に仕え、父と同様将軍側近となった。将軍近臣の中では初代御所奉行二階堂行方・武藤景頼に次ぐ位置にあり、行方の没後、御所奉行となったようである(21)。引付衆在職が長かったが、御所奉行になるのと前後して評定衆に昇進した。

師連の子親致は時宗期から貞時期の人であるが、摂津氏の歴史を考える上でキー・マンとなる人物である。すなわち、親致の時代に摂津氏には大きな変化が訪れる。それは①中原から藤原への改氏、②通字の「師」から「親」への変更、の二点である。『関評』では親致は一貫して藤原姓で記されており、各系図も彼について「改藤氏」等と記しているから、彼の代に改氏がなされたことは明らかである。また「師」は明経道中原氏全体の通字であり、摂津氏でも親致の曽祖父師茂から父師連までの三代はこれに従っており、師員の子で京都に残った師守の系統もこれを通字としている。師連―親致の系統である摂津氏だけが親致以降「親」を通字とするのである。親致自身は父祖と異なり明経道系の官職に任官した徴証がなく、それまで例のない左近将監という武官に任官している(22)。幕府役職では時宗政権期に引付衆に就任、評定衆に進み、弘安七（一二八四）年の時宗の卒去に際し出家。翌年の霜月騒動直後に太田時連に替わって問注所執事に就任。永仁元（一二九三）年の平禅門の乱後までの平頼綱専権期にはその職にあった。鎌倉政権において康信流三善氏以外で問注所執事となったのは親致ただ一人である。続く貞時政権期には問注所執事は罷免されたものの評定衆には在職を続け、官途奉行・安堵奉行・越訴頭人・奏事等を歴任して引付頭人に至った。親致が平頼綱およびこれを討った得宗貞時に重用されたことは明らかである。この親致の代に訪れた摂津氏の二つの変化は何を意味するのであろうか。改氏・通字変更というのは一見、親致が師員―師連を含むそれまでの自家の歴史を拒否しようとしたように思われる。だが、親致の官職歴をみてみると、祖父師員との共通点が多いこと気づく。すなわち引付頭人は師員と共通し、安堵奉行は師員の就いていた恩沢奉行とほぼ同義の職である。また、時期は溯るが、注目されるのは弘安元年の親致の摂津守任官である。摂津氏の苗字は師員の就任したこの官職より出ている。一般に御家人の任官は本人の申請により鎌倉政権が王朝に推挙するものであるから、親致の摂津守任官は彼の希望によったものであろう。親致は何故摂津守を望んだのか。それは祖父師員の任官職であったからではないか。そして親致の法名は「道厳」であり、師員のそれは「行厳」である（師連は「性円」）。親致は中央要職・王朝官職・法名で師員と繋がる。親致は自身が鎌倉政権の重鎮であった摂津守中原師員の孫であることを主張し、生涯にわたってその先例を追い、平頼綱・得宗貞時に近づくことによって摂津氏の勢力を師員期のそれに再興しようとしたのではないだろうか。親致のこのような官職歴をみるとき、改氏・通字変更は必ずしも摂津氏の歴史を拒否するものではなかったと考えられる。ここで指摘されるのは、親致の祖父師員を源頼朝の側近官僚であった藤原親能の子とする史料が存在することである。[23]親能は、師員の祖父忠順の甥であり、貞親流中原氏の人であるが、師員が親能の子でないことは明らかである。[24]そしてこの親能は中原から藤原に改氏している。[25]親致のときの通字の「師」から「親」への変更は親能を意識してのものであり、改氏も親能の先例を追ったのではないだろうか。貞親流中原氏全体でみれば、この一族は草創期以来鎌倉政権と密接な関係にあったが、師員を始祖とする摂津氏に限定すると、同氏は師員に至って初めて鎌倉に下向した家であった。これは同氏が鎌倉政権の神話時代ともいうべき源家三代将軍期と歴史を共有していないということである。時宗・貞時期に鎌倉政権中枢を構成した家々の中では、これはほとんど摂津氏のみの特徴である。そこで親致は自家を源氏将軍と結びつけるため、祖父師員こそ源頼朝の近臣藤原親能の正当な後継者であったと主張し、これを目にみえる形にしようと自家の通字を変更し改氏まで行ったのではないだろうか。

親致の子親鑒は安達時顕・長崎高綱とともに得宗高時の側近として高時政権中枢において活動しており、[26]鎌倉滅亡に際しては東勝寺の高時の面前で自刃している（『太平記』巻十「高時幷一門以下於東勝寺自害事」）。親鑒の子高親は官途奉行、弟親秀は御所奉行・東使を務めており、摂津氏は高時政権に一門を挙げて出仕している。摂津氏惣領家は鎌倉滅亡に殉じたが、その家督は親鑒の弟親秀が引き継ぎ、この系統は建武政権を経て室町政権でも評定衆を世襲している（『御評定着座次第』〈『類従』「雑部」〉）。

摂津氏は鎌倉中期になってから鎌倉政権に仕えた家であり、これは鎌倉末期に政権中枢に地位のあった家々の中ではきわめて珍しい特徴である。だが、始祖師員以来、将軍側近として政権中枢に重きをなし、将軍側近の家という性格は鎌倉最末期まで変わらなかった。これと同時に師員の孫親致以降は得宗に接近し、その近臣ともなっている。摂津氏では寄合衆就任者を確認できないが、鎌倉最後の惣領であった親鑒は、高時政権の二大巨頭であり寄合衆であった安達時顕・長崎高綱とともに高時に近侍しており、鎌倉滅亡時にも高時の側にあって鎌倉滅亡に殉じているから、彼が寄合衆であった可能性はきわめて高い。鎌倉政権との接触が比較的遅かったにもかかわらず鎌倉末期に政権中枢に地位を得たこの摂津氏が、親致の代に源頼朝の側近であった藤原親能の後継者と称したと考えられることは、末期鎌倉政権には家格と伝統を重視する風潮が濃厚であったことを示すものである。

第六節　長井氏

長井氏は広元流大江氏の嫡流である。(27) 始祖大江広元は初代政所別当であり、源頼朝の近臣として権勢をふるい、承久の乱ごろまで幕府宿老として活動したことはいまさらいうまでもないが、安達景盛とともに北条義時のブレーンであったことをここでは指摘しておく。(28) 長井氏は広元の次男時広を祖とする家であるが、評定衆毛利季光をはじめとする広元の子供たちが生存していた貞永元（一二三二）年十二月、執権泰時が法曹官僚に命じて広元関係の幕府重要書類を蒐集させ目録を整えて時広の子泰秀に送らせており、[29]これは当時、長井氏が広元流大江氏の嫡流と認められていたことを示している。系図13のごとく、広元流大江氏では長井泰秀・那波政茂・毛利季光・海東忠成という広元の子および孫四名が評定・引付衆となったが、これを世襲したのは長井氏のみであった。毛利氏は宝治合戦で季光が敗死して没落。那波氏も政茂が宝治合戦に連座して失脚して以後、没落した。海東氏は六波羅評定衆に転じている（森幸夫氏「六評考」）。ほかに広元の末子重清に始まる水谷氏がのちに六波羅評定衆を出した（森氏「六評考」）。長井氏内部でも時広以後、多くの家を分出したが、評定・引付衆を世襲したのは泰秀系の関東評定衆家のみであり、泰秀の弟泰重に始まる六波羅評定衆家が六波羅評定衆を世襲した（森氏「六評考」）のである。つまり、長井関東評定衆家は六波羅評定衆等を多く出す広元流大江氏の嫡流であり、この家のみが鎌倉末期まで鎌倉政権中枢に地位を保ったのである。中でも泰秀の孫宗秀は貞時政権期に引付頭人・越訴頭人・執奏等を歴任し寄合衆に至っている。その孫高冬（挙冬）は元弘の乱に際し十八歳の若さで東使となって上洛したが、このときのことを『増鏡』巻十六「くめのさら山」は「かの承久のためしにとや、あづまよりの御使には、長井の右馬助高冬といふものなるべし。これは頼朝の大将の時より、鎌倉におもきものゝふにて、いまだ若けれども、かゝる大事にも、のぼせけるとぞ申ける」と記している。後醍醐天皇の隠岐配流を沙汰したこのときの東使が十八歳の少年であり、その任命の根拠は「頼朝の大将の時より、鎌倉におもきものゝふ」という長井氏の家格であったのである。

第七節　二階堂氏

政所執事を世襲した二階堂氏の始祖藤原行政は、藤原南家乙麿流と伝え、狩野・工藤氏等の東国在地領主と同族とされる。[30]行政の母は熱田大宮司季範の妹である。季範の娘が源頼朝の母であったことはよく知られており、行政は熱田大宮司氏を媒介とする外戚関係によって頼朝に登用されたと考えられる。行政自身は主計允・民部大夫に任官しており、鎌倉政権でもその実務能力によって政所令として活動した（『鏡』建久二年正月二十五日条等）。行政の後は北条氏に劣らない繁衍を遂げ、五〇流以上に分流している（『分脈』）。鎌倉政権中枢に地位のあった者を中心にその分流の様子をみてみる（系図14―②）と、まず行政の子の代で行光の信濃流と行村の隠岐流に分かれ[31]、信濃流は行光の孫の代で行泰の筑前家・行綱の伊勢家・行忠の信濃家の三家が成立、隠岐流は行村の子の代で基行の隠岐（懐島）家・行義の出羽家・行久の常陸家・行方の和泉家の四家が成立した。この二流七家がさらに分家して、信濃流の筑前家行頼系・筑前家行佐系・伊勢家頼綱系・伊勢家盛綱系・伊勢家政雄系・信濃家行宗系・信濃家盛忠系、隠岐流の隠岐（懐島）家・出羽家行有系（備中家）・常陸家・和泉家の一一家が、鎌倉政権で中央要職を世襲することになった[32]。このうち筑前家行頼系は六波羅評定衆に転じ、鎌倉末期には政権中枢から離れる。また、隠岐（懐島）家は霜月騒動で行景が討たれて以後、没落した。よって最終的に二流九家が鎌倉政権中枢に残ったことになる。

では、二階堂氏内部には北条氏のような序列が存在したのであろうか。この点については、政所執事の継承関係が参考になるであろう。政所執事は二階堂氏では信濃流の祖行光が初めて就任（『鏡』建保六年十二月二十日条）し、行光の甥伊賀光宗を経て、行光の子行盛が就任して以後は鎌倉政権では同職は二階堂氏が独占した。行光を含め四家から一四代一二人が就任した。このうち一二代一〇人が信濃流から出ており、信濃流が二階堂氏の嫡流であったことが理解される。だが、信濃流の中では三家から執事が出ており、隠岐流からも二人が出ているので、これでは二階堂氏ならだれでも執事になる資格があったようにも思われる。しかし、子細にみると、行光・行盛の後は最初、筑前家が執事を直系相続している。おかしくなるのは、行頼が弘長二（一二六二）年十二月に引付衆に列し、父行泰から執事を譲られながら、翌年三十四歳の若さで没してからである。行頼の没後は老父行泰が五十四歳で再任し、翌文永二（一二六五）年行頼の弟行実が三十歳で引付衆となるとともに行泰から執事を譲られた。行泰は同年評定衆在職のまま没。ところが、四年後の文永六年七月行実までが三十四歳で没してしまう。筑前家では六年間に父子三人が連続して世を去ったのである。そこで行泰の弟で伊勢家の祖である行綱が同年、五十四歳で執事に就任。行綱は一二年間執事を務め、弘安四（一二八一）年卒去。その後任には子息の引付衆頼綱が四十三歳で就任。かくて政所執事は伊勢家に移ったかにみえた。ところが二年後に頼綱が卒去。頼綱の後任には叔父（行綱の弟）評定衆信濃行忠が六十三歳の高齢で就任。その行忠も七年後の正応三（一二九〇）年十一月に没した。行忠の嫡子行宗は引付衆であったが、父に先立ち弘安九（一二八六）年に没していたので、行忠の後任には嫡孫（行宗の子）行貞が二十五歳で就任した。かくて政所執事は筑前家から伊勢家を経て信濃家へと盥回しにされたわけである。しかし、ここまでの執事の他家への移譲はすべて前任者の卒去によるもので、致し方のないことといえよう。政所執事は実務に精通している必要があるので、あまり年少での任用は困難であったと思われる。それでも筑前行頼は三十三歳、同行実は三十歳、信濃行貞に至っては二十二歳で就任しており、一系統で執事を相伝しようとする努力はなされていたといってよい。ところが、信濃行貞は永仁元（一二九三）年就任三年目にして罷免され、十月十九日執事には初めて隠岐流から出羽備中家の行藤が就任した。行貞二十五歳、行藤四十八歳。前任者存命中の執事の他家への移譲は、同職が二階堂氏の世襲となってから初めてのことである(33)。その後、行藤は乾元元（一三〇二）年八月五十七歳で没するまで執事を務めた。行藤の後任には、同年十一月行貞が再任。時に行貞は三十四歳。これに対し行藤の嫡子貞藤は三十六歳。行藤の卒去から行貞の再任までに三カ月近くかかっていることから、信濃家と出羽備中家の間に抗争があったことが考えられる。行貞は二十七年執事を務め、元徳元（一三二九）年二月六十一歳で没。後任には嫡子貞衡が五月三十九歳で補任された。行貞卒去から貞衡の就任までにまたも二カ月半を要しており、信濃家と出羽備中家の抗争は世代交替をして再燃したのであるが、貞衡の就任により政所執事は信濃家に世襲された(34)。だが、二年後の元弘二（一三三二）年正月貞衡は四十二歳で没し、後任となったのは貞藤であった。ついに貞藤は執事となり、政所執事は三〇年ぶりに再び出羽備中家に移る。そしてそのまま鎌倉滅亡を迎え、貞藤は鎌倉最後の政所執事となった。

以上、繁雑になったが、政所執事の変遷を鎌倉後期を中心に追ってみた。その結果、同職は鎌倉末期には信濃流信濃家と隠岐流出羽備中家の間で争奪されたことが明らかになった。後期鎌倉政権中枢で中央要職を世襲した九つの家の中でこの二家が政所執事を出したのである。そして二階堂氏では、出羽備中家の行藤ただ一人が寄合衆在任の確認が取れ、行藤・貞藤だけが鎌倉末期に引付頭人となっている。他家では寄合衆就任者も引付頭人就任者も鎌倉末期には確認されていないから、出羽備中家は他家よりも高い地位にあったと判断されよう。だが、その出羽備中家と対等に政所執事を争っているのであるから、寄合衆・引付頭人就任の確認は取れないものの、信濃家も出羽備中家と同等の家格であったと考えてよいのではないだろうか。つまり、二階堂氏内部には北条氏よりも小規模ではあるが、北条氏と同様の家格秩序があったと判定される。鎌倉後期の二階堂氏では、まず中央要職に就任する九家とそれ以外の家があり、要職に就任する九家は、政所執事・寄合衆・引付頭人にまで至ることができる信濃流信濃家・隠岐流出羽備中家と評定衆止まりである七家に分かれるのである。

第八節　三善氏

初代問注所執事三善康信を祖とする康信流三善氏(35)は、康信の母が頼朝の乳母の妹であったことから、流人時代から頼朝と緊密な関係にあり(36)、康信は幕府成立後は大江広元と並んで頼朝の側近官僚となり、幕府宿老となった(37)。問注所執事は、平頼綱専権期を除いて鎌倉政権では、康信流三善氏によって独占された。康信流三善氏では、町野・太田・矢野の三家が鎌倉政権中枢に地位を得、このうち町野氏がはじめ問注所執事を二代にわたって世襲した。だが、康持が宮騒動に連座して執事・評定衆を罷免され、町野氏は失脚。問注所執事は太田氏に移る。康持はのちに引付衆として復権するが、評定衆に返り咲くことはなかった。その子政康・宗康は引付衆に就任するが、やはり評定衆に昇ることはなく、二人共六波羅評定衆に転じている（森幸夫氏「六評考」）。以後、町野氏は政康流・宗康流の二家になるが両家共六波羅評定衆となっており、町野氏は活動拠点を六波羅に移したことになる。のち、政康流は六波羅滅亡に殉じ、宗康流は建武政権を経て室町政権に仕えた。太田氏は始祖康連以来評定衆を世襲し、康連が宮騒動後に町野康持に替わって問注所執事となって以後はこれをも相伝した。康連の子康有、その子時連は寄合衆に至っている。矢野氏は康信の長子行倫を祖とする家で、行倫の子倫重以来評定衆を世襲した。その子倫長・孫倫景は寄合衆就任が確認される。結局、太田・矢野両氏が寄合衆に至る家格を築き、町野氏は六波羅評定衆を世襲することとなったのである。

第九節　清原氏

清原氏にあっては二つの系統が鎌倉政権と密接な関係を結んだ。清原頼隆の子定隆と定滋の二系統である。すなわち定隆五代の孫信定の養子で源頼朝治世の建久五（一一九四）年突如として奉行人に登場し[38]、貞応二（一二二三）年まで活動し[39]、ふたたび突如として姿を消した図書允清原清定の系統と、定滋五代の孫仲隆の子で、建長年間に引付衆となった教隆の系統である。この二系統は同じ清原氏とはいえ、系統は非常に離れており[40]、鎌倉政権における活動もまったく異なるので、一族として扱うことは問題があるかもしれないが、鎌倉政権における法曹官僚系氏族のあり方が明らかになるように思われるので、ここでは二つの清原氏を比較する形で検討してみたい。

1　清定系

清定は清原信定の養子であり、実父は藤原時長の後胤である疋田流藤原以邦であるが、『鏡』では一貫して養家の姓で記されている。この清定の子孫から出るのが長定流斎藤氏と満定流清原氏である。両家からは長定・清時・満定の三人が評定・引付衆となった。斎藤氏では清時がわずか三年引付衆に在職して没したのちには評定・引付衆を出すことはなくなった(41)。満定流清原氏も評定・引付衆となったのは満定のみであったが、子孫は奉行人として活動を続け、室町政権でも奉行人層に属して栄えている。

2　教隆系

教隆は寛元年間に鎌倉に下向し、将軍御所の奉行人として活動した。建長四（一二五二）年四月五十四歳で引付衆に就任し、一〇年の在職ののちに帰京した(42)。明経道清原氏の人としてその学識を買われて鎌倉に下向したものと考えられるが、結局引付衆止まりで京都に帰ったのである(43)。よって、評定・引付衆の世襲化には至らなかったはずであるが、高時政権期になって孫教元・曾孫教氏が鎌倉政権に仕えていたことが確認される(44)。教元は官途奉行、教氏は一番引付奉行人である(45)。官途奉行は評定・引付衆が兼務することの多い職の一つであり、教元は祖父教隆同様引付衆に就任していたのかもしれない。少なくとも、評定・引付衆に準じる待遇は受けていたと考えられる。

清原氏では、清定系は鎌倉中期に評定・引付衆の地位を失って、奉行人層の家として存続し、教隆系は高時政権期には評定・引付衆に相当する地位を与えられていたと考えられる。

まとめ

非北条氏系氏族で、鎌倉末期まで鎌倉政権中枢で中央要職就任者を出した家系は、次の家々である。外様御家人系（八家）＝安達氏顕盛系*・安達氏時盛系・安達氏重景系・大曾禰氏・佐々木京極氏・佐々木隠岐氏・宇都宮氏・後藤氏、法曹官僚系（一四家）＝摂津氏*・長井氏関東評定衆家*・二階堂氏信濃流筑前家行佐系・二階堂氏信濃流伊勢家頼綱系・二階堂氏信濃流伊勢家盛綱系・二階堂氏信濃流伊勢家政雄系・二階堂氏信濃流信濃家行宗系*・二階堂氏信濃流信

濃家盛忠系・*二階堂氏隠岐流出羽家行有系（備中家）・二階堂氏隠岐流常陸家・二階堂氏隠岐流和泉家・*太田氏・*矢野氏・教隆系清原氏。合計二一家である。このうち、＊を付けた七家は他の一四家よりも高い家格にあった。すなわち、前章にみた北条氏と同様、非北条氏にも鎌倉政権の中央要職を基準とする家格秩序が存在したのである。北条氏において私が行った区分にスライドさせれば、＊の七家が寄合衆家、それ以外の一四家が評定衆家に相当するといえよう。

＊印の七家のうち安達氏顕盛系・長井氏関東評定衆家・二階堂氏隠岐流出羽家行有系・太田氏・矢野氏については鎌倉末期に寄合衆就任者を出したことが直接確認される。残る摂津氏・二階堂氏信濃流信濃家行宗系については、摂津氏では親鑒が安達時顕や得宗被官系の長崎高綱とともに高時の側近であったことが認められ、二階堂氏信濃流信濃家行宗系は隠岐流出羽家行有系とともに政所執事を世襲していることから、この二家も寄合衆を出していたか、少なくとも他の寄合衆家と同格の家格であったと判断される。

これらの家々は北条氏系の寄合衆家・評定衆家とともに世襲によって鎌倉政権の中央要職を排他的に独占したのであり、この点で彼らは鎌倉政権における特権層であったということができる。とくに寄合衆家は北条氏系寄合衆家とともに鎌倉政権の最高議決機関「寄合」を構成したと判断される。

註

（1）成立過程・原型復元等、『関評』についての総合的研究は、佐々木文昭氏「鎌倉幕府評定制の成立過程」（『史学雑誌』九二―九、一九八三年）を参照。

（2）六波羅評定衆の構成については、森幸夫氏「六波羅考」・「六波羅ノート」・「六波羅ノート補」参照。

（3）盛長は、頼朝挙兵以前の治承四（一一八〇）年六月二十四日条で中原光家とともに頼朝の使者となったのを初見として、『鏡』には五二回登場する。頼朝の流人時代からの近臣であったことは、文治五（一一八九）年六月二十九日条に「去治承三年（一一七九）三月二日、自伊豆国、遣御使盛長、令鋳洪鐘給」とあるによってもわかる。

（4）『吉見系図』（『続類従』「系図部」）の源範頼の記事に「頼朝《（源）》乳人比企局、其比武州比企郡少領掃部允妻女也。三人之息女在之。嫡女者在京。初奉仕二条院、号丹後内侍。無双歌人也。密通惟宗広言、生忠久《（島津）》。其後関東下向。藤九郎盛長嫁、生数子。比企禅尼二女、河越太郎重頼妻也。禅尼三女、伊豆伊藤《（ママ）》九郎祐清妻也。頼朝牢浪之間、比企禅尼令哀憐、武州比企郡ヨリ運送粮。又三人聟ニ命ジテ奉扶助コト及廿年余。然而頼朝天下安治之後（中略）扨又比企禅尼聟藤九郎盛長、武州足立郡給。盛長女、範頼《（源）》之内室給」とある。これによれば、頼朝の乳母でその伊豆配流後、武州比企郡に下り二〇年にわたって衣食の世話を続けた（『鏡』寿永元年十月十七日条と一致）比企尼の嫡女丹後内侍が盛長の妻であったという。これは『鏡』宝治二（一二四八）年五月十八日条の盛長の嫡男景盛の卒伝に「藤九郎盛長男。母丹後内侍」とあるのと一致する。

（5）盛長の系譜には次の二説がある。まず『分脈』「秋田城介」（系図8「安達・大曾禰系図①」）は藤原魚名の玄孫山蔭流として、盛長と足立遠兼を小野田兼盛の子の兄弟、足立遠基を遠兼（元）の子供で盛長の甥とする。次に『足立系図』（系図8「安達・大曾禰系図②」。『東大謄写』。『浦和市史』二「古代中世史料編Ⅰ」一二七～一三五頁に翻刻あり）は藤原高藤の孫朝忠流として、盛長を朝忠七代の孫足立遠元の子としている。両系図は盛長に始まる安達氏と武蔵国足立郡の豪族足立氏を同族とする点で一致するだけで、他はまったく相違する。そして安田元久氏も指摘しているように（『武蔵の武士団』〈有隣堂、一九八四年〉九五～九七頁）、安達氏と足立氏は『鏡』の記述等からは同族である徴証はみられず、むしろ別族と判断される。アダチの音の共通から同族とされたようだが、足立氏の苗字の地は武蔵国足立郡であり、安達氏のそれは陸奥国安達郡安達荘とされており、全然別である。よって、盛長の系譜に関する『分脈』と『足立系図』の説はともに信憑性が低い。この点、『吉見系図』（註（4）参照）の「扨又比企禅尼聟藤九郎盛長、武州足立郡給」の部分も明らかに誤りである。陸奥国安達荘と安達氏の関係を直接示す史料は現存しないが、曽我伝吉氏は『福島県史』Ⅰにおいて、安達荘が鎌倉滅亡後、足利氏料所となっていることから、鎌倉期には得宗領であったと推定し、霜月騒動によって得宗領になったのではないかとして、安達氏の安達荘領有を想定している（四〇六～四〇八頁。入間田宣夫氏・遠藤巌氏・豊田武氏「東北地方における北条氏所領」〈『日本文化研究所研究報告』別巻七、一九七〇年〉も二七頁で曽我氏の見解を支持している）。また、同氏は安達氏代官の居城が二本松市塩沢の田地ガ岡と同じく永田の永田館にあったという伝承のあること、永田の御堂内に盛長夫妻像と伝える木像があることを紹介しており、これらは現地では安達氏の安達荘領有が古来信じられていたことを示している。私も安達荘こそ安達氏の苗字の地と考える。盛長の嫡男景盛は秋田城を監督するところの出羽介＝秋田城介に任官し、以後安達氏惣領は秋田城介を世襲していること、盛長の次男時長は出羽国村山郡大曾禰荘地頭となり、時長の系統は大曾禰を苗字としたこと等、盛長の子孫は奥羽地方と縁が深いからである。そして安達荘は曽我氏の述べるごとく霜月騒動後、得宗領化したものであろう。いずれにしろ、陸奥国安達荘と出羽国大曾禰荘は盛長期には安達氏の所領になっていたと考えられる。問題は両所がいつ、安達氏領となったかである。もし、安達荘が盛長以前からの所領であれば、安達氏は安達荘を本貫とする陸奥の在地領主であったことになるからである。

そこで盛長の『鏡』における呼称をすべて検出してみると、「藤九郎盛長」三四回、「盛長」一〇回、「藤九郎」・「藤九郎入道蓮西」各三回、「盛長入道」・「足立藤九郎入道」・「安達藤九郎盛長入道」各一回、計五三回となる。安達または足立の姓で呼ばれたのは、盛長自身の活動が記された治承四（一一八〇）年から正治元（一一九九）年まで（宝治年間の二例は景盛についての記事）の二〇年間の中で、その最末年の正治元年の二例のみである（正治元年十月二十七日条の「足立」は『鏡』によくある漢字の誤記であろう）。景盛は正治元年七月十六日の初登場時「安達弥九郎景盛」とあるので、正治元年以降は盛長の一族が〝安達氏〟であることは間違いない。しかし、この年以前から盛長が安達姓を用いていたかどうか、つまり盛長が安達荘の領主であったかどうかは、『鏡』によっては確認できない。『吉見系図』にある比企尼の他の婿は、河越重頼が武蔵、伊東祐清が伊豆の武士であり、これは盛長も関東とその周辺の在地領主であったことを推測させる。そこで注目されるのが『分脈』にある盛長の父兼盛の「小野田三郎」、盛長の「小野田藤九郎」という通称である。小野田荘は三河国宝飫郡にあった伊勢神宮の御厨の一つである。『鏡』で最も多用されている盛長の通称「藤九郎盛長」は〝藤原氏の九男の盛長〟の意味であり、苗字がない。普通このような場合、〝安達藤九郎盛長〟のごとく、上に苗字が付くものである。すると、『分脈』にある盛長の通称「小野田藤九郎」はこの例に良くあてはまっている。『分脈』のもう一つの盛長の通称「安達六郎」や、盛長の弟にされている足立遠兼の通称とされる「安達藤九郎」は、安達氏と足立氏を無理に関係付けようとしたために生じた錯乱といいうるが、「小野田」の姓はわざわざ捏造する必要のないものであり、兼盛―盛長の系譜と小野田姓は信用できるのではないだろうか。そこで、盛長と三河国の関係を『鏡』によってみてみると、正治元年七月十六日条に「安達弥九郎景盛為使節、進発参河国。為糺断重広《(室平)》之横法也。（中略）□而参河国已為父奉行国之上者、無所于遁避之旨、有其沙汰」とあり、三河が盛長の「奉行国」であったため、景盛が将軍頼家から同国への進発を命じられている。同年十月二十四日条にも「参河国内御寄附太神宮之庄園、有六ケ所。而守護人藤九郎《(安達盛長)》入道蓮西代官善耀致押妨之由、自神宮依訴申之、為広元《(大江)》朝臣奉行、被尋問蓮西之処」とある。さらにこれに先立つ建久五（一一九四）年十月十七日条には「歯御療治事、頼基《(丹波)》朝臣注進之。其上献良薬等。藤九郎盛長伝進之。彼朝臣者、参河国羽隅庄為関東御恩、所令領知也」とあり、三河に「関東御恩」の所領を持つ医師丹波頼基の注進状と彼の献上した虫歯の薬を盛長が頼朝に「伝進」している。以上の記事を根拠として佐藤進一氏は盛長を初代三河守護としている（同氏『守護制度』「三河」）。この見解に疑問の余地はないものと思う。小山が下野、千葉が下総の守護となっているように在地の大豪族はもちろんのこと、幕府成立時には所領の領有権を喪失していた佐々木氏（『鏡』治承四年八月九日条）が近江の守護に任じられていることでもわかる通り、頼朝は基本的に国内に所領を有していたり縁のある御家人を守護に任じている。とすれば、盛長は本来三河の武士であったと考えるべきではないだろうか。以上のことから、私は盛長はもとは奥羽とは無関係であり、奥州征伐後、陸奥国安達荘・出羽国大曾禰荘等を拝領したものと推測する。盛長は三河国小野田荘の領主小野田氏の一族で、これが縁で三河守護に補任されたと考えられる。だが、盛長は九郎であること、その後安達姓を称して小野田姓を用いなかったこと等から、盛長は小野田氏内部では庶流の人であったのではないだろうか。さればこそ、本領を離れて蛭ケ小島の頼朝に近侍することができたのであろう。頼朝挙兵以前の盛長は、北条氏よりもずっと小さな、ほとんど身一つで頼朝に仕える存在であったと想像される。ただ、盛長は主人を持たない独立した武士であり、頼朝の乳母比企尼の娘婿であったため、直接、しかも強力に頼朝と結び付き、御家人となり、さらには頼朝の側近となったのである（金沢正大氏「鎌倉幕府成立期に於ける武蔵国国衙支配をめぐる公文所寄人足立右馬允遠元の史的意義（上）」〈『政治経済史学』一五六、一九七九年〉は『分脈』の兼盛以下は信頼できるものとして、武蔵足立氏と秋田城介安達氏を同族としている。しかし、前述のごとく、私は『鏡』等の記述による限り足立氏と安達氏を同族とする徴証がみられないことから、この立場をとらない）。以上が私の安達氏の出自に対する推定である。仮説として提示しておく。

（6）　盛長が頼朝と個人的にも親しかったことは甘縄の盛長邸への頼朝の入御が治承四年から頼朝の没する正治元（一一九九）年までの一五年間に七回に及び、とくに建久二（一一九一）年三月四日の大火で幕府が消失したさいには新邸が完成する七月二十八日まで頼朝が盛長邸に滞在していることで明らかである。

（7）　『鏡』正治元（一一九九）年四月十二日条によれば、盛長は源頼朝没後に設置された十三人合議制に加えられている。

（8）　泰盛をはじめとする安達氏についての研究は弘安徳政との関連から多数の論稿がある。おもなものとしては以下のものを参照されたい。多賀宗隼氏「秋田城介安達泰盛」（『史学雑誌』五一―九八、一九四〇年。のち、同氏『論集中世文化史』上「公家武家編」〈法蔵館、一九八五年〉に収録）・「弘安八年『霜月騒動』とその後」（『歴史地理』四八九、一九四〇年。のち、同氏『論集中世文化史』上に収録）。佐藤進一氏『訴訟制度』。川添昭二氏「安達泰盛とその兄弟」（『棲神』五三、一九八一年）。村井章介氏「安達泰盛の政治的立場」（中世東国史研究会編『中世東国史の研究』東京大学出版会、一九八八年）。

（9）　泰盛の兄弟やその子の中で騒動時に成人していた男子は、霜月騒動によってほとんど全滅させられてしまった。無傷で残ったのは泰盛の長兄頼景の関戸流のみである。この系統だけは頼景以下一統が全員生き残った。だが、頼景は文永九（一二六五）年二月騒動に連座して失脚して以降ふるわなかったらしく、奥富敬之氏の指摘のごとく（同氏『北条一族』二二一頁）、霜月騒動で難を免れたのも頼綱方に無視されたためと考えられる。これ以外の七流で被災者を出さなかった系統はない。しかし、逆に女子や騒動時に幼児であった者はほとんど生き残っているのである。生存者を系図で示せば次のようになる（太字が生存者。詳細は系図8「安達・大曾禰系図③」参照）。

義景─┬**頼景**─**長宗**─**宗義**
　　　├景村─┬泰宗─**女子**（貞時の妻。高時の母。大方殿）
　　　│　　　└義宗─**長貞**
　　　├泰盛─宗景─**貞泰**
　　　├時盛─時長─**師顕**
　　　├重景─**師景**
　　　├顕盛─宗顕─**時顕**
　　　├長景─**宗長**
　　　├時景─**盛宗**
　　　└**女子**（泰盛の養女。時宗の妻。貞時の母。潮音院尼）

女子はともかくとして、幼児が多数生き残ったことは、和田合戦や宝治合戦のおり、和田氏・三浦氏の惣領とその兄弟の一族が幼児を含めほとんど根絶されてしまった（『鏡』建保元年五月六日条・宝治元年六月二十二日条。『三浦系図』・『和田系図』〈『続類従』「系図部」〉）のと比べると非常に注目される。霜月騒動において「非分」（『鎌記裏書』）の者や地方在住者までことごとく殺害した頼綱一派の殺戮から、子供たちを守った人があったものと推定される。それは安達泰盛の妹で彼の養女となって時宗に嫁ぎ貞時を生んだ潮音院尼であったと考えられる。潮音院尼は、建長四（一二五二）年七月四日生まれ（『鏡』同日条）で、弘長元（一二六一）年四月二十三日、一歳年長の時宗に嫁した（『鏡』同日条）。当時は「堀内殿」と称されていた。一〇年後の文永八（一二七一）年十二月十二日貞時を生み、弘安七（一二八四）年四月の時宗の卒去に際し出家し法名を覚山志道と号した。このとき三十三歳。卒去は五十五歳の徳治元（一三〇六）年十月九日である（『鎌記裏書』・『武記裏書』。『武記裏書』で当時「松岡殿」と称されていたことがわかる）から、霜月騒動後の頼綱政権・貞時政権のほぼ全期をみたことになる。

潮音院尼の霜月騒動後の地位を示すと考えられるのは、「遠江笠原荘地頭次第」（静岡県『中山文書』。『東大影写』の『中山文書』はすなわちこの文書群であるが、本文書は未収録。『鎌倉遺文』三六には№二七九三八として収録されているが、ここでは「遠江山中文書」となっており、これは誤植である。『静岡県史』「資料編5　中世一」に№四八七「笠原荘一宮記」として収録されているものが、現在最良の翻刻であると考えられる。『遠江国風土記伝』『東大謄写』一一一二にも収録されているが、これは江戸時代の写であり、上記刊本より劣る）の次の一文である。

（前略）

一、当庄地頭御次第

平家小松殿(平重盛)　一条次郎殿(忠頼)　十郎左衛門尉殿(佐原義連)「正治二年ニ限東西南北御寄進之、」

森入道殿(毛利季光)「七十六寛元四」　中城介殿(安達義景)　城陸奥入道殿(安達泰盛)

潮音院殿　当御代

この文書によって、笠原荘の相伝の様子がわかる。笠原荘の領主は、『静岡県史』の比定（同書「通史編2　中世」六九～七一頁）のごとく、「平家小松殿」＝平重盛、「一条次郎殿」＝一条忠頼、「十郎左衛門尉殿」＝佐原義連、「森入道殿」＝毛利季光、「中城介殿」＝安達義景、「城陸奥入道殿」＝安達泰盛、「潮音院殿」、「当御代」＝安達時顕におのおの比定される。同荘は寛元四（一二四六）年七月十六日評定衆毛利季光（入道西阿）の所領となった。季光は寛元・宝治政変では一貫して三浦陣営の大立者であった人物である。寛元四年は五・六月に宮騒動が起こり、前将軍九条頼経が京都に送還され、後藤基綱・狩野為佐・千葉秀胤・町野康持等が評定衆を除かれて、将軍派＝三浦陣営が大打撃を受けた年である。この直後に季光に笠原荘が与えられているのである。宮騒動では上記の四名が評定衆を罷免されたものの、三浦泰村・光村兄弟や季光はそのまま評定衆に在職している。思うに三浦氏をはじめとする将軍派の勢力は侮りがたく、北条時頼を頂点とする得宗派は宮騒動で将軍派を完全に圧倒することができなかったため、懐柔策の一つとして将軍派の重鎮の一人である季光に笠原荘を与えたのではないだろうか。だが、両派の対立は翌宝治元（一二四七）年六月の宝治合戦となって爆発し、季光もこの戦乱に斃れる。おそらく宝治合戦の恩賞として、笠原荘は安達義景に与えられ、その後、泰盛へと相伝される。そして泰盛の後、笠原荘の領主となったのが潮音院尼である。潮音院尼が泰盛から笠原荘を引き継いだのは、霜月騒動後と考えられる。合戦の恩賞として与えられ惣領に相伝されてきた所領を一族滅亡ののちに継承したということは、潮音院尼は霜月騒動後、安達氏の遺領を引き継いだことを示しているのではないだろうか。安達氏領が霜月騒動後、蒙古合戦・霜月騒動の恩賞として将士に与えられたことは先学によって指摘されている（註(8)参照）。上野・肥後両国の守護職は得宗の手に帰した（佐藤進一氏『守護制度』）。だが、笠原荘の例は安達氏遺領のかなりの部分が潮音院尼に与えられたことを示すものではないだろうか。承久の乱でも三千余カ所といわれる院方の所領が鎌倉政権に没収され、鎌倉方将士の恩賞とされたが、皇室領の多くは鎌倉政権から新たに院政を開始した後高倉院に改めて寄進されている。霜月騒動で没収された安達氏旧領も将士に分与された残りは潮音院尼に新たに寄進されたと考えてよいと思う。潮音院尼は得宗貞時の実母であり、その地位は頼綱専権下の鎌倉政権においても重いものであったはずであり、彼女の存在は安達氏を族滅の危機から救った最大の要因であったと考えられる。そして潮音院尼より笠原荘を継承したのは、再興安達氏の惣領となった時顕であった。

(10)　時盛の孫師顕と重景の子師景は、本書一九頁に引用した丹波長周注進状に「城《（安達）》越後権介師顕」・「城《（安達）》加賀守師景」と記載されている。本書第一部小序註(3)のごとく、この注進状に記された人びとの大半は当時の鎌倉政権中枢の要人ばかりであり、当時の役職を明確に知ることはできないものの、師顕・師景も政権中枢に地位を得ていたものと考えられる。また、鎌倉滅亡の様子を記した『太平記』巻一〇「高時并一門以下於東勝寺自害事」には、師顕が「城《（安達）》加賀前司師顕」（官職は師景と混同したものか）、師景の子高茂（『分脈』）が「同《（城）（安達）》美濃守高茂」とみえ、これもこの二系統が鎌倉最末期に政権中枢に地位を得ていたことの傍証になるのではないだろうか。

(11)　大曾禰氏嫡流で霜月騒動に討たれた宗長の子である長顕は、大曾禰氏惣領が世襲した上総介に任官しているうえに、「元弘討死」とあって鎌倉滅亡に殉じており（『分脈』）、復権を果たしていたと考えられる。

(12)　氏信は信綱の四男で、三男である兄泰綱とは同母兄弟である。泰綱・氏信の母は『佐々木系図』（『続類従』「系図部」）では北条泰時の女（または妹）とするが、『分脈』は「川崎五郎平為重女」としており、史料価値から『分脈』に従うべきであろう。信綱の正妻はこの川崎為重の女であったらしく、泰綱・氏信の兄重綱（大原祖）・高信（高島祖）は『分脈』・『佐々木系図』の記事も簡略で、母も生年も不詳である。『鏡』にも重綱は九回、高信は四回しか登場しない。これに対し、泰綱は八一回、氏信は五二回も登場している。重綱は泰綱が九歳、氏信が二歳であった承久三（一二二一）年の承久の乱に父信綱とともに従軍したことが『分脈』等で確認されるので、重綱・高信は泰綱・氏信よりかなり年長であったと推定され、重綱・高信と泰綱・氏信とのこのような待遇の相違は母の血筋によるものとしか考えられない。大原・高島氏と六角・京極氏との鎌倉政権における相違には母系の血筋が大きく作用したようである。氏信の『鏡』における初見は嘉禎元（一二三五）年六月二十九日条での将軍行列における御後五位六位の一人としてである。時に十六歳だが、すでに左衛門尉に任官していた。兄泰綱の初見は元仁元（一二二四）年正月一日条での垸飯の引出物の馬引き役である（時に十二歳）から、氏信は泰綱に遅れること一一年での登場であるが、七歳年少であるから当然のことであろう。以後、将軍行列での順位・公式行事での席次等では、ほとんど泰綱と同列に並んでいる。王朝官職への任官でも左衛門尉から大夫判官を経て受領へと進むまったく同じコースを歩んでいる（ただし任官年齢では五・六歳氏信の方が遅い）。信綱の正妻を母とする同母兄弟であったがゆえに、二人はほぼ同等の待遇を受けたのである。泰綱は父信綱の後を継いで近江守護となり、『佐々木系図』の一本によれば六波羅評定衆にも就任している。定綱以来の近江守護職は以後、六角氏によって相伝されるが、六角氏では泰綱の嫡子頼綱・次男長綱（西条祖）・長綱の嫡子貞長も六波羅評定衆在職の徴証があり（森幸夫氏「六波羅考」・「六波羅ノート」）、六角氏の活動は六波羅を中心としていた。これに対し、氏信は文永二（一二六五）年六月四十六歳で引付衆就任。翌三年十二月評定衆に進み、信綱の評定衆職を継承する。以後、京極氏が評定・引付衆を鎌倉滅亡まで世襲し、鎌倉政権中枢で活動したことは本論のごとくである。氏信の『鏡』における活動を通覧して気が付くことは、得宗家との関係が深いことである。二十六歳の寛元三（一二四五）年七月二十六日、執権北条経時の妹桧皮姫公が将軍九条頼嗣に嫁し、将軍御所に輿入れしたとき、氏信は小野沢時仲・尾藤景氏・下河辺宗光とともに檜皮姫の輿に扈従しており、氏信はその筆頭である。小野沢・尾藤は有名な得宗被官であり、この一例をもってしても氏信と得宗家との特殊な関係を知ることができよう。続いて宝治元（一二四七）年六月一日、氏信は執権北条時頼の使者として三浦泰村邸へ赴いている。四日後の六月五日には、泰村以下三浦一統の滅亡後、兄泰綱とともに時頼の命を受け、三浦氏被官長尾景茂の討伐に向かっている。以上の三例のうち初めの二例での氏信の活動はまったく得宗被官と変わらない。兄泰綱も宝治元年六月五日条でわかるとおり、得宗家と疎遠なわけではなく、むしろ外様御家人の中では得宗家と親しい方であるが、得宗家との結び付きの強さでは、弟氏信とは比すべくもない。信綱の就任職のうち、近江守護は泰綱に、評定衆が氏信に継承されたことにより、定綱流佐々木氏は六角氏と京極氏の二流に事実上分裂したのであるが、その背景には二十代からの氏信の得宗家との強力な結び付きがあったと考えられる。信綱の正妻を母とする氏信は同母兄泰綱からの自立を求めて積極的に得宗家と結んだものと推定される。得宗家側にも頼朝以来の将軍近臣である有力御家人佐々木氏を分裂させ、勢力を削減する意志があったのではないか。惣領からの自立を求める御家人庶子が得宗家と結び、あるいは得宗被官化するケースは甲斐源氏武田氏（黒田基樹氏「鎌倉期の武田氏―甲斐武田氏と安芸武田氏―」〈『地方史研究』二一一、一九八八年〉）や佐原流三浦氏（奥富敬之氏『北条一族』一六四〜一六五頁）等多くの事例が指摘できる。

（13）朝綱は没年からの逆算によれば、保安三（一一二二）年生まれ（『系図纂要』・『佐野本宇都宮系図』・『下野国誌』九所収「宇都宮系図」）。頼朝より二十五歳年長である。鳥羽院武者所・後白河院北面として上洛している（『分脈』）。『鏡』初見は寿永元（一一八二）年八月十三日条で、この日誕生した源頼家に御護刀を献じた御家人の筆頭である。時に六十一歳。二回目の元暦元（一一八四）年五月二十四日条には「左衛門尉藤原朝綱《(宇都宮)》拝領伊賀国壬生野郷地頭職。是日来雖仕平家、懇志在関東之間、潜遁出都参上。募其功、宇都宮社務職無相違之上、重被加新恩云々」とあり、朝綱の代には宇都宮社務職は宇都宮氏の家職となっており、これが頼朝によって承認されている。次に文治元（一一八五）年七月七日、平家の侍大将平貞能が朝綱を頼って投降してくると、朝綱は頼朝にその助命を嘆願し許されている。在地領主としての宇都宮氏の強大さを背景とした朝綱の幕府における地位の高さを示すものである。建久五（一一九四）年五月二十日、朝綱は公田百余町を掠領したと下野国司より訴えられ、七月二十八日官符によって朝綱は土佐、孫頼綱は豊後、同じく孫の朝業は周防に配流が決定したが、頼朝は「頻御歎息」し「為関東頗失眉目」と嘆いている。百余町を掠領しえたという点にむしろ宇都宮氏の実力が理解される。これを最後に朝綱は『鏡』から姿を消すが、五年後の正治元（一一九九）年六月三十日、嫡孫頼綱はこの日没した頼朝の娘三幡の葬送に供奉しており、復活が確認される。

(14)　朝綱の嫡子成綱（業綱）は建久三（一一九二）年二月十四日三十七歳で父朝綱より早く没した（『宇都宮系図』〈『続類従』「系図部」〉）。このため朝綱の後を継いだのは嫡孫（成綱の子）頼綱であった。頼綱は没年から逆算すると承安二（一一七二）年生まれ（『宇都宮系図』）。朝綱が八十八歳で没した元久元（一二〇四）年には三十三歳であった。『鏡』によると、元久二（一二〇五）年八月七日、頼綱の謀反が発覚したとして、北条政子邸で執権義時・大江広元・安達景盛が評議。小山朝政に追討命令が下された。だが、頼綱の義兄弟でもある朝政（頼綱は朝政の父小山政光の猶子。『鏡』文治五年七月二十五日条）は、友人であることを理由にこれを断っている。十一日、頼綱は朝政の書状を添えて義時に無実を述べる書状を送ったが、義時は大江広元と相談したうえで返事を出さないことに決めている。十六日、頼綱は出家。郎従六十余人がこれに従っている。十九日、頼綱（入道蓮生）は鎌倉に入り、義時邸に参上したが、義時は対面を許さず、頼綱は仕方なく髻を結城朝光（小山朝政の弟）に預け、陳謝の証として義時に献上した。義時はこれを「御覧」ののち、朝光に預けている。頼綱に対する追及はこれ以上はなされることはなかったようで、事件は頼綱の出家によって、うやむやのうちに終結した。この宇都宮氏謀反未遂事件は同年六月二十二日の畠山氏滅亡から閏七月二十六日の平賀朝雅討伐に至る一連の鎌倉政権の内訌から派生した事件である、畠山討滅（頼綱も追討軍に加わっている）は北条時政とその後妻牧方の謀略であったことが事件直後に発覚し、翌二十三日には時政の手先として働いた稲毛重成が御家人の怒りを買って虐殺されている。閏七月十九日、時政と牧方が二人の間に生まれた娘を妻とする平賀朝雅を将軍に擁立しようとしていたことが発覚し、時政は出家。翌二十日、時政夫妻は伊豆北条に配流された。時政に替わって執権となった義時は大江広元・安達景盛と評議の上、京都守護として在京中の平賀朝雅の討伐を在京御家人に命じた。二十六日、朝雅滅亡。この事件は幕政の主導権を巡る時政・牧方一派と義時・政子一派の抗争と定義できるが、宇都宮頼綱は姻戚関係で時政派と密接に結び付いていた。時政与党として最初に討たれた稲毛重成は頼綱の祖父朝綱の妹を母としており（『宇都宮系図』）、しかも頼綱自身の外舅（『宇都宮系図』に拠れば、頼綱の子時綱の母が重成の娘）。頼綱のいま一人の妻は時政と牧方の娘である（『浅羽本北条系図』・『佐野本北条系図』）。頼綱に本当に謀反の企てがあったか否かに関わりなく、頼綱は時政に連なる者として義時派からは嫌疑をかけられざるをえない立場にあったといえよう。この謀反未遂事件によって、草創以来、幕政に重きをなしてきた宇都宮氏は一時的に幕政中枢から姿を消す。頼綱が義時に髻を献じた元久二年八月十九日条から九年間、頼綱は『鏡』に登場しないのである。だが、結局、討伐が実行されなかったことでもわかるとおり、義時派の意図は宇都宮氏を屈服させることにあり、滅亡に追い込むことは考えていなかったようである。時政一派打倒の余勢を駆って豪族領主の代表である宇都宮氏を一撃し、これによって義時の幕政における地位の安定を図るに止まったのではないか。その後、『鏡』建保二（一二一四）年五月七日条で園城寺修造雑掌一八人の筆頭となっており、復権を果たしている。承久三（一二二一）年五月二十三日条では、承久の乱に際し鎌倉に留め置かれた「宿老」一四人に加わっている。時に五十歳。正元元（一二五九）年十一月十二日八十八歳で没。

(15)　『鏡』承久三（一二二一）年七月二日条。

(16)　木内正広氏「鎌倉幕府恩賞の構造」（『日本史研究』二九二、一九八六年）参照。

(17)　森幸夫氏「六評考」二五九頁。

(18)　摂津氏について最初に注目したのは高梨みどり氏で、「得宗被官長崎氏の専権」（『歴史教育』八―七、一九六〇年）六〇頁で「摂津氏の実力は幕府の中枢部において、長崎、安達氏につづく程の位置にあったようであり、その具体的な動きがみられる」と述べている。その後、目崎徳衛氏の「鎌倉幕府草創期の吏僚について」（『三浦古文化』一五、一九七四年）で、『大友系図』等で師員の父とされる頼朝側近藤原親能の出自が明らかにされている。また、摂津氏の始祖中原師員については永井晋氏が「中原師員と清原教隆」（『金沢文庫研究』二八一、一九八八年）で、師員と同時期（摂家将軍・宗尊親王将軍期）の法曹官僚清原教隆とを比較することにより、当該期の法曹官僚の姿を究明している。そして坂田雄一氏の「鎌倉～南北朝前期に於ける摂津氏の動向」（『房総史学』三二、一九九二年）は初めて師員以来南北朝期の親秀に至る摂津氏歴代の動向を追求した論考である。このほか、湯山学氏「鎌倉幕府の吏僚に関する考察（Ⅰ）」・「同（Ⅱ）」（『政治経済史学』三一一・三一二、一九九二年）は摂津氏・広元流大江氏等を輩出した広忠流中原氏の総合的研究である。

(19)　永井氏が註(18)前掲永井氏論文四三頁で、師員が将軍・鎌倉政権の信頼を得ていた徴証として掲げているのは、寛喜三（一二三一）年春の除目での大外記補任とこの直後の摂津守任官である。貞親流の大外記任官は始祖貞親以来実に二〇〇年ぶりであり、『民経記』同年二月二十四日条は師員補任を「依関東将軍挙」と記している。五月の摂津守任官も鎌倉を背景とする師員を住吉社造国司たる同国司に任ずることにより、造営の便を朝廷が期待したことが、『民経記』同年五月三日条でわかる。

(20)　青山幹哉氏は、師員は頼経期に藤原定員・後藤基綱・藤原親実とともに頼経の「蔵人頭」的側近で、執権以外で将軍の奉書を発給したのは定員・基綱・師員の三名のみであったとしている（同氏「鎌倉幕府将軍権力試論」〈『年報中世史研究』八、一九八三年〉）。のちの御所奉行の地位にあたる。また、頼経期の恩沢奉行は基綱と師員であり、恩沢沙汰については三浦氏や北条経時ですら将軍に直接申請しえず、彼らを通さざるをえなかったとする（二一頁）。そして基綱等頼経側近が寛元・宝治政変以降、失脚していく中で「一人、師員だけが無傷で次の時代へ生き残った」（一二頁）と述べている。この青山氏の見解について永井晋氏は、定員・基綱・親実・師員のうち、宮騒動で失脚した定員以外は寛元・宝治政変で鎌倉を放逐されたとは言い難いとしている（註(18)前掲永井氏論文四四・四五頁）。基綱は宮騒動で評定衆を除かれたものの鎌倉にあり、親実は師員同様地位に変化はなかったとするのである。だが、まず寛元・宝治政変によって摂家将軍を擁する将軍派そのものが粉砕されたことを見逃すべきではない。そして基綱の子孫は六波羅評定衆に転じており、鎌倉政権中枢に復活するのは鎌倉末期であるから、青山氏も述べるごとく（同氏論文六頁）後藤氏は結局鎌倉を追放されたといってよいのではないか。親実もその地位を子孫に相続させることはかなわなかった。「明経家の家職につけない庶流の庶子が地方大寺社《（厳島社）》の神主家に転身できた事」は永井氏のいうとおり「逼塞したというにはあたらない」（同氏論文四四頁）かもしれないが、親実流藤原氏が鎌倉政権中枢に生き残ることができなかったことは確かである。してみると、頼経の側近四人の中で地位を子孫に継承させえたのは、やはり青山氏の述べるとおり、師員のみであったと考えるべきではないか。次に木内正弘氏は「鎌倉幕府恩賞の構造」（註(16)参照）において、青山氏同様、師員と基綱が頼経期の恩沢奉行であったことを指摘するとともに、師員が執権・連署に次ぐ政所別当で、基綱が令であったことを重視し、この時期の恩賞沙汰は源家将軍期同様「将軍の下に特定の政所別当・令が恩賞を奉行する構造であった」（四四頁）とする。

(21)　御所奉行は宗尊親王期に設置され、二階堂行方・武藤景頼がこれに就任して、奉行・使者・伝奏等もこの二人が行うことが多くなった（註(20)前掲青山氏論文一二頁）。師連の評定衆就任は文永元（一二六四）年十一月十五日であるが、二階堂行方は前年十月八日中風で倒れ、文永元年十二月十日出家・引退しており、師連の昇進は行方の後任人事と思われる。『鏡』での師連の政治活動が文永二年に突如増加することから、師連は行方の後任として御所奉行にも就任したと推定される。頼経期の師員の職権はのちの御所奉行に相当すると思われるもので、師連は四十五歳、師員の没後一三年にして、父の地位を継承したということができる。

(22)　師員の明経道官人としての地位は京都に残った孫（師守の子。親致の従兄弟）師文が受け継いだと考えられる（註(18)前掲永井氏論文五〇頁）。
(23)　これは『大友系図』（『続類従』「系図部」）・『系図綜覧』「大友系図」・『豊後大友家系譜』「養父藤原親能系譜」（田北学氏『大友編年史料・正和以前』〈一九四二年〉所収）等、豊後の大友氏関係の史料、および肥後国飽田郡鹿子木荘より出た鹿子木氏の史料である『鹿子木文書』所収の同氏系図・『新撰事蹟通考』巻二四所収の鹿子木系図等に限られている。『系図綜覧』は「中原系図」で師員を師茂の子としながら、「大友系図」では同人を親能の子とする矛盾をきたしている。
(24)　師員が中原師茂の子であることは『鏡』建長三（一二五一）年六月二十二日条の師員の卒伝に「助教師茂男也」、『関評』同年条の師員の項に「助教師茂男」によって確認される。
(25)　『鏡』元暦元（一一八四）年十月六日条では「斎院次官中原親能」と記されながら、文治四（一一八八）年七月二十八日条では「散位藤原朝臣親能」と記されている。以後、親能は没年までは藤原姓で記されている。
(26)　一八七・一八八頁参照。
(27)　長井氏については小泉宜右氏「御家人長井氏について」（高橋隆三先生喜寿記念論集刊行会編『古記録の研究』続群書類従完成会、一九七〇年）に詳しい。
(28)　『鏡』元久二（一二〇五）年閏七月二十日条・八月七日条・承久三年（一二二一）年五月十九日条。
(29)　『鏡』貞永元（一二三二）年十二月五日条。
(30)　行政の先祖は、『分脈』（系図14「二階堂系図①」）によれば、維遠・維行が駿河守、維頼は遠江権守に任官しており、代々従五位下に叙している。『工藤二階堂系図』（『続類従』「系図部」）では維遠から行遠まで四代遠江守に任官したことになっている。受領層に属する氏族であったことになるが、行遠は保延年間（一一三五～四一）に遠江国司を殺害して尾張に配流されており、目崎徳衛氏も述べているごとく（「鎌倉幕府草創期の吏僚について」〈『三浦古文化』一五、一九七四年〉一二頁）、代々受領として勢力を扶植してきた駿遠両国において武士化しつつあり、国司と争うまでになっていたと考えられる。また、行政の母は熱田大宮司季範の妹であり、これも目崎氏が指摘の通り、行政は行遠の配所尾張で誕生したものと思われる。さらに、季範の父季兼は『分脈』によれば、三河に住しながら尾張国目代を務めており、熱田大宮司氏も東海における有力な武士勢力であったと推測され、二階堂氏と熱田大宮司氏の縁組は東海地方における有力武士団の結合をも意味していた。
(31)　二階堂氏は、行政・行光父子が政所令となった（『鏡』建久二年正月二十五日条・『鎌記』・『武記』）ことによって政所に基盤を築いた。そして伊賀氏の乱で失脚した伊賀光宗に替わって行光の子行盛が元仁元（一二二四）年閏七月二十九日政所執事に就任して以後、一門で同職を独占・世襲することになる。評定衆・引付衆・各種奉行・東使等に一族を挙げて進出し、鎌倉政権に確固とした地位を築いていく。中でも評定・引付衆への就任は目覚ましく、嘉禄元（一二二五）年の評定衆設置時において、総員一一名中に二階堂氏は行政の次男行村と嫡孫（行光の子）行盛の二名を数える。これは康信流三善氏の三名に次ぎ、これ以外の氏は一名ずつである。暦仁元（一二三八）年行村が没すると、その子行義が加えられ、翌延応元年行義の兄基行も加わって三名となる。翌年の仁治元年基行が没して二名に戻るが、建長元（一二四九）年の引付衆設置で、五名中三名を同氏が占めたため、評定衆一五名・引付衆五名のうち、二階堂氏は四分の一の五名を数えることとなる。同年の北条氏は評定衆四名・引付衆ゼロで、二階堂氏は評定・引付衆で北条氏を超え、最多数氏族となる。その後『関評』が完結する弘安七（一二八四）年まで、最低三名・最高八名・平均六名弱が毎年名を連ね、評定・引付衆に占める割合ではほとんど北条氏と拮抗している。引付頭人も初めはすべて北条氏が占めたが、建長四（一二五二）年行盛が四番頭人となってからは安達氏・摂津氏とともに頭人を出している。幕府要職の占取ということは、これまで北条氏のみについて注目されてきたが、評定・引付衆に占める割合では、二階堂氏は北条氏に対抗しうるものであった。

(32)　鎌倉初期、行政一人から始まった二階堂氏はその後、鼠算を思わせる繁衍を遂げる。これは時政一人から始まった北条氏の繁衍とよく似ているが、北条氏については前章にみたように、鎌倉の屋地や所領の地名を苗字とする多くの家が分立し、各家についての研究も進んでいる。これに対し、二階堂氏はこれまで一括して扱われ、各人がどの系統に属するのかはあまり問題にされてこなかった。以下では、二階堂氏内部における家の成立について考察してみたい。二階堂氏の人びとはもちろん、二階堂姓でも呼ばれるが、『鏡』や古文書・古記録では、本人または父祖の官途名で呼ばれることが多い。つまり、二階堂氏AがA′国国司であった場合、Aの長子Bの通称はA′太郎とかA′太郎左衛門尉である。そしてBがB′国国司に任官すると、B自身がB′守・B′前司となり、Bの長子CはB′太郎・B′太郎左衛門尉と呼ばれる。このような官職名（とくに受領任国名）で或る人物を呼ぶことは、二階堂氏に限らず広く行われていたことであるが、二階堂氏は鎌倉末期には、数十流に分流しており、内部では系統の区別がなんらかの方法でなされていたはずである。それは各系統の始祖の受領名によるものと考えられる。以下、具体的にみてみたい。

まず『分脈』には行政の二子、信濃守行光と隠岐守行村についておのおの「信濃」・「隠岐」の註が付されている。これとは別に二人には「信濃守」・「隠岐守」の註もあるので、「信濃」・「隠岐」は二人の受領名とは別の意味で記されていると言えよう。行光の子孫は信濃流、行村の子孫は隠岐流と、二階堂氏が二流に分けられて認識されていたものと考えられる。『系図纂要』では行光の子民部大夫行盛について「信濃」と記しており、行光系が信濃流とされていたことを裏付ける。『鏡』康元元（一二五六）年十一月二十三日条は、この日、北条時頼に従って出家を遂げた者の中に行泰・行綱・行忠という行光の三子を載せ、これに割註して「以上信濃。各兄弟」と記している。同じ記事は朝広・時光・朝村の結城兄弟には「以上結城。各兄弟」、光盛・盛時・時連の三浦兄弟には「以上三浦。各兄弟」と二階堂三兄弟とまったく同様の註記をしており、この記述方式からすると、二階堂兄弟の「信濃」は「結城」「三浦」と同じく苗字として扱われていることになる。これは行光系が信濃流と認識されていたことを示す好例であろう。また、熊野御師の旦那譲状に「二階堂信乃一門」「二階堂隠岐一門」等の表現があり、おのおの別個に処分がなされていること（『熊野那智大社文書』所収永徳四年二月七日付「執行道賢一跡配分目録」・「同目録案」）は、二階堂氏が二流に分かれ、これが中世社会で認知されていたことを示すものである。

そして信濃流は行光の孫（行盛の子）の代で筑前守行泰・伊勢守行綱・信濃判官行忠の三流となる。行泰の次男信濃守行実について『関評』は「二階堂筑前」、『系図纂要』は「筑前」と註している。行綱の系統には同様の註はないが、行綱とその子盛綱は二代続けて伊勢守に任官しており、盛綱の子時綱は『武記裏書』徳治三年条に「七十二、（中略）東使伊勢三河守時綱幷天《(矢)》野加賀守倫綱」とあり、「伊勢」を苗字としていたことがわかる。受領に任官しなかった行忠については『関評』に「二階堂信濃」の註がある。さらに行忠の孫（行宗の子）行貞は『分脈』・『系図纂要』に「信濃山城守」とあり、行忠系では「信濃」が苗字化していたことが裏付けられる。行泰系は「筑前」・行綱系は「伊勢」・行忠系は「信濃」を苗字としたものと推定され、よって行光を祖とする信濃流には筑前・伊勢・信濃の三家が成立していたと考えられる。一方、行村を祖とする隠岐流は、行村の子の代で左衛門尉基行・出羽守行義・常陸介行久・和泉守行方・式部大夫惟行の五流となる。受領に任官しなかった基行について『分脈』と『系図纂要』は「隠岐」と註し、『系図纂要』は基行の子行氏にも「隠岐」とある。『関評』は行氏とその子行景におのおの「二階堂隠岐」と記している。また、行氏・行景は行村と同じ隠岐守に任官している。基行系は行村の隠岐守を世襲し、隠岐を苗字としたようである。これとは別に、基行系には懐島の苗字もあった。『分脈』は基行・行氏に「号懐島」と註しており、行景は有名な「霜月騒動聞書」（熊谷直之氏所蔵「梵網戒本疏日珠抄裏文書」）に「隠岐入道」、『鎌記裏書』弘安八年条にも「懐島隠岐入道」とある。所領とした相模国懐島殿原郷の地名を苗字としたのである。基行系は隠岐・懐島の二つの苗字を持っていたのである。次に行義系では、行義の子義賢・行頼が、『関評』で「二階堂出羽」・『系図纂要』で「出羽」と註されており、行義系は行義の任国出羽を苗字としたようである。だが、行義の嫡子行有は備中守となり、その子行藤は『関評』で「二階堂備中」、『系図纂要』で「備中」と註されている。しかも、行藤は出羽守、その長子時藤は備中守、次子貞藤は出羽守に任官しているので、行義－行有の系統は代々出羽・備中両国の国守に任官していることになる。行義系は出羽家を称したが、その内部には嫡流である行有系の備中家が成立していたということができる。行久系では、行久の子近江守行清が『関評』に「二階堂常陸」と記されており、行清の子行顕は祖父と同じ常陸介に任官している。この系統は常陸をもって苗字としたようである。行方系では、行方の子信濃守行章が『関評』に「和泉」とあり、行章の孫（大宰大弐行員の子）行繁は曾祖父行方と同じ和泉守に任官している。和泉家といえよう。最後に白川四郎を称したと『分脈』・『系図纂要』にある式部大夫惟行の白川流であるが、政治的には成功しなかったようで、惟行の曾孫行盛は右の系図集二書に「三川国中条」とあり、在地領主化したと考えられる。結局、行村を祖とする隠岐流では懐島（隠岐）・出羽・常陸・和泉の四家が鎌倉政界で活動し、出羽家の内部には更に備中家が成立していたことになる。よって二階堂氏では信濃流の筑前・伊勢・信濃家、隠岐流の懐島（隠岐）・出羽（含・備中）・常陸・和泉家の二流七家が鎌倉政権中枢に成立したことになる。二階堂七家は、いずれの家からも多くの受領を輩出している。『関評』・『鎌記』によって叙爵年齢のわかる二階堂氏一七人は七家すべてに及ぶが、北条氏の初期のような叙爵年齢による家の格差はなかったようである。その平均年齢は三十六・八歳で、北条氏に比べると一四歳ほど遅い。二階堂氏は受領を極官とする家であるが、品秩面では二流七家の間に格差はなかったと考えられる。

(33)　この交替の四年近く前、正応三（一二九〇）年に「正月三日丹後次郎左衛門尉行貞出仕之処、於二階堂小路被射。自身不被疵。所従一両人被疵」という注目すべき事件が起きている（『鎌記』同年条）。「丹後次郎左衛門尉行貞」は丹後守行宗を父とする行貞である。明らかに老齢で一ヵ月後に没する政所執事行忠の嫡孫を狙ったテロ行為である。ポスト行忠の政所執事職を巡る二階堂氏内部の対立を背景に推定することは可能であろう。二階堂氏内部、とくに信濃流信濃家と隠岐流出羽備中家の間では頼綱政権期から執事職を巡る確執が存在したのではないだろうか。行貞の信濃家は当時の執事行忠が兄行泰・行綱と異なり、行盛の子息三人の中で唯一人受領に任官しなかったことでもわかる通り、二階堂氏嫡流の信濃流内では本来傍系であり、筑前家・伊勢家の惣領たちが次々に没したという偶然の結果、政所執事＝二階堂氏惣領の地位に就いた家なのである。一方、行藤の出羽備中家は歴代評定衆を世襲してきた隠岐流では最も有力な家であり、行藤にすれば自身も執事たる資格があると考えていたのではないだろうか。受益者という点から推測すると、行貞襲撃の指嗾者は行藤であった可能性が高い。

(34)　「金沢貞顕書状」（『金文』四三九）、

（前欠）

被悦申候。

一、政所事、道蘊（二階堂貞藤）父子所存以外候歟。於我口称賢人之由候なから、政所職被仰他人時者腹立。言語道断事候乎。諸人口遊候歟。

あなかしく。

九月八日

（切封墨引）

は年欠であるが、政所執事交替を内容とするから、元徳元年のものと推定される。ここにある「他人」とは、貞衡を指すものであろう。つまり、二階堂貞藤父子は前執事行貞の後任には自分たちが選ばれるものと考えていたようであり、そのための運動も行っていたのであろう。これが二カ月半に及ぶ執事不在の原因ではないだろうか。だが、結局、執事には信濃家の貞衡が選ばれてしまい、貞藤父子は金沢貞顕が眉を顰めるほどに「腹立」てたわけである。この政所執事人事の八カ月後の元徳二（一三三〇）年正月二十四日、引付改編があり、二階堂貞藤は五番引付頭人に就任する。一・二・三番は北条氏一門の政村流北条茂時・塩田時春・大仏貞直で変化なかったが、四番頭人安達時顕が罷免され、それまでの五番頭人摂津親鑒が四番頭人に移り、五番に貞藤が選ばれたのである。安達時顕は当時長崎高綱と並ぶ鎌倉政界の最高実力者であり、このときの罷免は彼が失脚したとかいうことではない。また、当時時顕が健康を害していた様子もみられない。すると、このときの引付頭人改編はまったく貞藤を頭人にするためのものであったとしか判断できないのである。前年の政所人事に対する貞藤一家の不満を宥めるための人事であったのではないだろうか。つまり、二階堂貞藤はこのとき政所執事は逃したものの、父行藤の就いた引付頭人の職は世襲することができたのである。信濃流宗家信濃家と隠岐流宗家出羽備中家は高時政権期には共に政所執事や引付頭人に就きうる同等の家格とみなされていたといってよい。

(35)　康信流三善氏の系図については系図15参照。康信の三男康継は承久の乱に従軍し、のちに備後国世羅郡太田荘太田方地頭三善氏の祖となり、四男康連の子康経は太田荘桑原方地頭として土着する（河合正治氏『中世武家社会の研究』〈吉川弘文館、一九七三年〉三三九〜三四五頁）。この二系統は鎌倉政権の中央要職に就くことはなかった。また、町野政康の子康行は鎌倉末期に筑後国生桑郡に下向、在地領主問注所氏の祖となった（『問注所町野氏家譜』〈『問注所文書』〉）。このほか、飯尾・布施・明石等の諸氏が同族とされるが（太田亮氏『姓氏家系大辞典』）、康信流三善氏の系図は伝存せず、系譜の全体を復元することは困難である。町野・太田両氏が鎌倉・室町政権で問注所執事を世襲し、町野氏は鎌倉府でも問注所執事を務め、鎌倉府奉公衆ともなっている（山田邦明氏「鎌倉府の奉公衆」〈『史学雑誌』九六−三、一九八七年〉）。町野氏嫡流は室町政権で摂津・二階堂・波多野の各氏とともに評定衆を世襲する家格となった（『大館常興書札礼抄』〈『類従』「消息部」〉・『伊勢加賀守貞満筆記』〈『続類従』「武家部」〉・『文安年中御番帳』〈『類従』「雑部」〉）が、太田氏も南北朝期には評定衆を務めている（『御評定着座次第』〈『類従』「雑部」〉）。飯尾・

布施・明石各氏は鎌倉政権・六波羅探題で多くの奉行人を出し、建武政権を経て、室町政権に移行した。室町期にはこれに矢野氏が加わり、室町政権奉行人中では康信流三善氏は大きな比重を占めることとなる。『寛政重修諸家譜』によれば、町野・布施氏等は江戸期に至るまで命脈を保っている。室町期に入ると、奉行人層というどちらかといえば下級な役職での活動が多くなるため、あまり目立たないが、武家法曹官僚系氏族としては二階堂氏とともによく繁栄した。備後国太田荘関係の研究、室町期奉行人集団の研究は古くからの研究の蓄積があり、近年は室町問注所執事としての町野氏の研究（新田一郎氏「『問注所氏』小考」〈『遥かなる中世』八、一九八七年〉・湯山学氏「鎌倉府と問注所三善氏」〈『鎌倉』六八、一九九二年〉）も進んでいる。だが、意外にも鎌倉期の康信流三善氏に対する体系的研究はこれまでほとんどなかったように思われる。

(36)『鏡』治承四年六月十九日条によると、康信の母は頼朝の乳母の妹であり、ただそれだけの関係で頼朝の伊豆配流中の二〇年間「其志偏有源家、凌山川、毎月進三ケ度一旬各一度使者、中洛中子細」ていたということで、当時の乳母関係の重要性を知らせてくれる。

(37)『鏡』によれば、康信は鎌倉下向半年後の元暦元（一一八四）年十月二十日初代問注所執事に就任。以後実に三七年間にわたってその座にあった。頼朝卒去の三カ月後の正治元（一一九九）年四月一日に至り将軍御所の郭外に問注所が創設され、この日康信はあらためて問注所執事に補されている。同月十二日、二代将軍頼家の親裁を止める一三人合議制が成立したが、康信は広元等とともにこれに加わっている。問注所の移転も、機構の拡充と同時に、問注所に頼家の恣意の及ぶことを避けることを目的としていたのではないだろうか。頼家・実朝期も広元と並び法曹官僚系の宿老として政権の重鎮たり続け、承久三（一二二一）年五月二十一日には承久の乱での鎌倉方作戦会議に政子に召され、「老病危急之間篭居」していたにもかかわらず出席、大将軍一人でもよいからと即時出撃を主張し、これに執権義時も賛同して、翌日の泰時主従一八騎の出陣となる。鎌倉方の勝利をみたのちの同年八月六日「老病危急、露命不知旦暮」となって、執事を嫡子町野康俊に譲り、三日後に没した。

(38)『鏡』建久五年閏八月八日条。

(39)『鏡』貞応二年七月六日条。

(40)清原氏の系図については、系図16「清原系図①②③」参照。

(41)清定の長子長定は斎藤を称した。初代評定衆の一人となっており、清定の嫡子であったと推定される。『御成敗式目』の連署起請の末席「沙弥浄円」が長定である。延応元（一二三九）年四十三歳で評定衆在職のまま没した。長定の子清時は父と同じく斎藤を名乗った。彼は弘長三（一二六三）年引付衆に就任したが、三年後の文永三（一二六六）年在職のまま没してした。清時の引付衆在任が短期であったことが災いしてか、長定流斎藤氏は以後、武家政権中枢の役職に就いた徴証はみられない。清定の次男満定は父と同じく清原を称した。兄長定没の翌仁治元年四十六歳で評定衆に就任しており、長定の後継として就任したことがわかる。二三年後、弘長三年在職のまま没した。この年に甥清時が引付衆に就任するのは前述のごとくである。清時の引付衆就任は叔父満定の後継人事であったことが理解される。長定流斎藤氏と満定流清原氏では、長定（兄）－満定（弟）－清時（甥）と評定・引付衆が継承されたのであり、当時の鎌倉政権では苗字を異にするとはいえ、この二家が一族として扱われていたことがわかる。清時の没後には斎藤氏同様、満定流清原氏も評定・引付衆を出さなくなる。この一族は清時の卒去を契機として評定・引付衆を出す資格を失ったようである。もともと、長定・満定・清時の三代は評定・引付衆の末席であった（『関評』）から、清時が評定衆に昇進する前に没したことは、この一族の鎌倉政権における政治的地位に大きな打撃になったのではないか。清時が没した直後の文永三年三月引付は廃止され、三年後再設されるが、この前後は評定・引付衆の構成に大きな変動があった時期で、北条氏・安達氏等が増加するとともに京極氏等が加えられる。清時は実に間の悪い時期に没したのであり、斎藤・満定流清原氏は二世代三人にわたって世襲した評定・引付衆から、押し出されてしまったのである。だが、系図16「清原系図②」のごとく、満定流清原氏は奉行人として活動を続け、室町政権でも奉行人層に属し栄えている。公事奉行人清原清定の子孫は鎌倉政権における評定・引付衆の地位は中途で失ったものの、武家奉行人の家として存続することに成功したのである。

(42)　教隆については永井晋氏「中原師員と清原教隆」（『金沢文庫研究』二八一、一九八八年）を参照。

(43)　教隆の家は傍流とはいえ明経道清原氏に属し、父祖も歴代、外記・助教・直講に任ぜられている。よって清原氏内部では養子であり官職も図書允に過ぎなかった清定を祖とする斎藤氏・満定流清原氏よりも、はるかに家格が高かったといいうる。教隆自身も鎌倉に下向する以前に明経得業生・権少外記・音博士を経ていた。鎌倉下向後は、初めもっぱら将軍御所の奉行人として活動し、建長四（一二五二）年四月五十四歳で引付衆に就任。一〇年在職して弘長二（一二六二）年十月職を辞し帰京。三年後の文永二（一二六五）年三月大外記となるが、その年七月六十七歳で没した。教隆の引付衆在職期間に清原満定は評定衆の職にあった。官位では教隆はすでに仁治元（一二四〇）年四十二歳で正五位下に叙されており、左衛門尉を極官とした満定より上位にあったが、鎌倉政権の中央要職においては満定の下位にあったのである。満定の家は源頼朝以来の伝統を有しており、仁治年間に下向した文人に過ぎない教隆とは、いわば格が違うといえばそれまでだが、教隆としては鎌倉におけるこのような地位は意に満たなかったようで、引付衆辞職・上洛は鎌倉での出世を諦めてのものではないだろうか。教隆が金沢氏の後援を受けていたことはよく知られているが、明経道清原氏の中では傍流で学者としての評価も決して高いものではなかった教隆は、鎌倉政権でも引付衆止まりであったのである。

（44）この教隆の子孫は『清原系図』（『続類従』「系図部」）や『系図纂要』では代々、鎌倉・室町政権で評定衆に列したことになっている。だが、教隆の子俊隆は正応三（一二九〇）年に五十歳で没しているから、その評定衆就任が事実であれば弘安七（一二八四）年を最終記事とする『関評』に記載があるはずである。一〇年間引付衆に在職して、ついに評定衆に昇進しなかった教隆の子が、『関評』断絶後卒去までの六年間で引付衆に就任しさらに評定衆に進むとは考えられない。しかし、俊隆の名は『関評』にはない。『永記』は永仁三（一二九五）年の評定・引付衆をほとんど網羅していると考えられるが、教隆系清原氏の名はやはりみいだされない。また、鎌倉政権で評定・引付衆を務め、鎌倉滅亡に殉じなかった法曹官僚系の人びとは多く建武政権に登用されているが、この中にも教隆系清原氏の人はみえず、室町政権についても『御評定着座次第』（『類従』「雑部」）等にはやはりみえない。このように系図集の教隆系清原氏についての記事ははなはだ信憑性が低いといわざるをえない。

（45）佐藤進一氏「職員表」嘉暦元年条。

第三章　得宗家公文所と執事――得宗家公文所発給文書の分析を中心に

はじめに

まず、史料二点を掲げる。『貞時供養記』元亨三（一三二三）年十月二十五日条「彼方執事長崎左衛門尉幷執事代広瀬四郎入道申沙汰之云〻」。『門葉記』「冥道供　関東冥道供現行記」「正中三年（一三二六）三月六日。依大守（北条高時）所労危急、於彼亭、被修之去年炎上之間、執事長崎新左衛門尉高資宿所也。」。

両史料の「長崎左衛門尉」と「長崎新左衛門尉高資」は時期的にも同一人であることはまず間違いなく、当時、長崎高資はなんらかの機関において「執事」という役職に就いていたことがわかる。高資はいうまでもなく得宗高時の側近であり、当時の得宗被官有力者の一人であるから、鎌倉最末期の元亨・正中年間、鎌倉政権中枢にきわめて近いところに、「執事」という役職を持つ機関が存在したことになる。では、これはいかなる機関であったのか。高資の地位からただちに考えつくのは得宗家公文所（以下、「公文所」）である。実は高資は得宗家家政に関わる多数の文書において単独あるいは複数の一人として奉者を務めており（表2－19、表3－10～14、表5－29・32・33・36、表6－2・3）、それらの中には「執事奉書」と称されているもの（表3－10）もある。よって上記史料にみえる「執事」は公文所の役職（「得宗家公文所執事」「得宗家執事」）と推定して大過ないであろう。

ところが、公文所は知名度の割に未解明の部分の多い機関である。そこで本章では、先行研究のほとんどない公文

宛　所	内　容	得宗	得宗袖判	形式	史　料
長沢左衛門尉殿(当国守護所)	分国(肥後)支配(領内訴訟)	時政	有	?	薩藩旧記2水引執印氏文書
東大夫殿	所領(伊豆三島社)支配	時政	有	?	三島神社文書
藤内兵衛尉殿	分国(大隅)支配	義時	有	?	禰寝文書*
野呂次郎殿	所領(肥後国阿蘇社)支配	義時	有	折紙	阿蘇文書
平田殿	所領(肥後国甲佐社)支配	義時	有	折紙	阿蘇文書
いちかはの六郎刑部殿(御返事)	承久の乱戦況報告への返事	義時	有	折紙	市河文書
曽我次郎殿	得宗代替安堵	泰時	有	竪紙	曽我文書
興津虎石殿	被官代替安堵	泰時	有	?	諸家文書纂8興津文書
矢田六郎兵衛尉殿	分国(伊豆・駿河)支配	泰時	有	?	吾妻鏡同日条
政所綿貫入道殿	所領(被官領)支配	泰時	有	竪紙	新渡戸文書
阿蘇亀熊殿	裁許(被官間訴訟)	経時	有	竪紙	阿蘇文書
□(山)田五郎四郎殿	裁許(被官・寺社間訴訟)	時頼	有	竪紙	阿蘇文書
深森(堀)五郎左エ門入道殿(御返事)	進物を得宗(時頼)の見参に入れたことを伝達	時頼	有	折紙	深堀文書
渋谷十郎殿	分国(若狭)支配(田文調進)	時宗	有	竪紙	東寺百合文書ア
□□(円覚)寺奉行人中	所領寄進(寺社領)	時宗	有	折紙	円覚寺文書
得重公文所	所領支配(年貢)	時宗	有	折紙	円覚寺文書
建長寺沙汰人御中	所領寄進(寺社領)	貞時	有	折紙	鹿王院文書
下総又次郎殿 下総三郎入道殿	過所(豊前国門司関)	貞時	有	竪紙	金剛三昧院文書
下総孫四郎入道殿 下総三郎殿	過所(豊前国門司関)	高時	有	竪紙	金剛三昧院文書
曽我五郎次郎殿	得宗代替安堵	時頼	有	竪紙	斎藤文書
毘沙鶴并女子鶴後家殿	得宗代替安堵	時頼	有	竪紙	新渡戸文書

の「原」は「房」あるいは「光」の草書と思われる。便宜,「為房」とす。

表2　得宗袖判執事奉書

No.	年．月．日	位署書	奉者名	書止
1	建仁3(1203).12.9 (付年号)	景成[奉](日下)	(姓未詳)景成	仍以執達如件
2	元久2(1205).2.29	左衛門尉政元[奉](日下)	(姓未詳)政元	仍以執達如件
3	建保5(1217).9.26	散位為房[奉](日下)	(姓未詳)為房	仍以執達如件
4	(未詳)　6.4	平忠家[□](奉カ)(日下)	安東忠家	仍執達如件
5	(未詳)　6.26	忠家[奉](日下)	安東忠家	仍執達如件
6	(承久3)(1221)　6.6	藤原兼佐[奉](日下)	藤原兼佐	あなかしこ
7	貞応3(1224).9.21	左兵衛尉盛綱[奉](日下)	平盛綱	仍執達如件
8	安貞3(1229).2.13	左兵衛尉盛治(綱)[奉](日下)	平盛綱	仍執達如件
9	寛喜3(1231).3.19	中務丞実景[奉](日下)	豊前実景	仍執達如件
10	仁治2(1241).3.18	左衛門尉盛綱[奉](日下)	平盛綱	仍執達如件
11	仁治3(1242).11.10	沙弥右□(蓮)[□](奉)(日下)	(俗名未詳)右蓮	依仰執達如□(件)
12	建長元(1249).9.2	沙弥盛阿(日下)	平盛綱	仍執達如□(件)
13	(未詳)　10.24	真性(日下)	諏訪盛経	恐々謹言
14	文永9(1272).11.3	左衛門尉頼綱(日下)	平頼綱	仍執達如件
15	弘安6(1283).3.25	業連[奉](日下ニアラズ)	佐藤業連	仍執達如件
16	弘安7(1284).3.26	頼綱[奉](日下ニアラズ)	平頼綱	仍執達如件
17	永仁6(1298).1.13	杲暁[奉](日下ニアラズ)	工藤杲暁	仍執達如件
18	嘉元元(1303).11.30	左衛門尉時綱[奉](日下)	尾藤時綱	仍執達如件
19	元亨4(1324).3.9	左衛門尉高資[奉](日下)	長崎高資	仍執達如件
①	仁治3(1242).10.1	沙弥成阿[奉](日下)	平盛綱	仍執達如件
②	仁治3(1242).10.1	沙弥盛阿[奉](日下)	平盛綱	仍執達如件

註　*『鎌倉遺文』では，本文書の奉者を「散位為原」とするが，『東大影写』によって確認してみると，こ

所の役職および職員の構成[1]について考察する。中心になるのは「執事」である。これは執事と名指しされている長崎高資がかなり多くの発給文書を残しており、これらを検討することによって執事の職権を明らかにすることが比較的容易ではないかと予想されるがゆえである。そして執事と他の職員とを比較し、その関係を明らかにすることによって、得宗家家政機関の構成を明らかにすることができるのではないかと考える。研究の素材としてはすでに先学によって発掘がかなり進んでいる公文所発給文書を用いる。これらを分類・整理し、その用途を明らかにすることによって、得宗家家政機関職員の職権・地位が特定されると思われる。第一節では公文所発給文書の分類を行い、各様式の用途を解明する。第二節では文書の奉者に注目することにより、執事をはじめとする職員の構成を明らかにする。第三節では鎌倉後期に得宗被官内部に起こった階層分化に言及する。

第一節　得宗家家政機関発給文書の検討

一　「得宗家公文所奉書」の分類

公文所発給文書は、従来『鎌倉遺文』等の史料集では「得宗公文所奉行人連署奉書」等、種々の名称で呼ばれていたが、これを初めて網羅的に収集したのは奥富敬之氏である。奥富氏は昭和四十五（一九七〇）年に「得宗家公文所の基礎的素描」（『日本史攷究』一六）で二六通、同五十五年に『基礎的研究』第一版で三九通、同六十三年の同書第三版で六二通の文書を公文所発給文書とし、これらを一括して「得宗家公文所奉書」と命名した[2]。これに対しては昭和五十年に入間田宣夫氏が『多田神社文書』の検討から奉者が単数の文書は「北条氏執事奉書」、複数のものは「北条氏公文所奉書」として区別すべきであるとの意見を提出した[3]。さらに『基礎的研究』第一版発表二年後の昭和五十七年、田村浩氏が独自に七九通の文書を収集して、「得宗家公文所の一考察」[4]を発表し、入間田氏と同様の見解を発表している。また、最近になり小泉聖恵氏が「得宗家の支配構造」(5)を発表し、公文所発給文書五七通（ほかに得宗下文二七通）を収集して、公文所発給文書を「得宗袖判執事奉書」（奉者単数）と「得宗家公文所奉行人連署奉書」（奉者複数）とに分類している。(6)だが、これら先人の収集文書を再検討してみると、公文所以外の機関の発給とみられるものを含んでおり、公文所発給文書もいくつかの形式に分類できる。先人の収集文書を再検討し、これに私が収集した文書を加えて、現在私は七三通（得宗就任以前の時頼の発給文書二通を合わせると七五通。後述）の文書を公文所発給文書として把握している。この七三通を、まず年代等を無視して、形式によって分類してみる。文書の分類にはいくつかの方法があろうが、便宜、まず奉者の人数によって分けると、単数か複数かによって二分しうる。そして単数のものは、得宗の袖判を有し、奉者は花押を据えないものと、得宗の袖判を有さず奉者自身が花押を据えるものに二分される。両タイプ共、形式的にも内容的にも古文書学上の奉書であることにかわりないが、様式は明らかに異なる。よって便宜、前者を「得宗袖判執事奉書」(7)、後者を「得宗家執事書状」と呼んでおく（おのおの「執事奉書」「執事書状」と略称）。ここで「執事」の語を用いるのは、執事就任が確認される長崎高資が両タイプの奉者を務めており（表2－19、表3－10〜14）、高資以外が奉者となった文書でも「執事奉書」と呼ばれている例(8)があるからである（「執事」の語を用いるのは、あくまでも便宜的なものであり、「執事奉書」「執事書状」の発給者が即、執事というわけではない）。また、複数のものは奉書形式と下知状形式に分けられる。奉書形式を「得宗家公文所奉書」、下知状形式を「得宗家公文所下知状」と仮称しておく（おのおの「公文所奉書」「公文所下知状」と略称）。

①奉者単数（有得宗袖判）　「得宗袖判執事奉書」　一九通
②奉者単数（無得宗袖判）　「得宗家執事書状」　一四通
③奉者複数奉書形式　「得宗家公文所奉書」　三七通
④奉者複数下知状形式　「得宗家公文所下知状」　三通

以下では、おのおのの文書様式について検討する（各項の冒頭にその様式の典型を掲げた。また、表2～6参照[9]）。

二　得宗袖判執事奉書

（得宗袖判）
（本文）　仍執達如件
年月日　官職＋名前
宛名

一九通が確認され（表2）、ほかに得宗就任以前の時頼のものが二通ある（表2―①・②）。得宗袖判を有することから、得宗下文に準ずる重要な文書様式であったと推定される。時政期から高時期まで発給されており、公文所発給文書の中では最も早く登場し、最も長期にわたって使用された。内容は得宗および得宗被官の代替安堵、得宗分国の支配、得宗領の支配および寄進、得宗領内における訴訟の裁許、得宗領内の過所など、得宗領支配に関するほとんどすべて

宛所	内容	得宗	得宗袖判	形式	史料
大禰宜殿(常陸国鹿島社)	所領寄進(寺社領)	義時	無	?	鹿島大禰宜家文書
大蔵丞殿(多田院政所秦泰綱)	裁許(多田院御家人間訴訟)	泰時	無	竪紙	多田神社文書
(無)	所領支配(「南新法華堂六斎日湯薪代銭支配事」)	泰時	無	?	吾妻鏡同日条
矢野豊後権守殿(倫景,幕府寺社奉行)	分国(肥後)支配(領内寺社からの注進状を伝達)	貞時	無	?	大慈寺文書
三位僧都御房	所領寄進(寺社領)	貞時	無	折紙	證菩提寺文書
円覚寺方丈	所領寄進(寺社領)	貞時	無	折紙	円覚寺文書
長崎木工左衛門尉殿	分国(肥後)支配	貞時	無	?	大慈寺文書
八幡神主殿(鎌倉鶴岡社)	御恩申請の得宗への披露の伝達	貞時	無	竪紙	鶴岡神主家伝文書
杜社三郎殿	訴訟手続(被官間訴訟)	貞時	無	竪紙	諸家文書纂8興津文書
正続庵坊主	所領寄進(寺社領)	高時	無	竪紙	円覚寺文書
進上　向山刑部左衛門尉殿(金沢氏執事)	官途申請の得宗への披露の約束	高時	無	?	賜盧文庫文書所収称名寺文書
謹上　三聖寺方丈	補任(住持職)	高時	無	竪紙	海蔵院文書
正続庵坊主	所領寄進(寺社領)	高時	無	折紙	円覚寺文書
長崎弥次郎殿	補任(神社別当職)	高時	無	竪紙	宝菩提院文書

の事項に及ぶ（例外は得宗下文でなされる新恩給与）。だが、執事奉書が頻繁に発給されたのは時宗期までで、貞時・高時期には三通しか確認されない（表2―17～19）。これは執事書状・公文所奉書の出現と軌を一にする現象で、残存率の問題を考慮する必要があるが、時宗期まで執事奉書でなされていた事項が、他の文書様式でなされるようになり、執事奉書は使用範囲が限定されていったことを示している。得宗が袖判を据えるこの様式は過所など永続的効力を期待される重要事項にのみ使用されることになったのではないか。発給者は景成・左衛門尉政元・散位為房・安東忠家・藤原兼佐・平盛綱（四通発給で最多。ほかに得宗就任以前の時頼の袖判奉書二通）・豊前実景・沙弥右蓮・諏訪盛経・平頼綱・佐藤業連・工藤杲暁・尾藤時綱・長崎高資、計一四名。

表3　得宗家執事書状

No.	年．月．日	位　署　書	奉者名	書　止
1	(未詳)　2.21	左衛門尉□□(花押)(日下)	(未詳)	恐々謹言
2	嘉禎3(1237).3.28 (付年号)	左衛門尉盛綱[在判](日下)	平盛綱	仍執達如件
3	延応元(1239).5.26	左衛門尉盛綱(日下)	平盛綱	仍執達如件
4	弘安9(1286).⑫.23	果(杲)円[在判] (日下ニアラズ)	平頼綱	恐々謹言
5	正応6(1293).7.30	光綱(花押)(日下ニアラズ)	長崎光綱	謹言
6	永仁3(1295).②.25	光綱(花押)(日下ニアラズ)	長崎光綱	恐々謹言
7	(永仁年間)(1293～98).3.15	光綱(在判)(日下)	長崎光綱	謹言
8	延慶3(1310).8.29 (付年号)	時綱(花押)(日下)	尾藤時綱	恐々謹言
9	延慶3(1310).12.13	沙弥[判有](日下)	(未詳)	仍執達如件
10	元応2(1320).10.5	左衛門尉高資[判](日下)	長崎高資	仍執達如件
11	(嘉暦2)(1327).5.2	左衛門尉高資[状](日下)	長崎高資	恐惶謹言
12	(未詳)　5.3	左衛門尉高資(花押)(日下)	長崎高資	恐々謹言
13	(未詳)　10.5	高資(花押)(日下)	長崎高資	恐々謹言
14	(未詳)　12.13	高資(花押)(日下)	長崎高資	恐々謹言

註　○付数字は閏月を示す。

三　得宗家執事書状

（本文）恐々謹言

（年）月日　（官職）名前（花押）

宛名

文中には「被仰出候」「之由承候畢」「之由所候也」等の奉書文言があることが多い。発給者の書状形式だが、内容は得宗家家政や得宗領支配に関わるもので、公文所発給文書の一様式ということができる。義時・泰時期に三通発給例があるが、本格的に発給されるのは貞時期からで、一一通が貞時・高時期に集中している（表3）。内容は所領寄進、補任、分国支配等、基本的に恒久性の高く、時宗期まで執事奉書でなされていた事柄のうち恒久的なものの大部分を担ったことになる。奉者は左衛門尉某・平盛綱・平頼綱・長崎光綱・尾藤時綱・沙弥某・長崎高資の七人で、盛綱・頼綱・時綱・高資が執事奉書の奉者と重複する。

四　得宗家公文所奉書

（本文）仍執達如件

年月日　官職＋名前（花押）

官職＋名前（花押）

官職＋名前（花押）

得宗家執事発給文書

呼称	奉者名	史料
菜薗地御寄進状［頼綱，長崎平左衛門督（尉）］	平頼綱	貞治２（1263）年４月付「円覚寺文書目録」（『円覚寺文書』）
同所（上野国北玉村郷）出物注進御奉書［頼綱］	平頼綱	同上
関東状［頼綱入道奉書］・頼綱入道状	平頼綱	『勘仲記』弘安10年７月18日条
門前屋地御教書［光綱，長崎左衛門尉］	長崎光綱	№１に同じ
執事奉書御事書［頼綱，長崎平左衛門督（尉）］	平宗綱カ	同上。同文書所収・正和４（1315）年12月24日付「円覚寺文書目録」では21日とす

官職＋名前（花押）

宛名

三七通が確認される（表5）。奉者は二名から五名で、四名が一七通と最も多い。書止文言は「仍執達如件」が三四通で大半を占める。文永九（一二七二）年九月五日付（表5－3）以降、本格的に発給されるようになった。内容は所領支配（二六通）、裁許（一通）、分国支配（六通）、所領寄進（二通）、訴訟手続（二通）で、所領支配が七割を占め、おもに得宗領支配に関して発給されたといえよう。複数の職員の連署奉書であり、入間田・田村両氏の見解の通り、奥富氏の名付けた「得宗家公文所奉書」の名称が最もふさわしいのは、この様式であろう。文永九年以降、所領支配関係や恒久性の低い事柄は、公文所奉書で処理された。執事書状より一四年ほど早く使用が本格化し、執事書状とともに執事奉書が担ってきた役割のかなりの部分を担うようになった。奉者については、文永九年以降で人名の比定できる者は尾藤景氏・長崎時綱(10)・平頼綱・諏訪盛経・佐藤業連・諏訪宗経・工藤杲暁・尾藤時綱・長崎高資。一方、実名不明の田部・藤原・沙弥・僧・平、姓未詳の道教・忠清・以安といった人物もみられる。弘安七（一二八四）年ごろまでのほぼ時宗の治世期には平頼綱・諏訪盛経・佐藤業連・尾藤景氏等の寄合衆就任者や、長崎時綱のようなその一族(11)が奉者を務めたり、奉者の上位を占めるものがほとんどであるのに対し、貞時治世の正安年間以降になると、長崎高資・諏訪宗経等の寄合衆級が上位を占めるものと、人名比定のできない者のみによって奉じられているものに二分されるようになる。田村氏の指摘のごとく(12)、公文所の機構整備・拡充と職員間での階層分化を示すと思われる。つまり、正安年間ごろには公文所の機構が拡大・整備され、同時に職員間の格差が明確化したのである。二種の公文所奉書の役割分担の根拠は明確でないが、下級職員のみの奉書は公文所内部に設置された部局の発給文書であったのではないか。また、宛先の身分が高い場合には、寄合衆級の上級職員が奉者の上位を務めたと考えられる(13)。

表4　原文書散逸の

No.	年．月．日
1	弘安7(1284).9.9
2	弘安9(1286).12.27
3	弘安10(1287).7.
4	永仁4(1296).2.15
5	乾元2(1303).11.28

宛　　所	内　　　容	得宗	得宗袖判	形式	史　　料
(無)	事書「右近将監国守与刑部丞仲義相論申野源二国(「高」脱)夜討事」裁許(多田院御家人間訴訟)	泰時	無	竪紙	多田神社文書
北条公文所	分国(伊豆)支配	時頼	無	竪紙	三島神社文書
多田庄政所	「多田院修造条々」(2カ条) 所領(摂津多田院)支配	時宗	無	折紙	多田神社文書
恒念房 多田庄両政所	「条々」(9カ条) 所領(摂津国多田院)支配	時宗	無	竪紙	多田神社文書
多田庄両政所殿	所領(摂津国多田院)支配	時宗	無	竪紙	多田神社文書
砧用小北給主御中	所領支配 (肥後国甲佐社造営)	時宗	無	竪紙	阿蘇文書
(無)	分国(播磨)支配 (国内御家人の覆勘状発給)	時宗	無	竪紙	広峰神社文書
多田庄両政所	所領(摂津国多田院)支配	時宗	無	竪紙	多田神社文書
当庄両政所 (多田庄)	所領(摂津国多田院)支配	時宗	無	竪紙	多田神社文書
多田庄両政所	所領(摂津国多田院)支配	時宗	無	竪紙	武田健三氏所蔵文書 (多田神社文書)
当庄両政所 (多田庄)	「極楽寺長老(忍性)被申条々」(3カ条) 所領(摂津国多田院)支配	時宗	無	竪紙	多田神社文書
若狭国守護御代官殿	分国(若狭)支配 (異国降伏御祈)	時宗	無	竪紙	東寺百合文書な

表5　得宗家公文所奉書

No.	年．月．日	位署書	奉者名	書止
1	嘉禎4(1238).6.24	左衛門尉[在判] 大蔵丞[在判] 僧[在判](日下)	(平盛綱) (秦泰綱) (未詳)	依仰執達如件
2	弘長元(1261).6.6	左衛門尉(花押) 沙弥(花押) 僧 藤原(花押)(日下ニアラズ)	(平盛時カ) (未詳) (未詳) (未詳)	仍執達如件
3	文永9(1272).9.5	浄心 時綱(花押)(日下ニアラズ)	尾藤景氏 長崎時綱	仍執達如件
4	文永10(1273).12.17	沙弥[労] 左兵衛尉(花押) 沙弥(花押) 沙弥(花押) 田部(花押)(日下)	(尾藤景氏) 長崎時綱 沙弥A 沙弥B 田部C	仍執達如件
5	建治元(1275).10.15	左兵衛尉(花押) 沙弥(花押) 沙弥(花押) 田部(花押)(日下)	長崎時綱 沙弥A 沙弥B 田部C	仍執達如件
6	建治2(1276).閏3.11	左衛門尉(花押) 藤原(花押) 沙弥(花押)(日下)	(平頼綱カ) (未詳) (未詳)	仍執達如件
7	弘安2(1279).10.15	沙弥(花押) 左衛門尉 僧(花押) 僧(花押)(日下ニアラズ)	(未詳) (未詳) (未詳) (未詳)	仍執達如件
8	弘安4(1281).2.8	左兵衛尉(花押) 沙弥(花押) 田部(花押)(日下)	長崎時綱 沙弥B 田部C	仍執達如件
9	弘安4(1281).2.20	左兵衛尉(花押) 沙弥(花押) 田部(花押)(日下)	長崎時綱 沙弥B 田部C	仍執達如件
10	弘安4(1281).5.17	左兵衛尉(花押) 沙弥(花押) 田部(花押)(日下)	長崎時綱 沙弥B 田部C	仍執達如件
11	弘安5(1282).2.12	左兵衛尉(花押) 沙弥 沙弥(花押)(日下)	長崎時綱 (未詳) 沙弥B	依仰執達如件
12	弘安7(1284).1.4	左衛門尉[在御判] 沙弥[在御判] 加賀権守[在御判](日下)	(平頼綱) (諏訪盛経) (佐藤業連)	仍執達如件

宛　　所	内　　容	得宗	得宗袖判	形式	史　　料
寺奉行御中 (相模国円覚寺)	所領寄進(寺社領)	貞時	無	折紙	円覚寺文書
(無)	分国(和泉)支配 (国内御家人の覆勘状発給)	貞時	無	竪紙	和田文書
(無)	所領寄進(寺社領)	貞時	無	竪紙	円覚寺文書
工藤右衛門入道殿 (杲暁－若狭守護代)	分国(若狭)支配 (異国降伏御祈)	貞時	無	竪紙	東寺百合文書リ
当庄政所殿 (多田庄)	所領(摂津国多田院)支配	貞時	無	竪紙	多田神社文書
走湯山寺家政所	所領(伊豆国走湯山神社)支配	貞時	無	?	日吉記紙背文書
(無－多田庄政所カ)	所領(摂津国多田院)支配	貞時	無	竪紙	多田神社文書
(無－多田庄政所カ)	所領(摂津国多田院)支配	貞時	無	折紙	多田神社文書
一庫・国沢給主殿 (多田庄)	所領(摂津国多田院)支配	貞時	無	折紙	多田神社文書
当庄政所 (多田庄)	所領(摂津国多田院)支配	貞時	無	竪紙	多田神社文書
南条七郎二郎殿	訴訟手続(被官間訴訟)	貞時	無	竪紙	大石寺文書
工藤四郎右衛門尉殿	分国(若狭)支配 (異国降伏御祈)	貞時	無	未詳	鎌倉遺文23932 (明通寺文書?)
当所給主殿 (多田庄)	所領(摂津国多田院)支配	高時	無	折紙	多田神社文書

No.	年．月．日	位　署　書	奉 者 名	書　止
13	弘安 7 (1284). 9 . 9	頼綱(花押)	平頼綱	仍執達如件
		真性(花押)	諏訪盛経	
		業連(花押)(日下)	佐藤業連	
14	弘安 8 (1285).10. 7	左衛門尉　花押	(未詳)	仍執達如件
		兵庫助　花押(日下)	(未詳)	
15	弘安 9 (1286). 1 .23	左衛門尉(花押)	平頼綱	仍執達如件
		散位(花押)(日下)	(未詳)	
16	正応 5 (1292).10.13	左衛門尉[在判]	(平宗綱カ)	仍執達如件
		沙弥[在判]	(諏訪盛経カ)	
		右衛門尉[在判](日下)	(未詳)	
17	永仁元(1293).12.18	沙弥(花押)	沙弥B	仍執達如件
		平(花押)	平実□	
		沙弥(花押)(日下)	沙弥D	
18	永仁 5 (1297). 3 .26	左衛門尉	(未詳)	仍執達如件
		沙弥[在判]	(未詳)	
		沙弥[在判]	(未詳)	
		丹治[在判](日下)	(未詳)	
19	永仁 6 (1298). 4 .20	沙弥(花押)	工藤杲暁	仍執達如件
		左衛門尉(花押)	(姓未詳)忠清	
		中務丞(花押)	平実□	
		沙弥(花押)	沙弥D	
20	正安 3 (1301). 3 . 9	杲暁(花押)	工藤杲暁	仍執達如件
		忠清(花押)	(姓未詳)忠清	
		実□(花押)	平実□	
		沙弥(花押)(日下)	沙弥D	
21	正安 3 (1301).10.21	宗□(花押)	(姓未詳)宗□	仍執達如件
		忠清(花押)	(姓未詳)忠清	
		実□(花押)	平実□	
		沙弥(花押)(日下)	沙弥D	
22	嘉元 4 (1306). 5 .10	左衛門尉(花押)	(姓未詳)宗□	仍執達如件
		左衛門尉(花押)	(姓未詳)忠清	
		中務丞(花押)	平実□	
		藤原(花押)(日下)	(未詳)	
23	徳治 2 (1307). 2 .17	左衛門尉(花押)	諏訪宗経	仍執達如件
		僧(花押)(日下)	(未詳)	
24	延慶 3 (1310). 3 . 8	資□[在々]	(未詳)	仍執達如件
		時綱[在々]	尾藤時綱	
		了暁[在々]	(俗名未詳)了暁	
		親経[在々](日下)	(姓未詳)親経	
25	正和元(1312).10.晦	道教[判]	(姓未詳)宗□	仍執達如件
		専正[判]	(姓未詳)忠清	
		照観[判]	平実□	

宛　所	内　容	得宗	得宗袖判	形式	史　料
当所給主殿(多田庄)	所領(摂津国多田院)支配	高時	無	折紙	多田神社文書
下山弥四郎殿	所領(摂津国多田院)支配	高時	無	折紙	多田神社文書
大禰宜殿	所領(常陸国鹿島社)支配	高時	無	竪紙	税所文書
工藤右近入道殿(多田院造営総奉行)	所領(摂津国多田院)支配	高時	無	折紙	多田神社文書
工藤次郎右衛門尉殿(多田院造営総奉行)	所領(摂津国多田院)支配	高時	無	折紙	多田神社文書
安東左衛門尉殿(甲佐社中司)	所領(肥後国甲佐社)支配	高時	無	竪紙	阿蘇文書
宗像大宮司殿	所領(筑前国宗像社)支配	高時	無	竪紙	宗像神社文書
宗像大宮司殿	所領(筑前国宗像社)支配	高時	無	竪紙	宗像神社文書
石川与四郎殿	訴訟手続(被官間訴訟)	高時	無	竪紙	秋田藩採集文書 4
下総三郎入道殿	遵行命令	高時	無	竪紙	門司文書
当社大宮司殿(宗像社)	所領(筑前国宗像社)支配	高時	無	竪紙	宗像神社文書
(無)	所領支配(寺領安堵)	時行	無	竪紙	法華堂文書

および小島鉦作氏「永仁の徳政令と寺社領」(『歴史教育』88－1，1957年) 52頁参照。

No.	年．月．日	位　署　書	奉 者 名	書　止
26	正和元(1312).10.晦	浄□[判](日下) 道教(花押) 専正(花押) 照観(花押)	(俗名未詳)浄□ (姓未詳)宗□ (姓未詳)忠清 平実□	仍執達如件
27	正和2(1313).3.15	浄□(花押)(日下ニアラズ) 道教(花押) 専正(花押) 照観(花押)	(俗名未詳)浄□ (姓未詳)宗□ (姓未詳)忠清 平実□	仍執達如件
28	正和3(1314).6.5	浄□(花押)(日下ニアラズ) 沙弥(花押) 沙弥(花押)(日下ニアラズ)	(俗名未詳)浄□ (未詳) (未詳)	仍執達如件
29	正和5(1316).閏10.18	高資(花押) 演心(憚) 了□(花押)	長崎高資 尾藤時綱 了□	仍執達如件
30	文保元(1317).5.10	□直(花押)(日下ニアラズ) 道教(花押) 専正(花押) 照観(花押)	□直 (姓未詳)宗□ (姓未詳)忠清 平実□	仍執達如件
31	文保元(1317).12.23	以安(花押)(日下) 沙弥□□(花押) 沙弥□□(花押)(日下)	(姓未詳)以安 (未詳) (未詳)	仍執達如件
32	元応2(1320).2.19	左衛門尉(花押) 沙弥(花押) 沙弥 平(花押)(日下)	長崎高資 諏訪宗経 (未詳) 平E	仍執達如件
33	元応2(1320).10.30	左衛門尉(花押) 沙弥(花押) 沙弥 平(花押)(日下)	長崎高資 諏訪宗経 了□ 平E	仍執達如件
34	嘉暦2(1327).6.18	左衛門尉(花押) 大宅(花押)(日下)	諏訪某 (未詳)	仍執達如件
35	嘉暦4(1329).2.25	沙弥(花押) 平(花押)(日下)	(未詳) 平E	仍執達如件
36	元徳2(1330).10.22	左衛門尉(花押) 左衛門尉(花押) 沙弥(花押) 橘(花押)(日下)	長崎高資 諏訪某 沙弥F (未詳)	仍執達如件
37	正慶4(1335).8.12	高泰(花押) 貞宗(花押) 宏元(花押)(日下)	(姓未詳)高泰 (姓未詳)貞宗 (姓未詳)宏元	状如件

註　18：田村浩氏「得宗家公文所の一考察」(『千葉県立船橋高等学校紀要』13，1982年）17頁（注)

五　得宗家公文所下知状

（事書）

（本文）下知如件

年月日

官職＋名前（花押）

官職＋名前（花押）

官職＋名前（花押）

官職＋名前（花押）

時宗期一通、高時期二通が確認される（表6）。奉者は、下位二名は三通共未詳だが、上位二名は最初が尾藤景氏・長崎時綱。残り二通は長崎高資と諏訪宗経・某父子で、当時の公文所奉書の上級奉者と一致する。時宗期のものは所領支配に関するものだが、高時期の二通は裁許状である。得宗家の裁許状は得宗書下が知られているが、鎌倉末期には公文所下知状でもなされたことがわかる。田村氏はこれらの裁許状が公文所職員を奉者とし、訴訟手続きは公文所奉書でなされていることから、得宗家における訴訟は公文所の管轄下にあったとして、従来、得宗家の訴訟機関とされてきた「得宗方」の存在を否定し、「得宗方」とは単に〝得宗の側〟の意味であるとしている(14)。私も田村氏のいうとおりであると思

事書	内容	得宗	得宗袖判	形式	史料
摂津国多田院造営条々	所領（摂津国多田）支配（多田院造営13カ条を聖・政所に下知す）	時宗	無	竪紙	多田神社文書
山内庄本郷新阿弥陀堂供用等申供米未進事	裁許（寺社・被官間訴訟）	高時	無	竪紙	證菩提寺文書
（未詳－前部欠）	裁許（寺社・被官間訴訟）	高時	無	竪紙	宗像神社文書

う。得宗領での訴訟は、受理・審理・判決の全過程が、公文所でなされていたのである。(15)

六　公文所発給文書分類のまとめ

以上四種の文書の発給状況をまとめたのが表7・8である。執事奉書が公文所奉書・執事書状の登場と反比例する形で減少してゆくことがわかり、公文所下知状も高時期には発給が本格化していたようである。執事奉書ですべての業務がなされていた得宗家では、公文所の機構が整備されるに従い他の文書様式が成立し機能分化していった。これは公文所の拡大・充実を示している。蒙古襲来という外圧を背景とする得宗権力の拡大・強化、これに伴う得宗領の増加と軌を一にしており、公文所が得宗権力の強化とともに発展していったことがわかる。

第二節　得宗家執事

一　得宗家執事の定義

では、公文所はいかなる構成であったのか。鎌倉末期にその長官というべき役職と考えられるのは「執事」であり、長崎高資がこの職にあったことは前述のごとくであるが、「執事」の用語自体は他の史料にも散

表6　得宗家公文所下知状

No.	年．月．日	位　署　書	奉者名	書　止	宛所
1	文永10(1273)．4．24	沙弥[労] 左兵衛尉平(花押) 沙弥(花押) 左近衛将監藤原(花押)(日下ニアラズ)	(尾藤景氏) 長崎時綱 沙弥B (未詳)	依仰下知如件	無
2	文保元(1317)．12．14	左衛門尉平[在判] 沙弥[在判] 沙弥 沙弥[在判](日下)	(長崎高資) (諏訪宗経) (未詳) (未詳)	下知如件	無
3	元亨2(1322)．5．1	左衛門尉平(花押) 左衛門尉金判(刺)(花押) 沙弥(花押) 平(花押)(日下ニアラズ)	長崎高資 諏訪某 沙弥F 平E	下知如件	無

表7　得宗家公文所発給文書の発給状況（1）

得宗	時政	義時	泰時	時頼	時宗	貞時	高時
執事奉書	―	―	―	―	―	―	―
執事書状		―				―	―
公文所奉書			―	―	―	―	―
公文所下知状					―		―

表8　得宗家公文所発給文書の発給状況（2）

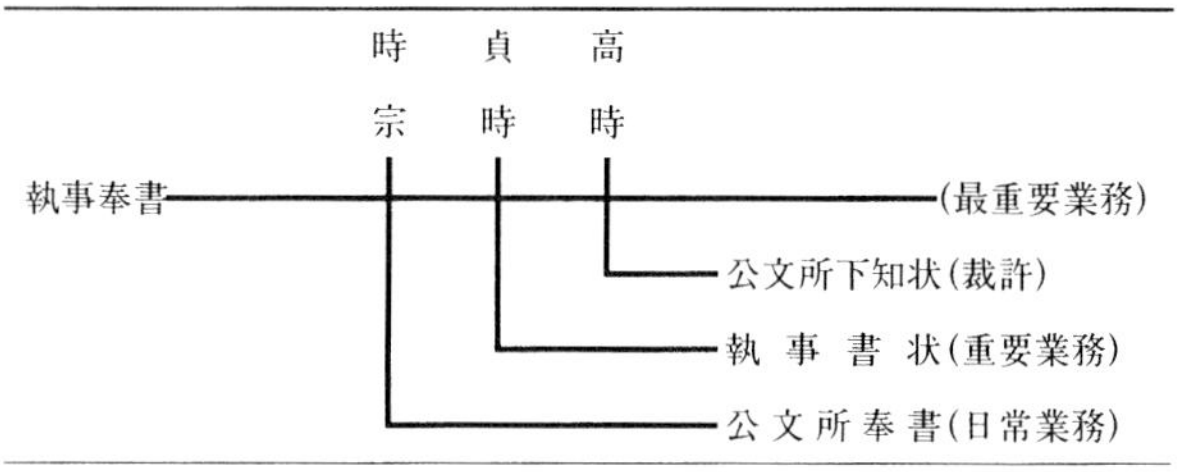

見される。正和四（一三一五）年十二月二十四日付「円覚寺文書目録」（『円覚寺文書』。以下「正和目録」と略称）では永仁三年閏二月二十五日付長崎光綱書状（表3－6）を「執事奉書」としており、同じ文書は貞治二（一三六三）年四月付「円覚寺文書目録」（『円覚寺文書』。以下「貞治目録」と略称）でも「執事光綱、長崎左衛門尉奉書」と記されている。また、原文書は散失しているものの、正和目録には、「一通　執事奉書御事書　十一月廿一日」との記載がある（表3－5）。同じ文書と思われるものについて、「貞治目録」は、

一通　執事奉書御事書頼綱（ママ）、長崎平左衛門督（尉）　○乾元二年二月十二日（十一月廿八日

と記している。[16] 高資の例では元応二（一三二〇）年十月五日付奉書（表3－10）が「執事奉書案」の押紙を付されている。さらに『太平記』は長崎高綱を「執事長崎入道」と呼んでおり、日蓮宗の『鎌倉殿中問答録』[17]でも同人は「執事長崎入道」「執事」と称されている。光綱は高資の祖父、高綱は父である。これらの史料は長崎氏三代が執事の職に就いており、彼らの発給文書は「執事奉書」と呼ばれていたことを示している。だが、光綱・高綱についての史料は彼らが公文所で活動していた時期と同時代の史料ではない。「はじめに」に掲げた『貞時供養記』『門葉記』の記事や「正和目録」の記載から、高時期に「執事」という役職が存在し、高資がこの地位にあったことは確認されるが、光綱・高綱については彼らの活動した時期に執事職があったと断定することはできない。やはり、高資の活動から執事の職権を特定す

る必要があろう。高資の公文所および得宗家家政における活動は以下の六点にまとめられる。

①執事奉書の発給　高時政権期の執事奉書は一通だが、高資の発給である（表2―19）。

②執事書状の発給　高時政権期の執事書状は五通すべてが高資の発給である（表3―10〜14）。

③公文所奉書の上級奉者を務める　高時政権期の公文所奉書のうち、寄合衆級の者が奉者の上位を務めるもの四通では、高資が首席にあり、次席は諏訪氏または尾藤氏である（表5―29・32・33・36）。

④公文所下知状の上級奉者を務める　高時政権期の公文所下知状二通のうち、一通の奉者四名中上位二名は花押から首席高資・次席諏訪某であり、残り一通は時期および署名から首席高資・次席諏訪宗経と推定される（表6―2・3）。

以上の四点は公文所発給文書から導かれる職務行為である。このほかに次のような活動が確認される。

⑤得宗領から貢納される年貢の管理　執事職にあったのと同時期に高資は得宗領から上申された年貢散用状の覆勘文言に首席で署判を加えており、高資は得宗家において所領年貢を管理する責任者の地位にあった(18)。

⑥得宗側近として諸方と得宗との仲介を務める　「金沢貞顕書状」等によって、高資が諸方から得宗への各種の請求の窓口となっており、得宗との面会に際しては案内をも行っていたことがわかる（『金文』三六八・三六九）。

以上から理解される高資の地位は、公文所・得宗家家政の実務面における最高責任者ということになる。執事奉書・執事書状の発給は高時期には高資の専権事項となっていた可能性が高く、公文所奉書・下知状の奉者となる場合には高資は常にその首席にあり、年貢散用状への署判でも同様である。これらは彼が当時、公文所において長官の地位にあったことを明示している。したがって、得宗家執事は「得宗家公文所長官＝得宗家家政の最高実務責任者」と定義することができる。高資がそうであったように執事は基本的に単独の職であったと考えるべきであろう。「執事」の用語が記載されている史料はいずれも高時期以降の成立であり、厳密には「執事」という職名は高資以前には史料上遡ることはできない。よって以下では、右記の定義にあてはまるものを得宗家執事と規定し、その成立過程および就任者の検出を行うことにする。

二　執事制の成立

執事奉書・執事書状の発給は、高時期には執事高資の専権事項となっていたと考えられる。この二様式の文書の発給者を今一度掲げてみると、景成・左衛門尉政元・散位為房・藤原兼佐・左衛門尉某・安東忠家・平盛綱・豊前実景・沙弥右蓮・諏訪盛経・平頼綱・佐藤業連・長崎光綱・工藤杲暁・尾藤時綱・沙弥某・長崎高資の一七名である（表2・3）。だが、これらをすべて得宗家執事と断定するのは早計であろう。得宗家に初代時政のときから、のちの執事のような役職が完備していたとは限らず、初めは単なる右筆によって文書が発給されており、のちに家政機関が充実するに及び執事の制度が設けられた可能性もある。そこで注目されるのは執事奉書の様式の変遷である。執事奉書は、貞応三（元仁元＝一二二四）年九月二十一日付平盛綱奉書（表2－7）以前、つまり時政・義時期のものは、大枠では執事奉書に含まれるものの、位署書や書止の書式がまちまちである等、様式が定まっていない（表2－1～6）。これが右の盛綱奉書以降になると様式は安定する。執事奉書の様式が定まった貞応三年という年は得宗家家政機関の歴史において一つの画期となるのではないか。同年六月義時が没し、六波羅より帰東した泰時は、庶弟政村を擁する義時の後妻伊賀氏の陰謀を粉砕したのち、閏七月二十九日、家令の職を設け、これに尾藤景綱を任命（『鏡』同日条）、翌八月家法を制定する。『鏡』同年八月二十八日条には「武州《(北条泰時)》故《(衍)》政所吉書始云々。又家務條々被定其式。左近将監《(尾藤)》景綱・平三郎兵衛尉盛綱等為奉行云々」とあり、家法制定の奉行は家令景綱と盛綱であった。奥富氏の指摘のごとく[19]、泰時が伊賀氏の乱を退けて執権となった直後の同年七・八月に、得宗家の家政機関が整備されたということができる。そして家法制定一カ月後の同年九月二十一日、盛綱による最初の奉書発給がなされ、これ以降、執事奉書の様式が確定するのである。

以後、盛綱は仁治二（一二四一）年まで、執事奉書・執事書状の発給をほぼ独占する。すなわちこの間に盛綱は執事奉書三通・執事書状二通を残しており、彼以外の人物が奉じたものは一通である（表2・3）。さらにこの時期、盛綱が景綱に次ぐ泰時の最側近であったことは『鏡』の記事によって明らかである。[20]よって盛綱は貞応三年以降泰時が没する仁治三年までの泰時政権全期間にわたって得宗家家政の実務責任者だったのであり、この盛綱の地位はのちの執事に直結するものと判断される。貞応三年閏七月、景綱が初代家令に就任したように、盛綱も得宗家家政の実務責任者に任命されたのではないか。当時、盛綱の就いた地位に特定の名称があったかどうかは不明であるので、以下、この職を便宜「原=執事」と呼ぶことにする。貞応三年以降盛綱は家令景綱の副官的地位にあって、泰時の側近として活動を続ける。[21]この間の景綱の活動は家令にふさわしいものであり、彼が当時の得宗被官の頂点にあったことは確実であるが、[22]景綱発給の文書は現在管見に入っていない。「後見」「家令」という景綱の地位は文書発給を職務とするものではなく、実務面の責任者は原=執事たる盛綱であったと考えられる。

文暦元（一二三四）年八月二十一日、盛綱は重病に陥った景綱に替わり第二代得宗家家令に就任、景綱は翌日卒去する（『鏡』同日条）。だが、盛綱は以後も執事奉書・執事書状の発給を行っている（表2−10、表3−2・3）。おそらく盛綱が文書発給権を有したまま、家令に昇進したため、彼の家令就任以降はそれまで景綱の就いていた家令の職と盛綱が就いていた原=執事の職が融合することになったのではないか。

以上の考察の結果をまとめれば、次のようになる。時政・義時期には得宗家の家政機関は未整備の段階にあり、発給文書の様式も定まらず、発給者も右筆以上のものではなかった。これが貞応三年の泰時政権成立に至り、家令の創設、家法の制定、発給文書様式の確定等、家政全般の整備がなされ、この一環として実務責任者として原=執事の職が設けられた。以後一〇年間、公文所は家令尾藤景綱・原=執事平盛綱の体制で運営された。だが、文暦元年八月、盛綱が文書発給権等を掌握したまま家令に昇進したため、それまで景綱・盛綱に分有されていた職務が盛綱の一身に集中し、以後は原=執事がそれまでの家令の地位をも包摂し、これがのちに「執事」と呼ばれる役職となった。

三　執事の検出

では、平盛綱から長崎高資までに執事はどのように変遷したのか。この間に執事奉書・執事書状を発給した者は、豊前実景・沙弥右蓮・諏訪盛経・平頼綱・佐藤業連・長崎光綱・工藤杲暁・尾藤時綱・沙弥某の九人（表2・3）。ほかに『間記』に「管領」とある平宗綱（頼綱長子）、「内ノ執権」とある北条宗方、そして長崎高綱の三人も執事就任の可能性がある。同書には執事高資が父高綱より「管領」を譲られたとあり、『間記』にいう鎌倉末期の「管領」「内官《（管）》領」「内ノ執権」は執事を指すと考えられるがゆえである。[23] よって、執事就任の可能性がある者は一二名となるが、これをすべて執事と即断することは問題であろう。各人の文書発給状況を検討する必要がある。すると疑問なのは豊前実景と佐藤業連である。実景は寛喜三（一二三一）年三月十九日付奉書を発給した（表2－9）が、彼の発給にかかる文書はこれ一通である。貞応三（一二二四）年から仁治二（一二四一）年に至るこの前後一七年間は平盛綱が執事奉書・書状の発給をほぼ独占しており、例外はこの実景奉書一通である。考えられる可能性は次のいずれかであろう。①現存する執事奉書・書状は盛綱発給のものが多いが、これは偶然の結果に過ぎず、盛綱以外にも発給権を有する者があった。②原則的に執事奉書・書状の発給権は盛綱にあり、実景の発給は特例であった。一七年という長期にわたり執事奉書・書状五通が盛綱の発給であり、例外は一通という史料状況から、①の可能性は低いように思われる。実景の奉書発給は盛綱になんらかの異例があったための代理と考えるべきではないか。仮に①の可能性を認めるとしても、前述のごとく、この期間の得宗被官内での盛綱の地位はきわめて高いものであり、実景が奉書を発給した寛喜三年前後も盛綱が泰時の側近にあったことは確認される。[24] よって、ほかに奉書発給権を持つ者がいたとしても、盛綱が得宗家家政の実務責任者であったことは否定できない。実景は盛綱のもとにあった公文所吏僚の一人と考えるべきであり、私は実景を執事から除外する。次に佐藤業連は弘安六（一二八三）年三月二十五日付奉書を発給した（表2－15）が、彼は実景以上に執事であったことを否定する根拠がある。業連の奉書発給前後には、平頼綱が文永九（一二七二）年十一月三日（表2－14）と弘安七年三月二十六日（表2－16）に執事奉書、同九年閏十二月二十三日には執事書状（表3－4）を発給している。そして弘安七年正月四日付と同年九月九日付の公文所奉書の奉者は、首席頼綱・次席諏訪盛経・第三席業連である（表5－12・13）。この三人は建治三（一二七七）年に寄合衆を務めているが、寄合での業連の役割は右筆であり、頼綱・盛経に比べ下位にあった（『建記』）。つまり業連は公文所において頼綱・盛経とともに最も高い地位にはあったが、三人の中では最下位だったのである。そして業連の奉書発給の前後には頼綱が執事奉書・書状を発給しており、頼綱こそがこの期間の執事に比定される。業連の奉書発給は頼綱の異例による代理と考えるべきである。よって、業連も執事から除外する。残るのは沙弥右蓮・諏訪盛経・平頼綱・長崎光綱・工藤杲暁・平宗綱・尾藤時綱・北条宗方・沙弥某・長崎高綱の一〇名となる。

沙弥右蓮　仁治三（一二四二）年十一月十日に経時袖判執事奉書を発給（表2－11）。祖父泰時が同年六月十五日に没し、経時は後継として同月十六日に執権就任。この執事奉書は得宗の代替による安堵状である。一方、平盛綱は同年十月一日付で執事奉書とまったく同形式の時頼袖判奉書二通を発給（表2－①・②）しており、こちらも泰時卒去による代替安堵である。つまり、新執権（得宗）経時の袖判奉書を奉じたのは右蓮で、泰時期の執事盛綱は執権の弟時頼の袖判奉書を奉じたのである。よって執権の代替によって執事が交替し、盛綱は右蓮に執事を譲ったことになる。義時以来の重臣盛綱がなぜ執権後継者ではなく、その弟に付けられたのかは不明だが、泰時から経時への執権交替は公文所の構成にも変動をもたらしたのである。だが、盛綱は建長元（一二四九）年九月二日付で執権時頼の袖判奉書を奉じており（表2－12）、寛元四（一二四六）年の経時卒去による時頼の執権継承に伴いふたたび執事に就任した。

諏訪盛経　年未詳十月二十四日付時頼袖判執事奉書を奉じた（表2－13）。法名の真性を称しており、本文書は康元元（一二五六）年以降、[25]時頼が没する弘長三（一二六三）年までのものである。

平頼綱　『間記』に「内官《(菅)》領」と記された頼綱は文永九（一二七二）年十一月より弘安九（一二八六）年閏十二月までの一四年間に執事奉書二通（表2－14・16）・執事書状一通（表3－4）を発給、三通の公文所奉書（表5－12・13・15）で奉者の首席を務めている。このほか、『勘仲記』弘安十年七月十八日条にみえる「関東状頼《(平)》綱入道奉書」・「頼《(平)》綱入道状」は私の分類でいうところの執事書状であろう。[26]よって頼綱は霜月騒動を挟む時宗政権期後半から貞時政権初期にかけて執事職にあったことになる。

長崎光綱　平禅門の乱後の正応六年七月を最初に三通の執事書状を発給（表3－5・6・7）。平頼綱滅亡後に執事に就任し、永仁五（一二九七）年八月六日の卒去（『鶴岡社務記録』同日条）まで在職したと考えられる。

工藤杲暁　永仁六（一二九八）年正月に執事奉書を発給（表2－17）、同年四月と正安三（一三〇一）年三月発給の公文所奉書（表5－19・20）の奉者首席を務めた。光綱の後継として執事となったことになる。

平宗綱　『間記』に、平禅門の乱で佐渡に配流されたが、のちに召し返されて「管領」[27]になったとある。乾元《(嘉元)》二（一三〇三）年六月以前に宗綱が「北条氏宰」として鎌倉にあったことが確認されるから、佐渡より帰還した宗綱は正安三年三月以降に杲暁と執事を交替したのではないか。「貞治目録」によれば、乾元二年十一月二十八日に発給された「執事奉書御事書」は「長崎平左衛門督《(尉)》」によって奉じられていた（表4－5）。これを目録は平頼綱に比定しているが、時期的に頼綱であるはずがなく、宗綱に比定してよいと思われる。『間記』によれば、その後、宗綱はふたたび罷免され、上総に再配流された。

尾藤時綱　嘉元元（一三〇三）年十一月三十日に執事奉書（表2－18）、延慶三（一三一〇）年八月二十九日に執事

書状を発給（表3－8）。嘉元二年十二月ごろには北条宗方が執事に就任しているので、時綱はいったん執事を辞し、嘉元の乱後に再任されたようである。

北条宗方　『間記』に幕府侍所所司とともに「内ノ執権」になったと記されており、これが執事を指すと考えられる。就任は嘉元二年十二月の侍所所司就任と同時かその前後であろう。翌三年四・五月の嘉元の乱で滅亡。

長崎高綱　貞時政権末期の徳治年間には執事在職がわかる。(28)高時政権初期に執事であったことは『間記』等により確認され、得宗高時が執権に就任した正和五（一三一六）年ごろに子息高資に執事職を譲った。(29)延慶三（一三一〇）年十二月十三日付執事書状（表3－9）を発給した沙弥某は時期的に高綱に比定されるのではないだろうか。

つまり、執事就任者は平盛綱・沙弥右蓮・諏訪盛経・平頼綱・長崎光綱・工藤杲暁・平宗綱・尾藤時綱・北条宗方・長崎高綱・長崎高資の一一名である。半数を超える六人が長崎氏。残る五名のうち、右蓮は系譜不詳。盛経は時頼期の寄合衆諏訪盛重の子で自身も時宗の寄合衆（『建記』）。(30)杲暁は得宗被官工藤氏で若狭守護代を務めた（表5－16）。時綱は初代得宗家家令尾藤景綱の曾孫。(31)宗方は得宗貞時の従弟。このうち光綱から宗方までの五人が平禅門の乱から嘉元の乱までの一二年間に次々に就任しており、貞時の専権下で執事が頻繁に交替させられたことがわかる。過半数が長崎氏であり、時々の事情はともかく、高資が執事となった高時期には執事は長崎氏の世襲職と理解されていた可能性が高い。また、一一人中に盛経・頼綱・時綱・高綱の四人が寄合衆に就任している。(32)

四　執事の周辺

では、公文所および得宗被官内部で執事はいかなる位置を占めていたのだろうか。まず執事就任者のうち四名の在職が確認される寄合衆には、得宗被官ではほかに平盛時・諏訪盛重・尾藤景氏・佐藤業連の四人が就任している。(33)盛時は平盛綱の子で頼綱の父。(34)時頼期に幕府侍所所司を務めた。(35)盛重は諏訪盛経の父。(36)景氏は初代家令尾藤景綱の養子で時綱の祖父[37]。文永年間に長崎時綱の上位として公文所奉書の首席に署判を加えており[38]、当時公文所で執事に準じる地位にあった。業連は前述のごとく弘安年間に奉書一通を発給（表2―15）している。また、諏訪盛経・平頼綱・尾藤時綱・長崎高綱等は得宗への上申文書の宛名にされており、執事は得宗と諸方との仲介役を務めていたことがわかる[39]。これも執事の職務であったと判断され、同様の役を務めている者に諏訪宗経（盛経の子）がいる[40]。さらに、宗経の子諏訪某は、宗経の後継として公文所奉書・下知状の上級奉者となっている[41]。以上のことから、執事の周辺には執事に準じて職務を遂行する一団が存在したことがわかる。これを系図化すると次のようになる（太字が執事。＊付きは執事に準じる活動をしている者）。

（長崎氏）**盛綱**―盛時*―**頼綱**―**宗綱**
　　　　　　└光盛―**光綱**―**高綱**―**高資**[42]

（諏訪氏）盛重*―**盛経**―宗経*―某[43]

（尾藤氏）景綱―景氏*―頼景―**時綱**[44]

（その他）豊前実景*・**沙弥右蓮**・佐藤業連*・**工藤杲暁**・**北条宗方**

全一九人中一四人を長崎・諏訪・尾藤の三氏で占めている[45]。残る五人のうち実景・右蓮は泰時・時頼期の人であり、公文所の機構が完備された時宗期以降で三氏以外の者は業連・杲暁・宗方の三名である。業連は法曹官僚系の人で時宗の個人的側近の色彩が強く、残る二人は貞時が盛んに政治改革を行っていた時期に執事を務めており、例外的存在と判断される[46]。よって、得宗被官内部では長崎・諏訪・尾藤の三氏が世襲的にとくに高い地位にあり、諏訪・尾藤両氏は執事をほぼ世襲した長崎氏に次ぐ存在であった、とくに高時期には公文所奉書・下知状等の署判では首席長崎氏、次席に諏訪または尾藤氏という体制が明確になっている（表5―29・32・33・36、表6―2・3）。かつ得宗被官ではこの三氏だけが寄合衆を世襲していることからも、その地位の高さが理解される。以下では、執事をほぼ世襲して鎌倉末期の高資に至った長崎氏を執事家、長崎氏とともに執事（尾藤氏は家令も）を出し寄合衆を世襲した諏訪・尾藤両氏を高時期に執事高資の次位にあったことに注目して副執事家、三氏をまとめて執事三家と称することにする。

第三節　得宗被官の階層分化

これまでの考察によって、少なくとも時宗政権以降には得宗被官内部に階層の分化が起こっていたことが明らかになった。得宗被官が鎌倉末期には次のような二つの階層に分かれていたという指摘は、すでに奥富敬之氏によってなされている。[47]奥富氏は得宗被官を①上層部（御内宿老層）：鎌倉に居住し得宗に近侍する（平・尾藤・諏訪・長崎・南条・関・万年など）、②下層部（御内人層）：平時は諸国の得宗領にあって得宗代官を務めている（曽我・渋谷など）、の二階層に分類し、①を得宗の政治官僚、②を得宗の経済官僚と定義している。得宗被官が鎌倉に居住する上層部と地方在地に居住する下層部という二階層に大きく分かれていたという指摘は基本的に正しいと思う。執事三家はもちろん、上層部に属するが、このほかには、後述するように平姓安東氏・工藤氏等が含まれるであろう。下層部には、奥富氏が挙げた奥州の曽我、薩摩の渋谷等のほか、奥州の石河、津軽の安東、越後の和田等の諸氏が含まれるであろう。私はこのような階層分化の原因は、基本的に得宗家家政機関における役職の分化・階層化に求められると思う。前節に述べたごとく、公文所奉書は最終的に執事三家の者が奉者の上位を占めるものと下級職員のみによって奉じられたものとに二分された。公文所下知状も奉者上位二名には執事三家の者が署判している。つまり公文所では職員間に執事三家に代表される上級職員と下級職員という格差が生じていた（以下、下級職員は幕府に倣って奉行人と呼んでおく）。そして上級職員には執事三家を頂点とする階層が存在した。このような得宗家家政機関における役職の階層化・世襲化が、得宗被官内部の階層分化をもたらしたのではないだろうか。役職が階層化し、かつ世襲化することによって、まず役職に就任することができるかどうか、次に役職に就任しうる者の中ではその役職の高低が、そのまま得宗被官家の家格の高低となったと考えられる。鎌倉末期の得宗被官内部には得宗家家政機関の役職を基準とする家格秩序が存在したのである。この家格のピラミッドの頂点にあるのが、執事三家の惣領家である。これに次ぐ家格としてまず挙げられるのは、執事三家の傍流である。高時の嫡子邦時の乳母夫となった長崎思元（『金文』三六八）、上野守護代を務め元弘元（一三三一）年五月五日南条次郎左衛門尉とともに上洛した長崎泰光[48]、元弘二年十二月に上洛して六波羅の軍勢指揮にあたった尾藤資広[49]等が例に挙げられる。執事三家以外では平姓安東氏と工藤氏がある。両氏は系譜を明確にできないが、安東氏は駿河国北安東荘を苗字の地とし、義時の側近であった安東忠家[50]や泰時・時頼期の有力被官安東光成[51]の子孫であり、工藤氏も泰時・時頼期の有力被官工藤光泰[52]の一族であることは間違いあるまい。

〔安東氏〕　安東氏では、鎌倉末期に以下のような人びとの活動が確認される。

①**安東重綱**　永仁元（一二九三）年四月の平禅門の乱に際し、貞時邸に出頭した平宗綱を貞時の命により問答[53]し、同三年二月、南都争乱に際し、貞時の使者として上洛[54]。

②**安東貞忠**　正中元（一三二四）年および嘉暦元（一三二六）年正月、高時邸での申次役を務める（『金文』三五五・三六九）。また、同嘉暦元年三月、幕府評定の参否役（『金文』三七四）を務める。

③**安東円光**　正中元（一三二四）年九月、諏訪入道とともに上洛し[55]、元弘三（一三三三）年、鎌倉方紀伊道軍勢の軍奉行となる（『楠木合戦注文』〈『続史料大成』一八〉）。

〔工藤氏〕　工藤氏では、鎌倉末期に以下のような人びとの活動が確認される。

①**工藤杲暁**　弘安八（一二八五）年より若狭守護代を務め（表5－16）、永仁五（一二九七）年ごろより正安三（一三〇一）年以後まで執事に在職。

②**工藤右衛門尉**　永仁三（一二九五）年、貞時邸に祗候[56]。

③**工藤新左衛門尉**　嘉元三（一三〇五）年五月、嘉元の乱に際し、万年馬允とともに上洛[57]。

④**工藤祐貞**　嘉暦元（一三二六）年三月、津軽安東氏の乱征討に出陣[58]。

⑤**工藤太郎左衛門尉**　高時の使者となる（『金文』一五三二）。
⑥**工藤右近将監**　高時期に「御内侍所」に在職（『金文』三八七）。
⑦**工藤高景**　元弘三（一三三三）年、鎌倉方大和道軍勢の軍奉行（『楠木合戦注文』）。

得宗邸に祗候して申次や使者を務め、得宗の使者として上洛し、得宗分国の守護代となる等のことは、執事三家と共通し、安東・工藤両氏が執事三家に準じる地位にあったことを示す。とくに工藤杲暁は執事を務めており、これは工藤氏が執事三家に替わりうる存在であったことの証左といえよう。『楠木合戦注文』によれば、元弘三年に上洛した鎌倉軍の編成は、河内道＝大将：阿蘇治時、軍奉行：長崎高貞／大和道＝大将：大仏家時、軍奉行：工藤高景／紀伊道＝大将：名越元心、軍奉行：安東円光、という構成で、総大将である得宗家傍流阿蘇治時（得宗高時の猶子）の軍奉行には当時の長崎氏惣領高綱の長男高貞（系図17「長崎系図②」）を配し、副将格の北条氏有力庶家出身者二名には工藤・安東両氏を配している。これによっても、当時の得宗被官内での両氏の地位の高さが知られる。執事三家の傍流と工藤・安東氏等は鎌倉末期の得宗家家政機関・得宗被官内部で執事三家の惣領家に準じる家格にあった。私はこの家格を、執事三家とともに得宗家家政の中枢にあった点に注目し、便宜、執事補佐家と呼んでおく。執事三家・執事補佐家の下で実務を担当したのが、奉行人を務める家々であろう（前述のごとく得宗家奉行人には姓氏・実名不詳の者が多く、彼らと執事補佐家の人びとは一致しないようである）。奥富氏が得宗の政治官僚として把握した鎌倉に在住する得宗被官上層部は執事家（長崎氏）・副執事家（諏訪氏・尾藤氏）・執事補佐家の三つの家格に大別され、この下に奉行人が位置して業務を遂行していたのである。

では、この得宗被官上層部と地方在住の一般得宗被官とはいかなる関係になるのであろうか。地方在住の得宗被官といっても宗像大宮司氏のような豪族領主から武蔵七党に属する小型領主までを含むから、これをまとめて述べるのは粗雑であるが、彼らと家政機関職員との相違は、得宗家家政および得宗領支配について職権を有するか否かという点であり、この点は看過されるべきではない。下級職員である奉行人はともかくとして、執事三家・執事補佐家は公文所に有する自己の職権を行使することにより、一般の得宗被官に対し支配者といいうる立場に立つことができた（これは守護代として鎌倉から地方に派遣される、あるいは自己の被官を又代官として派遣する執事三家・執事補佐家の者と地方在住得宗被官との間についてもいいうることである）。得宗家家政機関の上級職員である執事三家・執事補佐家は奉行人や一般得宗被官より明らかに上位の存在であった。そして上級職員内部には執事長崎氏を頂点とする家格のピラミッドが存在したのであり、鎌倉末期の得宗被官には得宗家家政機関の役職を基準とする家格秩序が存在し、これによって階層分化を遂げていたと結論される。執事三家・執事補佐家と奉行人・一般得宗被官では、両者を同じ範疇に含めることが疑問なほど、その社会的地位が相違する。執事やこれに準ずる階層は得宗家家政においてこれをほとんど支配しているといってよい状況にあった。これに対し、後者は在地で得宗から給分地を与えられ、地頭代あるいは給主という立場で所領経営にあたり、得宗家家政の経営に携わることはなかった。得宗を傀儡化するほどの権勢をふるった得宗家執事と、二月騒動・嘉元の乱で得宗の命に従って戦いながら、のちにこれを咎められ処刑あるいは所領没収の処分を受けた大蔵氏[60]・越後和田氏[61]や、執事長崎高資の理不尽な訴訟指揮によって叛乱に追い込まれたという津軽安東氏（『間記』）のような一般得宗被官の間には、支配者と被支配者というほどの地位の格差が存在したのである。この二つの階層を得宗被官というだけで一つの社会集団と認識することは、いわば北条時宗と竹崎季長を同じ御家人であるとして同列に論じるのと同程度に現実を無視した状況認識といえよう。執事三家・執事補佐家は得宗被官内部における支配層なのであり、得宗家家政機関の上級職を世襲によって独占する特権層だったのである。

ま と め

得宗家の家政機関は初代時政期から順次整えられ、三代泰時の初政に家令の創設、家法の制定、執事奉書の書式の確定など、中核機関たる公文所を中心に整備された。その後、得宗権力の伸長と得宗領の拡大に従い、時宗・貞時期以降には新たに執事書状・公文所奉書・公文所下知状等の発給文書様式が成立した。このような得宗家家政機関の拡大・整備は鎌倉後期における得宗被官の階層分化をもたらした。すなわち、公文所実務責任者の役職として成立した執事やこれとともに得宗側近にあって家政中枢の業務を執る役職が、それに就任する家の固定化（役職の世襲化）により、役職を世襲する家の特権化をもたらしたのである。執事をほぼ世襲した長崎氏（執事家）、これに次ぐ諏訪・尾藤両氏（副執事家）は鎌倉政権中枢でも寄合衆を世襲する別格の家格（執事三家）であり、執事三家の傍流と安東氏・工藤氏等は執事三家に準じる家格（執事補佐家）であった。彼らは得宗家家政の中枢の地位・役職を世襲を理由に独占し、事実上得宗家家政機関を支配するに至った。家政機関の中枢から排除されることとなった下級職員（奉行人）や一般得宗被官は被支配者ともいうべき存在となったのである。ここに得宗被官内部における家格秩序が形成されることとなる。公文所は得宗家において行政・財政・司法を一手に司る機関であり、幕府における評定・政所・問注所の役割を兼ね備えた巨大機構であった。逆にいえば、得宗家家政機関は幕府の機構ほどには整備されておらず、行政・財政・司法が未分化の状態にあったことになるが、それゆえにこそ公文所の権力は強大なものであり、これを事実上支配していた得宗被官上層部は得宗被官内部における特権的支配層となったのである。

註

（1）奥富敬之氏が『基礎的研究』一五一頁で、「得宗家公文所の所司の職名に、家令、執事、内執政、内管領などがあったことが考えられるが、その構造などに関しては、まったく不明である」と述べている程度であろう。

（2）第一・三版共に一三九〜一五二頁。

（3）「北条氏と摂津国多田院・多田庄」（『日本歴史』三二五）六・七頁および一〇頁注(2)。

（4）千葉県立船橋高等学校『研究紀要』一三、一九八二年。

（5）『お茶の水史学』四〇、一九九六年。

（6）このほか、基本的に多田庄に限定された考察であるが、小田雄三氏「摂津国多田庄と鎌倉北条氏」（名古屋大学教養部『紀要』A－三四、一九九〇年）でも、公文所発給文書について詳しい分析がなされている。

（7）註（5）前掲小泉論文の名称に従う。

（8）一〇三頁参照。

（9）表4に掲げたのは実物は散逸したが諸史料に存在が記されている公文所関係文書。

（10）表5－3・4・5・8・9・10・11、表6－1の奉者「時綱」「左兵衛尉」「左兵衛尉平」は花押から同一人であることがわかり（『花押かがみ』三－№二三六八「平時綱」参照）、この人は日蓮『聖人御難事』文永八年竜ノ口法難条に登場する「長崎次郎兵衛尉時綱」、建治二年十二月四日付「備中国宣」（『三聖寺文書』）にみえる「守護代時綱」と氏（長崎氏は平氏）・名前・活動時期が一致し、かつ得宗被官であることからやはり同一人と考えられる（佐藤進一氏『守護制度』「備中」参照）。

（11）註（10）参照。

（12）註（4）前掲田村氏論文十九頁参照。

（13）表5－29・32・33・36等が寄合衆級を上位奉者とする。宛名は32・33・36が宗像大宮司、29が多田院造営総奉行工藤右近入道。工藤はともかく宗像大宮司は社会的地位から下級職員のみを奉者とするのが憚られたのではないか。30は29と同じく多田院造営総奉行である工藤次郎右衛門尉を宛名としながら、下級職員のみの奉書である。29と30の相違は明確にしがたいが、同じ工藤氏でも右近入道と次郎右衛門尉では公文所内部での地位に格差があったとも考えられよう。また、『多田神社文書』『宗像神社文書』のように比較的多数の公文所奉書を残す文書群では、長期にわたって同一人・グループが奉者を務めており、これは公文所内部での部局の成立を物語るものではないか。にもかかわらず、寄合衆級のものは両方の奉者となっており、上級奉者は部局を超越した存在であったことがわかる。

（14）註（4）前掲田村氏論文二五・六頁参照。小泉氏も註（5）前掲論文二八頁でこれに賛同している。

（15）表5－34は得宗被官間の訴訟における手続き文書であり、これによって、得宗家では訴訟が公文所によって行われていたことがわかり、かつ判決文書である下知状の上級奉者も長崎・諏訪・尾藤等、公文所奉書の上級奉者と重複する。よって、得宗家家政における訴訟はすべて公文所において処理されたことになる。

（16）正和目録の「廿一日」と貞治目録の「廿八日」はいずれかの誤記であろう。

(17)『陣門諸祖畧傳等』（『東大謄写』）所収。
(18)『南部文書』所収・文保元年十二月付「大平賀郷年貢結解状」署判三名の首席は高資。同じく元亨元年四月付「若四郎名年貢結解状」署判三名の首席はやはり高資で、次席諏訪某。
(19)『基礎的研究』一三六～一三七頁・一四二頁。
(20)一五五・一五六頁参照。
(21)一五五・一五六頁参照。
(22)一五二～一五五頁参照。
(23)「管領」という言葉は、鎌倉末期から南北朝期にかけて武家政権・建武政権において、特定の機関または地域の管理者に対する一般名称として使用されるようになった。『諏訪大明神絵詞』（『続類従』「神祇部」）には「越訴管領宗方」とあるが、これは正安三（一三〇一）年に北条宗方が就任した越訴頭人を意味し、「越訴管領」という役職があったのではない。『太平記』巻十四「新田足利確執奏状事」には①「東八箇国ノ管領ノ事ハ、勅許有シ事ナレバトテ」、②「尊氏《(足利)》申賜東八箇国管領」、③「一宮《(尊良親王)》中務卿親王ヲ東国ノ御管領ニ成シ奉リ」等の文があるが、①②は足利尊氏、③は尊良親王が、建武政権から関東の支配を命じられたことを語るもので、これらの「管領」も単に支配者を意味し、正式の役職ではない。『大日記』延元元（一三三六）年条の足利直義の傍註に「自今年関東十ケ国管領」とあるのも同様である。さらに『園太暦』貞和五（一三四九）年七月九日条には「今夜深更将軍末息九才、小童 為関東管領」とあり、足利基氏が「関東管領」を命じられたことを記すが、これも単に〝関東の支配者〟の意味で、役職名ではない。なぜならば、（貞治二＝一三六三）年三月二十四日付の書状（『上杉文書』）で、基氏自身が上杉憲顕に「関東管領事」を命じており、「関東管領」を役職名とすると、関東管領である基氏が憲顕に関東管領就任を命じるという妙なことになってしまうからである。つまり「管領」は鎌倉末・南北朝期には支配者・管理者を意味する一般名称であり、特定の役職の名称にはなっていなかったようである。これが特定役職の名称になるのは室町政権の管領制成立を待たねばならないのではないだろうか。そして室町政権でも管領制成立以前の足利氏家人の上首の役職名は「執事」であったのであり、これは鎌倉期の足利氏家政機関の役職名を引き継いだものである（たとえば『常楽記』〈『類従』「雑部」〉元亨四年六月十七日条に「足利殿《(貞氏)》執事高右衛門入道妻他界」とある）。室町管領制成立に先立ち得宗家家政機関に「内管領」なる役職が存在したとは、むしろ考え難いのではないか。そこで『間記』にある「管領」・「内官領」・「内ノ執権」に関する文章を抜き出してみると、①「貞時《(北条)》ガ内官《(管)》領平左衛門尉頼綱」、②「宗綱《(平)》ハ一旦佐渡ノ国ヘ流罪セラレケレドモ、召皈サレテ後ニハ管領ニ成ニケリ」、③「駿河守平宗方《(北条)》ト申スハ、（中略）貞時《(北条)》ガ内ノ執権ヲシ、侍所ノ代官ナンドヲメ」、④「彼ノ（北条高時）内官（管）領長崎入道円喜」、⑤「高時（北条）管領長崎入道（円喜、高綱）老耄ニ依テ、子息長崎左衛門尉高資ニ彼ノ管領ヲ申付」が掲げられる。さらに『太平記』巻十「長崎高重最期合戦事」にも「相模守高時（北条）ノ管領ニ、長崎入道円喜（高綱）」とある。「内官領」・「内ノ執権」には、必ず上に得宗の名前、またはこれに準じる代名詞が付されている。また、④の「内官領」と⑤および『太平記』の「管領」は明白に同一のものを指しており、「管領」には「内」が付いても付かなくてもよいことがわかる。つまり「内官（管）領」の三文字は、これで一つの単語なのではなく、その前にある「貞時ガ」・「彼ノ」とともに一つの文節を構成しているのである。「内官領」は〝（得宗の）内の官（管）領〟と読むべきものであろう。〝内〟は、公であるところの幕府＝外に対する得宗家の家政を指し、〝管領〟はその管理者を意味するに過ぎないのではないか。つまり『間記』の記事は「内官領」（内管領）という役職の存在を示すものではないのである。「（誰々の）内官領」とは単に〝得宗の内（家政）を司る長〟を意味する一般名称であったのではないか。「内ノ執権」も同様に得宗家家政機関における宗方の地位を幕府執権に例えたものであろう。そして『間記』で父から「管領」を譲られたとされる長崎高資が、得宗家公文所で就いていた役職の正式名称は「執事」であり、「管領」・「内官領」・「内ノ執権」が指したのは、この執事のことであったと考えられる。

(24)　一五五～一五六頁参照。
(25)　盛経は『鏡』同年正月五日条には「諏方（訪）三郎左衛門尉盛経」と俗名であるので、彼の出家はこの後である。
(26)　表4－3。「関東状」・「頼綱入道状」とあるから書状形式と判断される。このほかに実物は散逸しているが表4－1・2も頼綱の発給であり、これらも執事奉書・書状のいずれかであろう。
(27)　元亨三年九月二十三日付「関東下知状」に「属平左衛門尉宗綱、就歎申、乾元二年六月廿二日給御下文畢」とあり（『常陸国奥郡散在文書』）、同じ部分が『坂東八館族譜』（『東大謄写』）「加志村氏」条では「北条氏宰平宗綱右（左）衛門尉」となっている。
(28)　徳治三（一三〇八）年八月付『平政連諫草』（尊経閣文庫所蔵）。本史料については、佐藤進一氏・網野善彦氏・笠松宏至氏共著『日本中世史を見直す』（悠思社、一九九四年）二〇二～二一六頁参照。
(29)　表5－29によって、同年閏十月には高資が執事だったことがわかる。
(30)　系図18「諏訪系図③」。
(31)　系図19「尾藤系図③」。
(32)　各人の寄合衆就任の史料は、諏訪盛経・平頼綱：『建記』、尾藤時綱：『金文』三三二四「金沢貞顕書状」、長崎高綱：『金文』一三五・二二七・三三二四「金沢貞顕書状」（「寄合関係基本史料」参照）。

（33）各人の寄合衆就任の史料は、平盛時・尾藤景氏：『鏡』寛元四（一二四六）年六月十日条、諏訪盛重：『鏡』寛元四（一二四六）年六月十日条・宝治元（一二四七）年六月二十六日条、佐藤業連：『建記』（「寄合関係基本史料」参照）。
（34）系図17「長崎系図②」。
（35）一二九頁参照。
（36）系図18「諏訪系図③」。
（37）系図19「尾藤系図③」。
（38）表5－3・4。
（39）各人を宛名とする史料は、諏訪盛経：（建治三年）四月五日付「沙弥定仏（渋谷重経）書状案」（『入来院文書』）、平頼綱：弘安十年十一月十一日付「阿蘇為時書状」（『松浦山代文書』）、尾藤時綱：（延慶元年）十一月七日付「金沢貞顕書状」（『円覚寺文書』）、長崎高綱：『平政連諫草』・延慶三年二月七日付「六波羅探題書状」（『東寺百合文書』「外」）。
（40）（徳治三年）四月十九日付「憲淳書状」・（延慶二年）六月四日付「隆勝書状」・正和三年十月二十四日付「隆勝書状」（『醍醐寺文書』二二函）。
（41）表5－34・36、表6－3。
（42）系図17「長崎系図②」。
（43）系図18「諏訪系図③」。
（44）系図19「尾藤系図③」。
（45）長崎氏が七人と多いのは、平禅門の乱によって系統が頼綱流から光綱流に移ったことによる。
（46）二七四～二七六頁参照。
（47）『基礎的研究』二二一～二二三頁。
（48）『梅松論』（『類従』「武家部」）・『鎌記裏書』元徳三年条。
（49）正慶元年十二月五日付「六波羅御教書案」（『隅田家文書』）。
（50）『鏡』には和田合戦前後の建保元（一二一三）年二月から同年八月までに七回登場し、侍所所司金窪行親とともに義時の命を受けており、承久元（一二一九）年正月二十七日には、将軍実朝暗殺の下手人公暁の首を義時が実見したさいには指燭を取って公暁の首を照らすなど、義時の側近として活動している。

(51)『鏡』には承久三（一二二一）年六月より弘長三（一二六三）年十一月までに一九回登場。承久三年六月二十四日と天福元（一二三三）年九月二十九日には得宗の使者として上洛、最終記事の弘長三年十一月二十日には重病の床にあった時頼の枕頭に祗候を許可された七人の一人となるなど、得宗側近の地位にあった。

(52)『鏡』には仁治二（一二四一）年正月より文永二（一二六五）年正月までに三〇回登場。平岡実俊とともに侍所職員として時頼の命を受けて活動することが多く、弘長三年十一月二十日には時頼の枕頭に侍している。

(53)『親玄僧正日記』（『東大謄写』）永仁元年四月二十二日条。

(54)『永記』二月二十三日・閏二月二十一日条。

(55)『鎌記裏書』正中元年九月二十三日条。

(56)『永記』二月二十三日・閏二月二十一日条。

(57)『武記裏書』嘉元三年五月二十二日条。

(58)『鎌記裏書』嘉暦元年三月二十九日条。

(59)『間記』・『系図纂要』・『佐野本北条系図』（『東大謄写』）。

(60)『鎌記裏書』・『武記裏書』文永九年条、『武蔵七党系図』（『東大影写』）。

(61)岡田精一氏「越後国と北条氏」（『国史学』一一四、一九八一年）。

第四章　得宗家執事長崎氏

はじめに

長崎氏は鎌倉時代随一の悪役である。時宗・貞時期の平頼綱は日蓮弾圧の首魁として法華宗信者以外にもその悪名を轟かせており、高時期の長崎高資は暗愚の主高時を擁して幕政を壟断し、鎌倉を滅亡に導いた張本とされている。長崎氏の一般的なイメージは河竹黙阿弥作の歌舞伎『高時』に登場する長崎左衛門尉高貞の憎々し気な赤面であろう。このような『太平記』・『間記』以来の評価が現在まで続いている。そして研究対象としては最近まであまり注目されていなかった。[1] その歴史的評価も、得宗被官の上首として得宗家家令職〝内管領〟（得宗家執事）[2]を世襲し、鎌倉幕府侍所所司を兼務して、鎌倉政権最高議決機関「寄合」の一員ともなり、後期鎌倉政権に大きな権力をふるったと概説的に述べられるのみで、その系図や出自すら明らかになっていない。だが、右の概説的評価だけからも理解されるように、長崎氏は陪臣の出身でありながら、鎌倉政権中・後期政治史とは密接・不可分な存在である。長崎氏はその事実上の始祖である第二代得宗家家令平盛綱以来、ほぼ一貫して得宗の側近にあり、得宗被官集団の最上層に位置して、鎌倉政権中枢に関与し続けた。長崎氏の歴史的評価は得宗被官上層部、ひいては鎌倉政権後期政治史の評価につながるといってよい。よって本章では長崎氏の基礎的研究を試みる。

第一節　系図の復元

長崎氏系図の研究では、日蓮宗研究者山川智応氏が昭和四（一九二九）年『日蓮聖人研究』（新潮社）第一巻に発表した「平左衛門尉頼綱の父祖と其の位置権力及び信仰−聖人の法敵たりし政治界巨人の研究　其の一−」がその嚆矢をなすものである。山川氏は『鏡』の記事を検討し、従来父子とされてきた盛綱と頼綱の間に平盛時という人物を加えるべきだと結論している。だが、この説は以後の研究者にほぼ完全に忘れ去られ、[3]盛綱と頼綱は父子とされたまま今日に至ってしまった。そこで本節では、山川説を道標とし、現存するほとんど唯一の長崎氏系図たる『系図纂要』「平朝臣姓　関一流」（系図17「長崎系図①」）をベースとして、これを他の史料と比較する方法をもって、長崎氏系図の再検討を行う。

一　平盛綱・平盛時・平頼綱

まず、山川説の検討を行う。盛綱と頼綱は『系図纂要』では親子とされ、太田南畝編纂の『家伝史料』（『史籍雑纂』三）所収「関家筋目」も、「長崎平左衛門頼綱／盛綱《（平）》息也。武威父に増る。貞時執役《（ママ）》の内者、頼綱父に替て勤」と同様の記述をしている。盛綱と頼綱の『鏡』での活動は表9・10のごとくである。盛綱の活動は得宗被官の一つの典型といってよい。文暦元（一二三四）年八月二十一日に尾藤景綱の後を受けて第二代得宗家家令に就任。翌日景綱が病没してからは、文字通り得宗被官の頂点に立った。元仁元（一二二四）年より建長元（一二四九）年に至る二五年間に、盛綱発給の得宗袖判執事奉書は四通（表2−7・8・10・12）、同じく得宗家執事書状は二通（表3−2・3）が伝存しており、この間盛綱が得宗家執事を務めていたことがわかる。[4]また、次に掲げる文書（『深堀文書』）は、

表9　平盛綱の『吾妻鏡』における活動

No.	年．月．日	活　動　内　容
1	承久3(1221).5.22	承久の乱京都出撃泰時主従18騎中の一騎。
2	元仁元(1224).2.23	義時の使者として尾藤景綱とともに駿河国に下向。
3	.6.28	義時没後の伊賀氏の乱に際し，鎌倉入りした泰時主従の1人。泰時の小町邸警護。
4	.8.28	泰時の命により，尾藤景綱とともに北条氏「家務条々」制定を奉行。
5	嘉禄2(1226).10.12	泰時より他の側近3名とともに新法令を仰せつかる。
6	.12.13	火事で家が燃える(尾藤景綱ら数名の家も)。
7	安貞元(1227).1.4	泰時に走湯山火災のことを披露。
8	.3.9	泰時の命により，金窪行親とともに犯罪人を尋問。
9	2(1228).5.21	尾藤景綱入道とともに，泰時の命を受け，騒動を鎮める。
10	.11.25	馬場殿御所移転の奉行。
11	寛喜元(1229).2.11	走湯山造営奉行。
12	2(1230).1.4	泰時が将軍頼経に進上する馬を引く。
13	.2.30	泰時の命により，泰時側近の御内人等とともに，奇計を用いて，鎌倉の騒動を鎮める。
14	.5.5	泰時の命により，金窪行親とともに将軍御所を警護。
15	3(1231).9.27	泰時が弟名越朝時の救援に駆けつけたことを諫める。
16	貞永元(1232).7.15	和賀江島築造奉行。
17	.8.9	和賀江島を巡検。
18	文暦元(1234).3.5	北条経時(11歳)元服の使者。
19	.8.21	尾藤景綱に替わって，第2代得宗家家令に就任。
20	嘉禎元(1235).12.18	泰時の使者として，将軍御所に参ず。
21	2(1236).12.19	泰時の新造小町邸内に他の側近とともに家屋を得る。
22	.12.23	泰時妹(三浦泰村妻)の卒去により，服喪のため泰時が盛綱宅に移る。
23	延応元(1239).5.26	新造南法華堂浴室について，泰時の奉書を奉ず。
24	.12.13	若君(九条頼嗣)御行始の奉行。
25	仁治元(1240).3.7	頼嗣五十日百日儀の奉行。
26	.7.9	六波羅探題佐介時盛，鎌倉帰還の許可を求めるが，盛綱を通じ泰時これを許さず。
27	2(1241).4.16	武田信光，盛綱を通じ，泰時に起請文を提出。
28	.11.29	泰時の命により，三浦・小山の喧嘩を止めに赴く。
29	寛元3(1245).5.22	卜筮・御祈の奉行。
30	宝治元(1247).6.5	時頼の和平の書状を三浦泰村に届ける。
31	.6.15	5日の書状が三浦泰村後家より時頼に返却される。
32	建長2(1250).3.1	閑院殿造営分担表に「平右(左)衛門入道跡」とある。

大番衆内深堀五郎、自正月至六月、六ケ月令勤仕候了。以此旨、可有御披露候。重時恐惶謹言。
　てんふく二年（天福二＝文暦元、一二三四）
　七月一日　　　　　　（極楽寺）駿河守重時［花押］
進上　平左衛門尉殿

御家人の京都大番役勤仕の証明に六波羅探題が発給したものだが、書札の形式は披露書であり、宛名「平左衛門尉殿」は仮のものであって、真の受給者は執権＝侍所別当の北条泰時である。当時の「平左衛門尉殿」は盛綱に間違いない（表12）。京都大番は幕府侍所の管轄であるから、盛綱は得宗被官あるいは得宗家家政機関の職員としてではなく、侍所の副官（所司）という資格で宛名人に選ばれたものと考えられる。よって盛綱は天福二＝文暦元（一二三四）年七月に侍所所司であったことになる。同年八月の家令就任（表9－19）後も、延応元（一二三九）年十二月十三日若君五十日百日の奉行（表9－24）、仁治元（一二四〇）年三月七日若君御行始の奉行（表9－25）、翌二年十一月二十九日の三浦と小山の喧嘩の仲裁（表9－28）等を行っており、これらは所司としての職務と判断される。そして盛綱は『鏡』では仁治二年十一月二十九日条まで俗名で記されている（表12－43）が、泰時卒去三カ月半後の翌三年十月一日付執事奉書（表2－①②）では法名になっており、泰時の卒去に際し出家したと考えられる。このとき、いったん、得宗家執事を辞し、新得宗経時ではなく、その弟時頼に付されたが、経時の短期の卒去と時頼の執権継承によってふたたび得宗家執事となったことは前述[5]のごとくである。

表10　平頼綱の『吾妻鏡』における活動

No.	年．月．日	活動内容
1	康元元(1256)．1．4	御的始の射手に選ばれる。
2	．1．9	御的始の射手の１人。
3	正嘉２(1258)．1．11	御的始の射手に選ばれる。
4	弘長３(1263)．1．1	御行始で時頼邸に入御した将軍宗尊への引出物の馬を引く。

一方、頼綱は時宗・貞時の得宗二代にわたり絶大な権力をふるった人物で、得宗被官の中では著名な者の一人である。頼綱も文永年間から正応年間にかけて執事奉書・執事書状を発給しており（表2－14・16、表3－4）、執事就任

がわかる。日蓮『種種御振舞御書』によれば、文永八（一二七一）年九月、日蓮を尋問したのは「平左衛門尉」頼綱であり、彼は日蓮の逮捕・取調べでも指導的役割を果たしている。この日蓮関係の活動は侍所所司としての職務と考えられる。また、『建記』によって寄合衆就任もわかる。『間記』には「貞時ガ内官(管)領平左衛門尉頼綱」とあり、同書は彼と安達泰盛の対立を霜月騒動の原因と記している。

　以上のように盛綱と頼綱の職務は重複する部分が多く、頼綱は盛綱の後継者といってよいようである。だが、頼綱の『鏡』初登場は康元元（一二五六）年正月四日（表10－1）であり、一方盛綱の現在確認される最終活動は建長元（一二四九）年九月二日の執事奉書発給（表2－12）である。『鏡』の翌建長二年三月一日条に「平右(左)衛門入道跡」（表9－32）とあり、この時点では卒去していたことが確認されるから、盛綱は前年九月からこの日までの半年間に没したことになる。よって盛綱と頼綱の間には史料的にも約七年の空白ができる。しかも頼綱の『鏡』における活動はすべて公式行事への参加記事（表10）であり、現在確認される最初の政治活動は前述した文永八年の日蓮逮捕であるから、盛綱の卒去から頼綱が政治活動を開始するまでには、さらに大きな間隔ができる。

　ここで問題となるのが平盛時である。盛時の『鏡』における登場回数は三四回（表11）。その活動は安貞二（一二二八）年から弘長元（一二六一）年まで三三年間にわたり、盛綱と頼綱の間の空白を埋めるものである。そして初見の安貞二年十月十五日から寛元二（一二四四）年正月三日に至る一七回の記事のほとんどが、たとえば将軍の随兵・垸飯引出物の馬を引くといった単なる公式行事への参加記事であるのに対し、寛元二年四月二十一日以降、弘長元年八月十四日までの一六回の大部分は犯罪者の逮捕や尋問、恩賞問題・将軍社参行列の奉行等の政治活動なのである。盛時の政治活動一二例のうち、実に一一例が寛元二年以降の後半一七年に集中している（しかも、残る延応元年五月二十四日の事例は盛綱の誤記の可能性がある）。これに対し、『鏡』における盛綱の政治活動の大半は俗人であった仁治二（一二四一）年以前であり、出家後の政治活動は寛元二年五月二十二日と宝治元年六月五日の二例のみである（表9）。

表11　平盛時の『吾妻鏡』における活動

No.	年．月．日	幕府公式行事への参加	政　治　活　動
1	安貞2(1228).10.15	泰時が将軍頼経に進上する馬を引く。	
2	寛喜元(1229).1.15	鶴岡八幡宮御弓始の射手の1人。	
3	嘉禎2(1236).1.3	垸飯の引出物の馬を引く。	
4	.8.4	将軍頼経の御移徙の供奉人。	
5	3(1237).1.2	垸飯の引出物の馬を引く。	
6	.4.22	泰時が将軍頼経に進上する馬を引く。	
7	暦仁元(1238).2.17	将軍頼経上洛の随兵の1人。	
8	.2.22	将軍頼経上洛の随兵の1人。	
9	.2.23	将軍頼経上洛の随兵の1人。	
10	.2.28	将軍頼経上洛の随兵の1人。	
11	.6.5	将軍頼経上洛の随兵の1人。	
12	延応元(1239).1.3	垸飯の引出物の馬を引く。	
13	.5.24		九条道家の病気見舞に泰時の使者として，将軍頼経の使者とともに上洛。
14	仁治元(1240).1.2	垸飯の引出物の馬を引く。	
15	2(1241).1.1	時頼とともに，垸飯の引出物の馬を引く。	
16	寛元2(1244).1.1	垸飯の引出物の馬を引く。	
17	.1.3	垸飯の引出物の馬を引く。	
18	.4.21		将軍交替を伝える使者として京都へ進発。
19	.5.5		京都より鎌倉に帰参。
20	.8.15	鶴岡放生会で将軍頼嗣に供奉。	
21	4(1246).6.10		宮騒動処理の寄合に出席。
22	.12.28		諏訪盛重とともに犯罪人を尋問。
23	宝治元(1247).6.8		万年馬入道とともに，承仕法師より三浦一族滅亡の様子を事情聴取。
24	.6.12		八田知定恩賞問題の奉行。
25	.6.25		三浦泰村後家等の問題について，二階堂行盛とともに奉行。
26	.6.27		鶴岡別当職補任の時頼御教書を奉ず。
27	建長5(1253).1.2	垸飯の引出物の馬を引く。	
28	正嘉元(1257).1.1	垸飯の引出物の馬を引く。	
29	2(1258).1.6	御的始の射手の1人に内定。	
30	.3.1		将軍宗尊二所詣随兵の奉行。
31	弘長元(1261).6.22		三浦義村子息大夫律師良賢を逮捕。
32	.8.13		鶴岡放生会鹿食事件を追及。
33	.8.14		中御所(宗尊室・藤原宰子)御参の供奉人のことを奉行。
34	3(1263).8.9	将軍宗尊上洛の随兵の1人に盛時の子息1人が選ばれる。	

つまり盛綱が活発に政治活動を行っていた時期は盛時は公式行事参加がほとんどであり、盛綱の出家後に盛時の政治活動が本格的に始まるのである。また『鏡』正嘉二（一二五八）年三月一日条の将軍宗尊親王二所詣行列交名中に、「次侍所司／平三郎左衛門尉盛時」とある（表11－30）。さらに文応元（一二六〇）年八月七日付の六波羅北方探題常葉時茂からの御家人の京都大番勤仕証明の披露状（『深堀文書』）の宛名は「平三郎左衛門尉殿」であり、時期的にこれは盛時に間違いない（表13）から、盛時が侍所所司であったことは明白である。そして盛時の『鏡』における政治活動のうち寛元四（一二四六）年十二月二十八日以降の九例は侍所所司の職務と考えられる（表11－22～26・30～33）。盛時が盛綱出家後、盛綱の侍所所司の職を継承したことは確実である。一方、出家後の盛綱はいったん執権経時の弟時頼の執事となったのち、時頼の執権就任によって、得宗家執事に復帰したことは前述のごとくである。(6) 次に『鏡』寛元四年六月十日条によって、この年五月に発生した寛元宮騒動の事後処理のため、時頼邸で開かれた「深秘沙汰」＝寄合の参加者がわかる。(7) この中の「平三郎左衛門尉」はやはり盛時に間違いないから、盛時は寄合衆であったことになる。盛時は侍所所司と寄合衆で頼綱に連続する。以上、盛時は職務上、盛綱と頼綱の間に位置しており、両者をつなぐ懸け橋の役割を果たしている。盛時は『系図纂要』にはその名をみいだせないが、長崎氏系図のどこかに入れられなければならない。おそらく、盛綱の子か兄弟であろう。

そこで、三人の『鏡』における通称を検出してみる。表12左欄をみると、盛綱は最初「平三郎兵衛尉盛綱」または「平三郎左衛門尉盛綱」と呼ばれ、次に三郎がとれて「平左衛門尉盛綱」、最後に「平左衛門入道盛阿」と通称が変化していることがわかる。また、表12右欄をみると、盛時は「平左衛門三郎盛時」から「平新左衛門尉盛時」、次に「平三郎左衛門尉盛時」または「平左衛門尉盛時」と通称が変化している。注目すべきは盛時の最初の通称「平左衛門三郎盛時」である。これは〝平左衛門尉という人の三男の盛時〟の意味であり、この通称によって盛時の父が「平左衛門尉」なる人物であったことがわかる。では、「平左衛門尉」とは誰かといえば、これはまず間違いなく盛綱を

通称の変遷

平　盛　時	No.	年．月．日	平　盛　綱	平　盛　時
	36	延応元(1239)．5．26	左衛門尉盛綱	
	37	.12.13	平左衛門尉盛綱／盛綱	
	38	仁治元(1240)．1．2		平新左衛門尉盛⿰日乏
	39	.3．7	盛綱	
	40	.7．9	平左衛門尉盛綱	
	41	2 (1241)．1．1		平新左衛門尉
	42	.4．16	平左衛門尉盛綱	
	43	.11.29	平左衛門尉盛綱	
平左衛門尉三郎盛時	44	寛元2 (1244)．1．1		平新左衛門尉
	45	.1．3		平新左衛門尉
平左衛門三郎	46	.4．21		平新左衛門尉盛時
	47	.5．5		平新左衛門尉盛時
	48	.8．15		平新左衛門尉盛時
	49	3 (1245)．5．22	平左衛門入道盛阿	
	50	4 (1246)．6．10		平三郎左衛門尉
	51	.12.28		平左衛門尉
	52	宝治元(1247)．6．5	平左衛門入道盛阿／盛阿 (2回)	
	53	.6．8		平左衛門尉盛時
	54	.6．12		平左衛門尉
	55	.6．15	平左衛門入道盛阿	
	56	.6．25		平左衛門尉盛時
同(平左衛門)三郎	57	.6．27		平左衛門尉盛時
平左衛門三郎	58	建長2 (1250)．3．1	平右(左)衛門入道跡	
	59	5 (1253)．1．2		平新左衛門尉盛時
	60	正嘉元(1257)．1．1		平新左衛門尉盛時
平左衛門三郎	61	2 (1258)．1．6		平新左衛門尉
平左衛門三郎盛時 平左衛門三郎	62	.3．1		平三郎左衛門尉盛時 (2回)
平左衛門三郎盛時	63	弘長元(1261)．6．22		平左衛門尉盛時
平左衛門三郎	64	.8．13		平三郎左衛門尉
平左衛門三郎	65	.8．14		平三郎左衛門尉
平左衛門三郎盛時 平新左衛門尉盛時 平左衛門尉盛⿰日乏	66	3 (1263)．8．9		平左衛門入道子息一人

表12『吾妻鏡』における平盛綱・平盛時の

No.	年．月．日	平　盛　綱
1	承久3(1221).5.22	平三郎兵衛尉
2	元仁元(1224).2.23	平三郎兵衛尉盛綱
3	.6.28	平三郎兵衛尉
4	.8.28	平三郎兵衛尉盛綱
5	嘉禄2(1226).10.12	平三郎左衛門尉盛綱
6	.12.13	平三郎左衛門尉
7	安貞元(1227).1.4	平左衛門尉盛綱
8	.3.9	平三郎左衛門尉
9	2(1228).5.21	平三郎左衛門尉
10	.10.15	
11	.11.25	平左衛門尉盛綱
12	寛喜元(1229).1.15	
13	.2.11	盛綱
14	2(1230).1.4	平三郎左衛門尉盛綱
15	.2.30	平三郎左衛門尉
16	.5.5	平三郎左衛門尉盛綱
17	3(1231).9.27	盛綱(4回)
18	貞永元(1232).7.15	平三郎左衛門尉盛綱
19	.8.9	平三郎左衛門尉
20	文暦元(1234).3.5	平左衛門尉盛綱
21	.8.21	平左衛門尉盛綱
22	嘉禎元(1235).12.18	平左衛門尉盛綱
23	2(1236).1.3	
24	.8.4	
25	.12.19	平左衛門尉
26	.12.23	平左衛門尉
27	3(1237).1.2	
28	.4.22	
29	暦仁元(1238).2.17	
30	.2.22	
31	.2.23	
32	.2.28	
33	.6.5	
34	延応元(1239).1.3	
35	.5.24	

指している。盛綱が「平左衛門尉」と呼ばれた安貞元（一二二七）年から仁治二（一二四一）年は、盛時が「平左衛門三郎」と呼ばれた安貞二年から暦仁元（一二三八）年の時期にほぼ一致するからである。延応元年以後、盛時自身が左衛門尉に任官したため、父盛綱の「平左衛門尉」に対して「平新左衛門尉」と呼ばれることになったのである。

次に表13右欄によって、頼綱は初め「平新左衛門三郎頼綱」と呼ばれたことがわかる。この意味は〝平新左衛門尉という人の三男の頼綱〟であり、これによって頼綱が表13左欄の盛時の子であったことがわかる。「平新左衛門尉」とは盛時の二番目の通称だからである。頼綱は弘長三（一二六三）年には「平新左衛門尉」と呼ばれているが、これは頼綱自身が左衛門尉に任官したことを意味しており、父盛時の当時の通称「平三郎左衛門尉」・「平左衛門尉」に対してこの通称で呼ばれたのである。

以上の考察によって、私は盛時を盛綱の子で頼綱の父と結論し、山川説を支持する。『系図纂要』は訂正され、盛綱と頼綱の間に盛時を加えねばならない。さらに『鏡』には「平左衛門次郎」と「平左衛門四郎」なる人物が登場する。次郎は二回、四郎は八回である（表14・15）。そして次郎は一回、四郎は五回、盛時と連記されている。彼らの通称はおのおの〝平左衛門の次男〟〝平左衛門の四男〟の意味であり、私は次郎を盛時の兄、四郎は盛時の弟とした山川説をやはり支持する。この二人も長崎氏系図に加えねばならない。したがって系図は次のごとく訂正されるであろう。

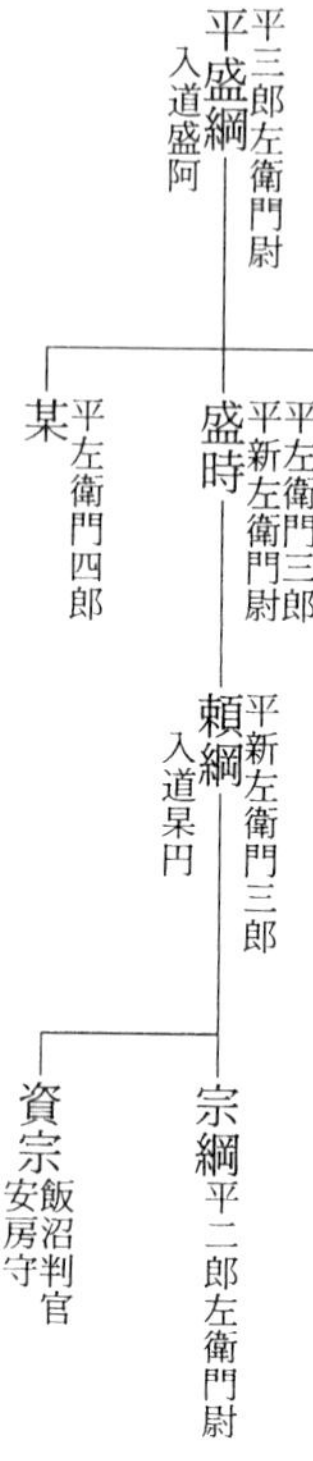

表13 『吾妻鏡』における平盛時・平頼綱の通称の変遷

No.	年．月．日	平　盛　時	平　頼　綱
1	建長５(1253)．１．２	平新左衛門尉盛時	
2	康元元(1256)．１．４		平新左衛門三郎
3	．１．９		平新左衛門三郎
4	正嘉元(1257)．１．１	平新左衛門尉盛時	
5	２(1258)．１．６	平新左衛門尉	
6	．１．11		平新左衛門三郎頼綱
7	．３．１	平三郎左衛門尉盛時	
8	弘長元(1261)．６．22	平左衛門尉盛時	
9	．８．13	平三郎左衛門尉	
10	．８．14	平三郎左衛門尉	
11	３(1263)．１．１		平新左衛門尉頼綱
12	．８．９	平左衛門入道子息一人	

二　平頼綱と長崎光綱

正応六（永仁元＝一二九三）年四月の平禅門の乱での頼綱一家の滅亡後、長崎氏の惣領となったのは長崎光綱である。光綱は時宗期の文永十（一二七三）年十一月から翌十一年二月まで侍所所司を務めていたことが証明されており[8]、頼綱専権下の正応四年八月には頼綱の子息飯沼資宗・平宗綱等とともに五方引付の監督権を与えられたことが鎌倉追加法六三二条によってわかっている。そして頼綱一統滅亡のわずか三カ月後である正応六年七月三十日付を最初に三

表14 『吾妻鏡』における「平左衛門次郎」の活動

No.	年．月．日	『吾妻鏡』原文	活動内容
1	嘉禎2(1236).1.3	三御馬　南条七郎左衛門尉　同太郎兵衛尉 四御馬　平左衛門次郎　同三郎	垸飯引出物の馬を引く。「同三郎」は「平左衛門三郎」＝平盛時。
2	宝治2(1248).1.1	一御馬　北条六郎　平左衛門次郎 二御馬　武藤四郎　工藤六郎左衛門尉	垸飯引出物の馬を引く。

表15 『吾妻鏡』における「平左衛門四郎」の活動

No.	年．月．日	『吾妻鏡』原文	活動内容
1	延応元(1239).1.3	四御馬　平新左衛門尉盛旺　同四郎	平盛時とともに，垸飯引出物の馬を引く。
2	.1.5	三　番　南条八郎兵衛尉　平左衛門四郎	御弓始の射手。
3	仁治元(1240).1.2	四御馬　平新左衛門尉盛旺　同四郎 五御馬　陸奥七郎旺尚　南条八郎兵衛尉忠旺	平盛時とともに，垸飯引出物の馬を引く。
4	2(1241).1.3	五御馬　陸奥七郎(景時)　平左衛門四郎	垸飯引出物の馬を引く。
5	寛元2(1244).1.1	四御馬　平新左衛門尉　同四郎	平盛時とともに，垸飯引出物の馬を引く。
6	.1.3	二御馬　平新左衛門尉　同四郎	平盛時とともに，垸飯引出物の馬を引く。
7	.3.28	武州(北条経時)対面訴人等。数輩群集，先々依被棄損訴訟，庭中言上之族也。再往聞其理非，少々与奪于摂津前司(中原師員)・佐渡前司(後藤基綱)・信濃民部大夫入道(二階堂行盛)等方，可勘申評定云々。自当座，即相副使者於訴人，被送遣之。平左衛門四郎・万年馬允・伊東左衛門五郎等，為御使云々。	執権経時直断の訴訟沙汰において，得宗被官二名とともに使者となる。
8	建長5(1253).1.2	三御馬　平新左衛門尉盛時　同四郎兵衛尉	平盛時とともに，垸飯引出物の馬を引く。

通の執事書状を発給しており（表3－5～7）、平禅門の乱後に得宗家執事に就任した。つまり、文永から正応にかけて光綱は長崎氏内部で惣領頼綱やその子息たちに次ぐ地位にあり、惣領家の滅亡後にはその後継者となったのである。

問題なのは頼綱と光綱の血縁関係である。まず、『間記』は「彼《(高時)》ノ内官《(管)》領長崎入道円喜《(高綱)》ト申スハ、正応ニ打レシ平左衛門入道《(頼綱)》ガ甥《(長崎光綱)》子」と記しており、これを前項末尾の系図と総合すると、

系図（ア）　盛綱──盛時┬─頼綱┬─宗綱
　　　　　　　　　　　│　　　└─資宗
　　　　　　　　　　　└─光綱──高綱

となる。ここでは頼綱と光綱は兄弟である。これに対し、『系図纂要』に、前項で証明したごとく盛綱と頼綱の間に盛時を加え、さらに「頼盛」が飯沼資宗を指すことは明らかであるから(9)、これをも修正すると、次のようになる。

系図（イ）　盛綱┬─盛時──頼綱┬─宗綱
　　　　　　　│　　　　　　　└─資宗
　　　　　　　└─光盛──光綱──高綱

ここでは頼綱と光綱は従兄弟である。また、江戸末期に編纂され明治中期に増訂された伊豆の地方誌『増訂豆州志稿』(10)十三に、

長崎光盛二郎左衛門尉　贈北条氏ノ内管領平盛綱ノ子也。長崎村ノ采地ニ邸居ス。因テ長崎ヲ氏トス。
長崎光綱太郎左衛門尉　贈光盛ノ嫡子。髡シテ円喜入道ト称ス武家系図等ニハ円喜ヲ光綱ノ子高綱トス（以下略）

とあり、これを系図化すると、盛綱－光盛－光綱であり、この三代については『系図纂要』と一致する。そして『増訂豆州志稿』は光盛が伊豆国田方郡長崎に居館を建て、これがため光盛の系統は長崎を苗字としたと記している。

よって頼綱と光綱の血縁関係には兄弟とする系図（ア）、従兄弟とする系図（イ）の二説があることになる。両説

は得宗被官平氏と得宗被官長崎氏を同族とする点で一致するが、細部ではかくのごとく相違する。佐藤進一氏・黒田俊雄氏・網野善彦氏・奥富敬之氏・森幸夫氏等は『増訂豆州志稿』には触れず、『系図纂要』が江戸期の作であることから、ことごとく『間記』を支持している(11)。だが、『増訂豆州志稿』は高綱の法名「円喜」を父光綱の法名とし、しかも註を付して「武家系図等ニハ円喜ヲ光綱ノ子高綱トス」とわざわざ記しているから、『増訂豆州志稿』の記事には田方郡長崎村の伝承が含まれていると推測され、『系図纂要』と『増訂豆州志稿』の間の史料的親近性はきわめて薄弱で、むしろ別系統の史料と考えられるため、両書に記された盛綱―光盛―光綱という系譜も無視することはできない。よって、系図（ア）・（イ）は同等の価値を持つものとして考察をするべきであると考える。

ところが、光綱の系譜について、系図（ア）・（イ）いずれからも外れてしまう史料が存在する。次の鶴岡八幡宮所蔵『鶴岡八幡宮寺供僧次第』（『鶴岡叢書』四）である。

寺 盛弁 駿河法印。平左ェ門尉盛綱子。実ニハ時綱子。盛綱孫。
隆弁入室受法汀。弘長二(一二六二)六月六日得円智譲。同八日補任。文永八(一二七一)―補学頭職。建治三(一二七七)―六―八―任執行職。顕宗者円智阿闍梨慶怡阿闍梨弟子。正応六年(一二九三)二月廿七日入寂五十六才

寺 覚久 播磨阿闍梨。元頼救。盛弁甥。
長崎左ェ門光綱子。実最勝園寺殿(北条貞時)御子。聖譲院二品親王受法灌頂。嘉元三(一三〇五)―補任譲状外題安堵。上智契覚等受法。
山之内證𦬇寺別当。最勝園寺殿依御逝去、当職於譲与弟子覚瑜隠遁畢。

いずれも長崎氏出身の僧侶である盛弁と覚久についての略歴である。盛弁は、平盛綱の子である時綱なる人物の子であり、盛綱の孫であったが、祖父盛綱の養子となり、盛綱の子として遇されたという。一方、覚久は得宗貞時の子であったが、長崎光綱の養子となったということだ。その覚久が盛弁の甥にあたるというのである。以上のことから、光綱の系譜にはさらに次の二説が想定される。まず、盛綱・時綱・盛弁の実際の血統を重視すれば、

系図（ウ）

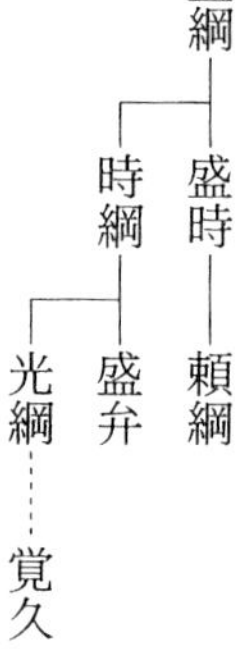

となる。また、盛弁が盛綱の養子であることを重視すれば、

系図（エ）

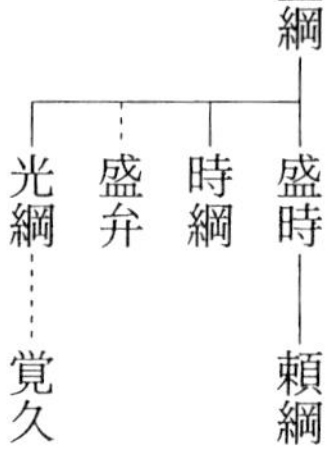

となる。かくて、頼綱と光綱の関係は系図（ア）・（イ）・（ウ）・（エ）の四説が想定されることになる。頼綱と光綱は、（ア）では兄弟、（イ）と（ウ）では従兄弟、（エ）では甥・叔父となり、同じく従兄弟になる（イ）・（ウ）でも、光綱の父は（イ）では光盛、（ウ）では時綱となる。ここで重要な史料となるのが、次の「周防国司下文案」（『上司文書』）である。

在御判

下　得地保内《（周防国佐波郡）》　伊賀地村

西方寺御堂ニ、百姓等為違乱由、其聞あり。自今以後、所真《（庁直カ）》人・百姓等、違乱をちやうし《（〃脱）》て、故平左衛門入道殿・故長崎殿御ほたいをとふらいまいらすへき状如件。

建治二年《（一二七六）》三月九日

この文書によって、建治二（一二七六）年に周防国西方寺に「平左衛門入道殿」・「長崎殿」という二人の人物が祭られていたことが確認される。建治二年といえば、頼綱も光綱も健在である。であるから、「平左衛門入道殿」は頼綱以前、「長崎殿」は光綱以前の人間でなければならない。これによって、まず（ア）・（エ）が消去される。つまり（ア）・（エ）に従えば、光綱は平盛綱の子・平盛時の弟であり、光綱以前には長崎と呼ばれた人はいないことになり、光綱が史上最初に長崎を称したはずであるにもかかわらず、「周防国司下文」は「故長崎殿」と記すので、光綱以前に長崎を称した人がいたことになるからである。

残る問題は、光綱の父と考えられる「長崎殿」が光盛か時綱か、つまり（イ）・（ウ）いずれかという問題である。これについては（ウ）が否定される。なぜならば、平（長崎）時綱なる人物は文永九（一二七二）年より弘安五（一二八二）年にかけて得宗家公文所奉書の奉者を務めており（表5－3～5・8～11）、日蓮の『聖人御難事』では文永八（一二七一）年竜ノ口の法難に「長崎次郎兵衛尉時縄（綱）」として登場し、（建治二年）十二月四日付「備中国宣」[12]に「守護代時綱致濫妨由事」とあって、建治二年当時の健在が確認されるからである。この時綱と盛綱の子で盛弁の父の時綱が別人である可能性も皆無ではなかろうが、同時期に同姓同名の得宗被官が二人存在したと想定するよりも、同一人物と考えるべきであろう。よって、長崎時綱が「長崎殿」であるとは考え難い。

以上のことから、残るのは（イ）となる。すなわち光綱の父は光盛ということである。「周防国司下文案」のみでは、「故平左衛門入道殿」が盛綱を指すのか盛時を指すのかは判断できず、「故長崎殿」が何者なのかもわからない。しかし、下文案のわずか一年前、建治元年六月二十七日付の「六条注文」にも「平左衛門入道跡」とあり、これは平盛時と判断される[13]ので、下文案の「故平左衛門入道殿」も平盛時としてよいのではないだろうか。建治年間に「平左衛門入道」といった場合は、盛時を指したものと考えられる。

「故平左衛門入道殿」を平盛時・「故長崎殿」を盛綱の子で盛時の弟である長崎光盛とすれば、「周防国司下文案」の内容は系図（イ）にほぼ一致する。私は光綱の系譜については、『系図纂要』・『増訂豆州志稿』が真実を伝えているのではないかと思う。今一度系図化すれば、次のごとくになる。

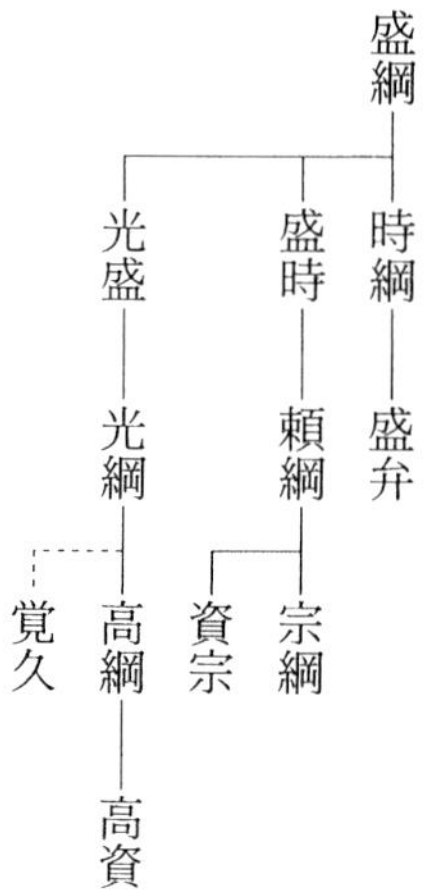

さらに山川氏は『系図纂要』・『増訂豆州志稿』とは無関係に世継名から『鏡』の「平左衛門四郎」を光綱の父であり、長崎氏の祖ではないかと述べているが(14)、私も四郎を「周防国司下文案」の「長崎殿」、つまり長崎光盛ではないかと思う。表14・15のごとく、次郎が『鏡』に二回しか現れないのに対し、四郎は八回登場し、寛元二年三月二十八日には執権経時直断の訴訟で得宗被官二人とともに経時の使者を務めている（表15－7）ことから、四郎は盛綱の子息たちの中では惣領盛時の次に位置していたと考えられる。盛時の弟「平左衛門四郎」は本名を光盛といい、この系統が平禅門の乱による盛時流の滅亡後、長崎氏の惣領家となったというのが私の推測である。

ところで『鏡』に登場する「長崎次郎左衛門尉」とは何者であろうか。弘長元（一二六一）年四月二十五日、時頼の命で急に小笠掛をすることになった十一歳の時宗に「長崎左衛門尉」が馬を用意している。また、同三年十一月二十日条で、二日後に病没する時頼に祗候を許された七人の得宗被官の中に「長崎次郎左衛門尉」の名がみえる。まず「長崎左衛門尉」と「長崎次郎左衛門尉」が同一人物かどうかが問題であるが、『鏡』は千葉常秀を「千葉平次兵衛尉」（『鏡』建久三年八月九日条）・「千葉兵衛尉」（『鏡』建久三年八月二十日条）、大曾禰長泰を「大曾祢太郎兵衛尉」（『鏡』暦仁元年二月十七日条）・「大曾祢兵衛尉」（『鏡』仁治二年八月二十五日条）と記す等、太郎・次郎を同一人でも付したり外したりすることがままあるので、私は「長崎左衛門尉」と「長崎次郎左衛門尉」は同一人だと思う。そして私はこれを光綱と推測する。追加法六三二条に「長崎左衛門尉光綱」とあり、彼の通称が「長崎左衛門尉」であったことが明らかだからである。

では、『鏡』の「平左衛門次郎」とは誰であろうか。私はこれを長崎時綱と推定する。前述のごとく、時綱は文永・弘安年間に得宗家公文所奉書の奉者、備中守護代となっており、このときの彼の官職は兵衛尉である。当時は、彼の甥である頼綱が得宗家執事、光綱が侍所所司を務めており、両者の官職は左衛門尉であった。得宗家執事・侍所所司という政治的重要職を甥二人に奪われてしまい、官職も甥たちより低い兵衛尉であったというのは奇異に思われるが、次郎は『鏡』にはわずか二回しか姿をみせず、弟盛時・光盛（四郎）のような政治的に重要な活動も同書ではみられない。官職の面でも弟盛時が左衛門尉となっていたとき、いまだ無官の「平左衛門次郎」であり、四郎は『鏡』の中で兵衛尉任官が確認されるが、次郎にはその様子もない。時綱は平盛綱の子供たちの中では最も待遇の低い庶子であり、兄でありながら弟たちより出世が遅かったのではないか。盛弁が実は時綱の子でありながら、祖父盛綱の養子となっているのも、時綱の兄弟間におけるこのような地位が原因の一つであったと思われる。時綱は、弟である盛時・光盛より長命を保ったものの、出世では甥たちにも抜かれ、庶流にあまんじたのではないだろうか。

よって、盛綱の子には時綱・盛時・光盛の三子があったことになる。彼らのほかに盛綱には貞綱という男子があったことが確認される。仁治元（一二四〇）年閏十月十八日付の盛綱書状（『小早川文書』）の中に「愚息左近将監貞綱死去」とあるからである。この人は仁治元年の卒去時点で左近将監であることから、時綱等の兄で、盛綱の長男、つまり太郎となる。時綱・盛時・光盛をおのおの次郎・三郎・四郎とするこれまでの考察とも矛盾がない。

以上の検討の結果に、他の史料によって系譜の確実な人を加えて系図化したのが、系図17「長崎系図②」である。[15]この系図は長崎氏の系図として最も矛盾が少ないものと思う。よって、この系図をもって本節の結論とする。

第二節　出　自

一　平資盛後胤説の真偽

ここでは長崎氏の出自について考察する。具体的には戦国期以来伊勢国に蟠踞した豪族関氏と長崎氏を平重盛の三男資盛の後胤とする説（以下、「平資盛後胤説」と称す）の真偽を検討する。この説を記す史料は枚挙に暇がないほどであるが、大別すると長崎氏の祖平盛綱を直接資盛の子とする説（以下、「タイプA」と称す）と、資盛と盛綱の間に盛国という人物を入れる説（以下、「タイプB」と称す）の二タイプになる。

タイプA(16)　資盛の子に盛綱を記し長崎氏の祖であると割註をする。

タイプB(17)　細部が多少異なるが、盛綱の父（または祖父）盛国は嘉応二（一一七〇）年七月の殿下乗合事件で資盛が伊勢国に配流されたさいに生まれた子で、平家都落ち後の元暦元（一一八四）年七月の三日平氏の乱で鎌倉方の虜囚となり、祖父重盛の厚恩を思う源頼朝によって死一等を免ぜられて北条時政に預けられ、元久元（一二〇四）年三月の伊賀伊勢平氏の乱にあたって鎌倉を進発して鎮圧にあたり、その功によって伊勢国鈴鹿郡関谷の地を与えられたと、その経歴をかなり詳しく記す。

両タイプの共通点は長崎氏と関氏、あるいは長崎氏のみを平資盛の子孫とする点で、長崎氏および関氏の平資盛後胤説は近世以降ではかなり広く知られた説である。この資盛後胤説と対立するのが、『間記』の「貞時ガ内官(管)領平左衛門尉頼綱不知先祖人。法名果(ママ)因円イ。」の記事である。同書は盛綱の孫頼綱について「不知先祖人」と記し、資盛後胤説に一言半句も触れていない。もう一つ、『太平記』巻十「長崎高重最期合戦事」は、新田軍との最期の合戦に臨んだ長崎高綱の孫高重が「桓武第五ノ皇子葛原親王ニ三代ノ孫、平将軍貞盛ヨリ十三代、前相模守高時ノ管領ニ、長崎入道円喜ガ嫡孫、次郎高重」と名乗りを上げたと記している。これは氏文読みとしては奇妙なものである。普通、このような場合、武士は自分の家系や先祖の武勲を叫ぶものだが、高重は主君高時の系譜を長々と語り、自分の家系については当時存命の祖父高綱にしか触れていない。当然叫ばれるべき資盛後胤説は一言も出ていない。この名乗りが創作としても、『太平記』作者は資盛後胤説を無視しているといえる。果たして、資盛後胤説は正しいのであろうか。

まず資盛の子で盛綱の父（または祖父）とされる盛国について詳しい記述のあるタイプBを取り上げてみたい。タイプBを載せる史料群はほとんどが戦国期以降の成立である。第一に頼朝が盛国を助命する理由となったという重盛の恩とはなにか。頼朝が平氏一門に恩義を受けた例といえば、平治の乱後の助命としか考えられない。しかし、このとき、頼朝の助命を平清盛に要請したのは清盛の義母池禅尼であって、重盛とは関係がない。この話は『平家物語』等の重盛の人格者という評判と池禅尼の頼朝助命の逸話が混合して発生した伝説なのではないか。すると、盛国助命の根拠が消滅する。次に三日平氏の乱であるが、これは平家の家人である伊賀国平田家継一族・伊勢国平信兼一族を中心とした叛乱で、『鏡』・『百錬抄』等の編纂物はもちろん、『玉葉』・『山槐記』のような同時代史料にも比較的詳しい記述がある。だが、これらの史料には資盛の子盛国なる人物の名はまったく現れない。また、盛国が捕虜となったのは北条時政が上洛したときのこととされるが、時政が上洛して平氏残党の探索をしたのは文治元（一一八五）年十一月から翌二年三月までの四カ月間である。この期間の『鏡』には平氏残党についての記事が数回みられ、とくに文治元年十二月十七日条には、平維盛の子六代（盛国の従兄弟ということになる）をはじめ捕らえられた平氏の子弟が列記されているが、この中に盛国、またはこれに比定し得る資盛の子息はみられない。盛国が参戦したとされる伊賀伊勢平氏の乱も、『鏡』に詳しい記述があり、『明月記』をはじめとする同時代史料にも記事があるが、この乱は京都守護平賀朝雅の率いた京畿の御家人によって鎮圧されており、鎌倉からは軍勢は派遣されていない。この事件においても同時代史料やこれに準じられる編纂物には、平盛国なる人物はまったく姿をみせない。

鎌倉・南北朝期に成立した史料によっては資盛の子盛国なる人物の存在確認を取ることはできないのである。もちろん、現存する同時代史料に現れないことを理由にその人物の存在を否定することはできない。だが、盛国については、タイプBの史料群が実在の著名人との邂逅・実際の歴史的事件との接点を繰り返し主張しているにもかかわらず、これを裏付けられないというのは、やはり問題なのではないだろうか。同じ長崎氏の平資盛後胤説を載せる史料でも、タイプAには盛国の名はないのである。そしてタイプBの史料群は伊勢の豪族関氏を平資盛の後胤とする効果を持っている。平盛国なる人物は関氏を平資盛の後胤とするために捏造されたものである可能性がきわめて高い。

では、盛綱を直接資盛の子とするタイプAの説は信頼できるのであろうか。こちらはまず、客観的なものであり一般に信頼性が高いとされる『分脈』にも記述があるから、タイプBより史料的には信憑性が高いといえよう。タイプBが関氏とは直接関係のない長崎氏の祖先である盛綱について記述していることは、タイプBが成立する以前にタイプA（盛綱を資盛の子とする説）が存在したため、タイプBの偽造者はこの系譜に盛国を挿入したのではないか。つまり、長崎氏の平資盛後胤説ではタイプAが祖型と考えられる。だが、この部分が南北朝期に『分脈』が成立した時点から記されていたという保証はないのであり、追記である可能性も否定できない（註(16)参照）。

そこで問題となるのは、やはり他の史料との比較検討であろう。前述のごとく『間記』・『太平記』は長崎氏の平資盛後胤説にまったく触れていない。『間記』は編纂物、『太平記』は軍記物であり、共に一等史料でないことはいうまでもないが、『間記』は南北朝初期の成立とされており[(18)]、鎌倉末期の関東の情勢については非常に詳しい記述が少なくない。『太平記』の成立には諸説あるが、流布本の巻一より巻十二に至るいわゆる第一部は最も古いもので南北朝期には原形が成立していたとされている[(19)]。そして今問題としている長崎高重の氏文読みは、この第一部中にあり、『太平記』の原形をよく伝えるとされる古写本[(20)]のいずれにもほとんど同文で記されている。『間記』・『太平記』は一等史料ではないものの、少なくとも当該部分は南北朝期ごろには成立していたものと考えてよいであろう。両書がまったく触れていないことから、南北朝期には長崎氏の資盛後胤説は存在したとしても広く知られた説ではなかったと推定される。それどころか『間記』・『平家物語』は維盛の子六代の処刑をもって清盛流平氏の滅亡としている。これはつまり、鎌倉・南北朝期には清盛流平氏は六代の処刑をもって根絶されたと信じられていたこと、つまり平資盛に子孫があったとはされていなかったことを示している。少なくとも、長崎氏が真実資盛の子孫であったなら、「不知先祖人」などと記されることはなかったのではないか。

このように長崎氏の平資盛後胤説には問題点が多い。鎌倉・南北朝期の史料では確認ができず、むしろ否定的な記述を持つ史料が存在する以上、否定されざるをえないのではないだろうか。長崎氏は大音声で名乗れるような尊貴な家系の出ではなかったと思われる。(21) では、長崎氏はいかなる出自の家なのであろうか。

二　北条氏根本被官

伊豆時代の北条氏はきわめて小規模な在地領主であったとされている。このためか、初期北条氏の武士団はほとんど注目されていない。しかし奥富敬之氏は伊豆時代の北条氏の兵力を三〇騎から五〇騎と推定しており、(22) 他の先学もほぼこの程度であったことは認めている。(23) 確かに軍事力としては大きなものではない。だが、彼ら北条氏根本被官が鎌倉政権成立後も北条氏の最も頼みとする側近の兵力を構成していたことは『鏡』承元三（一二〇九）年十一月十四日条「相州（北条義時）年来郎従（皆伊豆国住民也。号之主達。）之中、以有功之者、可准侍之旨、可被仰下之由、被望申之。内々有其沙汰、無御許容。於被聴其事者、如然之輩、及子孫之時、定忘以往由緒、誤企幕府参昇歟。可招後難之回縁也。永不可有御免之趣、厳密被仰出云々」で明らかである。この日執権義時は伊豆以来の郎従「主達」を御家人に準ずる地位に置くことを実朝に申請し拒否されたのである。この主達は治承四（一一八〇）年八月十七日の山木攻め以前から北条氏に従っていたと推測される。山木攻めに参加したと考えられる武士は『鏡』同月二十日条にある時政以下のいわゆる四六騎であるが、彼らは全員のちに御家人となっており、頼朝に直接臣従していた人びとである。四六騎の中には佐々木兄弟のように自分の乗馬もなかった者（『鏡』治承四年八月十七日条）もいたが、郎従を率いていた者もあったはずである。とくに北条氏の軍勢が時政父子と一族平六時定の四人のみであったとは考え難い。得宗被官の大部分は定説の通り鎌倉政権成立後の北条氏の勢力伸長とともに獲得されたものであろうが、たとえ少数でも北条氏の最も信頼する得宗被官の中核はこの伊豆以来の主達であったはずである(24)。

そして長崎氏は主達の一員ではなかったかと考えられる。というのは北条氏の苗字の地田方郡北条の近隣に長崎の地があるのである。長崎・北条は狩野川東岸にあり、長崎は狩野川の支流柿沢川の南岸、その南方に北条が位置し、ちょうど頼朝の配所蛭ケ小島を西から囲む形になっている。挙兵二カ月後の治承四年十月二十一日、長崎はほか二カ所とともに頼朝によって三島社に寄進され（『鏡』同日条）、五年後の文治元年四月二十日三島社内での帰属が決められている（『鏡』同日条）。治承の寄進は同年十月十六日の箱根権現（『鏡』同日条）に続く頼朝二度目の寺社領寄進であり、文治の奉行は時政である。この長崎が長崎氏の苗字の地であったことは『増訂豆州志稿』の前掲の光盛の記事と同書十二「墳墓」の条の「長崎高重次郎墓（長崎為基）　○長崎村古屋布ニ在リ」、同じく「古蹟」の条の「長崎氏宅址　○（長崎）同村古屋敷ト呼フ地是也。又勘解由田ハ勘解由左衛門ノ宅址ナリト云」の記事によってわかる。『増訂豆州志稿』は明治中期の成立ではあるが、前述のごとく盛綱―光盛―光綱の系譜を記しており、信憑性は高いと思われる。北条氏の苗字の地である北条の隣接地に長崎の地があり、その地名は鎌倉初期にまで溯ることができ、しかもそこが北条氏の被官である長崎氏の苗字の地であったという伝承を持つのであるから、長崎氏はこの長崎を根本私領とする伊豆以来の北条氏の郎従、すなわち主達の一員であったと考えてよいのではないだろうか。

長崎氏はもとは伊豆国田方郡長崎を本領とし平氏を称していた在地領主で、北条氏郎従「主達」であったというのが、私の長崎氏出自についての推測である。中世初期の武士団が基本的に惣領を中心とする血縁集団であったことを考えると、長崎氏を含む主達のいくつかは時政以前に分流した北条氏の同族であった可能性もあろう。

第三節　鎌倉前期・中期の北条氏被官

本節では長崎氏を含めた鎌倉前期の北条氏被官（得宗被官の祖型）について考察する。対象とする時期は泰時期までとする。これは得宗被官の政治的成長が本格的に始まるのが寛元・宝治年間以降の時頼の治世からであり、泰時期は時頼以後の得宗被官の成長を準備した時期であると考えられること、また、後半で平盛綱に先駆け侍所所司となった金窪行親と初代得宗家家令となった尾藤景綱の活動を追ってみたいと思うからである。

一　主　達――初期北条氏の郎従

山木攻め段階でこそ頼朝軍の主力となったと推測される北条氏武士団であったが、その後の源平合戦では『鏡』に活動の記載がほとんどない。奥富敬之氏の述べるごとく(25)、本格化した内乱において主導的役割を果たしうるほどの兵力を北条氏は有していなかったようである。このような点から、奥富氏は伊豆時代の北条氏武士団の規模を非常に小規模なものであったとし、その構成員たる北条氏の郎従は領主ではなく、「せいぜい名主クラスか、あるいは、それ以下のレベルのもの」と推定している(26)。確かに長崎の北方柿沢川北岸には仁田氏・土肥氏が、蛭ケ小島東側韮山山麓には山木判官兼隆・堤権守信遠が、狩野川西岸には江馬・天野両氏があったから、北条氏領は広大なものではなかった。だが、それでも蛭ケ小島西部より狩野川東岸までの平野部は北条氏領であり、三島国府にも近いこの一帯を本拠とする北条氏は、やはり伊豆国内では有力な武士団の一つであったのではないか。前述の主達が『鏡』承元三年十一月十四日条で「年来郎従」・「伊豆国住民」と記されていることからも、北条氏武士団の構成員は奥富氏のいうような名主や上層農民ではなく、いかに小規模であろうとも在地領主層とすべきであろう。

北条氏武士団を「弱小」と評価する奥富氏はその徴証として『鏡』文治二（一一八六）年三月二十七日条にある次の時政が帰東に際し残留させた洛中警固の勇士の交名を重視している。(28)

注進　京留人々

　合

平六（北条）傔仗時定　　あつさの新大夫
の太の平二　　やしはらの十郎
くはゝらの二郎　　ひせんの江次
さかを四郎　　同八郎
ないとう四郎　　弥源次
ひたちはう　　へいこ二郎
ちうはち　　ちうた
うへはらの九郎　　たしりの太郎
いはなの太郎　　同二郎
同平三　　やわたの六郎
のいよの五郎太郎　　同三郎
同五郎　　しむらの平三
とのおかの八郎　　ひろさハの次郎
いや四郎　　同五郎

同六郎　　　　　　かうない
大方十郎　　　　　平一の三郎
いかの平太　　　　同四郎
同五郎
　　已上卅五人
　　　三月廿七日　　　　　平判(北条時政)

奥富氏はこの三五名を「いずれを見ても、やまが育ちとしか云いようのない名乗りの者ばかりである」と評し、これをもって初期北条氏武士団の貧弱さの証拠とする。しかし、私は右交名は北条氏郎従のそれではなく、御家人のものと考える。「ひたちはう」は奥富氏も認める通り常陸房昌明であろう。また「ちうた」は三月十二日頼朝の使者として上洛し四月十五日東下した中原小中太光家（『鏡』各日条）であろう。光家は山木攻めにも参加した（『鏡』治承四年八月二十日条）頼朝股肱の一人である。奥富氏は昌明については手勢の少なかった時政に頼朝がつけた「付け武者」であろうとするが、光家は前後の状況からしてそうではあるまい。時政がこれら同輩の御家人と自己の郎従を無差別に記すとは思われないし、そもそも三五人では洛中警固は不可能である。彼らはおのおの郎従を従えた御家人と考えた方がよいのではないか。北条氏郎従の一部は交名筆頭の平六傔杖時定によって率いられていたと考えられる。

『鏡』では郎従層武士の活動は御家人の陰に隠れて記されることは少ない。だが、頼朝が組織した御家人が異なる階層の武士によって構成されていたことは周知の事実である。千葉・小山等の豪族的領主と熊谷のような弱小領主との間には階層差があったにもかかわらず、彼らは等しく御家人とされた。それは武士階級内部の階層とは無関係に構築された制度であり、したがって有力御家人が弱小御家人を被官化したり、逆に有力御家人の郎従が台頭する可能性を鎌倉政権は最初から有していたのである。長崎氏を含むと考えられる主達は山木攻めの四六騎と本質的に変わりのない武士階級と考えられる。四六騎と主達の相違点は、前者が独立した武士であったため頼朝に直接臣従したのに対し、後者は北条氏という主君を持っていたため御家人にならなかったという点である。

二　長崎氏以前――金窪と尾藤

時政期には得宗被官たることの明確な人物の足跡を追うことはほとんどできない。しかし、義時期に入ると得宗被官の中でも注目すべき人びとが多数現れてくる。長崎氏の祖平盛綱もその一人であるが、本項では和田合戦後侍所所司となった金窪行親と初代得宗家令尾藤景綱について考えてみたい。この二人が就任した侍所所司・得宗家令の職はいずれも平盛綱に継承されていくことになる。

1　侍所所司金窪行親

金窪行親は『鏡』に二〇回登場する（表16）。初見は建仁三（一二〇三）年九月二日の比企の乱に際し、比企邸に突入した北条側軍勢の一人としてであり（表16―1）、得宗被官としては最も早く『鏡』に姿をみせる者の一人である。翌元久元年七月二十四日「左金吾禅閤（源頼家）御家人等」の謀叛計画が発覚すると義時の命を受けてこれを誅しており（表16―2）、このころすでに北条氏の被官化していたようだが、建保元（一二一三）年五月七日和田合戦の恩賞として義時・泰時以下二四人とともに新恩地を拝領しており（表17―10）、御家人であったことがわかる。行親が得た陸奥国金窪は『系図纂要』「和田」に「義直金窪四郎左衛門尉。同父討死卅七。建保元年二ノ十六預伊東六郎祐長。」とあり、和田合戦までは和田義盛の四男義直の所領であったことがわかる。だが、行親も建仁三年の初登場時「金窪太郎行親」を称している（表16―1）。『鏡』は一二九～一三二頁にみたごとく人物の呼称をかなり厳密に記すから、行親は和田合戦以前から陸奥国金窪に係わりがあり、これによって和田義直の旧領を拝領したものと考えられる。

行親は和田合戦前後の建保元年二月から八月までの半年間に『鏡』登場回数の半分にあたる一〇回（表16―3～12）

表16　金窪行親の『吾妻鏡』における活動

No.	年．月．日	活　動　内　容
1	建仁３(1203)．９．２	比企邸攻撃軍中の１騎。
2	元久元(1204)．７．24	義時の命で，謀反を企てた頼家御家人の討伐軍の大将となる。
3	建保元(1213)．２．15	千葉成胤の捕らえた謀反人を義時の命で尋問のため二階堂行村へ送る。
4	．２．16	謀反人の一人和田胤長を安東忠家とともに預かる。
5	．３．９	安東忠家とともに和田胤長を義盛等和田一門の面前で二階堂行村のもとに連行。
6	．４．２	いったん和田義盛に与えられたのち，義時に与えられた和田胤長邸を安東忠家とともに差し押さえに行き，義盛の被官を追い出す。
7	．５．３	義時の命で安東忠家とともに和田合戦の戦死者等を調査。
8	．５．４	将軍実朝，二階堂行村を奉行として，和田合戦で負傷した軍士等を調査。安東忠家とともに行村を補佐。
9	．５．６	前日侍所別当となった義時によって，侍所所司に任命される。義時の命で，二階堂行村・安東忠家とともに，和田合戦戦死者・生虜の交名を作成。
10	．５．７	和田合戦の恩賞に，陸奥国金窪を拝領。
11	．７．11	義時の命で和田合戦の捕虜富田三郎の赦免を下知。
12	．８．３	御所上棟式の最中に発生した騒動を，義時の命で安東忠家とともに鎮める。
13	６(1218)．９．14	前日発生した鶴岡児童・若僧と宿直武士とのケンカについて，義時の命で調査。駒若丸(三浦光村)が張本であることをつきとめる。
14	承久元(1219)．２．19	北条政子の命を受け，義時が行親以下の御家人を駿河に派遣。阿野冠者を誅殺。
15	安貞元(1227)．３．９	逮捕された後鳥羽院三宮を称す謀徒を，泰時の命で，平盛綱とともに尋問。
16	寛喜２(1230)．５．５	御所に盗賊が入ったため，泰時は行親と平盛綱に命じて，大番衆に御所の四方を警護させ，人の出入を禁ず。
17	嘉禎３(1237)．12．12	御所の清掃を奉行。
18	延応元(1239)．５．２	御家人五十嵐惟重と名越朝時祗候人小見親家との訴訟で，小見の虚言が暴露。怒った泰時は行親をして小見を守護に預ける。
19	仁治２(1241)．８．15	鶴岡放生会で将軍頼経の剣が落ちる怪異が発生。行親が呼ばれ，頼経より対処の方法を聞かれる。
20	文永３(1266)．３．29	刑部卿宗教が将軍宗尊に蹴鞠の勘状を提出。その中に，仁治年間に行親と二階堂行盛の前例が記載されていた。

表17　尾藤景綱の『吾妻鏡』における活動

No.	年．月．日	活　動　内　容
1	建保元(1213)．5．3	前日の和田合戦の最中，泰時より酒杯を与えられる。禁酒をすぐ破ってしまった泰時の回想。
2	承久3(1221)．5．22	承久の乱京都出撃泰時主従18騎の一騎(平盛綱もあり)。
3	．6．13	宇治橋上での交戦中止という泰時の命を足利義氏・三浦泰村へ伝達。
4	．6．14	宇治川渡河作戦のため郎従に筏を作らせる。
5	元仁元(1224)．2．23	富士新宮火事のことで義時使者として，平盛綱とともに駿河に下向。
6	．6．27	泰時，鎌倉小町邸入る。邸中に関実忠・景綱の宅あり。
7	．6．28	平盛綱・関実忠・安東・万年・南条とともに，泰時邸を警護。
8	．⑦．29	「武州(泰時)後見」＝初代得宗家家令に就任。
9	．8．28	泰時の命により，北条氏「家務條々」制定を，平盛綱とともに奉行。
10	．11．18	泰時の命により，義時追福寺院の立柱を奉行。
11	嘉禄元(1225)．10．27	御所造営延引の可否の占の結果を泰時に奏上。
12	2(1226)．10．12	泰時より評定時の訴人祗候の禁止の命を，平盛綱・南条七郎・安東光成とともに仰せつかる。
13	．12．13	火事で家が燃える(平盛綱ら数名の家も)。
14	安貞元(1227)．5．10	内裏炎上の見舞に将軍頼経の使者と並び，泰時使者として上洛。
15	．6．15	将軍使者とともに鎌倉に帰参。
16	．6．18	泰時の次男時実，自己の家人高橋二郎により殺害さる。時実の乳母夫景綱，これを嘆き出家。
17	．11．4	叔母阿波局の卒去により，服喪のため泰時，景綱宅に渡御。
18	2(1228)．5．21	泰時の命で，平盛綱とともに騒動を鎮める。
19	寛喜2(1230)．1．26	泰時，得宗家公文所に武蔵国大田荘内の荒野開発を命ず。これを奉行。
20	．2．30	泰時の命により，鎌倉の騒動を，平盛綱・諏訪盛重とともに鎮める。
21	．10．16	泰時発願の北条御堂上棟を斎藤長定とともに奉行。
22	3(1231)．10．16	泰時邸で五大尊堂造営日時決定の奉行。
23	貞永元(1232)．2．26	武蔵国榑沼堤の修造奉行として，石原経景とともに武蔵に下向。
24	．8．9	和賀江島築造完成。泰時の使者として，平盛綱・諏訪盛重とともに巡検。
25	文暦元(1234)．3．5	経時元服。諏訪盛重とともに，役人に泰時の賀の仰を伝える。
26	．4．5	泰時の命により，斎藤長定とともに大般若経書写初筆を奉行。
27	．8．21	病により得宗家家令を辞職。替わって平盛綱が就任。
28	．8．22	卒。

註　○付数字は閏月を示す。

も姿をみせ、このうち七回は安東忠家と行動を共にしている（表16－4～9・12。忠家の同年の活動はこれがすべて。『鏡』登場総数は一一回）。[29]二人は義時の命を受けて活動しており、当時の義時の腹心が彼らであったことは間違いない。そして五月六日行親は、前日和田義盛に替わって侍所別当となった義時によって、侍所所司に任命される（表16－9）。行親は御家人であり、所司就任に問題はないが、かつては将軍側近であり別当義盛の同輩であった梶原景時が就いていた所司に、別当義時の私的従者が補任されたことは、侍所所司の性格の変質ということができよう。侍所の北条氏による家業化の第一歩と位置付けられる。『沙汰未練書』に「守殿御代官御内人為頭人」と記されることになる侍所所司への得宗被官の就任はかくて建保元年に早くもその先鞭をつける。

就任当日、行親は義時の命で二階堂行村・安東忠家とともに和田合戦の戦没者・生虜の交名を作成（表16－9）。七月十一日実朝の意を受けた義時の命により、和田合戦の捕虜富田三郎の釈放を下知（表16－11）。八月三日御所上棟式の最中に発生した騒動を安東忠家とともに鎮圧（表16－12）。これらは侍所所司としての活動と考えられる。

ところが、五年後の建保六（一二一八）年七月二十二日「侍所司五人」が補任される。新別当が泰時、二階堂行村と三浦義村が御家人のことを、大江能範が御所中雑事を、伊賀光宗が御家人供奉所役をおのおの担当することになり、行親の名はない（『鏡』同日条）。奥富氏はこれをもって行親が所司を解任されたものとし、[30]森幸夫氏もその可能性を指摘している。[31]だが、二カ月後の九月十四日、前夜発生した鶴岡宮児童・若僧と宿直武士との衝突の糾明に行親は使者として鶴岡宮に向かい、当時駒若丸を称して鶴岡別当公暁に近侍していた三浦光村が首謀者であったことをつきとめている（表16－13）。翌承久元年二月十九日には政子の意を受けた義時の命で御家人を率いて頼朝の弟阿野全成の遺児阿野冠者誅殺に駿河に発向している（表16－14）。これらは侍所所司の職務とすべきであり、行親は所司を解任されてはいない。森氏も述べるごとく、[32]建保六年七月二十二日条の「侍所司」は新別当泰時を含むことから、侍所次官の所司ではなく高級職員と解すべきである。行親は建保六年以後も侍所別当泰時の下で次官である所司を務めていたとすべきである。

泰時政権となった安貞元（一二二七）年三月九日、行親は平盛綱とともに執権泰時の命を受け、逮捕された「巧奸謀之輩」を尋問（表16―15）。寛喜二（一二三〇）年五月五日、御所に盗賊が入ったため泰時は行親と盛綱に命じて大番衆に警護を強化させ、人びとの出入を禁じている（表16―16）。嘉禎三（一二三七）年十二月十二日行親は将軍頼経の命で御所の清掃を奉行（表16―17）。延応元（一二三九）年五月二日五十嵐惟重と名越朝時祗候人小見親家の訴訟を泰時が評定衆と直裁した際、親家の罪科に怒った泰時は「侍所司金窪左衛門大夫行親」をして親家を守護に預けさせている（表16―18）。これらも侍所所司としての活動と考えてよい。

ところが、天福二（文暦元）（一二三四）年七月一日付の六波羅北方探題極楽寺重時の披露状の宛名は盛綱であり、これによる限り同年の所司は盛綱であったことになる[33]。そして盛綱は同年八月の二代目得宗家家令就任後も所司の職務と思われる活動をしている（表9―28）。すると、行親と盛綱の侍所所司在職期間には重複があったことになるが、森幸夫氏もいうとおり[34]、侍所所司の定員は一名であるから、この期間も二人制がとられたとは考え難い。盛綱は建保の安東忠家のような所司行親の補佐役ともとれるが、天福の披露状が盛綱宛であることから、この時点では盛綱が所司であったと判断される。とすれば、行親と盛綱の間で所司の交替が複数回行われたと考えざるをえない。『鏡』初登場が行親が建仁三年、盛綱が承久元年で一八年の開きがあり、行親は盛綱よりかなり年長であったようである。行親は天福ごろには老齢といってよい年齢であったと推測され、このため、行親の副官的存在であった（表16―15・16）盛綱が天福ごろ、いったん所司に就任し、その後、行親が還補されたのではないか。そして延応以降に行親が引退し、ふたたび盛綱が就任したものと考えられる。かくて侍所所司は御家人兼得宗被官金窪行親を経て、長崎氏へ移り、得宗被官の就任が慣例化していくのである。

2　得宗家家令尾藤景綱

尾藤氏についての研究論文には、岡田清一氏「御内人〝尾藤氏〟に就いて(35)」と井上恵美子氏「北条得宗家の御内人について―尾藤氏の場合―(36)」がある。本項ではこれらの先行研究を参考としながら景綱までの尾藤氏を追ってみたい。『分脈』(系図19「尾藤系図①」)の記事と『鏡』元暦元年二月二十一日条によると、尾藤氏は秀郷流藤原氏に属し、知昌・知忠父子が尾張守に任官したことから尾藤を称した。知昌・知忠・知広の三代は叙爵しており、井上氏もいうごとく(37)、受領層の家柄であったと考えられる。知忠は「於大内射恠鳥蒙賞」(『分脈』)とあり、いわゆる武門の家であったようである。それとともに知忠は玄馬頭、知広は民部大丞に任官しており、文官的能力も窺われる。知宣の所領は幕府成立以前の段階で信濃と紀伊という遠隔地に三カ所確認され(38)、これは尾藤氏の所領経営が代官支配であったことを示している。知宣は平治の乱で源義朝に従っており(39)、彼が源家の家人であったことがわかるが、以上のことから、尾藤は源氏の傘下に身を置きつつ独自の武士団を組織していたと思われる。出自・規模・源家とのつながり等の点で、尾藤氏は御家人のなかでは第一級の存在であったといえよう。

尾藤氏の『鏡』での活動の初見は元暦元年二月二十一日条の知宣の鎌倉参候であるが、知宣の活動はこの一回きりである。次は文治五年七月十九日条で、奥州に出陣した「御供輩」の交名中に「尾藤太知平」の名がある。知平の活動もこの一例のみである。翌建久元年十一月七日、入洛した頼朝の「先陣随兵」の中にある「尾藤次」は知宣の弟で景綱の父である知景である。知景は建仁三年九月二日の比企氏攻撃軍にも「尾藤次知景」として加わっている。『分脈』は知景の通称を兄知宣と同じ「尾藤太」とするが、これは『鏡』の「尾藤次」が正確であろう(系図19「尾藤系図②『秀郷流系図』「尾藤」参照)。ここまでの尾藤氏の活動はすべて御家人としてのものだが、知景は比企氏の乱で北条氏陣営に属しており、尾藤氏はこのころから北条氏に接近していたことがわかる。

景綱の『鏡』での活動は二八回(表17)。初見は建保元年五月三日で、和田合戦の最中に泰時に近侍している(表17―1)。次は承久三年五月二十二日の京都出撃泰時主従の一騎としてである(表17―2)。この軍勢は関実忠・平盛綱・南条時員など得宗被官の有力者を中心としたわずか一八騎であり、泰時の側近で構成されていた。一八騎の中で郎従を連れていたのは景綱のみであり、記名の順位でも景綱は北条氏三人に続き被官では筆頭である。得宗被官の中での景綱の地位の高さを知ることができる。承久の乱の間も、泰時の伝令を務め、郎従に筏を作らせ、と活躍している（表17―3・4）。元仁元（一二二四）年二月二十三日平盛綱とともに義時の使者として駿河に下向（表17―5）。同年六月二十八日平盛綱・関実忠・安東光成・万年右馬允・南条時員等とともに泰時邸を警護（表17―7）。六月二十七日条によれば、景綱宅が泰時の小町邸内にあったことがわかる（表17―6）。以上のことから景綱は家令就任以前から義時・泰時の腹心であり得宗被官のリーダー的存在であったことが理解される。また、安貞元（一二二七）年六月十八日条により、景綱が泰時の次男時実の乳母夫であったことがわかる（表17―16）。この日、時実が自己の家人高橋二郎に殺害され、これを嘆いた景綱は即日出家を遂げたのだが、時実はこのとき十六歳であり、景綱が乳母夫となったのは建暦二（一二一二）年ごろと考えられる。得宗家の子弟の乳母夫にはのちに平頼綱[40]・長崎思元[41]等得宗被官の有力者が選ばれており、これはそのきわめて早い例として注目される。

そして元仁元年閏七月二十九日、伊賀氏の乱を粉砕した泰時によって景綱は初代得宗家家令に任命される（表17―8）。景綱は出自・家格・勢力、そして得宗家との私的関係の面でも得宗家家令に適任であったといえよう。

一カ月後の八月二十八日景綱と平盛綱を奉行として北条氏の「家務條々」＝家法が制定される（表17―9）。泰時による家令設置と家法制定は佐藤進一氏・奥富敬之氏も指摘の通り[42]、庶子に対して不安定であった北条氏嫡宗の地位の強化が目的であったと思われる。

家令就任後の景綱の活動は二〇回を数え（表17―9～28）、このうち政治的重要活動は一四回（表17―9～12・14・18～26）。このなかに寛喜二（一二三〇）年正月二十六日条（表17―19）に「於武州（北条泰時）公文所、武蔵国太田庄内荒野可新開事、有其沙汰。尾藤左近入道道然奉行之」とある。当時の武蔵守は泰時であり、「武州公文所」とは泰時の家政機構であろう。この「武州公文所」とは、奥富氏も指摘のごとく[43]、得宗家公文所そのものであったと思われる。得宗家公文所の機構的充実は泰時の曾孫である時宗の文永・弘安年間を待たねばならないが、泰時期にはすでに公文所自体は存在していたと考えるべきである。その公文所において行われた決定で景綱が奉行を務めたということは、景綱がのちの得宗家公文所において、のちの得宗家執事の役割を果たしていたことを意味している。景綱が就任した得宗家家令と得宗家執事と職掌の上で共通するようである。だが、景綱の発給文書は現存しておらず、景綱の家令在職期に得宗の奉書を発給しているのは、平盛綱であり、家令景綱は文書発給にはあたらなかったようである。

景綱は文暦元（一二三四）年八月二十一日病を理由に職を辞し（表17－27）、平盛綱に替わった。翌日景綱は病没（表17－28）。景綱は卒去の前日まで一〇年間得宗家家令を務めたことになる。

3　行親・景綱と盛綱

二代家令となった平盛綱は、景綱の家令就任直後の北条氏家法制定のときから五回（表9－4・5・9・13・17、表17－9・12・18・20・24）、景綱とともに活動しており、景綱の家令就任以前にも三回（表9－1・2・3、表17－2・5・7）行動を共にしている。景綱の『鏡』での政治的重要活動二〇回のうち八回が、盛綱と相携えての活動である。うち三回は景綱と盛綱の二人で義時・泰時の命を受けている（表9－2・4・9、表17－5・9・18）。盛綱は景綱の副官的存在であったといってよく、盛綱の二代家令就任は景綱の後継として問題のない人事であったはずである。

興味をひかれるのは金窪行親と尾藤景綱は『鏡』で一度も一緒に行動しておらず、平盛綱は両者と共に活動していること（行親とは二回――表9－8・14、表16－15・16。景綱とは八回）である。行親と景綱が一緒に活動しなかった理由は不明である。『鏡』に残らなかっただけで、実際には行動していた可能性もあろう。建仁三年九月二日の比企攻めには行親は景綱の父知景とともに参加している（表16－1）。重要なことは行親・景綱の段階では侍所所司と得宗家家令とは別個の職であり、セットでは考えられていなかったらしいこと、にもかかわらず盛綱は両方の職に深く関係し、両職の副官的存在であったことである。

時政・義時・泰時の初期得宗家三代の間、得宗被官は伊豆以来の郎従「主達」を中核として各階層の御家人を結集ししだいに巨大な集団へと成長していった。北条氏の勢力伸張に被官の増加が促され、被官の増加は北条氏の勢力伸張の原動力の一つとなるという表裏の関係をなしていたといえよう。この初期三代期の得宗被官のリーダーは金窪行親と尾藤景綱であった。両人はともに御家人であり、とくに尾藤氏は出自・家格において名家といえ、かつ源家譜代の家人であった。尾藤氏のごとき有力御家人が得宗家の家令・乳母夫となったという事実自体が、得宗家が他の御家人より上位の存在であることを明示することになったであろう。鎌倉政権の成立当初から源家将軍の外戚という特殊な地位にあった北条氏は、(44)御家人の被官化によってその尊貴性を高めていったのである。また、御家人の被官化は旧来の北条氏被官の地位向上をもたらしたものと考えられる。これが承元三年十一月十四日の義時による主達の準御家人化申請（『鏡』同時条）の背景にあったのではないだろうか。そして金窪氏と尾藤氏という御家人によって先鞭を付けた侍所所司と得宗家家令の職は泰時期の後半、長く両職の副官の地位にあった平盛綱の一身に集中されることになる。

第四節　長崎氏の家格の形成

一　平盛綱の三職兼務

平盛綱の史料上の初見は、『鏡』承久三年五月二十二日条の承久の乱京都出撃泰時主従一八騎の一騎としてである。(45)この二年後の貞応二（一二二三）年盛綱は巡検使として安芸国に下向し、承久の乱での京方武士の探索を行って交名を提出させている。(46)よって盛綱は承久の乱のころには義時の側近となっていたのである。盛綱の得宗側近としての台頭はいつごろからのことなのであろうか。ここで注目されるのは、建保年間に金窪行親とともに義時の側近であった安東忠家と、その失脚である。忠家は一四八・一五一頁に前述のごとく、『鏡』では建保元（一二一三）年和田合戦の前後に金窪行親とともに活動している。同年の『鏡』における忠家の活動のすべては侍所所司金窪行親の副官的役割であり（表16－4〜9・12）、これはのちの盛綱の活動と共通する。その後、承久元（一二一九）年正月二十七日条で、三浦義村が持参した将軍実朝暗殺の下手人公暁の首を義時が実見した際、指燭を取って公暁の首を照らしており、この時点までは義時の側近に侍している。だが、こののち二年余『鏡』から姿を消し、次に登場するのは承久三年五月二十五日条で、「此間有背右京兆（北条義時）之命叓、籠居当国（駿河）」していた忠家は、泰時主従の上洛を聞いて馳せ参じ、これに合流した。その後、忠家は承久の乱最大の激戦となった六月十四日の宇治川渡河作戦に参加。『鏡』での活動はこれをもって終了するが、佐藤進一氏指摘の『民経記』寛喜三（一二三一）年十月九日条によって、同年、伊勢守護代として活動していたことがわかる。[47] また、忠家は義時の命を奉じた年次未詳の執事奉書の奉者となっている（表2－4・5）。金窪行親の副官であったこと、執事奉書の奉者となっていることの二点で、忠家と盛綱の得宗側近としての役割は共通しており、しかも両者の活動時期は連続している。[48] よって盛綱は忠家の失脚後、その後任として登用されたと考えられる。その時期は承久元年正月以後三年五月までの間である。

平盛綱の要職への就任の様子を示したのが表18である。盛綱は『鏡』初登場時点ですでに得宗側近の地位にあり、『鏡』建長二（一二五〇）年三月一日条には「平右（左）衛門入道跡」とある（表9－32）ことから、このときには没していたことがわかる。前年の建長元（一二四九）年九月二日付の執事奉書（表2－12）の発給が確認される最後の政治活動であり、これ以降、翌年三月までの半年の間に卒去した。この間、元仁元（一二二四）年得宗家家政の実務責任者（原＝執事）に任命されたと推定されることは既述のごとくである。[49] 一〇年後の文暦元（一二三四）年八月尾藤景綱の後任として第二代得宗家家令に就任（表9－19）。盛綱が原＝執事在職のまま家令に昇進したため、盛綱は原＝執事と家令を兼ねることとなり、その結果、二つの職が混同し、のちの得宗家執事にあたる職が成立したと考えられることも、すでに述べた(50)。一方、幕府侍所所司については、家令就任一カ月前の文暦元年七月いったん在職が確認され、その後、辞職して、延応以降に還補された（一五二頁参照）。つまり、仁治年間には、盛綱は得宗家家令・原=執事・幕府侍所所司の三職を兼ねていたのである。出家当時には、尾藤景綱すでになく、金窪行親もかなりの高齢に達していたと推定されるので、盛綱は得宗被官の中では、事実上、無双の実力者となっていたといってよい。

表18　平盛綱の職歴推定

No.	年．月．日	事　　項	典　　拠
1	承久3(1221)．5．22	『鏡』初登場。	『鏡』同日条。
2	元仁元(1224)．⑦．29	原=執事就任カ？	『鏡』同日条。
3	．9．21	原=執事在任確認。	表2－7。
4	文暦元(1234)．7．1	侍所所司在任確認。	『深堀文書』。
5	．8．21	第二代得宗家家令就任。	『鏡』同日条。
6	仁治3(1242)．6．？	出家・侍所所司辞任カ？	泰時卒去より推定。
7		得宗家執事辞任	表2－11。
8	寛元4(1246)．3．？	得宗家執事再任。	時頼執権就任より推定。
9	建長元(1249)．9．2	最後の得宗家執事奉書発給。	表2－12。
10	2(1250)．3．1	すでに没。	『鏡』同日条。

註　○付数字は閏月を示す。

二　寛元・宝治政変と長崎氏

平盛綱の晩年、鎌倉には二つの大規模な政変が相次いで勃発する。寛元四（一二四六）年五月の宮騒動と翌宝治元年六月の宝治合戦である。わけても宝治合戦は和田合戦と並ぶ激烈な市街戦となり、本格的な武士団の大部隊同士が鎌倉を戦場に衝突し、この戦乱の中で治承以来の有力御家人三浦氏が族滅する。そして二つの政変を通じて鎌倉政権には執権北条時頼の覇権が確立し、鎌倉の政治体制は得宗専制へと大きく傾斜していくこととなる。

この寛元・宝治政変における長崎氏の動向を『鏡』によってみてみる。まず宮騒動。寛元四年五月二十五日条によれば、一触即発の状況にあったこの日、「甲冑軍士」に警護された執権時頼邸に前将軍頼経の「御使」を称して来向した頼経の近臣藤原定員に対し、時頼は諏訪盛重・尾藤景氏（景綱の子）、そして平盛時をもって面会を拒否している。これによって頼経の御所に近侍していた名越光時は出家、髻を時頼に献上。定員も出家、安達義景に召し預けの身となった。軍備をも整えた時頼側の断固たる姿勢の前に将軍派は挙兵を断念し、宮騒動は将軍派の敗退に終わった。将軍派との武力衝突の可能性も充分にあったこの日、時頼に近侍していた盛重・景氏・盛時はまさしく時頼の側近であり、当時の得宗被官の指導者であったと考えてよい。

次に宝治合戦。合戦当日の宝治元年六月五日、平盛綱（入道盛阿）は時頼の和平の書状を敵将三浦泰村に届けている。北条・三浦の和解を嫌う安達氏がこれを聞いて挙兵したことから、宝治合戦は開戦するのであるが、戦乱回避の最後の機会であった和平の書状が盛綱に託されたことは、時頼が曾祖父義時以来の重臣である盛綱を深く信頼していた証しといえよう。しかし、宝治合戦における長崎氏の活動は『鏡』ではこの一件のみである。宝治合戦において活躍している得宗被官は諏訪盛重と万年馬入道の二人であり、平盛時・尾藤景氏はまったく姿をみせていない。だが、合戦終結後になると、盛時は立て続けに四回『鏡』に姿を見せ、このうち三回、合戦の戦後処理にあたっている（表11－23〜26）。すなわち、六月八日、万年馬入道とともに合戦の最終段階で三浦勢が立て籠もった頼朝法華堂の承仕法師より三浦氏滅亡の様子を事情聴取。十二日、八田知定の恩賞問題の奉行。二十五日、三浦泰村以下の後家等の問題を政所執事二階堂行盛とともに奉行。以上の三つはいずれも侍所所司の職務と考えられる。残る一つは同じく二十七日、大納言法印隆弁を鶴岡別当に補任する「御教書」を隆弁の別当坊に届ける使者を務めたことである。また、同二十二日の寄合では「去五日合戦亡帥以下交名」が披露されている。この寄合のメンバーは『鏡』には記されていないが、和田合戦で同様の交名を作成しているのが、侍所所司金窪行親であったこと（『鏡』建保元年五月六日条）、後述するように盛時は当時の寄合のメンバーであったことから、この交名を寄合で披露したのは盛時であったと考えられる。

以上の寛元・宝治政変における平盛綱・盛時父子の動向から、当時の長崎氏は諏訪・尾藤・万年等の各氏とともに得宗側近であり、得宗被官中の有力者であったと考えられる。盛綱はすでに老齢に達しており、執事奉書の発給はなお彼の手になっているものの、職務の多くは子息盛時が行っていたのではないだろうか。和平の書状を託されていることから、最重要の事件においては盛綱の出馬が求められたものの、それ以外のことはすでに盛時に譲られていたと判断される。いわば、盛綱は得宗被官の中では別格の最長老の地位にあり、文書発給以外は職務の大半を盛時に任せていたと考えられる。

三　平盛時と寄合衆

時頼政権期、北条氏の私的機関「寄合」が幕政の中枢に侵入し、これが侍所等とは別の方向から得宗被官の幕政への参加の道を切り開くことになる。寄合は寛元・宝治政変の前後から「深秘沙汰」として『鏡』に現れるのである（「寄合関係基本史料」1〜4）。その初見は寛元四年三月二十三日条で、翌月没する執権経時邸で開かれた「深秘御沙汰」で、弟時頼への執権移譲が決定される。だが、このときのメンバーは不明である。次は宮騒動直後の同年六月十日条である。今回は出席者八名全員がわかる。得宗時頼・北条政村・金沢実時の北条氏三名に、時頼外戚の安達義景、それにこのときのみであるが三浦泰村。ほかに諏訪盛重・尾藤景氏・平盛時の得宗被官三人。今度は議題が不明であるが、将軍派の首魁三浦泰村が呼ばれているから、宮騒動の手打ちであったことはほぼ間違いあるまい。表1をみればわかる通り、一年後に滅亡する三浦泰村以外の全員の子孫がその後、寄合衆となっている。すでにこの時期には寄合の原型はできあがっていたのである。三回目は宝治元年六月二十二日条。今回も参加者不明であるが、前述のごとく、交名を披露したのは平盛時と推定される。四回目は同年六月二十六日条。出席者は得宗時頼・北条政村・金沢実時・安達義景、そして奉行の諏訪盛重の五人。滅亡した三浦泰村を除くと、尾藤景氏・平盛時が欠席しただけで二回目とメンバーはほとんど変わらない。注目されるのは、盛重が寄合奉行を務めていることである。延慶二（一三〇九）年四月と推定される寄合では太田時連が奉行、長崎高綱と尾藤時綱が合奉行を務めていたことがわかる（「寄合関係基本史料」25）が、宝治元年段階で奉行が置かれるほどに制度化されていたのである。また、二十六日の議題が「公事御事」という一般政務に関することであることは、奥富敬之氏が「このときの寄合は、まさに平時における政務そのものを議題としていたものであった。それだけ、定置のものへと近づいてきていることが判る」と述べている通り[51]、寄合が早くも制度化されつつあったことを示している。渡辺晴美氏は時頼期の寄合はまだ「緊急事態に対処せんがため適宜設定されたもの[52]」であって制度化に至っていないとする。しかし、確かに一・二・三回は緊急会議の性格が強いものの、四回目の事例には少なくとも制度化の方向にあったことが読み取れるはずである。奥富氏は寄合の原初的性格を「本来的には、特別な事態や事件に遭遇した際に、どこの氏族ででも行なわれる、もっとも一般的な家族会議のごときものが、北条氏にあっては、一族に対する惣領権の強化安定への傾向と北条氏が幕政の中枢にあったことが影響して、次第に〝深秘〟化する傾向を有し、やがて〝寄合〟として一定の性格と機能をもつようになって行った[53]」ものとする。まったくその通りであると思う。もともと北条氏（より限定すれば得宗家）の私的会議であった寄合に得宗被官の有力者が参加することは当然のことであった。これが寛元・宝治政変の勝利によって時頼の覇権が確立し、寄合は幕府の最高政務をも議するようになり、得宗被官上層部は鎌倉政権中枢に食い込むことに成功したのであった。だが、時頼期の寄合は、時頼の比較的近しい親族と側近の被官によって構成されていることからしても、本質的には執権時頼の私的会議であったと判断される。当時の寄合は、文字どおり「得宗権力の非制度的拠点」（佐藤進一氏「専制化」七〇頁）であったのである。平盛時の寄合参加事例は推定を含めてもわずか二例であるが、時頼期の寄合の事例自体が四例であるから、盛時は寄合衆であったと判断してよいであろう。以後、長崎氏は諏訪・尾藤両氏とともに寄合衆を世襲し、得宗被官でありながら幕政の中枢に参画することとなる。

四　盛時から頼綱へ——家格の完成

『鏡』弘長三（一二六三）年八月九日条で、「平左衛門入道」の子息一人が将軍宗尊親王上洛の随兵に選ばれている（表11−34・表12−66）。この「平左衛門入道」は〝故〟と記されていないから、当時存命の人であり、よって盛綱ではなく、盛時である。盛時は弘長元年八月十四日条では「平三郎左衛門尉」と記されており（表12−65）、彼の出家はこのときから二年の間である。弘長元年十一月の極楽寺重時の卒去のさいではないかと推定される。

盛時の嫡子頼綱は『鏡』では侍所所司を務めた徴証はみられないが、父盛時の例から推定して、盛時の出家に際し、侍所所司を譲られたのではないか。とすれば、頼綱の所司就任は弘長元年十一月ごろということになる。盛時の出家が右の推定の通りであれば、弘長二年正月九日付の六波羅北方探題常葉時茂からの注進状（『都甲文書』）の宛名「平三郎左衛門尉殿」は頼綱ということになる。これ以後、頼綱は文永八（一二七一）年九月までは侍所所司に在職している[54]。頼綱の得宗家執事在職が確認されるのは、遅れて文永九（一二七二）年十一月三日付の執事奉書（表2−14）であるが、これ以前から在職していたことは間違いあるまい。

では、頼綱が長崎氏の惣領となったのはいつであろうか。この推定に役立つのは、父盛時の没年である。盛時は前述のごとく、弘長三（一二六三）年八月九日までは存命である。盛時の没年については建治元（一二七五）年六月二十七日付「六条注文」の「平左衛門入道跡　八貫　諏訪兵衛（盛重）入道跡[55]　六貫」の記事と、一三六頁に掲げた翌建治二年三月九日付「周防国司下文案」の「故平左衛門入道殿」が参考になると思われる。これらにみえる「平左衛門入道」は盛時と判断され[56]、「跡」・「故」とあることから、盛時は建治元年六月以前に没していたことになる。よって、頼綱は少なくとも文永末年には名実共に長崎氏の惣領となっていたと考えられる。そして頼綱は『建記』によって、建治三（一二七七）年には寄合衆在職が確認される。

頼綱は父盛時から侍所所司・寄合衆の職を継承し、祖父盛綱の就いていた得宗家執事にも就任した。弘安七（一二八四）年正月四日・九月九日付の得宗家公文所奉書（表5―12・13）によって頼綱が諏訪盛経・佐藤業連の上位の公文所長官たる執事の地位にあったことがわかるので、長崎氏は盛綱・盛時・頼綱の三代、得宗被官の最上層に位置し続けたことになる。『間記』で「貞時ガ内官（管）領」と呼ばれ、鎌倉政権中枢で得宗外戚安達泰盛と権を二分した頼綱の権勢の基盤は、父祖より受け継いだ職権にあったということができる。そして時宗期の前代以上の得宗への権力集中は、外戚安達氏の権勢を強化したように、被官長崎氏の地位・権力をも向上させたのであった。文永・弘安年間には頼綱を惣領とする長崎氏は一族を挙げて得宗家公文所および幕府諸機関に進出を遂げている。頼綱の従弟長崎光綱は文永年間に頼綱に替わって侍所所司に就任したことが確認されており[57]、頼綱・光綱の伯父長崎時綱は文永から弘安にかけて得宗家公文所奉書の奉者（表5―3～5・8～11）・侍所職員（日蓮『聖人御難事』）・備中守護代[58]を務めている。この時期、得宗被官内でも長崎氏が最有力の家であったことは明白であろう。

　このような情勢の中で、弘安七年四月時宗が没すると、十四歳の新得宗貞時のもとで、平頼綱と安達泰盛の対立は激化の一途を辿り、翌弘安八年十一月の霜月騒動を迎える。頼綱は泰盛とその一党を殲滅し、以後七年余にわたって「一向執政」・「諸人恐懼」（『実躬卿記』正応六年四月二十六日条）といわれる独裁的な権力をふるうのである。時宗期まで得宗袖判を有する執事奉書によって行われていた得宗家の重要政務の多くが、得宗の花押を有さない執事書状によってなされるようになるのは、頼綱の専権下においてである。すなわち、執事書状の本格的な発給が始まるのは、霜月騒動一年後の弘安九年閏十二月からなのである[59]。これこそ頼綱専権下での得宗家執事の権威の向上と権力の強化を示すものであろう。

　実力によって安達泰盛を打倒した頼綱は得宗被官内にあっても卓越した地位にあったと推定される。得宗貞時が幼少であった頼綱の専権期には、頼綱は公文所を自身の意のままに運営することができたであろうから、広大な所領と強大な軍事力を有する得宗家の事実上の支配者となった頼綱は、これを背景として寄合をも支配し、もって鎌倉政権に専権を打ち建てたのである。頼綱専権期の正応年間には、頼綱の子息である飯沼資宗・平宗綱と従弟長崎光綱はほか二人の得宗被官とともに五方引付の監督権を与えられ（鎌倉追加法六三二条）、宗綱は侍所所司に就任する。[60]頼綱専権期は長崎氏の最初の全盛時代であった。

盛綱から盛時を経て頼綱に至る長崎氏初期三代の間に、長崎氏は得宗被官の中で最上層部に位置付けられる家格を形成した。盛綱のおもな活動時期である泰時政権期ごろまでは得宗家では家政機関も発展の途上にあり、得宗被官内部にも、得宗側近である有力者の一団はあったものの、明確な序列はできあがっていなかったようである。これは執事の先行形態である得宗側近の実務責任者の地位が義時の末期に安東忠家から平盛綱に移り、泰時期にも得宗家家令が尾藤景綱から盛綱に継承され、幕府侍所所司の職も金窪行親からやはり盛綱に引き継がれていること、さらに泰時から経時への代替に際して盛綱がいったん得宗家執事を罷免されていること等から理解される。この時期には人事は主人である得宗の意志によって決定される面が強かったのであり、役職に世襲の傾向はみられない。これが侍所所司が盛綱から盛時へ継承されたころから、しだいに役職が特定の家に固定化する傾向になる。長崎氏に限っていえば、侍所所司・寄合衆等は盛時から頼綱に世襲され、さらに侍所所司は頼綱の惣領としての支配のもとに長崎光綱・平宗綱が就任する家業となる。得宗家執事も盛綱の孫頼綱の就任するところとなる。得宗被官の人事には得宗の意志よりも世襲の影響が強くなり、長崎氏は要職就任者を出す家格を形成したのである。時宗期から貞時期にかけての頼綱を頂点とする長崎氏の勢力の基盤は、盛綱以来六〇年をかけて形成された長崎氏の家格にあったということができる。

だが、その頼綱も専制七年余にして、永仁元（一二九三）年四月二十二日、成長した貞時の放った軍兵によって呆気なく滅亡する（平禅門の乱）。嫡子飯沼資宗は頼綱とともに滅亡、長男平宗綱は佐渡に配流（『間記』）。盛綱以来六〇年以上にわたって得宗被官最上層の一員であった長崎氏の嫡流平氏はここに壊滅した。頼綱の滅亡後、長崎氏の惣領には頼綱の従弟長崎光綱が就いたが、長崎氏は頼綱時代の勢威を失い、以後一〇年に及ぶ不遇の時代を迎えるのである。

第五節　鎌倉後期の長崎氏

鎌倉政権最末期である北条高時政権には得宗被官長崎氏が幕政を壟断したとされる。その長崎氏の代表として悪名高いのが「長崎入道父子」(『金文』四一三「金沢貞顕書状」)と称された長崎高綱(円喜)・高資である。一般には『間記』・『太平記』にその暴政ぶりが描かれている子息高資の方がよく知られているが、当時の史料に拠れば、父高綱が高時の岳父安達時顕とともに当時の鎌倉政権の主導者であったことがわかる。正中の変に際し、後醍醐天皇の弁明書を奉じて鎌倉に下向した万里小路宣房に鎌倉政権を代表して対面したのは高綱・時顕の両人であり[62]、この事件の処置が比較的穏便になされたのは高綱の意向によるものであったとの噂が京都で流れている[63]。以上の事例は『花園天皇宸記』に記載されたものであり、これは高綱が幕政主導者として京都にまでよく知られた存在であったことを示している。また、「金沢貞顕書状」には高綱が時顕とともに寄合の指導的立場にあり(『金文』二二七)、同じく寄合衆であり連署にまで昇った金沢貞顕までが高綱の権勢の前にひれ伏していたことがわかる[64]。本節では、高綱・高資父子を中心に鎌倉末期の長崎氏の権力基盤について考察する。

一　長崎光綱の政治活動

高綱の父光綱は『鏡』弘長元(一二六一)年四月二十五日条で、時頼の命で流鏑馬をすることになった時宗のために馬を用意したのが、確認される最初の活動と考えられる(一三八頁参照)。次いで同三年十一月二十日条では、二日後に没する時頼の枕頭に侍すことを許された七人の得宗被官の一人として登場する。この七人は尾藤景氏・宿屋最信・安東光成・工藤光泰等、当時の得宗被官の有力者であり、光綱が得宗被官有力者の一人であったことがわかる（光綱の『鏡』での活動は以上の二例）。彼の本格的な政治活動は文永十・十一（一二七三・七四）年にかけての侍所所司在職である。(65) 前述のごとく、当時の長崎氏惣領頼綱は光綱に先立ち弘長元年から文永八年まで侍所所司に在職したと推定される（一六二頁参照）から、光綱は頼綱の後を受けての就任であったことになる。光綱の所司就任は、侍所所司は惣領が兼務するという盛時までの長崎氏の慣例に異変が起こったことを意味している。だが、当時、頼綱は得宗家執事の地位にあり、寄合衆として鎌倉政権中枢でも活動していたから、光綱の所司就任は頼綱の地位を脅かすようなものであったとは考えられない。むしろ、当時の頼綱は長崎氏一門に惣領権を確立しており、頼綱は光綱を通じて侍所を事実上支配下に置いていたとするべきだろう。光綱が所司職にあった文永十一年、赦免されて佐渡から鎌倉に入った日蓮に頼綱が対面していることは、(66) 上記の推定の傍証となると思われる。事実、平禅門の乱後の正応年間には、光綱に替わって頼綱の長子平宗綱が侍所所司となっており、頼綱は子息や一門を自己の代官的存在として所司に就け、自身は長崎氏惣領としての立場で幕府侍所を支配していたものと考えられる。ここに侍所の長崎氏家業化は完成したといえよう。

霜月騒動後の正応四（一二九一）年八月、光綱は他の得宗被官四人とともに五方引付の上位に位置付けられ、その監督権を与えられている（鎌倉追加法六三二条）。四人の中には平宗綱・飯沼資宗という頼綱の二人の子息が含まれ、五人のうち三人までが長崎氏一門である。正応年間における平頼綱および長崎一門の専権ぶりが明らかになるが、この事例は先の侍所とともに光綱が長崎氏内部では惣領頼綱父子に次ぐ地位にあったことを示している。

そして平禅門の乱後、光綱は頼綱に代わって長崎氏惣領の地位に就いた。これは乱の三カ月後の正応六（一二九三）年七月三十日を最初として、光綱が貞時政権下で三通の得宗家執事書状を発給していること（表3―5・6・7）

で裏付けられる。光綱は得宗家執事に就任したのであり、彼が長崎氏の新たな惣領となったことは確実であろう。しかし、頼綱まで長崎氏の家業となっていた侍所所司の職は、光綱の代にも長崎氏の手中にあったかどうかは不明である。そして永仁五（一二九七）年八月光綱が没すると[67]、その嫡子高綱は執事・侍所所司の地位に就けなかったらしく、長崎氏の凋落は明らかとなる。

二　貞時政権期の長崎高綱

長崎高綱の史料上の初見は『親玄僧正日記』（『東大謄写』）永仁二（一二九四）年二月十六日条の「長崎新左衛門為使者入来。大方使節也。仁王経護摩七ヶ日於社殿可勤仕云〻」の記事である。当時、高綱の父光綱は「長崎左衛門尉」を称しており、「長崎新左衛門尉」は光綱の嫡子高綱を指すと考えられる。すでに左衛門尉に任官していることから、このとき二十歳は過ぎていたと考えられる。前年の平禅門の乱で滅びた又従兄弟の飯沼資宗が享年二十七歳[68]であるから、ほぼ同年代であったのではないだろうか。史料の「大方」はおそらく「太守」（＝貞時）の誤写であろう。よって、高綱は貞時の使者として貞時の御持僧親玄を訪れたのであり、彼が得宗に近侍していたことがわかる。また、同年四月二十三日条の貞時側室播磨局の着帯の儀の記事にも「祗候外陣之輩、長崎左衛門父子幷前兵庫頭巳下済〻成群」とあり、この「長崎左衛門父子」は光綱・高綱父子を指すものであろう。「長崎左衛門父子」はこの儀式に出席した人びとの筆頭に掲げられており、当時の光綱・高綱父子の得宗被官内における高い地位を示すものである。

ところが、『親玄僧正日記』の以上二つの記事の後、八年間、高綱の活動を記す史料は中絶してしまう。次に高綱の活動がわかるのは正安四（一三〇二）年である。武蔵の「山下政所文書目録[69]」に、

一　公方ヨリ相模入道殿《（北条貞時）》ヘノ成下御下知一通正安四七十二
一　自御内長崎殿ヘノ御牧御書下《（マヽ）》一通正安四十一六

一　自長崎殿留所〔守〕脱へノ書下一通正安四十七日

とあり、得宗とその分国である武蔵の留守所との間に「長崎殿」が介在したことがわかる。この「長崎殿」は武蔵守護代と考えられる。(70)時期的にみて「長崎殿」は高綱に比定してよいであろう。

この間、光綱は永仁五（一二九七）年に没しており、得宗家執事・侍所所司には工藤杲然・平宗綱・尾藤時綱等の就任が確認されるので、高綱は光綱の後を継ぐことはできなかったようである。武蔵守護代であったことは確認されるので、失脚してしまったわけではないが、得宗家執事・侍所所司という長崎氏が世襲してきた地位を高綱は襲うことができなかったようである。つまり、高綱は貞時が鎌倉政権の実権を掌握した平禅門の乱の直後には、得宗に近侍していたにもかかわらず、光綱の没後は父の地位を継承できなかったのである。ここに長崎氏は世襲の職を失った。光綱没後の数年間は長崎氏にとって不遇の時代であったといえよう。

高綱が鎌倉政権中枢に地位を得るのは、嘉元三（一三〇五）年四・五月の嘉元の乱の後と考えられる。徳治二（一三〇七）年六月十八日付「問注所執事等連署奉書案」(71)と、翌三年八月に奏上された『平政連諫草』(72)の宛名「長崎左衛門尉殿」が高綱に比定され、これによって彼の侍所所司と得宗家執事への就任がわかるが、嘉元の乱当時には北条宗方が両職を兼任しており、高綱の就任は宗方滅亡後になるからである。光綱の没後八年にして高綱はようやくかつての長崎氏の地位を回復したのである。そして延慶二（一三〇九）年四月十日付と推定される「金沢貞顕書状」（「寄合関係基本史料」25）によって、高綱が尾藤時綱とともに寄合衆（合奉行）であったことがわかる。侍所所司・得宗家執事・寄合衆となった高綱は平禅門の乱以前の長崎氏の地位を完全に回復した。また、高綱はこのとき「長入道」と呼ばれており、高綱の出家は徳治三年八月より延慶二年四月までの八カ月の間である。高時政権において絶大な権力をふるった長崎入道円喜の登場は嘉元の乱を契機としていたことになる。

三　得宗家執事長崎高資

高綱の嫡子高資は、少なくとも高時治世の初期、正和五（一三一六）年ごろには、父より得宗家執事職を継承していたと推定される。これは、確認される高資発給の最初の得宗家公文所発給文書が同年閏十月十八日付（表5―29）であることによる。(73)『間記』にも「爰ニ高時管領長崎入道老耄ニ依テ、子息長崎左衛門尉高資ニ彼ノ管領ヲ申付」とある。高綱は前述のごとく、貞時政権末期には出家しており、このとき、侍所所司を子息に譲ったと考えられるので、執事譲与によって、高綱自身の就任職は寄合衆のみとなったことになる。そこでここでは、就任役職によってその活動を知りうる高資について考察することにする。執事襲職後の高資の活動には目を見張るものがある。

1　得宗家執事としての高資

まず、得宗家執事としての活動を、発給文書によってみてみよう（表2―19、表3―10～14、表5―29・32・33・36、表6―2・3）。執事奉書・執事書状は高資発給のものが計六通確認されるが、高時政権期には高資以外の者の発給になるものは現在確認されていない。史料が六通と少ないため、高資のみに執事奉書・執事書状の発給権が限定されていたとは断定できないが、少なくとも高資が執事奉書・執事書状の発給では主になっていたと判断されよう。また、高資を奉者の一人とする公文所奉書は四通確認されるが、このすべてが高資を最上位としており、第二位には諏訪・尾藤両氏のいずれかが位置している。得宗家公文所下知状二通も同様で最上位高資・第二位諏訪氏である。また、得宗領の年貢結解注進状二通に覆勘の署判をした四名の最上位も高資であり、うち一通では第二位に諏訪氏が署判を据えている（一〇四・一〇五頁参照）。

以上によって、理解される第一のことは、得宗家公文所における高資の卓越した地位である。得宗家執事はいってみれば、得宗家公文所の事務長であるから、この職が即座に公文所最高権力者の地位に直結するものとは断定できないが、『間記』・『太平記』に記された高資の権勢の基盤の一つが執事の職権にあったことは充分に考えられよう。第二に指摘できるのは、高時政権期には得宗家公文所職員内での序列の固定化である。上級職員と下級職員との格差が明確になっているとともに、上級職員内でも最上位の長崎氏とこれに次ぐ諏訪・尾藤両氏との間では格差がはっきりしている。得宗家公文所職員における序列が明確化し、上級職員内部では執事長崎氏の権限がとくに強化されて、これが高資の権勢の基盤になっていたと考えられる。得宗被官内部における家格の確立・固定化といえよう。

『間記』は、津軽安東氏の内紛に際し、高資が対立する安東氏両家双方から賄賂を受けて、判決を引き伸ばしたため、抗争は、ついに鎌倉政権への叛乱となったという有名な事例を載せている。これが事実であるかどうかは、傍証史料がないため即断しかねる。しかし、安東氏の乱ははじめ得宗家が鎮圧にあたっており(74)、津軽安東氏が得宗被官であったことは認められよう。とすれば、安東氏が訴訟を提出したのは得宗家公文所であったと考えられる。安東氏の乱の原因についての『間記』のエピソードは、高時期の得宗家公文所における高資の右記のような卓越した地位と強大な権限から発生したものと考えられる。

2　幕府吏僚としての高資

高資は幕府においても公的な地位に就いていたことが確認される。長崎氏は高時政権以前から幕政に大きな権力をふるっていたことはこれまで述べてきたごとくであるが、長崎氏が幕府において公的に就いていたのは寄合衆と侍所所司であり、長崎氏の幕政への介入はこの二職および得宗近臣としての地位によるものであった。これに対し、高資はそれまで長崎氏をはじめとする得宗被官が決して就任することのなかった評定衆になっているのである。これが確認されるのは、嘉暦元（一三二六）年三月十六日の評定を記す金沢貞顕（当時執権）の書状（『金文』三七四）である。それによると、このときの評定出席者は、

〔東　座〕金沢貞顕（執権）・大仏維貞・中務権少輔某・摂津親鑒・二階堂行貞（政所執事）・長崎高資

〔西　　座〕赤橋守時（一番引付頭人）・大仏貞直（四番引付頭人）・名越高家・塩田藤時・安達高景・後藤某
〔評定目録並硯役〕太田貞連（問注所執事）
〔孔　子　役〕布施某
〔参　否　役〕安東貞忠

合計一五人である。太田貞連までの一三名が評定衆と考えられるが、引付頭人で出席していないものが確認されるから、これが当時の評定衆の総員ではない。佐藤進一氏は高資を評定奉行としており（佐藤氏「職員表」同年条）、正式の評定衆とはみていないようであるが、網野善彦氏は評定衆正員と判断している(75)。高資は東座五人の末席に記されており、同じ得宗被官でも参否役の安東貞忠とは扱いが異なる。この記述からは高資は評定衆正員としか考えられないのではないか。普段から筆まめで非常に詳細な手紙を書き、この書状でも遅刻した名越高家にはわざわざ「遅参」と注記を入れるような金沢貞顕であるから、高資の評定出席が特例や臨時のものであったり、出席資格が奉行であれば、その旨記載があるはずである。『太平記』巻二「長崎新左衛門尉意見事付阿新殿事」には、元弘の変に際し高時が招集した「宗徒ノ一門幷頭人・評定衆」の会議で、高資が二階堂貞藤と激論を交わす場面があるが、これも高資が評定衆であったことの傍証になるのではないだろうか。高資はそれまでの長崎氏・得宗被官の先例を越えて評定衆となっていたことがわかる。長崎氏は高時政権に至り、ついに得宗被官という出身身分を越え、外様御家人と公的にも同等の存在となったのである。

では、貞時政権末期に高綱から侍所所司を継承したのは、誰であろうか。高時政権期における侍所所司は、その最末期にあたる元弘三（一三三三）年において長崎高貞の在職が確認されるのみである(76)。この高貞は『系図纂要』（系図17－①）によれば、高綱の長子で高資には兄にあたる。高貞がいつからその職にあったかは、推測する以外にない。だが、長崎氏にあっては、侍所所司は出家による子息への譲与が基本であったから、貞時政権末期に高綱が出家したとき、所司を譲られたのは高貞であり、彼はそのまま鎌倉滅亡まで在職したのではないか。高綱の嫡子高資は、前述のごとく得宗家執事であるとともに、幕府においても評定衆以下の役職を務めており、高資が一時にしろ侍所所司を兼ねていた可能性は低いのではないだろうか。つまり、高時政権期には、長崎氏においては、得宗家執事を高資、侍所所司を高貞がおのおの務め、彼らの父である高綱は二人に擁される形で寄合衆を務めていたことになる。

第六節　長崎氏の経済基盤

表19は管見に入った長崎氏の所領をまとめたものである。貧弱なものであるが、本章の締めくくりとして、これを中心に長崎氏の経済基盤について一言してみたい。表19－11・13等をみればわかるとおり、長崎氏の所領の大半は得宗領であったと考えられる。もともと北条氏の郎従であった長崎氏としては、これは当然のことであろう。そして11の加賀国大野庄は、長崎高資に給付される以前は「円心」なる人物[77]が地頭代を務めており、得宗領は得宗の恣意によって得宗被官の間を盥回にされる傾向が強かったようである。長崎氏の所領在地との結び付きは非常に希薄であったと判断さ

史　　　料
建長元(1249).6.28(26？)「木島郷土生度田数注文案」(『久米田寺文書』)
建武2(1335).9.2『御鎮座伝記紙背文書』
『増訂豆州志稿』
義堂周信『空華老師日用工夫略集』応安8(1375).2.26条
(推定)治承元(1177)「香取社遷宮用途注進状」(『香取社旧大禰宜家文書』)*
正安3(1301).3.3「関東下知状」(『鹿島神宮文書』)
「長崎思元代良信申状」「相馬一族闕所地置文案」(『相馬文書』)
元亨元(1321)「相馬重胤申状案」等(『相馬文書』)
『勘仲記』正応2(1289).2.26条
『若狭国守護職次第』(『類従』「補任部」)
貞和2(1346).⑨.19「足利直義下知状」『天龍寺文書』
建治2(1276).3.9「周防国司下文案」(『上司文書』)
文保2(1318).7.5「北条高時書下」(『詫間文書』)

れる。しかも、長崎氏所領は全国的規模で散らばっており、長崎氏の所領経営は基本的に代官支配に拠っていたと判断される。『鏡』で活動が確認される長崎光盛（平左衛門四郎）や得宗家執事であった平盛時・平頼綱・長崎高資の鎌倉在住は明白であるが、表19に現れている領主の中でも以下の者は鎌倉在住が確認される。

飯沼資宗　正応二（一二八九）年九・十月、新将軍久明親王を迎えに上洛(78)。
正応五（一二九二）年四月、賀茂祭供奉のため上洛（『実躬卿記』同年四月二十三日条）。
永仁元年四月、平禅門の乱で滅亡（『実躬卿記』同年四月二十六日条）。

長崎泰光　元弘元（一三三一）年五月五日、南条宗直とともに使節として上洛(79)。
元弘三年、上野守護代在任（『梅松論』）。

長崎思元　正中二（一三二五）年十一月、北条

表19　長崎氏の所領

No.	国名	郡名	地名	内容
1	和泉	和泉	木嶋郷土生度	平盛綱の代官沙弥阿念が田数を注進。
2	伊勢	三重	大連名内柴田・深瀬村	長崎泰光所領。
3	伊豆	田方	長崎	長崎氏根本私領。
4	伊豆	田方	熱海郷内某村	平頼綱，居館を建つも，土中に陥没との伝説あり。ゆえに「平左衛門地獄」と呼ばれる。
5	下総	豊田	豊田荘加納飯沼	飯沼資宗所領カ。
6	常陸	佐都東	大窪郷	新平三郎左衛門尉盛貞所領。平禅門の乱で没収。
7	陸奥	行方	大田村土貢60貫文 吉名村土貢40貫文	長崎思元，拝領。
8			高村(自高河北)田在家三分一	長崎思元，相馬氏より横領。
9	若狭	三方	犬丸名	平頼綱所領。
10	若狭	遠敷	西津庄	平盛綱，代官となる。
11	加賀	加賀	大野庄	長崎高資，「円心」に替わって得宗地頭代に任命される。
12	周防	佐波	得地保内伊賀地村	村内西方寺に平盛時・長崎光盛が祭られる。
13	肥後	葦北	葦北庄佐敷・久多米木両浦	長崎宗行，葛西殿のときの例に任せ，高時より安堵される。

註(1)　＊今井雅晴氏「平頼綱とその周辺の信仰」（『仏教史学研究』34－2，1991年）参照。
(2)　○付数字は閏月を示す。

邦時の乳母夫に就任（『金文』三六八「金沢貞顕書状」）。

元弘三年三月二十二日、子息為基とともに鎌倉で新田軍と交戦。[80]

つまり、表19の領主の大部分は鎌倉に在住したことが確認されるのである。実際、長崎高資は加賀国大野庄に代官支配を行っており（表19）、長崎思元が相馬氏から押領して争論となった陸奥国高村について、思元はその訴訟まで代官に任せている（「長崎思元代良信申状」〈『相馬文書』〉）。代官支配に頼っていたのは、守護代についても同様で、平頼綱は上野に「従人」を派遣しており（『諏訪大明神絵詞』〈『続類従』「神祇部」〉）、長崎高綱も鎌倉にありながら武蔵守護代として留守所に指示を出していた。[81] 以上のことからも、長崎氏の所領在地との結び付きはやはり非常に希薄であったと判断される。また、長崎思元が相馬氏から没収された所領を拝領していること、霜月騒動で安達氏から得宗の手に帰した上野の守護代に平頼綱や長崎泰光が就任していることは、長崎氏の所領獲得が鎌倉政権の闕所処分権に依存していたことを示している。全国に散在する多数の所領を長崎氏が代官支配によって経営しえたのは、彼らが鎌倉政権中枢に地位を得ていたからこそである。

長崎氏が貞時十三年忌に際し支出した財物は、長崎高綱＝銭三〇〇貫・馬一頭（進物）・銭三〇貫（一品経調進）、長崎高資＝金五〇両・大刀一腰・馬一頭（進物）、長崎思元＝銀剣一腰・馬一頭（進物）、長崎下野権守入道＝銭一〇〇貫（進物）、合計＝銭四三〇貫・金五〇両・大刀一腰・銀剣一腰・馬一二頭（『貞時供養記』）。さらに高綱は仏事一日を勤行している。この莫大な財物の拠出を可能にした長崎氏の経済基盤は、長崎氏が鎌倉政権（幕府および得宗家家政機関）中枢に世襲によって築いたその政治的地位にあったのであり、本来は伊豆の在地領主北条氏の郎従に過ぎなかった長崎氏にとっては、これのみがその経済力を支えていたのである。長崎氏は所領の獲得・経営・維持のすべて、つまり経済基盤のすべてを、鎌倉政権の政治機構に依存する鎌倉政権の政治的特権層であったということができる。

ま　と　め――鎌倉後期における長崎氏の権力基盤

高時政権期の長崎氏は、確かに得宗家執事として得宗被官のトップにあった。その職権は得宗家公文所の実務を掌握しており、得宗家の家政に大きな権限を有する立場にあった。しかし、長崎氏に次ぐ存在として諏訪・尾藤両氏があり、その周囲には彼ら執事三家に準じる特権的な家々が存在した。いわば、得宗家の家政はこれら特権的家格を有する家々の合議によって運営されていたのであり、長崎氏はその代表者といった立場にあったといえよう。同様のことは、寄合における長崎氏の立場にも指摘することができる。長崎氏は安達氏とともに寄合の指導的地位にあるとはいえ、結局は数名から一〇名前後の寄合構成員の一人である。寄合構成員の中には、執権・連署をはじめとする本来主筋にあたる北条氏一門もいるのだから、長崎氏が他者に対し、寄合の場で極端に高い地位につくことは、本来できないはずである。結局、長崎氏の鎌倉政権における独自性は幕府侍所の所司を世襲していたという一点に尽きる。しかし、同職は幕府の軍事・警察権を握る地位ではあるものの、職制上では別当たる執権の次官に過ぎず、まして、この職のみで幕府の実権を握ることができるものではない。長崎氏がほぼ世襲した得宗家執事・寄合衆・侍所所司の三職はいずれも重要な地位ではあるものの、どれ一つをとってもそれのみでは鎌倉政権の実権を握ることはできないのである。

では、長崎氏の権力基盤とはなにか。それは三つの職が長崎氏に集中されたという事実に求められるのではないだろうか。三職を独占した長崎氏は、幕府の軍事・警察権と得宗家家政の財政・行政・司法権を一家で掌握し、これを背景として寄合に臨んだのである。幕府の軍事と得宗家の管理の実権を握る長崎氏の発言が寄合において大きな影響力を持ったであろうことは想像に難くない。三職の独占によって、長崎氏は寄合においても得宗家公文所においても、そして幕府侍所においても、おのおの機関にあって本来与えられている職権以上の権力を行使しえたのである。侍所所司も得宗家執事も子息に譲ってしまい、寄合衆の一人に過ぎなかったはずの長崎高綱がその就いている役職の職権をはるかに越えた権力を行使しえた原因はここにこそ求められるであろう。かくて、長崎氏は鎌倉政権を掌にする権力をふるうこととなったのである。しかし、表面的には、寄合においても得宗家公文所においても、長崎氏は集団指導体制の中の一人に過ぎないという形をとっていた。集団指導の一員という長崎氏の表面上の立場は、長崎氏の真の権力を韜晦する結果となったことであろう。長崎氏の権力は鵺的とも表現し得るような、正体のきわめて摑み難いものであったのである。だが、客観的にみれば、長崎氏が鎌倉政権を左右する権勢の家であったことは明白な事実であり、それは王朝の貴族たちにも認識されたものであった。

では、ここで今一歩踏み込んで、鎌倉末期において長崎氏は何故、得宗家執事・侍所所司、そして寄合衆の職に就きえたのであろうか、と問うてみたい。長崎氏は永仁元（一二九三）年の平禅門の乱でその嫡流平氏が滅亡し、庶流光盛流が鎌倉政権における地位を引き継いだのであり、しかも貞時政権の数年間、平禅門の乱以前の地位を一度失っている。これが貞時政権末期の嘉元三年以降復活を遂げ、高時政権において第二の全盛期を現出したのである。何故、長崎氏は復権を遂げえたのか。それは得宗家執事・侍所所司・寄合衆の職が長崎氏の世襲職であるという認識が末期鎌倉政権に存在したからではないだろうか。得宗外戚安達氏が霜月騒動での滅亡後、ふたたび外戚の地位を取り戻しえたのと同様に、当時の鎌倉政権に存在した家業・家格の尊重、先例重視という風潮が長崎氏復権の原因なのではないだろうか。得宗高時の官職歴は祖父時宗のそれとほとんど一致している。(82) 高時政権には時宗政権の先例を重視し、これに従って行こうとする傾向があったのではないか。それゆえに、得宗外戚は安達氏でなければならず、同様に得宗家執事・幕府侍所所司は長崎氏でなければならず、両氏は得宗のもとで鎌倉政権を支える支柱たらねばならなかったのではないだろうか。つまり、長崎氏の真の権力基盤は長崎氏が始祖平盛綱以来一〇〇年にわたって鎌倉政権に築いてきた家業と家格にあったのである。

註

（1）高梨みどり氏「得宗被官長崎氏の専権」（『歴史教育』八－七、一九六〇年）・北村美智子氏「得宗被官長崎高資の活動とその政治意識について(上)」（『日本史攷究』一八、一九七一年）・安田元久氏「平頼綱と長崎高資」（『鎌倉幕府－その政権を担った人々－』新人物往来社、一九七九年）等。

（2）本書第一部第三章註(23)参照。

（3）安田氏註(1)前掲書二八六頁等。渡辺晴美氏「得宗被官平氏および長崎氏の世系について」（『政治経済史学』一一五、一九七五年）・森幸夫氏「北条侍所」は、山川説を継承した数少ない業績である。

（4）一〇六・一〇七・一〇九頁参照。文暦元（一二三四）年以前は原＝執事。

（5）註(4)参照。

（6）註(4)参照。

（7）「寄合関係基本史料」2。

（8）森氏「北条侍所」二七八～二八〇頁。

（9）『系図纂要』（系図17「長崎系図②」）は「頼盛」について「飯沼判官、安木守《ママ》、与父昕殺」とし、これは『間記』の資宗の記事と一致し、『系図纂要』の頼盛と『間記』の資宗が同一人たること疑いの余地はない。

（10）『豆州志稿』は寛政十二（一八〇〇）年秋山富南によって編纂され、明治に入って萩原正平・正夫によって増訂がなされ、明治二十八（一八九五）年に完成した。

（11）佐藤氏『訴訟制度』六九～七〇頁。黒田俊雄氏『蒙古襲来』（中央公論社『日本の歴史』八、一九六五年）四一八頁。網野善彦氏『蒙古襲来』（小学館『日本の歴史』一〇、一九七四年）三一〇頁。渡辺晴美氏註(3)前掲論文三九頁。奥富氏『北条一族』二三三～二三四頁。森氏「北条侍所」二八三～二八四頁。

（12）『三聖寺文書』。なおこの史料については佐藤進一氏『守護制度』「備中」条参照。

（13）平盛綱は建治年間より二五年以上を隔つ建長二年にはすでに卒去している（表9－32）。一方、平盛時は建治元年より一二年前の弘長三年には生存しており（表11－34）、このときの呼称は「平左衛門入道」である（表11－34・表12－66）。「六条注文」にみえる「平左衛門入道」は時期的にみて盛時に比定すべきであろう。

（14）山川氏前掲書二〇一・二〇二頁。

（15）正安三（一三〇一）年三月三日付「関東下知状」（『鹿島神宮文書』）によれば、常陸国佐都東郡大窪郷が「新平三郎左衛門尉盛貞」なる人物の所領で、平禅門の乱によって収公されていることがわかる。その名乗りと平禅門の乱で所領を没収されていることから、盛貞は長崎氏嫡流平氏の人であったと考えられるが、この人の系譜は今のところ不明である。なお、以上の長崎氏系図についての考証は、一九八八年『日本歴史』四七九に発表した拙稿「内管領長崎氏の基礎的研究」を改訂増補したものである。森幸夫氏「北条侍所」は拙稿とほぼ同時期に発表されたもので、森氏は「北条侍所」の中で長崎氏系図について検討し、平頼綱と長崎光綱を兄弟とした。その後、森氏は一九九八年に「平・長崎氏の系譜」（安田元久氏編『吾妻鏡人名総覧』吉川弘文館）を発表した。この中で森氏は本論に掲げた「周防国司下文案」にみえる「故長崎殿」については「詳細は不明である」とし、光盛については「確かな史料に見出せず」として、私の説については「従い難い」と結論して、「北条侍所」と同じく頼綱・光綱を兄弟としている。私としては本論に述べたごとく「周防国司下文案」・『系図纂要』・『増訂豆州志稿』を総合的に判断して本論のごとき系譜を主張するものである。

（16）タイプAの代表的史料は『分脈』であり、ほかに『尊卑分脈脱漏』「平氏系図」（『続類従』「系図部」）・『織田系図』（『続類従』「系図部」。ただし、盛綱を「従四位下。侍従。播磨守」とする）・『本朝武家大系図』（国立国会図書館所蔵）等がある。正宗寺本『諸家系図』（『東大謄写』）は「助（資）盛新三位中将 同小（ママ）将 資綱長崎先祖」と記しており、これもタイプAのバリエーションの一つと考えられる。このタイプは『分脈』に記載があるため、信憑性が高そうだが、盛綱の部分がのちの書入れである可能性は否定できない。ちなみに『分脈』と近い関係にあると考えられる東京大学史料編纂所所蔵『古系図』の平氏系図には資盛の子は一人も記されていない（もっともこれには盛綱の従兄弟にあたることになる維盛の子六代も記載されていない）。また、『前田本平氏系図』には六代の記載はあるが資盛の子は記されていない。

（17）タイプBに含まれる史料は『勢州軍記』・『家伝史料』「関家筋目」・『系図綜覧』「清盛流系図」・『伊勢国司伝記』（『史籍集覧』）・『藩翰譜』「関」条等がある。また、『姓氏分脈』「平氏正統」（『東大写真』）は資盛の子に盛国・盛時を載せ、盛時について「長崎左衛門尉。長崎祖。一為盛国子」と記している。これもタイプBのバリエーションの一つであろう。さらに『系図纂要』（系図17「長崎系図①」）は、盛国と盛綱の間にもう一代国房を入れるが、やはりタイプBのバリエーションの一つと考えられる。

（18）益田宗氏「保暦間記の文献批判学的研究」（『日本学士院紀要』一六―三、一九五八年）によれば、同書は康永三（一三四四）年から延文元（一三五六）年の間の成立と推定されている。

(19)『国史大辞典』「太平記」。

(20)西源院本・神田本等の古本および『参考太平記』を参照。

(21)私は平資盛後胤説、つまり平資盛の子盛国の存在を否定する。だが、それは『系図纂要』で平盛綱の父とされている平盛国の存在まで否定するものではない。盛綱の父に平盛国なる人物が実在し、これに平資盛後胤という伝説が生まれた（または捏造された）可能性はあると思われる。また、『本朝武家評林大系図』二（この系図は盛綱以下については『系図纂要』とほとんど一致する）は盛綱の父を源頼朝の側近官僚平盛時とし、『佐渡風土記校本』はこれを引用しているが、民部丞であった盛時について「平左衛門尉《ママ》入道」と記し、法名も「盛阿」として明らかに盛綱と混同している。そして本書一二九〜一三二頁の考証のごとく、平盛綱の嫡子は盛時であり、頼朝の側近盛時を盛綱の父とした場合、祖父と孫が同名ということになってしまう。よってこの説は信憑性は低いと思われる。さらに、江戸末期成立の系図集『各家系譜』（国立国会図書館所蔵）八「杉家譜」は、民部丞平盛時を平維衡の孫（正度の子）維盛の系統として、やはり盛綱をその子としており、宝賀寿男氏編『古代氏族系譜集成』上（古代氏族研究会、一九八六年）はこの系譜を支持して、『系図纂要』・『家伝史料』等と合わせ、独自の長崎氏系図を提示している（一一七頁）が、『本朝武家評林大系図』同様、信憑性は低い。なお、森幸夫氏は「平・長崎氏の系譜」（註(15)参照）において、拙稿「内管領長崎氏の基礎的研究」（註(15)参照）を批判し、長崎氏を「資盛流の可能性があると思う」としている。森氏は「平資盛遺児（盛綱もしくはその父祖）」が北条氏の庇護下に成長し、御家人に列したものが長崎氏の祖であるとする。その主張の根拠の一つとして鶴岡八幡宮供僧には平家一門出身者が多く、このうち七名が北条時政・義時の推挙を受けて供僧となったことを掲げている。しかし、『鶴岡八幡宮寺供僧次第』等にみえる平家出身者は全員が僧侶となっているのである。これを御家人に列した者があった可能性を論じる根拠とできるのであろうか。平家一門で鎌倉政権と関係を持った事例で最も著名なのは清盛の異母弟池頼盛の系統であるが、こちらはあくまでも廷臣として活動している（湯山学氏「関東祗候の廷臣―宮将軍家近臣層に関する覚書―」〈『南関東中世史論集一・相模国の中世史』上、一九八八年〉三二頁）。また、本書一四三頁に述べたごとく、平維盛の嫡子六代は僧侶になっていたにもかかわらず処刑されてしまった。むしろ、これらの事例は鎌倉政権および北条氏が、平家一門については廷臣として活動する者以外は僧侶とすること（武門としての平家一門の否定あるいは根絶）を基本方針としていたことを示しているのではないか。平家一門、わけても清盛の曾孫のような嫡流の近親者が御家人に列した事例が果たしてあるのであろうか。長崎氏の始祖についていえば、本書に述べたごとく、平資盛後胤説は否定されるべきではないかと考える。

(22)　奥富氏『北条一族』二〇〜二二頁。

(23)　杉橋隆夫氏「北条時政と政子―その出身と心操―」(『歴史公論』五―三)・安田元久氏『北条義時』(吉川弘文館『人物叢書』一九六一年)、等。

(24)　「主達」はもう一度『鏡』に登場している。すなわち宝治元(一二四七)年五月二十七日条に「俄退彼館(三浦泰村)、令還本所給。主達一人号五郎四郎、僅持御太刀御供云々」とあり、宝治合戦直前の同日、妹(将軍頼嗣室)の服喪のため三浦泰村邸に渡御していた北条時頼は三浦邸の不穏な動きを察知して密に自邸に帰ったのである。このとき、時頼を警護していたのは「五郎四郎」という「主達」一人であった。一触即発の状況下に三浦邸に宿泊した時頼にただ一人付き従っていたのが「主達」であったことは、時頼期に至るも「主達」が北条氏得宗家の最も信頼する被官の中核であったことを示している。なお、森幸夫氏は「平・長崎氏の系譜」(註(15)参照)において、本史料にみえる「五郎四郎」をその名乗りから「無位無官の凡下身分であったことが明白」と述べ、「左衛門尉に任官した侍身分の盛綱を主達出身者と考えることは困難である」として、私の長崎氏主達出身説を批判している。だが、まず無位無官であることが何故に「五郎四郎」が凡下身分であることの証左になるのか。御家人にも無位無官の者は少なくない。そもそも北条時政が幕府成立以前は無位無官である。さらに同じ「主達」でも、その内部には格差があったはずである。よって、この史料をもって長崎氏の主達出身説を否定することはできないように思われる。森氏は長崎氏が御家人役を勤仕している事実を長崎氏が主達出身者でないことの、もう一つの根拠としているが、森氏自身がそれまで御家人でなかった者でも「実朝死後においては、主人である執権義時の後押しがあれば、御家人となり得る状況であったと考えられる」と述べている。これは平家一門出身者について述べたもので、「平家一門出身者ならば、身分的にも御家人に加わるのに問題はなかったと思われる」と森氏は記しているが、実朝没後には御家人でなかった者でも義時の後押しがあれば御家人となりえたはずだという森氏の論理は、北条氏の根本被官＝主達(私はこれを武士身分であったと考える)にも適用できるのではないだろうか。

(25)　奥富氏『基礎的研究』一八・一九頁。

(26)　奥富氏『基礎的研究』一六頁・奥富氏『北条一族』一六〜二〇頁。

(27)　奥富氏『基礎的研究』二一五・二一六頁。

(28)　奥富氏『基礎的研究』一三〜一七頁・奥富氏『北条一族』二三〜二六頁。

(29)　忠家のこれ以外の『鏡』登場は承久元年正月二十七日条・同三年五月二十五日条・同年六月十四日条・同年六月十八日条。

(30)　奥富氏『基礎的研究』一一八頁。

(31) 「北条侍所」二七七頁。
(32) 「北条侍所」二九八頁の註（6）。
(33) 二二五・二二六頁参照。
(34) 「北条侍所」二七六頁。
(35) 『武蔵野』五二－二、一九七四年。
(36) 『白山史学』二六、一九九〇年。
(37) 註(36)前掲論文二〇頁。
(38) 『鏡』元暦元年二月二十一日条。
(39) 註(38)参照。
(40) 重見一行氏が「教行信証正応四年出版に関する書誌学的考証」（『国語国文』四三－四、一九七四年）で紹介した正応四年出版の中山寺本『教行信証』出版奥書には「当副将軍相州太守(北条貞時)平朝臣乳父平左金吾禅門(頼綱)法名杲円」とあり、平頼綱が北条貞時の乳母夫であったことがわかる。また、『親玄僧正日記』正応六年四月二十二日条の平禅門の乱の記事に「太守(北条貞時)女子二人同死去了」とあり、当時、平頼綱邸で貞時の娘二人が養育されており、乱の犠牲になったことがわかる。
(41) 『金文』三六八「金沢貞顕書状」に「御乳母ふかさわ殿(長崎思元)三郎左衛門入道妻」とあり、正中二年十一月二十二日に生まれた高時の嫡子邦時の乳母の一人に長崎思元の妻が選ばれたことがわかる。
(42) 佐藤氏「専制化」七二頁。奥富氏『基礎的研究』一三一～一三八頁。
(43) 奥富氏『基礎的研究』一四一頁。
(44) 佐藤氏「専制化」六七・六八頁。奥富氏『基礎的研究』三一～三八頁。
(45) 表9－1。『承久記』下「宇治橋合戦の事」・「芝田・佐々木、先陣争いの事」は承久の乱当時、盛綱が侍所所司であったとするが、ほかにこれを裏付ける史料はない（森幸夫氏「北条侍所」二七七頁）。
(46) 『小早川家文書』所収（貞応二年）三月十二日付「平盛綱請文写」・「安芸国都宇・竹原幷生口島荘官罪科注進状写」・仁治元年閏十月十八日付「安芸国巡検使平盛綱書状写」。
(47) 佐藤氏は『守護制度』「伊勢」の註(1)（三五頁）で、『大日本史料』五－六所収の『民経記』同日条にみえる「当国守護所左衛門尉忠家」が安東忠家にあたる可能性を指摘している。佐藤氏の指摘のごとく、『民経記』の忠家は安東忠家に比定されるであろう。また『鏡』元仁元年六月二十八日条・嘉禄二年十月十二日条で、尾藤景綱・平盛綱等とともに泰時の側近として活動している「安東左衛門尉」を佐藤氏は同書で忠家と推定しているが、これを『吾妻鏡人名索引』では承久三年六月二十四日以降弘長三年十一月二十日まで活動が確認される安東光成に比定している。忠家は右の『民経記』の記事によれば、伊勢に在国していたようなので、鎌倉で活動している「安東左衛門尉」は光成なのではないだろうか。

(48) 安東忠家が得宗側近として活動したのは承久元年までで、その後、承久の乱までは駿河に在国したことは前述のごとくであり、承久の乱後は伊勢守護代在職が確認されるのみで、鎌倉では活動が確認されない（註(47)参照）。これに対し、平盛綱の『鏡』初見は承久三年であり、以降盛綱の得宗側近としての活動が始まる。盛綱は承久年間を境に忠家の得宗側近としての地位を引き継いだと判断される。

(49) 一〇六・一〇七頁参照。

(50) 一〇七頁参照。

(51) 『基礎的研究』一七七頁。

(52) 渡辺氏「得宗専制体制の成立過程（Ⅰ）」（『政治経済史学』一二五、一九七六年）四頁。

(53) 奥富氏『基礎的研究』一七四頁。

(54) （文永八年）九月十四日付「平頼綱書状案」（『元祖化導記』）。森幸夫氏「北条侍所」二七八頁。なお、森氏は本論に掲げた弘長二年の注進状と文永四（一二六七）年五月三十日付の六波羅探題常葉時茂・北条時輔連署注進状（神宮文庫所蔵『山中文書』）の宛名「平三郎左衛門尉殿」を共に平盛時に比定している（同氏「北条侍所」二七八頁の表Ⅰ）が、その根拠を示してはいない。

(55) こちらは通称から諏訪盛重に比定されるが、盛重は『新抄』文永四（一二六七）年四月二十七日条に「関東諏方（訪）兵衛入道去比死去云々」とあるによって、「六条注文」の八年前に卒去したことがわかる。

(56) 註(13)参照。

(57) 森幸夫氏「北条侍所」二七八～二八〇頁。

(58) 註(12)参照。

(59) 表3－4。これ以前の執事書状は四〇年以上前に三通が確認されるのみで、これ以降の一一通が鎌倉後期に集中している（九二～九四頁参照）。

(60) 『とはすかたり』巻四。「平左衛門（頼綱）入道と申す者が嫡子平二郎（宗綱）左衛門が、将軍の侍所の所司とて参りしありさま」とある。

(61)　長崎円喜の俗名が「高綱」である可能性は実はほとんどない。というのは、高綱の「高」は当然得宗高時の偏諱と考えられるが、高時の元服は延慶二年正月二十一日であり、円喜は同年四月十日付とされる「金沢貞顕書状」(『寄合関係基本史料』25参照)に「長入道」とあって、高時元服の三カ月後には出家していたことが確認されるからである。円喜は高時元服以前は別の俗名を称していたはずであり、円喜が「高綱」を名乗ったのは高時元服後の三カ月間だけということになるが、あまり現実的な想定ではないであろう。だが、円喜の本当の俗名が不明であることから、本論では便宜的に通説の「高綱」を使用しておく。

(62)　『花園天皇宸記』元亨四(一三二四)年十月三十日条裏書。

(63)　『花園天皇宸記』正中二(一三二五)年閏正月七日条裏書。

(64)　村井康彦氏「金沢貞顕の涙―得宗専制の一断面―」(『日本史研究』七六、一九六五年)参照。

(65)　森幸夫氏「北条侍所」二七八〜二八〇頁。

(66)　日蓮『種種御振舞御書』。日蓮は文永十一年三月赦免されて鎌倉に入り、四月八日頼綱と対面している。

(67)　光綱は同年八月五日に卒去(『鶴岡社務記録』同日条)。

(68)　弘安二(一二七九)年九月に発生した鎌倉期日蓮宗弾圧として著名な熱原法難を伝える『弟子分帳』に「飯沼判官十三歳」とあり、飯沼資宗が弘安二年十三歳であったことがわかる。よって永仁元(一二九三)年には資宗は二十七歳であった。

(69)　徳治三年正月二十六日付(『秩父神社文書』)。この文書には本論引用部分の後に、

一、自御内長崎殿へノ勘料書下一通徳治二七五日

一、自長崎殿留守所へノ書下一通徳治二十二月七日

一、自留守所宮本へノ書下一通徳治二年十二月廿二日

一、自長崎殿留守所へノ書下一通永仁二十二十八日

とある。時期的に永仁の「長崎殿」は光綱、徳治の「長崎殿」は高綱に比定される(佐藤進一氏『守護制度』「武蔵」参照)。

(70)　「山下政所文書目録」の本論引用部分の前に、

一、西明寺殿(北条時頼)御下知一通建長元諏訪殿宮本へ状一通二紙続候

一、秩父社造営木作始日時勘文一通徳治二十二十

一、自諏訪殿留(「守」脱)所へノ書下一通宝治二三三日

とある。建長元(一二四九)年と宝治二(一二四八)年の「諏訪殿」は時期的に諏訪盛重に比定されるが、当時の得宗家執事は平

盛綱（一〇九頁参照）である。よって、盛重は得宗家執事ではなく武蔵守護代として秩父社に文書を発給したものと考えられる。また、長崎高綱が秩父社に書下を発給した正安四（一三〇二）年の得宗家執事は不明であが、前年三月までは工藤杲暁が在職しており、嘉元元（一三〇三）年六月以前に平宗綱が在職した徴証がある（六二頁参照）。よって、高綱の書下発給を執事としての職務とすると、高綱は正安三年三月から嘉元元年六月までの二年三カ月以内に執事に就任し辞職したことになる。その可能性も否定できないが、諏訪盛重の例からしても、高綱の書下発給は執事ではなく、武蔵守護代としての職務と考えた方がよいと思う。

(71)『金文』五二五二。本文書は、関米運取等の狼藉事件に対する極楽寺行者随縁法住等の訴えを問注所が執事太田時連・奉行人明石行宗の連署奉書で移送することを「長崎左衛門尉殿」に伝えたものである。これを佐藤進一氏は得宗家法廷への移送とし（佐藤氏「職員表」徳治二年条）、森幸夫氏は侍所への移送とする（森氏「北条侍所」二八一頁）。訴状の案件が強盗事件であることから、森氏の意見を支持すべきであろう。よって、森氏の推定のごとく、この「長崎左衛門尉殿」＝長崎高綱は侍所所司ということになる。

(72) 本史料は得宗貞時への諫奏を内容とした披露状であり、よって宛名「長崎左衛門尉殿」＝長崎高綱は当時、得宗家執事であったことになる。

(73) この六年前の延慶三（一三一〇）年三月八日付得宗家公文所奉書（表5－24）の奉者五人の第一位「資□」が高資であった可能性がある。この文書は若狭国内の寺社に「異国降伏御祈事」を命じる関東御教書を施行したものである。若狭は得宗分国（佐藤氏『守護制度』「駿河」・「若狭」参照）であり、宛名の工藤氏は鎌倉後期に若狭守護代を複数出した得宗被官である（『若狭国守護代記』〈『東大写真』〉）から、本文書は明らかに得宗家公文所奉書である。そして、「資□」に次ぐ奉者第二位「時綱」は尾藤時綱と推定される（本書第一部第六章註(11)参照）。尾藤時綱は正和五年閏十月十八日付公文所奉書（表5－29）でも高資に次ぐ奉者第二位を務めている。よって「資□」は公文所奉書において尾藤時綱の上位として奉者第一位を務めるというのちの高資と同様の役割を果たしていたことになる。そして高資の「高」はいうまでもなく得宗高時の偏諱であるが、高時の元服は註(61)にも述べたごとく延慶二年正月二十一日であるから、高資はこの日以前は別名を名乗っており、これ以後のある時期に高時の偏諱を受けて改名したはずである。とすると高時元服の一年二カ月後の発給である公文所奉書で奉者第一位となった「資□」は改名以前の高資であったと考えることもできよう。この推定が正しければ、高資が父高綱から得宗家執事を継承した時期は貞時政権末期の延慶三年三月以前まで溯ることになる。ところが、東大史料所蔵の『明通寺文書』影写本・写真帳には、関連の同年二月二十九日付貞時宛「関東御教書案」と同年四月八日付明通寺院主宛「若狭守護所遵行状」は収録されており、建武元（一三三四）年十二月付「明通寺衆徒等申状」の副進文書目録にも「一巻　関東御教書併公文所御施行等案」とあって、この「公文所御施行」が本文書にあたることは明らかであるにもかかわらず、肝心の本文書は見当たらない。現在各所に散在している『明通寺文書』をほとんど網羅していると考えられる『福井県史』「資料編」（「資料編9　中・近世七」に『明通寺文書』として一七八通、「資料編2　中世」に『布施美術館所蔵文書』として一通）にも本文書は収録されておらず、現在私はこの文書が一体どこにあるのか皆目見当がつかないので、本論に掲げることをしなかった。

(74)『鎌記裏書』嘉暦元（一三二六）年三月二十九日条に「工藤右衛門尉祐貞為蝦夷征罰進発」とあり、七月二十六日条には「祐貞虜季長《（安東）》帰参」とある。この工藤祐貞が得宗被官工藤氏の人であることは明らかであり、安東氏の乱は得宗家が鎮圧にあたったことになる。

(75) 網野氏『蒙古襲来』（小学館『日本の歴史』一〇、一九七四年）三八八頁。

(76)『楠木合戦注文』。森氏「北条侍所」二八一・二八二頁参照。

(77) 尾藤時綱の法名は「演心」であり（二〇一・二〇二頁）、「円心」と音が通じる。あるいは同人であろうか。

(78)『とはずがたり』巻四。『勘仲記』同年十月三・七・十日条。『増鏡』第一四「つげのなぐし」。

(79)『鎌記裏書』同日条。『太平記』巻一「資朝・俊基関東下向事付御告文事」。

(80)『太平記』巻一〇「鎌倉兵火事付長崎父子武勇事」。

(81) 一六七・一六八頁引用「山下政所文書目録」参照。

(82) 三〇八頁参照。

第五章　諏訪左衛門入道直性について

はじめに

諏訪（金刺）氏は周知のごとく信濃国諏訪神社の大祝家であり、古代以来同国有数の在地領主として存続した家である。戦国期に一時武田氏に滅ぼされたが、傍系によって再興され、近世には信濃高島藩主、近代には子爵となった。この諏訪氏は鎌倉時代には御家人となったが、鎌倉中・後期政治史においてはむしろ得宗被官、それも長崎氏・尾藤氏等と並ぶ得宗被官の最上層部に位置する家として著名である。泰時期から時頼期には得宗被官諏訪氏の初代である盛重（法名蓮仏）をはじめとする諏訪一族が得宗の近臣として活動していたことが『鏡』に記されており、続く時宗期には時宗側近であり寄合衆ともなった盛経（法名真性）のあったことが『建記』等によって確認される。また、鎌倉滅亡に際し、押し寄せる新田軍を鎌倉に迎え撃ったのは「高時の家人諏訪・長崎以下の輩」（『梅松論』）であり、当時の諏訪氏の中心人物であったと考えられる諏訪左衛門入道直性は得宗高時とともに東勝寺に自刃し、諏訪三郎盛高は高時の次男時行を奉じて信濃に逃れている。そして二年後の中先代の乱において時行の軍勢の中核を成したのも諏訪一族であった。

この得宗被官諏訪氏についての先行研究は意外に少なく、まとまったものとしては寶月圭吾氏による『諏訪史』第三巻「鎌倉時代」(1)、伊藤富雄氏「諏訪円忠の研究」(2)、山岸啓一郎氏「得宗被官に関する一考察―諏訪氏の動向について―」(3)、小林計一郎氏『信濃中世史考』(4)、小松寿治氏「得宗被官諏訪氏について―盛重の動向を中心に―」(5)等が挙げられる程度であろう。しかもその研究の中心となっているのは初代盛重・二代盛経の時期であり、鎌倉末期の直性については、その系譜も明確にされておらず、真性と同一人物とする見解もある。(6)そこで本章では、諏訪左衛門入道直性を中心に得宗被官諏訪氏について検討することにする。(7)

第一節　諏訪直性とは

まず、諏訪直性とはいかなる人物であったのか。彼の鎌倉政権における地位を象徴的に示すのは次に掲げる『太平記』の記事である。

去程ニ高重《(長崎)》走廻テ、「早々御自害候へ。高重先ヲ仕テ、手本ニ見セ進セ候ハン。」ト云儘ニ、胴計残タル鎧脱デ抛ステ、、御前ニ有ケル盃ヲ以テ、舎弟ノ新右衛門《(長崎)》ニ酌ヲ取セ、三度傾テ、摂津刑部太夫入道《(親鑒)》々準ガ前ニ置キ、「思指申ゾ。是ヲ肴ニシ給へ。」トテ左ノ小脇ニ刀ヲ突立テ、右ノ傍腹マデ切目長ク掻破テ、中ナル腸手繰出シテ道準ガ前ニゾ伏タリケル。道準盃ヲ取テ、「アハレ肴ヤ、何ナル下戸ナリ共此ヲノマヌ者非ジ。」ト戯テ、其盃ヲ半分計呑残テ、A諏訪入道ガ前ニ指置、同ク腹切テ死ニケリ。B諏訪入道直性、其盃ヲ以テ心閑ニ三度傾テ、相模入道殿《(北条高時)》ノ前ニ指置テ、「若者共随分芸ヲ尽シテ被振舞候ニ年老ナレバトテ争カ候ベキ、今ヨリ後ハ皆是ヲ送肴ニ仕ベシ。」トテ、腹十文字ニ掻切テ、其刀ヲ抜テ入道殿ノ前ニ指置タリ。

長文にして凄惨な引用となったが、鎌倉滅亡の様子を描く巻十「高時幷一門以下於東勝寺自害事」の冒頭部分である。以下、直性の屠腹に次いで長崎高綱が孫長崎新右衛門に殺害され、これをみた高時も自刃、高時の岳父安達時顕・北条氏一門の長老金沢貞顕等をはじめとする二八三人が一所に自害した様子が描かれている。この記事によって直性は鎌倉滅亡の段階で摂津親鑒・長崎高綱・安達時顕・金沢貞顕等とともに得宗高時の側近くにあった鎌倉政権の要人であったことが理解される。

ところで左記の引用は慶長八年古活字本を底本とする日本古典文学大系本に拠ったものであるが、『参考太平記』によるとA部分は毛利家本・北条家本・金勝院本・西源院本・南都本・天正本では「諏訪左衛門入道」、B部分は毛利家本および『神明鏡』[8]では「諏訪入道真性」となっているとされる。

そこでA・B部分の原型を確認するために『太平記』の古態をよく伝えるとされる古本の代表として西源院本・神田本の二冊について同部分を掲げると、

A部分＝西源院本：諏訪左衛門入道／神田本：諏訪左衛門入道・直性

B部分＝西源院本：諏訪入道直姓（性）／神田本：諏訪入道直性

となっており、A部分は「諏訪左衛門入道」、B部分は「諏訪入道直性」が原型であったと考えられる。つまり、B部分については毛利家本『太平記』・『神明鏡』の「真性」は誤記であり、高時等とともに自刃した諏訪氏の人物は「諏訪左衛門入道直性」という人であったことになる。

この直性はもう一度『太平記』に記載がある。同じく巻十の「亀寿殿（北条時行）令落信濃事付左近大夫（北条泰家）偽落奥州事」である。やはり、まず日本古典文学大系本によって該当部分をみると「爰ニ相模入道殿（北条高時）ノ舎弟四郎左近太夫入道（北条泰家）ノ方ニ候ケル諏方（訪）左馬助入道ガ子息、諏訪三郎盛高ハ、数度ノ戦ニ郎等皆討レヌ」となっているが、『参考太平記』によると、この「左馬助」は毛利家本・北条家本・金勝院本・西源院本・南都本では「左衛門」となっている。やはり西源院本と神田本で確認してみると、

西源院本：諏防（訪）左衛門入道／神田本：諏訪さへもん入道

神田本では平仮名で「さへもん」とあるのであり、慶長八年古活字本等流布本系統の「左馬助」は本来「左衛門」と

あったのが誤写されたものと考えられる。つまり「諏訪左衛門入道」直性には盛高という子息があり、盛高は高時の実弟泰家に仕えており、泰家の命を受けて高時の次男亀寿（時行）を奉じ信濃に逃れるのである。

直性は『太平記』以外でもその存在を確認することができる。すなわち一九頁に引用の『公衡公記』正和四（一三一五）年四月十六日条に記載された施薬院使丹波長周注進状である。同年三月八日の鎌倉大火についての報告であるが、その被災者の中に「諏方入道直性」[9]の名がみえる。被災者としてここに名を掲げられた人びとは当時の鎌倉政権の要人ばかりであるが、その中で得宗被官は長崎高綱・諏訪直性・尾藤時綱の三名であり、これは三人が当時の得宗被官の中心人物であり、鎌倉政界の要人でもあったことを示すものである。

また、元亨三（一三二三）年十月に挙行された得宗貞時の十三回忌の記録である『貞時供養記』にも「諏方（訪）左衛門入道」がみえ、彼は十月二十五日の一品経調進では徳行品に銭一〇貫、進物に銭一〇〇貫を支出している。通称および時期からこれは直性に比定してよいであろう。

以上の史料から末期鎌倉政権の中枢には「諏訪左衛門入道」と呼ばれた人物が存在し、『太平記』・『公衡公記』の記載から彼の法名は「直性」であったことがわかるのである。

第二節　直性の政治的地位

一　諏訪左衛門尉

では、直性は鎌倉政権でいかなる地位にあったのか。まず次の書状（『醍醐寺文書』二函）をご覧いただきたい。

（押紙）隆勝僧正譲補隆舜状

長日御祈事、就法流相承、以隆舜已講、令勤仕候。被召加御祈人数、被下御教書候者、可畏存候。以此旨、内ゝ申御沙汰候哉。恐〻謹言。

（押紙）正和三（一三一四）十月廿四日　　僧正隆勝（花押）

謹上　諏方（訪）左衛門入道殿

醍醐寺報恩院主隆勝による弟子隆舜の挙状である。隆舜の法流相承は、翌正和四年五月二十二日付の高時書状（『醍醐寺文書』二二函）によって承認される。隆勝挙状の宛名「諏方左衛門入道殿」を直性に比定することは、通称と時期から問題ないものと思う。つまり、直性は正和三年段階で得宗と諸方とを繋ぐ仲介役として得宗への披露状の宛名人とされているのである。ところが、同じく醍醐寺報恩院の法流相承についての徳治三（延慶元＝一三〇八）年四月十九日付の隆勝の師憲淳による隆勝の挙状（『醍醐寺文書』二二函）、翌延慶二年六月四日付隆勝書状（『醍醐寺文書』二二函）の宛名は「諏方（訪）左衛門尉殿」なのである。そしてこの憲淳挙状・隆勝書状にはおのおの得宗貞時の書状(10)が発給されている。徳治・延慶の「諏方左衛門尉殿」の役割は正和の「諏方左衛門入道殿」とまったく同じであり、「諏方左衛門尉殿」は「諏方左衛門入道殿」＝直性と同一人物と考えてよいであろう。直性は貞時政権末期から得宗宛披露状の宛名人となっていたのである。

次に年次未詳「沙弥道照（平河某）申状(11)」に「其後惣越訴事、皆以被与奪御内之時、為諏方（訪）左衛門入道直性（于時在俗）奉行」の一文をみることができる。「惣越訴事、皆以被与奪御内之時」とは、笠松宏至氏の指摘のごとく(12)、『鎌記』正安二（一三〇〇）年条の「十月九日止越訴、相州（北条貞時）家人五人奉行之」に比定されるから、当時在俗であった直性はこの「相州家人五人」の一人であったことになる。

また、『菊池系図』（『続類従』「系図部」）の菊池武房の子武本の割注に「六郎。嘉元々（一三〇三）年、依父遺跡相論、甥時隆ト関東鎌倉於諏訪左衛門尉宅、支違死了」とある。この「諏訪左衛門尉」と、さらに得宗被官の交名として著名な徳治二年五月付「大斎料番文」の八番筆頭にある「諏方(訪)左衛門尉」[13]も直性に比定されよう。直性は貞時政権期の正安年間以来、得宗側近として政治活動を行っていたことがわかる。

二　左衛門尉金刺

次に得宗家公文所発給文書から直性の活動を追ってみたい。

① 徳治二（一三〇七）年二月十七日付公文所奉書の奉者二名の第一位「左衛門尉」（表5―23）

② 元応二（一三二〇）年二月十九日付公文所奉書の奉者四名の第二位「沙弥」（第一位「左衛門尉」は長崎高資）（表5―32）

③ 元応二（一三二〇）十二月三十日付公文所奉書の奉者四名の第二位「沙弥」（第一位「左衛門尉」は長崎高資）（表5―33）

は花押から同一人であることがわかる。ところが、この花押は幕府侍所の発給文書として著名な正安元（一二九九）年六月七日付下知状[14]の奉者三名の第二位「左衛門尉金刺」のそれと一致するのである。[15]金刺は諏訪氏の本姓であり、「左衛門尉金刺」は諏訪氏の人と考えられる。そして「左衛門尉金刺」は正安元年から徳治二年までは左衛門尉であったが、元応二年にはすでに出家している。これは前項でみた諏訪左衛門尉＝左衛門入道＝直性の官職歴とほぼ一致する。「左衛門尉金刺」は直性と同一人物と考えてよいのではないだろうか。

第三節　直性の子

さて、次に直性の子について考察してみたい。

①元亨元（一三二一）年四月付「得宗領陸奥国名取郡若四郎名年貢結解状」

署判第二位（第一位は長崎高資）（『南部文書』）

②元亨二（一三二二）年五月一日付公文所下知状

奉者四名の第二位「左衛門尉金判（剌）」（第一位「左衛門尉平」は長崎高資）（表6－3）

③嘉暦二（一三二七）年六月十八日付公文所奉書

奉者二名の第一位「左衛門尉」（表5－34）

④元徳二（一三三〇）年十月二十二日付公文所奉書

奉者四名の第二位「左衛門尉」（第一位「左衛門尉」は長崎高資）（表5－36）

以上四通の得宗領関係および得宗家公文所発給の文書に署判している「左衛門尉金判」、あるいは「左衛門尉」は花押から同一人であることがわかるが、[16]②の「金判」は明らかに「金剌」の誤記であり、氏からしてこの人は諏訪氏の者と考えられる。かつ署判の位置は第一位または長崎高資に次ぐ第二位である。これは前述した直性の公文所発給文書における位置と同じであり、しかも直性とこの人の活動は連続している。よって、この人は直性から公文所上級職員の地位を継承したものと考えられる。この人を直性の後継者である諏訪氏の人と判断することは問題ないであろう。

では、この「左衛門尉金判」とは何者であろうか。これについては次の『門葉記』「冥道供七　関東冥道供現行記」の「嘉暦二年（一三二七）九月十二日。於同堂（明王院北斗堂）被修之依諏方（訪）新左衛門慰労、自大御母申之云々。支物一万疋。」の記事が掲げられる。ここに嘉暦二年「諏方新左衛門尉」なる人物の存在が確認される。本史料に修法を受けたことが記載されている以上、この人が当時の鎌倉政界有力者であることは疑いなく、諏訪氏で左衛門尉の官職を持つことから、時期的にもこの人が前記「左衛門尉金判」にあたるのではないだろうか。そしてその通称から、彼は「諏訪左衛門尉」の子であった可能性が高い。「諏訪左衛門尉」とは直性の出家前の通称であり、つまりこの人は直性の嫡子であったのではないだろうか。[17]

この諏訪新左衛門尉某のほかに、直性の子としてはすでに述べたように『太平記』で鎌倉滅亡に際して北条時行を奉じて信濃に逃れた諏訪三郎盛高がある。つまり直性には少なくとも二人の子息があり、嫡子新左衛門尉は鎌倉末期には父より得宗家公文所職員の地位を譲られていたものと考えられる。

第四節　直性の系譜

では、直性は諏訪氏の系譜のどこに位置付けられるのであろうか。先行研究等によって明らかな得宗被官諏訪氏の系譜は次のようなものである。

盛重（蓮仏）─┬─盛経（真性）(18)
　　　　　　　└─盛頼(19)

盛経は建長・文永年間に得宗の使者として二度上洛しており(20)、年紀未詳十月二十四日付時頼袖判執事奉書の奉者を務め(21)、子息三人の義絶を時宗に伝えることを求めた建治三（一二七七）年四月五日付「沙弥定仏（渋谷重経）書状案」（『入来院文書』）の宛名人とされいる。また、『建記』(22)によって、平頼綱とともに時宗の寄合衆であったことがわかり、弘安七（一二八四）年正月四日付と同年九月九日付(23)の得宗家公文所奉書の奉者三名の中で平頼綱に次いで第二位となっている。盛経は時頼政権期から得宗側近として活動しており、時宗政権期には得宗被官の中ではいわゆる内管領として知られる平頼綱に次ぐ地位にあった。

ところで直性は得宗宛披露状の名宛人となっていることと、公文所奉書で長崎氏に次ぎ奉者第二位を務めている点で盛経と共通している。これまでみてきたその他の直性の政治活動からしても、直性は長崎氏や尾藤氏と並ぶ得宗側近であったことは明らかであり、これは盛経の地位を継承したものと判断してよいであろう。法名も「真性」と「直性」で紛らわしいほど似ており、直性は盛経の直系卑属（子あるいは孫）、またはこれに準じる後継者と考えられる。

そこで直性の系譜を載せる史料を捜すと、『系図纂要』（系図18「諏訪系図①」）は、盛経の長男である宗経の次男に弘重を記してこれを直性に比定している。弘重を直性にあてる系図はほかにもいくつかあるが、[24]この系譜は実はまったく信用するに値しない。というのは、『系図纂要』の割注は、弘重の官職を「左馬助」とするのであり、これは前述の流布本系『太平記』にある「諏方（訪）左馬助入道」を根拠としていることが明らかだからである。つまり、『系図纂要』等の記事は『太平記』において左衛門→左馬助の誤写が起こって以後に、その流布本系『太平記』の誤った記事を根拠に成立したものなのである。よって、現存する系図のみから、直性の系譜を知ることは困難である。[25]盛経と直性の活動時期をみてみると、盛経の現在確認される最終活動は弘安七年九月九日付得宗家公文所奉書の奉者であり、直性の最初の活動は前述の正安元年六月七日付幕府侍所下知状への署判である。盛経の最終活動と直性の初見との間には一五年の空白がある。一五年という期間は中途半端で、これだけでは直性は盛経の子の世代なのか孫の世代なのかわからない。

そこで比較的信憑性が高いとされる『分脈』（系図18「諏訪系図②[26]」）をみると、実にあっさりしたもので、盛経の子には宗経一人を名前のみ載せるだけであるが、盛経の子に宗経を記していることに注目したい。宗経は前記『系図纂要』等にも盛経の子として載せられているが、『分脈』にも記載があることから、弘重等とは違って宗経は実在の人物である確率が高いと思われる。さらに『分脈』には名前のみで割注等は一切ないが、宗経の「宗」は得宗時宗の偏諱、「経」は盛経の「経」であろう。この「宗経」という名前も当時の得宗被官有力者の子息として不自然なものではない。得宗と盛経からおのおの一字を受けていることからして、宗経は盛経の嫡子あるいは後継者の地位を認められた存在であったのではないだろうか。そして直性が盛経の政治的後継者というべき地位にあったことは、前節までに述べてきた彼の鎌倉政権における地位からして明らかである。宗経と直性はなんらかの関係があったと考えるのが妥当であろう。想定される二人の関係には次のようなパターンがありえよう。

①　宗経＝直性　：盛経――宗経（直性）

②　直性は宗経の子：盛経――宗経――直性

ここで『武記裏書』正安三（一三〇一）年正月二十二日条の「時基室貞時《(北条)》女宗経養君逝去」の記事を掲げる。「時基」は前々年まで三番引付頭人を務めていた名越時基と考えられるが、この日亡くなったその妻女は貞時女であったというのである。(27) そしてその女は「宗経」という人の「養君」であった。この宗経は貞時女の乳母夫であったと解釈してよかろう。得宗被官の有力者が得宗の子女の乳母夫となった例は諏訪盛重をはじめ多数あり(28)、この宗経が得宗被官有力者であった可能性は高い。とすれば、この宗経はまず『分脈』にみえる諏訪盛経の子宗経にあたるのではないか。そして貞時女の乳母夫になっていることから、宗経は貞時の同世代人ということになる。

一方、直性は第一節に掲げた『太平記』の記事中で、摂津親鑒を「若者」、自身を「年老」と称している。つまり、宗経は正安三年に東使を務めたのを政治活動の初見とする親鑒(29)よりもかなり年長であったことになろう。

以上のような状況証拠から、私は直性は宗経の子の世代であるより、同世代人である可能性が高いと思う。すなわち、宗経と直性は同一人なのではないだろうか。

まとめ

以上、わずかな、しかも先学によってすでに指摘されている史料ばかりを列挙し、これに推定を重ねてしまったが、得宗被官諏訪氏の系譜は系図18「諏訪系図③」のようになると考えられる。諏訪氏は盛重から新左衛門尉某に至る少なくとも四代にわたり、得宗被官最上層の家として鎌倉政権中枢にあり続け、この系統は鎌倉滅亡に殉じたのであった。諏訪氏が数世代にわたり幕府および得宗家公文所において同様の、しかも長崎氏とほとんど並ぶような高い地位・役職を継承していることは、得宗被官内部には公文所の役職等を基準とする家格秩序が形成されており、これによって得宗被官の階層分化が起こっていたことを示すものであろう。諏訪直性（宗経）が寄合衆であったことを直接示す史料は現存しないものの、彼の父祖からは寄合衆が出ており、彼自身は寄合衆を務めた長崎高綱・尾藤演心とほぼ同格の地位にあったのであるから、彼が寄合衆であったこと、すなわち諏訪得宗被官家嫡流が寄合衆を世襲する家格の家であったは充分認められるものと判断される。

註

（1）渡辺世祐氏編、諏訪教育会、一九五四年。鎌倉・南北朝時代を寶月氏が執筆。
（2）『諏訪』七・八合併号、一九六五年。
（3）『信濃』二四―一、一九七二年。
（4）吉川弘文館、一九八二年。
（5）『史報』七、一九八六年。
（6）註(3)前掲山岸論文二一頁および二五頁註58。
（7）本論で引用した史料を含め、得宗被官諏訪氏に関する史料の多くは『信濃史料』および『関城町史』「史料編三　中世関係史料」に翻刻されている。
（8）『神明鏡』下（『東大影写』）は北条時行を奉じて鎌倉を脱出した諏訪盛高の父を「諏方《訪》木工左衛門入道真性」としており、『参考太平記』の「真性」はこれに拠ったと思われる。
（9）『西園寺家記録』四（『東大影写』）で確認しても、この部分の諏訪入道の法名は明らかに「直性」である。
（10）延慶二年六月十八日付書状・徳治三年五月二十二付書状（共に『醍醐寺文書』二函）。
（11）『平河弘氏所蔵文書』（『東大写真』）。
（12）同氏『日本中世法史論』（東京大学出版会、一九七九年）第五章「永仁徳政令と越訴」一一〇～一一二頁。なお、笠松氏は一二〇～一二一頁の註(19)で道照申状の「直性」を「真性」の誤記ではないかとしているが、これは「直性」でよいと思われる。なぜならば、この「直性」の割注には「時于在俗」とあり、建長年間に出家している諏訪真性（＝盛経）とは別人であることがわかるからである。この道照申状によって真性と直性を同一人とする説が成り立たないことが理解されると思う。

(13) 本史料は一番八人十二番九六名で編成されているが、この中で諏訪氏の人は「諏方《訪》左衛門尉」（八番）＝直性のほかに、「諏方《訪》六郎左衛門尉」（一番）・「諏方《訪》三郎左衛門尉」（八番）・「諏方《訪》兵衛尉」（十二番）の三名が確認される。一方、『貞時供養記』の「諸方進物」には、直性を含め次の六名がみえ、おのおの進物を献じている。「諏方《訪》左衛門入道」（＝直性。銭一〇〇貫）・「諏方《訪》遠江権守」（＝金刺満貞。銀剣一腰・馬一頭）・「諏方《訪》三郎左衛門入道」（『大斎料番文』の「諏方《訪》三郎左衛門尉」と同人であろう。銀剣一腰・馬一頭）・「諏方《訪》六郎左衛門尉（『大斎料番文』の「諏方《訪》六郎左衛門尉」と同人であろう。銭一〇貫）・「諏方《訪》三河権守」（＝諏訪頼重。銭五〇貫・銀剣一腰・馬一頭）・「諏方《訪》神左衛門入道」（銭一〇貫）。六人の進物の合計は銭一七〇貫・銀剣三腰・馬三頭。直性はほかに一品経調進に銭一〇貫を献じているので、支出額では群を抜いており、経済力の面からも、直性が当時の諏訪氏の中心人物であったことが理解される。

(14) 『小早川家文書』。本文書については、佐藤進一氏『訴訟制度』一〇〇・一〇一頁、森幸夫氏「北条侍所」二八〇頁参照。

(15) 以上四つの花押については『花押かがみ』No.二八二一「金刺某」（第四巻九六頁）参照。

(16) ③以外の花押については『花押かがみ』No.二九二八「金刺某」（第四巻一六三頁）参照。③は同書未収録。

(17) 嘉暦二年には直性はすでに出家して「諏訪左衛門入道」を称しているが、左衛門尉であった親が出家した後も、その子が「新左衛門尉」を通称としていた例には長崎高綱・高資がある。この父子が『太平記』でおのおの「長崎入道」・「長崎新左衛門尉」と呼ばれていることはよく知られているが（たとえば巻二「長崎新左衛門尉意見事付阿新殿事」）、『門葉記』「冥道供七　関東冥道供現行記」正中三年三月六日条にも「長崎新左衛門尉高資」と記されている。

(18) 盛重の子盛経が真性であることは、盛経の通称が『鏡』で「諏方《訪》三郎左衛門尉」（建長五年正月三日条・康元元年正月五日条）・「諏訪三郎左衛門入道」（文永三年六月十九日条）であり、真性が「香取社嬬殿遷宮用途注文」（『香取神社文書』）で「諏方《訪》三郎左衛門入道真性」と記されていることによってわかる（『国史大辞典』八「諏訪真性」参照）。

(19) 盛頼は『鏡』で「諏方《訪》兵衛四郎」（建長二年正月一日条等）と呼ばれており、「諏方《訪》兵衛尉」（寛喜二年二月三十日条等）・「諏方《訪》兵衛入道」（嘉禎二月十二月十九日条等）と呼ばれた盛重の四男で、盛経の弟であったことがわかる。

(20) 盛経の『鏡』での活動は次の四回。①建長三年十一月二十七日条：時頼の使者として上洛。九条道家室（将軍頼嗣祖母）薨去の弔使。②建長五年正月三日条：時頼沙汰の垸飯で、名越公時とともに引出物の馬を引く。③康元元年正月五日条：時頼沙汰の垸飯で、名越公時とともに引出物の馬を引く。④文永三年六月十九日条：飛脚として上洛（将軍宗尊親王上洛関連か）。

(21) 表2―13。本文書の「真性」を『佐賀県史料集成』は「蓮性」と読んでいるが、『東大写真』で確認してみると、これは「真性」とすべきであると思われる。

(22) 表5―12。『東寺百合文書』「な」。本文書の奉者三名は第一位「左衛門尉」、第二位「沙弥」、第三位「加賀権守」。第三位は官職から佐藤業連であることがわかり、このことから註(23)の『円覚寺文書』と比較して左衛門尉が平頼綱、沙弥が盛経に比定される。

(23) 表5―13。本文書の奉者三名の順位は第一位平頼綱、第二位盛経、第三位佐藤業連。

(24) 『千曲真砂』四所収「源姓諏訪氏略系」のこの部分の系譜は『系図纂要』とまったく同じで、宗経の次男弘重に「左馬助入道直性。於鎌倉平高時一所自害」と割注している。『寛政重修諸家譜』は宗経と弘重の間に信重・時継の二代を入れるが、弘重については「左馬助。号直性。元弘三年（光厳院正慶二年）五月二十三(二)日北条高時滅亡のとき、諸士とともに自殺す」と同様の記事を載せている。

(25) 諏訪氏の系図として知られる『神氏系図』・『諏訪系図』（共に『東京謄写』）は得宗被官諏訪盛重にあたると考えられる者として大祝盛重を載せるが、その子に中先代の乱で討死にした頼重、孫に同じく時継を載せており、この系譜は年代的に無理がある。そして盛重の子として実在の確実な盛経の世代の人については記載がない。つまり、『神氏系図』・『諏訪系図』は、大祝盛重を得宗被官の盛重と同一人とすれば、一世代または二世代を飛ばしてしまっており、大祝盛重と得宗被官盛重が別人とすれば、得宗被官諏訪氏の系譜をまったく記していないことになる。時継の割注に「元弘二(三)五廿二先代相模入道(北条高時)崇鑑於相州葛西東勝寺先生涯之渡(ママ)、諏方(訪)木工左衛門入道真性相共自害。同息三郎盛高相具崇鑑息亀寿相模二郎時行、落下信州、打渡祝時継」とありながら、その「諏方木工左衛門入道真性」や「同息三郎盛高」を系図には記していないから、『神氏系図』・『諏訪系図』は得宗被官諏訪氏の系譜を無視しているのかもしれない。以上のことが作為的なものなのかそうでないのかは不明であるが、左記の時継の割注には註(8)引用の『神明鏡』と共通しており、成立年代の点からも、得宗被官諏訪氏の系譜復元には『神氏系図』・『諏訪系図』はあまり役に立たないようである。また、『南朝編年記略』一はなにに拠ったものか高時とともに東勝寺に自刃した諏訪氏の者を「諏訪左衛門尉頼高入道真性」と記しているが、もとより江戸末期成立の同書のみに記載のあるこの記事に信を置くことはできない。

(26) 本史料は前田家所蔵訂正本を底本とする『新訂増補国史大系』によるが、これでは引用のごとく盛頼に割注して「出家真性」とするが、前田家所蔵脇坂氏本・前田家所蔵一本・内閣文庫本ではこの部分が「法名真性」として盛経の割注となっており、後者の方が正しいことは註(18)のごとし。

(27) 名越時基は『佐野本北条系図』に弘安七（一二八四）年の出家時点で四十九歳とあり、これに従うと正安三年には六十六歳で、同年三十一歳である貞時の娘とはかなり年齢差のある夫婦であったことになる。この娘は貞時の年齢からして、当時十五歳前後以下と推定される。仮に十五歳とすると、弘安十（一二八七）年貞時十七歳の子となる。弘安十年に宗経が二十歳でこの娘の乳母夫になったと仮定すると、宗経は貞時の三歳年長で正安三年には三十四歳、鎌倉滅亡の元弘三（一三三三）年には六十六歳となる。宗経がもう少し（五歳くらい）年長であったとしても不自然なものではないであろう。宗経の活動が正安三年まで確認されない点が問題であるが、鎌倉末期の史料残存状況を考慮すれば、これもクリアできるのではないだろうか。

(28) 盛重は宝治二年六月十日、時頼の長男宝寿（時輔）の乳母夫となっている（『鏡』同日条）。このほか、尾藤景綱は泰時次男時実の乳母夫であったことが『鏡』安貞元年六月十八日条でわかる。平頼綱は貞時の乳母夫であり（中山寺本『教行信証』出版奥書）、平禅門の乱で彼が滅亡したさいには貞時の娘二人が頼綱と同時に死去している（『親玄僧正日記』正応六年四月二十二日条）ことから、頼綱は貞時の娘たちの養育にもあたっていたことがわかる。また、正中三年正月十七日付と推定される「金沢貞顕書状」（『金文』三六八）によって、長崎思元の妻が高時の嫡子邦時の乳母であったことが確認される。

(29) 親鑒がこのとき任命された東使は評定・引付衆から選ばれることが多いから、親鑒もこのとき少なくとも引付衆ではあったと考えられる。親鑒は年齢未詳であるが、その父親致は二十五歳で引付衆、三十二歳で評定衆に就任していることから、親鑒も正安三年には三十歳前後であったと推定してよいであろう。すると親鑒は元弘三年には六十二歳前後となり、註(27)でみた宗経の推定年齢ともよくあうのではないだろうか。

第六章　尾藤左衛門入道演心について

はじめに

尾藤氏は長崎氏・諏訪氏等とともに得宗被官の中でも有力な家の一つとして知られるが、北条泰時によって初代得宗家家令に任命された尾藤景綱（『鏡』元仁元年閏七月二十九日条）、霜月騒動後の平頼綱専権期に小野沢亮次郎入道とともに鎮西に派遣された尾藤内左衛門入道（鎌倉追加法六三一条）等、個々人が注目され、その行動が政治史との関連から検討されることはあっても、尾藤氏そのものを対象とした研究はきわめて少ない。ほとんど、岡田清一氏「御内人〝尾藤氏〟に就いて」[1]（以下、岡田論文と略称）、井上恵美子氏「北条得宗家の御内人について―尾藤氏の場合―」[2]（以下、井上論文と略称）の二論文があるのみである。岡田論文は尾藤氏の出自の検討と所領の検出に重点を置いた研究であり、政治史については景綱の時期を中心に論述されている。一方、井上論文は景綱以下尾藤氏歴代の政治活動を追求し、併せて尾藤氏系譜の復元を試みたものである。両氏の研究により、尾藤氏の出自・所領の解明、系譜の復元はすでにほとんどなされているといってよい。だが、両氏の研究は『鏡』を基本史料としている点で共通しており、その結果、『鏡』断絶後、つまり得宗被官の活動が鎌倉政権において最も重要な意味を持った鎌倉後期の尾藤氏については、景綱等の時代に比して未解明の部分が残されていると考えられる。そこで本章では、岡田・井上論文を受け継ぎ、鎌倉最末期高時政権期において尾藤氏を代表したと考えられる尾藤左衛門入道演心を中心に、得宗被官尾藤氏について検討してみたい。

第一節　尾藤演心とは

まず、尾藤演心とはいかなる人物であったのか。演心の鎌倉政権における地位を窺わせてくれるのは、一九頁に掲げた『公衡公記』正和四（一三一五）年四月十六日条の施薬院使丹波長周注進状である。この交名に見える得宗被官は長崎高綱・諏訪直性、そして尾藤演心の三名であり、これはこの三名が当時の得宗被官の中心人物であり、同時に鎌倉政界の要人でもあったことを示すものであろう。[3]

では、演心は尾藤氏系譜のどこに位置付けられるのであろうか。『分脈』（系図19「尾藤系図①」）・『秀郷流系図』「尾藤」（系図19「尾藤系図②」）によれば、中野景信の子景氏（法名浄心）は叔父尾藤景綱の養子となって得宗被官尾藤氏を継いだとあるが、[4] 系図19―②はその孫時綱について「二郎左衛門尉。号尾藤左衛門尉」と注記している。同じ時綱について系図19―①は「時景左衛門。出家 改―綱」と記しており、時綱が出家したことがわかる。この時綱は次の史料によって実在が確認される。

奉寄進

　正八幡宮

　　日向国臼杵郡田貫田尾藤左衛門尉時綱領

右、為聖朝安穏・異国降伏、所奉寄進也。雖為向後、就社務令管領、可被御祈禱者、依鎌倉殿（久明親王）仰、奉寄如件。

正安三年（一三〇一）十二月廿四日

　　正五位下行相模守平朝臣師時（北条）在判

　　従四位下行武蔵守平朝臣時村（北条）在判[5]

尾藤左衛門尉が出家すれば、尾藤左衛門入道なのであり、井上氏の推定の通り[6]、この時綱が演心に比定されるのではないだろうか。正安三年に在俗であった者が一四年後の正和四年に入道していたとするのは、時期的にも問題ないであろう。よって演心は尾藤景綱の曾孫時綱と考えられる。

また、井上氏は得宗被官の交名として知られる徳治二（一三〇七）年五月付「大斎料番文」の九番筆頭にある「尾藤左衛門尉」を時綱＝演心に比定しているが[7]、通称から妥当な推定と思う。

さらに元亨三（一三二三）年十月に挙行された得宗貞時十三回忌の記録『貞時供養記』には「尾藤二郎左衛門入道」がみえ、彼は十月二十五日の一品経調進で阿弥陀経に銭一〇貫、進物に砂金五〇両・銀剣一腰・馬一疋を支出している。一品経調進に名を連ねた人びとは鎌倉政権中枢の人びとばかりであり、この中には長崎高綱・諏訪直性も含まれる。一方、尾藤氏で進物を出した者は二郎左衛門入道を含め三名あるが、この中で二郎左衛門入道の支出はほか二名に比して群を抜いて多額であり、支出額からも彼が当時の尾藤氏の中心人物であったことが窺われる。井上氏は指摘していないが、系図19－②の時綱の註記には彼の通称として「尾藤左衛門尉」のほかに「二郎左衛門尉」がみえるから、『貞時供養記』の「尾藤二郎左衛門入道」も時綱＝演心に比定してよいのではないだろうか[8]。

尾藤演心は、高時政権期の尾藤氏の中心人物であり、彼は長崎高綱・諏訪直性と並んで当時の得宗被官の頂点にあり、高綱・直性とともに鎌倉政権中枢にも地位を占めていたようである。この演心は初代得宗家家令尾藤景綱の曾孫であり、尾藤左衛門尉・尾藤二郎左衛門尉と通称された時綱であったと考えられるのである。

第二節　演心の政治的地位

では、演心の鎌倉政権における政治的地位はいかなるものであったのか。次にこれについて検討してみたい。

一　得宗家執事

まず、文書を二点掲げる。

(A)得宗家執事奉書（表2―18）

　　在判

高野山金剛三昧院領筑前国粥田（鞍田郡）庄上下諸人幷運送船事、任宝治・弘安・正応過書、門司関不可致其煩之由候也。

　仍執達如件。

　嘉元〻（一三〇三）年十一月卅日　　　　左衛門尉時綱奉

　下総三郎入道殿

　下総又次郎殿

(B)得宗家執事書状（表3―8）

参内（ママ）御恩所望事、申状披露之処、便宜之可有御計候。仍可進御事書之由、被仰出候之間、書進之候了。可有御存知其旨候。恐〻謹言。

　　延慶三（一三一〇）

　　八月廿九日　　　　時綱（花押）

　八幡神主殿

(A)は豊前国門司関についての過所である。同形式・同内容の過所が元亨四（一三二四）年三月九日にも長崎高資を奉者として発給されており（表2―19）、これらが得宗家の発給文書、私の分類でいうところの得宗家執事奉書であることがわかる。よって(A)文書と元亨四年高資奉書は共に案文であるが、おのおのの袖判は前者が得宗貞時、後者が得宗高時のものであったと考えられる。(A)文書の奉者「左衛門尉時綱」は嘉元元年当時得宗家においてのちの長崎高資と同様の地位にあったと判断される。つまり、(A)文書の奉者「左衛門尉時綱」は得宗家公文所の長官たる執事の地位にあったことがわかるのである。(A)文書は前掲正安三年十二月二十四日付幕府寄進状のわずか二年後の発給であり、正安三年幕府寄進状の「尾藤左衛門尉時綱」と(A)文書の「左衛門尉時綱」を同一人とすることは問題ないものと思う。よって尾藤時綱＝演心は嘉元元年得宗家執事の地位にあったことになる。

(B)文書は「参内御恩所望事」が主人によって許可されたことを鶴岡八幡宮神主に伝えた「時綱」なる者の奉書である。本文書は『鶴岡神主家伝文書』と『大伴神主家系譜集』に写しが収められているが(9)、奉者「時綱」の花押は異様のもので、文章も奇妙なところがあり、あまり良質な写しとはいいかねる。「参内御恩」というのも意味不明である。だが、得宗の意を奉者の書状形式で伝えたこの形式の文書、私の分類でいう得宗家執事書状は長崎高資を奉者とするものをはじめとしていくつか現存している（表3）。延慶三年という時期と鶴岡八幡宮神主という宛名から、本文書も得宗（貞時）の意を奉じたものである可能性が高いのではないだろうか。「参内御恩」というのは、あるいは「御内御恩」の誤写なのではないか。以上の推定が正しいとすれば、(B)文書の奉者「時綱」は延慶三年時点で、やはり後の長崎高資と同様、得宗家執事の地位にあったことになる。(A)文書との関連からも、この「時綱」も尾藤時綱＝演心と考えてよいのではないだろうか。

以上の二文書から、時綱＝演心は貞時政権末期の嘉元元年と延慶三年に得宗家執事を務めていたと推定される。

二　得宗家公文所上級職員

摂州多田院塔供養御奉加御馬事、先日被仰下之処、無沙汰云〻。不日可被沙汰進之由候也。仍執達如件。

正和五年（一三一六）閏十月十八日　□直（花押）

了□（花押）
演心憚
（長崎）高資（花押）
工藤右近入道殿

得宗家公文所奉書（表5－29）であるが、長崎高資に次ぐ奉者第二位「演心」を尾藤時綱＝演心に比定することは問題ないであろう。この時期、執事高資に次いで公文所奉書奉者第二位を務めている者には諏訪直性があり[10]、時綱＝演心は直性同様、得宗家公文所において執事高資に次ぐ上級職員であったことがわかる[11]。

三　得宗側近

円覚寺額事、任被仰下之旨、可令申入仙洞（伏見上皇）給由、内々伺申西園寺殿（公衡）候之処、悉被下震（宸）筆候。子細定長崎三郎（思元）左衛門入道令言上候歟。以此旨、可有洩御披露候。恐惶謹言。

十一月七日　越後守（金沢）貞顕（花押）

進上　尾藤左衛門尉殿[12]

本文書は、円覚寺に伏見上皇宸筆額が下賜されることとなったことを伝える六波羅南方探題金沢貞顕の書状である。円覚寺が定額寺に列したのは延慶元（一三〇八）年十二月であるから[13]、本文書も同年のものと判断される。宛名「尾藤左衛門尉殿」を井上氏は時綱＝演心に比定しており[14]、時期および通称からその推定は正しいものと思われる。この時期に得宗宛披露状の宛名となっている者には長崎高綱・諏訪直性があり[15]、時綱＝演心は彼らと同様に得宗貞時の側近であったことがわかる。

四　寄合衆

「寄合関係基本史料」25—②（延慶二年）四月十日付「金沢貞顕書状」に、「長入道」＝長崎高綱とともに寄合の合奉行として「尾金」なる人物が記されている。「尾金」は尾藤金吾＝尾藤左衛門尉の略と考えられ、井上氏はこれも時綱＝演心に比定している。[16] 時期的にも妥当なものといえよう。時綱＝演心は貞時政権末期には長崎高綱とともに寄合合奉行の地位にあったのである。

以上、四節に分けて演心の政治的地位について検討した。演心は貞時政権末期から高時政権にかけて長崎氏・諏訪氏と同様、得宗宛披露状の宛名人となるような得宗側近であり、得宗家公文所においても長崎氏・諏訪氏と並んで上級職員を務めており、貞時政権末には公文所長官たる執事にも就任していた。高時政権期には執事職は長崎高資に譲ったものの、公文所上級職員たることに変化はなかった。また、長崎高綱とともに寄合衆（合奉行）となって、鎌倉政権中枢にも参画していた。その地位は諏訪直性同様、ほとんど長崎氏に並ぶものであったといえよう。

第三節　演心の父祖

第一節で触れたように、演心が初代得宗家家令尾藤景綱の養子景氏の孫であることは、井上氏の研究によって明らかにされている。本節では、演心の父祖の政治活動を概観し、演心の政治的地位の淵源について考察してみたい。

演心の曾祖父景綱が北条泰時の側近であり、泰時期得宗被官の指導者的立場にあったことは、岡田・井上両氏等の研究で明らかなので、[17] ここであらためて言及する必要はないであろう。景綱の甥であり、その養子となって得宗被官尾藤氏を継いだ景氏も平盛時・諏訪盛重等とともに時頼の側近として活動したことは、井上氏の研究に詳しい。[18] 井上氏の指摘した事実の中で敢えて繰り返しておくことがあるとすれば、寛元四（一二四六）年六月、景氏が平盛時・諏訪盛重とともに時頼の寄合に出席していたことと、[19]弘長三（一二六三）年十一月の時頼の臨終に際して、景氏が宿屋入道最心等とともに時頼の枕頭に祗候したことであろう。[20]後者の例では、景氏は『鏡』では「尾藤太法名浄心」「尾藤太」（『鏡』同年十一月十九日・二十日条）、『弘長記』（『続類従』「雑部」）では「尾藤太入道浄心」と記されており、これは系図19―①・②[21]の記載とも一致し、景氏の法名が「浄心」であったことが確認される。ここで次の得宗家公文所奉書（表5―3）を掲げる。

多田院修造条々

一　勧進聖恒念申、御寄進当庄御年貢以下給主田畠得分半分納下蔵在所事

被相尋政所之処、任聖意、可令造之由、被出状了。然者、早令造蔵於寺内、相副政所使者、致納下、悉可造替本堂也。

一　人夫事

随聖之要用、政所平均令配分于庄内、可令催仕也。

以前両条、宛給下知於恒念畢。令存知其旨、可被致沙汰之由所候也。仍執達如件。

文永九（一二七二）年九月五日

時綱（花押）

浄心[22]

多田庄政所

摂津国多田院修造の費用・人夫について多田庄政所に指示したもので、公文所奉書としては初期のものである。奉者二名の第一位が「浄心」であり、第二位「時綱」は時期的に長崎氏一門で備中守護代等を務めた平（長崎）時綱と考

えられる。[23] 次の二通の文書は、いずれも長文なので末尾のみを載せるが、内容はやはり多田院・多田庄の経営に関するものである。

(A)得宗家公文所下知状（表6－1）

文永十年四月廿四日

左近衛将監藤原（花押）
沙　　弥（花押）
左兵衛尉平（花押）
沙　　弥労

(B)得宗家公文所奉書（表5－4）

文永十年十二月十七日

田　部（花押）
沙　弥（花押）
沙　弥（花押）
左兵衛尉（花押）
沙　弥労

多田庄両政所
　恒念御房

奉者五名の第二位「左兵衛尉平」・「左兵衛尉」は花押から文永九年奉書でも第二位を務めた平（長崎）時綱であることがわかる。とすれば、第一位の「沙弥」は文永九年奉書との比較から「浄心」と同人と推定してよいのではないか。長崎氏一門の上位として公文所奉書・下知状の奉者第一位になりうる者で法名が「浄心」ということであれば、これは尾藤景氏その人と判断される。

養父景綱から得宗側近の地位を継承した景氏は、寄合衆・公文所上級職員となったのである。前述した時綱＝演心の政治的地位が祖父景氏＝浄心と共通することは明らかであり、また、時綱＝演心が就任した得宗家執事は、曾祖父景綱が就いた得宗家家令の後を引き継ぐ職であった。つまり、貞時・高時政権期における時綱＝演心の政治的地位は父祖のそれを継承したものであったことになる。(24)

第四節　鎌倉後期の尾藤氏

本節では、しばし演心を離れ、鎌倉後期の演心以外の尾藤氏一門の活動に目を向けてみたい。鎌倉後期の尾藤氏の活動としては「はじめに」で触れた尾藤内左衛門入道の鎮西下向が著名である。彼は正応四（一二九一）年二月小野沢亮次郎入道とともに鎮西に派遣され、(25)翌年以降、幕府の命を受けて(26)同地で活動していたことが(27)確認される。だが、この人は関東を離れていることからしても、尾藤氏嫡流の人ではなかったであろう。

また、系図19－②は景綱の実子時景の養子久時（五郎左衛門尉）について「正応配流」と記している。配流されたということは、それ相応の罪を問われてのことであり、逆に久時が政治的活動をとっていた証左になるのではないだろうか。(28)徳治二年五月付「大斎料番文」には「尾藤左衛門尉」時綱＝演心のほかに十番に「尾藤六郎左衛門尉」、十一番に「尾藤五郎左衛門尉」があり、時綱＝演心を含めると、九六人中尾藤氏一門は三名を数える。元亨三年『貞時供養記』では「尾藤二郎左衛門入道」時綱＝演心のほかに、「尾藤五郎左衛門入道」と「尾藤六郎左衛門尉」がみえ、五郎左衛門入道は進物に砂金三〇両・銀剣一腰、六郎左衛門尉は禄物に馬一疋、進物に銀剣一腰・馬一疋を支出している。このほか、『貞時供養記』では「尾藤弾正左衛門尉資広」・「尾藤孫次郎資氏」がみえ、禄役人・手長等を務めている。さらに次の文書（『隅田家文書』）、

（端裏書）
「感状　正慶元」
依大塔宮（護良親王）幷楠木兵衛尉正成事、自関東、尾藤弾正左衛門尉所上洛也。有可被仰之子細、不廻時刻、可被参洛。仍執達如件。
　正慶元年（一三三二）十二月五日
　　　　　　　　　　左近将監（北条時益）判有
　　　　　　　　　　越後守（普音寺仲時）判有
　須（隅）田一族中

によって、護良親王・楠木正成の吉野挙兵への対策として、鎌倉政権が「尾藤弾正左衛門尉」(29)を上洛させ、西国御家人を六波羅に集結させたことがわかる。

以上のように、鎌倉後期に尾藤氏は一門を挙げて鎌倉政権で活動しており、尾藤内左衛門入道や弾正左衛門尉のごとく政治的・軍事的に重要な役割を果たしている者も見受けられる。だが、この中にあって寄合衆・得宗家執事等を務め、鎌倉政権中枢に地位を占めたのは演心＝時綱のみであった。これは演心＝時綱が景綱・景氏の後継者たる尾藤氏の惣領であったことを示すものである。

まとめ

尾藤演心＝時綱は有力得宗被官尾藤氏の鎌倉末期における惣領であり、得宗側近・得宗家執事・得宗家公文所上級職員等を務め、長崎高綱・高資父子や諏訪直性と並ぶ得宗被官最有力者の一人であり、寄合衆として鎌倉政権中枢にも地位を占めていた。この演心の地位は景綱・景氏という父祖のそれを引き継いだものであり、これは尾藤氏が得宗被官内部ひいては鎌倉政権において一定の家格を形成していたことを意味する。つまり、鎌倉末期の得宗被官内部には得宗家公文所や幕府の役職を基準とする家格秩序が発生しており、尾藤氏は長崎氏・諏訪氏とともにその惣領が寄合衆等を世襲的に務める〝家〟として認知されていたのであり、演心の地位を支えたのはこの尾藤氏の家格であったのである。

註

(1) 本書第一部第四章註(35)参照。

(2) 本書第一部第四章註(36)参照。

(3) 演心は年次未詳「金沢貞顕書状」(『金文』三二三)「(前略)先日承候流失材木事、令申尾藤左衛門入道候之処、難治之由令申候。大方殿御領之間、彼公文所へ可申旨被申候。無左右公文所へ申候ハむ事もいかゝと存候。故実之仁内々申合可相計候。其間も無心本おほしめされやし候らんと存候程に(以下欠)」にも姿をみせている。高時の生母大方殿(貞時後室。安達氏傍流大室泰宗の女)の所領に流出してしまった称名寺所有の材木の引取りについて、金沢貞顕が「尾藤左衛門入道」に相談している。通称から『公衡公記』の演心と同一人物と考えられる。演心の返答は、自分では「難治」なので、大方殿の公文所に話してほしいというもので、貞顕は困惑している。演心は得宗領からは独立している大方殿の所領内には口出しができなかったわけであるが、北条氏一門の有力者である貞顕から相談を受けていること自体が、得宗被官内部や得宗家公文所における演心の地位の高さを示しているといえよう(本史料については神奈川県立金沢文庫編『金沢文庫資料図録―書状編I―』〈一九九二年〉二九五・二九六頁の覚雅博氏の解説を参照)。さらにもう一通、年次未詳正月十日付「沙弥崇顕(金沢貞顕)書状」(『金文』四五六)、

御吉事等、於今者雖事旧候、猶以不可有尽期候。
抑自去六日神事仕候而、至今日参詣諸社候。仍不申候ツ。今暁火事驚入候。雖然不及太守禅閤(北条高時)御所候之間、特目出候。長崎入道(高綱、円喜)・同四郎左衛門尉(高貞)・同三郎左衛門入道(思元)・同三郎左衛門尉(高頼)・尾藤左衛門入道・南條新左衛門尉等宿所炎上候了。焼訪(亡)無申計候。可有御察候。火本者、三郎左衛門尉宿所ニ放火候云々。兼又御内御局数御返事、昨日被出候。進之候。又、来十二日無御指合候者、早旦可有入御候。小點心可令用意候。裏可承候。恐惶謹言。

正月十日　　崇顕(金沢貞顕)

方丈進之候

「(切封墨引)」

崇顕（金沢貞顕）

方丈進之候

火事の記事であるが、高綱をはじめとする長崎氏一門を中心とした被災者の中に「尾藤左衛門入道」の名がみえ、やはり演心に比定される。高時の館に類焼せずよかったと貞顕が述べているから、逆に高時邸は被災地の近くにあったことがわかり、得宗邸の周辺に得宗被官有力者の屋敷が集中していたことがわかる。演心の屋敷も長崎高綱邸等とともに高時邸の近隣にあったわけである。尾藤氏の邸宅では、かつて景綱宅が彼と同様に泰時側近であった関実忠の宅とともに泰時の小町邸内にあり（『鏡』元仁元年六月二十七日条）、景氏宅は平盛綱・諏訪盛重等の宅とともに泰時邸近隣にあったこと（『鏡』嘉禎二年十二月十九日条）がわかっており、これらの記事から尾藤氏を含めた得宗被官有力者は泰時政権期以来鎌倉末期に至るまで得宗邸近隣に集住していたようである。

（4）『分脈』は景綱と景氏を罫線で繋いでいるが、景氏の割註に「実者景信（中野）子云々。尾藤太。法名浄心」と記し、彼が景綱の養子であったことを伝えている。

（5）岡田論文二二三頁参照。本文書は『鎌遺』には№二〇九三八（第二十七巻）に『島津家文書』として収録されており、『日向国史』上（六二一～六二二頁）も『島津文書』としてこの文書を載せ、『日向国荘園史料』一（七一～七二頁）は『日向国史』から転載しているが、『東大写真』の『島津文書』や『旧記雑録』（『鹿児島県史料』）等、現存『島津家文書』では私はこの文書を確認することができなかった。では、本文書は現在何によって確認できるかというと、江戸末期に塙保己一によって編纂された『蛍蠅抄』五に『島津文書』として掲載されているのが、私が現在追うことのできた唯一の例である。『宮崎県史』「史料編　中世2」は『改定史籍集覧』二十三収録の『蛍蠅抄』に拠っている。本論では嘉永二（一八四九）年版の版本『蛍蠅抄』（東大史料所蔵）と『改定史籍集覧』によって文面を確認した。

（6）井上論文三三～三五頁。

（7）井上論文三三頁・三九頁。

（8）本論に掲げた史料のほかにも、『門葉記』「冥道供七　関東冥道供現行記」に、次のような記事がある。

①文保元（一三一七）年六月九日。於明王院北斗堂被修之扈藤左衛門入道子息労之間申之云々。支物一万疋

②嘉暦元（一三二六）年丙寅十二月十七日丁亥。於御本坊瑠璃光院被修之。

扈藤左衛門入道室家産餘気祈云々。支物一万疋。

ここにみえる「扈藤左衛門入道」は「尾藤左衛門入道」の誤記であり、すなわちこれも演心を指すものと思われる。本史料に修法を受けたことが記されている者は鎌倉政界有力者とその関係者であり、右の二つの記事によっても末期鎌倉政権における演心の地

位を窺うことができる。
(9)『鶴岡神主家伝文書』は『東大謄写』、『大伴神主家系譜集』は『鶴岡叢書』所収影印本。本文書は『鶴岡神主家伝文書』に拠り、『大伴神主家系譜集』で校訂した。
(10)一九一頁参照。
(11)時綱が奉者を務めた公文所奉書の例と考えられるものに、もう一通延慶三（一三一〇）年三月八日付奉書（表5—24）がある。この文書の奉者四名の第二位「時綱」は時期的にも尾藤時綱に比定される。だが、本文書は本書第一部第四章註(73)に述べた理由で現在原本確認ができないので本論に掲げなかった。
(12)『円覚寺文書』。本文書の金沢貞顕花押はなぜか他の文書の貞顕花押を切貼りしたものである。
(13)同年十二月二十二日付「太政官符」（『円覚寺文書』）。
(14)井上論文三九頁参照。
(15)長崎高綱を宛名とする得宗宛披露状は次の二例（一六八頁参照）。①徳治二（一三〇七）年六月十八日付「問注所執事等連署奉書案」（『金文』五二五二）ただしこれは侍所所司としてのもの（本書第一部第四章註(71)参照）、②徳治三（一三〇八）年八月付『平政連諫草』（内閣文庫所蔵）。
　諏訪直性を宛名とする得宗宛披露状は次の三例（一八九・一九〇頁参照）。①徳治三（一三〇八）年四月十九日付「憲淳挙状」、②延慶二（一三〇九）年六月四日付「隆勝書状」、③正和三（一三一四）年十月二十四日付「隆勝挙状」（各『醍醐寺文書』二函）。
(16)井上論文三九頁参照。
(17)岡田・井上論文参照。
(18)井上論文参照。
(19)『鏡』同年六月十日条。また、平盛時・諏訪盛重・尾藤景氏の三人は宮騒動当日の同年五月二十五日にも時頼邸に参じている（『鏡』同日条）。井上論文二九〜三〇頁および三一頁年表2参照。なお、井上氏が年表2で平盛綱とするのは平盛時の誤記である。
(20)井上論文三〇頁および三一頁年表2参照。
(21)註(4)参照。
(22)本文書の「浄心」を『鎌倉遺文』は「隔心」と読んでいるが、『東大写真』で確認してみると、これは「浄心」と読むべきと思われる。

(23)　平（長崎）時綱については一三七頁参照。
(24)　景氏の子で時綱の父である人物は系図19－②では頼景（二郎兵衛尉）、系図19－①では景頼（左兵衛）となっている。どちらが正しいのか即断しかね、井上氏はいずれとも確定していないが、「頼」は時頼の偏諱と考えられるので、頼景の方が可能性が高いのではないか。いずれにしろ、この人は井上氏も指摘のごとく（井上論文三〇～三二頁）、『鏡』建長二年正月一日条で「尾藤兵衛尉」（『張』は衍）、建長四年正月一日条で「尾藤二郎」、康元元年正月三日条「尾藤次郎兵衛尉」として垸飯引出物の馬引役を務めた人であろう（岡田氏は同氏論文二五頁でこの人を景氏の弟としているが、右記のように子息に次郎兵衛尉を通称とした頼景または景頼の記載がある以上、この人は景氏子息頼景または景頼とすべきであると思う）。景氏と時綱を繋ぐ得宗被官尾藤氏惣領家の三代目でありながら、この人の活動は以上の三記事以外は確認できない。
(25)　二〇〇頁参照。
(26)　正応五年六月十六日付「関東御教書」（『河上神社文書』）。
(27)　正応五年八月二十日付「沙弥二名連署施行状」（『河上神社文書』）。本文書は註(26)の「関東御教書」を受けたものであり、よって連署の沙弥二名は尾藤・小野沢の両人であったことがわかる。永仁二（一二九四）年五月七日付「沙弥二名連署施行状」（『河上神社文書』）の発給者「沙弥」二名は、花押部分が欠損しているが、内容からやはり尾藤・小野沢と考えられる。
(28)　正応年間に得宗被官が配流されるような事件としては同六年＝永仁元年四月の平禅門の乱が考えられ、久時はあるいは平頼綱に連座したものかもしれない。この事件では平頼綱の長男で幕府侍所所司を務めていた（『とはずかたり』）宗綱が配流されている（『間記』）。
(29)　通称から、岡田・井上両氏の推定のごとく（岡田論文二五～二六頁。井上論文三五頁）、『貞時供養記』の「尾藤弾正左衛門尉資広」と同人であろう。なお、井上氏はこの人と『貞時供養記』にみえる「尾藤孫次郎資氏」を時綱＝演心の子の兄弟と推定している（井上論文四一頁）が、その根拠は示していない。だが、資広の通称「尾藤弾正左衛門尉」は彼の父が弾正丞であったことを示すものであり、すなわち資広は演心の子ではなかったことになる。むしろ演心の子としては系図19－②にある時景（二郎左衛門尉）をそのまま採用しておいてよいのではないだろうか。だが、時景の事績は現在未確認である。あるいは註(8)に引用した『門葉記』の文保元年六月九日条にみえる「扈藤左衛門入道子息」が時景にあたるのかもしれない。

小　結

第一部では六章に分けて、鎌倉政権における家格秩序の形成ついて考察してきた。その結果をまとめると、以下のようになる。幕府においては、北条氏・非北条氏共に引付衆以上の中央要職に世襲的に就任する家柄が成立しており、この特権的な家々がさらに、寄合衆に至る寄合衆家と、寄合衆には至らない評定衆家に二分される。一方、得宗被官でも、得宗家公文所の役職を基準とする家格秩序が形成されており、これによって得宗被官はまず公文所上級職や得宗近臣の地位を世襲する特権的な家と、公文所の下級職を務める奉行人層や役職には就任しない一般の得宗被官に二分される。さらに特権的な家々は、公文所長官たる執事をほぼ世襲した長崎氏（執事家）および長崎氏とともに公文所最上層部を形成した諏訪・尾藤両氏（副執事家）の執事三家と、この三家の傍流および安東氏・工藤氏等によって構成される執事補佐家に二分される。執事三家・執事補佐家は公文所中枢を世襲によって独占する得宗被官内部の支配層である。そして執事三家では時頼・時宗期に寄合衆を出しており、長崎氏・尾藤氏は鎌倉末期にも寄合衆就任者を確認でき、諏訪氏では鎌倉末期に寄合衆就任を直接示す史料は認められないが、その惣領直性が公文所・鎌倉政権中枢で長崎氏に並ぶ地位にあったから、彼も寄合衆であったと考えられる。つまり、得宗被官では長崎・諏訪・尾藤の執事三家が寄合衆を世襲したのであり、得宗被官系寄合衆家ということができる。とすれば、執事補佐家は評定衆家に相当することになる。よって、鎌倉政権ではその末期において幕府および得宗家公文所の役職を基準とする独自の家格秩序が形成されており、この家格秩序の上層を形成するのは次の家々ということになる。

〔寄合衆家〕北条氏系（八家）＝得宗家時宗系（得宗家）・得宗家宗政系・名越家時章系・赤橋家・普音寺家・政村流北条家時村系・金沢家顕時系・大仏家宗宣系。外様御家人系（一家）＝安達氏顕盛系（得宗外戚家）。法曹官僚系（六家）＝摂津氏・長井氏関東評定衆家・二階堂氏信濃流信濃家行宗系・二階堂氏隠岐流出羽家行有系（出羽備中家）・太田氏・矢野氏。得宗被官系（三家）＝長崎氏（執事家）・諏訪氏（副執事家）・尾藤氏（副執事家）。合計一八家。

〔評定衆家・執事補佐家〕北条氏系（一二家）＝名越家時基系・常葉家・塩田家・政村流北条家政長系・伊具家斎時系・甘縄家・佐介家時員系・佐介家政氏系・時房流北条家時村系・大仏家宗泰系・大仏家貞房系・大仏貞宣系。外様御家人系（七家）＝安達氏時盛系・安達氏重景系・大曾禰氏・佐々木京極氏・佐々木隠岐氏・宇都宮氏・後藤氏。法曹官僚系（八家）＝二階堂氏信濃流筑前家行佐系・二階堂氏信濃流伊勢家頼綱系・二階堂氏信濃流伊勢家盛綱系・二階堂氏信濃流伊勢家政雄系・二階堂氏信濃流信濃家盛忠系・二階堂氏隠岐流常陸家・二階堂氏隠岐流和泉家・教隆系清原氏。得宗被官系（家数不明。執事補佐家）＝長崎氏傍流・諏訪氏傍流・尾藤氏傍流・安東氏・工藤氏など。合計三二家以上。

右に掲げた寄合衆家と評定衆家・執事補佐家を併せてほぼ五〇家程度の家々が鎌倉政権の家格秩序の上層部を形成していた。一八の寄合衆家はその惣領が寄合衆に至り鎌倉政権最高議決機関たる寄合に参画する最高家格である。評定衆家は、寄合衆には至らないものの、得宗被官系以外の寄合衆家とともに引付頭人以下引付衆以上の幕府中央要職に就任する。執事補佐家は、寄合衆や得宗家執事等には至らないものの、得宗被官系の寄合衆家とともに得宗家公文所の上級職員を務める。幕府と得宗家公文所は本来別個の機関であるが、鎌倉末期においては、この二つの機関の間では寄合衆をはじめとする人員の交流がみられ、その上層部は分かち難い状態となっていた。つまり鎌倉末期における鎌倉政権とは幕府の機構と得宗家の家政機構が融合した組織なのである。そして寄合衆家・評定衆家・執事補佐家はこの鎌倉政権の中央要職を世襲によって独占するという特権的な性格を共通して有している。寄合衆家・評定衆家・執事補佐家の出身でない人びとは、御家人・得宗被官の別なく、中央要職に就任することはほぼ不可能であった。寄合衆家・評定衆家・執事補佐家のもとには、幕府にあっても得宗家公文所にあっても、奉行人層という家々が存在したが、これは、いわば寄合衆家・評定衆家・執事補佐家の走狗に過ぎず、政権中枢に入れないという点では一般の御家人・得宗被官と同様であったといえよう。寄合衆家・評定衆家・執事補佐家の出身者のみが世襲によって末期鎌倉政権の中央要職に就き得たのであり、すなわち寄合衆家・評定衆家・執事補佐家は鎌倉政権の中央要職を世襲によって排他的に独占する政治的特権層、鎌倉政権の特権的支配層であった。

小序に掲げた丹波長周注進状に記載されていた人びとは北条氏・外様御家人・法曹官僚・得宗被官という出自を基準とした従来の分類ではすべてのタイプを含んでおり、従来の分類ではその選出基準が明確にならないが、右記の私の分類によれば、彼らは鎌倉政権の特権的支配層であったことになる。また、『増鏡』二〇「月草の花」は「このごろのあづまの将軍は守邦親王にておはします。御うしろ見つかふまつる高時《(北条)》入道・貞顕《(金沢)》入道・城介入道《(安達時顕)》円明《(延)》・長崎《(高綱)》入道円基《(喜)》などいふものども」と記し、高時期の鎌倉政権の代表者として得宗高時のほかに金沢貞顕・安達時顕・長崎高綱を掲げている。この三名もおのおの北条氏・外様御家人・得宗被官であるが、私の分類では寄合衆家に属する人びとということになる。さらに、『貞時供養記』元亨三（一三二三）年十月二十六日条を掲げる。

廿六日。法堂供養也。堂右雨打間簾中大方殿御座。其次間、修理権大夫殿《(金沢貞顕)》以下御一族宿老御座。其次堂外、至仏殿後脇構桟敷九間、御布施取殿上人・諸大夫座之敷蘇芳縁畳。同堂左雨打間、太守《(北条高時)》御座。其次間、別駕・洒掃・長禅《(安達時顕・長井宗秀・長崎高綱)》以下御内宿老参候。其次堂外、桟敷七間、評定衆・諸大名以下群参。仏殿後門雨打間ノ通一面尓取払天、御内人以下国〻諸御家人等烈《(列)》座各用敷革。

法堂供養の席次である。これによれば、列席者は「御布施取殿上人・諸大夫」を除くと、四つのグループに分けられている。最上位は雨打間に対座する大方殿（貞時後室。安達氏傍流大室泰宗の女。高時の生母）と得宗高時。次位は次間に座す金沢貞顕以下「御一族宿老」と安達時顕・長井宗秀および長崎高綱以下「御内宿老」[1]。「宿老」に次ぐのは堂外桟敷に座す「評定衆・諸大名以下」。そして末席に「御内人以下国〻諸御家人等」。この座席は当時の慣習からして、そのまま列席者の身分の差異を示すものと判断される。つまり、この席次によって、当時の鎌倉政権を構成する人びとは、得宗母子を別格とすれば、「宿老」、「評定衆・諸大名」、「御内人以下国〻諸御家人等」の三つの階層に区分されていたことになる。「宿老」の代表金沢貞顕・安達時顕・長井宗秀・長崎高綱はすべて当時の寄合衆であることから、「宿老」とは寄合衆家の人びとを指すと考えられる。「宿老」の席は北条氏系と非北条氏系に分けられている。すなわち北条氏系の金沢貞顕「以下御一族宿老」と、安達時顕（外様御家人）・長井宗秀（法曹官僚）および得宗被官系の長崎高綱「以下御内宿老」である。「評定衆・諸大名」は評定衆家・執事補佐家および守護級豪族を指すと解釈される。評定衆家には北条諸家や宇都宮・後藤・佐々木京極・佐々木隠岐のような守護クラスの外様御家人が含まれるから、評定衆家・執事補佐家と守護級豪族は重複する部分があり、この法堂供養では両者が同席したのではないだろうか。最下層の「御内人以下国〻諸御家人等」とは守護級を除く一般在地領主と判断される。得宗被官（御内人）と御家人に分けられていても、「国〻」とあることからして、彼らは基本的に地方に在住する一般の在地領主であったのであろう。最高権力者である得宗の家人であるがゆえに「御内人」はそれ以外の「諸御家人等」より上位に記されているが、両者は同一の階層であったといえよう。『貞時供養記』のこの記事によって、後期鎌倉政権における家格秩序の存在が如実に理解されるものと思う。このような鎌倉政権の家格秩序は、五摂家・七清雅に代表される王朝貴族の家格秩序に比べれば、小規模で単純なものであるが、官位・官職を基準とする王朝の家格秩序ときわめてよく似ている。というよりも、鎌倉の家格秩序は当時完成しつつあった王朝貴族の家格秩序をモデルとして、その影響下に成立したものと考えるべきであろう。だが、鎌倉の家格秩序は幕府および得宗家公文所の役職を基準としたものであり、王朝の家格秩序とは別個の、鎌倉政権独自のものであったということができる。鎌倉の家格秩序において、その最上層部を形成した寄合衆家は、比喩的ないい方をすれば、鎌倉政権の公卿であり、寄合衆家出身者のみが世襲的・独占的に就任する寄合衆によって構成された寄合は、王朝における議定に相当するということになろう。

註

（1）　奥富敬之氏は『基礎的研究』二一五〜二三二頁において、霜月騒動以後の鎌倉政権の実権は得宗個人を離れて、得宗被官上層部の手に帰したとして、得宗専制の変質形態であるこの得宗被官上層部による専制体制を「御内宿老専制」と名付けている。奥富氏が得宗被官上層部を「御内宿老」と称する根拠は、本史料の「長禅以下御内宿老」によっている。「長禅」＝長崎高綱が代表とされていることからして、「御内宿老」が得宗被官上層部を指すことは首肯される。だが、本史料によれば、「御内宿老」は「別駕」＝安達時顕（外様御家人）・「洒掃」＝長井宗秀（法曹官僚）とともに、「修理権大夫殿」＝金沢貞顕以下の「御一族宿老」と対座しているのであり、つまり「宿老」の席が北条氏と非北条氏（外様御家人・法曹官僚・得宗被官）に分けられていたということである。本論に掲げた『増鏡』の記事にも示されているように、当時の鎌倉政権最上層部を構成していたのは得宗被官上層部のみではないのだから、奥富氏の御内宿老専制論は成立しないのではないだろうか。

第二部　鎌倉政権後期政治史の研究

第一章　「弘安新御式目」と得宗専制の成立

はじめに

弘安七（一二八四）年四月四日、二〇年にわたって鎌倉政権の頂点に君臨し、この間両度の蒙古襲来というわが国史上未曾有の国難を退けた得宗北条時宗が三十四歳の若さで急逝した。それより四六日後——同年五月二十日の日付を持つのが、「新御式目」三八カ条である。(1) その日付は鎌倉政権史上最大の内乱である霜月騒動の一年半前でもある。この「新御式目」は鎌倉追加法としてはきわめて特異な形態を有している。「新御式目」などという題名を持つこと自体が珍しいのだが、その他の特徴を掲げれば以下の三点となる。①事書のみを三八カ条列挙する。②三八カ条中の二六カ条が「可被……事」と敬語の形をとり、全体として特定の貴人に対する奏上の形式をとる。③第一八条と第一九条の間に「條々公方」とあり、これによって前半一八カ条と後半二〇カ条に分けられる。この「新御式目」の意義について初めて言及したのは網野善彦氏である。網野氏は昭和四十七（一九七二）年「『関東公方御教書』について」(2)で、「條々公方」の「公方」を鎌倉将軍を指すものとし、「新御式目」は得宗時宗・貞時二代の外戚で当時の幕閣の重鎮であった安達泰盛が執権政治の完成・将軍権力の確立を目的として制定したものと結論した。この学説は長く定説化した観があったが、昭和六十三年、五味文彦氏が「執事・執権・得宗」(3)においてまったく異なる見解を発表した。五味氏は制定者を安達泰盛とする点では網野氏と共通するものの、奏上対象は得宗貞時であり、その目的は得宗専制

表20　網野・五味両氏の「新御式目」に対する見解

	網野説	五味説
作成者	安達泰盛	安達泰盛
奏上対象	将軍源惟康(21歳)	得宗北条貞時(14歳)
前半18カ条	「将軍の私的・個人的な問題を規定」	「得宗に私的に望まれた条々」・「御内条々」
後半20カ条	将軍の「公的な活動を規定」	「将軍を含んだ幕府の公的側面」を規定
「公方」	将軍	「将軍を含んだ幕府の公的側面」を指すのであり，将軍個人を指すものではない。
発布目的	執権政治の完成・将軍権力の確立。	得宗専制の確立。

の確立にあったと結論した。五味氏は「公方」についても将軍個人を指すのではなく、「将軍を含んだ幕府の公的側面」(4)を意味するものであり、「條々公方」以下の二〇カ条は「その公方において得宗がなすべき箇条が列挙されたものである」(5)としている。網野・五味両説の相違点は表20のごとくであるが、要するに「新御式目」は、網野説では得宗権力を抑制し執権政治と将軍権力を確立することを目的としたことになるのに対し、五味説では得宗専制の確立が目的であったことになり、評価は正反対のものとなる。両説についてはすでに古澤直人氏による「公方」の用語からのアプローチ(6)があるが、本章では「新御式目」の条文そのものの検討により、その史的意義を考察してみたい(7)。第一節では「新御式目」諸伝本を比較することにより、その原型の復元を試みる。第二節では奏上対象特定の指標となると考えられる「殿中」と「御所」の二語について検討する。第三節では各条文の内容を検討する。以上の手順によって奏上対象を中心に考察を進め、第四節において制定の意義についてまとめ、第五節ではさらに進んで「新御式目」発布の前提となる北条時宗政権を得宗専制の成立という観点から検討することとする。

第一節　「新御式目」の伝本の検討

「新御式目」は表21のごとく現在四種五本の伝本が存在する。このうち『新式目』(以下『新式』と略称)と近衛家本『式目追加』(以下『近本』と略称)は表22のごとき共通点を有することから同一系統本と考えられる(以下「新式系」と略称)(8)。一方近衛家本『式

表21　「新御式目」の伝本

伝本	系統
○『新式目』（新式） 内閣文庫所蔵２本 {『新式目』　：東大史料編纂所写本 {『新御式目』：『続群書類従』所収底本 『中世法制史料集』所収「新御式目」底本 ○近衛家本『式目追加』（近本） 陽明文庫所蔵 東大史料編纂所写本	新式系
○近衛家本『式目追加條々』（近條） 陽明文庫所蔵 東大史料編纂所写本 ○『貞応弘安式目』（貞式） 東大史料編纂所々蔵 『続々群書類従』所収底本	近條系

表22　新式系の共通点

①首部「新御式目」
（新式は次行に「弘安七五廿　卅八ケ條」とある。）
②条文の配列一致。
③重出条分なし。
④「條々公方」なし。
⑤同文条文：38カ条中33カ条。

目追加條々』（以下『近條』と略称）と『貞応弘安式目』（以下『貞式』と略称）は表23のごとき共通点を有することから同一系統本と推定される（以下「近條系」と略称[9]）。だが、新式系と近條系の間には表24のごとき相違点が存在し、別系統の伝本と考えられる[10]。そこで両系統の条文を照合してみると、誤字・脱字は近條系が圧倒的に多い。とくに貞式は第一五条を全文欠落している。また、近條系は条文である第一条の一つ書を欠いて前書のごとくし、第二三・二四条を末尾に重出する等、形態的にも明白な誤謬がある。そして、両系統で異同のある条文二五カ条中で、新式系を採るべきと推定されるものは一六カ条[11]に達するのに対し、近條系はわずか四カ条[12]に過ぎない。よって条文の字句に関するかぎり新式系が善本と考えられるのであり、『中世法制史料集』が「新式」を底本としたことには充分根拠があったということができる。だが、字句の正しさは伝存形態の正しさとは別の問題である。新式系が字句の点で善本であるとしても、新式系の現存形態――「新御式目」の題のもとに三八カ条の事書を列挙する――が、「新御式目」の原型を伝えているとは限らないはずである。

『中世法制史料集』第一巻に収められた現存の鎌倉追加法は参考史料・補遺を含めて八四二カ条[13]であるが、この中で「式目」という題名を持つ法令群は当該の「新御式目」と「條々 十一ヶ條新御式目 弘安七 八 十七」と題された第五四八条以下一一カ条の法令群の二群[14]に過ぎない。よって「新御式目」という題名は制定当時からのものではなく、のちに付され

表24　新式系と近條系の相違点

①首部 ｛新式系：「新御式目」
　　　　近條系：「條々」
②近條系：第１条に一つ書を欠く
③近條系：第８条が第18条の後。
④近條系：第23・24条を末尾に重出。
⑤近條系：第25条が第21条の後。
⑥近條系：第32・33条が逆。
⑦新式系：「條々公方」なし。
⑧同文条文：38カ条中13カ条。

表23　近條系の共通点

①首部 ｛近條：「條々　新式目イ」
　　　　貞式：「條々新式目イ」
②条文の配列一致。
（ただし，貞式は第15条を欠く。）
③第１条に一つ書を欠く
④第23・24条を末尾に重出。
⑤「條々公方」あり
（ただし，貞式は一つ書あり。）
⑥同文条文：38カ条中31カ条。

表25「條々」の名称を持つ鎌倉幕府追加法令群

No.	名　　称	追加法番号	条数	年．月．日
1	條々	36～ 41	6	寛喜４(1232)．４．７
2	條々	77～ 86	10	文暦２(1235)．７．23
3	條々	100～105	6	延応元(1239)．４．13
4	條々	148～150	3	延応２(1240)．６．11
5	條々	154～158	5	仁治元(1240)．12．16
6	條々	266～268	3	建長２(1250)．３．５
7	條々	310～316	7	康元元(1256)．12．20
8	條々	328～330	3	文応元(1260)．６．４
9	條々	401～404	4	弘長元(1261)．４．２
10	條々	407～416	10	弘長２(1262)．５．23
11	條々　文永元年四月日	421～425	5	文永元(1264)．４．12
12	條々　文永四年十二月廿六日評定	433～434	2	文永４(1267)．12．26
13	條々	437～440	4	文永５(1268)．７．１
14	條々　文永十年七　十二評　時　一(宗) 義政一　御代	453～457	5	文永10(1273)．７．12
15	條々	486～489	4	弘安４(1281)．９．16
16	條々　諸国一同被仰下畢	540～543	4	弘安７(1284)．６．３
17	條々　弘安七　六　廿五	544	1	弘安７(1284)．６．25
18	條々　十一ケ條新御式目 弘安七　八　十七	548～558	11	弘安７(1284)．８．17
19	條々	580～590	11	弘安７(1284)．11～８(1285)．11
20	條々	621～627	7	正応３(1290)
21	條々	685～687	3	正安２(1300)．７．５？
22	條々　正安二　壬七　十九　但馬前司渡之	688～698	11	正安２(1300)．７．５
23	條々	㊜104・105	2	正安２(1300)．７．５？
	総　　計	23群	127	

表26　名称に「條々」の語を有する鎌倉幕府追加法令群

No.	名称	追加法番号	条数	年．月．日
1	国々守護人幷新地頭非法禁制御成敗條々事	1～ 6	6	貞応元(1222)．4．26
2	去々年兵乱以後所被補諸国庄園郷保地頭沙汰條々	10～ 14	5	貞応2(1223)．7．6
3	｛下　諸国御家人等 可早守　宣旨状令禁断條々事	15～ 17	3	嘉禄2(1226)．1．26
4	諸国新補地頭得分條々	23～ 27	5	寛喜3(1231)．4．21
5	｛定 起請文失條々	73	1	文暦2(1235)．⑥．28
6	條々制符	106～111	6	延応元(1239)．4．14
7	鎌倉中保々奉行可存知條々	122～129	8	延応2(1240)．2．2
8	問注記調進同可存知條々	163～167	5	仁治2(1241)．6．15
9	保司奉行人可存知條々	245～249	5	寛元3(1245)．4．22
10	諸国郡郷庄園地頭代且令存知且可致沙汰條々	282～294	13	建長5(1253)．10．1
11	関東新制條々	337～397	61	弘長元(1261)．2．20
12	異国発向用意條々	474～475	2	建治2(1276)．3．5
13	守護人幷御使可存知條々	532～539	8	弘安7(1284)．5．27
14	一　名主職事　條々	562	1	弘安7(1284)．9．10
15	宇佐宮條々	(参)45	1	元亨2(1322)．6．7
16	宇佐宮領條々	(参)46～ 50	5	年代不詳
17	條々内	(補)14・603	2	弘安9(1286)．⑫．28
18	條々内	(補)15	1	弘安10(1287)．3．11
19	條々被仰下内	(補)16	1	正応元(1288)．7．16
	総計	19群	139	

註　○付数字は閏月を示す。

た可能性がある。これは「十一ケ条新御式目」の方が「條々」の下に付された割註であることからも推定されよう（しかも、この割註は近條系にしか記載がない）。これに対し、近條系は首部に「條々」・第一八条と第一九条の間に「条々公方」とある。そこで鎌倉追加法の中から「條々」を表題とする法令群を捜すと、表25のごとく総計二三群一二七カ条が検出される。さらに表題に「條々」の語を含む法令群は、表26のごとく、総計一九群一三九カ条。両者を合わせれば、現存追加法の三割強、四条に一条以上は「條々」の名のもとに制定された法令群に含まれるということになる。[15] 鎌倉政権では複数の法令をまとめて制定する場合、「條々」と称することが一般的であったということができよう。また、表26のごとく〝～についての條々〟という意味の名称を法令群に付すとき、鎌倉追加法は「～條々」「～條々事」等としており、「條々

～」とした例は当該の「條々公方」を除くと皆無である。よって、「條々公方」の「公方」はのちの書込みである可能性がある。

以上のことから、いわゆる「新御式目」三八カ条は本来、おのおの「條々」と題された一八カ条と二〇カ条からなる別個の二つの法令群であったと考えられる。このことは表24のごとく新式系と近條系の間で三カ条の条文の異動があるものの、いずれも前半は前半内部・後半は後半内部での異動であり、前半・後半にわたる異動がみられないこと、近條系は第二三・二四条を末尾に重出するが、両条は後半に属し、前半からの重出はやはりないことによって、傍証されるのではないだろうか。本来別個の法令群であった前半と後半が、新式系においては双方の首部「條々」が共に削除されて「新御式目」の名のもとにまとめられ、近條系においては後半の首部「條々」の下に「公方」の二字が書き加えられて、おのおの伝来したと推定される。近條系は字句等の点では新式系に劣り形態にも問題があるが、原型をよく残しているのではないだろうか。

以上の推察が正しいとすれば、新式系の二行目「弘安七五廿　三十八ケ条」も「三十八ケ条」とあることから、前半と後半が一つにまとめられた時点以降に記入されたものということになる。であるから「弘安七五廿」という制定の日付も疑ってみる必要があろう。この日付の記載は近條系にはみられないのであるからなおさらである。だが、まず前半と後半は「はじめに」で掲げた①・②のような鎌倉追加法としては異例な著しい特徴を共有することから、密接な関係を有するものと思われる（ただし、前半と後半の奏上対象が同一人物とは限らない）。そして弘安七年前半制定と推測される内容の条文が前半にも後半にも存在する。[16]よって前半・後半は弘安七年五月二十日に同時立法された二つの法令群であったとするのが最も妥当な推定であると考えられる。

第二節　御所と殿中

では、まず前半・後半おのおののキー・ワードである「殿中」・「御所」の二つの用語について考察してみたいと思う。前半のみに現れる殿中、同じく後半のみに現れる御所の二語は当時何を指したのであろうか。

一　殿　中

前半一八カ条中には「殿中」の語を持つ条文が三カ条ある（条文の上の番号は『中世法制史料集』の配列順）。

(7)一　殿中人々、毎日可有見参事。
(10)一　殿中人礼儀礼法、可被直事。
(15)一　依諸人沙汰事、殿中人、不可遣使者於奉行人許事。

五味氏はこの「殿中」を『鏡』寛元四年五月二十五日条等を引いて得宗邸を指すものとしている。(17)一方、網野氏は将軍邸(18)と解釈しているようである。本節では多少繁雑になるが、管見に入った史料を一つずつ検討することにより、「殿中」の意味を考察してみたい。

まず、『鏡』には「殿中」が一三回、これに準ずべき「殿内」が二回登場する。

○源頼朝記（八回）　治承四（一一八〇）年八月十七日条　山木攻めの当日、「殿内下女」に夜這いをかけてきた山木邸の雑色男に「殿中」に群集する勇士をみられたため、頼朝がこれを捕らえさせた。この「殿内」・「殿中」は頼朝の住居、つまり将軍邸を指している。このほかの六例の「殿中」も同様に将軍邸を指すと解釈される。(19)

○源頼家記（一回）　建仁三（一二〇三）年五月二十日条　叛逆罪で叔父阿野全成を捕らえた頼家は「殿内」に官

仕する全成の妻阿波局（政子の妹）の引渡しを北条政子に要求。この「殿内」は政子邸を指し、将軍家族邸ということになる。

○源実朝記（記載なし）

○九條頼経記（一回）　元仁元（一二二四）年三月十九日条　「殿中」で「表示等」があったため、義時が泰山府君祭を始めた。この「表示等」とは三月十四・十八日条に記された「若君御亭」＝頼経邸での怪異を指し、よって「殿中」は頼経邸、つまり将軍邸ということになる。

○九條頼嗣記（三回）　①寛元四（一二四六）年五月二十五日条　五味氏も指摘[20]の宮騒動当日の記事である。防衛体制を固めた時頼邸に参上した前将軍頼経の側近藤原定員に対し、時頼は被官三人をして「殿中」への立入りを拒否している。ここでは「殿中」は明白に得宗邸を指している。②宝治元（一二四七）年六月一日条　宝治合戦直前のこの日、時頼の使者として三浦邸に向かった京極氏信は帰参して三浦方の軍備の次第を語り、このため「殿中」は警戒を厳重にした。五日の合戦当日まで時頼は自邸におり、戦端が開かれてのちに「参御所、被候将軍《九条頼嗣》御前」れている（『鏡』同日条）から、この「殿中」は得宗邸と考えるのが妥当と思われる。③同年六月三日条　合戦前々日、時頼は「無為御祈請」を始め、法印隆弁が如意輪秘法を「殿中」で修した。一日条同様、これも得宗邸と推定すべきであろう。

○宗尊親王記（二回）　①建長五（一二五三）年九月二十六日条　矢野倫長を奉行として「殿中」において「内々」に沙汰があった。五味氏はこの記事の「殿中」と「内々」に注目し、『永記』二月十六日条を引いて「内々の沙汰とは、得宗邸での寄合のごとき会議をさしているのであろう[21]」と述べている。「内々」は寄合に限った用語ではないが、『鏡』に記載された寄合の記事五回[22]のうち、寛元四年六月十日条と宝治元年六月二十六日条の二回で使用されているので、私も九月二十六日条は寄合についての記事ではないかと思う。とすれば、この「殿中」も得宗邸を指すことになるであろう。②康元元（一二五六）年正月四日条　的始射手の辞退を申し出た者のうち名手二名に対し、時頼が「殿中」で参勤を命じた。この「殿中」も微妙であるが、正月十日条に「於相州《(北条時頼)》御亭有評定始」とあり、この年は評定始も時頼邸で開かれているので、得宗邸と解釈してよいのではないだろうか。

以上、『鏡』に現れた一五の「殿中」・「殿内」の意味をまとめると、頼経初期までの一〇例は将軍およびその家族の住居を指すが、頼嗣期以降の五例は得宗邸を指すと解釈されるということになる。つまり『鏡』においては、「殿中」は鎌倉前期の将軍邸・将軍家族邸を指す用語から、鎌倉中期以降には得宗邸を指す用語へと変化したと考えられる。

次に『鏡』以外の史料における「殿中」について検討してみたい。①『鎌記裏書』嘉元三（一三〇五）年五月四日条では「殿中」に「師時《(北条)》館、禅閤《(北条貞時)》同宿」の割註がある。この年四月二十二日貞時邸は焼失しており（『鎌記裏書』同年条）、貞時は執権師時邸に移っていた。この「殿中」は明白に得宗の居所を指している。②『将次第』元弘三（一三三三）年条・『北条系図』（『続類従』「系図部」）の北条茂時の割註は、いずれも鎌倉滅亡の記事であるが、ここにみえる「殿中」が高時以下の自刃した東勝寺を指すこと明白であり、やはり得宗居所を指している。③『親玄僧正日記』（『東大謄写』）正応六（一二九三）年四月二十二日条「寅初殿中以外騒動。可被打平禅門《(頼綱)》之故也。寅刻、打手武蔵七郎等押寄、懸火及合戦。合戦以前平左衛門宗綱令参云〻。父子違逆意上者、不可蒙御不審之由、種〻申之間、以安東新左衛門尉重綱問答。其後宇津《(都)》宮入道《(景綱)》預了」は、五味氏も引用[23]の平禅門の乱の記事である。文脈から、「殿中」と平宗綱が参上した場所は同一と推定され、得宗被官安東重綱をして宗綱に問答を加えた主体は貞時に間違いない。よってこの「殿中」は得宗邸を指している。④弘安九年十二月五日付「北条貞時寄進状」（『相州文書』所収『法華堂文書』）には、安達泰盛秘蔵の頼朝御剣鬢切を霜月騒動で入手した貞時が「殿中」で装束を改め得宗被官工藤杲禅（暁）をして頼朝法華堂に寄進させたとあり、この「殿中」は得宗邸を指すと解釈されよう。次に⑤『平政連諫草』（尊経閣文庫所蔵）を掲げる。

一　固可被止過差事

（中略）

然則他方入御之経営、尤可被停止。御内恒例之敷設、固可用麁品。禁諸亭入御之理者、御一門人〻、諸大名家〻、以御渡、作一期之本望、為御儲、盡残涯之餘資。雖当達人之望、似不顧国之費。且無撰其人者、誰不懸望。又於撰其人者、自可成恨歟。毎人有経営者、挙世多煩費。（中略）自今以後、殊御要之外、雖為殿中祗候人之家、可有御斟酌。若猶依人有光臨者、可被用倹約。（以下略）

本史料は徳治三（一三〇八）年八月、得宗被官長崎高綱を通じて貞時に奏上された。当該記事は要するに得宗の諸家への渡御は相手方に無用の出費を行わせるから自粛してほしいということである。文脈はまず「御一門人〻」・「諸大名家〻」への渡御の弊害を説き、これからはたとえ「殿中祗候人之家」であっても控えてほしいということになっている。「御一門人〻」は北条氏一門、「諸大名家〻」は有力外様御家人と推定されるから(24)、これらと対比されている「殿中祗候人」は得宗被官、とくに〝得宗邸に祗候する人〟を指すものと思われる。すなわち「殿中」は得宗邸を意味すると考えられる。⑥『永記』二月十六日条「南都事書取捨了。但内々以殿中仁被上京都。事次第委細被尋問之後、可有其沙汰評了〔之由〕脱カ」、同二月二十三日条「安東新左衛門（重綱）、依南都事、為御使進発云々」、同閏二月二十一日条「安東新左衛門（重綱）自京都下向。南都合戦次第アリ」。こちらも五味氏指摘の史料であるが(25)、「南都事」で上洛した「殿中仁」は前掲『親玄僧正日記』にも姿をみせる得宗被官安東重綱であり、「殿中」はやはり得宗邸を意味すると解釈される。

以上の史料はいずれも鎌倉末期に「殿中」が得宗邸・得宗居所を指す用語として使われていたことをかなり積極的に実証するものと思う。次にこれらほどではないが、「殿中」＝得宗邸と解釈されると思われる史料を掲げる。⑦鎌倉追加法七三二条は「他所奉公之仁等」が「殿中」に奉公せんとすることを禁じたもので、この「殿中」も得宗邸と解釈してよいのではないだろうか。次に⑧『貞時供養記』十月二十六日条には、「弥勒像去夏比、於殿中、但馬八郎図絵之」と「今夜、自寺《(円覚寺)》御還以後、於殿中有御仏供養」の二つの記事がある。貞時の十三年忌は嫡子高時が主催したもので、これらの「殿中」も得宗邸としてよいのではないだろうか。とくに後者の「自寺御還」した主体は高時と考えられるから、「殿中」は得宗邸と解釈できよう。

『鏡』以下列挙した史料から導かれる結論は、「殿中」は鎌倉前期には将軍およびその家族の住居を意味したが、中期以降、とくに末期には得宗の住居・居所を指す用語となったということになる。だが、鎌倉末期に「殿中」といえば必ず得宗邸であり、「殿中」は得宗邸を示す最も一般的な用語であった、ということはできない。たとえば、（徳治二年）十一月二十八日付「倉栖兼雄書状」（『金文』五六一）には「及子剋祇候殿中候之間」とあり、ここでは「殿中」は六波羅探題府を指している（もっともこれは倉栖が当時の南方探題金沢貞顕の被官であり、しかも在洛中であったことによるものであろう）。また、『金文』中の金沢貞顕書状では得宗邸に対し「殿中」という用語は使われていない。そして何よりも問題なのは、「殿中」＝得宗邸ということを示す史料がその可能性のあるものも含めて十数例に過ぎないということである。「殿中」＝得宗邸ということは次節にみる将軍邸に対する「御所」ほどには一般化できないように思う。しかし、末期鎌倉政界の人びとが「殿中」という言葉を聞いたとき、最初に頭に浮かべたのは得宗邸であった、という程度のことは主張してよいのではないだろうか。よって私は「新御式目」の三つの「殿中」を得宗邸を指すものと考える。「新御式目」の「殿中」を得宗邸とした五味氏の見解は是認されるものである。「新御式目」第七条は得宗邸祇候人が毎日得宗に見参すべきことを、第一〇条は得宗邸祇候人が礼儀礼法を正しくすべきことを、第一五条は得宗邸祇候人が諸人の裁判に際し使者を奉行人の許に送って圧力をかけてはならないことを、おのおの定めたものと解釈され、「新御式目」前半一八カ条には得宗邸祇候人に関する規定が三カ条存在することになる。

二　御　所

後半二〇カ条中には「御所」の語を持つ条文が一カ条ある。

(36)一　御所女房上臈者二衣、下臈者薄衣。

「御所」とは何を意味するのであろうか。網野氏も五味氏も将軍邸のこととしている。本来「御所」は天皇・上皇・摂関等の居所およびそれらの人びとに対する敬称であった。これが鎌倉政権においてはいかなる意味で用いられていたのか。この用語についても史料に拠って検証してみよう。

まず『鏡』であるが、これには表27－aのごとく、〝某御所〟の語が二七〇回、単なる「御所」が六〇〇回、計八七〇回登場する。〝某御所〟の内訳は表27－b①～⑦のごとくで、二七〇例中二三九例が鎌倉将軍関係の人物・建造

表27　『吾妻鏡』にみる将軍邸の呼称とその登場回数

a. 将軍邸の呼称→御所・幕府・営中・殿中

某御所	270	870
御　所	600	
幕　府	83	
営　中	69	（うち営3・柳営1・軍営1）
殿　中	15	（うち殿内2）

b. 某御所

①源頼朝記（巻1～巻15）

二品御所	将軍邸	1	将軍関係 9
小御所	将軍邸内建造物	4	
濱御所	将軍別邸	3	
名越濱御所	将軍別邸	1	
新御所	上皇邸	1	皇族関係 7
褻御所	上皇邸内建造物	1	
常御所	上皇邸内建造物	1	
三條高倉御所	皇族邸	2	
宮御所	皇族邸	1	
八條御所	皇族邸	1	
馬場御所	神社内建造物	1	その他　2
加羅御所	地方豪族邸	1	
計		18	

②源頼家記（巻16～巻17）

左金吾御所	将軍邸	2	将軍関係10
大御所	前将軍邸	1	
小御所	将軍家族邸	2	
濱御所	将軍別邸	1	
北向御所	将軍邸内建造物	1	
廂御所	将軍邸内建造物	1	
東小御所	将軍邸内建造物	1	
東北御所	将軍邸内建造物	1	
計		10	

(●表27つづき)
③源実朝記(巻18～巻24・承久元年)

新造御所	将軍邸	2	将軍関係18
新御所	将軍邸	4	
東御所	将軍家族邸	1	
三浦三崎御所	将軍別邸	1	
法花堂御所	将軍居所	2	
旅御所	将軍居所	1	
御方違御所	将軍居所	2	
小御所	将軍邸内建造物	3	
	将軍家族邸内建造物	1	
常御所	将軍邸内建造物	1	
院御所	上皇邸	2	皇族関係4
高陽院殿馬場御所	皇族邸	1	
一條室町故皇太后宮御所	皇族邸	1	
計		22	

物を意味している。「御所」の内訳は表27－c①～⑦のごとくで、六〇〇例中五八〇例が将軍関係。しかも五八〇例中、九割を超える五二四例が将軍邸を指している。「御所」六〇〇例中でも将軍邸が占める割合は八七パーセント強である。つまり『鏡』で〝御所〟とあった場合、圧倒的多数が将軍関係の人物・建造物を指し、単に「御所」とあったときは九割近くが将軍邸を指すということになる。

　では、将軍邸を指す用語は「御所」を含めてどのくらいあるかというと、「武衛亭」「若君御亭」等の特定個人の住居を示す場合を除くと、表27－aのごとく、「御所」「幕府」「営中」「殿中」の四語が検出される。各語の数を示したのが表27－d①～⑦である。全七二一例中、「御所」は五六〇例、七七・七パーセント。「幕府」は八三例、一一・五パーセント。「営中」は六九例、九・六パーセント。「殿中」は九例、一・二パーセント。八割近くを「御所」が占めている。頼朝記で三位になっていることだけが例外で、頼家記以降では将軍邸を指す用語としては圧倒的に「御所」が多い。『鏡』では、「御所」は将軍関係の人物・建造物を指す用語としては最も多く使用され、とくに将軍邸を指す用語の中では抜群の頻度を占めている。また、『鏡』で将軍個人を呼ぶ場合、征夷大将軍任官後は「将軍家」と記すことがほとんどであり、したがって将軍個人を「御所」と称した例はきわめて少ない（二〇例、表27－c参照）。だが、初出の文治元（一一八五）年四月二十一日条（頼朝将軍任官以前）では梶原景時書状中で使われており、鎌倉政権では非常に早い時期から将軍個人を「御所」と呼んでいたことが推定される。

次に『鏡』以外の鎌倉政権関係史料六種から検出した「御所」を示したのが表28である。やはり将軍関係が大半で、単に「御所」とあるときは将軍・将軍邸・将軍居所のいずれかを指すことがほとんどである。興味深いのは問注所執事太田康有・時連父子の記した『建記』・『永記』で、両書は将軍個人を大部分「御所」と記している[26]。また、金沢貞顕書状には一二文書に一九例の「御所」がみいだされる[27]が、ほとんどが将軍または将軍邸を意味すると解釈される。

以上によって、鎌倉政権関係史料中に「御所」とあった場合、第一に将軍邸である可能性を考えるべきであると結論される。末期鎌倉政界では「御所」は将軍邸・将軍居所を指す用語として定着していたということができよう。た

(●表27つづき)

④九條頼経記(巻24・承久2年～巻35)

若君御所	将軍邸	1	
旧御所	将軍邸	1	
	将軍旧邸	1	
当御所	将軍邸	1	
右大将家法華堂下御所	将軍邸	1	
彼御所	将軍邸	1	
新造御所	将軍邸	5	
鎌倉御所	将軍邸	2	
若宮大路御所	将軍邸	1	
若宮大路新御所	将軍邸	2	
若宮大路新造御所	将軍邸	1	
本御所	将軍邸	4	
御堂御所	将軍家族邸	3	
御堂之御所	将軍家族邸	1	
二位家新御所	将軍家族邸	1	
故二位殿御所	将軍家族邸	1	
東御所	将軍家族邸	1	
	将軍別邸	3	将軍関係133
六波羅御所	将軍別邸	3	
旅御所	将軍居所	2	
当時御所	将軍居所	5	
車返牧御所	将軍居所	1	
浜部御所	将軍居所	1	
新御所	将軍邸	17	
	将軍家族邸	1	
	将軍別邸	1	
二棟御所	将軍邸内建造物	5	
夜御所	将軍邸内建造物	1	
儲御所	将軍家族邸内建造物	1	
馬場殿御所	将軍邸内建造物	1	
常御所	将軍邸内建造物	3	
小御所	将軍邸内建造物	9	
竹御所	将軍正妻	26	
	将軍家族邸	18	
	将軍別邸	6	
両御所	将軍父子	1	
院御所	上皇邸	1	
西坂本梶井御所	上皇居所	1	
梶井御所	上皇居所	1	
阿波院御所	上皇居所	1	皇室関係8
斎院御所	皇族邸	1	
三條御所	皇族邸	1	
寝殿御所	上皇邸内建造物	1	

(●表27つづき)

児島宮御所	皇家居所	1	その他　1
御寝「御」所東御壷	「御」は衍	1	
計		142	

⑤九條頼嗣記(巻36～巻41)

両御所	将軍父子	1	将軍関係 9
	前・現両将軍邸	1	
旅御所	将軍居所	2	
儲御所	将軍居所	1	
常御所	将軍邸内建造物	2	
	前将軍邸内建造物	1	
小御所	将軍邸内建造物	1	
	内裏内建造物	2	皇族関係 5
北弘御所	内裏内建造物	1	
院御所	上皇邸	1	
春宮御所	皇太子邸	1	
計		14	

⑥宗尊親王記(巻42～巻52)

新御所	将軍邸	5	将軍関係60
新造御所	将軍邸	4	
鎌倉御所	将軍邸	2	
古御所	前将軍邸	1	
六波羅御所	将軍別邸	1	
当御所	将軍居所	2	
当時御所	将軍居所	2	
当所御所	将軍居所	1	
御方違御所	将軍居所	1	
廂御所	将軍邸内建造物	6	
	将軍居所内建造物	1	
常御所	将軍邸内建造物	1	
二棟御所	将軍邸内建造物	5	
広御所	将軍邸内建造物	5	
中御所	将軍側室	15	
	将軍邸内建造物	8	
院御所	上皇邸	2	皇族関係 3
大宮院新造御所	上皇邸	1	
相州禅室御所	得宗邸	1	その他　1
計		64	

だし、得宗邸を「御所」と称した例がないわけではない。たとえば、『鏡』弘長元年七月二十九日条には「相州禅室御所」、『金文』四五六「金沢貞顕書状」には「太守禅閤御所」との表現があり、前者は時頼邸、後者は高時邸を指している。だが、この二例は「御所」の前に「相州禅室」・「太守禅閤」と居住者が得宗であることを明示する言葉が付されており、この場合の「御所」が将軍邸でないことを現している。単に「御所」といった場合は、将軍邸を指すため、これと区別する目的で付されたものであろう。この二例はむしろ単に「御所」といった場合は将軍邸を指すという右の結論を補強するものと思われる。

よって、第三六条の「御所」は将軍邸とするのが、最も妥当な解釈と考えられる。第三六条は将軍邸祇候の女房の服装規定ということになり、「新御式目」後半二〇カ条には将軍邸に関する規定が一カ条存在することになる。

(●表27つづき)

⑦総計

将軍邸	57	将軍関係239
将軍旧邸	1	
前将軍邸	2	
前・現両将軍邸	1	
将軍別邸	20	
将軍居所	23	
将軍家族邸	29	
将軍邸内建造物	59	
前将軍邸内建造物	1	
将軍居所内建造物	1	
将軍家族邸内建造物	2	
将軍父子	2	
将軍正妻	26	
将軍側室	15	
上皇邸	8	皇族関係27
上皇居所	3	
皇太子邸	1	
皇族邸	8	
皇族居所	1	
上皇邸内建造物	3	
内裏内建造物	3	
得宗邸	1	その他　4
地方豪族邸	1	
神社内建造物	1	
衍	1	
計	270	

c. 御所

①源頼朝記

将軍	1	将軍関係12
将軍邸	11	
上皇	1	皇族関係14
上皇邸	10	
皇族邸	2	
皇族居所	1	
計	26	

②源頼家記

将軍邸	32	将軍関係32
計	32	

③源実朝記

将軍	1	将軍関係109
将軍邸	97	
将軍居所	11	
上皇	1	皇族関係 3
上皇邸	1	
上皇居所	1	
計	112	

④九條頼経記

将軍	8	将軍関係259
将軍邸	238	
将軍別邸	2	
将軍居所	11	
上皇邸	2	皇族関係 2
摂関邸内建造物	1	その他　1
計	262	

⑤九條頼嗣記

将軍邸	48	将軍関係48
計	48	

⑥宗尊親王記

将軍	10	将軍関係120
将軍邸	98	
将軍別邸	2	
将軍居所	10	
計	120	

⑦総計

将軍	20	将軍関係580
将軍邸	524	
将軍別邸	4	
将軍居所	32	
上皇	2	皇族関係19
上皇邸	13	
上皇居所	1	
皇族邸	2	
皇族居所	1	
その他	1	その他　1
計	600	

(●表27つづき)

d．将軍邸(含．別邸)・将軍居所

①源頼朝記

御所：将軍邸	11
幕府：将軍邸	18(うち若宮幕府：1)
営中：将軍邸	47(うち営：2，柳営：1)
殿中：将軍邸	8(うち殿内：1)
計	84

②源頼家記

御所：将軍邸	32
幕府：将軍邸	2
営中：将軍邸	3
殿中：将軍邸	0(殿内＝将軍家族邸：1)
計	37

③源実朝記

御所	将軍邸	97
	将軍居所	11
幕府：将軍邸		18
営中：将軍邸		9
殿中：将軍邸		0
計		135

④九條頼経記

御所	将軍邸	238
	将軍別邸	2
	将軍居所	11
幕府：将軍邸		15
営中：将軍邸		3(うち軍営：1)
殿中：将軍邸		1
計		270

⑤九條頼嗣記

御所：将軍邸	48
幕府：将軍邸	27(うち当幕府：1)
営中：将軍邸	5
殿中：将軍邸	0(殿中＝得宗邸：3)
計	80

⑥宗尊親王記

御所	将軍邸	98
	将軍別邸	2
	将軍居所	10
幕府：将軍邸		3
営中：将軍邸		2(うち営：1)
殿中：将軍邸		0(殿中＝得宗邸：2)
計		115

⑦総計

御所	将軍邸	524
	将軍別邸	4
	将軍居所	32
幕府：将軍邸		83
営中：将軍邸		69
殿中：将軍邸		9
計		721

三　鎌倉末期における「御所」と「殿中」

『続類従』「雑部」所収の『見聞私記』は天平勝宝四（七五二）年から正和四（一三一五）年に至る年代記であるが、鎌倉時代については、武家政権の動向を非常に詳しく伝えており、正和をあまり隔たらない鎌倉末期に鎌倉政界に近い人によって編纂されたと考えられる（本史料の成立については『群書解題』の貫達人氏の解題参照）。この史料に次のような記事がある。

①嘉元三年(一三〇五)四月廿二日。自殿中対屋火出来。悉焼失了。禅門(北条貞時)被移了相州(北条師時)岩(宿)所。

②延慶三年(一三一〇)十一月六日未時歟。自浜辺火出来。始自御所・殿中、大名・小名人屋、大御堂、法花堂、荏柄社、浄光明寺、多宝寺、二階堂大門、鐘楼、経蔵、悉焼失了。先代未聞人殊事也。

③正和四年四月八日子刻歟。火出来。御所・殿中・大名・小名岩(宿)所、八幡宮社堂坊・供僧諸房等岩(宿)所、不残一宇悉焼失了。

①の「殿中」は二三〇頁前掲『鎌記裏書』と対照すれば、明白に貞時邸を指している。よって「殿中」は将軍邸やその一部を指すのではなく、得宗邸という独立した建造物の呼称であったことがわかる。そこで注目されるのは②・③

表28　鎌倉期史料にみる御所

a.『鎌倉年代記』

中御所	将軍側室	1	将軍関係 1
計		1	

b.『鎌倉年代記裏書』

御所	将軍	2	将軍関係24
	将軍邸	2	
	将軍居所	2	
鎌倉御所	将軍邸	1	
将軍御所	将軍邸	4	
新造御所	将軍邸	1	
	前将軍邸	1	
若君御所	将軍邸	1	
大納言入道家御所	旧将軍邸	1	
六波羅御所	将軍別邸	1	
仮御所	将軍居所	1	
小御所	将軍家族邸	1	
二棟御所	将軍邸内建造物	1	
竹御所	将軍正妻	1	
中御所	将軍側室	4	
院御所	上皇邸	1	皇族関係 1
計		25	

c.『武家年代記』(鎌倉期のみ)

御所	将軍邸	1	将軍関係 4
土御門御所	旧将軍邸	2	
御所奉行	将軍邸奉行	1	
承明門院御所	皇族邸	1	皇族関係 1
計		5	

d.『武家年代期裏書』(鎌倉期のみ)

御所	将軍	1	将軍関係 4
	将軍邸	2	
新造御所	将軍邸	1	
計		4	

e.『鎌倉大日記』(鎌倉期のみ)

御所	将軍邸	1	将軍関係 3
	旧将軍邸	1	
将軍御所	将軍邸	1	
計		3	

（●表28つづき）

f.『建治三年記』

御所	将軍	11	将軍関係18
	将軍邸	5	
儲御所	将軍邸内建造物	1	
二棟御所	将軍邸内建造物	1	
計		18	

g.『永仁三年記』

御所	将軍	2	将軍関係 2
計		2	

の「御所・殿中」の表記である。これが「御所殿中」という一つの単語ではなく、「御所・殿中」と読んで、二つの建造物を指していることは、①からも明らかであろう。そこで②の記事に対応するのは『鎌記裏書』同年条の次の記事である。

十一月六日、自安養院失火。焼失所々、勝長寿院・法花堂・神宮寺・浄光明寺・多宝寺・理智光院・相本・田代・二階堂大門・荏柄社、其外堂社、不知其数。将軍御所（守邦親王）・最勝園寺禅閣館（北条貞時）・当国司以下、大名・小名宿館等、大略焼失訖。前代未聞之由有其沙汰。

『見聞私記』の「御所・殿中」にあたるのが、ここではおのおの「将軍御所・最勝園寺禅閣館」にあたることは明らかである。同様に③に対応するのは『公衡公記』同年三月十五日条、

去八日関東大焼亡。将軍御所（守邦親王）・左馬権頭（北条高時）屋形以下、相州（北条煕時）・奥州（大仏維貞）・相模左近大夫（北条貞規）・武蔵左近大夫（赤橋守時）・八幡宮上下・建長寺門等悉焼亡。（以下略）

の記事である。「将軍御所・左馬権頭屋形」は同書十六日条に載せる施薬院使丹波長周の注進状では「将軍家・典厩御宿所」と記されている。『見聞私記』の「御所・殿中」がこちらでは「将軍御所」・「将軍家」と「左馬権頭屋形」・「典厩御宿所」にあたる。つまり、『見聞私記』は将軍邸を「御所」、得宗邸を「殿中」と記し、しかも両者を併記している。『見聞私記』に残された「御所・殿中」という将軍邸と得宗邸の記載方法は、鎌倉末期における両所の呼称を正しく伝えたものなのではないだろうか。末期鎌倉政権では、将軍邸は「御所」、得宗邸は「殿中」と呼ぶ習慣が定着しており、これによって両所は区別されていたものと考えられる。

第三節　条文の検討

一　前半一八カ条中の条文

本節では前半一八カ条中の条文について検討することにする。

(5)一　内談三箇條、可被聞食事。

「内談」については『沙汰未練書』に「一　御寄合事。評定衆中ニ宗人々有御寄合、秘密御内談在之也」と記されている。五味氏はこの記事を根拠として、第五条を「得宗が寄合のような場で聞く[28]」ものと解釈している。「内談」は外様御家人宇都宮氏の家法『宇都宮弘安式條[29]』の第四三条にも「一　於内談座書問状事」とあり、得宗の寄合に限った用語ではない。だが、末期鎌倉政権の政治制度上にはほかに「内談」に該当すると思われるものをみいだすことができないので、私は第五条の「内談」は寄合そのものを意味するものではないかと思う[30]。『平政連諫草』に「何況毎月御評定間五ケ日、御寄合三ケ日、奏事六箇日許、不闕有御勤仕之条、強無窮屈之儀歟」とあり、鎌倉末期には寄合は月三回開催と制度化されていたようである。第五条は寄合では一回につき三つの議題を「聞食」してくれることを求めたものではないだろうか。とすれば、第五条の奏上対象は得宗ということになる。

(14)一　御行始・御方違之外、人々許入御、可有猶豫事。

御行始・御方違以外の人びとの許への入御の自粛を求めている。この条文を読んで気づくのは、二三一頁に掲げた『平政連諫草』「固可被止過差事」と同一内容であることである。『鏡』では将軍も得宗も渡御を頻繁に行っている。であるから、第一四条の奏上対象は将軍とも得宗ともとれるのであるが、『平政連諫草』でもわかる通り、得宗権力が将軍のそれを凌駕してしまった鎌倉末期には、恣意的な渡御を行って人びとに迷惑をかける可能性は将軍より得宗の方が高かったはずである。よって第一四条の奏上対象は得宗であったと推定される。

以上の第五・一四条の解釈が正しければ、「殿中」三カ条と合わせて前半には得宗関係の規定が五カ条あることになる。これは全一八カ条中の三割に近い数であるから、「新御式目」前半は得宗を奏上対象としていた、という推定を一応可能とするであろう。

二　後半二〇カ条中の条文

本項では後半二〇カ条中の条文について検討することにする。

(22)一　闕所随出来、所領替・巡恩・旧恩労、可有御恩事。

闕所が出たときは種々の「御恩」として人びとに給付することを求めている。「御恩」については『沙汰未練書』に「一　地頭トハ、右大将家（源頼朝）以来、代々将軍家奉公、蒙御恩人之事也」「一　御恩地トハ、依代々将軍家奉公、充給所領等事也」とある。鎌倉幕府法において「御恩」といえば、それは〃将軍の御恩〃であり、この原則は鎌倉末期に至るも変化なかった[31]。とすれば第二二条の奏上対象は将軍と考えるのが最も妥当であると思われる。

(24)一　鎮西九国名主、可被成御下文事。

「御下文」についても、『沙汰未練書』は「一　御下文トハ、将軍家御恩拝領御下文也」「一　御家人トハ、往昔以来、為開発領主、賜武家御下文人事也開発領主トハ、根本私領也。又本領トモ云。」「一　名主・庄官・下司・公文・田所・惣追捕使惣追捕使トハ、其所検断職也。又、検非違使トモ云也。以下職人等事、件所職等者、地頭・領家進止職也。進止トハ進退ノ事也。但、帯各別御下文者、有限公事課役之外、不可随地頭・領家私下知」と記している。「御下文」とは〃将軍の御下文〃であり、第二四条の奏上対象も将軍と解釈できよう。

(19)一　九国社領止甲乙人売買、如舊可致沙汰事[32]。

この条と前記の第二四条を受けて半年後に発布されたのが追加法五六九条である。

一　鎮西為宗社領幷名主職事

為尋沙汰、所被差遣御使者也。子細被載事書畢。明石民部大夫行宗相共糺明之、且加下知、且可注進之状。依仰執達如件。

弘安七年（一二八四）十一月廿五日

左馬権頭（北条貞時）判

陸奥守（普音寺業時）判

残両通同之

大友兵庫入道殿（頼泰）

右は関東御教書であり、「仰」は当然将軍の「仰」である。とすれば、第一九・二四条の奏上対象は将軍ということになるのではないか。

(26)一　御年貢定日限可徴納。若過期日者、可被召所領事。

この法令は次の追加法五四五条によって翌月具体化される。

一　所領年貢事　弘安七　六

遠国者、翌年七月以前令究済、可遂結解。近国者、同三月中可遂結解。縦雖無未進、期日以前、不遂其節者、別納之地者、可落政所例郷。於例郷者、可令改易所帯也。

文中の「政所」は将軍家政所を指すはずであるから、「所領」は関東御領を意味することになる。よって第二六条の奏上対象も将軍とするのが妥当と思われる。

(29)一　出羽・陸奥外、東国御牧可被止事。

牧についての鎌倉追加法はこの法令だけなので、鎌倉政権で牧がいかなる支配を受けていたのかはよくわからない。しかし、非常に時代の古い史料であるが、『鏡』承元四（一二一〇）年十月十三日条に「諸国御牧事可令興行之由、可相触守護地頭等之旨、今日被仰出。武州《北条時房》奉行也。行光《二階堂》書下之」とある。「被仰出」の主語は将軍実朝である。また、幕府が朝廷に馬を貢進する「貢馬」は朝幕間の重要な年中儀礼として鎌倉全期を通じて行われた。この馬を産する牧は右の『鏡』の記事からも、将軍および政所の支配下にあったのではないか。第二九条の奏上対象も将軍とするのがよいと思われる。

(31)一　垸飯三日之外、可被止事。

『永記』によれば永仁三（一二九五）年の正月垸飯はこの規定通り三日間行われている。[33] 垸飯の日数を決定できるのは建前としては将軍であったはずである。

(32)一　御評定初五日、直垂・折烏帽子。

(33)一　御的七日、直垂・立烏帽子。

この二カ条は『永記』で永仁三年の評定始が第三三条の規定通り正月五日に行われていることからも評定始・的始の出席者の服装規定と考えられる。五味氏はこれらについて「『直垂折烏帽子』（第三二条）とか『直垂立烏帽子』（第三三条）で出仕するのは、得宗でなくてはならない」と述べ、後半二〇カ条を「得宗がなすべき箇条」とする根拠の一つとしている。[34] だが、両条は服装の規定をしているだけで、奏上対象に対し、〝それらを着て出仕せよ〟とは書いていない。二三七頁にみた第三六条が「御所女房」の服装規定であることから、この二カ条も各儀式の出席者にふさわしい服装をさせてくれることを奏上対象に求めた条文なのではないだろうか。奏上対象自体の服装規定ではないように思われる。そして評定始・的始は幕府の公式行事であるから、[35] 両条の奏上対象は将軍と考えた方がよいのではないだろうか。

以上みてきた「新御式目」後半中の八カ条はいずれも奏上対象を将軍とすることがよいように思われる。第三六条と合わせれば九カ条となり、これは後半二〇カ条の約半数である。よって、「新御式目」後半は将軍を奏上対象としていたのではないか、という推測を一応可能とするであろう。この結論は一見、「新御式目」の奏上対象を将軍とした網野氏の説を指示するものということになろう。だが、これらの条文はすべて後半に属するものであり、前半までが将軍を奏上対象としているということの証拠とはならないはずである。

三　同一または類似の条文

本項では網野氏以来指摘されている「新御式目」前半・後半に存在する同一または類似の内容を持つ条文について考察してみたい。同一内容の法令を繰り返すことは鎌倉追加法では珍しいことではない。よって前半・後半の発布時期にズレがあるとすれば、奏上対象は同一であってもよいことになる。だが、二二七頁にみたごとく前半・後半が同時制定であったとすれば、同一・類似の条文を重複させたことには意味があったはずである。

(9)一　毎物可被用真実之倹約事。

(21)一　可被行倹約事。

第九条の方が文章が丁寧であるが、倹約を求めている点で同一内容である。このような重複は前半と後半の奏上対象が異なることを示すものではないだろうか。

(17)一　可被止臨時公事々。

(27)一　臨時公事、不可被充御家人事。

臨時公事の停止を求める点で同一内容である。相違点は第一七条が課役の対象を記していないのに対し、第二七条が「御家人」と特定している点で、これは注目すべきであると思う。臨時公事を御家人に課すことができるのは法的には将軍以外にない。よって第二七条は将軍を奏上対象としているのではないか。そして第二七条に「御家人」とあることから、第一七条は御家人以外の者、つまり得宗被官に対する臨時公事停止を求めたものではないだろうか。とすれば、第一七条は得宗を奏上対象としていたことになる。もちろん、両条は実権力者である得宗を奏上対象としており、第二七条は得宗が力に任せて臨時公事を御家人に充てることを禁じるものであったという解釈も可能であろう。だが、それならば第一七条と第二七条に同じ規定が繰り返された理由が説明できなくなってしまう。

⑾一　在京人幷四方発遣人々進物、一向可被停止也。其外人々進物、可被止過分事。

㉕一　在京人幷四方発遣人所領年貢、可有御免事。

第一一条は「在京人幷四方発遣人々」からの進物の停止と「其外人々」からの進物の「過分」を止めることを求めている。第二五条は「在京人幷四方発遣人所領年貢」の免除を求めている。在京人・四方発遣人は御家人である。[36]御家人所領の年貢を免除できるのは関東御領の領主たる将軍であるから、第二五条の奏上対象は将軍になるのではないか。一方、付け届けられる進物は将軍より得宗の方が多かったのではないか。将軍・得宗双方に進物はあったであろうが、将軍よりも実権力者である得宗の方がより多かったものと思う。とすれば、第一一条は将軍よりも得宗を奏上対象に考えた方がよいのではないか。

⒅一　御領御年貢、毎年被遂結解、可被全御得分事。

㉖一　御年貢定日限可徴納。若過期日者、可被召所領事。

いずれも「御年貢」を規定通りに徴納することを求めたものであるが、第一八条が「可被全御得分事」と原則を述べたに過ぎないのに対し、第二六条は期限を定めて違反者の所領を召せと具体的である。そして二四三頁にみたごとく、第二六条は追加法五四五条に直結している。第一八条と第二六条はどのような関係にあるのであろうか。第一八条が原則論で第二六条が施行細則ともとれよう。だが、原則と施行細則を別に立法した上でさらに追加法を発布するというのはいかにもまわりくどく、これでは第一八条立法の意味があまりないように思われる。むしろ第一八条は得宗領、第二六条は関東御領に対する規定と考えた方がよいのではないだろうか。

(1)一　寺社領如旧被沙汰付、被専神事・仏事、被止新造寺社、可被加古寺社修理事。

(20)一　自今以後、被止新造寺社、可被興行諸国々分寺・一宮事。

寺社の興行という点で共通する。「被止新造寺社」の部分は文章まで同一である。相違は第一条がやはり原則論であるのに対し、第二〇条が「諸国々分寺・一宮」と具体的である点である。まず第二〇条は本来王朝の支配下にあった国分寺・一宮を対象としていることから、将軍を奏上対象とすると考えるのが妥当であると思う。これに対し第一条は、第二〇条に先立つ原則ともとれるが、むしろ建長寺のような得宗家建立の私寺に対する規定と考えた方がよいように思う。(37) 弘安七年八月付追加法五六一条は、得宗領内寺社興行を内容とする御内法であるが、これは第一条の具体化を目的として立法されたものではないか。よって第一条は得宗を奏上対象とすると推定される。

以上のごとく、「新御式目」前半と後半には同一または類似の内容を持つ条文が五組一〇カ条存在する。これは全三八カ条中の四分の一を超え、決して少ない数ではない。網野氏・五味氏はこの理由を、前半は将軍または得宗の私的側面についての規定であり、後半は同じく公的側面についての規定であったためと解釈している。しかし、ある条文を私的とするか公的とするかの判定は微妙なものである。たとえば、私的とされる前半中の、

(1)一　寺社領如旧被沙汰付、被専神事・仏事、被止新造寺社、可被加古寺社修理事。

(16)一　知食奉行廉直、可被召仕事。

(17)一　可被止臨時公事々。

等は公的規定と考えることもできる。逆に公的とされる後半中の、

(34)一　屛風・障子絵、可被止事。

(35)一　衣装絵可被止事。

等は私的と解釈することも可能である。もし前半と後半の奏上対象が同一人であるとすれば、これらの法令が二つの

「條々」に分けられていることにはあまり必然性がないように思われる。とくに第九条と第二一条、第一七条と第二七条、第一八条と第二六条の三組は意味のない重複になってしまうのではないか。私は既述のごとく、「新御式目」前半と後半では奏上対象が異なると考える。

四　条文内容検討のまとめ

第二節と第三節での条文内容の検討の結果をまとめると、次の二点となる。①「新御式目」前半一八カ条と後半二〇カ条は奏上対象を異にする。②前半は得宗北条貞時（十四歳）、後半は将軍源惟康（二十一歳）を奏上対象とする。[38]検討しなかった条文も右の結論を否定する内容を有していないものと思う。[39]以下では残るいくつかの問題点について検討してみたい。

まず近條系伝本に記された「條々公方」の「公方」は何を意味するものであろうか。私は網野氏同様これは将軍を指すものと考える。鎌倉末期に「公方」が多種の意味を持っていたことについては古澤直人氏の考証がある[40]が、近條系伝本の「公方」は二二六・二二七頁にみたごとく後世の書込みである可能性が高く、本来は存在しなかったと推定されるから、この「公方」を鎌倉末期の字義で解釈する必要はないと思う。そして「新御式目」前半と後半は共に特定の貴人に対する奏上の形式をとっており、後半の奏上対象は既述のごとく将軍とすることが妥当である。とすれば、近條系伝本の「公方」は「新御式目」後半の奏上対象たる将軍を意味していると考えられる。近條系伝本に「公方」の二字が書き加えられたのは、将軍個人の呼称として「公方」が用いられていた時期ということになるであろう。[41]

「新御式目」後半が将軍を奏上対象とすることを知っていた近條系伝本の書写者は、これを明確にしようとして将軍を意味する「公方」の二字を「條々」の下に書き加えたのではないだろうか。これに対し、新式系伝本の書写者は前半と後半の条文の形式が共通するため、双方の首部「條々」を削除して一つの法令群にまとめてしまったものと推定される。よって「新御式目」という現存の名称は新式系伝本においてのみ付されたものであろう。近條系伝本の首部「條々」の下に「新式目イ」とあることも、これを裏付けると思われる。新式系「新御式目」も近條系「公方」も、記入された時期は南北朝以降に下る可能性があり、制定時点にはなかったものと考えられる。

次に、後半に比して、前半に徳目的条項の多い理由について考えてみたい。

(2)一　御祈事、被撰器量仁、被減人数、如法被勤行、供料無懈怠可被下行事。

(3)一　可有御学問事。

(4)一　武道不廃之様、可被懸御意事。

(8)一　可被止僧女口入事。

(9)一　毎物可被用真実之倹約事。

(13)一　可被止造作過分事。

(14)一　御行始・御方違之外、人々許入御、可有猶豫事。

右の七カ条はいずれも奏上対象の貴人個人の行動の規範を示したものである。いわば貴人は〝徳〟を求められているのである。後半でこれに類するのは、

(21)一　可被行倹約事。

のみである。奏上対象に〝徳〟を求めるという前半のこのような特徴は、奏上対象が得宗であったことによると考えられる。将軍惟康は後嵯峨院の皇孫で官職は征夷大将軍・左近衛中将・非参議・正二位。しかも惟康は源頼朝を彷彿させる源氏の将軍であった(42)。惟康の権威は、惟康個人にではなく、その血統と王朝の官位・官職、そして源氏という氏に起源を持つのである。これに対し、得宗の権威は義時以来鎌倉政権を主導してきたという得宗家の歴史と伝統のみである。よって新得宗たる貞時は得宗家を継ぐにふさわしい〝徳〟をそなえていなければならなかったのではない

だろうか（直接的には奏上対象である貞時が少年であったという教育的配慮もあったであろう）。

第四節　弘安新御式目の意義

「新御式目」制定の主体を網野氏・五味氏は共に安達泰盛としている。当時の政治状勢から、私もこれは正しいと思う。では、泰盛は何を目的として「新御式目」を制定したのであろうか。

それは次の三点にまとめられると考えられる。

1　得宗権力の公的確立

第一は得宗貞時の地位を守ることであったと思われる。北条時宗の権威は蒙古襲来を撃退した時宗の個人的な権威という点に比重があり、子孫へと継承される保証はなかった。『建記』に記された時宗の堂々たる威権からしても、時宗自身はその権威にふさわしい資質を有していたようである。だが、父の跡を嗣いだ貞時はわずか十四歳。事実上の得宗への権力集中がいかに進んでいても、それは蒙古襲来の臨戦体制下になされたものであり、なんらの法的・公的根拠も持たない不安定なものであった。自身が強大な権威であった時宗が急逝し、その後継者貞時が幼少であった弘安七年五月、得宗権力は大きな危機に直面していたといえる。そこで泰盛は得宗への奏上という異例の形式を持つ追加法令群を、将軍のそれと同形式で同時に制定することにより、得宗を将軍に準ずるもの(43)として鎌倉政権に位置付けようとしたのではないだろうか。そして「新御式目」制定時点では、貞時はいまだ執権に就任していなかった（同年七月七日就任）。よって「新御式目」前半は、執権ではなく、得宗を奏上対象としていたことになる。時宗が卒去の当日まで執権であったため、時宗期には得宗の地位と執権職は客観的には未分化な状態にあった。「新御式目」前半が執権就任以前の貞時を奏上対象としたことにより、得宗の地位は執権職とは別個のものとして法的に認知されたことになる。「新御式目」前半と後半は、内容の以前に、制定時期と制定形式そのものに意義があったのであり、これによって得宗は鎌倉政権に法的・公的地位――将軍に準ずるもの――を得たと推定される。

2　将軍権威の再確認

それとともに、「新御式目」後半には、網野氏が述べたごとく、鎌倉政権の首長たる将軍の権威を再確認する意味があったと思われる。五味氏は「新御式目」第三・四・五・七・一〇・一五条をおもな根拠として「新御式目」全体の奏上対象を得宗と解釈し、「条々公方」の「公方」を「将軍を含んだ幕府の公的側面」として、「新御式目」後半を「その公方において得宗がなすべき箇条が列挙されたもの」と定義している。(44)そして五味氏は「新御式目」によって「得宗専制体制が成立した(45)」とする。だが、五味氏の掲げた条文はすべて前半に属すのであり、これを根拠として後半の奏上対象をも得宗とすることはできないのではないか。「公方」も後世の書入れである可能性があり、その意味も後半の奏上対象が将軍であることを明確にするために過ぎなかったように思われる。弘安七年以前の得宗権力は、独力で鎌倉政権を支配しうるほどの強固な基盤を果たして持っていたのであろうか。もし持っていたとすれば、得宗への権力集中を推し進めていった時宗政権が皇孫への源氏賜姓という当時としては異例な措置(46)を王朝に行わせてまで源氏の将軍を生み出し、一貫してこれを推戴していたのは何故なのであろうか。鎌倉政権が〝鎌倉将軍家〟である以上、(47)将軍の権威はたとえ観念上のものであったとしても必要であり、得宗権力にとっても欠くべからざるものであったと考えられる。源頼朝の後継者である源氏将軍をいただく鎌倉将軍家――これが時宗政権による鎌倉政権の自己規定であり、このような源氏将軍の権威を背景として、時宗政権は得宗を将軍権力の代行者と位置付け、得宗への権力集中をはかったのではなかったか。そして時宗政権の方針を受け継いだ安達泰盛は、「新御式目」後半の制定によって将軍権威を内外に再確認させようとしたものと推測される。源氏将軍の権威が明示されてこそ、それに準じられた得宗もまた、権威たりうるのである。将軍と得宗という二つの権威とその相互の関係を法的に明確に位置付けることが、なおも続く蒙古の重圧下で政治改革を断行するためには不可欠であると泰盛は考えたのではないだろうか。安達泰盛にとって、将軍と得宗は決して相対立するものではなかったものと思われる。

3　弘安徳政の綱領

第一九・二六条が追加法五六九・五四五条によって具体化されていることでもわかる通り、「新御式目」は村井章介氏の述べたごとく、[48]弘安徳政の綱領の役割をも果たしていた。これが「新御式目」の三つ目の意味である。時宗の逝去によって動揺する鎌倉政権にあって、安達泰盛は「新御式目」によって自己の施政方針を宣言したということができる。

第五節　得宗権の成立過程と時宗政権の評価

前節において私は得宗について「将軍に準ずるもの」・「将軍権力の代行者」という曖昧な表現をとった。本節では、私なりに「得宗」というものについて定義し、いわゆる「得宗権力」について考察してみたい。得宗権力の成立過程において、とくに注目されるのは、『建記』六月十六日条に収められている追加法四七八条「諸人官途事、自今以後罷評定之儀、准御恩沙汰、直被聞食、内々可有御計之由被定了。且前々名国司御免之時、諸大夫者不及成功沙汰、侍者進成功之條、御沙汰之趣不一准歟。為被全公益、向後者不論諸大夫・侍、平均可被召功要之由、同被定了」である。「直被聞食、内々可有御計」の主語が将軍ではなく、得宗（時宗。ときに執権）であることは、奥富敬之氏・五味文彦氏の指摘するところであり、[49]私もこれに同意する。つまり、この法令はそれまで評定沙汰の管轄事項であった「諸人官途事」が評定の手を離れ、得宗の直裁となったことを示している。だが、むしろ重要なことは、「諸人官途事」の得宗の直裁が「准御恩沙汰」てなされたことである。つまり、「御恩沙汰」はこれ以前の段階ですでに得宗の直裁となっていたのである。

佐藤進一氏の学説に従えば、将軍権力は主従制的支配権と統治権的支配権に二分され、鎌倉政権においては後者は執権政治期に執権に移ったとされる。(50)私が注目したいのは、前者「主従制的支配権」の推移である。前掲の追加法四七八条によれば、主従制的支配権の根幹というべき「御恩沙汰」の実質が、建治三（一二七七）年時点には得宗時宗の掌中に帰していたことになる。同年当時、時宗は執権職にあったが、「御恩沙汰」を「直被聞食」れるという時宗の権力は、統治権的支配権の掌握者という執権の職権を明らかに逸脱している。「御恩沙汰」に代表される主従制的支配権を実質的に掌握した時宗は、最早その在職していた執権職の職権を越えた権力を持つ何者かになっていたと判断せざるをえない。得宗と北条氏庶家出身の他の執権・連署を分かつのは、まさにこの主従制的支配権の有無という点ではないだろうか。本来将軍にのみ許される権能であり、他者への委譲が困難であるはずの主従制的支配権、その実質を掌握した時宗のこの地位をこそ、得宗の地位と判断するべきである。よって私は、時宗が「御恩沙汰」を「直被聞食」れたとき、すなわち時宗が主従制的支配権の実質を掌握した段階をもって、得宗権力の成立と考える。

残念ながら、時宗が「御恩沙汰」の直裁権を手にした時点を特定することはできない。だが、それは文永三（一二六六）年七月の宗尊親王上洛以後であろうと推定される。宗尊親王将軍期には将軍自身が幕府首長として行動する権能を保持していたことは、川添昭二氏(51)・佐藤進一氏(52)の指摘するところである。宗尊親王上洛に際し、これを阻止せんとする勢力が実力行使の示威行動に出ていること（『鏡』文永三年七月四日条）も、宗尊親王期には将軍派の勢力が執権（得宗）に対抗する政治勢力として存在したことを示している。よって、宗尊親王将軍期には時宗が主従制的支配権を完全に掌握することは不可能であったはずである。だが、宗尊親王の上洛とその王子惟康（当時三歳）の将軍就任は、事実上の将軍権力の空白をもたらした。時宗による「御恩沙汰」直裁は文永三年七月以後建治三年までの一一年間ということになる。宗尊親王上洛直前の同年三月六日に「止三方引付、重事直聴断、細事被仰付問注所畢」（『鎌記』同年条）という決定がなされているのも、時宗への権力集中への布石であり、宗尊親王の追放は時宗の将軍権力簒奪への行動の一つであったことは明白である。そして九条頼経・宗尊親王という二人の将軍の追放に際して起こった将軍派の抵抗は、彼らの後継者である惟康・久明両親王将軍の追放においては姿を消す。惟康上洛の様子は『とはずかたり』の描写によって詳細に知りうるが、それは哀れをもよおすほど無力なものであり、将軍がまったく権力を持たざる名目上の首長になっていたことを伝えている。宗尊親王は将軍としての権力を行使した鎌倉最後の将軍であり、彼以後の将軍は完全に装飾的・観念的な存在となったと考えられる。宗尊の追放後、将軍権力は得宗の手に帰し、得宗はまさに事実上の将軍となったのである。将軍権力の実質を完全に掌握した時宗は、最早執権以上の存在、将軍権力の完全なる代行者、すなわち得宗となったのである。

『建記』によれば、建治三年、最重要政務は時宗の私邸で開かれる寄合によって決定されており、他の機関の介在はまったく窺えない。そしてその寄合の参加者は時宗以外は、時宗の外戚安達泰盛、得宗被官平頼綱・諏訪盛経、法曹官僚太田康有・佐藤業連のわずか五名であり、しかも吏僚二名は右筆以上の役割を果たしてはいない。さらにこの五名が必ず出席するわけではなく、出席者の平均は時宗自身を含めてわずか四名である。これは前後の時期に比較して極端に少ない人数である。つまり、建治年間の寄合は時宗の諮問機関であり、寄合衆は時宗の政治活動を円滑に行わせるためのブレーン以上のものではなかったのである。さらに建治三年五月の塩田義政の逐電以後、弘安六（一二八三）年四月に普音寺業時が就任するまで六年間、時宗は連署を置かず、執権単独の体制をとり続けた。

以上のことから、建治・弘安年間の鎌倉政権は完全な時宗の独裁体制であったと判断される。執権の職権を越え、将軍権力の事実上の執行者となった時宗は、その一身に鎌倉政権の全権力を集中させ、鎌倉政権の独裁者の地位に就いたのである。「専制」を〝特定の個人がその意志のままに政治を独断で行うこと〟という意味に解釈するのであれば、時宗政権の建治・弘安年間こそ、まさに得宗専制体制の時代といってよい(53)。だが、この時期に時宗が掌握した権力は、時宗という個人に集中されたものであり、その子孫に継承されるという保証はなかった。時宗が成し遂げた将軍権力代行者の地位が、個人ではなく、得宗家という家系に一子相伝される体制は、これまで述べてきたように時宗の卒去直後に制定された『新御式目』によって確立されるのである。

時頼以前からもなされていた事実であるが、得宗は評定衆や守護級有力御家人に対し偏諱を行い、評定衆や有力御家人は得宗の出家や卒去に際し出家を遂げる例が、とくに時宗以降極端に増加する。これらは鎌倉初期には源氏将軍と御家人たちの間でなされていた現象である。これが得宗と御家人の間でなされるようになる。古澤直人氏は「御家人の北条被官化」と評価しているが、[54]これまでの考察からは、むしろ〝得宗の将軍化〟と評価すべきであろう。とすれば、とくに霜月騒動以降の得宗被官の幕政への進出も、準将軍の直臣団の幕政進出と解釈することができるであろう。また、貞時・高時期になると、得宗は「太守」・「相太守」・「太守禅門」・「相太守禅門」等と称されるようになる（「金沢貞顕書状」〈『金文』〉）。「太守」の号は得宗にのみに許された称号であり、他の執権・連署は相模守に任官しても「太守」と称されることはない。これによって当時、得宗が単なる執権・連署とは異なる存在と認識されていたことが理解されるのであり、この特殊な得宗の地位の実態こそ、将軍権力代行者ということになるのではないだろうか。さらに、同じく貞時・高時期には得宗を「副将軍」・「副将軍家」と称した史料が登場するようになる。[55]将軍が存在しながら、その権力を完全に代行することになった得宗は、将軍に準じるもの、事実上の将軍として認識され、これが得宗に対する「副将軍」呼称として現れたのではないか。事実のうえで得宗は王朝官職におけるあらゆる将軍職に任官することはなかったが、鎌倉末期に東国で散見される得宗に対する「副将軍」号の呼称は、当時の鎌倉政権における得宗の地位を最も明確に表現したものと評価できる。南北朝期に「今代」（『分脈』「足利」）たる足利氏に対し、得宗を称した「先代」の呼び名は、得宗家が足利将軍家に先行する事実上の将軍家であったことを示している。

まとめ

「新御式目」前半一八カ条・後半二〇カ条は、弘安七年五月二十日同時制定されたおのおの「條々」と題する別個の法令群であった。そして前半は得宗北条貞時、後半は将軍源惟康を奏上対象とし、その目的は得宗の地位を将軍に準じるものとして法的・公的に確立するとともに、将軍権威を再確認することにあった。これは将軍が存在しながら得宗が実権力を掌握しているという時宗政権の現状を追認したものに過ぎない。だが、時宗の急逝という突発事態に際しては政治体制の現状維持の宣言こそが政治的混乱の回避のために重要であり急務であったと考えられる。そして、将軍と得宗という二重の政権構造を幕府法によって固定化・制度化したという点にこそ「新御式目」の史的意義があったということができる。源氏将軍のもとで北条氏得宗が実権力を掌握する体制が安達泰盛の構想した政治体制であったのではないだろうか。

「新御式目」前半と後半という二つの法令群の同時制定により、将軍と得宗の鎌倉政権における地位が確定された。将軍は名目上の首長として君臨するが実権を有さず、得宗が将軍に替わって鎌倉政権を統治するのである。これによって得宗は単なる北条氏という一氏族の家督ではなく、鎌倉政権における将軍権力の完全なる代行者として法的・公的に位置付けられたのである。言い換えれば、得宗は北条氏家督が世襲する鎌倉政権の役職となったのである。「新御式目」の制定は九年後に始まる貞時による空前の専制体制に法的根拠を与えたのであった。

以上の考察の結果を今一度まとめれば、以下のようになる。①宗尊親王追放後の文永・建治年間、執権時宗は将軍に残されていた主従制的支配権の実質を簒奪し、将軍権力の代行者という地位に就く。この時点で、時宗は従来その任にあった執権の職権を越えた権力を掌握し、執権以上の存在となった。この将軍権力代行者の地位こそが、得宗のそれである。②だが、時宗の地位はあくまでも彼個人のみのものであり、子孫へと継承される保証はなかった。③そこで安達泰盛は、時宗没後の弘安七年五月「新御式目」前半・後半を同時制定することにより、時宗期に既成事実として成し遂げられていた得宗の地位と権力を、得宗家に相伝されるものとして、法的・公的に確立した。④「新御式目」前半は将軍権力代行者たる得宗の地位を法的に確立したものである。⑤同後半は名目上の鎌倉政権の首長である将軍の地位を明確にしたものである。将軍の地位・権威が明確にされてこそ、その権力を代行する得宗の地位・権力も明確になるのである。⑥よって、いわゆる「得宗専制」は時宗政権期に既成事実として成立し、「新御式目」によって制度として確立されたものと結論される。⑦いわゆる「得宗専制」とは、北条氏家督の専制ではなく、将軍権力代行者の専制であり、この将軍権力代行者の地位が北条氏家督に一子相伝されたのである。

すなわち、「新御式目」の発布によって、得宗家は鎌倉政権において将軍権力代行者の地位を世襲する家という家格を確立したのである。ここに北条氏家督＝得宗は、鎌倉政権の事実上の最高権力者となった。だが、それは同時に最高責任者としてその政治責任を追及されることをも意味している。これに対し、名目上の首長に過ぎず、まったく権力を有さなくなった将軍は政治責任をも免れることができた。

五味文彦氏は「新御式目」の制定をもって得宗専制が成立したとするが[56]、これは既成事実として存在した得宗権力の法的・制度的な確立がなされたと言い直されるべきであろう。また、五味氏は得宗専制体制下においては「得宗は政治的責任を回避することができた[57]」とする。だが、これはまったく事実と相違する。すでに執権職を退いた一沙弥に過ぎないはずの最後の得宗「前相模守平高時法師[58]」の自刃こそが、鎌倉政権の滅亡を意味したではないか。得宗は鎌倉政権の統治者として、その政治的責任を厳しく求められ、鎌倉と運命を共にしなければならなかったのである。むしろ鎌倉滅亡に際し、その圏外に置かれていた将軍[59]こそ政治的責任を問われなかったというべきであろう。

「新御式目」は得宗の権力行使に法的根拠を与えるとともに、その政治的責任の回避の道を塞ぐ諸刃の剣となったのである。

註

（1）『中世法制史料集』第一巻「鎌倉幕府法」追加法第四九一～五二八条。
（2）『信濃』二四－一（一九七二年）。のち、『日本古文書学論集』五（吉川弘文館、一九八六年）に収録。なお、同氏『蒙古襲来』（『日本の歴史』一〇、小学館、一九七四年）二二三～二四三頁も参照されたい。
（3）石井進氏編『中世の人と政治』（吉川弘文館、一九八八年）。のち、五味氏『吾妻鏡の方法』（吉川弘文館、一九九〇年）に収録。なお、本論での五味氏の文章の引用は後者による。また、同氏「公方」（網野善彦氏他編『ことばの文化史［中世3］』平凡社、一九八九年）も参照されたい。
（4）五味氏註（3）前掲書二二五頁。
（5）五味氏註（3）前掲書二二五頁。
（6）同氏「鎌倉末期における『公方』について－網野善彦・五味文彦両氏の見解の対立にふれて－」（『史観』一二二、一九九〇年）。古澤氏は鎌倉期史料中の「公方」用語を検討し、それが多種の意味を持っていたことを明らかにした。そしてその結果として、「公方」用語の理解を立論の根拠の一つとした網野・五味両説について「両学ともにただちに所論の前提とできないことが明らかになった」（一四頁）と述べている。鎌倉期の「公方」については、同氏『鎌倉幕府と中世国家』（校倉書房、一九九一年）に詳しい。
（7）以下で「新御式目」第何条というのは『中世法制史料集』の条文の配列順である。
（8）新式系の同文条文は以下のごとし（○印は四種一致）。1・3・④・5・6・⑦・⑧・9・⑩・⑫・⑬・⑭・15・16・18・19・20・㉑・㉓・24・25・26・㉗・28・㉚・31・32・㉝・㉞・35・36・37・38。
（9）近條系の同文条文は以下のごとし。1・3・④・⑦・⑧・9・⑩・11・⑫・⑬・⑭・16・17・19・20・㉑・22・㉓・24・25・㉗・28・29・㉚・31・32・㉝・㉞・36・37・38。
（10）両系統で同文の条文は註（8）・（9）で○印を付した一三カ条。
（11）1・3・5・6・9・15・16・20・24・26・28・31・32・36・37・38の計一六カ条。
（12）18・19・22・29の計四カ条。
（13）追加法六九六カ条・参考史料一二九カ条・補遺一七カ条。追加法からは豊後大友氏の家法である「新御成敗状」二八カ条（第一七二〜一九九条）・「追加」一七カ条（第二一七〜二三三条）と御内法四カ条（第四九〇・五六一・六一三・七三二条）を除く。

(14) 追加法三二五条は「故武州禅門成敗事」は「追加御式目」の割註を有すが、これは割註であるうえに、「近本」にはこの五文字はみられず、のちの書込みである可能性が高い。また、参考史料補遺九「違勅狼藉事」は「関東平均御式目」と称されているが、これはこの法令を引用する『東寺百合文書』の地の文での呼称であり、法令制定時点から付されていた表題ではないように思われる。

(15) 「條々」以外の表題を持つ法令群には「條」（第二三四〜二三六条）・「一　御成敗状追加」（第二三九〜二四一条）等がある。

(16) 追加法五六一条（弘安七年八月付御内法）は第一条を受けて立法されたと推定される（二四七頁参照）。五六九条（十一月二十五日付）は第一九・二四条、五四五条（六月付）は第二六条を受けて立法されたと推定される（二四二・二四三頁参照）。このほか、五四四条（六月二十五日付）は第一九条、五六二条（九月十日付）は第二四条を受けて立法されたと推定される。よって「新御式目」前半・後半は共に弘安七年前半制定と考えられる。

(17) 五味氏註(3)前掲書二二二〜二二四頁。

(18) 以下、「将軍邸」という場合、征夷大将軍任官以前をも含む。

(19) 他の頼朝記の「殿中」記事は元暦元年四月二十一日条（二回）・同二十三日条・同二十六日条・文治二年二月二十六日条・文治五年六月六日条の六例。いずれも将軍邸と解釈される。

(20) 五味氏註(3)前掲書二二三・二二四頁。

(21) 五味氏註(3)前掲書一〇五〜一〇七頁。

(22) 『鏡』の寄合（含「深秘沙汰」）記事は寛元四年三月二十三日条・同六月十日条・宝治元年六月二十二日条・同二十六日条・文永三年六月二十日条の五回（「寄合関係基本史料」参照）。

(23) 五味氏註(3)前掲書二二三頁。

(24) 『太平記』巻六「関東大勢上洛事」に「相模守《北条高時》ノ一族、其外東八箇国ノ中ニ、可然大名共」との表現があり、北条氏一門は「一族」、外様御家人は「大名」と記されている。

(25) 五味氏註(3)前掲書二二三頁。

(26) 『建記』・『永記』で将軍個人を「御所」と記した例は、表28F・Gのごとく一三例。これに対し「将軍」と記した例は『永記』正月十日条の一例のみである。これによって鎌倉後期における将軍の呼称としての「御所」の語の定着が理解される。

(27)「御所」の記載のある「金沢貞顕書状」の『金文』文書番号は以下のごとし。一四九・三四四・三五三（「春宮御所」――皇太子邸）・三六九（三例）・四一七（二例）・四一八（四例）・四一九（二例）・四二〇。また、三五〇に「将軍入道」との記載がある。

(28) 五味氏註(3)前掲書二二二・二二三頁。

(29)『中世法制史料集』第三巻「武家家法Ⅰ」。

(30)『永記』五月十六日条に「御評定以後、無足御家人事内談了」、七月十六日条に「御評定以後、無足訴人衣食事致内談畢」の記事があり、寄合とは別に内談という制度があったとも解釈される。だが、同書に記された七回の寄合（閏二月九日条・同十六日条・同二十一日条・三月二十二日条・四月二十七日条・同二十九日条・六月二十六日条）のうち二回が内談同様評定の後に開かれている。内談は寄合の一種、または寄合に包摂される概念と考えてよいのではないだろうか。

(31) これはあくまでも建前の論議であって、実際に御恩沙汰を行うのが誰であったかとは別の問題である。建治三（一二七七）年六月十六日付追加法四七八条「諸人官途事」に「自今以後罷評定之儀、准御恩沙汰、直被聞食、内々可有御計之由被定了」とある。この「直被聞食」の主語は奥富敬之氏（「得宗専制政権の研究（その二）」〈『目白学園女子短期大学研究紀要』二、一九六五年〉九二頁）や五味氏（註(3)前掲書二一六～二一八頁）の解釈のごとく北条時宗であろう。だが、これは古澤直人氏の指摘（五味氏註(3)前掲書の書評〈『史学雑誌』一〇〇―七、一九九一年〉八〇頁）のごとく「内々」のものであって、「御恩沙汰」は（当然のことであるが）あくまでも将軍家政所下文《(ママ)》によって行われるのである。四七八条を載せる『建記』の六月十三日条にも「城務《(安達泰盛)》被通使者之間、罷向松谷別庄之処、被仰云、肥前・肥後国安富庄地頭職、相太守《(北条時宗)》可有御拝領之由、内々有御気色、只今可被進《成》御下文、且御下文者可為康有《(太田)》之奉書云々。仍書御下文持参山内殿」とあり、時宗は所領を「御下文」によって「御拝領」している。新領給付は確かに時宗の「内々」の「御気色」によるものであり、将軍がまったく関与していないことは明白であるが、これはあくまでも内幕なのである（「内々」の用語については筧雅博氏「『内々』の意味するもの」〈網野善彦氏他編『ことばの文化史［中世4］』平凡社、一九八九年〉参照）。『金文』一五五「金沢貞顕書状」に「下野国塩谷庄、今日太守《(北条高時)》御拝領候了。広博地候之由、其聞候」とあり、鎌倉末期の高時政権に至るも、得宗とて所領を将軍から「御拝領」していることに変わりはない。たとえ「内々」には得宗が「直被聞食」れても、法的には「御恩」は将軍の下にあるのである。そして鎌倉幕府法においては、この建前が重要であることはいうまでもあるまい。よって「新御式目」第二二条の奏上対象は将軍とすべきであると考える。

(32) 新式系は「可致沙汰事」とするが、近條系は「可被沙汰付事」とする。『中世法制史料集』も記す通り、近條系の方が正しいのではないだろうか。

(33)　同書による永仁三年の正月垸飯の沙汰は一日得宗貞時（執権）・二日大仏宣時（連署）・三日北条時村（一番引付頭人）であり、「新御式目」の条文のごとく三日行われている。

(34)　五味氏註(3)前掲書二二五頁。

(35)　評定始は二三〇頁に掲げた『鏡』康元元年正月十日条にもある通り、得宗（執権）邸でも行われているが、的始は将軍が主催する行事である。

(36)　網野氏は『蒙古襲来』（註(2)参照）二三五〜二三七頁で、弘安七年に鎮西に派遣され地元有力守護三名とともに鎮西特殊合議訴訟機関を構成した明石行宗・長田教経・兵庫助政行の三名の法曹官僚を、この「四方発遣人」であったとしている。四方発遣人は法曹官僚系を中心とする外様御家人であったと考えられる。

(37)　今枝愛真氏『中世禅宗史の研究』（東京大学出版会、一九七〇年）一四七頁以下によれば、貞時政権末期の延慶三（一三一〇）年ごろには得宗貞時によって鎌倉に五山が置かれていたことがわかり、得宗が寺院統制に乗り出していたことが確認される。

(38)　南基鶴氏は『蒙古襲来と鎌倉幕府』（臨川書店、一九九六年）七二〜八一頁において、「内談」・「殿中」について検討を加え、これらをを得宗に関連する用語とする五味氏の見解について「必ずしも『得宗』に関する呼称とは断定できないうえに、『将軍』に関する呼称とも十分見なし得るものであることが確認された」と結論している。ここで南氏が自説の根拠として紹介した史料は鎌倉初期から南北朝期に及び、王朝の事例をも引用している。だが、「新御式目」の「内談」・「殿中」を解釈するために必要なことは、末期鎌倉政権とその周辺で、これらの用語がいかなる意味で使用されていたかであって、鎌倉初期や南北朝期、まして公家社会の例は考察の対象とはならない。また、南氏は第六条にみえる「申次番衆」について、八一・八二頁において、これを宗尊親王期に置かれた「問見参番」制度を再設定する措置であったとし、第六条を将軍関連の条文としている。しかし、「問見参番」と「申次番衆」が南氏の主張のような関連を持つものかどうかが不明であり、将軍御所には宗尊親王期から御所奉行が置かれている（註(39)参照）のであるから、第六条は得宗に関する条文と解釈することが可能であると考えられる。よって、前半一八カ条が得宗を奏上対象とするという私の説は、南氏の論述とその根拠となった史料によっては、修正の必要のないものと考える。

(39)　たとえば、前半の、

(6)一　被定申次番衆、諸人参上之時急申入、可然人々、可有御対面。其外可有御返事。

は、将軍邸にはすでに宗尊親王期から御所奉行が置かれ申次等を行っている（『鏡』文応元年十一月十一日条等）から、ここで番衆を決める必要はなかったのではないか。得宗への奏上と解釈すべきだと思う。また、後半の、

(23)一　越訴事、可被定奉行人事。

について、五味氏は「得宗が関与するのである」(五味氏註(3)前掲書二二五頁)とするが、越訴はのち、貞時によって改廃を繰り返されており、得宗専制に一つの障害となっていた(笠松宏至氏「永仁徳政令と越訴」〈『日本中世法史論』東京大学出版会、一九七九年〉)。将軍への奏上と考えてよいのではないか。その他、

(12)一　可被止雑掌事。

(28)一　可被止大御厩事。

(30)一　路次送夫可被止事。

(37)一　贄殿御菜於浦々所々、不可取事。

(38)一　念仏者・遁世者・凡下者、鎌倉中騎馬可被止事。

等は将軍・得宗いずれとも解釈可能であろう。

(40)　古澤氏註(6)前掲論文および前掲書。

(41)　「近條」はその末尾に応永二十九(一四二二)年七月二十六日付の室町幕府追加法一一カ条を載せている。よって「近條」が現存の形にまとめられたのは応永年間以降である。

(42)　惟康は初代親王将軍宗尊の子。母は関白近衛兼経の女宰子。文永元(一二六四)年生まれ。文永三年三歳で従四位上・征夷大将軍となる。同七年七歳で源氏賜姓を受けると同時に、従三位・左近衛中将となり、翌八年尾張権守を兼ね、九年には九歳で従二位に叙した。建治二(一二七六)年十三歳で讃岐権守を兼ね、弘安二(一二七九)年十六歳で正二位となった。臣籍降下後は時宗期を通じて公卿として順調な昇進を続けたといえよう。そして霜月騒動を経た平頼綱政権下の弘安十(一二八七)年六月六日二十四歳で中納言・右近衛大将に任官。三カ月後の九月二十六日右大将を辞した。短期の右大将在任は源頼朝の先例に拠るものと考えられる。ところが右大将辞任のわずか八日後の十月四日、親王宣下を受け、二品親王となる。親王将軍の復活である。そして二年後の正応二(一二八九)年九月二十六歳で上洛。後深草院皇子久明親王と将軍を交替した(『鎌記』・『武記』文永三年条の惟康の履歴および『公卿補任』・『分脈』「近衛」参照)。

(43)　本章は一九九二・三年に『東洋大学大学院紀要(文学研究科)』二九・三〇に発表した拙稿「『弘安新御式目』について」を訂正増補したものである。前稿においては「将軍に準ずるもの」の部分が「将軍と同列に並ぶもの」となっていた。これについて南基鶴氏より註(38)前掲書八九・九〇頁において、このような得宗の位置付けは「鎌倉幕府の建前から成立しがたい」との批判を受け

た。南氏の指摘はまったく正しく、得宗が「将軍と同列に並ぶ」ことは武家社会の身分秩序からしてもありえない（と、現在の私は考えている）。よって、この部分を「将軍に準ずるもの」と変更したものである。「将軍に準ずるもの」という言葉で表現した私の得宗の鎌倉政権における位置付けは、二五二頁以下に後述するように、主人である将軍と従者たる御家人の間にあって将軍の権力すべてを代行するもの（将軍権力代行者）という意味である。

(44) 五味氏註(3)前掲書二二二～二二六頁。
(45) 五味氏註(3)前掲書二二六頁。
(46) 源氏氏賜姓は治承四（一一八〇）年以仁王が謀叛の罪で臣籍に下されて以来六九年ぶり。正式な賜姓としては後三条天皇の孫有仁王の長承二（一一三三）年以来一三七年ぶりである（『本朝皇胤紹運録』〈『類従』「系譜部」〉）。なお惟康を含めた鎌倉将軍と源姓についての論考には青山幹哉氏「鎌倉将軍の三つの姓」（『年報中世史研究』一三、一九八八年）がある。
(47) 年代が溯るが、延応元（一二三九）年五月一日付鎌倉追加法一一四条「人倫売買事」は、鎌倉政権を「當家」と表現している。
(48) 同氏「安達泰盛の政治的立場」（中世東国史研究会編『中世東国史の研究』、東京大学出版会、一九八八年）一一九頁。
(49) 註(31)参照。
(50) 同氏「室町幕府開創期の官制体系」（石母田正氏・佐藤進一氏編『中世の法と国家』〈東京大学出版会、一九六〇年〉に初出。のち、佐藤氏『日本中世史論集』〈岩波書店・一九九〇年〉に収録）・「合議と専制」（駒沢大学大学院史学会『史学論集』一八、一九八八年に初出。のち、『日本中世史論集』に収録）・『日本の中世国家』（岩波書店、一九八三年）一二一～一三三頁。
(51) 同氏「北条時宗の連署時代」（『金沢文庫研究』二六三、一九八〇年。のち、「北条時宗の研究」第二章として、『松浦党研究』五〈一九八二〉に転載）。
(52) 同氏『日本の中世国家』（註(50)参照）一二五・一二六頁。
(53) 序論（四・五頁）で私が分類した「専制」の二つのパターンでは、主体型（①パターン）＝「専制を行う主体自身に権力が集中する場合」に含まれることになる。
(54) 同氏『鎌倉幕府と中世国家』（註(6)参照）四二六頁。
(55) ①「当副将軍相州大守平朝臣」＝貞時（正応四〈一二九一〉年出版の中山寺本『教行信証』出版奥書）、②「大施主副将軍家」＝高時（『金文』六〇二八、元徳二〈一三三〇〉年十二月三十日付「不断両界供遍数状」）、③「頼朝右大将以下代〻関東将軍・副将軍等」（『大慈恩寺文書』正中二〈一三二五〉年十一月十一日付「妙心等六名連署寄進状」）。以上の三つは文書等の一等史料であり、

鎌倉末期に得宗が「副将軍」の呼称で呼ばれていたことを明示するものである。このほか、『歴代鎮西志』八・正中三（一三二六）年条に「鎌倉副帥」、同正慶二（一三三三）年条に「北条平副帥高時入道」（共に高時）等との記述があり、禅宗関係史料において得宗が「副将軍」・「副元帥」あるいは「将軍」と称された例に至っては枚挙に暇がない。

(56) 五味氏註(3)前掲書二二六頁。

(57) 五味氏註(3)前掲書二二八頁。

(58) 元弘三（一三三三）年四月十日付「後醍醐天皇綸旨」（『桃井家所蔵文書』）。

(59) 鎌倉最後の将軍である守邦親王は『本朝皇胤紹運録』（『類従』「系譜部」）によれば、「関東滅亡故」に鎌倉滅亡当日の元弘三（一三三三）年五月二十二日に将軍辞職・出家を遂げた。同年八月十六日三十二歳で没（『将次第』同年条）。だが、滅亡前後の激動の鎌倉での具体的動静はまったく不明である。『太平記』は守邦親王をまったく無視して、得宗高時を「鎌倉殿」とさえ記している（同書巻十「安東入道（聖秀）自害事付漢王陵事」）。

第二章　嘉元の乱と北条貞時政権

はじめに

嘉元三（一三〇五）年。鎌倉。

四月二十二日子刻。最勝園寺入道崇演（得宗北条貞時）の鎌倉館が邸内からの出火により焼失。[1]貞時は従弟である執権相模守師時邸へ移った。翌二十三日やはり子刻、[2]貞時の「仰」と号する（『間記』）武装集団が連署左京権大夫時村の葛西ケ谷邸（『大日記』嘉元三年条）を襲い、激闘の末、時村を斬殺した。[3]時村、時に六十四歳。北条時宗の連署として「東方遺老」（『吉続記』文永十年閏五月四日条）と称された北条政村の嫡子であり、自身も時宗政権の文永六（一二六九）年二十八歳で引付衆に就任以来一貫して鎌倉政権の中枢にあり続けた重鎮の非業の最期であった。嫡孫右馬権頭熈時（四番引付頭人）以下時村の子息親類の多くは難を免れたものの（『実躬卿記』嘉元三年四月二十七日条）、時村とともに落命した者は子息貞村（『佐野本北条系図』）をはじめとして五十余人（『実躬卿記』嘉元三年五月八日条）。襲撃側も数輩の死者を出し（『実躬卿記』嘉元三年五月八日条）、時村邸一帯は合戦中の出火により悉く焼失した。[4]四月二十七日、時村誅殺を伝える使者の入洛した京では六波羅探題府に六波羅評定衆・在京人が招集され、探題の「御内若輩」が弓箭・甲冑を帯して集結する大騒動となる。なかでも時村の縁者である金沢貞顕[5]を探題にいただく南方府では、北方からの攻撃を恐れ、貞顕以下周章狼狽の態をなした。[6]事件の八日後の五月二日、鎌倉では時村殺害は「僻事」であったことが露顕（『間記』）。所々に預けられていた討手の先登の者一二名のうち、逐電した得宗被官和田茂明を除く一一名が斬首される（『鎌記裏書』・『武記裏書』嘉元三年条）。さらに二日後の五月四日午刻、得宗貞時は、事件が彼の従弟である駿河守宗方の陰謀であるとの風聞に対処するため、宿所である相州邸で評定を行っていた。ところが、自邸に騒擾を聞いた宗方は自ら手勢を率いて相州邸に推参。貞時は隠岐入道阿清（評定衆佐々木隠岐時清）をして「暫不可来臨」との言葉を宗方に伝えさせようとした。だが、厩舎の前で宗方と行き会った阿清は、宗方に対して「只今可参御宿所」との言葉を懸け、二人はたちまち合戦となって、共に討死。[7] 続いて大仏陸奥守宗宣（一番引付頭人）・宇都宮下野守貞綱（引付衆ヵ）を大将とする討手が宗方邸を襲い、宗方の被官は処々に討たれたが、討手側も多数の死傷者を出した。[8] 宗方邸のある二階堂大路薬師堂谷周辺を焼土と化し、[9] 得宗家連枝の名門宗頼流はここに滅亡したのである。鎌倉からはその日のうちに一連の事件の終結を知らせる早馬が六波羅に向けて発せられた。[10]

世にいう嘉元の乱である。得宗貞時の従弟にして、当時得宗家執事・鎌倉幕府侍所所司・越訴頭人の要職にあった北条宗方による連署暗殺、そして自滅といってよい滅亡。それは突如として鎌倉を襲い、血煙をあげて吹き過ぎていった春の嵐であった。

元久二（一二〇五）年の牧氏の乱以来、幾度となく繰り返された鎌倉北条氏の内訌の中でも、嘉元の乱は最も謎に満ちた事件である。『間記』に拠れば、この事件は同じく貞時の従弟でありながら貞時の婿となることによって貞時から執権職を譲られた北条師時に嫉妬した宗方が、師時および彼と同じく貞時の女婿であった北条熈時の打倒を企て、その手始めとして熈時の祖父である時村を手に掛けたものとされている。[11] だが、得宗の命と称して連署を殺害するという露見の確実な杜撰な計画を実行し呆気なく滅ぼされたという宗方の行動が事実であったとすれば、まさにこれは狂気の沙汰としかいいようがない。北条時頼の子宗頼の次男に生まれ、永仁五（一二九七）年二十歳で六波羅北方探題に就任以来、引付頭人・越訴頭人・得宗家執事・幕府侍所所司と貞時政権下で要職を歴任してきた二十八歳の宗方の自滅は、『間記』の記す通りであれば、佐藤進一氏の述べるごとく「奇怪な事件」[12]としか表現できないであろう。

これまでの鎌倉政権史研究においては嘉元の乱はほとんど注目されてこなかった。その評価の多くも、『間記』の記述通りの愚劣な権力闘争の果てに起こった無益な事件とするものであり、得宗専制政権の末期症状を示す代表的事例とされるに過ぎない。[13]しかし、得宗家一門中で唯一人得宗家執事・越訴頭人・幕府侍所所司となった人物による北条氏一門の長老たる連署の謀殺というこの事件を『間記』のみによって評価することは、事件の重大性に比して余りにも表面的過ぎはしないだろうか。嘉元の乱はその勃発した貞時政権政治史の検討を通じて評価されるべきであると考える。

本章においては、得宗貞時が鎌倉政権の実権を掌握した永仁元（一二九三）年四月の平禅門の乱以降の貞時政権の動向を検討することにより、嘉元の乱の実相に迫りたい。そして鎌倉政権一五〇年の歴史で繰り返された内訌の中でも最後の武力衝突となったこの事件の鎌倉末期政治史における意義付けを行い、これを通じて得宗専制体制の典型とされる貞時政権の再評価を目指したいと考える。

第一節　平禅門の乱直後の貞時政権

永仁元（一二九三）年四月二十二日の平禅門の乱によって、霜月騒動以来七年半にわたって鎌倉政権の専制支配者であった平頼綱は、その後継者と目されていた子息飯沼資宗とともに滅亡し、長男の侍所所司平宗綱は佐渡に配流された（『間記』）。頼綱の傀儡に過ぎなかった得宗貞時は、一朝にして名実共に鎌倉政権の支配者となった。まず、平禅門の乱直後の貞時の政治方針について考察してみたい。

これについては乱の翌永仁二年に相次いで発布された二つの法令が参考になる。はじめに同年六月二十九日付の鎌倉追加法六四三条「一　弘安合戦（霜月騒動）与党人事／自今以後、賞罰共、不可有其沙汰。永仁二（一二九四）六　廿九」。この法は霜月騒動の罰とともに賞をも否定したものであり、すなわち霜月騒動そのものが否定されたことになる。よって霜月騒動によって成立した平頼綱政権は否定され、現状は騒動以前の時宗政権へ引き戻されることになる。続いて七月二日付と推定される六四七条「一　法光寺殿（北条時宗）御代御成敗并弘安八年没収地事／賞罰共、不可有沙汰」。こちらは時宗政権の成敗に対する不易法である。ところが時宗政権への不易法はすでに頼綱政権期の正応三（一二九〇）年九月二十九日に発布されている（追加法六一九条）。頼綱政権によってすでに発布されている時宗の成敗に対する不易法を再発布し、これと同時に霜月騒動での「賞罰」を共に否定した六四七条は、貞時の時宗政権への回帰の宣言と考えられる。

以上の法令が発布される以前から、人事においては霜月騒動での失脚者の復権が行われている。騒動で安達泰盛に縁座し上総に配流された金沢顕時が呼び戻されて永仁元年十月設置の執奏に任命されたこと、騒動の直後の弘安八年十二月二十七日に罷免された太田時連が問注所執事に返り咲いたことは、この代表例ということができる。その一方で、太田時連に替わって問注所執事に補され、頼綱政権期に一貫してその職にあった摂津親致は問注所執事を罷免されたのみで、評定衆には在職を続けている[14]。まさに「賞罰共」に否定されたのである。

以上のことから、貞時政権初期の第一の政治方針は時宗時代の政治体制の復興、時宗政権への回帰であったと考えられる。以下では、部門別にその後の貞時政権における人事の推移を追ってみることにする。

第二節　貞時政権における人事の変遷

一　問注所と政所

問注所執事が摂津親致から太田時連に変更されたのと同日の永仁元年十月十九日、政所においても執事の人事異動が行われた。二階堂行貞から同行藤への交替である。

問注所および政所の執事職が、おのおの康信流三善氏と二階堂氏によって鎌倉期を通じてほぼ世襲されたことは周知の事実である。問注所執事は初代康信以来霜月騒動まで康信流三善氏が執事職を独占しており（宮騒動まで町野氏、以後太田氏）、したがって頼綱政権期の摂津親致の就任の方が異常事態であったから、太田時連の再任は太田氏への家業の返却であり、いわば当然のことであったと考えられる。

だが、政所執事の行貞から行藤への変更は事情がかなり異なるようである。二階堂氏では初代行政の子の代で信濃守行光の信濃流と隠岐守行村の隠岐流の二流が生まれ、信濃流には行光の孫の代で筑前・伊勢・信濃の三家が成立、隠岐流では行村の子の代で同様に隠岐（懐島）・出羽・常陸・和泉の四家が成立した。この二流七家は揃って鎌倉政権の評定・引付衆や奉行等の要職に進出を遂げるが、執事職は永仁元年の行藤の就任までは、一〇代九人ことごとく信濃流によって占められていた。今少し詳しく述べれば、信濃流の祖行光とその子行盛の後は、はじめ筑前家で四代三人が執事となり、次に伊勢家二代を経て、信濃家の始祖行忠が就任し、その孫行貞へと継承されたのである。しかも伊勢家から筑前家、筑前家から信濃家への交替は、すべて前任者が没しその子息が若年であったときのことであり、実務に精通している必要がある政所執事にあっては致し方のないことであったと考えられる（詳しくは六三頁以下参照）。

このような政所執事の継承関係をみる限り、二階堂氏内部では信濃流が嫡流であり、信濃流のみが政所執事に就任する慣例になっていたことがわかる。そして信濃流の中で政所執事職が筑前家から伊勢家へ、さらに信濃家へと移っていったのであり、これは信濃流内部での惣領家の変遷ということができよう。つまり、頼綱政権までは二階堂氏の傍流である隠岐流は二階堂氏でありながら、政所執事に就任することはできなかったのである。この点で、信濃流信濃家の行貞を罷免しての隠岐流出羽家の行藤の任命は注目に値する。

表29　貞時政権上級職員年表

a．弘安10(1287)年

〔執権〕
北条貞時(17)
〔連署〕
普音寺業時(47) 6/18出家。6/26卒。
大仏宣時(50) 8/19補。
〔六波羅探題〕
北・北条時村(46) 8/14関東下向。
南・北条兼時(24) 8月転北。
　佐介盛房(46)正応元(1288)年2月4日補。
〔引付頭人〕
一番　北条時村(46)
二番　名越公時(53)
三番　名越時基(52)
四番　普音寺時兼(22)
五番　北条政長(38)
　――（一番～五番）12/24補。
〔政所執事〕
二階堂(信濃)行忠(67)在職。
☆正応3(1290)年11月21日卒(70)
同年11月14日二階堂(信濃)行貞(22，行忠孫)補。
〔問注所執事〕
摂津親致(41)在職。
〔越訴頭人〕
？

b．永仁元(1293)年

〔執権〕
北条貞時(23)
〔連署〕
大仏宣時(56)
〔六波羅探題〕
北・北条兼時(30) 1/18関東下向。3/7鎮西下向。
　赤橋久時(22) 4/4補。
南・佐介盛房(52)
〔引付頭人〕
一番　北条時村(52)
二番　名越公時(59)
三番　北条師時(19，5/30評定衆補任)
　――（一番～三番）6月補。10月廃止。
〔執奏〕
北条時村(52)
名越公時(59)
北条師時(19)
金沢顕時(46，配流地上総より帰る)
大仏宗宣(35)
宇都宮景綱(59)
　――（北条時村～宇都宮景綱）10月設置。
長井宗秀(29)
〔政所執事〕
二階堂(信濃)行貞(25)10月罷免。
二階堂(出羽)行藤(48)10/19補。
〔問注所執事〕
摂津親致(47)10月罷免。
太田時連(25)10/19補(再任)。
〔越訴頭人〕
大仏宗宣(35)
長井宗秀(29)
　――（大仏宗宣・長井宗秀）5/20補。

c．永仁2(1294)年

〔執権〕
北条貞時(24)
〔連署〕
大仏宣時(57)
〔六波羅探題〕
北・赤橋久時(23)
南・佐介盛房(53)
〔引付頭人〕→10月執奏廃止。引付再設置。
一番　北条時村(53)
二番　名越公時(60)
三番　名越時基(59)
四番　金沢顕時(47)
五番　宇都宮景綱(60)
　――（一番～五番）10/24補。
〔政所執事〕
二階堂(出羽)行藤(49)
〔問注所執事〕
太田時連(26)
〔越訴頭人〕
大仏宗宣(36)
長井宗秀(30)

d．永仁3(1295)年

〔執権〕
北条貞時(25)
〔連署〕
大仏宣時(58)
〔六波羅探題〕

北・赤橋久時(24)
南・佐介盛房(54)

〔引付頭人〕
一番　北条時村(54)
二番　名越公時(61)12/28卒。
三番　名越時基(60)
四番　金沢顕時(48)
五番　宇都宮景綱(61)

〔政所執事〕
二階堂(出羽)行藤(50)

〔問注所執事〕
太田時連(27)

〔越訴頭人〕
大仏宗宣(37)
長井宗秀(31)

e. 永仁４(1296)年

〔執権〕
北条貞時(26)

〔連署〕
大仏宣時(59)

〔六波羅探題〕
北・赤橋久時(25)
南・佐介盛房(55)

〔引付頭人〕
一番　北条時村(55)
二番　名越時基(61)
三番　金沢顕時(49)
四番　大仏宗宣(38)
五番　宇都宮景綱(62)
（一番～五番）１/12補。

〔政所執事〕
二階堂(出羽)行藤(51)

〔問注所執事〕
太田時連(28)

〔越訴頭人〕
大仏宗宣(38)
長井宗秀(32)

f. 永仁５(1297)年

〔執権〕
北条貞時(27)

〔連署〕
大仏宣時(60)

〔六波羅探題〕
北・赤橋久時(26) ６/18関東下向。
　　北条宗方(20) ６/23上洛。
南・佐介盛房(56) ５/17関東下向。７/８卒。
　　大仏宗宣(39) ７/10上洛。

〔引付頭人〕
一番　北条時村(56)
二番　北条師時(23)
三番　名越時基(62)
四番　金沢顕時(50)
五番　宇都宮景綱(63)
（一番～五番）７月補。

〔政所執事〕
二階堂(出羽)行藤(52)

〔問注所執事〕
太田時連(29)

〔越訴頭人〕３/６永仁徳政令(越訴停止)
大仏宗宣(39)
長井宗秀(33)
（以上二名）３/６？罷免。

g. 永仁６(1298)年

〔執権〕
北条貞時(28)

〔連署〕
大仏宣時(61)

〔六波羅探題〕
北・北条宗方(21)
南・大仏宗宣(40)

〔引付頭人〕
一番　北条時村(57)
二番　北条師時(24)
三番　名越時基(63)
四番　大仏宗泰(？)
（一番～四番）４/９補。
五番　長井宗秀(34) １/13補→前任宇都宮景綱(64) ５/１卒。

〔政所執事〕
二階堂(出羽)行藤(53)

〔問注所執事〕
太田時連(30)

〔越訴頭人〕２/28再設置。
摂津親致(52)
二階堂(出羽)行藤(53)
（以上二名）２/28補。

h. 正安元(1299)年

〔執権〕
北条貞時(29)

〔連署〕
大仏宣時(62)

〔六波羅探題〕
北・北条宗方(22)

南・大仏宗宣(41)
〔引付頭人〕
一番　北条時村(58)
二番　北条師時(25)
三番　大仏宗泰(？)
四番　長井宗秀(35)
五番　二階堂(出羽)行藤(54)
} 4／1補。
〔政所執事〕
二階堂(出羽)行藤(54)
〔問注所執事〕
太田時連(31)
〔越訴頭人〕
摂津親致(53)
二階堂(出羽)行藤(54)

i．正安2(1300)年

〔執権〕
北条貞時(30)
〔連署〕
大仏宣時(63)
〔六波羅探題〕
北・北条宗方(23)　11/25関東下向。
南・大仏宗宣(42)
〔引付頭人〕
一番　北条時村(59)
二番　北条師時(26)
三番　大仏宗泰(？)
四番　長井宗秀(36)
五番　太田時連(32)
〔政所執事〕
二階堂(出羽)行藤(55)
〔問注所執事〕
太田時連(32)
〔越訴頭人〕10／9廃止
摂津親致(54)
二階堂(出羽)行藤(55)
} 10／9罷免。

j．正安3(1301)年

〔執権〕
北条貞時(31) 8／23出家。
北条師時(27) 8／22補。
〔連署〕
大仏宣時(64) 8／22罷免。9／4出家。
北条時村(60) 8／23補。
〔六波羅探題〕
北・普音寺基時(16) 6／7補。
南・大仏宗宣(43)
〔引付頭人〕
一番　北条時村(60)
二番　北条師時(27)
三番　大仏宗泰(？)
四番　北条宗方(24) 1／10補。
五番　長井宗秀(37) 1／10転？

一番　赤橋久時(30)
二番　大仏宗泰(？)
三番　名越時家(？)
四番　北条煕時(23)
五番　長井宗秀(37)
} 8／22補。
〔政所執事〕
二階堂(出羽)行藤(56)
〔問注所執事〕
太田時連(33)
〔越訴頭人〕8／25再設置。
北条宗方(24)
長井宗秀(37)
} 8／25補。

k．乾元元(1302)年

〔執権〕
北条師時(28)
〔連署〕
北条時村(61)
〔六波羅探題〕
北・普音寺基時(17)
南・大仏宗宣(44) 1／17関東下向。
金沢貞顕(25) 7／7上洛。
〔引付頭人〕
一番　大仏宗宣(44)
二番　赤橋久時(31)
三番　大仏宗泰(？)
四番　北条煕時(24)
五番　長井宗秀(38)
} 2／18補。

一番　大仏宗宣(44)
二番　赤橋久時(31)
三番　大仏宗泰(？)
四番　北条宗方(25)
五番　名越時家(？)
六番　北条煕時(24)
七番　長井宗秀(38)
八番　摂津親致(56)
} 9／11補。
嘉元元(1303)年4月14日卒(57)
〔政所執事〕

二階堂(出羽)行藤(57) 8/22卒。
二階堂(信濃)行貞(34)11月再任。
〔問注所執事〕
太田時連(34)
〔越訴頭人〕
北条宗方(25)
長井宗秀(38)

l. 嘉元元(1303)年

〔執権〕
北条師時(29)
〔連署〕
北条時村(62)
〔六波羅探題〕
北・普音寺基時(18)10/20関東下向。
　　常葉時範(45)12/14上洛。
南・金沢貞顕(26)
〔引付頭人〕4/14旧八番頭人摂津親致(57)卒。
一番　大仏宗宣(45)
二番　赤橋久時(32)
三番　大仏宗泰(?)
四番　北条宗方(26)
五番　名越時家(?)
六番　北条熈時(25)
七番　伊具時高(42)
八番　長井宗秀(39)
（一番～八番）4/11補。
〔政所執事〕
二階堂(信濃)行貞(35)
〔問注所執事〕
太田時連(35)
〔越訴頭人〕
北条宗方(26)
長井宗秀(39) 8月罷免?
大仏宗宣(45) 8/27補。

m. 嘉元2(1304)年

〔執権〕
北条師時(30)
〔連署〕
北条時村(63)
〔六波羅探題〕
北・常葉時範(46)
南・金沢貞顕(27)
〔引付頭〕
一番　大仏宗宣(46)
二番　赤橋久時(33)
三番　大仏宗泰(?)
四番　北条宗方(27)
五番　北条熈時(26)
六番　伊具時高(43)
七番　長井宗秀(40)
（一番～七番）9/25補。

一番　大仏宗宣(46)
二番　赤橋久時(33)
三番　大仏宗泰(?)
四番　北条熈時(26)
五番　伊具時高(43)
（一番～五番）12/7補。
〔政所執事〕
二階堂(信濃)行貞(36)
〔問注所執事〕
太田時連(36)
〔越訴頭人〕
北条宗方(27)
大仏宗宣(46)

n. 嘉元3(1305)年

〔執権〕
北条師時(31)
〔連署〕
北条時村(64) 4/23暗殺
大仏宗宣(47) 7/22補
〔六波羅探題〕
北・常葉時範(47)
南・金沢貞顕(28)
〔引付頭〕
一番　赤橋久時(34)
二番　大仏宗泰(?)
三番　北条熈時(27)
四番　伊具時高(44)
五番　長井宗秀(41)
（一番～五番）8/1補

一番　赤橋久時(34)
二番　北条熈時(27)
三番　普音寺基時(20)
四番　伊具時高(44)
五番　長井宗秀(41)
（一番～五番）8/22補
〔政所執事〕
二階堂(信濃)行貞(37)
〔問注所執事〕
太田時連(37)
〔越訴頭人〕
北条宗方(28) 5/4滅亡
大仏宗宣(47)

二階堂氏内部では頼綱政権期から信濃流信濃家と隠岐流出羽備中家との間でポスト行忠の執事職を巡る対立が存在したものと推定されるのであり（六四頁参照）、永仁元年の行貞罷免・行藤就任は、この対立に隠岐流出羽備中家が勝利を収めた結果と評価することができる。得宗貞時は政所執事の先例を破って、二階堂氏嫡流の行貞を罷免し、傍流の行藤を補任したのである。とすれば、この人事は同日なされた問注所執事人事とは異なる、むしろ逆の意味を持っていたことになる。すなわち家業の否定である。そしてこの政策に対する反発を考慮し、それを緩和するために問注所執事の太田氏還補と抱き合わせる形でこの人事を発令されたのではないだろうか。

二　得宗家執事・幕府侍所所司

得宗家執事の変遷については、第一部第三章にみたので、詳しくはそちらを参照していただきたい。今、貞時政権の前後についてのみ略述すれば、時宗政権下の文永年間から平禅門の乱にかけての時期は平頼綱が一貫してその職にあった。平禅門の乱後永仁五（一二九七）年八月ごろまでの四年余は長崎光綱、その後少なくとも正安三（一三〇一）年三月までの四年余は工藤杲暁が在任。杲暁の後任は平宗綱であったらしく、彼は嘉元元（一三〇三）年末まで在職して配流され、替わって尾藤時綱が就任。だが、時綱の在職は一年ほどで、嘉元二年十二月には北条宗方が就任。五カ月後の嘉元の乱で宗方が滅亡した後、尾藤時綱の再任を経て、長崎高綱が就任することとなったと考えられる。

このような平禅門・嘉元両乱前後の得宗家執事の変遷の第一の特徴は、その交替があまりにも頻繁であるということである。長崎光綱・工藤杲暁の四年余在職というのも、平盛綱・頼綱等の前例と比較するとかなり短いものであるが、その後嘉元の乱に至る約四年間に平宗綱・尾藤時綱・北条宗方の三人が次々に就任しているのは少しく異常である。嘉元の乱後の貞時政権末から鎌倉滅亡に至る三〇年近くを長崎高綱・高資父子で独占していることを思うと、両乱の間の一二年は執事の歴史にとって非常に混乱した時期であったといえよう。

特徴の第二は、就任者である。長崎光綱は平禅門の乱によってそれまでの長崎氏の嫡流盛時流が滅亡した後、長崎氏の惣領となったのであるから、光綱が頼綱の後継者として執事に就任したのはまだよいが、杲暁の出た工藤氏は得宗側近を構成する有力得宗被官家[15]の一つではあるものの、寄合衆を世襲する長崎・諏訪・尾藤三家に比べると家格が低かったのであり[16]、本来執事に就任する家格ではなかった。平宗綱は平禅門の乱で佐渡に配流されていたもので、これがわざわざ呼び戻されて任命されており、しかも短期在任ののち、今度は上総に配流されている。尾藤時綱は初代得宗家家令景綱の曾孫、時頼期の寄合衆景氏の孫であるから、家格としては長崎氏に比肩しうるものであるが、尾藤氏が得宗家家政機関の長となったのは景綱以来実に約七〇年ぶりである。そして北条宗方に至っては得宗貞時その人の従弟であり、得宗家の連枝が得宗家執事に就任したのは空前にして絶後の事態である。得宗家執事はこの時期以外ではほぼ長崎氏が世襲的に就任しているのであり、この一二年間だけが就任者のバラエティーに富んだ時期なのである。

次に侍所所司の変遷は森幸夫氏によって明らかにされているが[17]、平禅門の乱から嘉元の乱までの期間に確認される就任者は、正安元（一二九九）年六月七日在任が確認される「左衛門尉藤原」と嘉元二（一三〇四）年十二月七日に就任し翌年五月に滅亡した北条宗方の二人だけである。嘉元の乱後には、徳治二（一三〇七）年六月十八日に長崎高綱の在職が確認される[18]。

得宗家執事を務める長崎氏が侍所所司を兼任したという通説は、実は正確ではない。たとえば、平頼綱が得宗家執事であった時期には、頼綱自身が所司を兼ねていた時期もあるが、一族の長崎光綱や子息宗綱が所司であった時期もある。高時期には長崎氏の惣領は高綱であったが、執事は嫡子高資、所司はその兄高貞が務めている。ただ、この二つの時期に侍所の実権を握っていたのが何者かといえば、これは長崎氏の惣領であった頼綱なり高綱なりであったろうことは容易に想定できるから、得宗家執事と侍所所司の両職を長崎氏惣領が掌握していたということは認められる[19]。

では、平禅門の乱から嘉元の乱までの期間には得宗家執事と侍所所司はいかなる関係にあったのであろうか。北条宗方については彼が執事と所司を兼ねていたことは『間記』に「貞時ガ内ノ執権ヲシ、侍所ノ代官ナンドヲメ」とあるによって認められる。前後の時期の状況とこの宗方の例から推して、この時期も得宗家執事自身か、その一門が侍所所司を務めていた可能性が高い。

侍所所司が得宗家執事自身か、その一門の就任するところであったとしても、執事自体が前述のごとく頻々と交替される状況にあった以上、永仁から嘉元年間にかけての得宗家執事・侍所所司の両職は平頼綱や長崎高綱の時期のように一つの家がこれを支配下に置くような状況にはなかったことは明らかである。むしろ、この二つの職は人事権を掌握した得宗貞時の強い支配を受けたのではないか。貞時は平頼綱専制を現出するまでに強大化してしまった長崎氏を恐れ、両職の長崎氏からの没収を計画したのではないだろうか。頼綱専制を武力で打倒しなければならなかった貞時は要職の特定の家による世襲・独占の弊害を痛感したものと思われる。

貞時政権期の両職就任者で最も注目されるのは北条宗方である。得宗の従弟という血統を考慮すれば、宗方は歴代の得宗家執事の中でも抜群の存在であったことは容易に推定されるのであり、この点では長崎氏以上に強力な存在であったといえよう。このような地位に宗方が就きえたのは、従兄貞時の後援によるものとしか考えられない。宗方は貞時の意を受け、その命によって両職に就任したものであろう。

さらに、これはこれまで一度として触れられなかったことであるが、得宗家執事は寄合衆を兼ねるのが通例であり、宗方も必ずや寄合衆となっていたはずである。

三　越　訴

越訴制度は貞時政権を通じて改廃を繰り返した制度である。そしてこれは佐藤進一氏・笠松宏至氏によって検討され、貞時政権の特徴として大きく意義付けられている。佐藤氏は正安二（一三〇〇）年十月九日の越訴方廃止・得宗被官五人の越訴管領をもって「貞時の独裁は殆んど頂点に達したと言える」と述べ、得宗専制の一つの極点と評価している。[20]笠松氏は、平禅門の乱後貞時が直断訴訟を開始したことにより、越訴は貞時の裁許に対する異議申立てを認めることになり、その存続は貞時自身の権威の失墜を意味するものであったとして、貞時による度重なる越訴廃止の背景を解明した。[21]本節では両氏の学説を勘案しつつ、貞時政権期における越訴制度の変遷を再検討してみたい。

平禅門の乱一カ月後の永仁元年五月二十日、大仏宗宣（連署宣時の子）・長井宗秀（広元流大江氏嫡流。評定衆時秀の子）両名が越訴頭人に任命される。これが貞時の越訴政策の最初である。文永元（一二六四）年十月二十五日、越訴方が設置されたときの頭人金沢実時・安達泰盛と同様、北条氏（北条氏庶家）・非北条氏各一名の構成であり、時宗政権の復興という貞時政権初政の政治方針は越訴においても確かめられる。ただし安達泰盛が外様御家人であるのに対し、長井宗秀は法曹官僚である。

ところが、翌永仁二年には早くも最初の越訴廃止が行われる。笠松氏が指摘[22]の追加法六五〇条である。

一　直被聞食被棄置輩訴訟事　永仁二（一二九四）十二　二評　奉行豊後権守倫景（矢野）　明石民部大夫行宗

不可有御沙汰之由、先日雖被定法、永止後訴者、各含愁欝歟。企越訴事非制限。

笠松氏が説いたごとく、[23]永仁二年中の某日〝貞時が直断した訴訟については越訴を禁ずる〟という法令が発布され、これが十二月二日に至って解除されたのである。この直断越訴禁止令によって前年五月に任じられた越訴頭人大仏宗宣・長井宗秀はどうなったのであろうか。越訴方そのものが廃止され、二人は頭人を免ぜられたとも考えられるが、越訴の禁が貞時の直断訴訟に限定されているため速断しかねるところである。だが、仮に越訴方が廃止されたとしても、十二月二日の越訴解禁によって越訴方は復活し両人は頭人に再任されたのではないだろうか。後述する永仁六（一二九八）年の越訴復活令の文言中に「但宗宣・宗秀事切事者、不及沙汰」とあり、永仁五年の徳政令による越訴廃止までは二人が頭人を務めていたことが推測されるからである。

さて、永仁五年三月六日、永仁徳政令が発布される。この第一条「可停止越訴事」（鎌倉追加法六六一条）が越訴廃止令である。大仏・長井は頭人を罷免され、越訴方は廃される。だが、翌年二月二十八日、越訴は復活を果たす。追加法六七八条「永仁六年二月廿八日評云、越訴被許之。但宗宣・宗秀事切事者、不及沙汰。質券売買、利銭出挙、向後被許之」。このとき新たに任じられた越訴頭人二名の人事は注目に値する。すなわち二階堂行藤・摂津親致である。行藤は第二節にみたごとく、永仁元年十月に二階堂行貞に替わって政所執事となった人物。親致は政所執事交替と同日に問注所執事を免ぜられた人であるが、泰時政権期に京より下向した明経道官人中原師員の孫である。師員は初代評定衆の一人であり、将軍九条頼経の近臣として恩沢沙汰・官途沙汰に大きな権限を有し、権勢をふるい、親致の父師連も宗尊親王・惟康親王の御所奉行を務めており(24)、摂津氏は将軍近臣たることを政治基盤としてきた法曹官僚系氏族である。よって、これまでの北条氏・非北条氏各一名という越訴頭人の慣例は永仁六年に至って破られ、北条氏が排除されて法曹官僚によって独占されたことになる。

親致は永仁元年に約八年在職した問注所執事を罷免されたものの、永仁三年官途奉行（四十九歳）、同四年御所奉行・安堵奉行（五十歳）、同六年越訴頭人（五十二歳）、正安元（一二九九）年奏事（五十三歳）、乾元元（一三〇二）年八番引付頭人（五十六歳）と、嘉元元（一三〇三）年五十七歳で没するまで貞時政権で要職を歴任している。行藤も永仁元年四十八歳で政所執事就任後、同三年の寄合衆在任が確認され（二階堂氏の寄合衆はこれが初見）、同六年越訴頭人（五十三歳）を経て、正安元年五十四歳で五番引付頭人となっている。以上の経歴から、二人が貞時によって重用されていたことがわかる。越訴廃止に失敗した貞時は、当面の方策として越訴方そのものは旧来の制度を存続させ、頭人に重用する法曹官僚を任ずる形で越訴制を掌握する道を選んだのではないか。

そして二年七カ月後の正安二（一三〇〇）年十月九日、越訴方はふたたび廃止される。『鎌記』同日条「止越訴、相州(貞時)家人五人奉行之」。佐藤氏によって得宗専制の極点と評価された[25]得宗被官の越訴管領である。だが、この体制はわずか一〇カ月にして廃され、翌正安三年八月二十五日、越訴方はまたも復活する。北条宗方・長井宗秀の越訴頭人就任である。宗秀は四年ぶりの復職である。以後、越訴方は廃されることなく、貞時は結局、越訴廃止を断念したものと思われる。また、このときの頭人の構成は北条氏・非北条氏各一名で一見旧来の形に復したようだが、宗方は厳密には北条氏一門というより得宗家の一門である。つまり、この越訴再設でも北条氏庶家は越訴頭人を取り戻すことはできなかったのである。そして得宗の近親で越訴頭人となったのは得宗家執事・幕府侍所所司と同様に宗方ただ一人である。宗方は時に二十四歳、それまでの頭人に比べ非常に若いということができる。越訴廃止を断念した貞時は、今度は従弟を頭人とする道を選択したようである。

二年後の嘉元元（一三〇三）年、長井宗秀が罷免され、八月二十七日大仏宗宣が六年ぶりで再任される。ここに至って越訴頭人は北条氏に独占されたことになるが、厳密にいえば、得宗家一門・北条氏庶家各一名ということになる。

以後、宗方・宗宣体制は嘉元の乱まで変化なかった。越訴頭人は改廃の過程で北条氏庶家・非北条氏各一名という旧来の体制から、法曹官僚の独占を経て、得宗家一門・北条氏庶家各一名の体制に移り、嘉元の乱を迎えたのである。宗宣の復活は北条氏庶家の復活でもあった。

四　引付方

本節では引付について検討する（表29および30参照）。引付は貞時政権下で改編を繰り返していたことが『鎌記』によって確認され、具体的にその構成を追うことが可能である。また引付方には弘安徳政期に引付責任制が確立されたことが佐藤進一氏によって証明されており（『訴訟制度』四九頁）、幕府訴訟制度の根幹をなしている。この引付方の頭人の変遷を追及していけば、当該期幕府の訴訟制度が何者の掌握するところであったかが明らかになるであろう。

表30　貞時政権における引付頭人の変遷

年．月．日	方制	得宗家一門	北条氏庶家	非北条氏	摘要
弘安 8 (1285)．	5 方	0	4	1	時宗体制
9 (1286)．6．?	5 方	0	5	0	平頼綱政権
10(1287)．12．24	5 方	0	5	0	平頼綱政権
永仁元(1293)．6．?	3 方	1	2	0	4月，平禅門の乱
．10．20	執奏	1	4	2	10月20日，引付廃止
2 (1294)．10．24	5 方	0	4	1	時宗体制復帰？
3 (1295)．	5 方	0	4	1	
4 (1296)．1．12	5 方	0	4	1	
5 (1297)．7．?	5 方	1	3	1	
6 (1298)．4．9	5 方	1	3	1	非北条氏に法曹官僚就任。
正安元(1299)．4．1	5 方	1	2	2	
2 (1300)．	5 方	1	2	2	
3 (1301)．1．10	5 方	2	2	1	
．8．22	5 方	0	4	1	執権貞時・連署宣時辞職・出家
乾元元(1302)．2．18	5 方	0	4	1	
．9．11	8 方	1	5	2	
嘉元元(1303)．4．11	8 方	1	6	1	
2 (1304)．9．25	7 方	1	5	1	
．12．7	5 方	0	5	0	北条宗方，内管領・侍所所司就任
3 (1305)．8．1	5 方	0	4	1	4・5月，嘉元の乱
．8．22	5 方	0	4	1	

平頼綱政権の正応年間（一二八八〜九三年）の引付が何方制であったかは『鎌記』が記載を欠くため不明であるが、弘安十（一二八七）年は一番北条時村・二番名越公時・三番名越時基・四番普音寺時兼・五番北条政長の五方制であった（時村と政長は兄弟、公時と時基は叔父・甥。『鎌記』同年条）。五方引付制は建長四（一二五二）年以来弘安十年までの三五年間ほぼ継続した体制であった(26)。例外は弘長二（一二六二）年六月から文永三（一二六六）年三月までの約四年間の三方制と文永三年三月から文永六（一二六九）年四月までの三年に及ぶ引付廃止期間の計七年間である。よって平頼綱政権期も五方制が継続したと考えてよいであろう。ただし弘安九・十年の頭人がすべて北条氏庶家であることから、霜月騒動による安達氏壊滅後、引付頭人は北条氏庶家によって独占された可能性がきわめて高い。引付頭人の氏別構成は、建長三（一二五一）年六月五日から二十日までのわずか一五日間置かれた六方引付制で一番北条政村・二番大仏朝直・三番名越時章・四番中原師員・五番伊賀光宗・六番二階堂行盛と北条氏以外が三名を占めた（『鏡』建長三年六月

五日・二十日条）特例を除くと、建長四（一二五二）年から弘長二（一二六二）年までの一一年間がほぼ五方制中一〜三番北条氏・四番二階堂氏・五番安達氏の非北条氏二名の体制であり、文永六（一二六九）年以降霜月騒動までの一六年間は一〜四番北条氏、五番のみ安達氏であった[27]。よってしだいに非北条氏が減じ、頼綱政権に至って北条氏の独占となったということができる。

平禅門の乱直後の永仁元年六月三方引付制が設置される。これが貞時政権最初の引付改編である。頭人は一番北条時村・二番名越公時・三番北条師時。一・二番は弘安十年体制の継承だが、三番師時は貞時の従弟で十九歳。一番時村が五十二歳であるから、師時がいかに若年であったか理解されよう。さらに師時は五月三十日評定衆に補されたばかりであった。師時の就任によって、弘安四（一二八一）年に師時の父宗政が一番頭人在職中に没して以来、一二年ぶりに得宗家一門は引付頭人に復活した。

ところがこの年十月、引付そのものが廃止される。替わって執奏七人が補任され、訴訟は貞時の直断となる。時宗政権の文永三年に引付廃止の前例があるが、このときは「重事直聴断。細事被仰付問注所畢」（『鎌記』同年条）というものであり、永仁には執奏という新制度を置いた点で、さらに強力な得宗への権力集中が指向されたというべきであろう。執奏の構成は北条時村・名越公時・北条師時・金沢顕時・大仏宗宣・宇都宮景綱・長井宗秀。時村・公時・師時が前引付頭人。顕時は旧四番引付頭人だが霜月騒動で配流されていたもので、ここに政界復帰を果たした。宗宣は越訴頭人兼務。以上五人が北条氏だが、厳密には師時は得宗家一門、残る四名が北条氏庶家である。宇都宮景綱は外様御家人。長井宗秀は法曹官僚で越訴頭人兼務。七人全員が評定衆である（『永記』正月五日・同七日・五月十六日条等）。よって内訳は北条氏庶家四名、得宗一門・外様御家人・法曹官僚各一名となる。執奏中でも師時は格段に若い。

だが、執奏は一年で廃され、「於重事者、猶直聴断」ということではあったが、五方引付が復活する[28]。頭人は一番北条時村・二番名越公時・三番名越時基・四番金沢顕時・五番宇都宮景綱。一〜四番は北条氏庶家で、しかも全員元引付頭人。五番宇都宮氏は頭人を出したのはこれが初例であるが、霜月騒動までの五番頭人安達氏の代理として同じ外様御家人の宇都宮氏を補任したと考えれば、この構成は時宗政権の体制に回帰したものということができる。時宗政権の復興という貞時政権初期の政策はこれによっても裏付けられる。この体制は永仁三年十二月に二番公時が卒去し、翌四年正月三番時基・四番顕時がおのおの繰り上がり、四番に大仏宗宣が補されただけで、家別構成では永仁五年まで変化がなかった。

永仁五年七月、四番宗宣が退き、時基・顕時がふたたび三・四番頭人となる。そして二番頭人に北条師時が補される。これは宗宣の六波羅南方探題就任に伴う人事異動であったが、これによって三年前頭人に再任されそこなった師時が復活した。よって家別構成は北条氏庶家三、得宗家一門・外様御家人各一名となった。翌永仁六年四月、四番顕時・五番景綱が引退（景綱は五月一日六十四歳で卒。顕時も三年後の正安三年三月卒）。四番の後任には連署宣時の次男で旧四番頭人宗宣の弟大仏宗泰が就任。五番には長井宗秀が就任。長井氏の引付頭人はこれが初例である。これによって外様御家人が法曹官僚に交替した。

翌正安元（一二九九）年四月一日、三番名越時基が退き、大仏宗泰・長井宗秀がおのおの三番・四番に繰り上がって、五番頭人には政所執事二階堂行藤が就任。よって構成は一番北条時村・二番北条師時・三番大仏宗泰・四番長井宗秀・五番二階堂行藤となる。これは時基の卒去による異動と推定されるが、家別構成では大きな変化となった。すなわち北条氏庶家二・得宗家一門一・法曹官僚二である。非北条氏が二名となったのは弘長二（一二六二）年の二階堂行方の罷免以来三七年ぶりである。相対的に北条氏庶家が後退したことになる。翌正安二年五番が二階堂行藤から太田時連に変更されたが、[29]家別構成は変化なかった。なお、太田氏の引付頭人もこれが最初である。得宗専制の最盛期とされる貞時政権において、引付頭人に法曹官僚系の人物が北条氏庶家を圧迫するほど進出するというこの現象は何に起因するのであろうか。

正安三（一三〇一）年は貞時政権に大きな変革の行われた年である。八月の貞時・宣時の執権・連署辞職に伴う人事刷新がそれである。この年の引付改編はまず正月十日に行われた。五番太田時連が退いて四番長井宗秀が五番に移り、四番頭人には前年十月四日六波羅北方探題を辞して帰東した北条宗方が就任。よって一番北条時村・二番北条師時・三番大仏宗泰・四番北条宗方・五番長井宗秀となり、家別では北条氏庶家二・得宗家一門二・法曹官僚一となった。法曹官僚が一名に戻ったものの、北条氏庶家の劣勢に変化はなかった。そして引付頭人に得宗の従弟が二名という事態は空前絶後のことである。この体制で貞時・宣時の両執権辞職を迎える。執権には八月二十二日前二番頭人北条師時が、連署には二十三日前一番頭人北条時村が就任。二十二日、正月に四番頭人となったばかりの北条宗方が辞職、二十五日越訴頭人に転じた。二十二日改編の新引付頭人は一番赤橋久時・二番大仏宗泰・三番名越時家・四番北条煕時・五番長井宗秀。宗泰・宗秀以外は新任である。久時は北条氏庶家の名門極楽寺流の嫡家赤橋家の惣領。時家は旧二番頭人名越公時の嫡子。煕時は新連署時村の嫡孫。この改編で北条氏庶家は五方中四名となり、ここ数年の劣勢を一挙に挽回した。一方、得宗家一門は執権と越訴頭人をおさえている。

翌乾元元（一三〇二）年二月十八日引付改編が行われる。三番名越時家が早くも頭人を免ぜられ、一番赤橋久時・二番大仏宗泰がおのおの二・三番に移って、新一番頭人には正月十七日六波羅南方探題を辞して東下した旧四番頭人大仏宗宣が就任。北条氏庶家は人数に変化なかったが、四名中二名を大仏兄弟が占めることとなった。

そして七カ月後の九月十一日、引付史上空前の改編が実施される。八方引付制の設置である。一番大仏宗宣・二番赤橋久時・三番大仏宗泰・四番北条宗方・五番名越時家・六番北条煕時・七番長井宗秀・八番摂津親致。二月の改編で退いた時家の復活で、北条氏庶家は五名に増加。前年八月越訴頭人に転じた宗方の越訴兼任での復帰により、得宗家一門も復活。法曹官僚も親致の就任で二年ぶりに二名に戻った。摂津氏の就任は前述の建長三年わずか一五日の六方制において始祖師員が四番頭人となって以来実に五一年ぶりである。この八方引付制は各方面の要望をすべて満たした結果の寄合所帯の感がある。

ところが、翌嘉元元（一三〇三）年四月十一日摂津親致の引退で改編が行われる（親致は三日後に五十七歳で没）。七番長井宗秀が八番に移り、新七番頭人には伊具時高が就任。法曹官僚の欠を北条氏庶家で補ったのであり、北条氏庶家六、得宗家一門・法曹官僚各一名と、北条氏庶家が優勢となる。なお、伊具氏の引付頭人は時高が初例である。翌嘉元二年九月二十五日、五番名越時家が退き、煕時・時高・宗秀が五・六・七番に繰り上がって七方制となる。そして十二月七日、引付は二年ぶりで五方制に復す。四番宗方が越訴兼任で得宗家執事・侍所所司となり、七番長井宗秀は罷免される。この結果、北条氏庶家は永仁元年以来一〇年にして引付頭人をふたたび独占した。

以上、煩を厭わず永仁元（一二九三）年から嘉元三（一三〇五）年までの引付の変遷を追ってみた。まとめておくと、平頼綱政権期の北条氏庶家による独占が、永仁元年の三方制・引付廃止を経て、いったん一～四番北条氏庶家・五番外様御家人という時宗政権の体制に復した。これが永仁五・六（一二九七・八）年を契機に得宗家一門および法曹官僚の進出が始まり、正安元（一二九九）年には北条氏庶家は五方中二名にまで減少。だが、正安三（一三〇一）年八月四名に増加。翌乾元元年九月十一日の八方制導入で得宗家一門一・法曹官僚二がふたたび加わるが、北条氏庶家は五名と優勢であった。そして嘉元二（一三〇四）年十二月七日の五方制復帰により、北条氏庶家の再独占となり、嘉元の乱を迎える。正安年間まで得宗家一門・法曹官僚が増加して北条氏庶家が減少する傾向にあり、正安三年を境に北条氏庶家の巻返しが始まって、嘉元二年の再独占に至るということになる。

五　寄　合

嘉元の乱以前の貞時政権における寄合の構成を知らせてくれる史料は『永記』のみである。同書の寄合記事は九例（含、内談）だが、出席者の記載があるのは六月二十六日条のみである（「寄合関係基本史料」20）。これによって、永仁三（一二九五）年の寄合の構成をみてみると次のようになる。

〔得宗・執権〕北条貞時
〔連　　署〕大仏宣時
〔北条氏庶家〕北条時村・名越公時
〔法曹官僚〕長井宗秀（奉行）・二階堂行藤（奉行）・矢野倫景（孔子）

以上七名。執権・連署を除く五人の構成は北条氏庶家二・法曹官僚三となる。佐藤進一氏の述べるごとく、これが寄合衆の総数とは限らないし、[30]寄合衆正員である北条氏庶家と奉行や孔子役の法曹官僚を同等に扱うことは早計であるが、寄合への法曹官僚の進出は理解できよう。時頼政権期の寛元年間、初期寄合のメンバーは、

〔得宗・執権〕北条時頼
〔北条氏庶家〕北条政村・金沢実時
〔外様御家人〕安達義景（得宗外戚）
〔得 宗 被 官〕平盛時・諏訪盛重・尾藤景氏

という構成であり、[31]『建記』によると時宗政権期の建治三（一二七七）年の寄合衆は、

〔得宗・執権〕北条時宗
〔外様御家人〕安達泰盛（得宗外戚）
〔得 宗 被 官〕平頼綱・諏訪盛経
〔法 曹 官 僚〕太田康有・佐藤業連

というものである。これらと比べると永仁三年には、建治三年にゼロであった北条氏庶家が二名となり、外様御家人・得宗被官がゼロとなって、法曹官僚が一名増加して三名となったことがわかる。永仁と建治では寄合衆の総数は

五名と変化ないが、内訳は相当に変化している。外様御家人・得宗被官がいなくなり、替わって北条氏庶家が二名に復し、法曹官僚が三名に増加したのである。次に嘉元の乱後の貞時政権末延慶二（一三〇九）年の寄合の構成は、

〔得　宗〕北条貞時
〔執　権〕北条師時
〔連　署〕大仏宗宣
〔北条氏庶家〕北条煕時・金沢貞顕
〔外様御家人〕安達時顕
〔法曹官僚〕長井宗秀・太田時連（奉行）
〔得宗被官〕長崎高綱（合奉行）・尾藤時綱（合奉行）

であり（「寄合関係基本史料」25）、得宗・執権・連署を除くと北条氏庶家二・外様御家人一・法曹官僚二・得宗被官二の計七人が寄合衆となる。外様御家人と得宗被官が復活した結果、総数が七名に増加している。

つまり、永仁三年の寄合衆の構成は霜月騒動・平禅門の乱の影響を受け、外様御家人・得宗被官が消え、これに替わって北条氏庶家・法曹官僚によって構成されることになったのである。まず注目されるのは、五名中に三名を占める法曹官僚の進出である。平頼綱政権期に政権中枢に進出した得宗被官勢力は平禅門の乱の余波を受けて後退し、長崎・諏訪・尾藤氏は世襲してきた寄合衆職を失ったようである。霜月騒動で壊滅した得宗外戚安達氏の復興いまだならず、得宗被官の消えた寄合に、これらに替わって進出した法曹官僚の勢力はやはり注目に値しよう。そして、忘れてならないのは、すでに述べたごとく、嘉元年間には、得宗貞時の従弟である宗方が寄合衆に加わったと考えられることである。(32) さらに、延慶二年の例からして、貞時の今一人の従弟師時も正安三年の執権就任後には寄合に加わったと思われる。よって、嘉元の乱直前には寄合衆においては法曹官僚と得宗一門の比重が高くなったのである。だが、

北条氏庶家の存在も軽視はできない。時宗独裁下の建治年間にはゼロであった北条氏庶家が、永仁三年には復活しているのであり、しかもそのうちの一人が後に宗方に討たれることになる北条時村であった。同年末にいま一人の北条氏庶家である名越公時は没したが、この欠は翌年十月に当時の連署大仏宣時の嫡子宗宣が補任されて補われている。時村は正安三（一三〇一）年八月の宣時の辞任・引退により連署に昇進したが、嘉元二（一三〇四）年三月赤橋久時が新任された。つまり、嘉元の乱直前の寄合には、北条氏庶家では少なくとも大仏宗宣・赤橋久時の二名が加わっていたことになる。嘉元の乱直前の段階で寄合に出席していたと考えられる北条氏をまとめれば、

〔得宗一門〕北条貞時（得宗）・北条師時（執権）・北条宗方（越訴頭人・侍所所司・得宗家執事）

〔庶　家〕北条時村（連署）・大仏宗宣（一番引付頭人・越訴頭人）・赤橋久時（二番引付頭人）

の六名であり、得宗一門と庶家が拮抗する状態にあった。そして宗方が時村を殺害し、宗宣が宗方討伐の大将となるのであるから、嘉元の乱の中心人物はすべて寄合に関与していたことになる。

第三節　師時と宗方

ここでは貞時の従弟である師時と宗方について検討してみたい。二人は『間記』には、ポスト貞時の執権職を巡って争い、これが嘉元の乱の原因となったと記されている。これは事実なのであろうか。師時は貞時の四歳下、貞時の娘を妻とした（『間記』）。宗方は貞時の七歳下である。そして二人は共に伯父時宗の猶子となっている。つまり、貞時・師時・宗方は従兄弟であると同時に義兄弟でもあった。

一　両人の官職歴

師時は建治元（一二七五）年北条時頼の子（時宗の弟）で当時三番引付頭人であった宗政を父として生まれた。母は連署北条政村の女で、当時の二番引付頭人時村の妹。弘安八（一二八五）年十二月十一歳という得宗と同等の年齢で叙爵。この前年の弘安七年七月、十歳で小侍所別当に就任したのが役職就任の最初であるが、平禅門の乱の起こった永仁元（一二九三）年十九歳で、乱の直後の五月三十日評定衆、六月三番引付頭人、十月執奏と突然政権中枢に登場した。翌二年十月の執奏廃止後、引付頭人には復さなかったものの、三年後の永仁五年七月二十三歳で二番引付頭人に復職。四年間在職して、正安三（一三〇一）年八月従兄貞時の後任として二十七歳で執権に就任。貞時の下で執権を務めること一〇年、応長元（一三一一）年九月三十七歳で病没した。貞時に先立つこと一カ月であった。

宗方は弘安元（一二七八）年生まれ。父は時頼の子で時宗・宗政の弟である北条宗頼。母は鎮西有数の豪族領主であり豊後守護であった大友頼泰の娘。[33] 一四歳年長の異母兄兼時がいる。誕生したのは宗頼が長門・周防守護として現地にあった時期であり、[34] 豪族領主とはいえ、地方豪族である大友頼泰の娘を母としたことは宗方が庶子であったことを示している。実際、宗方の要職就任は兄兼時の没後からである。とはいえ、叙爵年齢は十七歳で、師時に比べれば六年ほど遅いが、兼時よりは二歳若く、得宗家一門の者として待遇されていたことがわかる。政界登場は永仁五（一二九七）年六月二十歳での六波羅北方探題就任である。師時同様、非常に若いということができる。得宗家一門の北方探題就任は兄兼時に続いて二人目である。三年五カ月在職ののち、正安二（一三〇〇）年十一月帰東。十二月二十三歳で評定衆となる。北方探題辞任後、評定衆に転じるというのは兼時と同様のコースであり、宗方が兄の先例に従っていることがわかる。翌正安三年正月四番引付頭人に就任。評定衆就任一カ月以内で引付頭人に進んだことは師時と同様である。この年八月の貞時・宣時の両執権辞職による人事異動で引付頭人を辞し、二十五日越訴頭人に就任。

『六波羅守護次第』（『東大影写』）には「引付出仕無之。依被申請蒙御免了。於評定者出仕之」とあり、このとき、宗方は引付には出仕の免除を申請して、許可されたという。翌乾元元（一三〇二）年九月二十五歳で越訴頭人兼帯のまま四番引付頭人に復す。嘉元二（一三〇四）年十二月二十七歳でふたたび引付頭人を辞し、得宗家執事・幕府侍所所司に就任。翌年の嘉元の乱の時点では、二十八歳で得宗家執事・幕府侍所所司・越訴頭人を兼ねていた。また、この間、正安元（一二九九）年から嘉元の乱までの六年間、それまで得宗の世襲分国であった若狭の守護を務めている（『若狭国守護職次第』〈『類従』「補任部」〉）。

二　時宗期の得宗家一門との比較

二人の共通点は、貞時政権期に二十歳前後の若さで突然要職に就任して政界に登場し急激な出世を遂げた点である。二人共引付衆を経ておらず、政権中枢に安定した地位を築くのも共に二十三、四歳である。引付を経ずに評定衆となることは、得宗家一門と赤橋家の嫡男のみに許された特権である[35]。得宗の従弟で執権となったのが師時ただ一人であれば、得宗家執事・侍所所司・越訴頭人となったのは宗方ただ一人である。およそ泰時政権以降、得宗家一門がこれほど活躍した例はほかにない。

得宗家一門の政治活動自体は時宗政権に始まっている。時宗の庶兄時輔・弟宗政（師時の父）・同じく宗頼（兼時・宗方の父）、そして宗方の異母兄兼時の四人である。時輔は文永元（一二六四）年十七歳で六波羅南方探題に就任したが、同九（一二七二）年の二月騒動で北方探題赤橋義宗に攻め殺されてしまった。宗政は文永九年十月、二十歳で引付衆を経ずに評定衆に就任。翌十年六月三番引付頭人に進み、建治三（一二七七）年八月二十五歳で一番引付頭人となったが、弘安四（一二八一）年八月二十九歳で没した。宗頼は建治二（一二七六）年正月十一日周防・長門両国守護として下向[36]。現地で豊後守護大友頼泰の娘を娶り、弘安元（一二七八）年その腹に次男宗方が生まれたが、翌二年六月長門に没した（『分脈』）。生年不詳であるが、前述のごとく兄宗政が弘安四年二十九歳で没しているから、宗頼の没年齢も二十代後半以下であったことは間違いない。建治元年四月蒙古使が長門に上陸して鎌倉政権との直接交渉を求め、鎌倉に送られて切られた（『関評』・『鎌記裏書』同年条）。それまで北九州に防衛の重点を置いていた鎌倉政権は危機感を抱き、長門・周防を新たな防衛拠点として、宗頼を派遣したのである。時の執権時宗の弟を守護として現地に派遣したという点に鎌倉政権の意気込みと危機感を知ることができよう。このときの宗頼の派遣がのちに周防長門探題（長門探題）と称される二国守護兼帯の端緒である。(37) 兼時は弘安五（一二八二）年十一月十九歳で叙爵。翌六年異国警固の任を担って播磨に下向以後、南・北六波羅探題就任、鎮西下向を経て、貞時政権となった永仁三（一二九五）年四月帰東、五月評定衆となったが、九月三十二歳で没した。

時宗の潜在的ライバルとして時宗への権力集中の過程で抹殺された時輔、西国在住の長かった宗頼・兼時父子はともかく、宗政の経歴は師時・宗方の先蹤となるものである。とくに子息師時とは評定衆就任年齢も出世の様子もよく似ている。師時は父宗政の先例を踏襲したに過ぎないようにもみえる。また、師時・宗方は兄弟のなかった貞時にとって子息を除けば最も近い血縁者であり、血統が二人の出世の最大の要因であったことはもちろんである。だが、師時の政界登場が平禅門の乱の直後であり、二人の就任職が宗政等のそれを凌ぐ政権中枢の最重要職であることから、二人の出世は家格のみでは解釈しきれないものがある。得宗貞時の強力な後援があったことは間違いないであろう。

執権が幕府政治制度の頂点であれば、侍所所司は幕府の軍事権を掌握しており、越訴頭人は貞時が支配に最も力を入れた越訴制度の最高責任者である。得宗家執事と侍所所司は長崎氏が両職を世襲することによって平頼綱の専権を現出したことでわかるとおり、絶大な権力を有する職である。笠松宏至氏は嘉元の乱の要因に宗方が得宗専制を阻む越訴方の頭人であったことがあるのではないかと述べているが、(38) 宗方の職歴からして彼を越訴頭人に任じたのはほかならぬ貞時と推定され、宗方の越訴頭人就任は貞時の越訴掌握政策であったと考えるべきだと思う。つまり、二人は相俟って政権中枢における得宗貞時の強力な補佐役であったのである。

そしてきわめて重要なことは、師時と宗方は共に寄合に出席したと考えられることである。師時の就いた執権は歴代寄合に参加しており、師時自身も延慶二（一三〇九）年には在職が確認される。師時は少なくとも執権に就任した正安三（一三〇一）年八月以降は寄合に出席したと考えられる。一方、宗方の就いた得宗家執事も歴代寄合衆を兼ねる職であった(39)。とくに侍所所司を兼ねる執事は確実に寄合衆に加えられていたといってよい。よって、宗方は侍所所司となった嘉元二（一三〇四）年十二月にはまず間違いなく寄合衆に加えられていたはずである。寄合出席者は延慶二年時点で一〇名であるから、正安・嘉元年間もこの程度以下と推定される。一〇人以下の寄合衆の中に従兄弟関係にあり、そのうえに義兄弟でもある得宗家一門が実に三名を数えたことになる。得宗家一門の寄合における発言力の増大はいわずもがなのことであろう。得宗家の家格的優位を考慮すれば、貞時・師時・宗方が団結した場合、得宗家の寄合における発言権は大きなものとなったことが推測される。

第四節　貞時の政治理念

ここでこれまでみてきた貞時政権の政策を総合し、得宗貞時の政治理念を考察してみたいと思う。貞時の政治方針は次の五つに分類することができる。

①時宗政権の復興　これはとくに貞時政権初政の永仁年間前半に強くみられる。すなわち追加法六四三・六四七条によって表明された霜月騒動・平頼綱政権の否定、時宗政権への回帰である。人事においては、問注所執事の太田時連還補、金沢顕時の復帰がある。得宗家執事・侍所所司にも滅亡した平頼綱の従弟長崎光綱が補され、両職は長崎氏の家業であるという先例は踏襲されている。越訴頭人は北条氏庶家・非北条氏各一名、五方引付は一～四番頭人北条

氏庶家・五番頭人外様御家人と、時宗政権の体制が継承される。政所執事も内部で家の交替があったものの、二階堂氏の世襲という大枠は時宗政権と同様であった。つまり、この政策は時宗政権までに形成された鎌倉政権中枢を構成する各家の家格と家業を基本的に認めるものであった。

②従弟師時・宗方の登用　これは平禅門の乱直後の師時の評定衆補任に始まり、嘉元の乱に至るまで一二年間一貫して推し進められた政策である。そして正安三（一三〇一）年八月の師時の執権就任と嘉元二（一三〇四）年十二月の宗方の得宗家執事・侍所所司就任によって、鎌倉政権の最高権力は得宗とその一門に集中されることとなる。単なる貞時の身贔屓とは考えられず、なんらかの目的を持った政策と解釈すべきであろう。

③法曹官僚系氏族の登用　執奏・越訴頭人への長井宗秀の起用、永仁六（一二九八）年の摂津親致・二階堂行藤の越訴頭人補任、引付頭人への長井宗秀・二階堂行藤・太田時連・摂津親致等の補任が掲げられる。二階堂・摂津の引付頭人は共に数十年ぶりの任用であり、ほかはすべて先例を欠く。頼綱政権では北条氏庶家によって独占されていた引付頭人に、貞時政権では法曹官僚が進出し、正安二（一三〇〇）年には五方中四番・五番頭人を法曹官僚が占めるに至るのである。さらに寄合衆でも法曹官僚は、得宗被官・外様御家人の欠を埋める形で五名中三名を占めるに至る。このように、貞時政権においては、法曹官僚は鎌倉政権中枢において目覚ましい進出を遂げるのであり、これは結果的に得宗家一門とともに北条氏庶家を圧迫することになる。北条氏庶家はそれまで相伝してきた中央要職から排除される傾向にあり、これに替わって中央要職には得宗貞時の意を受けた法曹官僚が就任することとなったのである。

④北条氏庶家の抑圧　これは得宗家一門・法曹官僚の登用と表裏の関係になる。永仁三年の評定衆における北条氏庶家の割合は一九名中の九名と半数近くを占めており（『永記』。佐藤進一氏「職員表」同年条）、評定・引付衆に占める北条氏庶家の割合は前代同様高かった。だが、正安年間までに北条氏庶家は越訴頭人を失い、引付頭人で減少を続けているから、貞時には得宗家一門と法曹官僚を駆使して北条氏庶家を抑えようとの意図があったと考えられる。こ

の中にあって、連署宣時の一門大仏氏は永仁六（一二九八）年以降六波羅南方探題に宗宣・四番引付頭人に宗泰と、宣時の子息二名を送り込み、時宗政権以来の強固な地盤を保持している。そして嘉元元（一三〇三）年宗宣が復任することにより、北条氏庶家は越訴頭人を大仏氏によって回復している。また、頼綱政権以来の一番引付頭人時村の政村流北条氏も永仁三年段階で評定衆に時村の弟政長・引付衆に嫡孫煕時があり、正安三（一三〇一）年に時村が連署・煕時が四番引付頭人となり、大仏氏に次ぐ勢威を誇っている。そして正安三年以降、名越・赤橋・常葉・普音寺・政村流北条・伊具・金沢・大仏等の北条氏庶家は引付頭人・六波羅探題等にいっせいに進出をはじめ、かつての勢力を取り戻している。

⑤家業の否定　これが最も顕著にみられるのは得宗家執事・侍所所司である。貞時は平禅門の乱直後には長崎光綱を補任して長崎氏の世襲を認めておきながら、光綱の没後には工藤杲暁・尾藤時綱・北条宗方等を任じ、長崎氏の家業たることを完全に否定している。また、永仁元年の政所執事交替も二階堂氏内部のことではあるが、嫡流信濃家の世襲を否定するものであった。寄合衆においても泰時政権以来同職を世襲していた長崎・諏訪・尾藤の得宗被官三氏を法曹官僚に替えている。永仁六年以降越訴頭人から北条氏庶家が外されたことや、引付頭人での得宗家一門・法曹官僚の進出による北条氏庶家の減少も、北条氏庶家が就任して来た慣例を破るものであり、家業の否定というこの政策の路線上にあるものと考えられる。このような視点に立つと、永仁元年の引付廃止・度重なる越訴方廃止も、これらに就任することを慣例としてきた北条氏庶家をはじめとする家々の伝統を、職そのものを廃止することによって、否定することを目的の一つとしていたのではないかと思われてくる。つまり、貞時は鎌倉政権中枢を構成するすべての家の職の世襲——佐藤進一氏いうところの家業の論理[40]——を否定し、これに替わって得宗の恣意によって任免の行われる体制を企図していたのではないだろうか。

①と②以下の四政策は明らかに矛盾するものである。そして①は永仁初年段階のみにみられるものであり、以後覆

されていくことになる。一方、②以下の政策は、②の師時の登用・④の政所執事交替等が平禅門の乱直後から行われていることから、貞時政権初政から一貫して推し進められたものであり、これこそ貞時の目指す政策であったと考えられる。では、②以下の四政策によって貞時が築こうとしたものは何だったのであろうか。それは貞時自身と従弟師時・宗方への権力集中、得宗とその一門による専制体制ではなかったかと考えられる。この政治体制は師時の執権就任と宗方の得宗家執事・侍所所司就任によって完成し、師時と宗方を左右の腕とする得宗貞時は鎌倉政権の全権力を掌中にすることになる。すなわち、鎌倉政権の最高議決機関となった寄合においては得宗貞時・執権師時・得宗家執事宗方の得宗家従兄弟三人が出席することになったことはほぼ確実であり、寄合における得宗家の発言権は飛躍的に向上したと推定される。さらに執権師時は評定会議の長として幕府訴訟制度の頂点にあり、執事宗方は得宗家公文所の長となると同時に、侍所所司として幕府の軍事・警察権を握り、越訴頭人として貞時が対策に苦慮を続けた再審制度をも掌握したのである。三人の家格的優位をも考慮すれば、幕府諸機関および得宗家家政機関における三人の権限は強大なものであった。まさに鎌倉政権中枢は得宗家によって支配されたのである。得宗とその一門への権力集中というこの体制は、得宗専制ならぬ、得宗家専制ということになるであろう。しかも時宗時代の得宗権力が既成事実によるもので、時宗という個人の権威によって維持されていたのに対し、この体制では得宗の近親者が幕府および得宗家の諸機関を実際に掌握したのである。外戚（安達氏）と家令（長崎氏）に支えられた得宗時宗個人の専制体制であった時宗政権よりも、この体制は得宗家という一家に権力が集中する点でより強力な体制であり、しかも執権と得宗家執事が得宗家一門であり、家格的にも安達・長崎両氏よりも遥かに優位であったから、得宗の地位もより安定したものになる。貞時は時宗政権の安達泰盛・平頼綱に替わる存在として、従弟師時・宗方を選び、一〇年を超える歳月をかけて二人を育て、この得宗家専制体制を築いたのである。

時宗時代の得宗の専制体制は、得宗家が源家三代将軍の外戚であり、かつ承久の乱の勝利を鎌倉にもたらした北条義時の嫡流であって、義時以来一貫して鎌倉政権の政務を担ってきたという得宗家の家格と伝統を最大の理論的根拠とする政治体制である。よって得宗は自らの政治基盤を維持するためには鎌倉政権中枢を構成する他家の家業と家格をも認めねばならない。しかし、得宗が恣意的な権力の行使を追求していけば、それは早晩、伝統や慣例、そしてそれらに裏打ちされた他家の家業の論理と衝突せざるをえなくなる。専制を目指す得宗の人事や政策は他家の家業の論理と相容れなくなるからである。得宗が専制を指向すれば、家業の論理は自家のみに認め、他家のそれは許容せず、自身の権力基盤でもある家格秩序を自己の恣意のままに変革していかなければならなくなる。平頼綱を実力で打倒した貞時は躊躇することなく専制の道を選び、②以下の政策を実行していったのではないだろうか。いわば、貞時は自身の権力基盤そのものをも越えようとしたのである。

だが、貞時の政策は鎌倉政権中枢を構成する特権的支配集団――寄合衆家・評定衆家・執事補佐家――の利益と対立するものである。家業を没収された長崎氏・二階堂信濃家等の打撃は大きかったであろうし、得宗家一門の進出は、相対的に北条氏庶家の家格を低下させることになる。貞時政権で重用されている法曹官僚系の家々とて家業を認めない貞時の政策に賛成であったとは考え難い。貞時は反発を緩和するために、初政においては時宗政権の復興を標榜する①政策をとったのではないか。①政策は貞時の真意を隠蔽するカモフラージュであった。このように考えると、北条氏庶家の長老時村の嫡孫煕時を娘婿としたことも、貞時の庶家に対する懐柔策と解釈することも可能であろう。

平頼綱のもとで跋扈していた得宗被官上層部の勢力に平禅門の乱で痛撃を加えた貞時は、究極の専制体制たる得宗家専制を目指したのである。法曹官僚は得宗の恣意に甘んじることにより、引付頭人・越訴頭人等の要職を与えられるのである。そして貞時のこの路線に対抗したのが北条氏庶家であったのではないだろうか。霜月騒動に安達泰盛が倒れ、平禅門の乱に平頼綱が討たれて後、鎌倉政権に残った最大の政治勢力は北条氏庶家であったと考えられる。

得宗は本来、北条氏庶家が安達氏や得宗被官とともに擁立したものであり、得宗は北条氏庶家の権力を保障するために政権の頂点に位置付けておかねばならない権威と権力の源泉である。しかし、得宗が家格と家業を否定する行動を採り始めた以上、北条氏庶家は得宗と対立せざるをえなくなる。一方、得宗にとっても、宝治合戦以前の三浦氏のごとき有力氏族が存在した段階では、北条氏庶家は自らを守護する藩屏であったが、得宗と北条氏の優位が確立した貞時政権においては、北条氏庶家は得宗の権力行使に対する最大の障壁となっていたと考えられる。名越時基・同公時・大仏宣時・北条時村・同政長・金沢顕時等、父時宗の政権以来の長老・重鎮の存在は、平禅門の乱後にあっても貞時の権力行使を掣肘する効果を持っていたことであろう。時頼政権初期の極楽寺重時・北条政村・大仏朝直、時宗政権初期の北条政村・大仏朝直・金沢実時等は一致団結して年若い得宗を支え、得宗への権力集中を図った。だが、これはまだ得宗と北条氏に対抗する勢力の存在した得宗権力の形成期だからこそありえた状況であり、その当時は得宗の行動も北条氏庶家の利害と一致していた。しかし、貞時政権においては、平頼綱を倒して実力によって権力を奪還した貞時は父時宗以上の権力集中を目指し、一枚岩を誇った得宗と北条氏庶家は対決を余儀なくされたのである。北条氏庶家や得宗被官系諸家等の特権的支配集団にしてみれば、大切に育て上げてきた得宗が、彼らの予想を越えた強大過ぎる存在となってしまい、自分たちに対して牙を向け始めたということになる。特権的支配集団中最大の政治勢力である北条氏庶家は得宗の暴走を何としても阻まなければならなかったはずである。

このような得宗と北条氏庶家の対立が最も激しい形で現れたのは、寄合であったろう。前述のごとく、嘉元の乱直前の段階で寄合に出席していたと考えられる北条氏は、貞時・師時・宗方三名の得宗一門と北条時村・大仏宗宣・赤橋久時の庶家三名であり、このうち宗方・時村・宗宣は嘉元の乱においてまさに殺し合いを演じることになるのである。佐藤進一氏が述べた専制を指向する政治権力とこれを抑圧・牽制する合議体との相克・矛盾という現象[41]は、貞時政権にも当てはめることが可能なのである。

北条氏庶家は得宗貞時を背景とする得宗家一門と法曹官僚の攻勢によって政権中枢での後退を続けていく。これが永仁・正安年間における貞時政権の様相であった。正安三（一三〇一）年の貞時の出家は、師時を執権に据えることとともに、最長老連署大仏宣時を道連れとして出家させ、引退に追い込むことをも企図していたのではないか。だが、北条氏庶家側も宣時に次ぐ長老北条時村を宣時の後任に就け、正安三年以降反撃に転じる。得宗側の攻勢に対する危機感がその原動力となったのであろう。乾元元（一三〇二）年九月の八方引付制は得宗と北条氏庶家の相克が生んだ呉越同舟であったと考えられる。そして嘉元二年十二月七日、宗方の得宗家執事・侍所所司就任によって、得宗家専制体制は完成する。だが、その同じ日、引付は五方制に復し、頭人はすべてが北条氏庶家によって占められる。このような得宗と北条氏庶家の攻めぎ合いの中で、嘉元の乱は勃発するのである。

第五節　嘉元の乱とその意義

嘉元三年四月二十三日、北条時村を襲った討手一二名の構成は『武記裏書』によれば外様御家人・得宗被官おのおの六名であった。[42]宗方が時村暗殺に際し自己の職権を発動したことはこれによって理解される。よって討手たちは幕府侍所・得宗家公文所の長である宗方の命に従ったのであり、自分たちが政治的陰謀に加担しているとの自覚はなかったと思われる。むしろ彼らは自分たちの行動を抜群の奉公と考えていたのではないだろうか。ところが、彼らは一人ずつ所々に召し預けの身となり、八日後の五月二日には逐電した和田茂明を除く全員が処刑されてしまう。第一の疑問は逃亡した和田茂明についてである。彼は、その後、本領越後に帰り、事件から一二年後の文保元（一三一七）年には嫡子に越後国奥山庄内中条・阿波国勝浦山・相模国津村・鎌倉屋地等を譲る旨の譲状を書いているのであり、[43]追討使が発せられた様子はない。茂明に対する鎌倉政権の追及は、逃亡しなかった一一名への峻烈な処分[44]に比べれば、非常に寛大であったといえよう。いなむしろ、一一名の量刑があまりにも苛酷であったといえようか。疑問の第二は、時村殺害に対する当初の鎌倉政権の反応の鈍さである。事件発生から討手の処刑まで八日、宗方に兵が向けられるまでさらに二日。一〇日の空白は何を意味するのであろうか。そしてこの間、宗方側もなんらの動きを示した様子もなく、追討使派遣の土壇場になって初めて師時邸を襲っている。第三の疑問は、京都に伝えられた当初、時村殺害が「被誅」とされていたことである。[45] つまり、時村は罪ある者として討たれたと鎌倉政権によって京都に伝えられていたのである。この早馬までが宗方の陰謀であったのだろうか。

時村襲撃に際し、討手の武士たちは「仰ト號シ」たと『間記』は記している。この「仰」は実は「僻事」ではなく、本当に貞時の「仰」だったのではないか。貞時は宣時引退後、北条氏庶家の最長老となった時村を抹殺し、反対派をいっきに圧倒しようとしたのではないか。奇襲攻撃によって平頼綱を倒した貞時は一二年前のシナリオを再演しようとしたのではなかったか。ところが、時村殺害への反発が予想以上に激しく、貞時は討手一一人の斬首によって、事態の収拾をはかった。しかし、反発は収まらず、ついに貞時は宗方討伐を命じた。貞時は得宗家専制体制の総仕上げとして連署殺害という乾坤一擲の作戦を決行し、これに失敗して、自己の責任回避のため、片腕ともたのむ宗方を切り捨てた。これが嘉元の乱の真相ではなかったか。[46]

乱の直後の鎌倉の情勢を伝える（嘉元三年）六月十日付「禅海書状」（『高野山文書』「又続宝簡集」七八）の中に「雖然、入道殿（北条貞時）当時無御出仕候。陸奥殿（大仏宗宣）同無出仕候。さてハ御評定ハ如形於山中（山内）候へとも、有名無実事候。（中略）相模入道殿、近日山中へ入御候。尚逐日可有合戦之由、在家人沙汰申候云々。落書巷説可有御察候」とある。六月時点で、評定は貞時の山内殿で一応再開されていたものの、その場に貞時の出仕はなく、宗方討伐の大将であった一番引付頭人大仏宗宣も出仕せず、ゆえに評定は有名無実であったというのである。さらに奇怪なのは、ふたたび合戦が起こるとの噂が流れていたことである。陰謀の首塊であったはずの宗方がすでに滅亡しているにもかかわらず、一体、誰と誰が戦うというのか。私はこの時点では、貞時・師時の得宗家一門と大仏宗宣ら北条氏庶家との暗闘が継続していたと考える。貞時は五月四日に宗宣等の圧力に屈し、宗方討伐の指令を出したものの、その後も対立は続き、ゆえに宗宣は山内殿へいくことを警戒していたのではないか。合戦は貞時・師時と宗宣等の間で勃発するはずであったのではないか。だが、結局、合戦は起こらず、七月二十二日宗宣が時村の後任として連署に就任。貞時はここに完全に敗北したのである。

嘉元の乱の失敗によって、永仁元年以来一二年をかけた貞時の遠大な計画はすべて水泡に帰した。得宗家専制体制はわずか五カ月にして崩壊したのである。貞時は専制を放棄し、政権中枢を構成する特権集団の家業と家格を認めたのではないだろうか。嘉元の乱から三年後の徳治三（一三〇八）年八月に奏上された『平政連諫草』には次のような文言が記されている。

○何況、毎月御評定間五ケ日、御寄合三ケ日、奏事六箇日許、不闕有御勤仕之条、強無窮屈之儀歟。
○早相止連日酒宴、可被催暇景歓遊事。

貞時は鎌倉政権の最高権力者の座にありながら、評定にも寄合にも出席することなく、連日酒宴を繰り返していた。ここには引付を廃し山積する訴訟をすべて自身で裁決しようとしたかつての貞時の姿はない。挫折した貞時は、政務への意欲を失い、デカダンスの生活に逃避していったのである。

まとめ

佐藤進一氏は正安二（一三〇〇）年十月九日の越訴方廃止・得宗被官五人による越訴管領をもって得宗専制の頂点としている(47)。だが、私はこれは貞時の越訴政策の一つであったと思う。むしろ嘉元二（一三〇四）年十二月七日の北条宗方の得宗家執事・侍所所司就任から翌年の嘉元の乱までの五カ月間が貞時の専制の最盛期ではなかったかと思う。

この期間こそ、貞時・師時・宗方の得宗家一門が鎌倉政権の政治制度の頂点を掌握した時期だからである。貞時は父時宗による得宗個人の専制体制を再興・継承し、これを究極の段階にまで至らしめた。確かに貞時政権は得宗の専制の最盛期と評価することができる。

だが、この時期にあってすら、貞時は得宗の恣意的権力行使を抑止し先例の墨守を求める北条氏庶家等の反対勢力を完全に抑え切れてはいなかった。得宗の地位と権力は鎌倉政権中枢を構成する特権集団の支持の上に成り立ったものであり、ゆえに得宗貞時は特権集団との妥協と対立を繰り返していた。特権集団の家業と家格を否定し、鎌倉政権の先例を越えて、自己と一門に権力を集中しようとした貞時はついにこれに成功しなかったのである。

北条時村・大仏宗宣ら北条氏庶家出身の寄合衆は、特権集団の利益代表として貞時に対抗したのである。長崎氏等の他の特権的な家々も貞時の家格と伝統の無視に対しては反対の立場にあったと考えられる。得宗は嘉元の乱までに北条時輔・名越家・安達泰盛・平頼綱といった政敵を倒し勝利を収め続けてきた。だが、それは常に特権集団の支持によるものであり、言い換えれば、特権集団は得宗をして彼ら全体の安定に危機をもたらしかねない突出した勢力を排除し続けてきたのである。嘉元の乱までの得宗は恣意のままに権力を行使し政敵を葬り去ってきたようにみえるが、その背後にあったのは鎌倉政権の特権的支配集団なのである。そして得宗が特権集団そのものを敵にまわした嘉元の乱は成功しなかったのである[48]。得宗は個々の政治的実力者を排除することはできても、特権集団そのものを倒すことはできない。嘉元の乱は、得宗に対する鎌倉政権の特権的支配層の勝利であったと評価することができるのである。

註

（1）　この火災の出火場所は『鎌記裏書』嘉元三年条では「大多和讃岐尼恵鑒局」であり、『見聞私記』（『続類従』「雑部」）では「殿中対屋」とされている。つまり、「大多和讃岐尼恵鑒局」の居所は「殿中（＝得宗邸）対屋」にあったことになる。では、「大多和讃岐尼恵鑒局」とは何者であろうか。これは『大斎料番文』の六番にある「讃岐局」と同一人物なのではないだろうか。よってこの人は側室のような貞時にきわめて近しい女性と推定される。出火場所は得宗貞時の邸内と考えてよいであろう。

（2）『鎌記裏書』・『武記裏書』嘉元三年条では子刻としており、『見聞私記』は「戌刻」、『実躬卿記』嘉元三年四月二十七日条は「午剋」とする。

（3）この合戦に参加した人について、最も多くの人名がわかるのは『鎌記裏書』・『武記裏書』嘉元三年条である。両書には時村を襲撃し所々に召し預けとなった「先登者」として以下の一二名が記載されている。御内人＝**和田茂明**（七郎。越後三浦和田氏）・**工藤有清**（中務丞。工藤氏）・**加地光家**（豊後五郎左衛門尉。武蔵七党丹党加地氏。『武蔵七党系図』〈『東大影写』〉に「嘉元三梟首。宗方乱時」とある。同系図には、光家の弟助家も「嘉元三被誅」とある。光家に縁座したものか、あるいは五月八日の合戦で討たれたのであろう。なお、『系図綜覧』二所収の『武蔵七党系図』は『東大影写』の翻刻であるが、右の光家の記事を誤って光家・助家等の父家景にかけてしまっている）・**海老名秀綱**（また、秀経。左衛門次郎。武蔵七党横山党海老名氏か〈『武蔵七党系図』〉）・**白井胤資**（小次郎。千葉支流白井氏か。『千葉大系図』二〈『東大謄写』〉に白井氏がみえ、同氏は「胤」を通字としている）・**五大院高頼**（九郎。五大院氏）。御家人＝**赤土長忠**（左衛門四郎。遠江国城飼郡赤土荘領主か〈『荘園史料』引用『天台座主記』〉）・**井原盛明**（また、成明。四郎左衛門尉）・**比留宗広**（また、肥留。新左衛門尉）・**甘糟忠貞**（左衛門太郎。武蔵七党猪股党甘糟氏か。『武蔵七党系図』にみえる「貞忠」が同人かと思われる）・**岩田宗家**（四郎左衛門尉。武蔵七党丹党岩田氏か〈『武蔵七党系図』〉）・**土岐定親**（孫太郎入道。法名鏡円。美濃源氏土岐氏。『分脈』「土岐」・『土岐系図』〈『続類従』「系図部」〉等によれば、定親とその弟頼貞・頼重の母は貞時の女とあるが、貞時は嘉元三年には三十五歳であり、その孫がすでに出家して合戦に参加する年齢に達しているのは不自然である。貞時は時頼または時宗の誤伝であろうか）。一方、時村方の者としては、以下の者が確認される。**仙波盛直**（武蔵七党村山党仙波氏。『武蔵七党系図』に「属平時村誅」とある）・**佐伯政綱**（伊賀氏支流。『秀郷流系図』「佐伯」〈『続類従』「系図部」〉に「嘉元三年四月廿三日為時村朝臣方滅亡」とある）・**高畠長村**（甲斐源氏小笠原支流高畠氏。『分脈』「高畠」に「左京大夫時村時自害」とあり、同書によれば、長村の子行村・徳鶴丸も「父共自害」とある）。

（4）『見聞私記』に「自河（葛）西谷火出来。一所屋形已下悉焼失了」とある。

（5）貞顕の祖母（父顕時の母）が時村の姉妹（政村の女）にあたる。

（6）「倉栖兼雄書状」（『金文』五五〇）・『実躬卿記』嘉元三年四月二十七日条。貞顕等の狼狽の一因には、貞顕と同じく南方探題であった北条時輔が、鎌倉からの命を受けた北方探題赤橋義宗によって滅ぼされた文永九年二月騒動の記憶があったであろう。

（7）『実躬卿記』同年五月八日条によれば、貞時等が師時邸で評定を行っていたところに宗方が「推入来」たため、貞時は時清をして「暫不可来臨之由」を「仰含」めようとしたが、宗方と時清は「打合、共落命」したとある。だが、『分脈』および『佐々木系図』（『続類従』「系図部」）によれば、時清が宗方討伐の討手を命じられて出撃したところに、宗方が来襲し両者は師時邸の厩舎の前で出会い、時清は宗方に「只今可参御宿所」との言葉をかけ合戦となったとする。また、『鎌記裏書』同年条には、宗方が師時邸の「騒擾」を聞いて、「宿所」から師時邸へ「被参」れたとある。宗方が自ら師時邸に来臨し、時清と出会って合戦となったことは諸書一致するから間違いなかろう。問題は『実躬卿記』が、宗方の来臨を聞いた貞時は「しばらく来るな」という言葉を時清をして伝えようとしただけであったにもかかわらず合戦になってしまったように記しているのに対し、『分脈』等では時清は討手を命じられていたとすることであり、『実躬卿記』では師時邸では評定が行われていただけであるように記すのに対し、『鎌記裏書』は師時邸で「騒擾」があり、これを聞いた宗方が駆けつけたとする点であろう。

(8)『鎌記裏書』・『武記裏書』嘉元三年条。両書によれば、討手では負傷者八名（氏名記載なし）と次の三名の戦死者が挙げられている。**京極貞宗**（備前掃部助。評定衆京極宗綱の子。『系図纂要』「京極」・『分脈』「京極」に「嘉元三年五ノ八死十九」・「嘉元三五八死十九歳」とある。「八」は「四」の誤記であろう）・**信濃四郎左衛門尉**（後藤顕清か。『系図纂要』「後藤」・「亀井」によれば、後藤基政の子で佐々木泰清の猶子となった後藤基顕〈信濃守〉の子顕清に「二郎《ママ》。嘉元三年五ノ四為北条宗方所討」とある）・**下条右衛門次郎**（不明）。このほか、嘉元三年五月四日の日付を持つ「伴野出羽三郎・大野彌六祈福本尊銘文」（『静岡県史料』二所収「北山本門寺文書」。『静岡県史』「資料編5　中世一」八九〇頁参照）によって、討手に属した石川義忠（得宗被官石川氏か）が宗方方の伴野出羽三郎・大野彌六を討ち取ったことがわかる。また、『秀郷流系図』「河村」（『続類従』「系図部」）によって、河村秀行が宗方方として討たれたことがわかる。

(9)『見聞私記』に「自宿所《（宗方）》放火、二階堂大路□□堂谷口悉焼失了」とある。この欠字部分が「薬師」であることは、『群書解題』二〇の貫達人氏の解説による。

(10)『武記裏書』・「倉栖兼雄書状」（『金文』五五〇）。『実躬卿記』嘉元三年五月八日条によれば、同日、京都でも宗方の「由緒之輩」が六波羅によって逮捕されている。また、年紀未詳「来縄郷福成名等相伝次第」（『松成文書』〈『大分県史料』一〇〉）によれば、「大とものいつもちとの」＝大友親秀（『大友系図』〈『続類従』「系図部」〉・『系図纂要』「大友」等によって「出雲路殿」と呼ばれたことがわかる）の「御しそくおうたの三郎くらん人との」＝「ちかむね」＝大友能泰（『大友系図』に「三郎蔵人」とある）が、「するかとの」＝宗方に「かたせられ候て」豊後国国崎郡来縄郷福成名を収公されている。能泰は宗方の外祖父頼泰の弟であり、縁座したものであろうか。さらに『岩渕系譜』等によれば、葛西氏の一流岩渕清経が宗方方として所領没収されている（『岩手県史』

二「中世篇　上」一九二頁以下）。

（11）『諏訪大明神絵詞』（『続類従』「神祇部」）は「其頃《ママ》執権時村朝臣と越訴管領宗方確論の事ありて、（中略）同三《嘉元》年四月、関東兵乱あり。時村朝臣をば勇士等聞あやまりて誅戮し畢。宗方凶害とぞ聞えし。然間纔に一旬を経て、宗方又誅に伏す」と、乱の原因を時村と宗方の「確論」に求めている。

（12）佐藤氏『職員表』嘉元三年条。

（13）嘉元の乱に言及した論考は、黒田俊雄氏『蒙古襲来』（『日本の歴史』八、中央公論社、一九六五年）三八八・三八九頁。網野善彦氏『蒙古襲来』（『日本の歴史』一〇、小学館、一九七四年）三三七～三三九頁・三四二～三四七頁。五味克夫氏「執権北条貞時」（安田元久氏編『鎌倉将軍執権列伝』秋田書店、一九七四年）三一三～三一六頁。福田豊彦氏「執権北条師時」（同前）三三七～三四〇頁。同氏「第八代将軍久明親王」（同前）三二八～三三〇頁。結城陸郎氏「執権北条宗宣・執権北条煕時・執権北条基時」（同前）三五四頁。安田元久氏『鎌倉幕府－その政権を担った人々－』（新人物往来社、一九七九年）二九三頁。奥富敬之氏『北条一族』二四三・二四四頁。五味文彦氏『鎌倉と京』（『大系日本の歴史』五、小学館、一九八八年）三七六・三七七頁。高橋慎一朗氏「北条時村と嘉元の乱」（『日本歴史』五五三、一九九四年）等。網野氏・高橋氏の論考については註（46）に後述。

（14）親致は『永記』（正月五日条等。「摂入」とある）によって永仁三年時点での評定衆在職が確認される。

（15）私のいうところの執事補佐家（一一五頁参照）。

（16）一一三～一一五頁以下参照。

（17）同氏「北条侍所」。

（18）森氏「北条侍所」二八〇・二八一頁。

（19）一六二～一六四・一七一・一七二頁参照。

（20）同氏「専制化」七四頁。

（21）同氏『日本中世法史論』（東京大学出版会、一九七九年）第五章「永仁徳政令と越訴」。

（22）註（21）笠松氏前掲書一〇八頁。

（23）註（21）笠松氏前掲書一〇八頁。

（24）本書第一部第二章註（21）参照。

（25）『専制化』七四頁。

(26) 以下の引付頭人の変遷は『関評』に拠る。
(27) 三方引付期の文永元・二・三年は一・二番頭人北条氏庶家・三番頭人安達氏。
(28) 『鎌記』永仁三年条のこの記事が永仁二年の分であることについては、佐藤氏『専制化』一〇二・一〇三頁の註(12)参照。
(29) 佐藤氏「職員表」同年条。
(30) 佐藤氏「職員表」永仁三年条。
(31) 『鏡』寛元四(一二四六)年六月十日条。ほかに三浦泰村が参加したが、これは宮騒動の手打ちのための臨時参加であるため除外。
(32) 二七六頁参照。
(33) 佐藤氏『守護制度』「豊後」。
(34) 佐藤氏『守護制度』「長門」・「周防」。四〇頁参照。
(35) 二五・三九頁参照。
(36) 佐藤氏『守護制度』「長門」・「周防」。『長門国守護職次第』(『東大写真』)。三九頁参照。
(37) 児玉眞一氏「鎌倉時代後期における防長守護北条氏」(『山口県地方史研究』七一、一九九四年)・同氏「文永・弘安の役を契機とする防長守護北条氏の一考察—守護・守護代の検討を通じて—」(『白山史学』三〇、一九九四年)。
(38) 註(21)笠松氏前掲書一一三頁。
(39) 一一一・一一二頁参照。
(40) 佐藤氏は『日本の中世国家』(岩波書店、一九八三年)において、十二世紀初・中期の王朝における官衙の特定氏族による世襲化・家業化の成立を解明し、これを官司請負制と名付けた。佐藤氏は官司請負制の成立をもって、王朝国家の成立とする。そして同書一三四頁で、この官司請負制・家業の論理が鎌倉政権に導入され、これが得宗専制成立の背景となったと述べている。
(41) 佐藤氏「合議と専制」(駒沢大学大学院史学会『史学論集』一八、一九八八年。のち、『日本中世史論集』に収録)。
(42) 註(3)参照。
(43) 正和六(=文保元)年正月二十日付「三浦和田茂明譲状」(山形大学所蔵『中条文書』)。
(44) 一一名が全員斬首に処されたことは、二六六頁に既述のごとし。また、討手の一人であった加治光家の弟助家も兄に縁座したものか、やはり処刑されている(註(3))。さらに宗方の母方の一門である大友能泰、宗方に同意していたとされる岩渕清経は所領没収の処分を受けている（註(10)）。

(45)　三条実躬は、その日記『実躬卿記』嘉元三年四月二十七日条で、この日早馬で京に伝えられた時村殺害について「去廿三日午剋、左京権大夫時村朝臣、僕（仮）被誅了」と記し、さらに事件の感想として「如此之重仁被誅事、未聞先例。珎事之中珎事也」と述べている。連署殺害が京都でも大きな衝撃をもって受け止められたことが理解されるが、注目すべきは実躬が二度にわたって時村殺害を「被誅」と表現していることである。さらに宗方滅亡を伝える早馬が到着した五月八日条でも、「時村朝臣被誅事」「時村誅罸之時」と記している。下って『園太暦』観応二（一三五一）年二月二十九日条に引用されている大外記中原師茂（『外記補任』〈『続類従』「補任部」〉）の同日付申状にも、「嘉元三年四月廿七日関東飛脚到著。是左京大夫平時村朝臣、去廿三日被誅事也」との記事がある。また、『元徳二年三月日吉社並叡山行幸記』（『類従』「帝王部」）にも「同（嘉元）三年四月廿二日夜相模入道貞時が屋形焼失し、翌日廿三日夜、左京大夫時村不慮に誅せられ、五月四日、駿河守宗方又誅せられ、関東しづかならず」とある。これらの史料から、鎌倉から派遣された早馬が時村殺害を京都側には「誅」と伝えたことがわかる。

(46)　網野善彦氏は註(13)前掲書において、宗方の越訴頭人就任をもって、宗方が得宗専制に抵抗する御家人勢力の先頭に立ったものとし、宗方が得宗貞時の対抗者であったとしている。そして正安三年の貞時の出家を、御家人勢力を背景とする宗方によって出家に追い込まれたものと評価している（三三八・三三九頁）。つまり網野氏によれば、嘉元の乱は貞時と宗方の対立に原因があったことになる（三四二〜三四七頁）。だが、宗方の経歴から、彼を越訴頭人に補したのは貞時と考えた方が妥当であると思う。また、高橋慎一朗氏は註(13)前掲論文において、時村・宗方の貞時政権における地位は、霜月騒動に至る弘安年間の安達泰盛・平頼綱のそれにおのおの擬すことができるとし、「嘉元の乱は霜月騒動の縮小再生産だった」（九頁）と結論している。だが、高橋氏の説はこれまでの論者と同様、時村殺害を宗方の単独犯行とする『間記』の記事をそのまま受け入れたものであり、時村殺害という宗方のある意味で突飛な行動に対する解答を示していない。

(47)　同氏「専制化」七四頁。

(48)　佐藤進一氏は『南北朝の動乱』（中央公論社『日本歴史』九、一九六五年）七〇〜一〇一頁、『日本の中世国家』一八五〜二〇九頁において、建武政権の主要政策に官司請負制の否定があったことを解明している。家業・家格の否定による専制体制の確立という点で、貞時政権は建武政権の先駆的要素を有していたのではないだろうか。

第三章　北条高時政権の研究

はじめに

本章では鎌倉政権最末期の北条高時政権について考察する。高時政権は得宗専制にとっても最終段階であり、いわばその到達点であるが、にもかかわらず高時政権を対象とした研究はきわめて少ない(1)。これは前代の貞時政権と比べても大きな政治改革や事件がほとんどなく、史料的にも比較にならないほど乏しいためである。そこで本章では、前半では高時を含めた歴代得宗の官職歴を、後半では高時政権期にあってはほとんど唯一の政治的事件である嘉暦元(一三二六)年の金沢貞顕執権辞職事件――いわゆる、嘉暦の騒動――を素材として、高時政権の特質を検討してみたい。

第一節　得宗家の先例と官位

昨日太守《(北条高時)》始御寄合御出候き。天気無為、長禅門《(長崎高綱)》快然、無申計候。御成人之間、公事御出仕、喜悦之外無他候。心中幷可有御察候。

これは『金文』二二七「金沢貞顕書状」である(2)。年未詳であるが、文中の「太守」は得宗高時を指すことから、高時が相模守に任官した文保元（一三一七）年三月十日以後のものである。私は高時が引付・評定出仕始を行った同二年二月十二日前後のものと推定する。時に高時は十六歳である。高時は二年前の正和五（一三一六）年七月十四歳で執権に就任、翌年には相模守にも任官していたが、このときまでは寄合・引付・評定という政務の場には出席していなかったわけである。では何故、高時は応長元（一三一一）年十月の父貞時の卒去から七年目にあたるこの年、十六歳で政務の場に姿を現したのであろうか。

一　得宗の官職歴

まず、北条九代として知られる歴代得宗の官職歴を比較してその特徴を考察する。時政・義時・泰時の前期三代についてみると、官職昇進の速度の早まり・若年化が徐々に認められるが、それは非常にゆったりとしたものである。三人共、三十歳以上になるまで叙爵していない。それでも、伊豆の在地領主出身の北条氏にとっては、過分な官位・官職といってよいだろう。幕府の要職についても執権・六波羅探題等には三十歳を越えてから就任している。頼朝没直後の正治元（一一九九）年四月に頼家の親裁を止めて設置された十三人合議制に義時が父時政とともに加えられ、政権中枢に地位を得たのも、三十七歳のときである。実務能力を考慮すれば、むしろ健全なものであったということができよう。

次に時氏・経時・時頼の中期三代についてみると、叙爵・任官・幕府要職就任の年齢が前期三代に比べ急激に低年齢化する。とくに経時・時頼兄弟は十代中ごろで叙爵している。時氏の嫡子経時は十四歳、庶子であった時頼も十七歳である。執権就任も、おのおの前任者であった祖父泰時・兄経時の卒去・重病という偶然によるとはいえ、経時十九歳・時頼二十歳である。叙爵年齢は公卿の子弟に比すべきものであり、経時・時頼は前期三代とはいわば身分が違うということができよう。執権就任（経時は評定衆就任も）についても、実務能力によるものとはとても考えられず、北条氏嫡宗という家格が就任の条件であったことは明白である。経時・時頼の父時氏はその父泰時の執権在職中夭折したが、六波羅北方探題就任が二十二歳、叙爵が二十五歳で、子息たちほどではないにしても、前期三代に比べれば格段に若く、やはり出世には家格が物をいったようである。時氏は前期三代と経時・時頼をつなぐ過渡的段階と位置付けられる。

前期三代と中期三代ではかくのごとき相違が確認される。一方、前期・中期六代の共通点は二点指摘できる。まず一つは叙爵・任官・要職就任年齢の低年齢化傾向である。鎌倉政権内での地位を固めていくに従い、得宗家がその家格を上昇させていったということができる。逆にみれば、得宗が権力掌握の手段の一つとして高位の王朝官職への任官を用いたという通説が確認されたといえよう。もう一つは前・中期六代にはその官職歴にほとんど法則性は認められないということである。これに対し、時宗・貞時・高時の後期三代は、その官職歴がきわめてよく似ており、前・中期六代とは比較にならないほど整然としている。

七　　歳…元服
十歳前後…叙爵・左馬権頭任官（時宗十一歳・貞時十二歳・高時九歳）
十 四 歳…執権就任（時宗のみ連署）
十 五 歳…相模守任官

と、三代ほとんど同じコースを歩んでいる。貞時・高時は時宗を先例として王朝官職・幕府職制上における出世コースを歩んでいるといってよい。言い換えれば、得宗家の出世コースは時宗の代に成立したのである。とくに高時は時宗・貞時のうち時宗のみ就任・任官した小侍所・但馬権守にも、時宗とほぼ同年齢でなっている（小侍所は時宗十歳・高時九歳、但馬権守は時宗十五歳・高時十四歳）。高時の官職歴は祖父時宗のそれにほぼ一致している(3)。

さらに注目されるのは、高時の執権就任である。時宗の文永元（一二六四）年における十四歳での連署就任は、彼の「眼代」（『鏡』康元元年十一月二十二日条）であった執権赤橋長時が没したためであり、偶然である。貞時の弘安七（一二八四）年十四歳での執権就任も、前執権であった父時宗が没したためで、やはり偶然である。しかし、高時の正和五（一三一六）年十四歳での執権就任にはまったく必然性がない。高時は形式的には延慶二（一三〇九）年に七歳で元服しており、また、現実的には父貞時が没した応長元（一三一一）年九歳でも、執権就任の正和五年十四歳でも、実務能力が期待できないことに変わりはない。高時は貞時没後九歳でただちに執権に就任してもいっこうに構わなかったはずである。にもかかわらず、高時が執権となるのは家督継承五年後の正和五年七月なのである。

しかも、この五年間の執権就任者の変遷を追ってみると、まず正安三（一三〇一）年八月二十二日出家した貞時の後任として執権に就任した北条師時が応長元年九月二十二日三十七歳で病没。後任には連署であった大仏宗宣が昇進したが、翌正和元年六月十二日五十四歳でやはり病没。その後任には前年の宗宣の執権昇進に伴い連署に就任していた北条熈時が昇進した。以後、正和四年まで三年余、執権熈時・連署不設置の体制であったが、同年七月十二日熈時は病により辞職・出家（七月十九日三十七歳で卒去）。同日、普音寺基時が執権、金沢貞顕が連署となった。そして基時は在職一年足らずにして高時に職を譲るのである。つまり五年間に北条氏としては傍系の三人が次々に執権に就任し、最後の基時に至っては一年で高時と交替している。

執権は幕府公職の最高職であり、これを辞職した場合は出家するのが通例であった。執権は基本的に終身職であり、歴代一六人のうち九人が没年まで在職している。残る七人のうち政村は特例で、時宗と交替して連署に再任している。ほか六人は出家によって執権を退いたが、このうち時政は牧氏の乱の責任をとらされての失脚。時頼は重病で死を覚悟したがため。金沢貞顕は嘉暦の騒動のため、執権に在職を続けた場合、自身の生命が危機に瀕すると判断したためである。よって、この三人の出家はいずれも特殊な事情に拠ると評価される。残るのは貞時・高時の得宗二代と当該の普音寺基時の三名である。つまり、得宗以外での執権就任者八人のうち五人までが死没によって職を退き、残る三人のうち北条政村は特例的に連署に転任、金沢貞顕の出家・辞職も特殊な事情によっている。庶家出身者ではまさに普音寺基時のみが、わずか一年の在職の後、さしたる事情のないまま出家によって執権を退いているのである。

基時と高時の執権交替の理由は、高時が十四歳になったがためと判断してよいのではないか。基時の執権就任ははじめから高時が十四歳となる翌年までの一年と期限を限られたもので、高時の周囲は貞時の没後五年間、高時が十四歳になるのを待っていたと考えられる。基時はもちろんのこと、貞時没後の就任者である宗宣・煕時も高時が十四歳になるまでの中継ぎの執権——時宗にとっての赤橋長時と同じ「眼代」であったと考えてよいであろう。『金文』一三五「金沢貞顕書状」には、「今朝進愚状候き。定参着候歟。抑典厩(北条高時)御署判事、今日御寄合出仕之時、別駕(安達時顕)・長禅門(長崎高綱)両人申云、御判事、任先例、来十日(正和五年七月)可有御判候。七月者最勝園寺殿(北条貞時)御例候云〻。其後、長禅門ニ対面候。相州(普音寺基時)職御辞退事、去夜、高橋九郎入道を召寄候て申候了。愚身(以下欠)」とあり、高時の判始は月まで貞時の「先例」によって決定され、これに合わせて基時の執権辞職(「相州職御辞退事」)も行われたことがわかる。高時期には、得宗は十四歳で執権になるという慣例ができあがっていたのである。

十四歳で就任したのは、時宗は連署・貞時は執権であるから、厳密にいえば異なるが、執権・連署は本来複数執権制なのであり、[4]時宗の連署就任は執権に準じて考えてよいであろう。高時期の人びとからすれば、時宗も貞時も十四歳で執権になったと認識されたのではないだろうか。高時はこの先例に合わせたのである。そして時宗の場合は、十四歳のときには連署に就任しておいて形式を整え、実務能力のある程度期待できる十八歳になってから執権となっており、家格重視はいうまでもないが、それでも実務能力が一応考慮されていたことがわかる。これが貞時になると、十四歳でいきなり執権になってしまっており、実務能力をまったく考慮に入れない完全な家格人事であった。そして高時になると、今度は中継ぎの執権を置いてでも十四歳になるまで執権就任を待つということになるのである。先例主義・形式主義がしだいにエスカレートしていったことが如実に理解される。高時期には時宗を先例とする得宗家の出世コースが完成しており、高時はこれに従った官職歴を歩んでいったのである。そしてこの高時の官職歴は末期鎌倉政権の先例・形式偏重主義を示すものである。

また、高時の相模守任官は執権就任の翌文保元（一三一七）年三月十日十五歳であるが、この任官について『花園天皇宸記』同日条に「今日有小除目。是左馬権頭高時為任相模守也。仍武家殊忩申云々。自余雑任一両、不能記而已」との記述がある。つまり、このときの小除目は事実上高時の相模守任官のためだけに行われたのであり、その理由は「武家殊忩申」したためであった。(5) 何故、高時の相模守任官は「忩」がれたのか。高時の父祖時宗も貞時も相模守任官は十五歳、しかも貞時の任官は四月であるが、時宗は高時と同じ三月に任官している。高時の任官は時宗・貞時、とくに祖父時宗の先例に合わせるために、「忩」がれたのである。

同様のことは、嘉暦元（一三二六）年三月十三日二十四歳での高時の出家についても指摘することができる。『間記』は「嘉暦元年三月十三日高時依所労出家ス。法名宗(崇)鑑」、『鎌記裏書』同日条は「正五位下行相模守平朝臣高時依所労出家廿四」、『異本伯耆巻』（『続類従』「合戦部」）は「同年(嘉暦元年)三月十三日、相州高時重病ニ犯サレ執権ヲ辞退シ出家セラル。法名ハ崇鑑ト号ス」と記している。出家の直接原因が病気であったことはわかるが、記事が簡略すぎて、どの程度の「所労」・「重病」であったのか見当がつかない。『門葉記』「冥道供　関東冥道供現行記」に、

　正中三年三月六日。依大(太)守(北条高時)所労危急、於彼亭、被修之去年炎上之間、執事長崎新左衛門尉高資宿所也。

　　依此労出家。存命不定之処、属無為之間、天下安全万人忔悦者也。

とあるので、かなり重い時期があったとも思われるが、この記事は修法の霊験あらたかなることを強調しているから、「存命不定」という高時の容態も多少割り引いて考える必要があろう。『金文』三二八「金沢貞顕書状」によれば、高時は発病後暫くして小康状態となったが、その翌朝にはふたたび「難治」となって金沢貞顕を「驚歎入」らせている。貞顕は「早速御減候へかしと念願之外無他候」と述べ、称名寺釼阿と推定される受信者にも「御祈念」を願うなど、

高時の治癒に心を砕いている。しかし、医師たちが「不可有殊御事」、つまり心配はないといっていることが長崎高綱によって貞顕に知らされている。(6) そして『金文』三七四「金沢貞顕書状」には「愚老執権事、去十六日朝、以長崎新兵衛尉被仰下候之際、面目無極候（以下略）」とあり、高時出家の三日後の三月十六日朝、自分の執権就任を伝えられた貞顕は歓喜しており、高時の病状を心配している様子がまったくみられない。また、この前後の貞顕書状等の史料によると、高時出家後の鎌倉政権中枢部の関心は高時の後任人事に集中している。よって、出家の時点では高時は平癒していたと判断される。高時の病気はかなり重い時期があったのかもしれないが、瀕死の重体であったとは考え難い。大切なことは、二十四歳という若さの高時が執権職にまったく執着することなく、あっさりと出家しており、周囲もそれ自体には異を称えていないことである。かつての伊賀氏の乱・宮騒動等では北条氏内部で争奪の対象となり、北条氏家督とイコールであった執権職が、高時期には得宗にとってさして重要な意味を持たなくなっていたことの証明となるであろう。高時期には得宗の鎌倉政権における地位は執権職になど無関係に、盤石のものとなっていたのである。そして高時の出家はそれまでの官職歴同様先例に従ったものと考えられるのである。

時頼の出家は、康元元（一二五六）年三十歳。重病で危篤状態になったためである（『鏡』康元元年十一月二十三日条）。時宗は弘安七（一二八四）年三十四歳。重病で出家当日に病没。貞時は正安三（一三〇一）年三十一歳。彼の場合、病のような要因はなく、政治的判断によるものと推定される。(7) 出家当日に没した時宗は別として、時頼・貞時は執政中途で出家し、その後も俗人であったときと同様に政権の最高指導者の地位にあった（時頼七年・貞時一〇年）。この二人が先例となり、得宗は執権就任後数年を経たら出家しても構わないという慣例が高時期にはできていたのではないか。得宗の官職歴の〝例〟となったのは時宗であり、その時宗は卒去の当日まで執権であったのだが、時宗を挟む二人の得宗が執政中途での出家という同じ道を歩んだため、これが先例として確立したものと推定される。高時は二十四歳と時頼・貞時に比べ若年であるが、それでも家督継承から一五年、執権在職一〇年を経ており、先例に従って自然な形で出家を遂げたのではないか。貞時の場合は、本人に出家の意志が起こり、時頼の先例が存在したため希望が叶ったようである。これに対し、高時の場合は、時頼・貞時の先例を根拠とするいずれは出家するという予定のコースがはじめにあり、機会が訪れたのでこれに従ったように思われる。出家についても、高時は先例に従ったと考えるべきである。

北条高時は、父貞時の後を継いで得宗となり、先例通りの官職歴を歩み、先例に従って出家した。高時期には得宗家は出世コースも整った〝家〟として確立していたのであり、その出世コースの成立は時宗期に求められるのである。

二　得宗と王朝官位

得宗家は王朝の家格秩序においては、経時以後十代中ごろまでに叙爵するという公卿待遇を受けることとなった。経時は十四歳、時頼は十七歳であるが、時宗になると十一歳、貞時も十二歳、高時に至っては九歳で叙爵しており、得宗家は王朝の家格秩序においても家格を上昇させ続けていたことが理解される。森茂暁氏(8)・青山幹哉氏(9)によって、得宗は他の執権就任者とともに、実際の官位は四位止まりであるにもかかわらず、書札礼等では公卿として遇されていたことが明らかにされている。得宗家は王朝の家格秩序においては、実際には公卿にならないが公卿の待遇を受けるという奇妙な家格、いわば準公卿の家であったということができる。だが、注目すべきことは、時頼以後の四人の得宗で四位にまで昇ったのは貞時一人であり、残る三人は五位止まりであるということである。すなわち四人の最高官位は、時頼正五位下（二十五歳）・時宗正五位下（三十一歳）・貞時従四位上（三十一歳）。高時正五位下（十五歳）。貞時を除く三人は十代中ごろまでに叙爵しながら、その後の官位昇進はそれほど目覚ましいものではなく、全員正五位下を極位としている。とくに高時は叙爵も正五位下叙任も四人の中で最も早かったにもかかわず、十五歳で正五位下に昇って以後九年間昇進することなく、二十四歳で出家してしまっている（出家も四人の中で最も早かった）。貞時の従四位上をはじめ、義時は従四位下（五十四歳）、泰時に至っては正四位下（五十七歳）にまで昇っており、北条氏一門全体でみれば四位に昇った者は多数存在する。[10] また、鎌倉後期の王朝は鎌倉政権からの相当無理な要求をも受け入れていることが多々みうけられるから、[11] 得宗の方が官位の昇進を望めば、王朝は少なくとも四位までは希望の官位を与えたと推定される。よって、時頼以後は得宗側で官位の昇進に余り熱心ではなくなったということができる。もちろん、時頼・時宗・高時の三名はいずれも三十代以下で出家あるいは卒去しているという点を考慮する必要はあろう。しかし、貞時と高時を比べると、貞時は十九歳の正応二年正月五日に正五位下となり、半年後の同年六月二十五日には従四位下に叙している。これに対し、高時は貞時より四歳早く十五歳の文保元年に正五位下に叙しながら、その後出家するまで一〇年近くも官位が昇進しないのであり、やはり得宗側に官位昇進の熱意が薄かったと考えるべきである。

例外の貞時の官位昇進の様子を詳しくみてみると、叙爵が弘安五（一二八二）年六月二十七日十二歳。その後五年して弘安十（一二八七）年正月五日十七歳で従五位上。二年後の正応二（一二八九）年十九歳で正月五日に正五位下となり、六月二十五日にはいっきょに従四位下に進んでいる。そしてその後一二年停滞して、正安三（一三〇一）年四月十二日三十一歳で従四位上に進むが、四カ月後の八月二十三日出家している。つまり、叙爵から従五位上に進むのに五年、従四位下から従四位上に進むのに一二年もかかっていながら、この間の従五位上から従四位下までの三階昇進にはわずか二年半しかかかっていないのである。そこでこの二年半に注目すると、それは弘安八（一二八五）年十一月十七日の霜月騒動から永仁元（一二九三）年四月二十二日の平禅門の乱までの七年五カ月間に完全に含まれていることがわかる。この七年余は霜月騒動によって政敵安達泰盛を打倒して鎌倉政権に専制支配を確立し、平禅門の乱に貞時によって誅滅された得宗家執事平頼綱の専制期にあたるのである。貞時の例外的な官位昇進は平頼綱専制という異常な政治状況下の産物と評価することができよう。

以上のことから、得宗家は時頼以後、王朝官位の昇進には積極的でなくなったものと考えられる。時政・義時・泰時の前期三代のころには鎌倉政権支配の一環として得宗家がきわめて熱心であったとされる王朝官位の昇進に、時頼以後ではかくのごとく不熱心になるのである。前述の執権職と同様に、王朝官位は時頼以後の得宗にはさして重要な意味を持たなくなったのではないだろうか。時頼以後の得宗にとっては、王朝官位も幕府要職も多分に付随的・装飾的なものとなり、得宗の権威と権力を支えるのには必要不可欠のものではなくなったのである。たとえ「眼代」であったとしても北条氏庶家出身の者が執権に就任し、王朝官位においても北条氏傍流の者が得宗と同様に四位に昇るのである。外様御家人の中でも、足利氏のごとく得宗と同等の官位を有する者が存在する。(12) このような状況下では、幕府要職も王朝官位も、青山幹哉氏も指摘のごとく、(13) 共に鎌倉政権における得宗の優位を保証する力を持っていなかったのである。それらは得宗家の家格が形成される〝過程〟においては重要な役割を果したが、いったん得宗家の家格が成立してしまってからは、装飾的なものでしかなくなったのである。

三　「如形」の政治体制

以上の論述の結果をまとめれば、次の二点となる。①高時期には時宗を先例とする得宗家の出世コースが確立しており、高時はこれに従った官職歴を歩んだ。②時頼以後の得宗にとっては王朝官職・官位・幕府要職等はすべて装飾的なものとしての価値しか持たなくなっていた。

ここで、本節の冒頭に掲げた金沢貞顕書状にかえろう。私がこの書状を文保二年二月十二日前後のものとする根拠は前述のごとく、この日が高時の引付・評定出仕始にあたるからである。貞顕は書状中で高時の寄合出仕を「御成人之間、公事御出仕」と表現している。つまりこの書状の述べているのは高時の〝寄合出仕始〟についてであった。同じく「公事」である引付・評定出仕始にきわめて近い日時のことと推定するのは妥当なものと思う。(14) 高時が実際に政務の場に出席するようになったのは、文保二年、十六歳のときからということになる。

ところで、貞時の評定出仕始は正応元年、十八歳であり、これは時宗が文永五年に連署から執権に転じたのと同年齢である。この二人は十四歳から執権・連署の職にあったものの、政務の場に出ることになったのは十八歳からであったと考えられる。執権としての実務能力が考慮されてのことであろう。貞時が連署を経ずして十四歳でいきなり執権となったのは、時宗の卒去が突発事態であったことと、翌年に霜月騒動が勃発していることでもわかるとおり、当時の鎌倉政権中枢には根深い対立が存在したため、いかに幼少であろうとも得宗を幕政の頂点に位置付けておく必要があったがゆえではないだろうか。つまり、時宗・貞時のときには、形式重視・家格偏重はいうまでもないにしても、執権には実務能力を期待するということが最低ラインのところで存在したということができる。

十四歳で執権に就任しても成人するまでは政務に携わらないという建前は、高時も同様である。だが、出仕始を二年早めたという点はきわめて重大である。十八歳でも実務能力はいかほどのものであったかと思われるものを、数え年十六歳の少年にどれほどの実務能力を期待できようか。文保二年十六歳での高時の公事出仕を「快然」・「喜悦之外無他候」と歓喜した長崎高綱・金沢貞顕等の高時政権首脳部は、得宗が成人しやっと寄合以下の公事が正常な型で行われるようになったという形式のみを重視しているのであり、得宗たる高時の政治力はほとんど問題にされていなかったといってよい。ここに高時政権の想像を絶する形式・先例偏重主義をみいだすことができる。

『間記』は高時について「頗亡気ノ躰ニテ、将軍家ノ執権モ難叶カリケリ」との有名な一節を記し、高時を無能・愚鈍の人物と評価している。また、『太平記』巻五「相模入道弄田楽幷闘犬事」も、田楽・闘犬・飲酒に耽溺する高時の姿を描いている。古来、これらの記事を根拠として、鎌倉政権崩壊の一因を高時の無能とこれに乗じた得宗被官長崎氏の跋扈による政権の〝腐敗〟に求める見解が存在する。(15) だが、高時政権の政治体制はそもそも得宗個人に実務能力を要求、あるいは期待するものではなかったのではないか。すなわち、高時政権においては、得宗は実務能力の有無に関わりなくただ存在すればよく、政権は得宗の政治力などとは無関係に先例に従って動いていたのである。むしろ、平禅門の乱後の貞時の過剰なまでの権力集中と彼によって次々と断行され結局はすべて失敗に終わった政治改革による混乱を経験した政権首脳部は、得宗個人が積極的に政治に携わらないことをこそ望んでいたのではないだろうか。

高時政権首脳部が時宗の時代を理想とし、その時代の先例に従って政権を運営しようとしていたことは、高時の官職歴が時宗のそれとほとんど重なることによっても確認されるが、このほかにも、多くの例を指摘することができる。たとえば、高時政権の事実上の最高権力者が安達時顕と長崎高綱であったことは、時宗期の安達泰盛・平頼綱の体制を彷彿させる。さらに、北条氏内部における執権・連署の家格化も時宗時代に溯ることができる。『間記』は高時政権について次のごとき記述をしている。

彼ノ内官《(管)》領長崎入道円喜《(高綱)》ト申スハ、正応ニ打レシ平左衛門入道《(頼綱)》ガ甥光綱《(長崎)》子。又高時ガ舅秋田城介時顕《(安達)》。彼ハ弘安ニ打レシ泰盛《(安達)》入道覚真ガ舎弟加賀守顕盛《(安達)》ガ孫也。彼等二人ニ貞時《(北条)》世事置タリケレバ、申談メ如形無子細テ年月送リケリ。

先例に従って「如形無子細」く滅亡に向かって歩んでいった——それが鎌倉政権の至った最終地点＝北条高時政権の姿であった。

第二節　嘉暦の騒動

一　事件の概略

「今年嘉暦元三月十三日、正五位下行相模守平朝臣高時依所労出家廿四。其後世間聊騒動」（『鎌記裏書』嘉暦元年条）。

嘉暦元（一三二六）年三月十三日、得宗高時は一〇年間在職した執権職を、病を理由に辞し出家を遂げた。高時は二十四歳にして僧形となり、これより相模入道崇鑑と号する。ところが、これを契機として鎌倉政界には一カ月に及ぶ騒動が勃発する。高時の後任には一一年間連署の座にあった北条氏一門の長老金沢貞顕（四十九歳）が三日後の三月十六日に昇進した。しかし貞顕は、連署も決まらないわずか一〇日後の同月二十六日執権を辞し、出家（法名崇顕）してしまうのである。そして一カ月後の四月二十四日、執権には赤橋守時（三十二歳）・連署には大仏維貞（四十一歳）が就任する。この間の顛末を記すのが『間記』と『異本伯耆巻』である。その記事を要約すると、高時の後任には高時の同母弟左近将監泰家が内定していた。それを得宗家執事長崎高資が貞顕を執権に据えてしまったため、高時・泰家の母大方殿（得宗貞時の後家。大室流安達泰宗の女）は怒って泰家を出家させてしまった（法名恵性）。さらに大方殿と泰家は貞顕誅殺を計画したため、これを恐れた貞顕も出家してしまい、高資は守時・維貞を両執権とした、ということである。以上の記事を根拠として、これまで嘉暦の騒動は長崎高資が自己の傀儡としやすい貞顕を強引に擁立したことが原因とされてきたのである。

前節と多少重複するが、事件を渦中の人金沢貞顕の書状によって追ってみよう。

太守禅門《（北条高時）》御労、今日はいよ〳〵めてたき御事ニて候へは、返ゝよろこひいり候なり。
愚老《（金沢貞顕）》出家暇事、十三日夜《（嘉暦元年三月）》、以長崎新左衛門尉《（高資）》雖申入候、無御免候之間、両三度申上候了。雖然猶不及御免候程に、明旦重可参申之由申候て退出。十四日可参申旨思給候之処、以刑部権大輔入道《（摂津親鑒）》種ゝ被仰下候き。然而猶愚詞重ゝ申入候了。猶無御免候て、重大輔入道にて被仰下候之上、長崎入道《（高綱）》直にさま〳〵に申さるゝむね候しかとも、愚存之趣、再三申候き。所詮若御前御扶持事以下、落飾候て申旨共候し間、申畏承候由候了。五ケ度雖申入候、御免なく候之際、周章無極候。（以下欠）

高時が出家した十三日と翌十四日段階では貞顕は、二日間に五度も出家を申請するほど、出家の意志が強かったことがわかる（『金文』三七六）。また、この書状は十五日の記述と推定されるため、執権就任の前日である十五日も同様であったと考えられる。

> 愚老《（金沢貞顕）》執権事、去十六日《（嘉暦元年三月）》朝、以長崎新兵衛尉被仰下候之際、面目無極候。当日被始行評定候了。出仕人〻、予《（貞顕）》・陸奥守《（大仏惟貞）》・中務権少輔・刑部権大輔入道《（摂津親鑒）》・山城入道《（二階堂行貞）》・長崎新左衛門尉《（高資）》以上東座、武蔵守《（赤松守時）》・駿河守《（大仏貞直）》・尾張前司《（名越高家）》遅参・武蔵左近大夫将監・前讃岐権守《（安達高景）》・後藤信濃入道以上西座、評定目六幷硯役信濃左近大夫《（太田貞連）》、孔子布施兵庫允、参否安東左衛門尉《（貞忠）》候き。奏事三ケ条、神事・仏事・□《（乃カ）》貢事、信濃左近大夫（以下欠）

十六日朝、執権就任の知らせを聞いた貞顕は「面目無極候」と歓喜している（『金文』三七四）。普段から詳細で長文の手紙を書く筆まめの貞顕ではあるが、それにしても当日開かれた評定の出席者の席次・役割を事細かに記し、遅刻した名越高家にはその旨註まで入れるという書状の内容から、その喜びの尋常でなかったことが推察される。以上のことから、貞顕は連署であったにもかかわらず、自分の執権就任をまったく予想していなかったと推定される。であればこそ、高時に従って出家を願ったのであり、執権就任を手放しで喜ぶことになったのであろう。高時出家の段階では貞顕以外に有力な執権候補が存在したと考えられ、これがすなわち泰家であったと推定することは妥当なものと思う。

> 執権事被仰下候。最前に候程に、十六日《（嘉暦元年三月）》以後不申出候。連署事治定なとも候て、しつかニ猶以便宜可申入之由、存思給候。又江間越前ゝ司出家ときこえ候し程に、昨日状ニ申候之処、今日俗体にて来臨之間、令対面候了。不実にて候けり。不可思儀《（議）》候。愚状等其憚のミ候。やかて〱火中に入られ候へく候。あなかしく。
>
> 三月廿日
>
> 「□同廿九日到《□使》」

この史料（『金文』三七五）は難解であるが、「申出」・「申入」を出家の申請と解釈することは妥当なものと思う。貞顕は執権就任四日後の二十日前後になるとふたたび出家に傾いたのではないだろうか。十六日には執権就任をあれほど歓喜していた貞顕がわずか四日にして再び出家を願うことになったことは、当然相応の事情があったものと考えられる。また、書状を焼却してくれるようにと述べていることも、このとき貞顕が異常な緊張状態にあったことを示している。そして貞顕はさらに六日後の二十六日出家を遂げる。貞顕の執権在職はわずか一〇日であった。貞顕が執権に在職を続けることを断念せざるえない状況が発生したと考えるべきであり、よって貞顕出家の原因は執権人事を巡る大方殿・泰家との確執であったとする『間記』・『異本伯耆巻』の記事は大略事実を伝えているようである。

二　貞顕と泰家

問題は、高時の後任として泰家が否定され、貞顕が立てられた要因であろう。嘉暦の騒動は伝えられるごとく、長崎高資の「僻事」（『間記』）によって起こったものなのであろうか。以下ではこの点について考えてみたい。

貞顕は北条義時の末子実泰に始まる金沢氏の当主である。金沢氏で執権・連署となったのは貞顕が最初だが、貞顕の祖父実時は寄合衆・一番引付頭人となっており、金沢氏は執権・連署となりうる家格（寄合衆家）を有していた。貞顕は南・北六波羅探題として通算一一年在京し、この間延慶二（一三〇九）年四月九日、北条煕時（三十一歳）とともに三十二歳で寄合衆に就任している。正和四（一三一五）年七月に高時の連署に就任してからは一〇年余にわたってその任にあった。『貞時供養記』によれば、元亨三（一三二三）年十月の北条貞時の十三年忌供養において、四十六歳にして北条氏一門宿老の筆頭に位置付けられており、高時政権における貞顕の権威が知られる。以上のことから、貞顕の執権就任は家格・経歴上問題はなく、むしろきわめて無難な人事であったといってよい。一方、泰家も得宗高時の同母弟であり（『間記』・『系図纂要』）、執権就任には家格上問題はなかったように思われる。何故、泰家の執権就任は実現しなかったのであろうか。

第一部にみたように、当時の鎌倉政権には独自の家格秩序が形成されており、執権・連署は得宗家を含む北条氏系寄合衆家の独占するところとなっていた。この家格秩序の安定こそが鎌倉政権の特権的支配層の望むところであろう。ところが、もし泰家が執権となれば、それは血統上得宗に限りなく近い執権ということになる。泰家が執権就任後に出家したなら、彼は兄高時と同列の地位に就くことになり、事実上二人の得宗が出現することになったであろう。また、泰家の執権就任は、彼が鎌倉政権最高議決機関たる寄合へ出席することを意味している。つまり、寄合における得宗家の発言権が強化されることになる。高時・泰家兄弟が一致協力して寄合に臨んだ場合、二人は家格的にほかの寄合衆とは比較にならない高い地位にあったのであるから、寄合は得宗兄弟の意向が大きく反映されるものとなったであろう。さらに泰家がいったん執権に就任してしまえば、泰家の子孫も執権を出す家格として鎌倉政権に新たな家格が誕生することになる。これは鎌倉政権中枢を構成する特権集団にとっては相対的にその家格を低下させることになる。逆に得宗兄弟が対立した場合は、得宗家は分裂してしまう。それは鎌倉政権に天皇家における持明院統・大覚寺統の抗争のような深刻な混乱をもたらすことになったであろう。得宗家兄弟が団結すれば得宗家の権力強化・得宗家に並ぶ新しい家格の誕生、対立すれば泥沼の政治抗争、いずれにしても泰家の執権就任は得宗を取り巻く特権集団にとってはきわめて憂慮すべき事態をもたらすことになるのである。

長崎高資による泰家の執権就任阻止が事実であったのなら、それは彼の政治的立場を考慮すれば、むしろ当然の判断と行動といってよい。また、『間記』・『異本伯耆巻』では泰家の執権就任を阻止したのは高資一人の行動とされているが、「金沢貞顕書状」によれば、高資の父長崎高綱や摂津親鑒が高時周辺で活発に活動していることが確認されるのであり、泰家の執権就任を阻止しようということは政権中枢部の一致した意向であったようである。

三　高時政権における権力の所在——人事・闕所処分・官途推挙権の所在を通じて

嘉暦の騒動で最も注目すべきことは、高時政権においては得宗高時を除けば、北条氏一門中で政治的に最高位にあったと考えられる金沢貞顕が、自分の執権就任をその日の朝まで知らなかったという事実である。これは高時政権においては、北条氏一門が必ずしも政治的に優位にはなかったことを示している。そして前掲の『金文』三七六「金沢貞顕書状」によって、『間記』・『異本伯耆巻』が記すごとく、得宗家執事長崎氏が高時政権において執権人事を左右するほどの強権を有していたことが確認される。では、高時政権における長崎氏の専制という通説は事実なのであろうか。第一に指摘できることは、嘉暦の執権人事に携わったのは長崎氏一門のみではないということである。同じ文書によって、三月十四日、金沢貞顕の出家の慰留を高資の父長崎高綱とともに行っている「刑部権大輔入道」——摂津親鑒の存在が確認される。親鑒は貞顕と高時の間の取次ぎという高綱とまったく同じ役割を果たしており、嘉暦の騒動での存在は軽視できないように思われる。以下では高時政権における人事権・闕所処分権・官途推挙権の所在についてみてみることにする。

1　人事権

まず、嘉暦の騒動における金沢貞顕の執権就任は人事権に属すが、前述のごとく、これには長崎高綱と摂津親鑒がかかわっている。次に『金文』四二九「金沢貞顕書状」、

（前略）

今日引付ともはて候て後、酉刻ニ令出仕、長崎入道（高綱）に再三なく〳〵申て候へハ、重可披露之由、可申新左衛門（長崎高資）候之由返答候。先喜入候。若猶当時御免難治に候ハヽ、せめてハ来秋可下向之由の御返事を預候ハむと申て候。気色あしからすけに候へハ、先喜入候。城入道（安達時顕）ニも重御沙汰候ハヽ、相構〳〵可被詞加之旨、以使者令申候。新

左衛門尉にも申候。

高倉入道許へ、舎弟状一合ことつけて候。（以下欠）

これは貞顕の子息六波羅南方探題貞将の帰東についての貞顕の運動の様子を語るものである。貞顕は貞将の鎌倉帰還を長崎高綱に「再三なく〱申」込み、さらに安達時顕に頼み、その上長崎高資に頼んでいる。長崎父子と時顕が人事に大きな力を持っていたことを如実に示している。

2　闕所処分権

次に闕所処分権についてみると、『金文』三五五「金沢貞顕書状」は、金沢貞将の六波羅探題就任の見返りとして、貞顕が所領の給付を願い出たときの様子である。

雖然上洛事、固辞之間、不及□□□上洛治定以後、任御約束御計候者、可為面目之由、以長禅門（長崎高綱）申出候之処、別駕（安達時顕）へ忩申さたすへきよし仰られ候。別駕に披露候之処、折節尋常闕所無之□□て少所はしかるへからす、侍所ニ闕所になりぬへき所あるよし風聞、いそき申さたすへし。所謂下野国大内庄・常陸国□□郡等、忩ゝさ□□□□□被仰候き。合評定候といへとも、奥州（大仏惟貞）□趣□御存知之間、闕所ニなされす候。別駕皆御存知の事にて候。去年（正中元＝一三二四年）進発ちかく成候て、以安東左衛門（貞忠）被仰出候しハ、上洛以前に可有御計候つれとも、さりぬへき闕所なき間、有其儀は上洛以後、忩可□□計云ゝ。其此は長□□〔禅門〕カハ所労之間、（以下欠）

貞顕はまず所領を給付してくれるように長崎高綱を通じて高時に申し出ている。高時が「安達時顕にいうように」と答えたため、貞顕は時顕に頼みにいった。時顕の返事は「通常の闕所は今ないし、小さい所はよくないでしょう。侍所に闕所になった所があると聞いているから、すぐに沙汰しましょう」というもので、所領の地名まで述べている。ところがそこは実は闕所になっておらず、それは時顕も知っているはずだと、貞顕は文句をいっている。それならそうと時顕に抗議すればよいものを、そうはせず、書状に不満を述べている貞顕の姿に、時顕と貞顕、さらにいえば安達氏と金沢氏の力の差をみることができる（もちろん貞顕の個人的性格を考慮する必要もあるが）。闕所処分については、得宗高時とともにその岳父安達時顕が大きな権力を有していたことがまず理解される。さらに貞顕は、貞将の上洛直前に高時から安東貞忠を通じて「本当は上洛前に所領を与えるつもりであったが、闕所がないので、上洛後には急いで沙汰しよう」との言葉があったと記し、これに続く「そのころは長崎高綱は病気であったので」という文章でこの書状は終わっている。「其此は」とある以上、高綱の「所労」と貞将の所領拝領になんらかの関係があったのであり、これは長崎高綱が闕所処分に発言権を有していたことを示すものである。高綱の役割が高時と貞顕の間の申次ぎのみであれば、それは安東貞忠で事足りているからである。この史料で闕所処分に権力を有していたことが明確にわかるのは、得宗高時以外では安達時顕のみであるが、長崎高綱も時顕と同程度の権力を有していたことが推測される。

3　官途推挙権

官途推挙権については、まず次の年次未詳「金沢貞顕書状」(16)が掲げられる。

聞書御免御教書等とりとゝのへ候て、慥便宜ニて、可下給候。又小串入道下向何比候哉。可承存候。
御進発日事、先日令申候き。参着候。若又難儀候者、忩ゝ可承存候也。

御乗之路次無為一昨日十七日酉刻下着候了。左候□、同前候。返ゝ目出喜入候。神宮寺殿御乳母両人進物、去夕被遣候之処、領納。悦喜候之間、悦思給候。左候者、五月其憚候之間、来月可見候。此程も無心本候。
右馬助貞冬（金沢）罷当職一級事令申候之処、一昨日有御沙汰、御免候。御教書進之候。小除目之次、可有申御沙汰候。同時ニ駿川（河）大夫将監顕義(17)・越後大夫将監時益(18)・相模前右馬助高基(19)・相模右近大夫将監時種(20)等御免候了。此人〱自貞冬上首候之間、不可超越候程ニ不知存候。仍竹万庄沙汰人帰洛之由、令申候之際、事付候。此人〱同時ニ被叙候之様（中欠）人と同日ニ可被叙候。評定衆昇進之時、引付衆・非公人之上首候哉覧と沙汰ある事ハ古今無沙汰事候。旧冬四人評定衆・鎮西管領御免候しも、引付衆・非公人の上首、御さたなく候き。今度始御沙汰候歟。

高基・時種等を被付上候。背本意候。官途執筆高親《（摂津）》眼□事候之際、父道準《（摂津親鑒）》令申沙汰候。城入道《（安達時顕）》・長崎入道《（高綱）》はかり相計候云々。内挙も罷官申候も、所望の方人にて候事なと、つや〳〵無存知人候之間、歎入候。将軍家《（守邦親王）》祗候人持明院少将行雅朝臣(21)の状を事付られて候。上表書ニ新中将殿と候ハ手かき候。行房朝臣事ニ候。心えて候ハむ青侍にて忩々被付候て、返状を忩せめられ候《ヒ》て、とりて可給候。急事候之由、被申候。猶々返状可責取之由、青侍ニ可被申付候。是へも忩々可被下候。あなかしく。

五月十九日

（切封墨引）

金沢貞顕の次男貞冬の官位昇進についてのものである。貞冬は右馬助を辞して一級昇進することが許可されたのであるが、甘縄顕義・北条時益・普音寺高基・北条時種は貞冬の「上首」であったため、貞冬だけを昇進させると貞冬が彼らを「超越」してしまうことを理由に右四名も同時に昇進することになった。貞顕はこれがおおいに不満であったらしく、前年の冬に評定衆および鎮西探題が昇進したさいには「引付衆・非公人」で「上首」であった者には何の沙汰もなかったと具体例まで挙げて、このような配慮のなされたことの不当を述べている。貞顕にとって子息の王朝官位昇進は重大な関心事であったことがよく理解できるが、官位昇進において他者とのバランスを考慮するという鎌倉政権の配慮からしても、官位昇進への執着は一人貞顕のみのものではなく、鎌倉政権中枢を構成する人びとに共通するものであったと考えられる。官位昇進で他者と競合し一喜一憂するという貞顕等の心性はまったく王朝貴族と同質のものであった。このように政権中枢構成員に大事と認識されていた官位昇進の決定が「城入道・長崎入道はかり相計候」、つまり安達時顕と長崎高綱の二人のみによってなされているということは注目に値しよう。このときの官位昇進は時顕と高綱二人の合議によってなされたのである。

次に『金文』四一九「金沢貞顕書状」。

（前略）

注文一通給候了。さしちかひて、前に関東にて官途所望事承候了。無勿体候。此注文を長崎左衛門入道(高綱)ニ見せ候て、返事のやうにしたかひて、官途執筆宮内大輔高親(摂津)か方へわたすへく候。

（中略）

二月十九日

（切封墨引）

「元徳二(一三三〇)二廿九、芝三郎便到」

ここでは、貞顕が在京中の貞将の官途について運動しているが、注文をまず長崎高綱にみせ、その返事に従って、官途執筆（奉行）摂津高親に渡すと記されている。高親の役割は形式的なもので、実権は長崎高綱の手中にあったと推定される。次に『金文』四一四「金沢貞顕書状」、

（前略）

一　常陸前司(小田時知)・伊勢前司(伊賀兼光)・佐ゝ木隠岐前(清高)司等、一級所望事、為宮内大輔(摂津高親)奉行、其沙汰候。被訪意見候之間、皆可有御免之由、申所存候了。而城入道(安達時顕)、常陸・隠岐両人者、可有御免、伊せ(勢)ハ難有御免之由被申候云ゝ。刑部権大輔入道(摂津親鑒)同前候歟之旨推量候。伊勢者常陸前(司)よりも年老、公事先立候。丹後・筑後(小田貞知・長井宗衛)日来座下候。近此頭人にてこそ候へ、伊せハ十余年頭人候。器量御要人候之間、一級御免不可有其難候歟之由、再三申候了。宮内大輔披露いかゝ候らん。不審候。あなかしく。

十二月廿二日

（切封墨引）

「元徳二(一三三〇)正二、北方雑色帰洛便到」

この史料は六波羅引付頭人小田時知・伊賀兼光[22]、隠岐守護兼鎌倉引付衆佐々木隠岐清高の官途申請についての鎌倉政

権中枢の合議の様子を語っている。このときも官途奉行摂津高親が披露を行っているが、高親の職務は単なる事務手続きに過ぎず、高親は申請の取捨を行う権限は有していないようである。では、官途推挙の取捨を行っているのは誰かというと、史料によれば、金沢貞顕・安達時顕・摂津親鑒の三人である。貞顕は小田・伊賀・佐々木隠岐全員の推挙を主張したが、時顕は伊賀兼光について反対しており、親鑒も時顕と同意見のようだと貞顕は心配している。貞顕は兼光のために懸命に助言をしているが、時顕・親鑒の反対の前にはきわめて無力であったようである。四一九・四一四号文書によれば、官途推挙には長崎高綱・安達時顕・摂津親鑒・金沢貞顕の四人が発言権を有していたことになる。中でも長崎高綱・安達時顕両人の権力は強大であり、金沢貞顕が両人より劣る位置にあったことは明白である。摂津親鑒の位置は明確ではないが、長崎・安達両人ほどの強権は有していなかったものと考えられる。

4　高時政権における権力の所在

以上のように高時政権においては、人事権・闕所処分権・官途推挙権は、少数特定の人びとによる合議に任されていたことが確認される。このほか、次の「金沢貞顕書状」も高時政権中枢における意志決定の様子を示すものである。

今月八日御状、性範法眼下人先立下向候之間、同十七日到来。具承候了。
一　道蘊(二階堂貞藤)使節間事、仙洞(後伏見上皇)御事書等令書写給候了。廿二日之程、両人令申候歟。同廿四日、両人前にて道蘊・善久(矢野倫綱)参候て文書わたし候云〻。今日相州(赤橋守時)并(金沢貞顕)愚老ニ意見を被訪候て、明日廿七日、可有御沙汰候之由承候。仙洞東使所存を御違背候之間、自禁裏如被仰下可有御和談之旨、雑色なとにて申され候ハむと、道蘊張行候之由承候。言語道断事候歟。永福門院(藤原鏱子)御書ニ無子細御和談候つるを、浄仙并近臣なとかけうかい(教誡)候て無其儀候之由、のせられて候なる程ニ、城入道(安達時顕)も、浄仙者扶持の物にて候、時ニ意見申かたく候よし被申候けれとも、長崎入道(高綱)たゝ申され候へきむね申候ける程ニ申されて候なる。持明院殿御方事、城入道能申候ハむする程に、口ふさき候ハむためニ、東北院僧正御房と道蘊同心候て、かやうニ女院ニあそはさせまいらせて候へく候事、無申計候。道蘊ハ城入道をたのミたる物にて候か。此事のあまりニしたさに、か〻る御事をも持下候事、不可思議候。意見とふらハれ候とも、愚存申候ハしと存候。猶〻末世くちをしく覚候。あなかしく。

（嘉暦四＝一三二九年）七月廿六日（23）

本文書は嘉暦四（元徳元＝一三二九）年七月における皇位継承問題についての高時政権中枢の合議の様子を伝えたものである。京都より東使二階堂貞藤の持ち帰った「仙洞御事書等」の写しを貞藤および矢野倫綱から受け取ったのは、長崎高綱・安達時顕の「両人」であり、（24）執権赤橋守時と金沢貞顕が「意見」を求められている。

高時政権においては、人事・闕所処分・官途推挙および皇位継承等の重要政務は、長崎高綱・安達時顕・摂津親鑒・赤橋守時・金沢貞顕ら少数特定の人びとの合議によってなされていたのである。中でも長崎高綱と安達時顕（25）の地位・権力は他の者より一段上位にあった。ここで次の『花園天皇宸記』元亨四（一三二四）年十月三十日条裏書を掲げる。

宣房（万里小路）卿今度勤使節。尤可謂忠臣。々々見国危、誠哉。東国亦称美其至忠。或云、依此忠節、頗有賞翫之儀云々。但出仕之時、時顕（安達）・円喜（長崎高綱）問答之間、頗迷惑。後日出仕之時、彌有臆病之気、恐時顕、忽退座、下於板敷。依此事諸人有嘲哢口遊云々。

正中の変に際し、後醍醐天皇の弁明書を奉じて鎌倉に下向した勅使万里小路宣房に鎌倉政権を代表して対面したのは、「時顕・円喜」の両人であったのであり、しかも宣房は後日の出仕では時顕を恐れて「忽退座、下於板敷」という状態であった。高綱と時顕が当時の鎌倉政権を代表する存在であったことが理解される。

つまり、高時政権は長崎高綱・安達時顕を首班とする合議制によって運営されていたのである。

まとめ――寄合合議制

高時政権においては得宗高時のもとでの少数・特定の人びとによる合議制によって政局が運営されていた。この合議機関はどのような構成になっていたのかといえば、これまで掲げた史料に現れた人びとは次の五人である。長崎高綱（得宗被官）・安達時顕（外様御家人）・摂津親鑒（法曹官僚）・赤橋守時（北条氏一門）・金沢貞顕（北条氏一門）。鎌倉政権を構成する人びとのすべてのタイプを含んでいる。よって高時政権の政治体制を得宗被官上層部による専制体制とする奥富敬之氏の「御内宿老専制説」[26]は成り立たない。また、安達時顕が長崎高綱と同等の地位にあったことは明白であり、長崎氏のみの専制体制とするのも正しくない。では、高時政権は如何なる政治体制であったのか。そこで右の五名の共通点を探せば、守時・親鑒を除く三人は寄合衆であったことが確認される。守時も執権であることから、寄合に参加していたと考えられる。また、三一〇頁に掲げた『金文』一三五「金沢貞顕書状」によって長崎高綱・安達時顕が高時政権期において寄合を主導していたことがわかる。よって、高綱・時顕を首班とする合議制とは、すなわち寄合にあたるのではないか。つまり、高時政権期の政局は寄合による合議制によって運営されていたと判断される。そして当時の寄合構成員は鎌倉政権の役職を基準とする独自の家格秩序の最上層部を構成する寄合衆家の出身者によって世襲・独占されていたことは、第一部に述べたところである。よって、高綱・時顕に代表される高時政権中枢構成員の権力基盤は、彼らの家の家格であったと考えられる。とすれば、彼らの最大の興味はこの家格秩序の維持にあったはずであり、政権は先例と伝統の偏重、政治の儀式化、つまり「如形無子細」き体制に傾いていかざるをえない。ゆえに得宗高時は得宗家の家例に従った出世コースを歩まねばならず、得宗の実弟泰家は執権就任を阻まれねばならなかったのである。

合議制の首班である長崎高綱・安達時顕についていえば、高綱は得宗家執事と幕府侍所所司を独占する長崎氏の惣領であり、時顕は得宗高時の外戚であるから、一見、二人の権力基盤は彼らの握っていた役職または得宗との個人的関係にあったようにみえる。だが、一歩踏み込んでみると、長崎氏は平禅門の乱によって、安達氏は霜月騒動によって、おのおの一度滅亡し、傍流によって再興された家である。何故、高時政権において長崎氏は得宗家執事と侍所所司の職に就くことができ、安達氏は得宗外戚となりえたのか。その根拠は、長崎氏こそが得宗家執事と侍所所司を世襲する家であり、(27)得宗外戚は安達氏でなければならないという、(28)鎌倉政権における彼らの家の伝統と家格にあったのである。得宗高時と長崎高綱・安達時顕の関係は、かつての得宗時宗と平頼綱・安達泰盛のそれを彷彿させる。これはむしろ、高時政権がその構成すらも時宗政権を先例としたからではないだろうか。もちろん、「先例」に従うことができるのは形式であり、政治の実質は繰り返されるものではない。だが、高時政権における長崎高綱・安達時顕の権力基盤は彼らの家の伝統と家格にあったのであり、つまりは高時政権においては形式こそが実質であったのである。

註

（1）本書序論註(16)筧氏論文等。

（2）神奈川県立金沢文庫編『金沢文庫史料図録―書状編Ⅰ―』（以下『図録』と略称）二八五・二八六頁の筧氏の解説参照。

（3）高時の極位は正五位下で、これも時宗と一致する。ただし、高時の正五位下昇叙は十五歳で、三十一歳で昇叙した時宗より一六歳も若かった。だが、高時は正五位下叙任後、二十四歳で出家するまで九年間も官位が昇進しなかったので、高時は祖父時宗の先例に合わせて正五位下を意識的に極位とした可能性はある。三一四頁に後述するごとく、貞時の官位昇進は平頼綱専権期に発生した異常事態であり、先例とされなかったようである。時頼も時宗も正五位下を極位としており、高時期には得宗は正五位下を極位とするという慣例が生まれていたのではないか。

（4）『鏡』元仁元六月二十八日条で執権泰時・連署時房は共に「軍営御後見」として同列に扱われている。また『北条時政以来後見次第』（『東大影写』）も執権・連署を「御後見」として同列に扱っている。

（5）『金文』一三六「金沢貞顕書状」に「抑愚身官途事、所望分者無御免候。但他官を明年頭殿御任国之時、同時可有御免之由、被

仰下候」とある。「頭殿」は高時であるから、「御任国」は文保元年の高時の相模守任官を指す。これによって高時の十五歳での相模守任官は前年から予定されていたことがわかる（『図録』三〇一頁の永井晋氏の解説参照）。

（6）『図録』三〇九頁の永井晋氏の解説参照。

（7）二九七頁参照。

（8）同氏「鎌倉期の公武交渉関係文書について」（『金沢文庫研究』二七三、一九八四年。のち、同氏『鎌倉時代の朝幕関係』思文閣出版、一九九一年に「幕府への勅裁伝達と関東申次」として収録。引用は思文閣出版版による）九七頁および一一四〜一一五頁補注6。

（9）同氏「王朝官職からみる鎌倉幕府の秩序」（『年報中世史研究』一〇、一九八五年）四三・四四頁。

（10）北条氏一門の四位昇叙者は以下の一二名。名越朝時（従四位下／四十八歳）・北条時房（正四位下／六十四歳）・極楽寺重時（従四位上／四十七歳）・北条政村（正四位下／六十二歳）・大仏宣時（従四位下／五十二歳）・北条時村（従四位下／四十八歳）・北条師時（従四位下／三十歳）・大仏宗宣（従四位下／五十歳）・金沢貞顕（従四位上／四十三歳）・赤橋守時（従四位上／三十七歳）・大仏維貞（従四位下／四十三歳）・北条貞規（従四位上）。

（11）七代将軍惟康親王（親王将軍初代宗尊の子。後嵯峨院の孫。母は関白近衛兼経の女宰子）は文永七（一二七〇）年十二月七歳で源姓を賜り臣籍降下した。源氏賜姓は以仁王が謀叛の罪で臣籍に下されて以来九〇年ぶり。正式な賜姓としては後三条天皇の孫有仁王以来一三七年ぶりである（『本朝皇胤紹運録』〈『類従』「系譜部」〉）。源氏将軍の復活自体が異例といえるが、この源惟康が弘安十（一二八七）年十月、二十四歳で二品親王に叙せられる。臣籍降下した皇孫への親王宣下は空前の事態であった（惟康の履歴は『鎌記』・『武記』文永三年条、『公卿補任』、『本朝皇胤紹運録』、『分脈』「近衛」に拠る）。『勘仲記』に拠れば、弘安十年九月二十六日、突如、東使京極宗綱が上洛して惟康の親王宣下を要求。朝廷はこの異例な要求をたちまち受け入れ、七日後の十月四日には親王宣下が下された。また、このとき、東使宗綱は惟康立親王後の十月十二日、関東申次西園寺実兼のもとに後宇多天皇（大覚寺統。亀山院皇子）の退位と皇太子煕仁親王（持明院統。後深草院皇子）の践祚を要求する書状を残し即日帰東している。文永十一（一二七四）年以来一三年続いた亀山院政下の朝廷は「御所中上下騒動、人々群参如雲霞」という事態になった（『勘仲記』同日条）が、結局これを受け入れ、十月二十一日には煕仁親王践祚（伏見天皇）、後深草院政の開始となっている。さらに、平頼綱専権下においては、王朝は得宗被官である頼綱の次男飯沼資宗に対し、正応二（一二八九）年二十三歳で従五位下・検非違使尉を与え（『勘仲記』同年十月三日および七日条）、のちには受領（安房守）にも任ずる（『間記』・『系図纂要』）という空前絶後の措置を行っている。

(12)『分脈』に拠れば、義氏・泰氏・頼氏・家時・貞氏・尊氏の鎌倉歴代の足利氏惣領は皆五位に昇っている。とくに尊氏は元応元(一三一九)年十月十日、十五歳で叙爵している。

(13)註(9)前掲青山氏論文四一・四二頁。

(14)註(2)参照。

(15)奥富敬之氏『基礎的研究』二三九頁、等。

(16)岡田忠久氏編『金沢称名寺文書聚影』(一九八七年)一四・一五頁。

(17)貞顕の兄甘縄顕実(駿河守)の子。『前田本平氏系図』(系図1)に「左近大夫」とある。貞冬の従兄弟。

(18)北条時敦(越後守)の子。『前田本平氏系図』(系図1)に「左近将監」、『正宗寺本北条系図』に「左近大夫将監」とある。のち、最後の六波羅南方探題となる。

(19)普音寺基時(相模守)の子。『正宗寺本北条系図』に「右馬亮」とある。最後の六波羅北方探題仲時の弟。

(20)北条煕時(相模守)の子「胤時」か。胤時は『正宗寺本北条系図』に煕時の子・茂時の弟としてみえる。

(21)関東祗候廷臣。父基行とともに守邦親王に仕える。湯山学氏『南関東中世史論集』一「相模国の中世史・上」(一九八八年)三〇・三一頁参照。

(22)森幸夫氏「六波羅ノート」参照。

(23)本文書は『神奈川県史』「資料編2・古代中世(2)」二七五〇号に拠った。

(24)筧雅博氏は本書序論註(16)前掲同氏論文において本文書を分析し、文書中の「両人」が長崎高綱・安達時顕を指すことを明らかにし、二人の高時政権における地位を「真の意味における執権連署」と評している(七〜九頁)。

(25)安達時顕については田中稔氏「秋田城介時顕施入の法華寺一切経について」(『大和文化研究』五―六、一九六〇年。のち、同氏『鎌倉幕府御家人制度の研究』〈吉川弘文館、一九九一年〉参照。

(26)奥富氏『基礎的研究』二二二〜二三二頁。

(27)一七六頁参照。

(28)五五頁参照。

結論　専制と合議

これまでの考察の結果を考慮して、「寄合関係基本史料」に掲げた史料を分類すると、次の三グループになる。〔第一期〕1～6、〔第二期〕7～11、〔第三期〕12～27。分類の根拠は次の理由による。

〔第一期〕この時期の寄合衆は、北条氏一門・得宗外戚・得宗家譜代被官である。異色なのは法曹官僚矢野倫長（「寄合関係基本史料」5）であるが、これは〔第一期〕の史料では後期のものにのみ姿をみせており、例外的な存在としてよい。つまり、この時期の寄合衆は得宗との血縁的・主従的・人格的紐帯によって選ばれているという点に特徴がある。よって、第一期寄合は北条氏嫡宗家（得宗家）の私的会議という性格が強いということができる(1)。佐藤進一氏の言葉を借りれば、この時期の寄合は「得宗権力の非制度的拠点(2)」ということになる。

〔第二期〕この時期の構成員には、史料にみえる者以外では、当時の連署塩田義政が加わっていた可能性が高いのだが、彼は建治三（一二七七）年五月、連署在職中に突如、出家・遁世して信濃国善光寺に走り、このため所領を没収されて、失脚した。以後、時宗は弘安六（一二八三）年まで連署を置かず、執権独任の体制が六年間継続した。弘安六年四月に連署に就任した普音寺業時は寄合にも加わったと考えられるが、その一年後には時宗が没する。第二期の寄合衆の特徴は、以下の点である。まず、連署不設置期間が六年に及ぶことからも、この時期には北条氏一門はほとんど寄合に関わっていなかったようである。次に安達泰盛・平頼綱・諏訪盛経は第一期寄合衆の子であり、ここでは寄合衆の世襲化傾向が読み取れる。また、太田康有・佐藤業連は法曹官僚であるが、『建記』の記述から、実務能力の必要なさいに寄合に呼ばれたものらしく、寄合におけるその地位は低い。さらに、『建記』によれば、この時期の寄合は月約三回ほどと定例化していたようだが、出席者は得宗を含めて四、五名と第一期・第三期と比べて極端に少なく、メンバーも毎回必ず呼ばれる者はいない。つまり、この時期の寄合はまったく得宗時宗の恣意によって運営されていたと推定される。時宗以外の寄合衆は外戚にしろ得宗被官にしろ法曹官僚にしろ、時宗の個人的なブレーンとしての意味が強かったようであり、必要に応じて招集されていたと考えられる。[3] この時期の寄合も未だ「非制度的」なものであったといえよう。

〔第三期〕この時期の最大の特徴は、寄合衆が鎌倉政権の公的な役職として成立し、補任がなされるようになった（「寄合関係基本史料」12・22・24・25）ことである。この時期になって、寄合は評定制から「核心的な権限を奪いとり、実質的に自己を評定制の上に位置させるに至」ったのであり、すなわち、寄合は「幕府制度の一部となった」のである。[4] また、寄合の参加人数が一〇人弱ときわめて多く（「寄合関係基本史料」20・25）、その構成員も第一期・第二期構成員の子孫がほとんどを占め、世襲化がきわめて明瞭である（「寄合関係基本史料」20・25および表1）。この時期の寄合衆は、特定の家系の世襲職となっていたものと考えられる。寄合は鎌倉政権の機構の一部として制度化され、同時にその構成員たる寄合衆には特定の家系の出身者のみが家格を根拠として独占的に就任するようになる。

各時期の寄合の特徴をもう一度まとめると次のようになる。〔第一期〕得宗家の私的会議。〔第二期〕得宗とそのブレーンの会議（得宗の個人的諮問機関）。〔第三期〕鎌倉政権の正式機関。

この時期区分は、得宗（北条氏家督）の鎌倉政権における地位の変化と連動している。第一期にあっては、得宗は単に執権北条氏の家督という私的な存在に過ぎず、この時期においては得宗がいかに強大な権力を既成事実として掌握していたとしても、それは畢竟、実力による支配、非制度的な権力といわざるをえない。寛元・宝治政変以後の時頼の鎌倉政権における地位がまさにこれであり、時頼の権力が事実として強大なものであっても、彼の公的な地位は執権在職中であれば、執権という役職以外にありえなかったのであり、まして執権辞職・出家後においては彼は北条氏の家督という私的な存在であったに過ぎず、公的な地位は皆無であった(5)。時頼の権力は公的な根拠を持たない、越権的な権力、非制度的な権力であり、彼の主催するこの時期の寄合も、たとえそこでいかなる重要政務が議され決定されようとも、それは制度的根拠を持たないのであって、寄合は北条氏という一私家の私的会議以上のものではなかったと評価される。この時期の幕府政治体制は、執権又は元執権である時頼が越権的な権力行使を行い、北条氏家督への権力集中の途にあったが、引付衆の設置など評定衆の合議を根幹とする執権政治体制の整備が同時進行的に進んでおり、弱体化したとはいえ将軍権力も健在であったから、いまだ執権政治体制の範疇に含まれよう。第二期は、得宗時宗が将軍権力代行者の地位を鎌倉政権に確立した時期に相当する。言い換えれば、本来将軍固有のものであるはずの主従制的支配権の実質が時宗の掌中に帰した時期である(6)。この段階にあっては時宗の地位は執権という役職、あるいは北条氏家督という私的立場では、最早なくなったのであり、この将軍権力代行者という時宗の立場こそが鎌倉政権における得宗の地位を意味すると位置付けられる。得宗たる時宗は鎌倉政権の全権力を一身に集中させたのであり、この時期の時宗は鎌倉政権の独裁者・専制権力者であったと評価される。そしてこの時期の寄合衆は独裁者時宗の政務を円滑になさしめるための顧問・ブレーンであったのであり、寄合は時宗個人に付属する私的諮問機関であった。対して、第三期は、第二期に将軍権力代行者たる得宗に集中された鎌倉政権の実権が寄合の合議に移った時期である(7)。この時期には鎌倉政権の実権が寄合に移行していたことは、幕府の主従制の根幹である新恩給与が寄合で決定されていること（「寄合関係基本史料」17）で明らかである。この段階にあっては将軍権力代行者という得宗の地位は表面的には第二期と相違ないが、第二期に時宗という個人に集中していた権力は、世襲化した寄合衆の合議機関であり、同時に鎌倉政権の政治制度の一部として公的に確立した寄合に移行したのである。

第一期から第二期への転換は「御恩沙汰」が時宗の直裁によるものとして公的に定められたときに求められるが、

これは建治三年六月十六日以前のある時期、おそらくは文永年間後半に求められるというほかない。[8] これに対し、第二期から第三期への転換は弘安七年四月四日の時宗の卒去を契機とした。独裁者時宗急逝後の政治的動揺を回避するために発布された「新御式目」三八カ条によって、得宗の将軍権力代行者としての地位は法的・公的に確立され、これによって得宗の地位は得宗個人の長幼・能力の有無にかかわらず安定したものとなった。[9] だが、時宗のあとを継いだ新得宗貞時は十四歳の少年であり、現実には政務執行を期待することは不可能である。事実上、得宗不在の状況が現出したというに等しい。霜月騒動は専制権力者の急逝という突発事態がもたらした政権中枢の混乱によって勃発したのであり、それは寄合が私的諮問機関から最高議決機関へと変貌するための試練であった。霜月騒動によって成立した平頼綱の専権下において、史料上に初めて「寄合衆」の用語が現れ、その補任が行われるようになったこと（「寄合関係基本史料」12）は、寄合が鎌倉政権の公的機関として制度化されたことを示している。得宗の地位と寄合が制度として確立するのは、時宗没後の弘安七年以降正応年間に至る一〇年ほどの期間であり、これ以降は鎌倉政権の実権は得宗個人の手を離れ、寄合の合議に移る。本来将軍の権能であった主従制的支配権と統治権的支配権は共に寄合の合議に集中される。ここでは、得宗は寄合の主催者として鎌倉政権の政治機構の頂点に位置付けられ、寄合の決定は将軍権力代行者としての得宗の命という形で施行される。[10] しかし、鎌倉政権の最高権力は寄合の合議に帰属したのであり、得宗の命とは実際には寄合の合議による決定であった。[11] この寄合合議制のもとでは、得宗は表面的には鎌倉政権の最高権力者ではあるが、それは制度上のことであり、得宗はいわば機関として存在すればよいのであり、この体制下では得宗個人の能力は問題外なのである。もし、得宗が鎌倉政権の実質的支配者たらんとすれば、得宗は寄合を実力によって支配し、寄合構成員を圧服させてしまうか、寄合の内部で自己の支持勢力を多数化し、これらと協力して政権を運営する以外にない。[12] 個人としての得宗が専制を目指すとき、最大の障壁となるのは、政権の埒外に置かれてしまった外様御家人の勢力などではなく、まさに政権中枢そのものである寄合なのである。[13] この合議制を構成するのは、独自の家格秩序を根拠として鎌倉政権の中央要職を独占する特権的支配層の上層部たる寄合衆家から選抜された人びとである。[14] よって、この体制においては、寄合構成員は特権的支配層の利益代表であったのであり、寄合は彼らが鎌倉政権を専制的に支配するための合議機関となったのである。後期鎌倉政権は特権的支配層による支配機構に変質していたのである。

序論において私が指摘した「専制」の二類型、①「主体型」＝「専制を行う主体自身に権力が集中する場合」と「システム型」＝「専制を行う主体を含めたシステムが機能し、主体の権力を構成する場合」に当てはめれば、第二期＝時宗独裁期は、主体型の典型ということができる。この時期にあっては、鎌倉政権は得宗時宗の恣意によって運営されており、寄合も時宗に従属する機関であった。これに対し、第三期＝寄合合議制期は、システム型に分類される。この時期にあっては、「専制を行う主体」＝「得宗」の行為は、寄合の議決によって規制、あるいは決定されるのである。貞時期は得宗が恣意的な権力行使を行っているようにみえるが、貞時の改革は寄合に移行した（あるいは、奪われた）実権を得宗側に取り戻すことを究極の目的としていたと評価されるのであり、結局、それは成功しなかった。平禅門の乱の段階には、寄合はすでに鎌倉政権の最高議決機関となっており、特権的支配層の利益に反する得宗の恣意を掣肘し、否定する機能を有していたのである。得宗と寄合は合わせて一つの権力機構であるが、同時に権力闘争へと発展する対立の可能性を内蔵しているのである。よって、第三期をさらに時期区分すれば、次の三期に区分される。①時宗の没後より平禅門の乱までの寄合合議制の成立期、②寄合（システム）が得宗（主体）と対立し、得宗の抵抗を抑え込んだ平禅門の乱より嘉元の乱までの寄合合議制の成長期、そして③寄合が得宗の行為を完全に規制することとなった嘉元の乱以降の寄合合議制の完成期である。第三期は半世紀に及ぶが、専制の実質が主体（得宗）よりもシステム（寄合）にあるという点が、①・②・③の全段階に共通しており、同一の枠で括ることができるのである。[15]

東国武士団の軍事力を基盤として十二世紀末に成立した鎌倉政権は、その強大な武力を背景にやがて王朝を圧倒し、一二七〇年代には偶発的に訪れた蒙古襲来を契機として、支配領域を全国規模に拡大する。[16] だが、政権成立の礎となった在地領主層は、いまだ発展の途上にあり、地域に根差した独自の権力を生み出すことは望むべくもなかった。ゆえに鎌倉政権は極端に中央集権的な支配機構を形成することとなる。[17] 鎌倉政権中枢には辺境の小在地領主の所領相続から皇位継承に至るあらゆるレベルと種類の問題に対する承認と決定の権限が集中した。同時に鎌倉政権中枢の要職は特定の家によって世襲されることとなる。ここに中央要職を世襲によって独占する特権的支配層が誕生するのである。その模範となったのは、王朝にちょうど一世紀前に発生した官司請負制[18]であり、王朝貴族の家格秩序であったと考えられる。本来、共に将軍の権能であった統治権的支配権と主従制的支配権は、将軍権力代行者たる得宗を経て、鎌倉末期には事実上、特権的支配層の代表によって構成される寄合という合議体に帰属することとなった。このような寄合合議制は、比較の対象としては、執権政治体制や室町幕府における宿老合議制が掲げられようが、執権政治体制の構成員は豪族的御家人と法曹官僚であり[19]、宿老合議制の構成員は畿内有力守護大名であった。[20] これに対し、寄合合議制の構成員は、鎌倉政権中枢の要職を世襲によって独占する特権的支配層の利益代表である。むしろ、寄合合議制が最も近いのは王朝貴族とその支配機構であろう。いわば、後期鎌倉政権は王朝の歪んだ雛形なのである。王朝貴族と同様に、その経済の基礎を荘園公領制においていた特権的支配層[21]によって簒奪された末期鎌倉政権は、在地領主層を抑圧するものに変質していたのである。

佐藤進一氏が、得宗専制体制の成立において霜月騒動を一つの画期とし、同騒動以後の体制を得宗専制の完成型としていることは、同騒動後「幕府政治は間ちがいなく大きく曲がり角をまがった」[22]、「貞時によって達成された得宗専制政治」[23]と述べていることから明らかである。だが、同時に佐藤氏は、時宗を「得宗専制の第一段の確立者」[24]と評価し、「文永弘安以降の得宗専制時代」[25]とも述べている。よって、佐藤氏は時宗政権の文永年間以降を得宗専制期として捉え、霜月騒動を得宗専制の第一段階と第二段階（完成型）の画期としていることになる。このような佐藤氏の学説において得宗専制期とされた期間は、私の時期区分では第二期＝得宗時宗個人の独裁期と第三期＝寄合合議制期に当てはまる。つまり、私の「専制」の分類では、佐藤氏のいう「得宗専制の第一段」とは主体型専制にあたり、第二段階（完成型）はシステム型専制に相当する。佐藤氏はシステムによる専制体制を専制体制の完成型とし、専制の主体個人による専制体制をその前段階の形態と捉えていると考えられる。佐藤氏が「得宗専制」と名付けた政治体制の完成型は、得宗をいただく寄合合議のシステムが鎌倉政権の政治制度のトップに位置して、この合議のシステムが専制を行った体制であり、その基盤となったのは鎌倉政権に独自に形成された得宗を頂点とする家格秩序であったのである。在地領主という政権基盤から遊離してしまった特権的支配層(26)によって支配された末期鎌倉政権は在地領主の離反と攻撃によって崩壊することとなったのである(27)。

註

（1）一六一頁参照。
（2）佐藤氏『専制化』七〇頁。
（3）二五四頁参照。
（4）佐藤氏『専制化』七八・七九頁。
（5）一六一頁参照。
（6）二五二～二五五頁参照。
（7）三二九・三三〇頁参照。
（8）二五三・二五四頁参照。
（9）二五〇～二五二頁参照。
（10）たとえば、『将次第』元亨元（一三二一）年条の六波羅南方探題大仏維貞の記事に「七月三日俄下向関東。御気色不快之間、同五日上洛」とあり、突然鎌倉に帰参した維貞は高時（十九歳）の「御気色不快」ということで再上洛させられた。また、『花園天皇宸記』元弘元（一三三一）年十一月十日条には「今日、武家（六波羅探題）密々進関東状。其状函上書 越後守殿（普音寺仲時） 沙弥崇鑑（北条高時）云々。此函、武家幷西園寺大納言（公宗）不可開之、直可進御所云々。件状云、被残留内裏御具足之内、蠻絵御手箱密々可被申出、定被付置御封歟。如其可被下云々」とあり、「越後守殿」＝六波羅北方探題普音寺仲時を宛名としながら、六波羅探題および関東申次公宗の開封を許さず、直接「御所」＝後伏見上皇仙洞御所に持参されるように指示されていた「関東状」の差出人は「沙弥崇鑑」、すなわち得宗高時とされていた。筧雅博氏は本書序論註(16)前掲論文二一頁で、この書状の真の受取人を「治天の君」、つまり後伏見上皇と推定し、「六波羅探題は、かかる事情を考慮したうえで仮の宛先としてえらばれた存在」であったと述べ、さらに二三頁註(32)で、この書状の差出者が当時の執権赤橋守時ではなく、高時とされていることに「得宗政権の強烈な意志のあらわれをみる」としている。後期鎌倉政権の最高意思は得宗のそれとして内外に示されたのである。

(11) 三二九・三三〇頁参照。

(12) 二九六頁参照。

(13) 註(12)参照。

(14) 二一五〜二一九頁参照。

(15) 寄合の構成も、貞時期が北条氏（得宗家一門・北条氏庶家）と法曹官僚を中心としたものであったのに対し、高時期は得宗被官長崎高綱・外様御家人安達時顕両人を首班とするものとなっていた。とくに高時期の長崎・安達両人の権力は突出しており、同じ寄合構成員であっても両人と他の構成員では非常に大きな格差があった。北条氏庶家を中心とした貞時期の寄合は、得宗貞時との権力闘争を経て、長崎・安達両人を首班とし、両人に権力を集中する高時期の体制へと変化したのである。だが、家格と先例を根拠とするという点で寄合構成員の性質は、貞時期と高時期で共通しており、この点からも貞時・高時期は大きく一つの枠で括ることが可能である。

(16) 村井章介氏「蒙古襲来と鎮西探題の成立」（本書序論註(15)参照）。

(17) 六波羅探題府の人事が時宗の主催する寄合の掌握するところであったことは、『建記』建治三年十二月十九日・二十五日条（「寄合関係基本史料」9・10）でわかる。御家人の闕所処分・官途推挙の任免が鎌倉末期には寄合衆の合議によって決定されていたことは三二二〜三二八頁に既述のごとし。鎌倉政権が確定判決権を六波羅探題に最後まで与えなかったことはよく知られており、鎮西探題に確定判決権を与えたのは異敵防御のために鎮西御家人の鎌倉・六波羅への参訴を禁じたためであった（追加法五九四・五九五条）。このように、鎌倉政権は諸権限を政権中枢に集中させる傾向にあった。だが、これには、右の追加法で理解されるように鎮西御家人は異敵防御の義務を無視してまで訴訟のためには遠く鎌倉・六波羅への参訴を企てたのであり、守護をはじめとする在地権力が未成熟であった鎌倉期には、在地側が上級権力としての鎌倉政権中枢に裁許・承認を求めたことにも要因がある。訴訟以外の例を挙げておけば、佐藤進一氏も指摘（同氏『守護制度』「肥後」）の事例であるが、弘安九（一二八六）年得宗分国であった肥後の大慈寺長老は地元の地頭源泰明より寄進された所領と橋修造について鎌倉政権に承認を求めている。これは守護代宇都宮尊覚から得宗家執事平頼綱に注進され、同年閏十二月二十三日付の頼綱発給の得宗家執事書状（表3－4）によって寺社奉行矢野倫景に伝えられ、翌十年正月二十三日の連署普音寺業時発給の関東御教書（宛名は守護である執権貞時）によって承認されている（『大慈寺文書』）。鎌倉政権中枢は地方寺院の所領にまで承認を与えなければならなかったのである。

(18)　佐藤進一氏『中世国家』（本書序論註(9)参照）二四～六二・一三九頁。

(19)　佐藤進一氏『中世国家』（本書序論註(9)参照）一一七・一一八頁。

(20)　今谷明氏『室町幕府解体過程の研究』（岩波書店、一九八五年）七〇～九二頁、同氏『日本国王と土民』（集英社版『日本の歴史』九、一九九二年）八四～八八頁。

(21)　一七二～一七四頁に既述のごとく、長崎氏は全国に散在する所領を代官支配によって経営していた。このような所領経営の形態は長崎氏に限ったものではない。たとえば、摂津氏でも鎌倉滅亡直後の暦応四年段階でその所領は一四カ国二一カ所に及んでおり（同年八月七日付「摂津親秀譲状」・「摂津親秀置文」〈『美吉文書』〉）、鎌倉後期の徳治三年二月七日付「関東下知状」（『東京国立博物館所蔵文書』）によれば摂津親鑒が上野国高山御厨に代官支配を行っている（同所は「摂津親秀譲状」にもみえ、親秀が鎌倉滅亡に殉じた兄親鑒の所領を相続したことがわかる）。また、矢野氏でも鎌倉末期の倫綱の所領が武蔵国内だけで五カ所に及んでいた（建武二年十一月九日付「橘行貞請文」〈『正木文書』〉）。得宗家をはじめとする北条氏については、いまさら言及するまでもあるまい。特権的支配層は鎌倉政権の要職に就いていたのであるから、所領経営が代官支配に任されていたことは当然である。また、比較的小規模な在地領主であった北条氏や王朝の下級貴族出身である法曹官僚系氏族は所領の獲得についても、鎌倉政権中枢における地位を利用することがその唯一の方法であったということができる。在地領主出身者でも安達氏・佐々木氏等は鎌倉政権成立以前はその所領はかなり小規模なものであったか、浪人であり、同様である。特権的支配層の大半は鎌倉政権の高官たることが、所領の獲得・経営・維持における唯一の根拠であったのである。遠隔地に複数の所領を有していたことは、鎌倉御家人全般に共通することであるが、豪族型領主は幕府成立以前から実力で大規模な所領経営をなしていたのであり、一般の領主も鎌倉期を通じて基本的に在地にあって所領の経営を行っていた。西遷御家人に典型的にみられるように、一般の御家人は在地に土着する傾向にあり、これは得宗被官についても同様である（東北における曽我氏・工藤氏など。本書序論註(13)引用「東北地方における北条氏所領」等参照)。これに対し、基本的に鎌倉に集住し在地との結び付きの希薄であった特権的支配層は、その所領経営の実態は在地領主よりも王朝貴族に近いものであったということができる。

(22) 同氏『中世国家』一五五頁。

(23) 同氏『中世国家』一五七頁。

(24) 同氏『専制化』九三頁。

(25) 同氏『専制化』八〇頁。

(26) 高時政権における長崎高綱・安達時顕の関係は、時宗政権における平頼綱・安達泰盛のそれと表面上よく似ている。だが、頼綱と泰盛は時宗政権において、おのおの得宗被官・外様御家人の利益を代表し、両者の対立によって勃発した霜月騒動では泰盛とともに守護級豪族領主を含む多数の御家人が討たれている(佐藤進一氏『訴訟制度』五一頁。同氏『専制化』九三頁。石井進氏「霜月騒動おぼえがき」〈『神奈川県史だより』四、一九七三年。のち、同氏『鎌倉武士の実像』平凡社、一九八七年〉に収録)。これに対し、高綱・時顕は一致協力して政局の運営にあたっている。最早、彼らは在地領主層の利益を代表する存在ではなかったのである。

(27) 鎌倉前期にあっては得宗家と婚姻を重ね、その後も鎌倉末期に至るまで北条氏系寄合衆家・評定衆家から正妻を迎え続けた(白井信義氏「尊氏の父祖」〈『日本歴史』二五七、一九六九年〉)清和源氏の嫡流足利氏は、官位においても得宗家および北条氏と比肩するものであり(本書第二部第三章註(12))、その鎌倉政権における家格は、寄合衆家に匹敵するものであったと評価することができる。また、同氏の経済力・軍事力が得宗家に準じるものであったことは先行研究(福田豊彦氏「鎌倉時代における足利氏の家政管理機構」〈『日本歴史』三四七、一九七七年〉、小谷俊彦氏「鎌倉期足利氏の族的関係について」〈『史学』五〇、一九八〇年〉等)によって明らかにされている。しかし、足利氏は得宗専制のシステムに組み込まれることはなく、寄合合議制から排除された存在であった。これは、同じ外様御家人系の出自でありながら、鎌倉政権の家格秩序に組み込まれ、特権的支配層の一員となった安達氏・宇都宮氏等とは異なる足利氏の特徴である。家格的には得宗家に準じる地位にありながら、得宗を頂点とする専制体制のシステムからは排除されていた足利氏が、次代を担う存在として武士階級結集の核となっていったことは、むしろ当然のことであったといえよう。

あとがき

十九歳の春、東洋大学入学と同時に、自分も通っていた地元の塾の講師になった。そこで出会った子供たちは、当時ツッパリと呼ばれていたパンチ・パーマの不良中学生たちであった。彼らの行状には呆気にとられてしまうばかりであったが、付き合ってみると、皆、重い物を背負っていた。以来、地元の子供たちとは、ずっと付き合いがあるのだが、一見理解不能に見えても人間の行動には必ずそれ相応の理由があること、そして人は環境が作ること、その環境の中でもっとも大きな比重を占めるのが家庭であるということを実感している。私が家とか家系とかにこだわり続けるのは、きっとこのためである。人間の心理はしょせん他人には理解できないということを承知のうえで、それでも相手（それが過去の人であれ、現在の人であれ）の真意に迫りたいと願っている私の姿勢は、このような地元の子供たちとのかかわりから生まれたものであろう。この本の内容とは直接関係ないけれど、自分を大人だと思う人は、周りにいる子供たちを（血の繋がりなどに関係なく）責任をもってかわいがってほしいと心から思うのである。

さて、本書は卒業論文が原型である。役職を基準とする鎌倉政権独自の家格秩序の形成という基本設定は卒業論文で作られた。これが修士論文を経て、博士論文となり、その博論を改訂・補筆したのが本書である。まとまる順に発表したものを、成稿一覧として掲げると次のようになる（本書収録に際し補訂した）。

「内管領長崎氏の基礎的研究」（『日本歴史』四七九、一九八八年）＝第一部第四章第一・二節

「得宗家の先例と官位」（立正大学大学院文学研究科『大学院年報』八、一九九一年）＝第二部第三章第一節

「嘉元の乱と北条貞時政権」（『立正史学』六九、一九九一年）＝第二部第二章
「嘉暦の騒動と北条高時政権」（『白山史学』二七、一九九一年）＝第二部第三章第二節
「『弘安新御式目』について」上・下（『東洋大学大学院紀要』二九・三〇、一九九二・三年）＝第二部第一章
「諏訪左衛門入道直性について」（『白山史学』三二、一九九六年）＝第一部第五章
「尾藤左衛門入道演心について」（『立正史学』八〇、一九九六年）＝第一部第六章
「得宗家公文所と執事」（『古文書研究』四七、一九九八年）＝第一部第三章

つまり、私はこの十余年間、ひとつの論文をずっと書き続けていたのである。そんなに長い時間をかけながら、この程度の成果しかだせなかったのか、と言われれば一言もない。田中健夫先生が以前おっしゃっていた「やりたいことやれることはちがう」という御言葉を今痛感している。ただ、現時点で私ができうる最高の成果が本書であり、これをステップとしてこれからも精進してゆく所存である。

とは言え、およそ研究などということをするとは思ってもいなかった私が、まがりなりにも研究書を出すことができたのは、まずもって東洋大学の故金本正之先生および立正大学の百瀬今朝雄先生の学恩によるものである。俠を気取って市井に跳梁していた弱輩者の私を、金本先生は実に長い間、御慈愛深く御導きくださった。その御恩は言葉には尽くせないものがある。一例をあげれば、先生は学生をのせるのがうまい先生で、私は調子に乗ってしだいに研究にのめり込んでいった。これに対し、百瀬先生は、こと研究に関しては仮借なく厳格な先生であり、多少天狗になっていた私の鼻は百瀬先生によって根本から折られてしまった。百瀬先生の前で研究発表をするのは、言わば鵬に立ち向かう鳥のようなものであり、そのたびに私はあらゆる意味での自己の矮小さを痛感する以外になかった。ただひとつ、自分で自分を誇れるとすれば、そのつどめげることなく奮起したことである。正反対のタイプである両先生の御指導を受けることができたのは、自分にとって本当に幸運であった。ここに改めて御礼申し上げたい。残念でならな

いのは、金本先生に本書の感想を聞かせていただけないことである。しかし、先生なら「予想より随分時間がかかったけれど、頑張ったなあ」ときっとおっしゃってくださると信じている。

修士課程まで在籍した東洋大学は、のんきな学風で、たいへん和やかな学問的環境に恵まれた。昼休みに院生研究室で田中健夫先生や鬼頭清明先生を囲んで私たち院生がほっかほか弁当を食べていたのは、今思うとものすごく豪華なランチ・タイムであった。私たち当時の院生が、何人も現在に至るまで研究を続けていられるのは、「勝手に勉強しなさい。困ったら来なさい」という、先生方の心の広い御指導のおかげである。笠松宏至先生のゼミに出席させていただいたのも東洋大学であったのだが、その後、百瀬先生の御指摘に対する答えに窮した私は、突然、夜遅くに、笠松先生に質問の電話をおかけしてしまった。今思うと誠に失礼千万な所業であったにもかかわらず、先生はやさしくお話してくださり、感謝にたえない。思い出すと、穴があったら入りたい気持ちである。博士課程から御世話になった立正大学は、うってかわった厳しい学風で、一時期胃が痛くなるほど落ち込んだ。その中で、中尾堯先生は、ことあるごとに表面的には気楽な調子で博士論文を「書け！　書け！」と勧めてくださり、諦めかけていた私は発奮することができた。博論の審査をしていただいた百瀬先生・中尾先生・坂詰秀一先生に感謝申し上げたい。またアルバイト先である東京大学史料編纂所の林譲氏・本郷和人氏には公私共に今現在も御世話になっている。ことに本郷氏は方向性を完全に見失って彷徨していた私に的確なアドバイスをしてくださり、そのおかげで私は彼方に光明を見いだすことができたのである。

このほか、本書をまとめるのに相談にのってくださった設楽薫氏・大石泰史氏、原稿のチェックをしていただいた生駒哲郎氏をはじめとする立正大学院の方々、史料の整理などをしていただいた小林崇氏、本書出版に御尽力いただいた吉川弘文館の方々、『前田本平氏系図』の翻刻を御許可いただいた財団法人前田育徳会、多くの史料を閲覧させていただいた東京大学史料編纂所、そして切磋琢磨しあう仲間である中島敬氏をはじめとする東洋大学ＯＢ研究会および花園天皇宸記を読む会の方々に感謝申し上げる。なお、本書の一部は財団法人鈴渓学術財団の平成五年度研究助成金による研究成果であり、また、本書は直接出版費の一部として平成十一年度科学研究費補助金「研究成果公開促進費」の交付を受けて刊行するものである。

最後に、いつまでも落ち着きのない私に文句も言わずにいてくれる両親に謝意を表したい。

一九九九年十一月八日

細川重男

寄合関係基本史料

1

寛元四（一二四六）年三月二十三日

［内　容］北条経時、執権職の舎弟時頼への委譲を決定。

［史　料］『鏡』同日条

廿三日壬子。於武州（北条経時）御方、有深密御沙汰等云々。其後、被奉譲執権於舎弟大夫将監時頼（北条）朝臣。是存命無其恃之上、両息未幼稚之間、為止始終窂籠、可為上御計之由、真実趣出御意云々。左親衛（時頼）即被申領状云々。

［構成員］北条経時（得宗）

北条時頼（得宗舎弟）

2

寛元四（一二四六）年六月十日

［内　容］宮騒動の事後処理を会議。

［史　料］『鏡』同日条

十日丁酉。於左親衛（北条時頼）御亭、又有深密沙汰。亭主（時頼）・右馬権頭（北条政村）・陸奥掃部助（金沢実時）・秋田城介（安達義景）等寄合。今度被加若狭前司（三浦泰村）。内々無御隔心之上、可被仰意見之故也。此外、諏訪入道（盛重）・尾藤太（景氏）・平三郎左衛門尉（盛時）参候。

［構成員］北条時頼（得宗）

北条政村（北条氏一門）
金沢実時（北条氏一門）
安達義景（外様御家人）
三浦泰村（外様御家人）
諏訪盛重（得宗被官）
尾藤景氏（得宗被官）
平　盛時（得宗被官）

3　宝治元（一二四七）年六月二十二日
［内　容］宝治合戦の戦後処理を会議。

［史　料］『鏡』同日条
廿二日癸夘。去五日合戦（宝治合戦）亡帥以下交名、為宗分日来注之、今日於御寄合座及披露云々。

（以下略―三浦方戦没者・捕虜等交名）

［構成員］不明。

4　宝治元（一二四七）年六月二十六日
［内　容］宝治合戦後の政務を会議。
［史　料］『鏡』同日条
廿六日丁未。今日内々有御寄合㕝。公家御事、殊可被奉尊敬之由、有其沙汰云々。左親衛（北条時頼）・前右馬権

頭・陸奥掃部助（金沢実時）・秋田城介（安達義景）等参給。諏方（訪）兵衛入道（盛重）為奉行。

［構成員］北条時頼（得宗）
北条政村（北条氏一門）
金沢実時（北条氏一門）
安達義景（外様御家人）
諏訪盛重（得宗被官）

5　建長五（一二五三）年九月二十六日

［内　容］延暦寺領以外の土地で比叡山僧侶が預所となることを禁止。

［史　料］『鏡』同日条

廿六日辛丑。為倫長（矢野）奉行、於殿中内々有沙汰叓。是山門領之外、以山僧令補預所職叓、可被停止之由也。去廿日評定之時有其沙汰。件禁制者、去延応元七月廿六日被定之、被仰六波羅訖。而能登国御家人高畠太郎式久備進彼式目案文之間、為挍合可写進旨、被下御教書於備後前司康持（町野）之処、依為禁忌、同廿六日被仰東入道唯明。々々写進之。仍被挍合之処、無相違。評定之時可持参事書正文之由、重所被仰下也。

［構成員］矢野倫長（法曹官僚）

6　文永三（一二六六）年六月二十日

［内　容］不明。

［史　料］『鏡』同日条

廿日辛巳。天晴。於相州（北条時宗）御亭有深秘御沙汰。相州・左京兆（北条政村）・越後守（金沢）実時・秋田城介（安達）泰盛会合。此外人々

不及参加云々。

［構成員］北条時宗（得宗）

北条政村（北条氏一門）

金沢実時（北条氏一門）

安達泰盛（外様御家人）

7 建治三（一二七七）年十月二十日

［内　容］京都御返事清書役の人事。

［史　料］『建記』同日条

廿日。深雨。御寄合。孔子一二。

相大守（北条時宗）・康有（太田）・業連（佐藤）・頼綱（平）。

京都御返事清書役、可召加丹後太郎之由被仰了。

［構成員］北条時宗（得宗）

太田康有（法曹官僚）

佐藤業連（法曹官僚）

平　頼綱（得宗被官）

8 建治三（一二七七）年十月二十五日

［内　容］京都本所領家等より申請の兵糧料所・在京武士拝領所々の返付について。

［史　料］『建記』同日条

廿五日。晴。御寄合、山内殿。孔子一二。

相大守（北条時宗）・康有（太田）・業連（佐藤）・頼綱（平）。

京都本所領家等被申兵粮料所幷在京武士拝領所々可被返付之由事、有御沙汰中書申之。

［構成員］北条時宗（得宗）

太田康有（法曹官僚）

佐藤業連（法曹官僚）

平　頼綱（得宗被官）

9　建治三（一二七七）年十二月十九日

［内　容］六波羅探題の人事。

［史　料］『建記』同日条

十九日。晴。御寄合、山内殿。

相大守（北条時宗）。城務（安達泰盛）、康有（太田）、被召御前。

奥州（北条時村）被申六波羅政務条々。

一、人数事。

因幡守（長井頼重）　美作守

筑後守（後藤基頼）　下野守（藤原親定）

山城前司（伊賀光政）　駿河二郎（伊具カ）
備後民部大夫（町野政康）　出羽大夫判官（中条頼平）
小笠原十郎入道　甲斐三郎左衛門尉（狩野為成）
小笠原孫二郎入道（長政カ）　加賀二郎左衛門尉（佐分利カ）
式部二郎右衛門尉（伊賀光泰）　出雲二郎左衛門尉（波多野時光）

一、寺社事。
一、関東御教書事。
一、問状事。
一、差符事。
一、下知符案・事書開闔事。
五ケ条、備後民部大夫可奉行。
一、諸亭事、因幡守可奉行。
一、検断事、出羽大夫判官可奉行。
一、宿次・過書事、下野前司可奉行。
一、越訴事、下野前司・山城前司可奉行。
一、御倉事、甲斐三郎左衛門尉可奉行。
一、雑人事、配分初条之人数可令奉行。
以前之沙汰等、有緩怠之聞者、陸奥守・越後左近大夫将監（佐介時国）相共可加催促也。

此外。

内裏守護事、追可有御計。

大楼宿直事、当時者如前之両人可致沙汰也。追可有御計。

在京人等事、背六波羅下知者、可注申交名也。

仙洞御使幷貴所使者来臨事、可被対面。但随事体可有問答歟可書渡此事書於奥州之由蒙仰了。
一、奥州上洛事、為京都守護被差上之由、可申入西園寺殿（実兼。関東申次）也御教書案草進了。付島田六郎。
一、越後左近大夫将監時国、奥州相共致六波羅雑務可加署判之由、可被仰也当座書之申御判。
退出之後、調御事書・御教書等、及夜陰付城務了。

［構成員］北条時宗（得宗）
　安達泰盛（外様御家人）
　太田康有（法曹官僚）

10　建治三（一二七七）年十二月二十五日

［内　容］六波羅探題の人事。

［史　料］『建記』同日条
　廿五日。晴。評定老。

　（中略）

評定以後、城務（安達泰盛）・康有（太田）・頼綱（平）・真性（諏訪盛経）被召御前、有御寄合。
一、院宣・諸院宮令旨・殿下御教書事。
因幡守（長井頼重）可奉行。

一、諸亭事。
先度因幡守可奉行之由、雖被仰、改其儀、下野前司《藤原親定》可奉行。
一、宿次事。
先度下野前司可奉行之由、雖被仰、改其儀、備後民部大夫《町野政康》可令奉行。
一、番役幷篝屋事。
奥州《北条時村》・越後左近大夫将監《佐介時国》両人、差代官可令奉行。
一、沙汰日々目録・孔子等事。
周防左衛門尉可令勤仕。
此外条々者、先度注文不可有相違也。
［構成員］北条時宗（得宗）
安達泰盛（外様御家人）
太田康有（法曹官僚）
平　頼綱（得宗被官）
諏訪盛経（得宗被官）

11　弘安五（一二八二）年十二月二十七日
［内　容］太田康有、寄合の座で中風に倒れる。
［史　料］『鎌記』弘長二年条・太田康有履歴
同《弘安》五十二廿七於御寄合座中風。仍籠居。

〔構成員〕太田康有（法曹官僚）

12　正応二（一二八九）年五月某日

〔内　容〕北条時村、寄合衆に補任。

〔史　料〕『鎌記』正安三年条・北条時村履歴

正応二五為寄合衆。

〔構成員〕北条時村（北条氏一門）

13　永仁三（一二九五）年閏二月九日

〔内　容〕不明。

〔史　料〕『永記』同日条

九日甲寅。晴。引付。御寄合。

〔構成員〕不明

14　永仁三（一二九五）年閏二月十六日

〔内　容〕不明。

〔史　料〕『永記』同日条

十六日辛酉。小雨。御評定延引。御寄合。

〔構成員〕不明

15 永仁三(一二九五)閏二月二十一日

［内　容］不明。

［史　料］『永記』同日条

廿一日丙寅。雨。内評定。御寄合。

［構成員］不明

16 永仁三(一二九五)年三月二十二日

［内　容］不明。

［史　料］『永記』同日条

廿二日丙申。晴。御寄合云々。

［構成員］不明

17 永仁三(一二九五)年四月二十七日

［内　容］宇都宮景綱以下に新恩給与。

［史　料］『永記』同日条

廿七日辛未。晴。地震。御寄合。下野入道(宇都宮景綱)以下人々浴新恩云々。

［構成員］不明

18　永仁三（一二九五）年四月二十九日

［内　容］不明。

［史　料］『永記』同日条

廿九日。晴。評定延引。御寄合云々。武庫（名越時家）自鎮西参着云々。

［構成員］不明

19　永仁三（一二九五）年五月十六日

［内　容］無足御家人対策（内談）。

［史　料］『永記』同日条

十六日。晴。地震。式評定。

（中略）

御評定以後、無足訴人事内談了。

［構成員］不明

20　永仁三（一二九五）年六月二十六日

［内　容］桂園院・新熊野検校職改替について。

［史　料］『永記』同日条

廿六日。雨。評定臨時若。大炊跡事其沙汰了。

（中略）

評定已後御寄合。
太守(北条貞時)・奥州(大仏宣時)・武州(北条時村)・尾入(名越公時)・司農(長井宗秀)奉行・羽州(二階堂行藤)同・豊州(矢野倫景)、孔子一二。
常住院僧正坊被申桂園院幷新熊野権校(検)職事、申沙汰了。
両職共、以為関東御口入被改替畢。被申之趣非無子細。其上自　公家被仰下之上者、桜井門跡事可在
聖断之由、可被申御返事。但常住院下向之条、不可然之間、於両条訴訟者、前々沙汰無相違。且至具
書以下者、可被返遣之旨、同沙汰畢。時連(太田)被召意見之間、申所存畢。

[構成員] 北条貞時（得宗）
大仏宣時（北条氏一門）
北条時村（北条氏一門）
名越公時（北条氏一門）
長井宗秀（法曹官僚）
二階堂行藤（法曹官僚）
矢野倫景（法曹官僚）

21　永仁三（一二九五）年七月十六日

[内　容] 無足御家人対策（内談）
[史　料] 『永記』同日条
御評定以後、無足訴人衣食事、致内談畢。
[構成員] 不明

22　永仁四（一二九六）年十月某日
［内　容］大仏宗宣、寄合衆に補任。
［史　料］『鎌記』嘉元三年条・大仏宗宣履歴
（永仁四年）同十月為寄合衆。
［構成員］大仏宗宣（北条氏一門）

23　嘉元元（一三〇三）年六月十二日
［内　容］安堵手続きの変更について。
［史　料］『鎌記』同日条
安堵事六月十二日御寄合、不謂年齢配分所領者可書下外題於譲状、次雲客以上処分事如先可申沙汰云々。
［構成員］不明

24　嘉元二（一三〇四）年三月六日
［内　容］赤橋久時、寄合衆に補任。
［史　料］『鎌記』永仁元年条・赤橋久時履歴
（嘉元二年）同三月六為寄合衆。
［構成員］赤橋久時（北条氏一門）

25 延慶二（一三〇九）年四月九日

［内　容］北条熙時・金沢貞顕、寄合衆補任。

［史　料］①『鎌記』応長元年条・北条熙時履歴

延慶二四九為寄合衆。

②『金文』三二四「金沢貞顕書状」

太守禅門《(北条貞時)》・奥州《(大仏宗宣)》・武州《(北条熙時)》・貞顕《(金沢)》・洒掃《(長井宗秀)》・別駕《(安達時顕)》・信州《奉行(太田時連)》・長入道《合奉行(長崎高綱)》・尾金《同(尾藤時綱)》等令出仕候了。相州《(北条師時)》御不参候也。

昨日長崎左衛門《(高資)》為御使御寄合参勤事被仰下候之間、則令出仕候了。面目之至無申計候。武州同被仰下候之際、出仕候了。徳政以下条々御沙汰候き。御神事以後入見参。諸事可申承候。（以下欠）

［構成員］北条貞時（得宗）

北条師時（北条氏一門）

大仏宗宣（北条氏一門）

北条熙時（北条氏一門）

金沢貞顕（北条氏一門）

安達時顕（外様御家人）

長井宗秀（法曹官僚）

太田時連（法曹官僚）

長崎高綱（得宗被官）

尾藤時綱（得宗被官）

＊本史料の年月日比定については、田井秀氏「金沢文庫古文書三二四金沢貞顕書状の年代について」（『金沢文庫研究』一一八、一九六五年）参照。

26　正和五（一三一六）年七月某日

［内　容］北条高時執権判始の日時を決定。

［史　料］『金文』一三五「金沢貞顕書状」

（前略）抑典厩（北条高時）御署判事、今日御寄合出仕之時、別駕（安達時顕）・長禅門（長崎高綱）両人申云、御判事、任先例、来十日可有御判候。七月者、冣勝園寺殿（北条貞時）御例候云々。（以下略）

［構成員］金沢貞顕（北条氏一門）
安達時顕（外様御家人）
長崎高綱（得宗被官）

27　文保二（一三一八）年二月某日

［内　容］北条高時、寄合出仕始。

［史　料］『金文』二二七「金沢貞顕書状」

昨日太守（北条高時）始御寄合御出候き。天気無為。長禅門（長崎高綱）快然。無申計候。御成人之間、公事御出仕、喜悦之外、無他候。心中併可有御察候。（以下欠）

［構成員］北条高時（得宗）
金沢貞顕（北条氏一門）

長崎高綱（得宗被官）

鎌倉政権要職就任者関係諸系図

凡例

［1］本系図はとくに註記のないかぎり『分脈』、『系図纂要』、『類従』「系譜部」、『続類従』「系図部」所収の各系図を基礎として作成した。

［2］実線は父子関係、点線は養父子関係、＝は婚姻関係を示す。

［3］各系図に共通する記号は次のことを意味する。

(寄)…寄合衆
(執)…執権
(連)…連署
(北)…六波羅北方探題
(南)…六波羅南方探題
(西)…鎮西探題
(頭)…引付頭人
(評)…評定衆
(引)…引付衆
(六頭)…六波羅引付頭人（森幸夫氏「六評考」・「六波羅ノート」・「六波羅ノート補」参照）
(六評)…六波羅評定衆（森幸夫氏「六評考」・「六波羅ノート」・「六波羅ノート補」参照）
(東)…東使

（執事）…得宗家執事
（侍所）…鎌倉幕府侍所所司
（越訴）…越訴奉行
（寺社）…寺社奉行
（恩沢）…恩沢奉行
（京下）…京下奉行
（御所）…御所奉行
（安堵）…安堵奉行
（官途）…官途奉行
（雑）…雑訴決断所結番衆（『雑訴決断所結番交名』〈『続類従』「雑部」〉および『比志島文書』四）
（廂）…関東廂番（『建武年間記』）
（奥）…奥州式評定衆（『建武年間記』）
（室評）…室町幕府評定衆（『御評定着座次第』・『花営三代記』〈『類従』「雑部」〉）
康永引付…康永三年室町幕府引付番文メンバー（『結城文書』）。佐藤進一氏「室町幕府開創期の官制体系」（石母田正氏・佐藤氏共編『中世の法と国家』〈東京大学出版会、一九六〇年〉。のち、佐藤氏『日本中世史論集』〈岩波書店、一九九〇年〉収録）参照。
貞和引付…貞和三年室町幕府引付番文メンバー（『新田八幡宮文書』三）。佐藤氏「室町幕府開創期の官制体系」参照。
十三人　…正治元年四月十二日設置十三人合議制メンバー（『鏡』同日条）
承久出家…承久元年源実朝卒去時出家
康元出家…康元元年北条時頼出家時出家
弘長出家…弘長三年北条時頼卒去時出家
弘安出家…弘安四年北条時宗卒去時出家
霜月没　…霜月騒動時没
正安出家…正安三年北条貞時出家時出家

応長出家…応長元年北条貞時卒去時出家
嘉暦出家…嘉暦元年北条高時出家時出家
番場没　…元弘三年近江番場六波羅探題滅亡時没
元弘没　…元弘三年鎌倉滅亡時没
公衡　　…『公衡公記』正和四年三月十六日条引用「丹波長周注進状」記載同年三月八日鎌倉大火被災者交名に載せられている者。

[4] 守護については、佐藤進一氏『増訂鎌倉幕府守護制度の研究』（東京大学出版会、一九七一年）、『室町幕府守護制度の研究』（東京大学出版会、上＝一九六七年、下＝一九八八年）各国条参照。

[5] 1前田本平氏系図は財団法人前田育徳会所蔵品を同会の許可を受け翻刻するものである。

1　前田本平氏系図

- 直方（上野介　越中守　従五位下　大夫尉）
  - 時方（北条大夫　住伊豆国）
    - 北条四郎
    - 時家（北条四郎大夫　伊豆大介）
      - 時政（一　執権第一　法名明盛　号北条四郎　遠江守　従五位下　或時方男　母伴為房女）
        - 義時（二　次男　母伊東入道女）
          - 泰時（三　右（左イ）京権大夫）
            - 時氏（四　元仁元六月　六波羅）
              - 時頼（五　執権　仁治三十一為別当）
                - 時宗（六　三男　母陸奥守重）
                  - 貞時（七　母城介義景女）
                    - 高時（相摸守　執権第廿一　左馬権頭）
                      - 邦時（相摸太郎）
  - 僧玄承
    - 時忠（和田四郎）　或（→時家）
  - 聖範（阿多見禅師）

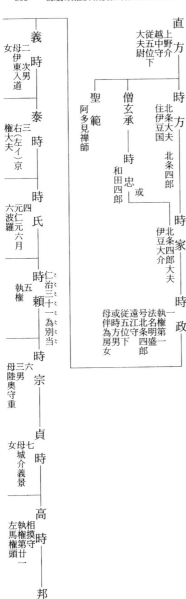

女子
従一
頼朝卿室

江馬四郎
執権第二
従四位上
武蔵・相
摸・陸奥等
守
右京権大夫
元久二壬七
廿為将軍別
当
元仁元六十
二依病出家
六十二
承久元正右
大臣薨後依
二位家仰執
行

修理亮
武蔵守
正四位下
式部丞
皇后宮
六位
仁治三五九
出家
法｜観阿
執第四
元仁元六廿
八為将軍家
別当
二一位家仰
之

安貞元年下
向関東
寛喜二年六
十八死去廿
八
武蔵太郎
修理亮
六波羅守護

第七ゝ
二
号最明寺
母秋田城介
景盛女
相摸守
正五位下
武蔵守
康元々十一
廿二出家
法｜道崇
弘長二十一
廿二死
卅七

宗政
武蔵守
従五位下
(上イ)

時女
相摸守
正五位下
左馬権頭
号法光寺
文永元八十
一為将軍別
当
執権第十

師時
二男
従四位上
相摸守
執第十五
母政村女
正安三八廿
二別当

執権(第十
三)
法｜崇演
弘安七七為
別当
相摸守
従四位上
左馬権頭

貞規
左近大夫将監
右馬権頭
従四位上

泰家
左近将監
従五位上
法恵性

正五位下
正中三三十
三依昕労出
家廿四
法｜崇鑑

時信
五郎

政助
亮仁
権大僧都

時輔
六波羅式部大輔
文永九被誅

時教[ママ]
内供奉
号桜田禅師

貞宗[ママ]
修理亮
大友左近大夫将監
時宗為子

随時
遠江守

兼貞
治部権大輔
兼時為子

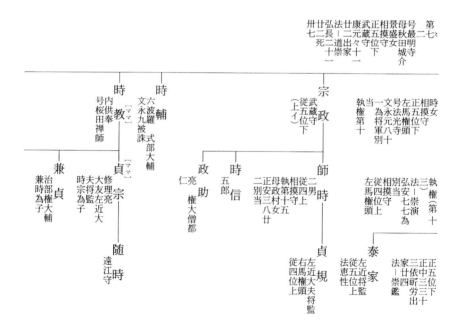

執権第五　左近大夫将監　武蔵守　従五位下　正五位下　仁治三十一為将軍別当　寛元四三廿一受重病　廿三譲執権於第〔弟〕時頼

- 経時　一男
  - 隆政　寺
  - 頼助　仁亮　真乗院　法務　大僧正　東寺二長者　円教・遍照・左女牛若宮等別当　東大寺別当
- 定時　遠江守　従五位下

- 宗頼　修理亮
  - 兼時　越後守　従五位上
  - 宗方　駿河守　従五位上　嘉元三五四被誅了

- 貞国　式部大輔
- 師頼　三川守
- 篤貞　号平太　宗方為子
- 頼寛　法印　山　権大僧都
- 貞源　山

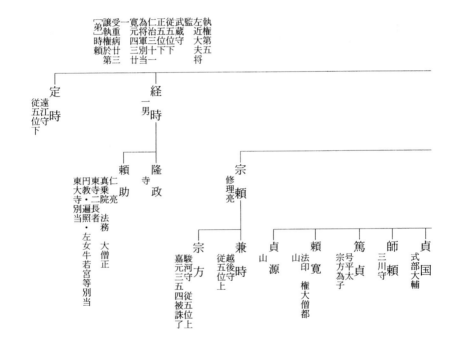

名越

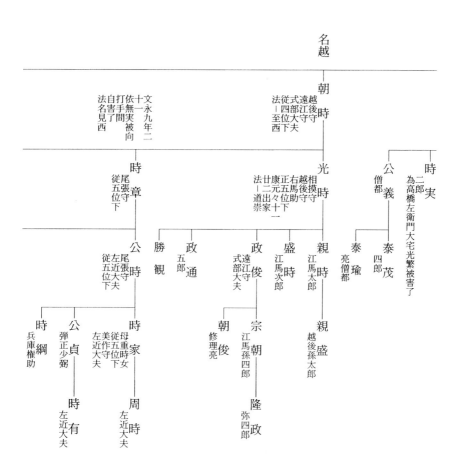

- 朝時　越後守　遠江守　式部大夫　従四位下　法ー至西
  - 時実　二郎　為高橋左衛門大宅光繁被害了
  - 公義　僧都
    - 泰茂　四郎
    - 泰瑜　亮僧都
  - 光時　相摸守　越後守　右馬助　正五位下　康元々十一廿二出家　法ー道崇
    - 親時　江馬太郎
      - 親盛　越後孫太郎
    - 盛時　江馬次郎
    - 政俊　遠江守　式部大夫
      - 宗朝　江馬孫四郎
        - 隆政　弥四郎
      - 朝俊　修理亮
    - 政通　五郎
    - 勝観
  - 時章　尾張守　従五位下　文永九年二十一依無実被向打手間自害了　法名見西
    - 公時　尾張守　左近大夫　従五位下
      - 時家　母重時女　従五位下　美作守　左近大夫
        - 周時　左近大夫
      - 公貞　弾正少弼
        - 時有　左近大夫
      - 時綱　兵庫権助

- 時長（後堀川院蔵人　左衛門少尉　備前守）
  - 長頼（母駿河守義村女　備前三郎）
    - 宗長（備前守　左近大夫）
      - 春時（兵庫助　右馬助）
        - 宗春（四郎）
      - 家政（備前守）
      - 貞宗（掃部助）
      - 公長（五郎）
      - 実助（寺助法印　本名朝忘）
      - 長助（仁助僧都）
    - 篤長（修理亮）
      - 春朝

- 頼章（三郎）
- 篤時（遠江守　従五下）
  - 秀時（美乃守）
    - 時如（掃部助）
    - 禅秀（僧正）
  - 公篤（遠江守）
  - 時成（式部大夫）

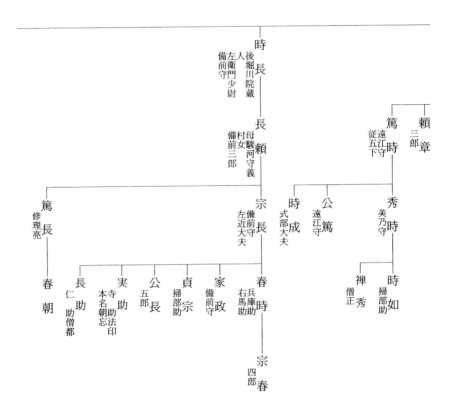

- 時幸 修理亮 従五位下
  - 時春 母駿河守有時女 太郎
    - 通時 三川守
  - 政明 掃部助
    - 基家 孫四郎
    - 政基 四郎
    - 政家 天[五ヵ]郎
    - 為明 掃部助
  - 義業 三郎
  - 政基 式部丞
- 時兼 左近大夫 従五位下
- 教時 遠江守 従五位下 文永九二十一被打了
  - 宗教 太郎 文永被打了
    - 円朝 遠江法印
  - 宗氏 太郎 同被打了
  - 公教 八郎
    - 時躬 式部大夫

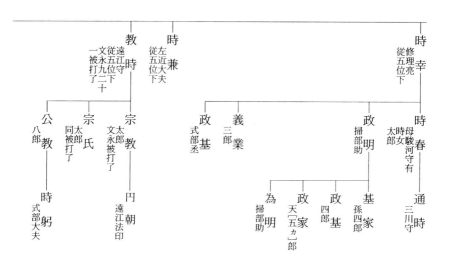

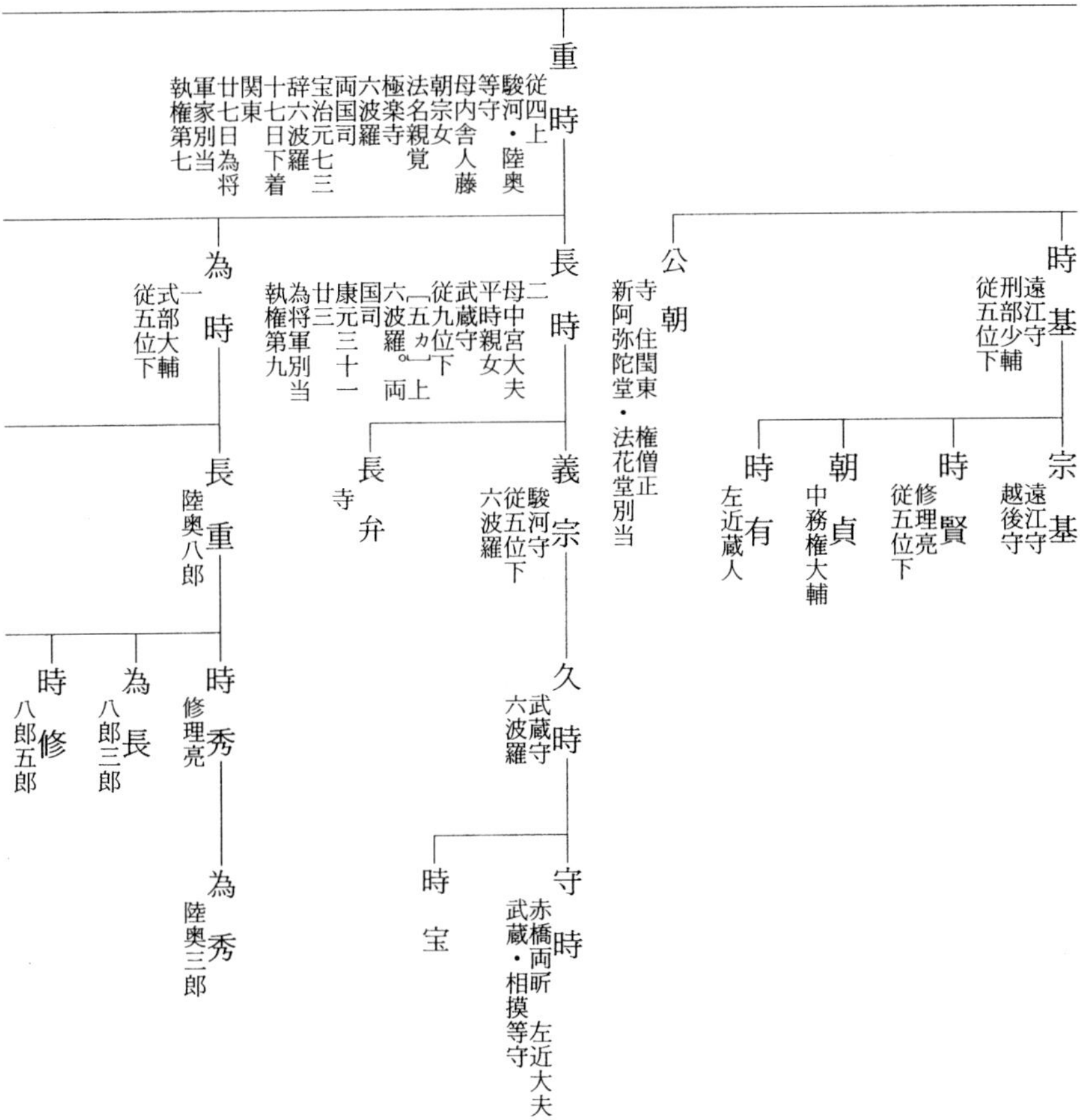

重時
従四上　駿河・陸奥等守　母内舎人藤朝宗女　法名親覚　極楽寺　六波羅　両国司　宝治元七三辞六波羅　十七日下着　関東　廿七日為将軍家別当　執権第七
長時
二母中宮大夫平時親女　武蔵守　従九位下　〔五カ〕六波羅両上　国司　康元三十一　廿三　為将軍別当　執権第九
為時
一式部大輔　従五位下
長重
陸奥八郎
時秀
修理亮
為秀
陸奥三郎
為長
八郎三郎
時修
八郎五郎
長弁
寺
義宗
駿河守　従五位下　六波羅
久時
武蔵守　六波羅
守時
赤橋両所　武蔵・相摸等守　左近大夫
時宝
公朝
寺住関東　権僧正　新阿弥陀堂・法花堂別当
時基
遠江守　刑部少輔　従五位下
宗基
遠江守　越後守
時賢
修理亮　従五位下
朝貞
中務権大輔
時有
左近蔵人

- 貞名 六郎
- 時久 式部五郎
- 為宗 九郎
  - 為冬 式部大輔
  - 久宗 陸奥彦九郎
    - 秀時 同孫九郎
- 時茂 常葉 陸奥守 従五位下 六波羅 文永七正廿七［五ヵ］
  - 時範 備前・遠江等守 六波羅
    - 範貞 常葉 駿河守 越後守 六波羅北方 左京大夫
  - 政茂 四郎
  - 貞茂 左馬助
- 義政 母家女房 武蔵守 従五位下 両国司 法名政義 塩田 文永十六八 為将軍家別当 執権第十一
  - 時治 備前守
    - 重貞 式部大輔
  - 国時 陸奥守
    - 藤時 左近大夫
- 業時 母家女房 正五位下
  - 時兼 尾張守 従五位下
    - 基時 相模守 六波羅
      - 仲時 越後守 自害番馬

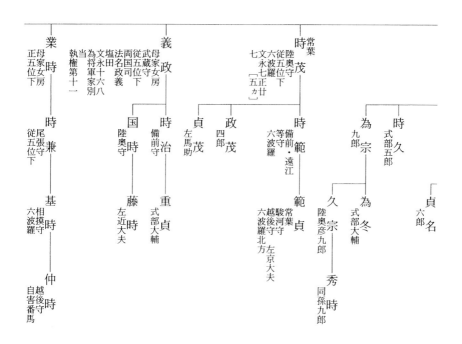

- 政村　四男　康元々三卅為将軍家別当　執権第八　母伊賀守藤朝光女　左京権大夫　右馬助　武蔵・相摸等守　正四位下　両国司
  - 時村　左京権大夫　従四下　左近大夫将監　陸奥・武蔵等守　六波羅　両国司　嘉元三四廿三依無実被誅了　歳六十四　打手十一人被刎首　但比内和田七郎逐電　執第十六　正安三十八廿二為将軍家別当
    - 為時　左近大夫将監　従五位下
      - 熙時　武蔵・相摸等守　従五位下　右馬等[権]頭　左近大夫将監　両国司　執第十八
        - 茂時　右馬権頭　両昕
      - 時仲　尾張守
      - 時助　仁　権少僧都
    - 公村　式部大輔　改時継
    - 貞熙　武蔵左近将監　左京大夫
  - 時通　二郎入道
    - 政平　修理亮　従五位下

陸奥守　両国司　執権第十二　弘安六四十六為将軍別当

- 忠時　越前守　従五位下
  - 親時　尾張守
    - 貞重　左近大夫

両国司　執第十九　法信忍　号普恩寺　自害

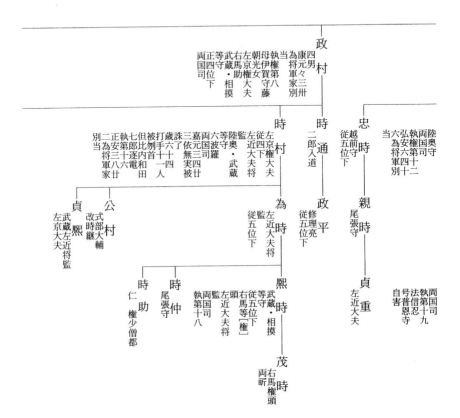

- 実泰（蒲谷　陸奥六郎　無官出家　法名浄仏）
  - 実時（越後守　従五位上　左近大夫将監　宣陽門院蔵人）
    - 実村（太郎）
    - 篤時（次郎入道）
    - 顕時（越後守　正五位下　左近大夫将監）
      - 政顕（上総介）
        - 種時（左近大夫）
        - 顕義（掃部助）

- 政長（駿河守　正五位下）
  - 師村（美作守　従五位下）
    - 時通（三郎）
  - 政泰（刑部権少輔　改重村）
  - 時敦（六波羅北方　越後守　元応二四廿　四於京都死）
    - 時益（六波羅南方　左近将監）
- 政頼（近江守　正五位下）
  - 貞政（三郎）
    - 師政
  - 政公（四郎）
- 政方（従五位上　安芸・遠江等守）
  - 泰政（七郎）
- 厳政（仁　大夫阿闍梨）

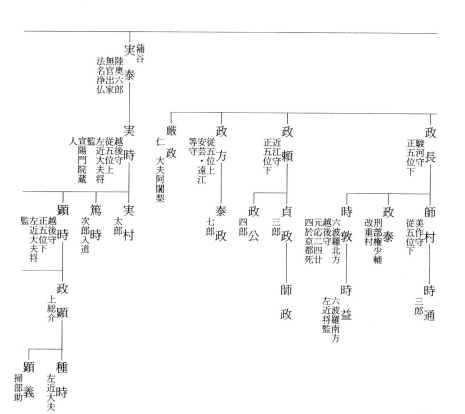

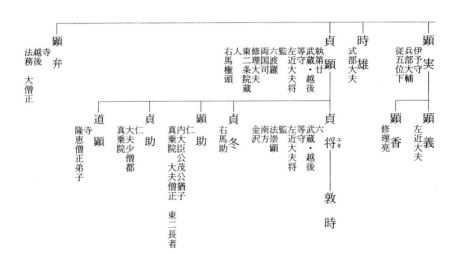

顕実
伊予守
兵部大輔
従五位下

顕義
左近大夫

顕香
修理亮

時雄
式部大夫

貞顕
執権第廿
武蔵・越後
等守
左近大夫将
監
六波羅
両国司
修理大夫
東二条院蔵
人
右馬権頭

貞将《ユキ》
六
武蔵・越後
等守
左近大夫将
監
法崇顕
南方
金沢

敦時

貞冬
右馬助

顕助
仁
内大臣公茂公猶子
真乗院　大夫僧正
東二長者

貞助
仁
大夫少僧都
真乗院

道顕
寺
隆恵僧正弟子

顕弁
寺
越後
法務　大僧正

- 有時（伊具）正四位下　修理権大夫　越後・駿河・武蔵・相摸等守
  - 時基　左土守
    - 有基　石坂太郎
      - 有政　彦四郎
  - 兼時　四郎
    - 時澄　土佐介
      - 貞澄　弾正左衛門尉
      - 貞冬　五郎
  - 通時　相摸権守　従五位下
    - 斎時　駿河守　改時高
      - 時邦　左近大夫
      - 高有　右京大夫
  - 時景　五郎
  - 有義　丹後守　従五位上
    - 貞有　式部大夫
  - 有秀　七郎
  - 兼義　八郎
    - 時嗣　冨安三郎

- 時方　左近大夫
- 実政　常陸守　従五位上
- 時通　備前守　従五位下

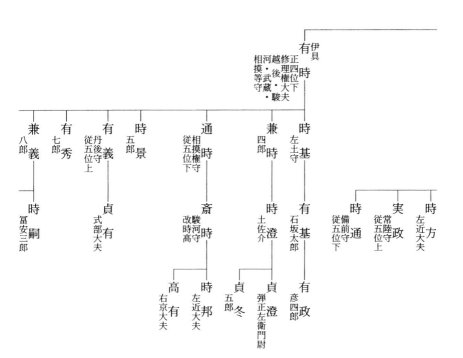

- 時房　元仁元六廿六下着八月一日為将軍家別当執第三越後・武蔵・相摸等守修理権大夫正四下仁治元正廿四死了法名行念三男
  - 時盛　越後守正五位下法名勝円六波羅
    - 時景　改朝盛六波羅南方掃部助
      - 時顕　改信従五位下美作守
        - 政忠　備前守
          - 幸時　兵庫助
          - 忠直　五郎
        - 盛信
        - 政国
      - 時綱
    - 時親　摂津守右馬助従五位上
      - 親房　左近大夫
    - 政氏　三郎
      - 盛房　丹波守
        - 宣房　左近大夫
    - 政有　兵庫助従五位下
      - 政高　四郎
    - 宗兼
    - 時盛　式部丞
      - 時仲　三郎
    - 国時　修理亮

- 政助　同四郎
- 有助　仁一長者法務大僧正

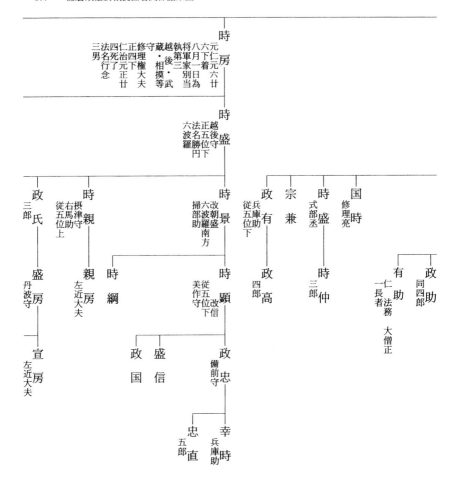

- 時村（佐介、相摸次郎）
  - 時光（配流土佐国、修理亮）
    - 時信（彦四郎入道、法名西円）
      - 時藤（彦太郎）
  - 時俊（五郎）
    - 時国（左近大夫、従五位下、祖父時盛為嫡子、六波羅南方）
      - 時元（名越、佐［ママ］前守、左近大夫）
      - 貞資（式部大輔、従五位下）
    - 時綱（美乃守）
      - 貞綱（掃部助）
      - 時利（掃部助）
  - 忠源（山、大夫、大僧正、城奥寺）
  - 盛朝（寺）
  - 時隆（従五位下、法名、民部大輔）
    - 宗房（土佐守、法名道妙）
    - 泰宗（式部丞、従五位下）
      - 貞隆（修理亮）
    - 時貞（茂木太郎）
      - 政宗
        - 時光（孫七）

（従五位上、六波羅南方）
- 貞高（左近大夫）

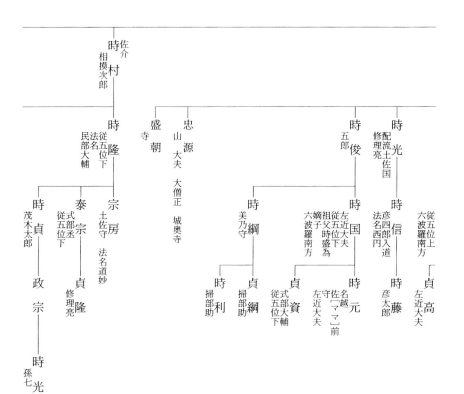

- 資時　相摸三郎　法名真昭
  - 時成　同三郎　物狂
- 朝直　武蔵守　正五位下
  - 宣時　執第十四　陸奥守　従五位上　正五位下　両国司　弘安十八十　九為将軍家　別当
    - 宗宣　執第十七　嘉元三七廿　一　別当　両国司　陸奥守　六波南　母越前守時　広女
      - 維貞　修理大夫　陸奥守　両国司　六波南
        - 高宣　式部大輔
        - 家時
    - 宗泰　民部小［少］　輔
      - 貞直　大仏　陸奥守　式部大輔
    - 貞房　刑部少輔　越後守　六波羅
      - 貞朝　式部大輔
    - 貞宣　丹波守［罫線ナシ。ママ。］
      - 時英　左近大夫
    - 寛覚　法務大僧正　西座主
  - 時長　三　四郎

- 時広　武蔵守　従五位上
- 忠源　山

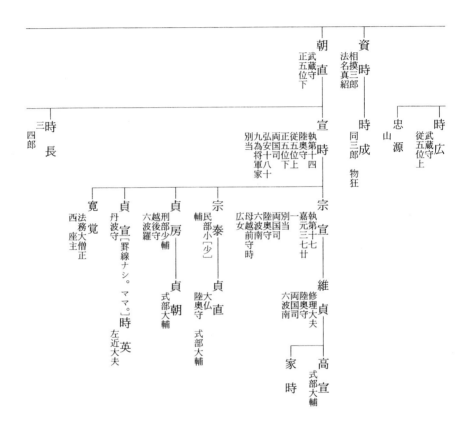

- 時遠（上総介・二・従五位下・法―行昭）
  - 頼房（上総介）
    - 泰房（掃部助）
    - 宣遠
    - 宗遠（七郎）
- 朝房（備前守・従五位下・法―妙性）
  - 直時（二郎・式部大輔）
  - 貞房（四郎）
    - 房宣
  - 政房（大[太]郎）
    - 朝政（孫七郎）
  - 朝宣（五郎）
- 頼直（八郎）
  - 宗直（佐介近江守・遠江守）
    - 直時（式部大輔）
- 直房（下総守）
  - 宣直（近江守）
    - 亮時（式部大輔）
  - 直俊（修理亮）
  - 宗朝（左近大夫）
- 朝氏（六郎）

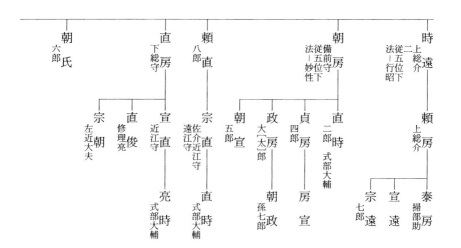

- 時直　遠江守　正五位下
  - 清時　安芸守　従五位下
    - 時俊　安芸守　従五位下
      - 貞俊　上野介　安芸守
    - 時久　下野守　従五位下
      - 貞久　七郎
    - 時藤
      - 貞直　兵庫助　陸奥左馬助
    - 房朝　寺　大僧正
    - 乗清　大僧正　法印
  - 政房　四郎
  - 時通　二郎
    - 政直　遠江五郎
      - 時光　本時隆　式部丞　従五位下
  - 時基　六郎
    - 時利
- 時定
- 忠源　山　僧正
- 隆禅　養子　中納言法印

- 忠禅　山　武蔵法印　権大僧都

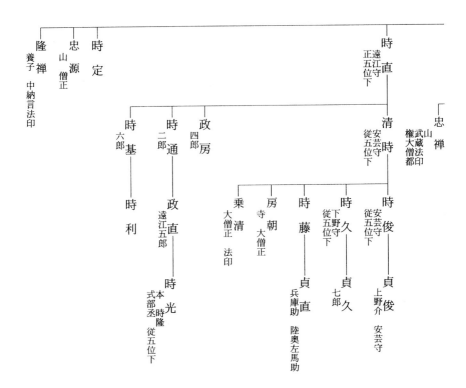

- 宗時　号北条三郎　三郎　治承四石橋合戦後於桑原被打了
- 政範　右馬助　於京逝去　年十七
- 女子　頼朝卿室
- 女子　畠山庄司次郎重忠妻　後嫁遠江守源義純

2　北条氏要職就任者系図

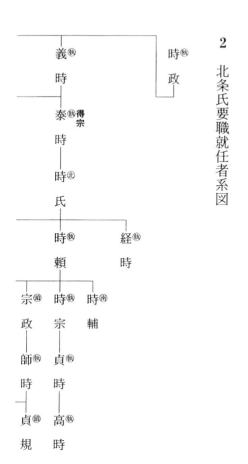

- 時政㊎
  - 義時㊎
    - 泰時㊎ 得宗
      - 時氏㊗
        - 経時㊎
        - 時頼㊎
          - 時輔㊒
          - 時宗㊎
            - 貞時㊎
              - 高時㊎
          - 宗政㊍
            - 師時㊎
              - 貞規㊍

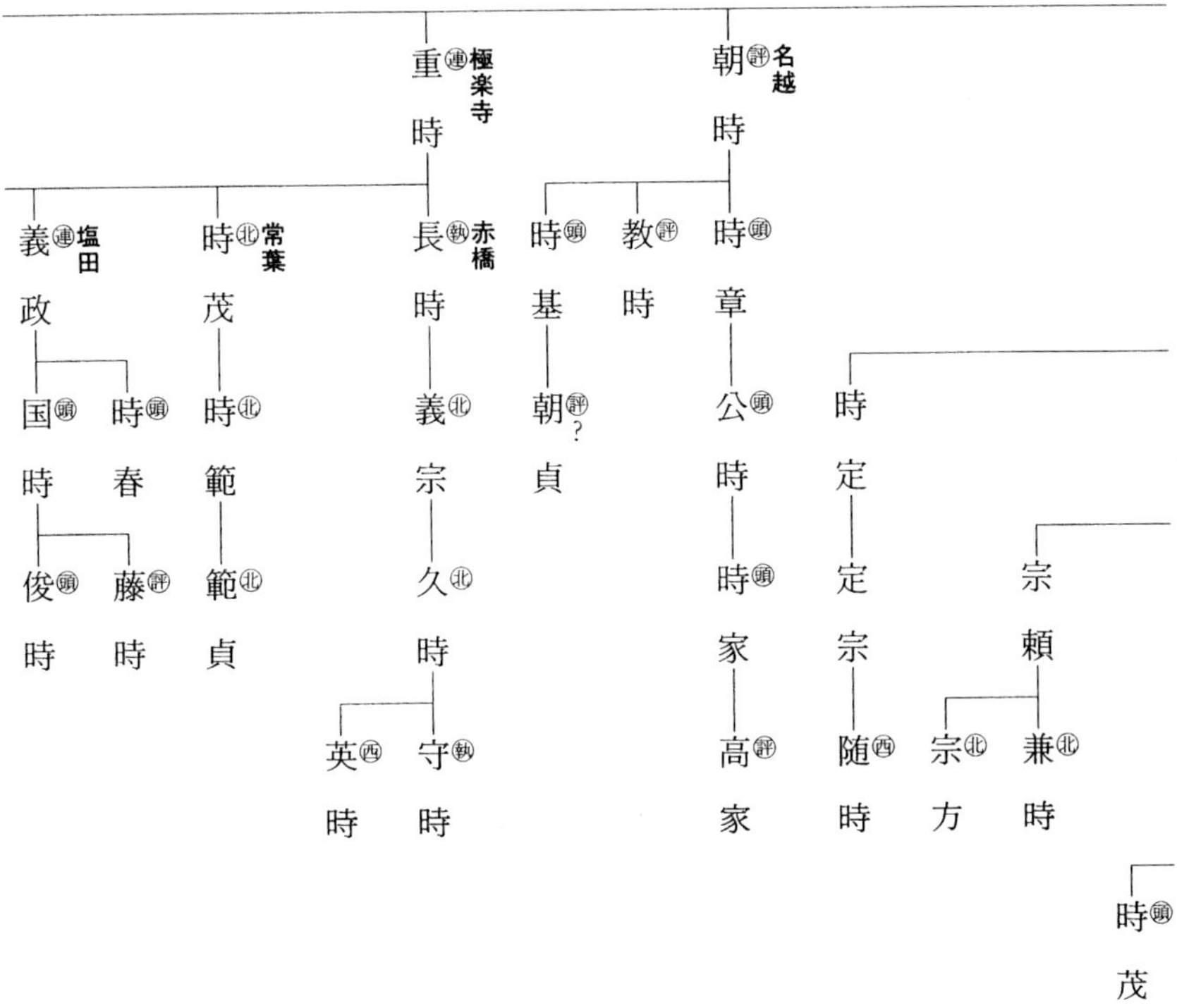

重時㋹極楽寺
朝時㋲名越
義政㋹塩田
時茂㋭常葉
長時㋶赤橋
時基㋕
教時㋲
時章㋕
国時㋕
時春㋕
時範㋭
義宗㋭
朝貞㋲?
公時㋕
時定
俊時㋕
藤時㋲
範貞㋭
久時㋭
時家㋕
定宗
宗頼
英時㋴
守時㋶
高家㋲
随時㋴
宗方㋭
兼時㋭
時茂㋕

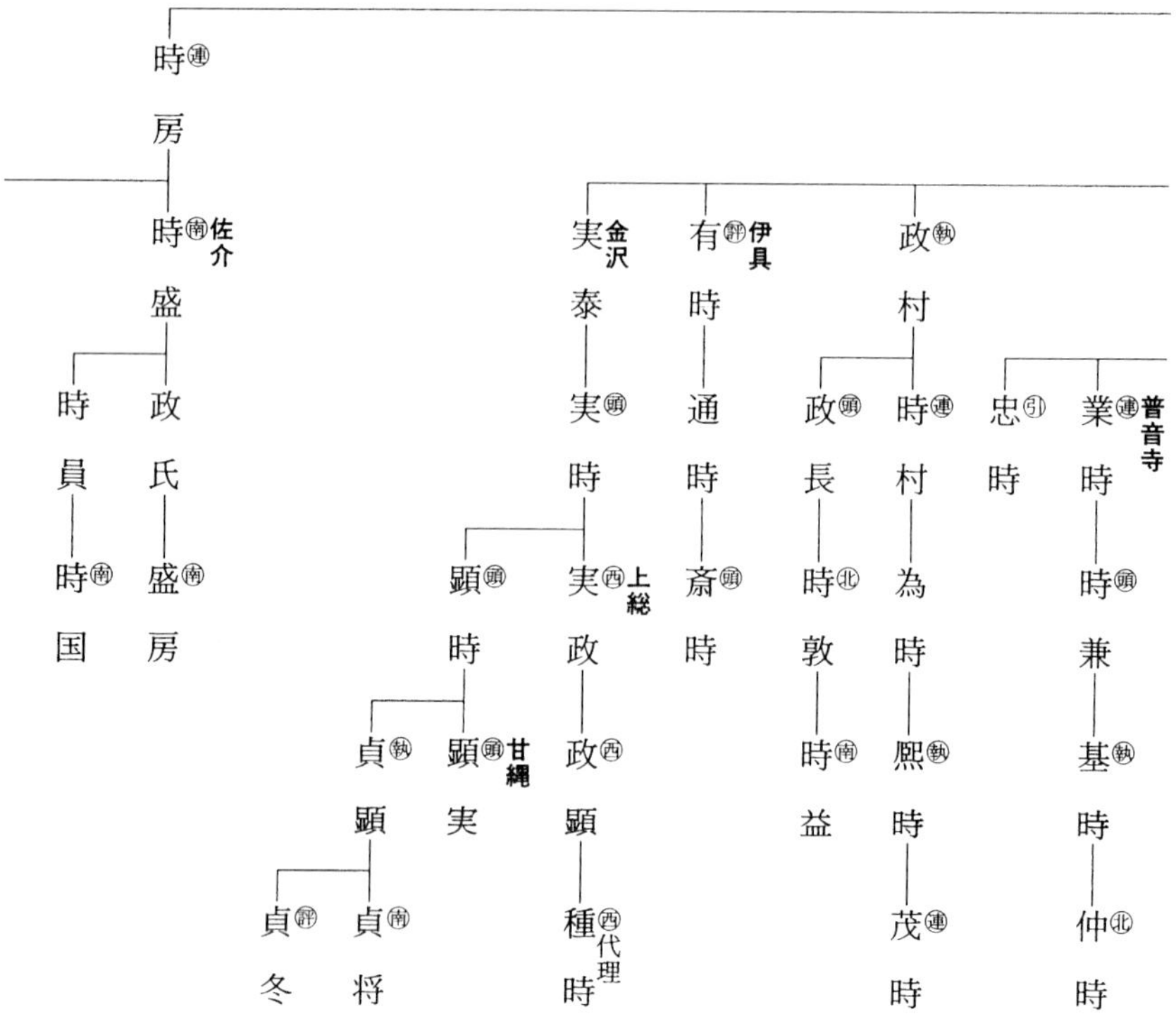

時房(連)
時盛(南) 佐介
政氏
盛房(南)
時員
時国(南)
実泰 金沢
実時(頭)
顕時(頭)
貞顕(執)
貞将(南)
貞冬(評)
顕実(頭) 甘縄
実政(西) 上総
政顕(西)
種時(西) 代理
有時(評) 伊具
通時
斎時(頭)
政村(執)
政長(頭)
時敦(北)
時益(南)
時村(連)
為時
煕時(執)
茂時(連)
忠時(引)
業時(連) 普音寺
時兼(頭)
基時(執)
仲時(北)

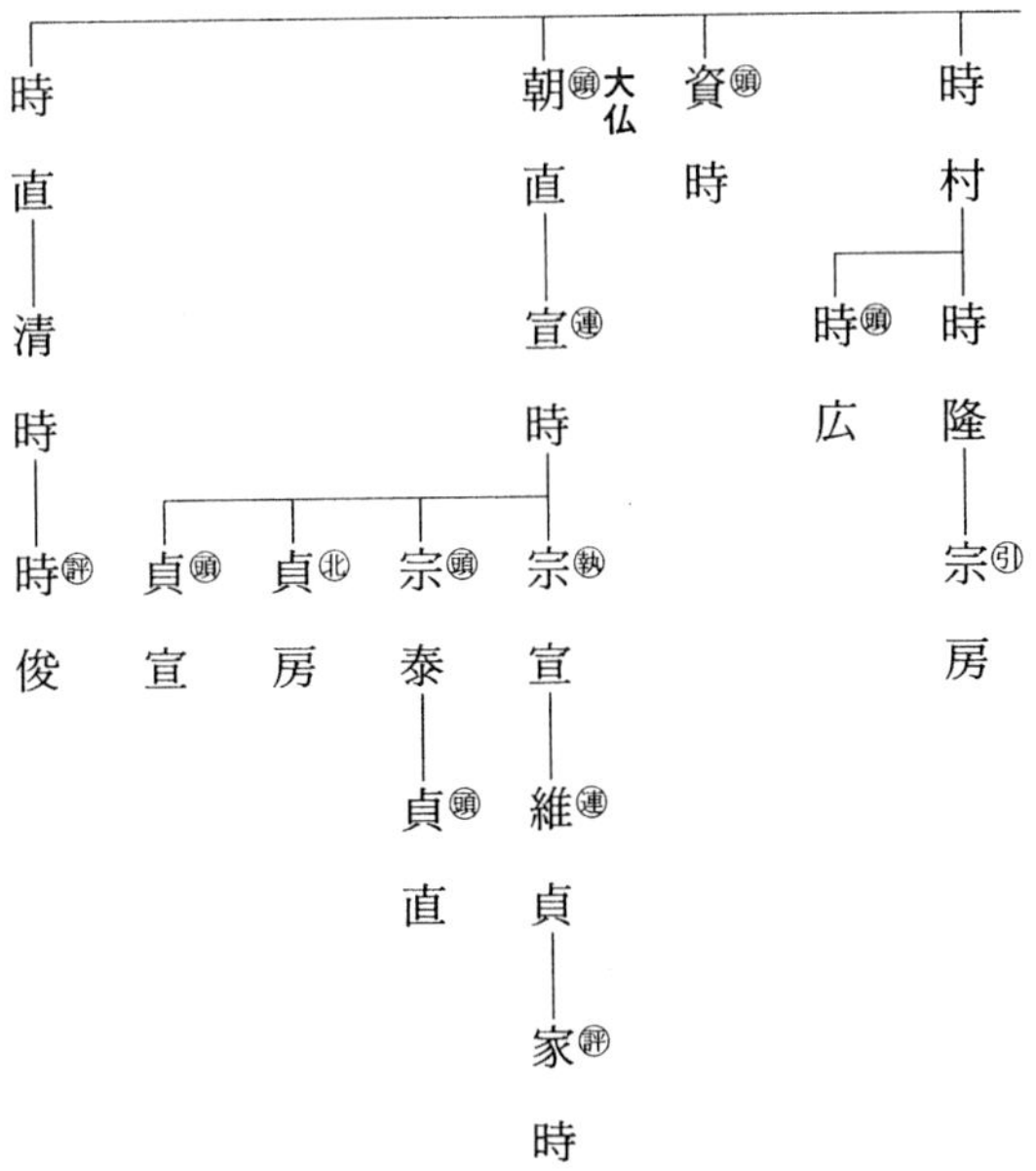

註

（1）二つ以上の職に就任した者については、代表的な役職一つのみを記した。詳しくは、基礎表を参照されたい。

（2）金沢（上総）時直の就任したいわゆる「周防長門採題」は、実態としては、周防・長門守護であるゆえ除外した。

3　探題系図

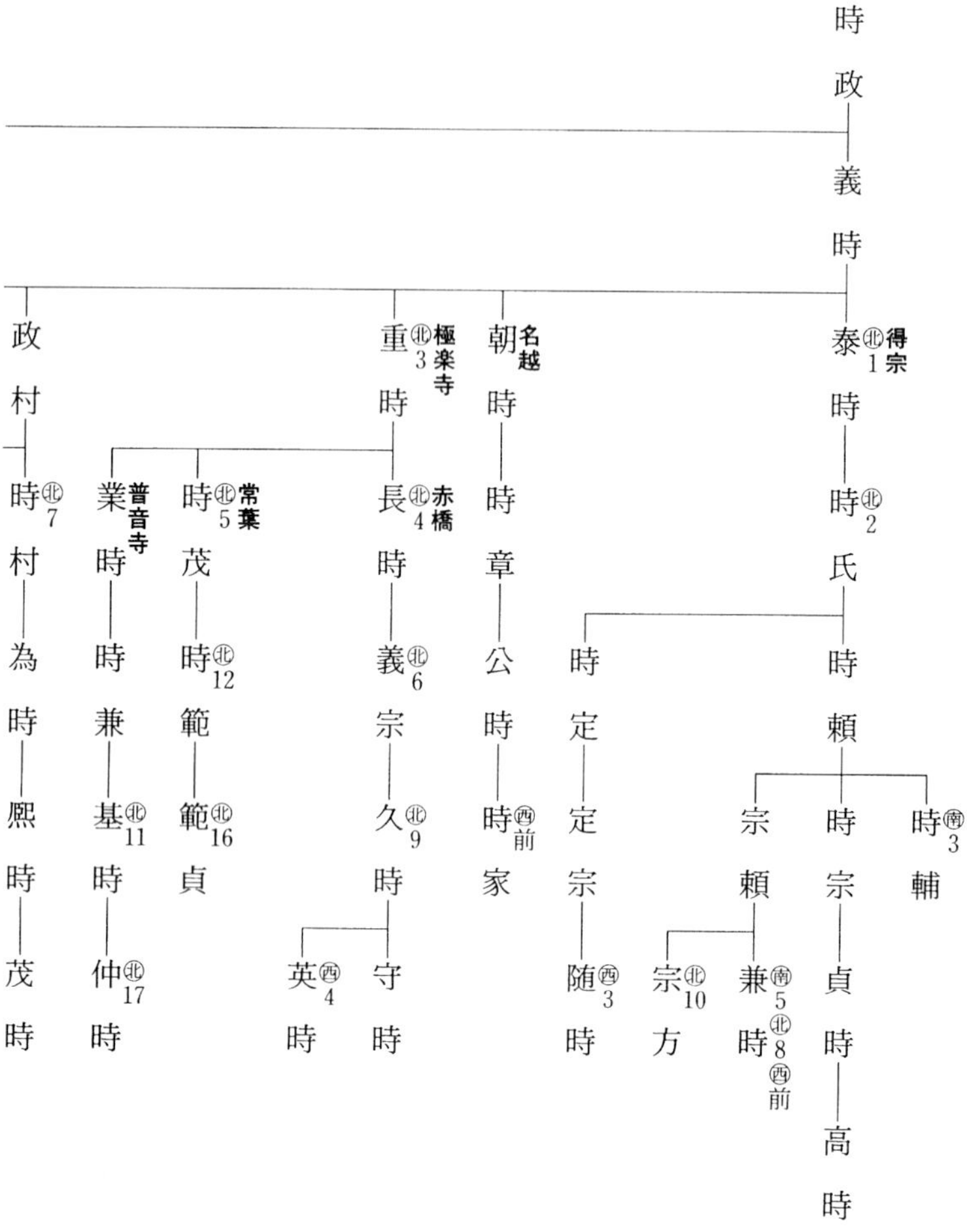
時政
義時
泰時 北1 得宗
時氏
時氏
時頼
時輔 南3
時宗
貞時
高時
宗頼
兼時 南5 北8 西前
宗方 北10
時定
定宗
随時 西3
朝時 名越
時章
公時
時家 西前
重時 北3 極楽寺
長時 北4 赤橋
義宗 北6
久時 北9
守時
英時 西4
時茂 北5 常葉
時範 北12
範貞 北16
業時 普音寺
時兼
基時 北11
仲時 北17
政村
時村 北7
為時
熙時
茂時

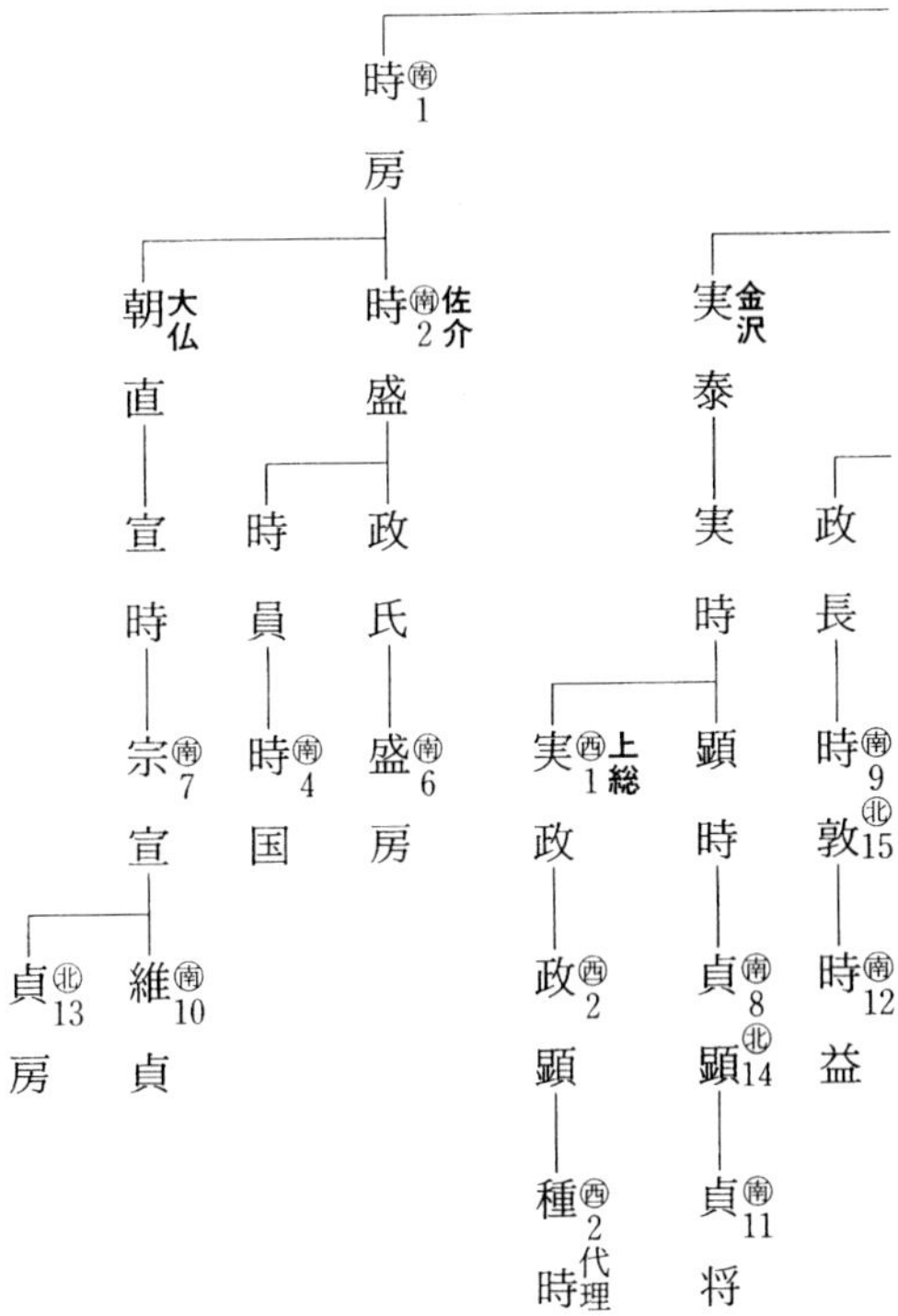

註
（1） 数字は就任順位。
（2） (西)前は鎮西探題の先駆として下向したもの。

4 執権・連署系図

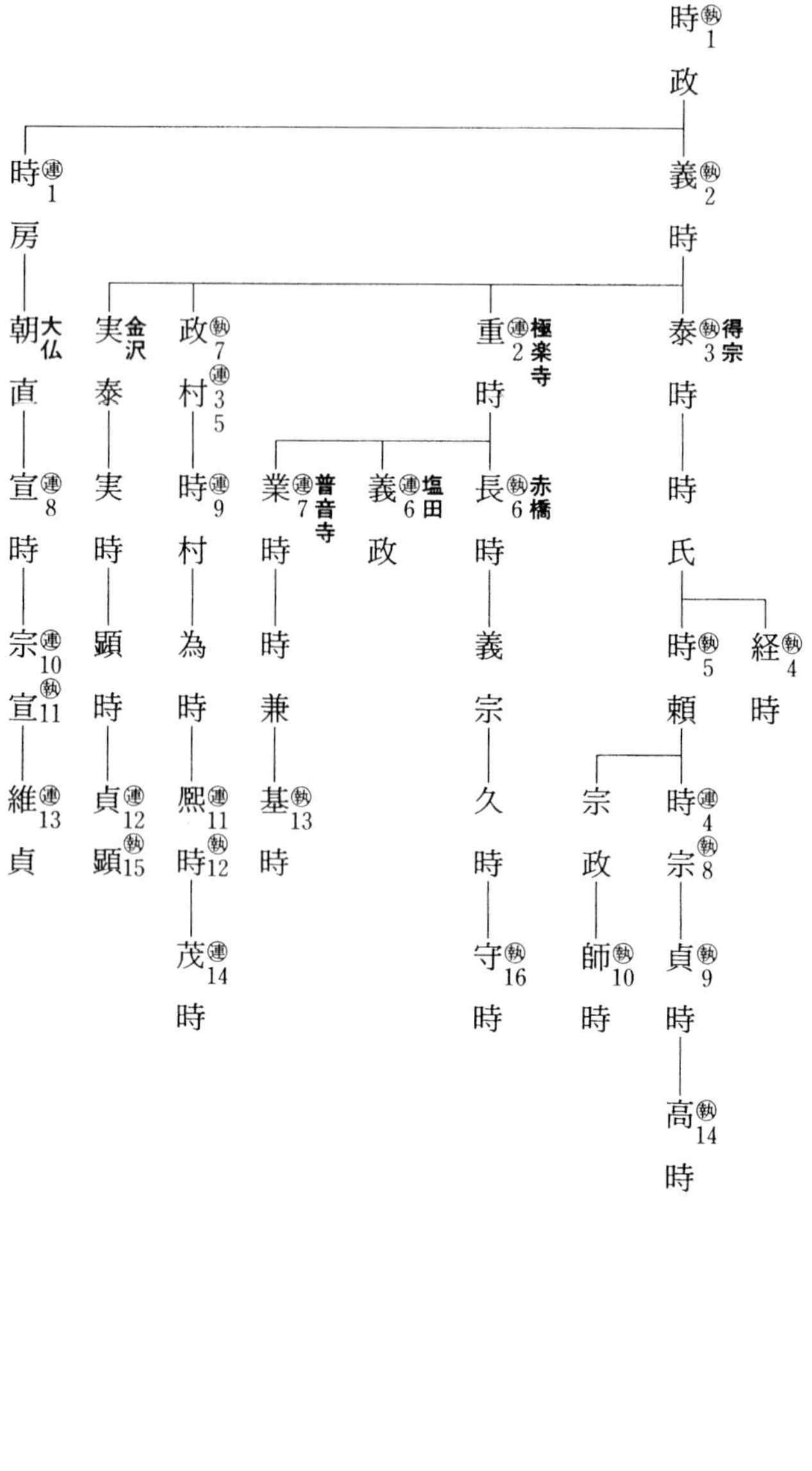

註　数字は就任順位。

5 寄合衆系図

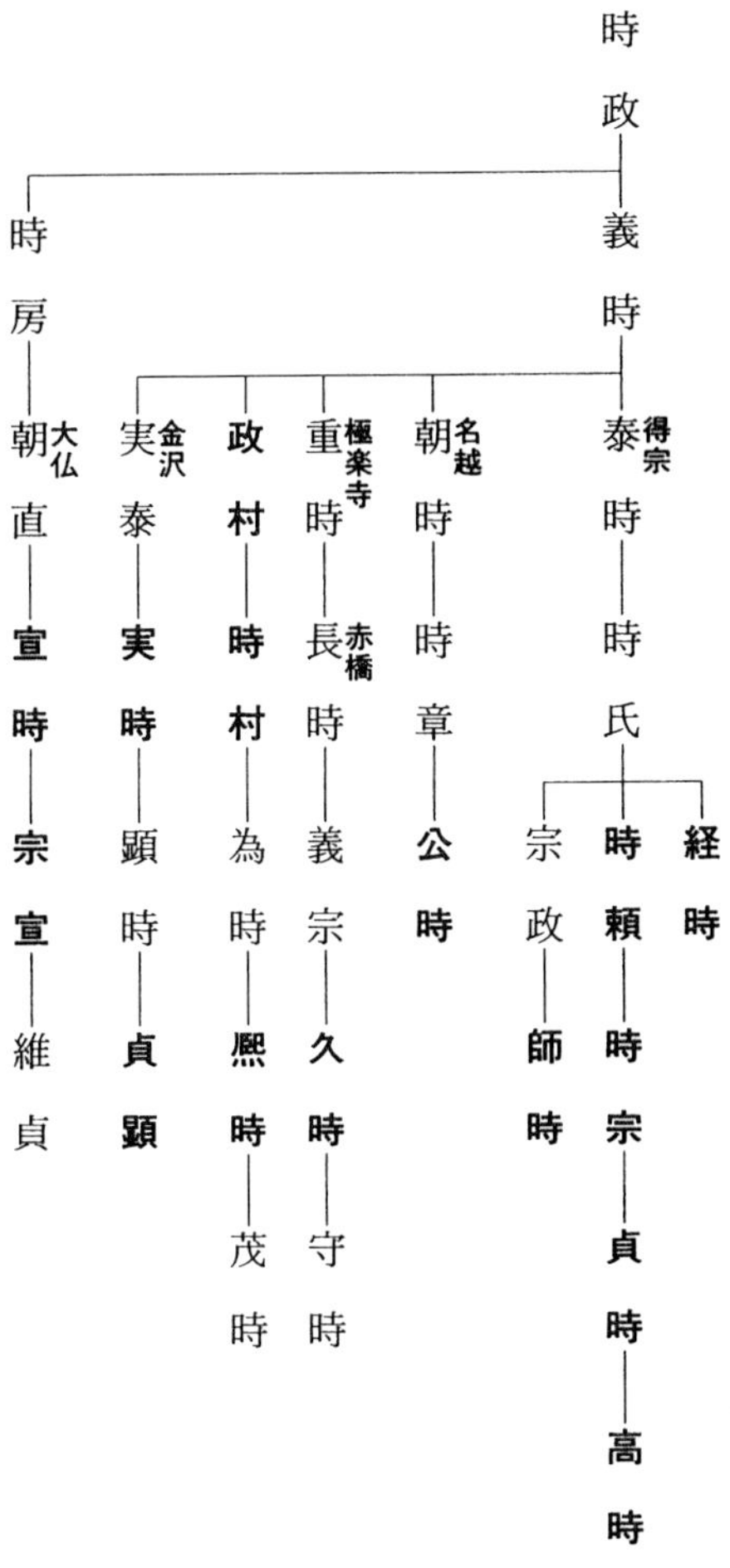

註　太字が寄合衆。

6 寄合衆・執権・連署系図

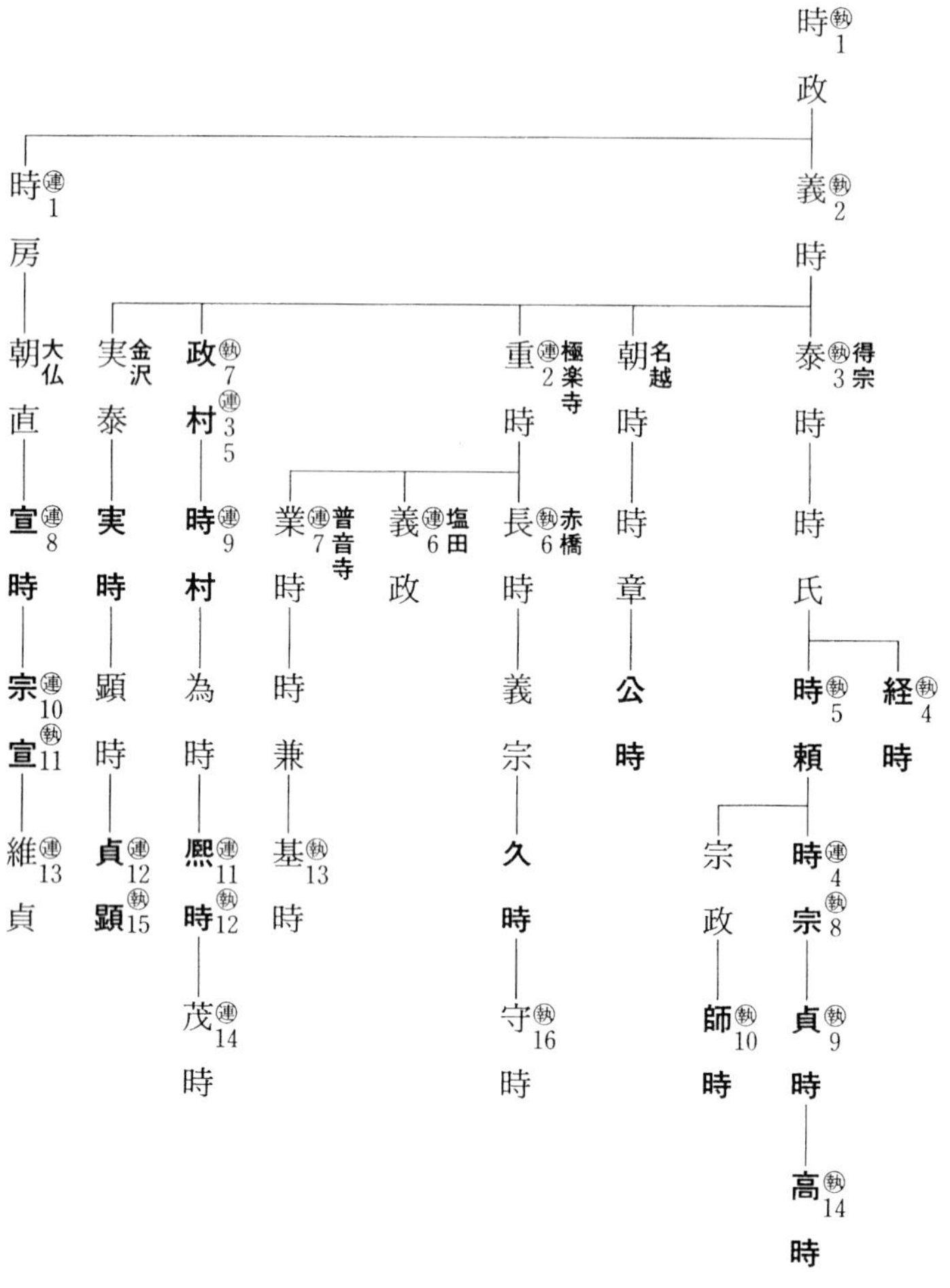

註

7　垸飯勤仕者系図

（1）数字は就任順位。
（2）太字は寄合衆。

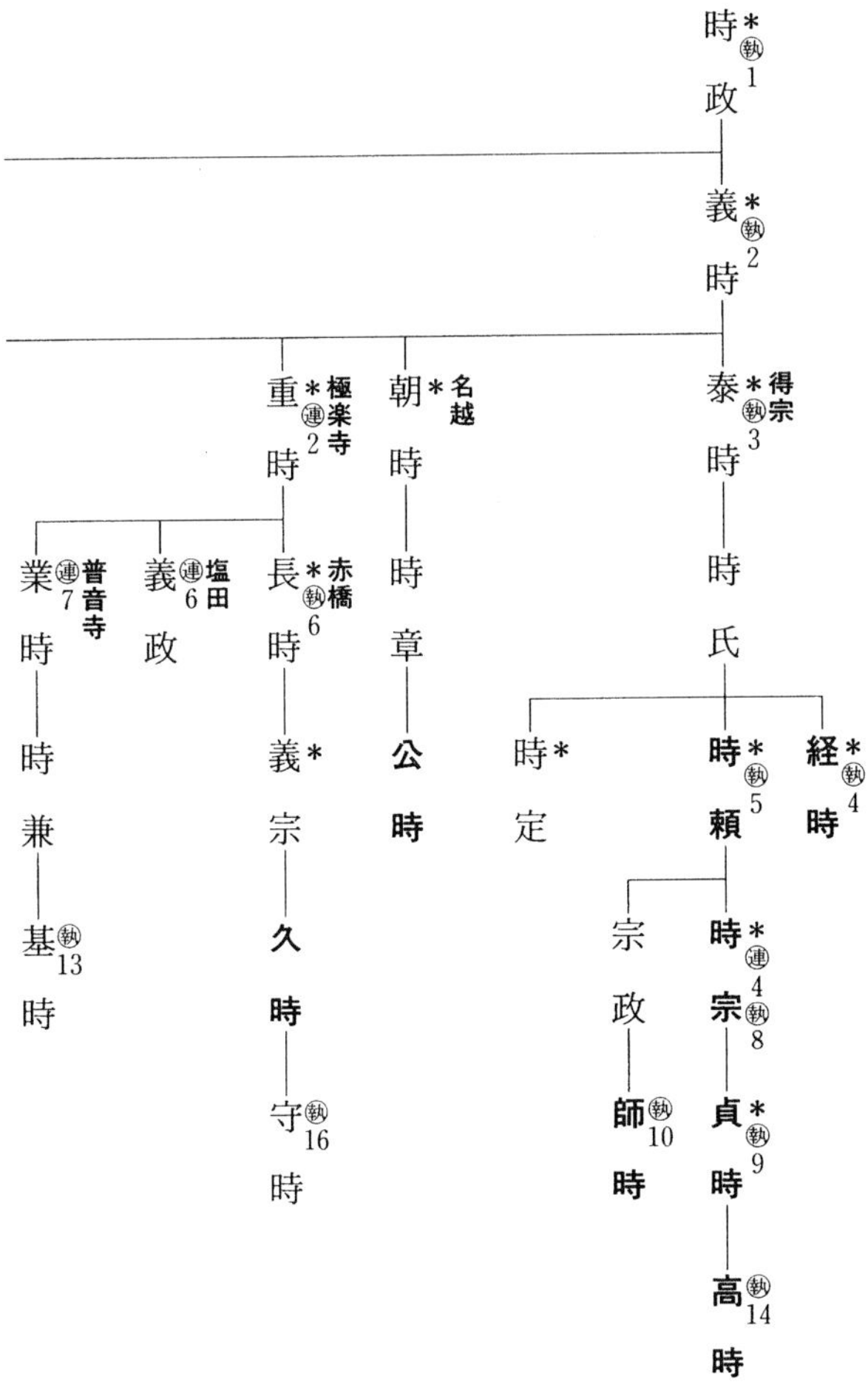

時房＊連1
├ 政村＊執7連35 ― 時村＊連9 ― 為時 ― 熙時連11執12 ― 茂時連14
├ 実泰（金沢） ― 実時 ― 顕時 ― 貞顕連12執15
├ 時盛（佐介）＊
└ 朝直（大仏） ― 宣時＊連8 ― 宗宣連10執11 ― 維貞連13

註

（1）＊は垸飯勤任者。

（2）太字は寄合衆。

8　安達・大曾禰系図①――『尊卑分脈』「秋田城介」

∴山蔭（従三　蔵頭　民部卿　中納言　母同生丘　仁和四二四薨六十五）

― 有頼（従五下　但馬守　母筑前介有孝女）

― 在衡（従二　弁　文　册　蔵　左大臣　母備中掾良峯高親女　或讃岐守公輔〔高向〕女）

― 国光（正四下　弁　册　治部卿　近江守　母清原高峯女）

― 忠輔（正三　册　弁　兵部卿　中納言　母右馬助有孝―季イ女　長和二六四薨）

― 相任（正五下　遠江守　母是時輔女　又日向守忠信女）

∴相継（秋田城介祖　従四下　上野介）

― 相国（上野掾　母）

― 国重（下野掾　出羽介）

― 兼盛（小野田三郎　母）

― ●盛長（城介〔仕源頼朝卿〕　安達六郎　小野田藤九郎）

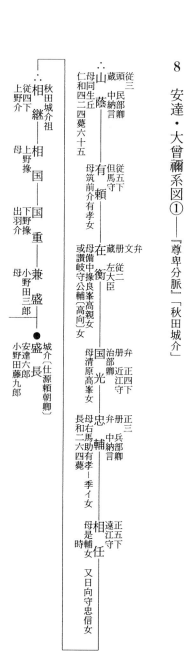

備前守
母

母

母
正治二四廿六卒六十六

遠兼
安達
但小野田三郎兼盛子
右大将家ゝ人
安達藤九郎
民部丞
母
　└遠基
　　号外嶋
　　左衛門尉
　　母

8　安達・大曾禰系図②——『足立系図』（『丹波氷上郡佐治庄地頭足立氏系図』）（『東大謄写』）

朝忠 中納言
└資忠 実清和御孫貞固親王子也 朝忠為猶子仍為藤原姓
　└遠忠 遠江守
　　└定忠
　　　└忠兼 蔵人
　　　　├遠兼 武蔵国足立郡住
　　　　│└遠元 号足立母豊島平傔（ママ）伏泰家女外祖父泰家譲与足立郡地頭職仍一円知行之 鎌倉右大将幷右大臣両代武勇之師範也
　　　　│　├守長 藤九郎
　　　　│　├元春 対馬守左衛門尉
　　　　│　└元重 号淵江田内 左衛門尉
　　　　└実兼 号貴志蔵人

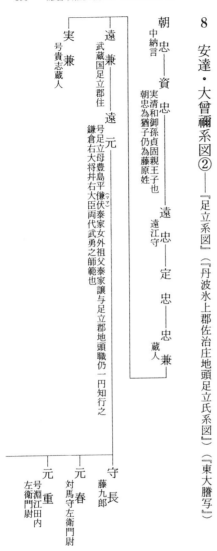

8 安達・大曾禰系図③

兼盛 小野田三郎

遠光（手） 五郎 先子父死去 母源三位女二条院讃岐守女

遠景 肥後守 号安須吉

遠村 民部大夫 号河田谷

遠継 兵衛尉 号平柳

盛長 藤九郎

女 畠山次郎平重忠妻也 六郎重保小次郎重末等母也

女 修理権大夫平時房朝臣遠江守時直等母也自父遠元手譲得定立領家職者也

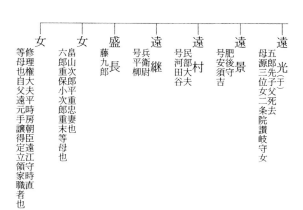

- 盛長　小野田藤九郎　十三人
  - **安達** 景盛　城介①　弥九郎　左衛門尉　法名覚地　号大連房
    - 義景　城介②　(寄)(頭)(評)(東)
      - **関戸** 頼景　(引)(六評)　弘長出家　城二郎　丹後守
        - 長宗　右衛門尉
          - 宗義　八郎
            - 義貞　二郎
      - **大室** 景村　大室三郎
        - 泰宗　太郎左衛門尉
          - 女　大方殿　貞時妻　高時・泰家母
        - 義宗×　三郎次郎
          - 長貞　三郎
            - 盛高　九郎左衛門尉
            - 盛冬
      - 泰盛×　弘安出家　城介③　越訴・恩沢　(寄)(頭)(評)　法名覚真　陸奥守
        - 盛宗×（岩戸合戦）　越前守
        - 宗景×　城介④　(頭)(評)(引)
          - 貞泰　陸奥太郎
      - 時盛　(評)(東)　四郎左衛門尉
        - 時長×　四郎左衛門尉
          - 師顕　公衡　九郎兵衛
      - 重景×　五郎左衛門尉
        - 師景　公衡　元弘没　五郎左衛門尉　加賀守
          - 高茂　元弘没　美濃守

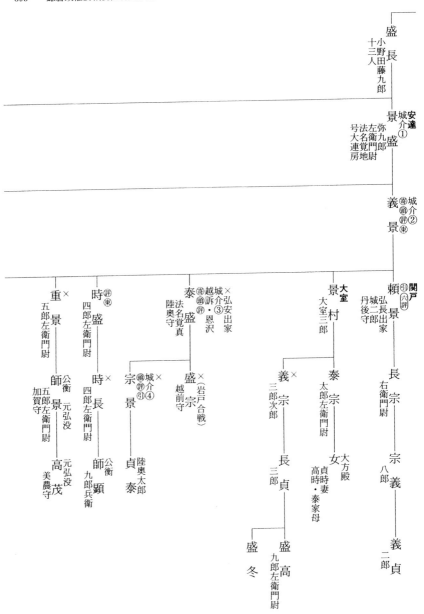

女（松下禅尼 時氏妻 経時・時頼母）

顕盛（評）（引） 左衛門尉 加賀守
　宗顕× 太郎左衛門尉
　　時顕 城介⑤（寄）（頭）（東） 嘉暦出家 元弘没 加賀兵衛尉 法名延明
　　　高景 城介⑥（頭）（評）（東） 元弘没 讃岐権守
　　　顕高 元弘没 式部大夫
　　　女 高時妻

長景（引）（東）× 弘安出家 右衛門尉 美乃守
　宗長 九郎左衛門尉

時景（引）× 引安出家 左衛門尉 十郎判官
　盛宗 右衛門尉

女 長井時秀妻 長井宗秀母

女 宇都宮景綱妻

女 潮音院尼 時宗妻 貞時母 兄泰盛養女

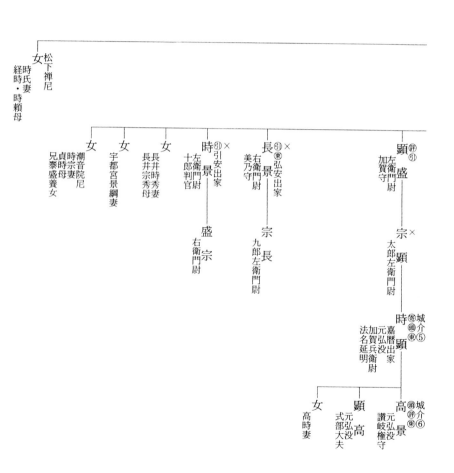

- 時長（大曾禰）　次郎兵衛　法名触蓮
  - 長泰　上総介①　(引)(東)　左衛門尉
    - 長経　上総介②　(引)(東)　太郎左衛門尉
      - 宗長　上総介③　(引)×　左衛門尉
        - 長顕　上総介④　元弘没　太郎左衛門尉
        - 長義　二郎左衛門尉
    - 義泰　(引)×　弘安出家　三郎左衛門尉
      - 盛光　民部大夫
      - 景泰　六郎
    - 景実　四郎左衛門尉
  - 盛経　二郎左衛門尉
    - 長頼　太郎左衛門尉
      - 頼泰　右衛門尉　弾正忠
        - 頼方　三郎
      - 禅空　太郎入道　円覚寺首座
    - 女　稲毛禅尼
    - 女　葛西伊豆守妻
  - 長景
- 女　源範頼妻

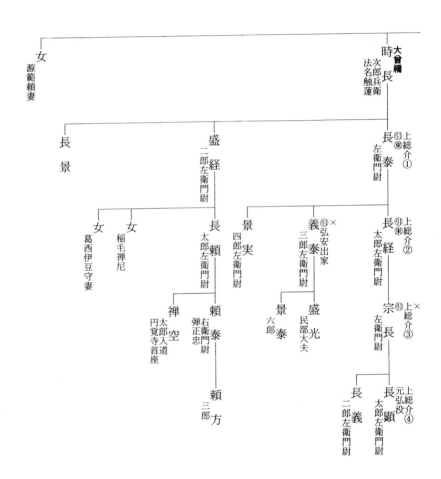

註

（1）城介①～⑥は秋田城介就任者と就任順。

（2）上総介①～④は上総介就任者と就任順。

（3）×は霜月騒動戦死者。

9 佐々木系図

- 秀義（佐々木三郎／佐々木源三）
  - 定綱（近江・石見・隠岐守護／左衛門尉／太郎判官）
    - 信綱（評）（近江守護／左衛門尉／近江守／四郎）
      - **六角** 泰綱（六評）（近江守護／左衛門尉／壱岐守）
        - 頼綱（六評）（近江守護／左衛門尉／備中守／法名崇西）
          - 時信（近江守護／左衛門尉／法名玄派）
            - 氏頼（室町近江守護／左衛門尉）
        - **西条** 長綱（六評）（左衛門尉／壱岐守／法名道西）
          - 貞長（六評）（左衛門尉／上総介）
      - **京極** 氏信（評）（引）（東）（弘安出家／左衛門尉／対馬守／近江守／号桐谷尉）
        - 満信（三郎／左衛門尉／佐渡守／弘安二十四没（廿四歳））
          - 宗氏（評）（東）（応長出家／三郎／左衛門尉／佐渡判官入道）

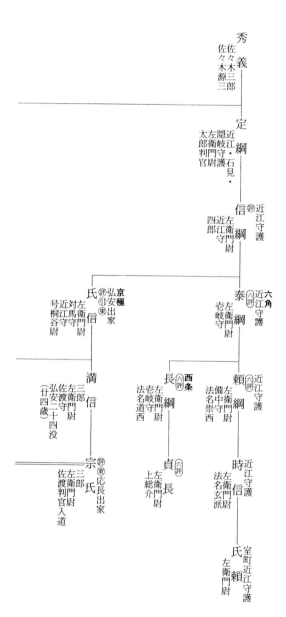

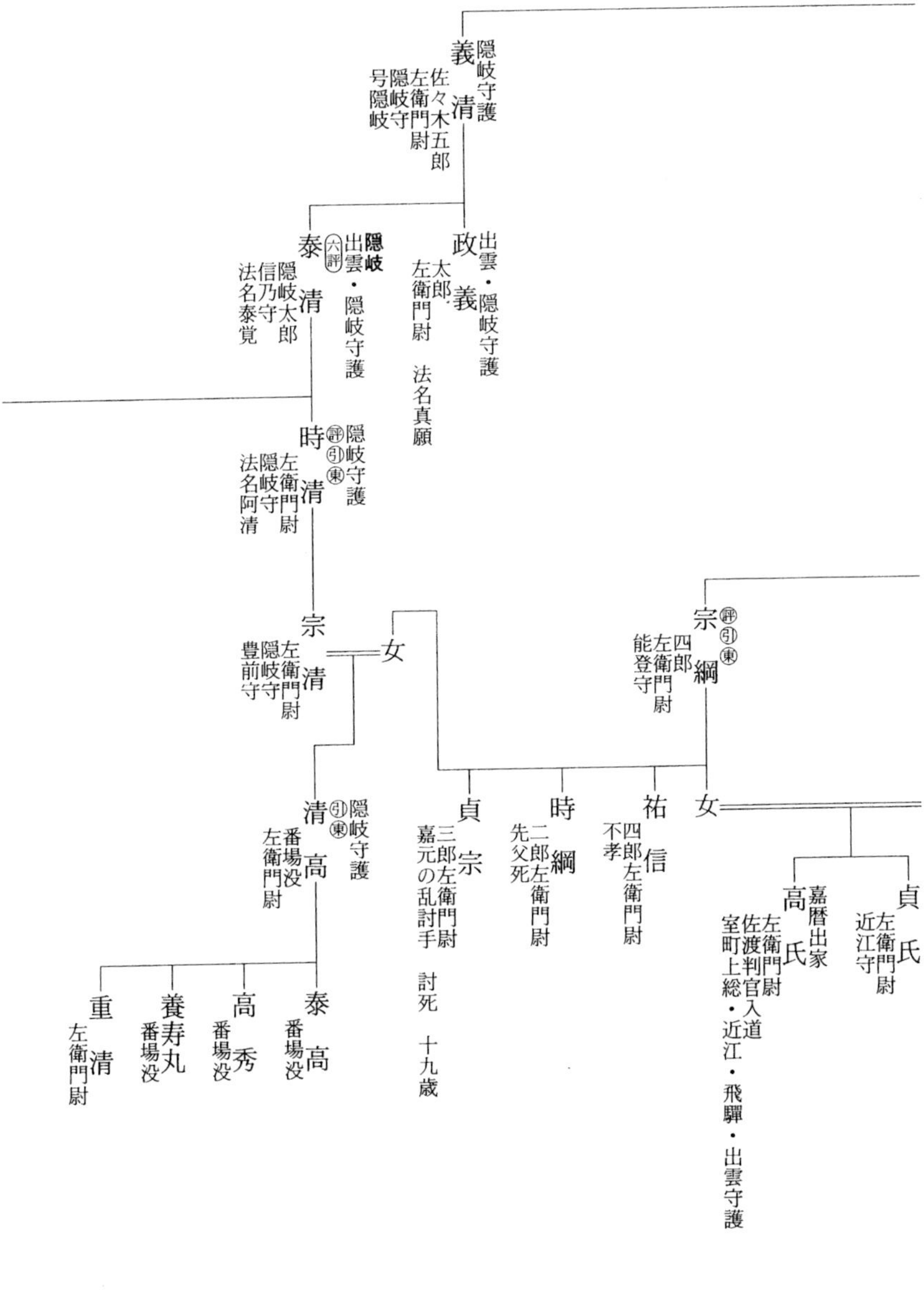
義清 隠岐守護 佐々木五郎 左衛門尉 隠岐守 号隠岐
政義 出雲・隠岐守護 太郎 左衛門尉 法名真願
泰清 隠岐 出雲・隠岐守護 ㊅㊫ 隠岐太郎 信乃守 法名泰覚
時清 隠岐守護 ㊫㊂㊐ 左衛門尉 隠岐守 法名阿清
宗清 左衛門尉 隠岐守 豊前守
女
清高 隠岐守護 ㊂㊐ 番場没 左衛門尉
泰高 番場没
高秀 番場没
養寿丸 番場没
重清 左衛門尉
宗綱 ㊫㊂㊐ 四郎 左衛門尉 能登守
貞宗 三郎左衛門尉 嘉元の乱討手 討死 十九歳
時綱 二郎左衛門尉 先父死
祐信 四郎左衛門尉 不孝
女
貞氏 左衛門尉 近江守
高氏 嘉暦出家 左衛門尉 佐渡判官入道 室町上総・近江・飛驒・出雲守護

塩屋頼泰　出雲守護　左衛門尉
│
貞清　出雲守護　左衛門尉　号塩屋判官
│
高貞　出雲守護　室町出雲・隠岐守護　左衛門尉　隠岐守

註　六角泰綱の六波羅評定衆は『佐々木系図』（『続類従』「系図部」）に拠る。

10　宇都宮系図

宗円　宇都宮座主
│
宗綱　八田権守　号座主三郎
│
宇都宮朝綱　三郎　左衛門尉　宇都宮検校　後白河院北面　鳥羽院武者所　号八田
│
成綱　左衛門尉　大庭二郎　号宇都宮
│
頼綱　弥三郎　宇都宮検校　法名蓮生　号実信房
├─上条時綱　美乃守　母稲毛重成女　宝治合戦三浦方　被誅
├─頼業　越中守　伊予守護
└─泰綱(評)　宇都宮検校　修理亮　下野守　法名順蓮
　　│
　　景綱(頭)(評)(引)(東)　執奏　弘安出家　四郎　宇都宮検校　尾張守　下野守　法名蓮瑜
　　│
　　貞綱(引)(東)　宇都宮検校　備前権守　三河守　下野守　法名蓮昇
　　├─公綱(引)(雑)（元・高綱）　兵部少輔　備前権守　左馬権頭　宇都宮検校　四郎
　　│　│
　　│　氏綱　下野守
　　├─高貞
　　└─女　北条茂時妻

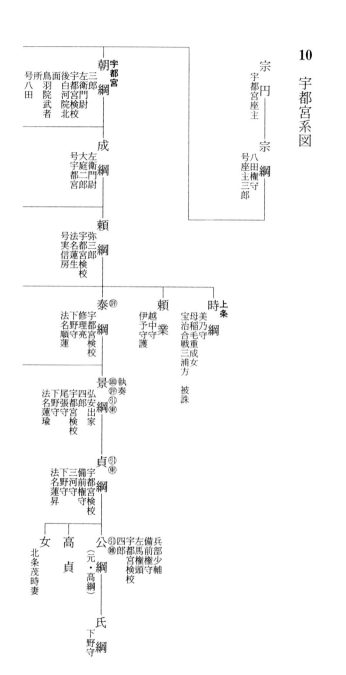

- 山鹿 家政
- 公重
- 女

- 業綱（二郎）
- 永綱
- 塩屋 朝業（兵衛尉　塩屋四郎　法名信生）

- 小山 宗朝（石見守）
- 女（藤原為家妻）

- 経綱（尾張守）
- 女（普音寺業時妻）
- 女（北条経時妻）

- 女（大仏宗宣妻）
- 女（北条宗房妻）

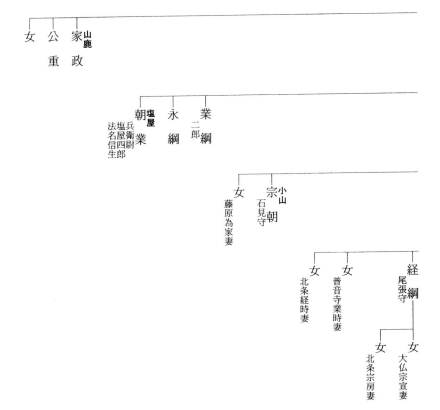

- 八田 知家　四郎左衛門尉　右馬允　筑前守　武者所　号八田四郎　十三人
  - 知重　八田太郎左衛門尉　常陸介・紅伊守　法名蓮定　号小田
  - 宍戸 家政　宍戸四郎左衛門尉
    - 小田 時家（評）（引）　十郎　伊賀守　法名道円
      - 景家　太郎左衛門　法名如道
        - 知員　伊賀守
          - 知宗（六頭）　伊賀守
            - 時知（六頭）　常陸介　和泉守
            - 貞知（六頭）　二郎　筑後守
  - 中条 家長（評）　左衛門尉　出羽守
    - 家平　左衛門尉　出羽守
      - 頼平（六評）　左衛門尉　出羽守　中条弥藤次判官
- 女　小山田有重妻
- 女　小山政光妻

註　中条家長の実父は小野氏出身の義勝房法橋盛尋。八田知家は養父。家長の出身を含めた中条氏の系譜については、佐藤進一氏『守護制度』「尾張」参照。

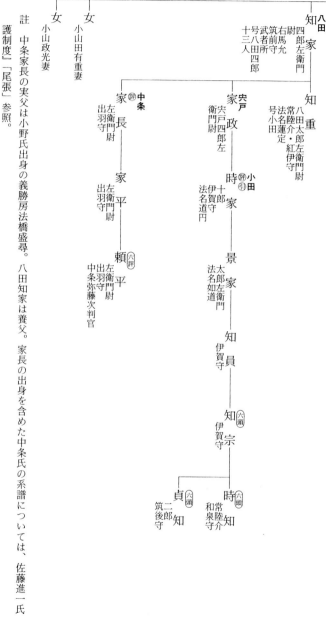

11　後藤系図

- 基清　左衛門尉　後白河院北面　後鳥羽院北面
  - 基綱 (評)(引)(恩沢)　左衛門尉　玄蕃頭　佐渡守　法名寂念
    - 基政 (引)(六評)　左衛門尉　壱岐守
      - 基頼 (引)(六頭)(六評)　弘安出家　左衛門尉　筑後守
        - 基宗 (六評)　左衛門尉　佐渡守
          - 基雄 (六評)　壱岐守
        - 基胤　信乃
      - 基顕　佐々木泰清猶子　佐々木左衛門尉　信乃守
        - 顕清　二郎　嘉元の乱討手　討死
        - 基貞　四郎
        - 顕貞　五郎
    - 基隆 (六評)　伊勢守　左衛門尉
      - 基秀 (六評)　讃岐守　伊勢守　左衛門尉

- 某 (御所)(評)　信濃守　後藤信濃入道

註

（1）基雄の(六評)は『系図纂要』に「評定衆」とあるも、『分脈』に「六原《ママ》評定衆」とある基隆についても『系図纂要』は基雄と同じく単に「評定衆」と記していることから、基雄も六波羅評定衆と推定した。

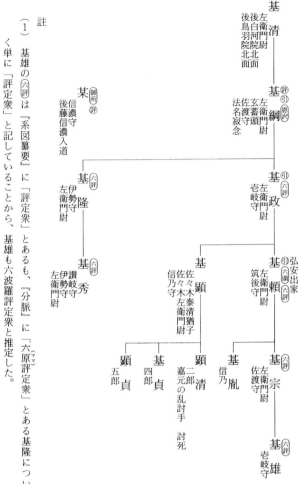

12 摂津系図

- 中原 広忠 直講 隠岐守
  - 忠順 少外記
    - 師茂 助教
      - 摂津 師員 恩沢 官途 頭 評 東 大外記 摂津守
        - 師連 御所 評 引 少外記 縫殿頭
          - 親致 官途 安堵 越訴 頭 評 引 東 問注所執事⑧ 奏事 改藤原氏 弘安出家 摂津守
            - 親鑒 寺社 越訴 御所 寄 頭 評 東 問注所執事補佐 隼人正 刑部権大輔 元弘没 法名道準
              - 高親 官途 引 元弘没 宮内大輔
                - 時親 宮内大輔 左近大夫
                  - 能連 宮内大輔
            - 親如 評 土佐守
              - 致顕 引 廂 隼人正
            - 親秀 御所 評 東 掃部頭 室町安堵方頭人
              - 貞高 左近将監
                - 能直 室 評 掃部頭
                  - 能秀 室 評 左馬助 掃部頭
  - 広季
    - 親能 改藤原氏 十三人
    - 広元 改大江氏 十三人 政所別当①
    - 章広

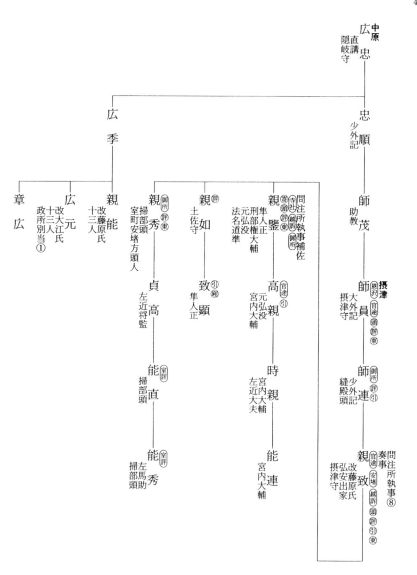

13 広元流大江系図

- 広元（政所別当① 十三人）
  - 親広（上田）左近将監 民部権少輔 武蔵守 遠江守 法名蓮阿
    - 佐房 左近将監 尾張守
      - 佐泰 上田太郎
        - 泰広 又太郎 霜月没
          - 盛広 孫太郎
  - 時広（長井）左衛門尉
    - 泰秀（評）甲斐守
      - 時秀（評）（引）（東）弘安出家 宮内権大輔 備前守
        - 宗秀 執奏（越訴）（寄）（頭）（評）（引）（東）掃部頭 宮内大輔
          - 貞秀（評）兵庫頭 中務少輔
            - 貞懐 大蔵少輔
            - 広秀（廂）（室評）鎌倉府政所執事 大膳大夫
            - 挙冬（東）（元・高冬）掃部頭 右馬助
            - 師元 備前守
            - 頼元 式部丞
            - 氏頼
          - 時千（引）宮内権大輔
            - 時春 治部権少輔

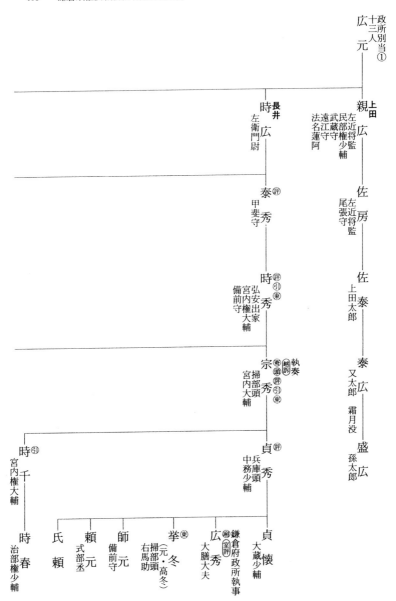

泰重（六評）因幡守 左衛門大夫
- 頼重（六評）因幡守 左衛門大夫
  - 貞重（六評）掃部助 縫殿頭
    - 高広 左近将監
  - 貞頼（六評）彦二郎 左衛門尉
  - 運雅 若宮別当律師
    - 宗元（上山）備前守
      - 貞泰 因幡守 左衛門尉
    - 宗衡（六頭）因幡守
- 茂重（六評）修理亮 丹後守
- 重広（総田）

泰元 修理亮

貞広（評）（東）政所執事補佐 左近将監
- 広泰 甲斐守

高秀（東）

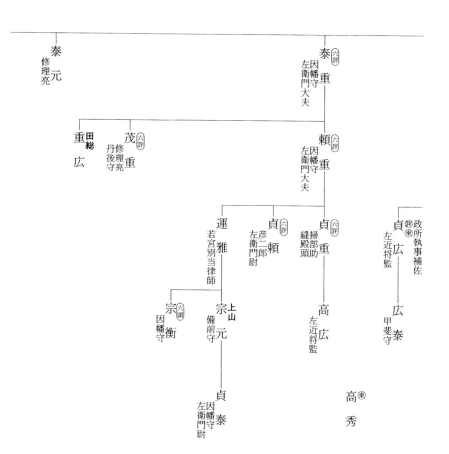

- 上山 泰経（上山三郎蔵人）
- 泰茂 六評（出羽守）
- 長和 泰継（五郎）

- 那波 宗元（掃部助　判官代）
  - 政茂 引（刑部権少輔）
- 毛利 季光 評（承久出家　法名西阿）
- 海東 忠成 評（左衛門尉　刑部少輔　左近将監）
  - 忠茂 六評（右近大夫将監　美乃守）
    - 広茂 六評（左近大夫将監　因幡守）
  - 惟忠 六評（判官代）
    - 忠景 六評（越前守）
- 尊俊（大僧都）
- 水谷 重清（伊賀守）
  - 重輔（筑前権守　淡路守）
    - 清有 六頭 六評（大蔵大輔　刑部大輔　右衛門大夫）
      - 秀有 六評（弥七兵衛蔵人）

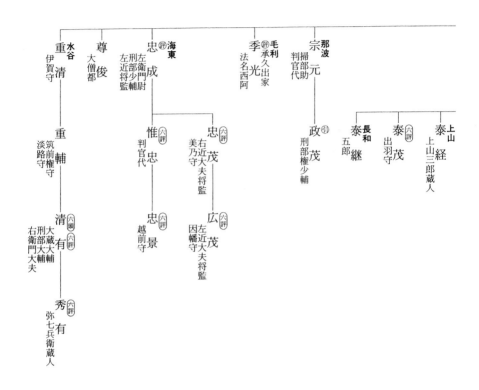

註

（1） 長井広秀の鎌倉府政所執事は、『武記』建武元年条の政所の項に「広秀《イ》／上野親王庁務」とあり、この「上野親王」が鎌倉将軍府の長である上野太守成良親王（『本朝皇胤紹運録』）であることに拠る。なお、『大日記』は問注所執事とする。

（2） 海東忠茂・広茂・惟忠の(六評)は『系図纂要』に拠る。

14 二階堂系図①——『尊卑分脈』「二階堂」

∴維遠（駿河守 従五下 母 二階堂流祖）
- 維兼（従五下 母）
  - 維行（駿河守 従五下 母 号波梨入道）
    - 行遠（従五下 白尾三郎大夫 母 保延之比殺害遠江国司仍配尾張国）
      - 行政（大将家政所執事 従五下 号白尾三郎 号大山城 又号生毘沙門 山城守 出雲権守 民部允 主計允 母季範妹）
- 維頼（遠江権守 或本此如）
  - 維弘

14　二階堂系図②

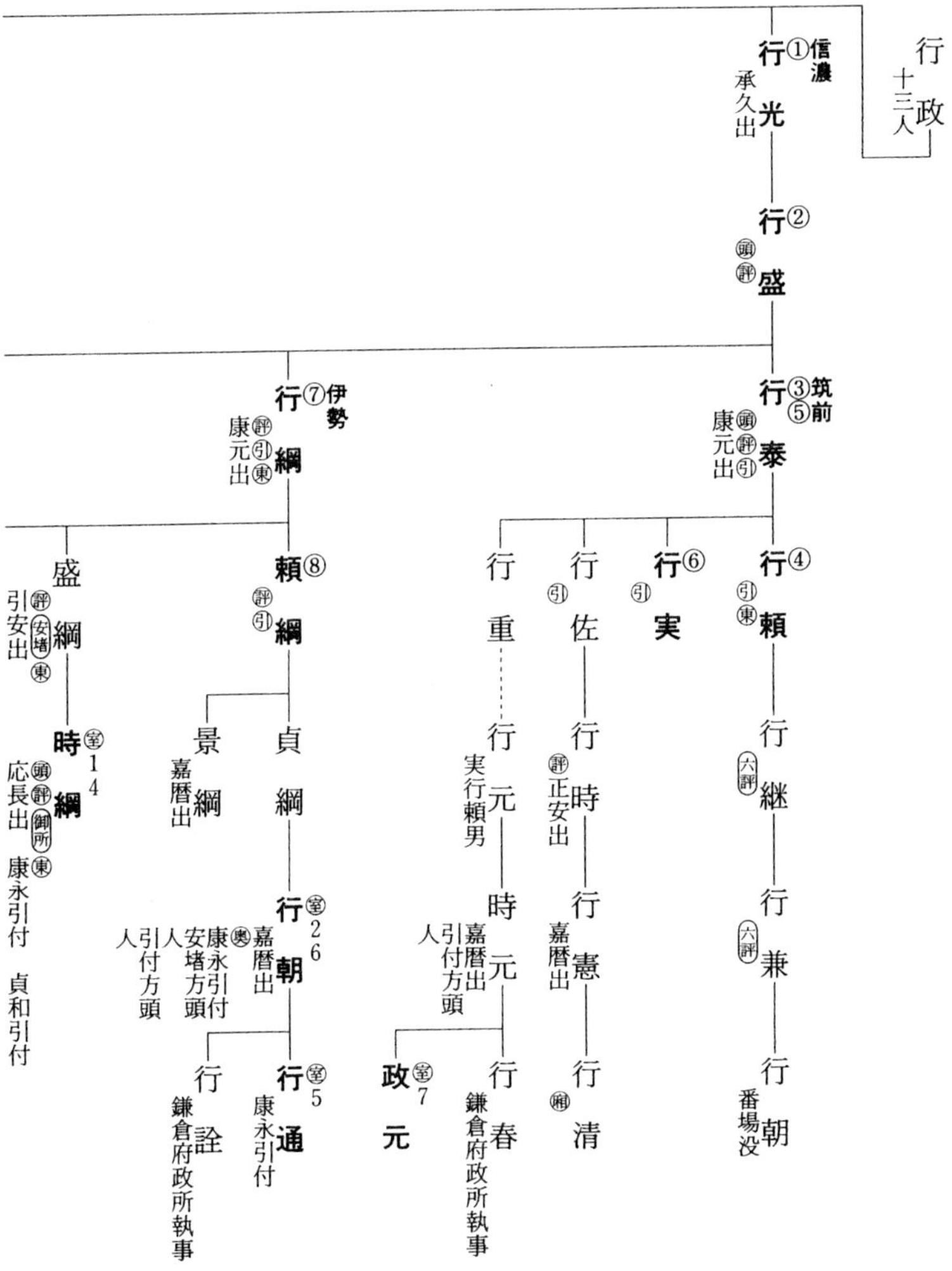
行政 十三人
行光①信濃 承久出
行盛② 頭 評
行泰③⑤筑前 康元出 頭 評 引
行綱⑦伊勢 康元出 評 引 東
行頼④ 引 東
行実⑥ 引
行佐 引
行重
頼綱⑧ 評 引
盛綱 引安出 評 安堵 東
行継 六評
行時 正安出 評
行元 実行頼男
貞綱
景綱 嘉暦出
時綱 室14 応長出 頭 評 御所 東 康永引付 貞和引付
行兼 六評
行憲 嘉暦出
時元 嘉暦出 引付方頭人
行朝 室26 嘉暦出 奥 康永引付 安堵方頭人 引付方頭人
行朝 番場没
行清 廂
行春 鎌倉府政所執事
政元 室7
行通 室5 康永引付
行詮 鎌倉府政所執事

- 行村 隠岐 (評)(東) 承久出
  - 行義 出羽 (評)(東)
    - 行有 備中 (評)(引)(安堵) 弘安出
      - 行藤⑪ (寄頭)(評)(引)(越訴)(東) 正安出
        - 時藤 (安堵)(越訴)(東) 正安出 引付方頭人
          - 成藤 (評) 康永引付 貞和引付 安堵方頭人
            - 行種 鎌倉府政所執事
  - 基行 懐島(隠岐) (評) 承久出
    - 行氏 (引)
      - 行景 (引) 弘安出 霜月没

- 行忠⑨ 信濃 (評)(引)(東) 康元出
  - 行宗 (引) 弘安出
    - 行貞⑩⑫ (評)(引)(東) 正安出
      - 貞衡⑬ (安堵) 嘉暦出
        - 行直 (室)3 (廂) 康永引付
          - 氏貞 鎌倉府政所執事
        - 行元 (室)8 山城 実貞衡男 高貞養子 地方頭人
          - 忠広
            - 行輝 (line from 忠広)
              - 之忠
                - 忠行 (室)9
                  - 行
      - 高貞 (廂)
        - (dotted line) 行元
      - 顕行 (奥)
    - 時盛
      - 盛高 (廂)
  - 盛忠 (引)
    - 忠貞 (東) 嘉暦出 番場没

- 政雄 (評)(安堵)(東) 正和出 将軍家御厨子別当
  - 貞雄 (寺社) 嘉暦出
  - 行高 (評) 嘉暦出

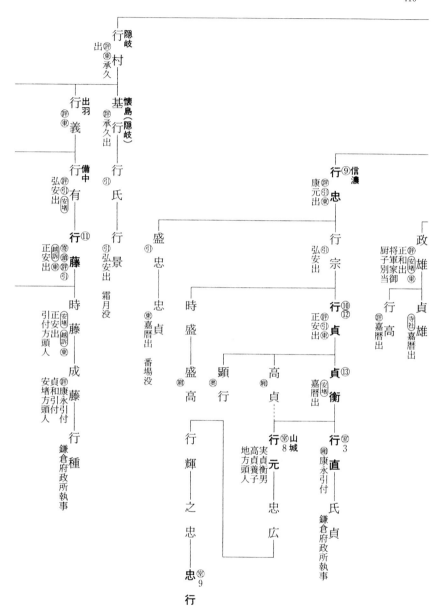

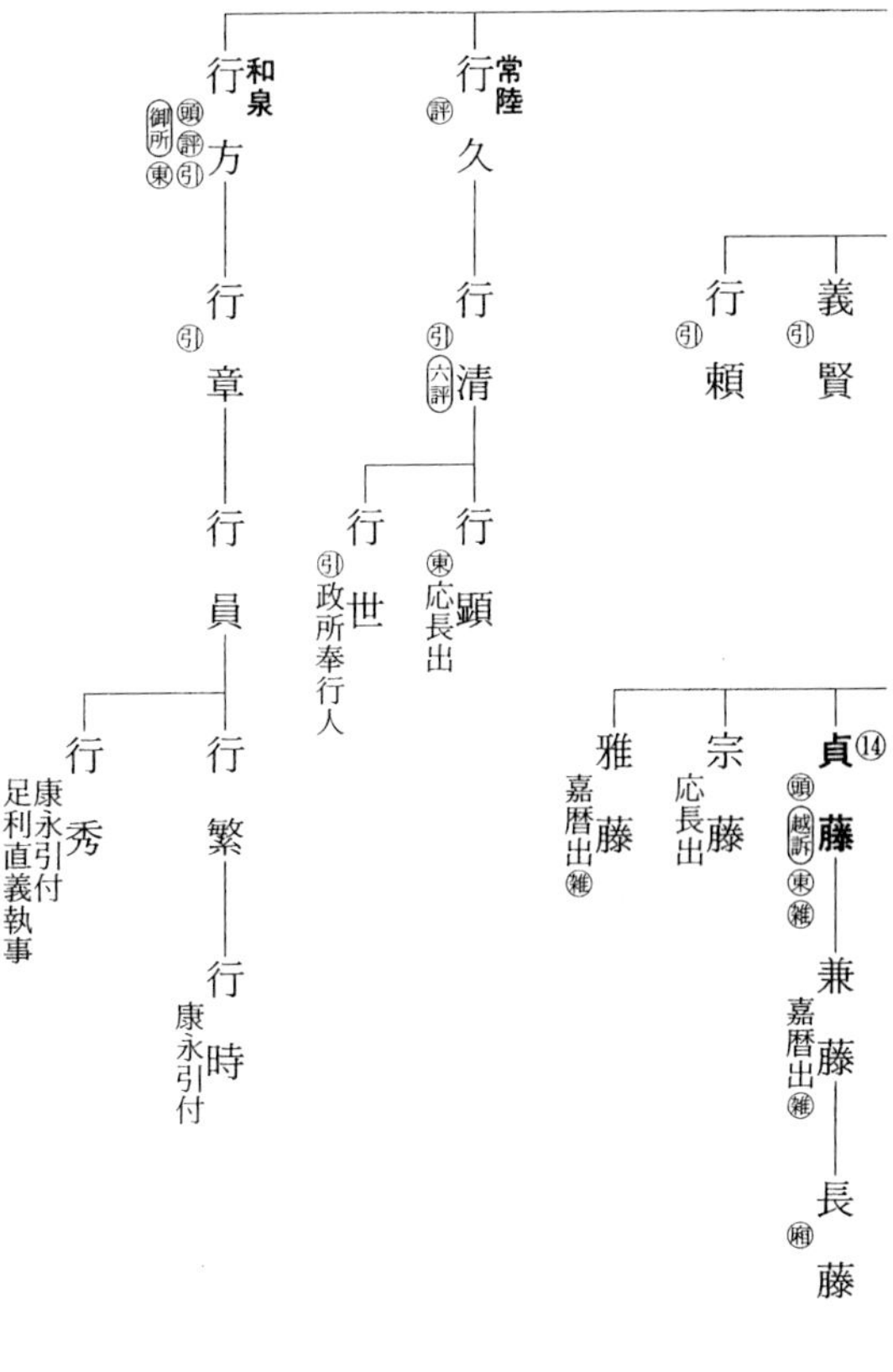

註

（1）①〜⑭は二階堂氏における鎌倉幕府政所執事就任順位。行光の後、伊賀光宗が就任。

（2）㊔1〜9は二階堂氏における室町幕府政所執事就任順位。㊔9忠行の祖父行輝は佐野本系図に拠る。

（3）室町幕府政所執事の典拠史料は以下のごとし。時綱・行朝・行直・行通は『関東開闢皇代幷年代記事』・『武記』。政元は『関東開闢皇代幷年代記事』。行元は『花営三代記』応安四年十一月一日条・同五年十月二十二日条。忠行は『武記』・『斎藤基恒日記』文安六年四月二十六日条・室町幕府追加法二六一条・『本庄六郷家系』。なお、「京都の歴史」一〇所収「政所執事」表参照。

（4）時元・行朝・時藤・成藤の室町幕府引付方頭人・安堵方頭人の典拠史料については佐藤進一氏「室町幕府開創期の官制体系」参照。行元の室町幕府地方頭人の典拠史料は『花営三代記』康暦元年八月二十三日条。氏貞・行春・行種・行詮の鎌倉府政所執事の典拠史料は『武記』。なお、田辺久子氏「鎌倉府政所執事二階堂氏について」（『日本歴史』四五〇、一九八五年）参照。

（5） 行秀の足利直義執事については、今江広道氏「前田本『玉燭宝典』紙背文書に関する覚書」（『国史学』一〇三、一九七七年）に拠る。今江氏は「玉燭宝典」紙背文書の分析から、、同文書にみえる二階堂伯耆入道道本が「足利直義の家政機関－政所－の一員」「直義の家司」であったことを解明している。この道本の立場を本系図では執事と表現した。道本が和泉行員の子行秀（『分脈』では「行周」）であることは『工藤二階堂系図』（「伯耆守。法名道本」とある）に拠る。

（6） 筑前家行重系は行重・行元の二世代にわたり、鎌倉幕府の中央要職に就任した徴証がみられないにもかかわらず、南北朝以降になって要職就任者を出している。行元は実は行重の兄行頼の子であり、行頼系は六波羅評定衆を世襲していたが、行朝が六波羅探題に殉じて滅亡した。行重系は滅亡した行頼系の跡目を継ぐ形で登用されたものではないか。

15 康信流三善系図

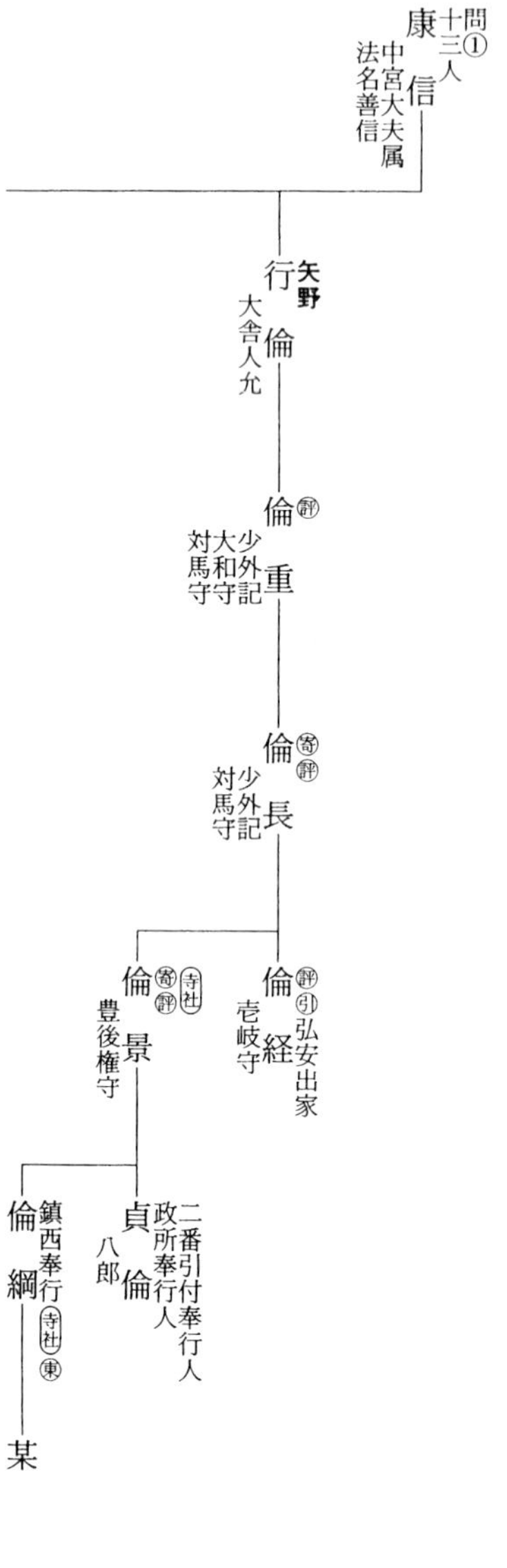

（前頁より）元弘没　加賀権守？　伊賀守
寺社京下奉行　加賀権守

- **町野** 康俊　問②評　民部大丞　加賀守
  - 康持　問③評引　民部少丞　備後守
    - 政康　引六評　民部大輔　備後守
      - 貞康　六評　民部大輔　備後守
        - 康世　六評　番場没　民部大夫
        - 善照　番場没　三郎入道
        - 康顕　番場没　彦太郎
        - 康明　番場没　孫太郎
      - 康行　九州問注所　氏祖
    - 宗康　引六評　左衛門尉　但馬守
      - 信宗　六評　加賀守
        - 信方　室評　遠江守
- 康継　太田荘太田方地頭
- **太田** 康連　問④評　民部少丞　阿波権守
  - 康宗　問⑤評　民部大丞　伊勢権守
  - 康経　太田荘桑原方地頭

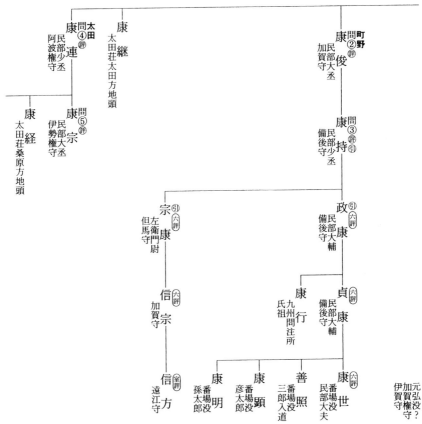

康有 問⑥(寄)(評) 勘解由判官 美作守 法名善有
│
時連 問⑦⑨⑪室問① (寺社)・京下執筆 (寄)(頭)(評)(引)(雑) 嘉暦出家 勘解由判官 信濃守 法名道大
│
貞連 問⑩(評)(雑) 左近大夫
├ 顕行 室問②
└ 時直 寺社京下奉行 勘解由判官

註

（1）問①~⑪は鎌倉幕府問注所執事就任者と就任順位（第八代は摂津親致）。

（2）室問①~②は室町幕府問注所執事就任者と就任順位。

（3）倫経について。倫経は『関評』文永六（一二六九）年条に「玄蕃允三善倫経」とあり、引付衆に補任された。引付は文永三年三月六日廃止され、この年四月二十七日に再設されたが、倫経はこれが新任である。三善氏であり、「倫」の通字を持つことから、矢野氏であることは間違いないが、倫長との血縁関係は史料的には確認できない。だが、文永六年は倫長が病によって事実上引退した年であり、倫経の引付衆補任は倫長の後任人事と推定されるので、両者は父子または兄弟と考えられる。倫経の生没年は不詳だが、弘安六（一二八三）年壱岐守に任官している。矢野氏の受領任官年齢は倫重四十三歳・倫長四十二歳であり、康信流三善氏全体でみても受領任官年齢は、三十歳で信濃守となった太田時連を除けば、四十歳前後かそれ以上である。よって倫経も壱岐守任官時四十歳を下ることはなかったであろう。弘安六年四十歳とすれば、文永六年の引付衆就任時は二十六歳となる。同年倫長は六十歳であり、倫長・倫経は父子と判断してよいと思われる。倫経は七年間引付衆に在職した後、建治二（一二七六）年四月評定衆に昇進した。弘安六（一二八三）年十二月十七日壱岐守に任官。翌七年四月の時宗の卒去に際し出家した。同年まで八年間評定衆に在職したことはわかるが、以後は『関評』が完結するため不明である。だが、『永記』には姿がみえず、弘安八年から永仁三年までの一〇年間に鎌倉政界を引退したことになる。詳細な考察は(4)の倫景の項に譲る。

（4）倫景について。倫経に続いて登場する矢野氏の人物は倫景である。この人も生没年不詳。倫経との血縁関係も確認できない。だが、弘安九（一二八六）年には豊後権守在任がわかり、これは倫経の壱岐守任官の三年後であるため、両者を父子とすることは無理がある。倫経と倫景はおそらく兄弟であろう。初見は霜月騒動後の弘安九年閏十二月二十三日付「得宗家執事書状」（表3―4）、

大慈寺并大渡橋事、薩摩入道尊覚（宇都宮）注進状副申状具書如此。可令申沙汰給候歟。恐々謹言。

弘安九
閏十二月廿三日　杲円（平頼綱）在判

矢野豊後権守殿

である。本史料は肥後国御家人源泰明が同国の大慈寺に行った寺領寄進および橋修造を幕府が承認する過程で発給されたものである（『大慈寺文書』）。このときの承認手続きの様子はすでに佐藤進一氏が紹介しているが（同氏『訴訟制度』「肥後」）、今一度まとめると以下のごとくになる。寄進の事実は同年六月十四日泰明によって鎌倉に報告されている。同時に大慈寺側からは承認の申請が肥後守護代宇都宮尊覚に提出され、尊覚はこれを同国守護である得宗貞時の公文所に注進。得宗家公文所執事平頼綱が関係書類を幕府に伝達するために発給したのが右の書状である。翌年正月二十三日、連署普音寺業時の奉じた貞時宛関東御教書によって寄進は承認された。つまり倫景は守護を通じて提出された地方寺社からの申請を受け付ける鎌倉側の窓口となっているのである。佐藤氏はこのときの倫景の役職を寺社奉行としており、従うべきであると思う（佐藤氏「職員表」同年条）。寺社奉行は評定衆クラスの人間が就任する職であり、当時倫景は評定衆または引付衆であったと推定される。ところで、康信流三善氏では同時に評定・引付衆に在職するのは町野・太田・矢野各家一名ずつというのが慣例であるから、倫景が評定・引付衆であったとすれば、倫経は弘安九年には評定衆を離職していたと考えられる。弘安八年以降二年足らずの間に倫経と倫景の交替があったことになろう。関連が推測されるのは、やはり弘安八年十一月の霜月騒動である。この内乱によって評定・引付衆では安達氏一門を中心に多数の戦死者・失脚者が出ている。矢野倫経もその一人であったのではないだろうか。倫経は犠牲者の中にはその名をみいだせないから、討死は免れたようであるが、騒動で失脚し、替わって弟倫景が評定衆に登用されたと考えられる。(3)に前述のごとく、倫経は『永記』に姿がみえないから、騒動を契機に政界を引退したものと思われる。

(5)　貞倫の政所奉行人・二番引付奉行人は、佐藤進一氏「職員表」正応四年条・永仁三年条参照。父子関係は年代より推定。

(6)　倫綱について。倫綱の初見は倫景の最終記事の一一年後、延慶元（一三〇八）年である。倫綱は二階堂時綱とともに同年六月東使として上洛した。このときすでに加賀守に任官している。東使は評定衆クラスの人間が任命されるから、倫綱・時綱は評定衆に在職していたものと判断される。倫景と倫綱の関係を直接示す史料はないが、時期的にみて父子としてよいと思う。倫経が前の推定のごとく霜月騒動で失脚したとすれば、倫綱は倫経の子であるよりも、倫景の子である可能性が高いと思われる。

(7)　政康について。康持の子政康は『関評』建治元年条の略歴には正応二（一二八九）年七十七歳没とあるが、これでは建保元（一二一三）年生まれで、康持八歳の子となってしまう。康持の没年・没年齢は『鏡』『関評』『鎌記』が一致するため動かし難く、政康の父も『関評』が「前備後守康持」と康持の官途を正確に記しているので、康持に間違いないようである。よって政康の没年または没年齢に誤りがあることになる。『関評』は政康の履歴をかなり詳しく記しているので、政康が正応二年に没したことは信頼できるように思う。おそらくは没年齢の誤伝と推定され、生年未詳となる。政康の子康行に始まる九州問注所氏の家譜『問注所町野氏家譜』（『問注所文書』）を見ると、「正応三庚寅年九月十七日康永卒年六十始政康卜云」とある。あるいはこちらのほうが真実を伝えているのかもしれない。文永六（一二六九）年四月二十七日引付衆補任。引付は三年前に廃止され、この日復活したのだが、政康はこれが新任である。康持の卒去に遅れること一二年であり、祖父康俊・康持がおのおの父の辞職後ただちに問注所執事に補され、康持は同時に評定衆ともなっているのと比べると、出世はだいぶ遅かったといえよう。引付在職六年にして建治元（一二七五）年十二月在京のため上洛。『建記』十二月十九日条「六波羅政務条々」の「人数事」に「備後民部大夫」とあり、六波羅評定衆となったことが確認される。『西大寺田園目録』（『大日本仏教全書』一一八〈名著普及会、一九八〇年〉）によると、弘安四（一二八一）年二月十六日に山城国相楽郡天山杣内一所を「備後民部大夫政康」が西大寺に施入しており、これが政康の上洛後に確認される最初の活動である。その後、『勘仲記』弘安七（一二八四）年十二月九日条の新日吉小五月会流鏑馬交名に「二番　備後民部大夫三善政康」として姿をみせ、翌八年五月二十二日祖父と同じ加賀守に任官した。翌九年五月九日の新日吉小五月会流鏑馬交名にも「三番　前加賀守三善政康」とあり（『勘仲記』同日条）、このときまでは在京したことがわかるが、三年後の正応二年二月二十八日鎌倉に没した。弘安九年以後いつ鎌倉に帰ったかは不明。

（8）宗康について。宗康は『関評』弘安六（一二八三）年条に「左衛門尉《町野備後》宗康」とあり、同年六月引付衆に補されており、翌七年まで在職が確認される。以後、『関評』の断絶のため詳細は不明であるが、『永記』には該当する人物はみられず、翌永仁四（一二九六）年七月十六日付の「六波羅問状案」（『三浦家文書』三七）の発給者となっているから、永仁二年までに上洛し六波羅評定衆に転じたと推定される。続いて嘉元元（一三〇三）年九月十八日付「六波羅施行状」（『東寺百合文書』「数」）の貼紙に「六波羅施行弓削和与奉行但馬前司」とあり、この「但馬前司」は（元徳元年）九月二十一日付「沙弥崇顕（金沢貞顕）書状」（『金文』四〇三）に「文つくへ・文台等を造物ハ、故但馬前司宗康辺候き。加賀前司《(町野信宗)》存知もや候らん。内ゝ可有御尋候也」とあるによって、森幸夫氏の推定（同氏「六波羅ノート」四六頁註(23)）の通り宗康と判断される。そして宗康は元徳元年以前に卒去している。『実躬卿記』嘉元四（一三〇六）年十月十七日条に「又去十三日昕差進両使貞重《(長井)》宗康、参会彼飛脚之条、勿論歟」の一文があり、これによって正月十三日に関東飛脚がもたらした貞時母儀潮音院尼卒去の情報（『実躬卿記』同日条）を六波羅の使者として関東申次西園寺公衡に伝えたのが長井貞重と宗康であったことがわかる。貞重は六波羅評定衆であり、宗康も同様と思われる。

(9)　貞康について。貞康は『公衡公記』「広義門院御産愚記」の延慶四（一三一一）年二月三日条に「入夜武家使元常陸介(小田)時知 備後守貞康来、持参関東状」とある。小田時知は六波羅評定衆であり、貞康も同様と推定される。

(10)　信宗について。信宗は鎌倉滅亡後の建武元（一三三四）年に成立した『雑訴決断所結番交名』（『続類従』「雑部」）で二番に配置された「町野加賀前司 信宗」であるが、「大波羅越訴奉行召文案」（『吉川文書』二—一一四三）、

(押紙)
従是越訴状
安芸国宮庄地頭代行秀申、当庄内八郎丸名検注越訴事、申状如此。早可被弁申也。仍執達如件。
元徳二年五月五日(一三三〇)　前加賀守御判
寺原左近蔵人入道跡

の発給者である六波羅越訴奉行「前加賀守」は信宗であろう。森幸夫氏は信宗を六波羅評定衆としており（同氏「六波羅ノート」三七頁）、妥当な推定と思う。また、(8)前掲の「沙弥崇顕（金沢貞顕）書状」にみえる「加賀前司」も時期的にみて信宗に間違いあるまい。また、『光明寺残篇』（『史料纂集』）元弘元（一三三一）年八月二十七日条に「被向長井左近大夫将(高広)□(監)・加賀前司於西坂下」とあり、六波羅の比叡山攻めで長井高広とともに西坂下方面の攻撃を指揮している。

(11)　康世について。康世は『近江国番場宿蓮華寺過去帳』（『類従』「雑部」）に、

備後民部大輔康世(六波羅評定衆)。四十七歳
舎弟三郎入道善照。四十歳
同彦太郎康顕。
同孫太郎康明。二十二歳

とある人物で、六波羅評定衆在職のまま元弘三年五月九日弟たちとともに六波羅滅亡に殉じている。『太平記』巻九「越後守仲時已下自害事」にも「備後民部大夫・同三郎入道・加賀彦太郎・弥太郎」とある。『光明寺残篇』元弘元（一三三一）年八月二十七日条に「其後春宮(量仁親王)自持明院殿□(有)行攙(啓)六条殿。即御入于六波羅北方供奉軍兵丹後前司(長井宗衡)・筑後前司(小田貞知)・備後民部大夫等数百騎也」とあり、皇太子量仁親王（のちの光厳天皇）の六波羅行啓に長井宗衡・小田貞知（共に六波羅評定衆）とともに軍兵を率いて供奉している。同日の信宗の山門攻め（註(10)）とともに法曹官僚系六波羅評定衆の軍事行動として注目される。

(12)　鎌倉末期町野氏の系譜復元。以上が管見に入った鎌倉末期の町野氏の活動である。では、宗康・貞康・信宗・康世はどのような

血縁関係にあったのであろうか。まず宗康は前述のごとく『関評』で「町野備後」と記されている。同書は政康にも同じ傍註を付している。この「備後」は備後守康持の〝備後〟を指すものと推定され、すなわち二人は康持の子息であり、兄弟であったことになる。引付衆就任の順・年代から、政康が兄・宗康が弟であり、しかも二人はかなり年齢差のある兄弟であったと考えられる。

康持─┬─政康
　　　└─宗康

政康・宗康の名はおのおの、北条政村・時宗の偏諱を受けたものと思われ、右の血縁関係との矛盾はないようである。町野氏嫡流歴代は備後守と加賀守に交互に任官しており、但馬守となった宗康は傍系とされていたのではないだろうか。次に宗康と信宗は、(8)前掲の金沢貞顕書状で、貞顕が六波羅北方探題であった子息貞将に「文机・文台等の製作者は、故宗康の周辺にあったから、信宗が存知しているであろう」と述べていることから、父子と判断してよいと思われる。二人は「宗」の字を共有している。

康持─┬─政康
　　　└─宗康──信宗

貞康と康世は、貞康が備後守で、康世が「備後民部大夫」を称しているから、父子としてよいはずである。

貞康──康世

問題となるのは、政康・宗康・貞康の関係である。ここで重要になるのが、嘉元四（一三〇六）年四月七日付「六波羅御教書案」(『東寺百合文書』ア）の奥書五番頭云々「挙状尚加賀民部大輔被遣畢」である。これによって、同年四月現在、六波羅五番引付頭人が「加賀民部大輔」なる人物であったことがわかる。同人は呼称から、森幸夫氏の指摘のごとく（同氏「六評考」二六二頁・「六波羅ノート」三三頁）、町野氏の人と推定される。また、この人は、やはり呼称から、加賀守であった政康の子であることはほぼ確実である。

康持─┬─政康──加賀民部大輔
　　　└─宗康

そして私はこの「加賀民部大輔」は五年後に『公衡公記』に登場する「備後守貞康」と同一人物ではないかと思う。政康までの町野氏惣領三代は、初代康俊が民部大夫となって「町野民部大夫」と称した後に加賀守任官。二代康持が民部大夫となって「加賀民部大夫」を称した後に備後守任官。三代政康が民部大夫となって「備後民部大夫」を称してのちに加賀守任官と、加賀守・備後守に交互に任官している。そして備後守となった貞康の子康世は「備後民部大夫」を称している。加賀守政康の子貞康が、「加賀民部大輔」を称してのちに備後守となったという推測はかなり可能性の高いものと思う。よって町野氏の系譜は系図15のごとくなると考えられる。信宗の子に記した信方は『御評定着座次第』（『類従』「雑部」）延文三（一三五六）年十二月三日条の評定に出席した「町野遠江守信方」であるが、信宗の子とした根拠は「信」字の共通のみであり、まったくの推論である。だが、鎌倉期町野氏嫡流であった政康系は六波羅滅亡とともに族滅したようなので、室町評定衆・問注所執事となるのは宗康系であったと考えられる。

(13)　顕行について。貞連の子顕行は『武記』によれば、暦応四（一三四一）年十二月二十一日室町問注所執事となった。官途は隼人正・美作守とある。康永三（一三四四）年三月二十一日設置された引付方（『結城文書』一）の四番にみえる「美作守」は佐藤進一氏の推定のごとく（同氏「室町幕府開創期の官制体系」一八八頁）顕行であろう。翌康永四年八月二十九日の天龍寺供養での将軍行列の中にも「美作守」がみえる（『結城文書』一）。だが、顕行の鎌倉期の活動は不明である。

(14)　時直について。鎌倉末期に活動の徴証のある太田氏の人物には「勘解由判官」がある。（元徳二年）三月二十四日付「金沢貞顕書状」（『金文』四二四）中に「去十九日矢野伊賀入道二男加賀権守・信濃入道孫子勘解由判官、寺社京下奉行に被成候」とある。同族矢野某とともに寺社京下奉行となったこの人物は、前述の康永三年の引付方の四番にみえる「信濃勘解由判官」と同一人物であろう。「信濃」は時連の任官した信濃守に由来すると推定され、「信濃入道孫子」とある元徳の「勘解由判官」と一致するからである。湯山学氏はこの人を『萩藩閥閲録』三十「相杜伊織」の三善系図に「貞蓮(連)三男 太田勘解由判官時直 始左近太(大)夫 問注所執事 後越前守 法名月海」とある貞連の子時直に比定しており（同氏「鎌倉府と問注所執事三善氏」〈『鎌倉』六八、一九九二年〉二・三頁）、正鵠を射たものと思う。よって顕行と時直は兄弟である。したがって時連以後の太田氏の系譜は次のようになる。

時連――貞連――顕行
　　　　　　　└時直

16　清原系図①――「頼隆流略系図」（『尊卑分脈』「清原　略」を基本に作成）

頼隆　主税権頭　囚獄正　河内守　伊与権介　助教　大炊頭　筑前守　次侍従　少内記　博士　得業生　直講　大外記　主計頭　局務　実近澄男　房イ
天喜元七廿八卒七十五才

定滋　天喜二十十八卒五十二　長門守　上総権守　少外記　得業生　大外記　六位　従五下
―定康《ミチ》　助教　上総介　直講　少外記　河内守　得業生　六位大外記　弾正忠　従四下
天永三十一六依病出家　同四年正四卒七十二
―祐隆　大蔵少輔　音博士　助教　六位大外記　正五下　直講
康治二十二十九卒六十四
…頼業　越中権守　穀倉院別当　周防介　伊勢権守　加賀守　大舎人頭　助教　主税助　東市正　直講　造酒正　局務労廿四年　大外記　正五上　局務　得業生　少外記　博士　本名顕長　又改頼滋　後号頼―
高倉院侍読　文治五壬四十四卒六十八　イニナシ

・仲隆　直講　筑後守　正五下　少外記　助教　書博士
嘉禄元四廿五卒七十一
―**教隆**

定隆　少外記　石見守　助教　得業生　六位大外記　従五上
延久四七十一卒
―浄明　号石山公
―貞資　外記
―定友　外記　壱岐守　定俊猶子

信定　進士判官　使　左衛門督
…**清定**

16　清原系図②――「清定系」(『系図纂要』「清原」を基本に作成)

- (疋田) 以成　左衛門尉
  - 以邦　武者所　木工允　内舎人
    - (清原) 清定　公事奉行人　左衛門尉　図書允
      - (斎藤) 長定　(評)　左兵衛尉　法名浄円
        - 清時　(引)　左衛門尉
      - (清原) 満定　(評)(官途)　清左衛門尉
        - 重定　問注所寄人　清式部大夫
          - 伊定　政所寄人　清五郎
            - 職定　問注所　引付奉行　清四郎左衛門尉
              - 職顕　政所寄人　左兵衛尉
                - 通定　政所　引付奉行　清四郎左衛門尉
                  - 秀定　政所　引付奉行　八郎左衛門尉　和泉守
                    - 貞秀　引付衆　政所寄人　八郎左衛門尉　和泉守
            - 能定　引付　政所寄人　清六郎
              - 重職　侍所　引付奉行　兵庫助　清孫四郎
                - 範定　清彦四郎
                  - 行定　引付奉行　左衛門尉
                    - 貞俊　政所寄人　四郎左衛門尉　筑後守
                      - 元定　評定衆　政所寄人　四郎左衛門尉　筑後守　式部大夫
                - 高定　清六郎左衛門尉
                  - 定行　引付奉行　兵庫助
            - 国定　政所　侍所　引付

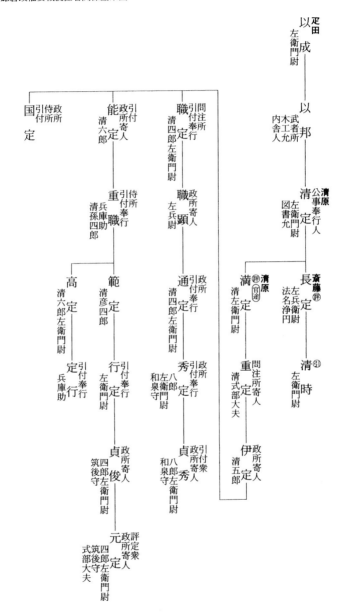

16 清原系図③ ――「教隆系」

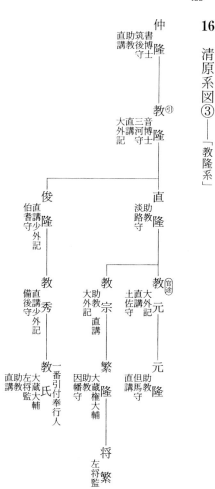

仲隆 書博士 筑後守 助教 直講

教隆(引) 音博士 三河守 直講 大外記

直隆 助教 淡路守

教元(官途) 大外記 直講 土佐守

元隆 助教 但馬守 直講

教宗 助教 大外記 直講

繁隆 大蔵権大輔 助教 因幡守

将繁 左将監

俊隆 直講少外記 伯耆守

教秀 直講少外記 備後守

教氏 一番引付奉行人 大蔵大輔 左将監 助教 直講

17 長崎系図① ――『系図纂要』「平朝臣姓関一流」

資盛 内大臣重盛公二男 母少輔掌侍藤原親方女 右中将蔵人頭従三 嘉応年中坐殿下不礼之事配流於伊勢国鈴鹿郡久我庄 養和中帰京 寿永二年八ノ六解官赴西海 元暦二年三ノ廿一入水

盛国 関谷太夫 生于伊勢国鈴鹿郡久我庄 寿永三年平氏没落之時頼朝卿為報小松氏旧恩殊命預盛国於北条氏 後薙髪号夢全

国房 於久我荘没

親真 織田一流祖 子孫在別 津田先生

- 実忠：関大夫左近将監　元久元年四ノ平氏余党基度盛時等掠伊賀伊勢京都守護朝雅伐平之　建久四年初賜勢州鈴鹿郡関谷故以関為称号
- 長崎 盛綱：平三郎左衛門尉　正治元年正ノ廿六　時政執権之時居鎌倉為執事
  - 頼綱：平左衛門尉　内管領　貞時世被誅
    - 宗綱：平左衛門尉　内管領　坐驕奢配流上総
    - 頼盛：飯沼判官　安木守　与父听殺
  - 光盛：長崎二郎左衛門　入道杲円　自文暦至文永内管領
    - 光綱：太郎左衛門　自建治至延慶　内管領
      - 高綱：三郎左衛門尉　入道円喜　貞時高時世内管領
        - 高貞：四郎左衛門尉
          - 高重：二郎　正慶二年自殺東慶寺
        - 高資：新左衛門尉
          - 高直：新左衛門尉
        - 真弓 盛親：六郎左衛門尉　織部正　建武中居住駿州鳥度郡真弓村仍為称号見源顕家卿為臣　暦応元年五ノ従顕家卿戦死于阿倍野四十二　法名円通
          - ……
      - 高頼：兵衛尉
    - 高泰：勘ケ由左衛門尉
      - 泰光：四郎左衛門尉
    - 高光：一二高元　三郎左衛門尉　入道昌元　元弘三年五ノ廿一討死
      - 為基：勘ケ由左衛門尉　遁西国蟄居肥前深江後　世子孫左衛門佐織部正自深津江為長崎云
    - 師家：九郎左衛門尉

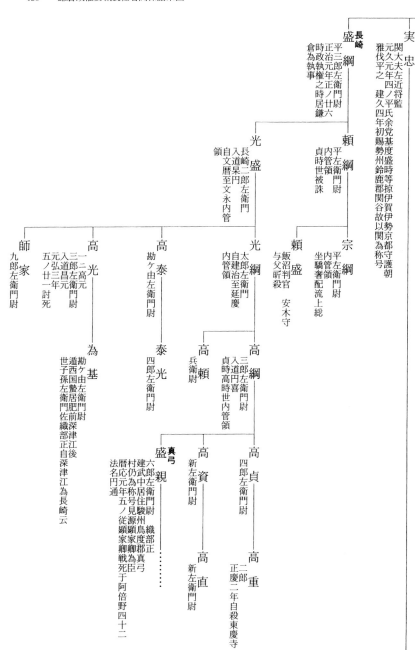

国定―忠氏―定頼―実治―……
一二盛忠又盛弘又盛常又盛政
四郎　左馬允　北条氏滅亡後下本国伊勢住居亀
山城　元弘三年八ノ七死　高得院玉堂宗鳳

17 長崎系図②

平 盛綱
家令
(執事)(侍所)
平三郎左衛門尉
法名盛阿

盛綱の子:
- 貞綱　左近将監
- 長崎 時綱　平次郎兵衛尉　得宗家公文所職員　侍所職員　備中守護代
  - 盛弁　駿河法印　盛綱養子
- 平 盛時　(侍所)(寄)　平三郎左衛門尉
  - 頼綱　(執事)(侍所)(寄)　平三郎左衛門尉　法名杲円　信濃守護代
    - 宗綱　(執事)(侍所)　平二郎左衛門尉
    - 飯沼 資宗　飯沼判官　安房守　又助宗・頼盛・資綱
- 長崎 光盛　平四郎左衛門尉　長崎殿
  - 光綱　(執事)(侍所)　長崎次郎左衛門尉
    - 高綱　(執事)(侍所)(寄)　長崎左衛門尉
      - 高貞　(侍所)　上野守護代　長崎左衛門尉

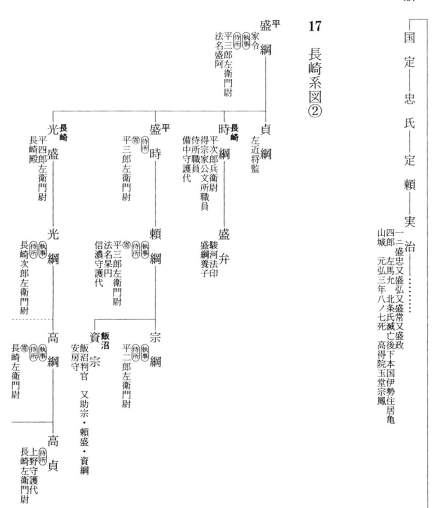

- 法名円喜　武蔵守護代
- 高資　執事　評　長崎新左衛門尉
- 覚久　播磨阿闍梨　貞時子

註　飯沼資宗の異名は追加法六三二条・『系図纂要』・『家伝史料』「関家筋目」に拠る。

18　諏訪系図①——『系図纂要』「諏訪」

- 盛重　諏訪太郎　法名蓮佛　右兵衛尉　住信乃国諏訪城初為称号
  - 盛高　諏訪太郎　郷(ママ)左衛門尉　正嘉二年八ノ十六於鎌倉生害
  - 盛経　諏訪三郎左衛門尉　入道真性　建長年中在鎌倉
    - 宗経　三郎　信乃守
      - 頼重　本盛隆
    - 信重　信乃守
    - 時継　一ニ綱　諏訪左馬助　右衛門尉　後醍醐帝御時帝御陰謀露顕　元徳二年預蔵人右小弁(ママ)俊基朝臣　令禁錮之
  - 盛頼　諏訪兵衛四郎　左衛門尉　建長三年正ノ八将軍家於由比濱弓始為射手十七人之内
  - 重願　大進房

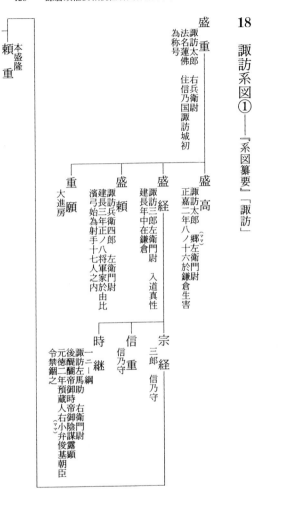

（前頁より続く）

- 三川守 従五下 元弘三年擁亀寿丸遁鎌倉 建武中起兵入鎌倉与時行同自殺于大御堂
- 弘重 左馬助 剃髪号直情（ママ） 元弘三年五ノ廿二高時滅亡之時把巡盃而自殺
- 盛時 二郎左衛門尉
- 盛世 五郎左衛門尉 観応二年高師冬拠甲州淵澤城盛世与諏訪大祝攻之城垂陷盛世謂大祝日吾素為師冬烏帽子児難背義乃入城把師冬乎同時自殺

18 諏訪系図②——『尊卑分脈』「諏訪」

盛重 右兵衛尉 諏方太郎 母
- 盛高 諏方太郎左衛門尉 母
- 盛経 諏方三郎左衛門尉 母
  - 宗経 母
- 盛頼 左衛門尉 出家真性 母

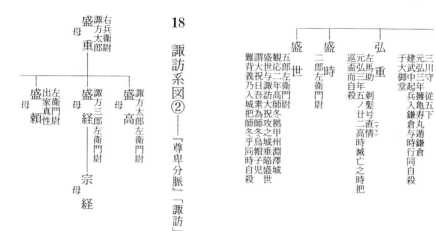

- 重願（大進房）
  - 母

18　諏訪系図③

- 盛重（(寄)大祝　兵衛尉　法名蓮仏）
  - 信重（大祝）
  - 盛高（太郎左衛門尉）
  - 盛経（(執事)(寄)三郎左衛門尉　法名真性）
    - 宗経（左衛門尉　法名直性）
      - 某（新左衛門尉）
      - 盛高（三郎）
  - 盛頼（四郎左衛門尉）
  - 重願（大進房）

註　信重は『鏡』承久三年六月十一日条および『諏訪大明神絵詞』（『続類従』「神祇部」）に拠る。

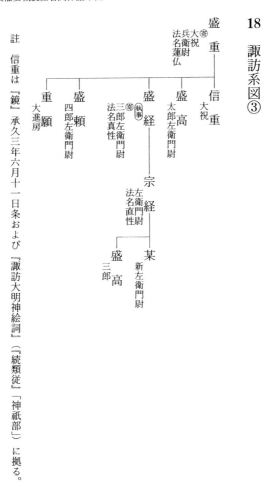

19 尾藤系図①——『尊卑分脈』「尾藤」

- 秀郷——（五代略）——公澄（使／帯刀大夫　従五下／母左衛門尉）
  - 知基（使／或公郷子云々／左京少進　従五下／母隼人正）
    - 知昌（従五上／尾張守／母）
      - 知忠（尾張守　玄馬頭／従五上／於大内射恠鳥蒙賞／母）
        - 尾藤 知広（従五下／尾藤五／民部大丞／母大和守藤原惟輔女）
          - 知宣（母尾藤太）
            - 知平（母尾藤孫太郎）
              - 信平（玄蕃允／母）
                - 知信（池田太郎／母ー行）
                  - 知家（母尾藤太）
          - 知景（母尾藤太）
            - 景綱（左将監／母）
              - 景氏（実者景信子云々／母尾藤太／法名浄心）
                - 景頼（左兵衛／母）
                  - 時景（左衛門／改ー綱／出家／母）
                - 景連（左衛門尉／母）
                  - 頼連（左衛門尉／母）
                - 頼広（左衛門／母頼氏）
                  - 頼氏（六郎左衛門／母）
            - 景信（母中野三郎）
    - 基景（橘家猶子／伊世守／号伊藤／号ー東欤／母）
      - 基清（母　有子孫別註之）
      - 基信（〔平〕正盛朝臣郎等住伊勢国／有子孫別註之／母）

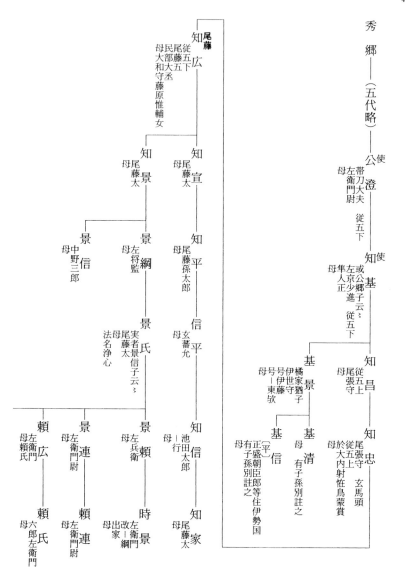

19　尾藤系図②――『秀郷流系図』「尾藤」（『続群書類従』「系図部」所収）

- 知郷（尾張守伊勢守　公清子）
  - 知基
    - 知昌
      - 知忠
        - 知広（民部大夫）
          - 知宣
            - 知平（尾藤大夫）
              - 信平（太郎）
          - 知景（尾藤次　住信州）
            - 景信（中野二郎）
              - 景氏（尾藤太郎　法名浄心）
                - 頼景（二郎兵衛尉）
                  - 時綱（二郎左衛門尉　号尾藤左衛門尉）
                    - 時景（二郎左衛門尉）
                - 景連（五郎左衛門尉）
                  - 頼連（五郎左衛門尉）
                  - 玄信（僧）
                  - 宗広（五郎）
                  - 規氏（左近将監）
                  - 頼氏（六郎左衛門尉）

- 実綱（七郎　母）
  - 満綱（木工允左門尉　母）

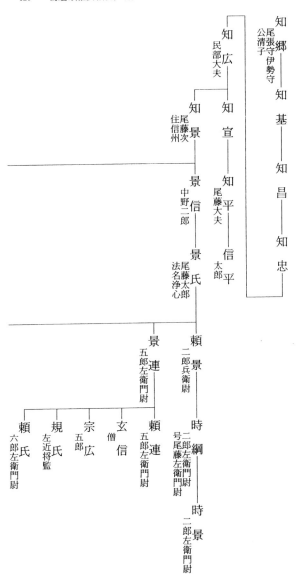

19 尾藤系図③

- 尾藤 知景（尾藤太）
  - 景綱（得宗家家令 左近将監 法名道然）……景氏
  - 中野 景信（中野三郎）
    - 景氏（尾藤太 寄 法名浄心）
      - 頼景（左兵衛尉 二郎兵衛尉）
        - 時綱（執事 寄 法名演心 二郎左衛門尉 尾藤左衛門尉）
          - 時景（二郎左衛門尉）

- 景綱（左将監 彌二郎 法名道念）
  - 時景（左衛門尉太郎）
    - 頼広（六郎左衛門尉）
    - 実綱（七郎）
      - 満綱（左馬允）
    - 時綱（三郎左衛門尉）
    - 景泰（四郎）
    - 久時（五郎左衛門尉 養子 正応配流）

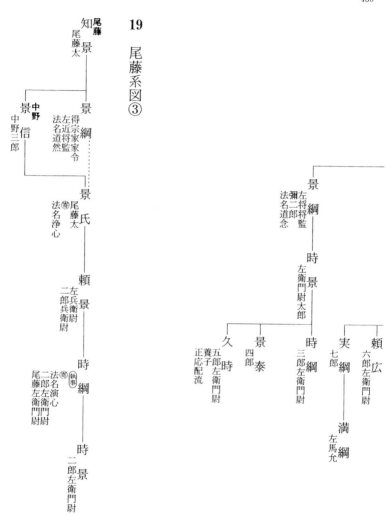

鎌倉政権得宗専制論（オンデマンド版）

Digital Publishing

2019年9月1日　発行

著　者　細川重男《ほそかわしげお》

発行者　吉川道郎

発行所　株式会社 吉川弘文館
〒113-0033 東京都文京区本郷7丁目2番8号
TEL 03(3813)9151(代表)
URL http://www.yoshikawa-k.co.jp/

印刷･製本　株式会社 デジタルパブリッシングサービス
URL http://www.d-pub.co.jp/

細川重男（1962～）
ISBN978-4-642-72786-0

著者略歴
一九六二年　東京都に生まれる
一九九〇年　東洋大学大学院文学研究科日本史学専攻修士課程修了
一九九三年　立正大学大学院文学研究科史学専攻博士後期課程満期退学
一九九七年　博士（文学・立正大学）
現　在　東洋大学・立正大学非常勤講師

鎌倉政権得宗専制論

二〇〇〇年（平成十二）一月十日　第一刷発行

著　者　細《ほそ》川《かわ》重《しげ》男《お》

発行者　林　英男

発行所　株式会社　吉川弘文館
郵便番号一一三―〇〇三三
東京都文京区本郷七丁目二番八号
電話〇三―三八一三―九一五一〈代〉
振替口座〇〇一〇〇―五―二四四番

印刷＝藤原印刷・製本＝石毛製本

人名索引

［凡例］

1　鎌倉政権関係者を中心に作成。
2　本論を対象とし，基礎表は原則として対象としない。
3　基礎表に経歴を記載した者については，最初にそのNo.を太字で掲げた。

あ　行

か　行

た　行

な　行

は　行

ま　行

や 行

ら 行

わ 行

鎌倉政権上級職員表(基礎表)

例　　言

(1)　この表にいう「鎌倉政権上級職員」とは執権以下引付衆以上の要職就任者を指す。嘉禄元(1225)年の評定制成立以後の執権・連署・寄合衆・六波羅探題・鎮西探題・鎌倉引付頭人・鎌倉評定衆・鎌倉引付衆と，これに準ずる執奏等への就任者である(執権・連署・六波羅探題については嘉禄元年以前の者も載せる)。さらに評定・引付衆就任者が兼務することを通例とする寺社・官途・御所・京下・安堵等の各奉行，越訴頭人(奉行)，東使，政所および問注所の執事を載せる。また以上の役職への就任が推定される者も載せている。なお，得宗被官系の寄合衆は除外した。

(2)　人員の配列は基本的に家系に拠る。全体を北条氏・外様御家人・法曹官僚・得宗被官に大別し，これをおのおの家別に分類した。各家内においては原則として父子の順に記載し，兄弟は年長の順に配している。つまり，父の後に兄の家系，続いて弟の家系を記すという形式をとっている(ただし，嫡子の系統については次男以下であっても，兄より先に配列した場合もある)。

(3)　各個人の就任職(王朝官職・幕府役職)・官位を年代順に記載し，末尾に洋数字を(　)に入れて年齢を載せた。

(4)　各条の頭部の洋数字は典拠と対応している。

(5)　○で囲んだ数字は閏月を示す。

(6)　頻出する史料には以下の略称を用いた。

東大影写	東京大学史料編纂所所蔵影写本
東大謄写	東京大学史料編纂所所蔵謄写本
東大写真	東京大学史料編纂所所蔵写真帳
類従	群書類従(続群書類従完成会本)
続類従	続群書類従(続群書類従完成会本)
分脈	尊卑分脈(新訂増補国史体系本)
纂要	系図纂要(名著出版本)
永記	永仁三年記(続史料大成本)
大日記	鎌倉大日記(増補続史料大成本)
開闢	関東開闢皇代幷年代記事(東大写真)
鏡	吾妻鏡(新訂増補国史体系本)
鎌記	鎌倉年代記(増補続史料大成本)
間記	保暦間記(類従雑部)
関評	関東評定伝(類従・補任部)
北次第	北条時政以来後見次第(東大影写)
金文	金沢文庫古文書(番号は神奈川県立金沢文庫刊『金沢文庫古文書』の文書番号)
建記	建治三年記(続史料大成本)
将次第	将軍執権次第(類従・補任部)
常楽記	常楽記(類従・雑部)
太平記	太平記(日本古典文学大系本)
帝王	帝王編年記(新訂増補国史体系本)
武記	武家年代記(増補続史料大成本)
六次第	六波羅守護次第(東大影写)

(7)　※は参考文献を示す。

(8)　番外は系図類に鎌倉政権上級職員と記されているものの，他の史料でそれが否定されるか，確認がとれず，就任が疑問の者を載せる。

(9)　本表作成にあったては，佐藤進一氏「鎌倉幕府職員表復元の試み」(同氏，岩波書店版『鎌倉幕府訴訟制度の研究』付録)に負うところが大きかった。記して謝意を表す。なお，本表に上記資料を引用する場合には，「職員表」と略称した。

1　北条時政(父：北条時家，母：伴為房女)

1：保延4(1138).　生(1)
2：正治1(1199).4.12　十三人合議制参加(62)
3：　2(1200).4.1　遠江守・叙爵(63)
4：　.12.29　重任
5：建仁3(1203).9.　執権(政所別当)(66)
6：元久2(1205).⑦.19　出家(法名明盛)(68)
7：　.⑦.20　伊豆国北条下向。
8：建保3(1215).1.6　没(78)

［典拠］

父：『前田本平氏系図』，異説として時方を載す。『浅羽本北条系図』。『北条系図』(続類従・系図部)。北次第，異説として時方を載す。武記・治承4年条，異説として時兼を載す。分脈，『正宗寺本北条系図』，『桓武平氏系図』(続類従・系図部)，時方とす。帝王・巻23，「北条四郎時方男」とす。

母：帝王・巻23，「母伊豆掾伴為房女也」。『前田本平氏系図』。纂要「北条」。開闢，「伴兼房女」とす。

1：武記・治承4年条。また，没年齢より逆算。

2：鏡・正治元年4月12日条。

3：鏡・正治2年4月9日条。武記・治承4年条。北次第。帝王・巻23。大日記・正治2年条。

4：北次第。大日記・正治2年条。

5：鏡・建仁3年10月9日条の源実朝政所吉書始の記事に「別当遠州・広元朝臣」とあり，時政は同年9月2日の比企氏の乱の後，政所別当に就任したものと推定される。

6：鏡・元久2年閏7月19日条。武記・治承4年条，7月20日とす(異説として閏7月20日を載す)。北次第，帝王・巻23，大日記・元久2年条，20日とす。法名は武記，帝王・巻23，大日記・元久2年条，『前田本平氏系図』に拠る。北次第，法名「如実」65歳とす。

7：鏡・元久2年閏7月20日条。大日記・元久2年条，「被押籠修善寺」とす。

8：鏡・建保3年正月8日条。武記・治承4年条・建保3年条。帝王・巻23。大日記・元久2年条。鎌記裏書・建保3年条。北次第，7日とす。開闢，3月7日73歳とす。

2　北条義時(父：北条時政，母：伊東入道女)

1：長寛1(1163).　生(1)
2：正治1(1199).4.12　十三人合議制参加(37)
3：元久1(1204).3.6　相模守・叙爵(42)
4：　2(1205).⑦.20　執権(政所別当)(43)
5：承元1(1207).1.5　従五位上(45)
6：建保1(1213).2.27　正五位下(51)
7：　.5.5　兼侍所別当
8：　4(1216).1.13　従四位下(54)
9：　5(1217).1.28　右京権大夫(55)
10：　.12.12　兼陸奥守
11：貞応1(1222).8.16　辞陸奥守(60)
12：　.10.16　辞右京権大夫
13：元仁1(1224).6.13　出家(観海)・没(62)

［典拠］

父：分脈。

母：『前田本平氏系図』。

1：鎌記・元久2年条。また，没年齢より逆算。武記・元久2年条，応保2(1162)年とするも，没年齢とあわず誤。
2：鏡・正治元年4月12日条。
3：鎌記・元久2年条。武記・元久2年条。
4：鏡・元久2年閏7月20日条。分脈。武記・建暦元年条に同年政所別当とす。鎌記・元久2年条。帝王・巻23。北次第。
5：武記・元久2年条。鎌記・元久2年条。
6：鎌記・元久2年条(建仁とするも建保の誤)。武記・元久2年条。
7：鏡・建保元年5月5日条。
8：鎌記・元久2年条(建仁とするも建保の誤)。武記・元久2年条。
9：鎌記・元久2年条(建仁とするも建保の誤)。武記・元久2年条。
10：鎌記・元久2年条(建仁とするも建保の誤)。武記・元久2年条。
11：鎌記・元久2年条。帝王・巻24。開闢。武記・元久2年条，18日とす。
12：鎌記・元久2年条。武記・元久2年条。帝王・巻24。開闢。
13：鏡・元仁元年6月13日条。鎌記・元久2年条。武記・元久2年条。帝王・巻24。鎌記裏書・元仁元年条。開闢(15日とも)。北次第。分脈，16日とす。大日記・元仁元年条，15日61歳とす。『前田本平氏系図』12日とす。法名，『佐野本北条系図』に拠る。

3　北条泰時(父：北条義時，母：御所女房阿波局)

1：	寿永2(1183).	生(1)
2：	建暦1(1211).9.8	修理亮(29)
3：	建保4(1216).3.28	式部少丞(34)
4：	.12.30	叙爵
5：	承久1(1219).1.5	従五位上(37)
6：	.1.22	駿河守
7：	.11.13	転武蔵守
8：	3(1221).6.15	六波羅北方(39)
9：	元仁1(1224).6.17	東下(42)
10：	.6.28	執権
11：	.12.17	復任
12：	貞永1(1232).4.11	正五位下(50)
13：	嘉禎2(1236).3.4	従四位下(54)
14：	.12.18	兼左京権大夫
15：	暦仁1(1238).3.18	従四位上(56)
16：	.4.6	辞武蔵守
17：	.9.25	辞左京権大夫
18：	延応1(1239).9.9	正四位下(57)
19：	仁治3(1242).6.9	出家(法名観阿)(60)
20：	.6.15	没

［典拠］
父：分脈。
母：鎌記・元仁元年条。武記・承久3年条。
1：鎌記・元仁元年条。
2：関評・仁治3年条。武記・元仁元年条。鎌記・元仁元年条，2日とす。
3：鎌記・元仁元年条。関評・仁治3年条。武記・元仁元年条。

4：鎌記・元仁元年条。関評・仁治3年条。
5：関評・仁治3年条。鎌記・元仁元年条。武記・元仁元年条。
6：鎌記・元仁元年条。関評・仁治3年条。武記・元仁元年条，12月22日とす。
7：鎌記・元仁元年条。関評・仁治3年条。武記・元仁元年条。
8：鏡・承久元年6月15日条。鎌記・承久3年条・元仁元年条。関評・仁治3年条。北次第。六次第。開闢。分脈，武記・承久3年条，大日記・承久3年条，14日入洛とす。帝王・巻24。
9：鏡・元仁元年6月26日条。分脈。武記・承久3年条。鎌記・元仁元年条。関評・仁治3年条。帝王・巻24。北次第。六次第。開闢。大日記・元仁元年条。
10：鏡・元仁元年6月28日条。分脈，12月17日とす。鎌記・元仁元年条。開闢。
11：鎌記・元仁元年条。関評・仁治3年条。北次第。
12：鎌記・元仁元年条。関評・仁治3年条。武記・元仁元年条。
13：鎌記・元仁元年条。関評・仁治3年条。武記・元仁元年条。
14：鎌記・元仁元年条。関評・嘉禎2年条・仁治3年条。武記・元仁元年条。開闢。
15：鎌記・元仁元年条。関評・仁治3年条。武記・元仁元年条。
16：鎌記・元仁元年条。関評・暦仁元年条・仁治3年条。武記・元仁元年条。開闢。
17：鎌記・元仁元年条。関評・暦仁元年条・仁治3年条。武記・元仁元年条。開闢。
18：鎌記・元仁元年条。関評・仁治3年条。武記・元仁元年条。
19：鎌記・元仁元年条。大日記・仁治3年条。開闢。関評・仁治3年条，鎌記裏書・仁治3年条，5月とす。分脈，5月9日とす。武記・元仁元年条，5月19日とす。北次第，異説として5月を載す。
20：鎌記・元仁元年条。分脈。関評・仁治3年条。開闢。鎌記裏書・仁治3年条。武記・元仁元年条，北次第，異説として59歳を載す。大日記・仁治3年条，64歳とす。

4 北条時氏（父：北条泰時，母：三浦義村女）

1：建仁3（1203）.		生（1）
2：元仁1（1224）.	6.29	六波羅北方（22）
3：安貞元（1227）.	4.20	修理亮・叙爵（25）
4：寛喜2（1230）.	4.11	東下（28）
5：	.6.18	没

［典拠］
父：分脈。
母：帝王・巻24。纂要「北条」。『正宗寺本北条系図』。『野津本北条系図』。『野辺本北条系図』（『野辺文書』）。『北条系図』（続類従・系図部）。『浅羽本北条系図』。『佐野本北条系図』。『三浦系図』（続類従・系図部）。『中条本北条系図』，「母駿河守義有女」とするが，義村の誤ならん。鎌記・元仁元年条，三浦泰村女とす。
1：没年齢より逆算。
2：鏡・元仁元年6月29日条。鎌記・元仁元年条。六次第。開闢。分脈，20日とす。
3：鎌記・元仁元年条。六次第。武記・元仁元年条，嘉禎3年と誤記。
4：鏡・寛喜2年4月11日条。鎌記・元仁元年条。開闢，帝王・巻24，21日とす。武記・元仁元年条，6月23日とす。大日記・寛喜元年条，寛喜元年6月23日下向とす。分脈，嘉禄3年6月23日と誤記。
5：鏡・寛喜2年6月18日条。鎌記・元仁元年条。関評・寛喜2年条。武記・元仁元年条・寛喜2年条。大日記・寛喜2年条。六次第。開闢。分脈，安貞2年6月とす。

5 北条経時（父：北条時氏，母：安達景盛女）

1：元仁 1 (1224).　生(1)
2：文暦 1 (1234). 3. 5　元服(11)
3：嘉禎 3 (1237). 2. 28　右近将監(14)
4：　. 2. 29　叙爵
5：仁治 2 (1241). 6.　評定衆(18)
6：　. 8. 12　従五位上
7：　3 (1242). 6. 16　執権(19)
8：寛元 1 (1243). 6. 12　正五位下(20)
9：　. 7. 8　武蔵守
10：　4 (1246). 3. 23　辞執権(23)
11：　. 4. 19　出家(法名安楽)
12：　. ④. 1　没

［典拠］

父：分脈。

母：分脈・安達景盛女条。鎌記・仁治 3 年条。関評・寛元 4 年条。帝王・巻25。大日記・仁治 3 年条。

1：鏡・寛元 4 年閏 4 月 1 日条と関評・寛元 4 年条は没年齢を33歳とする(分脈，28歳とす。関評・仁治 3 年条，同年18歳とす)が，これでは建保 2 年生まれで，父時氏12歳の子となる。だが，鏡・文暦元年 3 月 5 日条の経時の元服記事には「歳十一」とあり，これは鎌記・仁治 3 年条に「元仁元誕生」，武記・仁治 3 年条に「元仁元年生」，帝王・巻25に「卒二十三」，大日記・寛元 4 年条に没年「廿三歳」とあるに一致する。よって，元仁元年とす。

2：鏡・文暦元年 3 月 5 日条。鎌記裏書・文暦元年条。

3：鎌記・仁治 3 年条。関評・寛元 4 年条。武記・仁治 3 年条，左近将監とす。

4：鎌記・仁治 3 年条。関評・寛元 4 年条。

5：関評・仁治 2 年条。

6：鎌記・仁治 3 年条。関評・寛元 4 年条。武記・仁治 3 年条。

7：分脈。関評・仁治 3 年条・寛元 4 年条。

8：鎌記・仁治 3 年条。関評・寛元 4 年条(異説に11日を載す)。武記・仁治 3 年条。

9：鎌記・仁治 3 年条。関評・寛元元年条・寛元 4 年条。帝王・巻25。開闢。武記・仁治 3 年条，閏 7 月27日とす。大日記・仁治 3 年条，仁治 3 年とす。

10：鏡・寛元 4 年 3 月23日条。

11：鏡・寛元 4 年 4 月19日条。鎌記・仁治 3 年条。関評・寛元 4 年条。武記・仁治 3 年条。帝王・巻25。大日記・寛元 4 年条。開闢。

12：分脈。鏡・寛元 4 年閏 4 月 1 日条。鎌記・仁治 3 年条。関評・寛元 4 年条。武記・仁治 3 年条。大日記・寛元 4 年条。帝王・巻25。開闢。没年齢，1 参照。

6　北条時頼(父：北条時氏，母：安達景盛女)

1：安貞 1 (1227). 5. 14　生(1)
2：嘉禎 3 (1237). 4. 22　元服(11)
3：暦仁 1 (1238). 9. 1　左兵衛少尉(12)
4：寛元 1 (1243). ⑦. 27　左近将監・叙爵(17)
5：　2 (1244). 3. 6　従五位上(18)
6：　4 (1246). 3. 23　執権(20)
7：建長 1 (1249). 6. 14　相模守(23)
8：　3 (1251). 6. 27　正五位下(25)
9：康元 1 (1256). 11. 23　出家(法名道崇)(30)

10：弘長 3 (1263).11.22　没(於・最明寺別業)(37)

［典拠］

父：分脈。

母：分脈・安達景盛女条。鎌記・寛元 4 年条。関評・康元元年条。武記・寛元 4 年条。帝王・巻25。『徒然草』第184段。

1：鎌記・寛元 4 年条。武記・寛元 4 年条。

2：鏡・嘉禎 3 年 4 月22日条。鎌記裏書・嘉禎 3 年条。

3：鎌記・寛元 4 年条。関評・康元元年条。武記・寛元 4 年条。開闢。

4：鎌記・寛元 4 年条。関評・康元元年条。武記・寛元 4 年条。開闢。

5：鎌記・寛元 4 年条。関評・康元元年条。武記・寛元 4 年条。

6：鏡・寛元 4 年 3 月23日条。関評・寛元 4 年条・康元元年条，閏 4 月 1 日以後とす。鎌記・寛元 4 年条，4 月とす。分脈，閏 4 月 1 日とす。開闢，4 月 1 日とす。

7：鎌記・寛元 4 年条。関評・建長元年条・康元元年条。武記・寛元 4 年条。帝王・巻25。

8：鏡・建長 3 年 7 月 4 日条。鎌記・寛元 4 年条。関評・康元元年条。武記・寛元 4 年条。

9：鏡・康元元年11月23日条。鎌記・寛元 4 年条。関評・康元元年条。武記・寛元 4 年条。鎌記裏書・康元元年条。開闢。帝王・巻25。分脈，10月23日とす。

10：鏡・弘長 3 年11月22日条。関評・康元元年条。武記・弘長 3 年条(寛元 4 年条，23日とす)。鎌記裏書・弘長 3 年条。大日記・弘長 3 年条。帝王・巻25。開闢。鎌記・寛元 4 年条，21日とす。分脈，10月23日32歳とす。

7　北条時宗(父：北条時頼，母：極楽時重時女)

1：建長 3 (1251). 5 .15　生(1)

2：正嘉 1 (1257). 2 .26　元服(7)

3：文応 1 (1260). 2 .　小侍所別当(10)

4：弘長 1 (1261).12.22　左馬権頭・叙爵(11)

5：文永 1 (1264). 2 .25　復任(14)

6：. 8 .10　連署

7：2 (1265). 1 . 5　従五位上(15)

8：. 1 .30　兼但馬権守

9：. 3 .28　兼相模守

10：5 (1268). 1 .29　辞但馬権守(18)

11：. 3 . 5　執権・始評定出仕

12：弘安 4 (1281).⑦. 7　正五位下(31)

13：7 (1284). 4 . 4　出家(法名道果)・没(34)

［典拠］

父：分脈。

母：鎌記・文永元年条。関評・弘安 7 年条。武記・文永元年条。帝王・巻26。北次第。『浅羽本北条系図』，「毛利蔵人女」＝毛利季光女とす。

1：鏡・建長 3 年 5 月15日条。北次第。鎌記・文永元年条，14日とす。

2：鏡・正嘉元年 2 月26日条。鎌記・文永元年条。関評・弘安 7 年条，12月とす。

3：鎌記・文永元年条。

4：鎌記・文永元年条。関評・弘安 7 年条。開闢。武記・文永元年条，21日とす。

5：関評・弘安 7 年条。武記・文永元年条。

6：鎌記・文永元年条。帝王・巻26。関評・文永元年条・弘安 7 年条，大日記・文永元年条，11日とす。分脈，22日とす。北次第，文永 3 年とし，7 月「為後見」として 8 月11日は「判形始」とす。

武記・文永元年条，８月１日44歳とし，９月20日政所始とす。開闔，弘長元年８月１日とす。
7：鎌記・文永元年条。関評・弘安７年条。武記・文永元年条。開闔，20日とす。
8：鎌記・文永元年条。関評・弘安７年条。武記・文永元年条。開闔，20日とす。
9：鎌記・文永元年条。武記・文永元年条。帝王・巻26。関評・弘安７年条，23日とす(文永２年条，３月とす)。開闔。大日記・文永元年条，文永元年とす。
10：鎌記・文永元年条。開闔。関評・文永５年条・弘安７年条，左馬権頭辞任とす。武記・文永元年条，文永２年正月29日左馬権頭辞任とす。
11：鎌記・文永元年条。関評・文永５年条・弘安７年条。大日記・文永元年条。帝王・巻26。開闔。北次第，「始評定出仕」とし，文永６年執権，文永７年４月19日「着政所」とす。
12：鎌記・文永元年条。関評・弘安７年条。
13：分脈。鎌記・文永元年条。関評・弘安７年条。武記・文永元年条。大日記・弘安７年条(法名，「道演」とす)。帝王・巻26。鎌記裏書・弘安７年条。開闔。北次第。

8　北条貞時(父：北条時宗，母：安達義景女)

1：文永８(1271).12.12　生(１)
2：建治３(1277).12.２　元服(７)
3：弘安５(1282).６.27　左馬権頭・叙爵(12)
4：　７(1284).７.７　執権(14)
5：　８(1285).４.18　相模守(15)
6：　.４.23　兼左馬権頭
7：　10(1287).１.５　従五位上(17)
8：正応１(1288).２.１　評定出仕始着政所(18)
9：　２(1289).１.５　正五位下(19)
10：　.６.25　従四位下・辞左馬権頭
11：正安３(1301).４.12　従四位上(31)
12：　.８.23　出家(法名崇暁。のち，崇演)
13：応長１(1311).10.26　没(41)

［典拠］
父：分脈。
母：分脈・安達義景女条。鎌記・弘安７年条。武記・弘安７年条。帝王・巻26。北次第。武記・弘安７年条，「母城介義景女(舎兄泰景《(ママ)》為女)」とし，貞時母が兄安達泰盛の養女となったことを伝える。
1：武記・弘安７年条。北次第。鎌記・弘安７年条。
2：建記・12月２日条。武記・弘安７年条。鎌記・弘安７年条，３日とす。北次第，11月２日とす。
3：鎌記・弘安７年条。北次第。武記・弘安７年条，右馬権頭とす。
4：関評・弘安７年条。帝王・巻26。開闔。北次第。鎌記・弘安７年条，10年とするが誤。分脈，10月６日とす。
5：鎌記・弘安７年条。武記・弘安７年条。帝王・巻26。開闔。北次第，８月とす。大日記・弘安７年条，弘安７年とす。
6：鎌記・弘安７年条。開闔。
7：鎌記・弘安７年条。武記・弘安７年条。北次第。
8：鎌記・弘安７年条。北次第。
9：鎌記・弘安７年条。武記・弘安７年条。北次第。
10：鎌記・弘安７年条。武記・弘安７年条。帝王・巻27。北次第。開闔，５日とす。
11：鎌記・弘安７年条。帝王・巻27。北次第。

12：鎌記・弘安７年条。武記・弘安７年条。帝王・巻27。開闢。北次第。分脈，大日記・正安３年条，22日とす。

13：常楽記・応長元年10月26日条。鎌記・弘安７年条。武記・弘安７年条。帝王・巻27。鎌記裏書・応長元年条。開闢(11月とも)。北次第，分脈，大日記・応長元年条，40歳とす。

9　北条高時(父：北条貞時，母：大室泰宗女)

1：嘉元１(1303).12.２　生(１)
2：延慶２(1309).１.21　元服(７)
3：応長１(1311).１.17　小侍奉行(９)
4：　.６.23　左馬権頭・叙爵
5：　.10.26　服解
6：正和１(1312).２.４　復任(10)
7：　５(1316).１.５　従五位上(14)
8：　.１.13　兼但馬権守
9：　.７.10　執権(判始)
10：文保１(1317).３.10　相模守(兼左馬権頭)(15)
11：　.３.27　辞但馬権守
12：　.４.19　正五位下
13：　２(1318).２.８　評定始・着政所(16)
14：　.２.12　引付・評定出仕始
15　元応１(1319).２.　辞左馬権頭
16：　.10.３　意見始(17)
17：嘉暦１(1326).３.13　出家(法名崇鑑)(24)
18：元弘３(1333).５.22　没(31)

［典拠］
父：分脈。
母：間記。北次第。
1：北次第。鎌記・正和５年条等記載の年齢とも一致。
2：鎌記・正和５年条。北次第。
3：鎌記・正和５年条。北次第，20日「小侍出仕始」とす。
4：鎌記・正和５年条。北次第。武記・正和５年条，「正応」と誤記。
5：鎌記・正和５年条。
6：鎌記・正和５年条。北次第。
7：鎌記・正和５年条。北次第。
8：鎌記・正和５年条。北次第。
9：分脈。鎌記・正和５年条。北次第。武記・正和５年条。開闢。大日記(生田美喜蔵氏所蔵本)・正和５年条，出仕始とす。
10：『花園天皇宸記』文保元年３月10日条。鎌記・正和５年条。開闢。北次第。武記・正和５年条，７月とす。大日記・文保元年条，16日とす。
11：開闢。
12：鎌記・正和５年条。北次第。
13：鎌記・正和５年条。北次第。
14：鎌記・正和５年条。
15：北次第。開闢，文保元年３月27日とす。
16：武記・正和５年条。

17：鎌記・正和5年条。北次第。武記・正和5年条。鎌記裏書・嘉暦元年条。大日記・嘉暦元年条。開闔，法名「宗鑑」とす。分脈，15日とす。
18：太平記・巻10「高時并一門以下於東勝寺自害事」。北次第。開闔(25日とも)。

10　北条時輔(本名時利)(父：北条時頼，母：将軍家女房讃岐局)
1：宝治2(1248).　生(1)
2：文永1(1264).11.9　六波羅南方(17)
3：　2(1265).4.21　式部丞・叙爵(18)
4：　9(1272).2.15　没(25)(為二月騒動)
[典拠]
父：分脈。
母：鎌記・文永元年条。武記・文永元年条。
本名：開闔。
1：没年齢より逆算。
2：武記・文永元年条。開闔。分脈，大日記・文永元年条，10月9日とす。鎌記・文永元年条，帝王・巻26，10月とす。
3：鎌記・文永元年条。武記・文永元年条。六次第。
4：分脈。鎌記・文永元年条。武記・文永元年条。帝王・巻26。鎌記裏書・文永9年条。開闔，5日とす。大日記・文永9年条，正月25日とするも誤。間記，「遁テ吉野ノ奥ヘ立入テ行方不知」とす。

11　北条宗政(父：北条時頼，母：極楽寺重時女)
1：建長5(1253).　生(1)
2：文永2(1265).4.23　右近将監・叙爵(13)
3：　9(1272).10.　評定衆(不経引付)(20)
4：　10(1273).6.25　三番引付頭人(21)
5：建治3(1277).6.17　武蔵守(25)
6：　.8.29　一番引付頭人
7：弘安4(1281).8.9　出家(法名道明)・没(29)
[典拠]
父：分脈。
母：関評・弘安4年条。
1：没年齢より逆算。
2：関評・弘安4年条。
3：関評・文永9年条。
4：関評・文永10年条。
5：建記・6月25日条。関評・弘安4年条。
6：建記・8月29日条。関評・建治3年条。
7：分脈。関評・弘安4年条。

12　北条師時(父：北条宗政，母：北条政村女，北条時宗猶子)
1：建治1(1275).　生(1)
2：弘安7(1284).7.　小侍所(10)
3：　8(1285).12.17　左近将監・叙爵(11)
4：永仁1(1293).5.30　評定衆(19)
5：　.6.5　三番引付頭人

6：永仁 1 (1293).10.20　執奏
7：　　　　　　.12.20　従五位上
8：　　2 (1294). 1 .30　右馬権頭(20)
9：　　　　　　.10.24　辞執奏(為廃止)
10：　　5 (1297). 7 .　　二番引付頭人(23)
11：正安 1 (1299). 2 .27　正五位下(25)
12：　　3 (1301). 8 .22　執権・評定出仕始(27)
13：　　　　　　. 9 .27　相模守
14：　　　　　　.11.15　始着政所
15：嘉元 2 (1304).10. 7　従四位下(30)
16：応長 1 (1311). 9 .22　出家(法名道覚)・没(37)

[典拠]

父：分脈。
母：北次第。帝王・巻27。
猶子：帝王・巻27。
1：没年齢より逆算。
2：鎌記・正安 3 年条。
3：鎌記・正安 3 年条。北次第。
4：鎌記・正安 3 年条。
5：武記・永仁元年条。鎌記・永仁元年条・正安 3 年条。
6：武記・永仁元年条。鎌記・永仁元年条。
7：鎌記・正安 3 年条。北次第。
8：鎌記・正安 3 年条。北次第。
9：武記・永仁 2 年条。鎌記・永仁 2 年条。
10：鎌記・永仁 5 年条。月は職員表・永仁 5 年条参照。
11：鎌記・正安 3 年条。北次第，正月24日とす。
12：分脈。鎌記・正安 3 年条。武記・正安 3 年条。帝王・巻27。大日記・正安 3 年条，23日とす。北次第，20日とす。
13：鎌記・正安 3 年条。帝王・巻27。北次第。
14：武記・正安 3 年条。大日記・正安 3 年条，10月 5 日とす。北次第，10月25日とす。
15：鎌記・正安 3 年条。北次第。
16：常楽記・応長元年 9 月22日条。鎌記・正安 3 年条。武記・正安 3 年条(9 月20日「評定座ヨリ労付」との記載あり)。分脈。北次第。鎌記裏書・応長元年条。大日記・応長元年条， 9 月21日とす。

13　北条貞規(父：北条師時，母：北条貞時女)
右馬権頭(『前田本平氏系図』。『正宗寺本北条系図』)
左近大夫将監(『前田本平氏系図』。『正宗寺本北条系図』)
従四位上(『前田本平氏系図』)

1：永仁 6 (1298).　　　生(1)
2：文保 1 (1317).12.27　一番引付頭人(20)
3：元応 1 (1319). 6 .14　没(22)

[典拠]

父：『前田本平氏系図』。『正宗寺本北条系図』。『佐野本北条系図』。
母：『佐野本北条系図』。

1：没年齢より逆算。
2：鎌記・文保元年条。
3：『正宗寺本北条系図』に「早世廿二」，武記裏書・元応元年6月14日条に「貞規卒，相－左近大夫，号西殿」とあるに拠る。

14　北条時茂(父：北条師時，母：未詳)
生没年未詳
従五位下(分脈)
左近大夫(分脈)
小侍所(分脈)
評定衆(分脈)
一番引付頭人(分脈。鎌記には元弘元年正月23日の最終記事まで引付頭人記事にその名がみえないことから，これ以降，鎌倉滅亡までの期間に就任したと推定される。)

15　北条兼時(元・時業)(父：北条宗頼，母：未詳，北条時宗猶子)
1：文永1(1264).　生(1)
2：弘安5(1282).11.5　修理亮・叙爵(19)
3：　6(1283).5.3　下向播磨(為異国警固)(20)
4：　7(1284).12.2　六波羅南方(21)
5：　10(1287).8.14　転北方(24)
6：正応1(1288).3.12　越後守(25)
7：　2(1289).6.26　従五位上(26)
8：永仁1(1293).1.18　東下(30)
9：　.3.7　下向鎮西(為異国警固)
10：　3(1295).4.22　東下(32)
11：　.5.11　評定衆
12：　.9.19　没

［典拠］
父：分脈。
猶子：六次第は「号相模修理亮。為貞時猶子之故也」とするが，兼時は貞時より7歳年長であり，かつ貞時の相模守任官は兼時の修理亮任官の3年後なので，貞時は時宗の誤伝と推定される。
本名：六次第。開闢，「業時」とす。
1：没年齢より逆算。武記・弘安8年条は正応2年27歳とするので，これに従えば弘長3年生となる。
2：鎌記・弘安7年条。武記・弘安8年条，弘安4年10月15日とす。
3：鎌記・弘安7年条。
4：鎌記・弘安7年条。六次第。分脈，3日とす。開闢，3日とし，弘安8年正月9日「始加判」とす。大日記・弘安8年条，弘安8年正月9日「加判」とす。武記・弘安8年条，弘安8年12月3日播州より上洛，弘安9年正月9日「始加判」とす。帝王・巻26，6日とす。
5：帝王・巻26。開闢。六次第，9月16日「入干北殿」とす。鎌記・弘安7年条，「時村下向後，為北方」。武記・弘安8年条，「時村下向後，北方」。
6：鎌記・弘安7年条。帝王・巻27。開闢。六次第。武記・弘安8年条，13日とす。
7：鎌記・弘安7年条。武記・弘安8年条。六次第。
8：鎌記・弘安7年条。開闢。分脈，六次第，9日とす。武記・弘安8年条，正月9日関東下向，即上洛とす。
9：『実躬卿記』永仁元年3月7日条。分脈。武記・弘安8年条。大日記・永仁元年条。帝王・巻27。

六次第。鎌記・弘安７年条，２月７日とす。
10：永記・４月22日条。鎌記・弘安７年条，23日とす。分脈，３月とす。武記・弘安８年条，６月「参向関東」とす。
11：鎌記・弘安７年条。
12：鎌記・弘安７年条。六次第。武記・弘安８年条，大日記・永仁元年条，18日とす。分脈，８日とす。開闔，10月９日21歳とす。

16 北条宗方(元・久時)(父：北条宗頼，母：大友頼泰女，北条時宗猶子)

1：弘安1(1278).		生(1)
2：正応5(1292)	.12.18	左兵衛尉(15)
3：永仁2(1294)	.2.5	叙爵(17)
4：	.2.6	右近将監
5：5(1297)	.6.23	六波羅北方(20)
6：正安1(1299)	.3.1	従五位上(22)
7：2(1300)	.11.25	東下(23)
8：	.12.28	評定衆
9：3(1301)	.1.10	四番引付頭人(24)
10：	.4.12	転左近将監
11：	.8.20	駿河守
12：	.8.25	辞四番引付頭人。越訴頭人
13：乾元1(1302)	.9.11	四番引付頭人(25)
14：嘉元2(1304)	.12.7	辞四番引付頭人。侍所所司。得宗家執事(27)
15：3(1305)	.5.4	没(28)

［典拠］
父：分脈。
母：鎌記・永仁５年条。
本名：開闔。
猶子：帝王・巻27。六次第には「□時猶子」あり，これは「貞時」と推定されるが，宗方は貞時の７歳下であり，年齢的にも時宗が正しいであろう。
1：没年齢より逆算。
2：鎌記・永仁５年条。
3：鎌記・永仁５年条。六次第。
4：鎌記・永仁５年条。六次第，５日とす。
5：鎌記・永仁５年条。帝王・巻27(７月２日入洛とす)。武記・永仁５年条，大日記・永仁５年条，開闔，６月23日鎌倉出立，７月６日入洛とす。分脈，７月６日上洛とす。
6：鎌記・永仁５年条。
7：鎌記・永仁５年条。分脈，14日とす。武記・永仁５年条，４日とす。開闔，帝王・巻27，15日とす。
8：鎌記・永仁５年条。
9：鎌記・永仁５年条。
10：鎌記・永仁５年条。六次第，永仁３年と誤記。
11：鎌記・永仁５年条。六次第，永仁３年と誤記。
12：鎌記・永仁５年条・正安３年条。六次第，永仁３年９月一番引付頭人と誤記。職員表・正安３年条の佐藤氏の考証に拠る。
13：鎌記・乾元元年条。

14：鎌記・永仁５年条・嘉元２年条。得宗家執事は間記に「内ノ執権」とあるに拠る。
15：間記。鎌記・永仁５年条。武記・永仁５年条。開闢。六次第。鎌記裏書・嘉元３年条。武記裏書・嘉元３年条。分脈，嘉元元年３月４日と誤記。帝王・巻27，４月４日と誤記。

17　阿蘇随時(父：阿蘇定宗，母：未詳)
生年未詳
従五位下(分脈)
遠江守(分脈。『満願寺年代幷諸旧記』〈『満願寺文書』〉)
1：正和４(1315).７.８　在二番引付頭人
2：文保１(1317).２ or ３　鎮西探題
3：元亨１(1321).６.23　没(於・鎮西)
[典拠]
父：分脈。『満願寺年代幷諸旧記』。
1：職員表・正和３年条・４年条。
2：川添昭二氏「鎮西評定衆・同引付衆について」(『歴史教育』11−17，1977年)。職員表・正和３年条・４年条。『満願寺年代幷諸旧記』。
3：分脈。常楽記・元亨元年条，５月25日とす。『満願寺年代幷諸旧記』，４月25日とす。

18　名越朝時(父：北条義時，母：比企朝宗女)
1：建久５(1194).　生(１)
2：承久２(1220).12.15　式部少丞(27)
3：貞応２(1223).１.24　式部大丞(30)
4：元仁１(1224).１.23　叙爵・周防権守(31)
5：嘉禄１(1225).９.17　越後守(32)
6：貞永１(1232).８.21　従五位上(39)
7：嘉禎２(1236).７.20　遠江守(43)
8：.９.10　評定衆(初参之後即辞退)
9：暦仁１(1238).７.20　正五位下(45)
10：仁治２(1241).４.23　従四位下(48)
11：３(1242).５.10　出家(法名生西)(49)
12：寛元３(1245).４.６　没(52)
[典拠]
父：分脈。
母：開闢。鏡・建久３年９月25日条。
1：没年齢および鏡・建永元年10月24日条の元服記事に13歳とあるより逆算。
2：関評・嘉禎２年条。
3：関評・嘉禎２年条は３年とするが，鏡(北条本)・貞応２年８月20日条に既に「式部大丞朝時」とあるので，これは２年の誤ならん。
4：関評・嘉禎２年条。
5：関評・嘉禎２年条。
6：関評・嘉禎２年条。
7：関評・嘉禎２年条。
8：鏡・嘉禎２年９月10日条。関評・嘉禎２年条。
9：関評・嘉禎２年条。
10：関評・嘉禎２年条。

11：関評・嘉禎２年条。鎌記裏書・仁治３年条，11日とす。
12：分脈。関評・嘉禎２年条。鏡・寛元３年４月６日条，53歳とす。

19　名越時章(父：名越朝時，母：大友能直女)
1：建保３(1215).　　　生(１)
2：暦仁１(1238).②.15　大炊助(24)
3：　　　　　　.②.27　式部少丞
4：　　　　　　.９.１　式部大丞・叙爵
5：寛元３(1245).４.８　尾張守(31)
6：　　４(1246).２.22　辞尾張守(32)
7：宝治１(1247).７.　　評定衆(33)
8：建長３(1251).６.５　三番引付頭人(37)
9：康元１(1256).４.29　二番引付頭人(42)
10：弘長３(1263).11.22　出家(法名見西)(49)
11：文永１(1264).６.16　一番引付頭人(50)
12：　　３(1266).３.６　辞一番引付頭人(為引付廃止)(52)
13：　　６(1269).４.27　一番引付頭人(55)
14：　　９(1272).２.11　没(依二月騒動)(58)
［典拠］
父：分脈。
母：関評・文永９年条。開闔。
1：没年齢より逆算。
2：関評・文永９年条。
3：関評・文永９年条。
4：関評・文永９年条。
5：関評・文永９年条。
6：関評・文永９年条。
7：関評・宝治元年条。
8：鏡・建長３年６月５日条。関評・建長３年条，20日とす。
9：鏡・康元元年４月29日条。関評・康元元年条。
10：鏡・弘長３年11月22日条。関評・文永９年条。関評・弘長３年条，12月とするも誤。分脈，弘安３年10月23日とするも誤。
11：関評・文永元年条。
12：鏡・文永３年３月６日条。関評・文永３年条。
13：関評・文永６年条。
14：関評・文永９年条。鎌記裏書・文永９年条。武記裏書・文永９年条。間記。開闔。分脈，21日とするも誤。大日記・文永９年条，10月１日とするも誤。

20　名越公時(父：名越時章，母：二階堂行有女)
1：嘉禎１(1235).　　　生(１)
2：康元１(1256).　　　左近将監・叙爵(22)
3：文永２(1265).６.11　引付衆(31)
4：　　３(1266).３.６　辞引付衆(為引付廃止)(32)
5：　　６(1269).４.27　引付衆(35)
6：　　10(1273).６.21　評定衆(39)

7：文永11(1274).1.　尾張守(40)
8：建治1(1275).7.6　四番引付頭人(41)
9：弘安4(1281).10.　三番引付頭人(47)
10：　6(1283).4.　二番引付頭人(49)
11：　7(1284).4.　出家(法名道鑒)(50)
12：永仁1(1293).10.20　辞二番引付頭人(為引付廃止)(59)
13：　.10.20　執奏
14：　2(1294).10.24　二番引付頭人(60)
15：　3(1295).　在寄合衆(61)
16：　.12.28　没(61)

［典拠］
父：分脈。
母：開闢。
1：没年齢より逆算。
2：鏡・康元元年正月11日条には「尾張次郎公時」とあるのが，同年8月23日条には「尾張左近大夫将監公時」となり，公時の左近将監任官・叙爵はこの間の期間となる。
3：鏡・文永2年6月11日条。関評・文永2年条。
4：鏡・文永3年3月6日条。関評・文永3年条。
5：関評・文永6年条。
6：関評・文永10年条。
7：関評・文永11年条。
8：関評・建治元年条。
9：関評・弘安4年条。
10：関評・弘安6年条。
11：関評・弘安7年条。
12：武記・永仁元年条。鎌記・永仁元年条。
13：武記・永仁元年条。鎌記・永仁元年条。
14：武記・永仁2年条。鎌記・永仁2年条。
15：永記・6月26日条。
16：開闢。分脈，永仁2年とするも，永記によって永仁3年8月までの生存が確認される。『佐野本北条系図』，永仁2年61歳没とするが，上記の理由により，永仁3年61歳と推定。

21　名越時家(父：名越公時，母：極楽寺重時女)
生没年未詳
美作守(分脈)
兵庫頭(分脈)
従五位下(分脈)
1：永仁1(1293).7.24　下向鎮西(為異国警固)
2：　3(1295).4.29　東下
3：　.5.　引付衆
4：正安3(1301).8.　三番引付頭人
5：乾元1(1302).2.18　辞三番引付頭人
6：　.9.11　五番引付頭人
7：嘉元2(1304).9.25　辞五番引付頭人

［典拠］

父：分脈。
母：開闢。
1：帝王・巻27。
2：永記・4月29日条。帝王・巻27。
3：永記・5月23日条「武庫」。
4：鎌記・正安3年条。
5：鎌記・乾元元年条。
6：鎌記・乾元元年条。
7：鎌記・嘉元2年条。

22　名越高家(父：名越時家，母：未詳)
生年未詳
尾張守(開闢。『正宗寺本北条系図』。『佐野本北条系図』)
1：嘉暦1(1326).　在評定衆
2：元弘3(1333).4.27　没
［典拠］
父：開闢。『正宗寺本北条系図』。『佐野本北条系図』。時家と高家の間に貞家を入れる系図があるが年代的にも無理があり，誤伝と推定される。
1：金文374に「尾張前司」とある。
2：太平記・巻9「山崎攻事付久我畷合戦事」。『梅松論』上。『正宗寺本北条系図』。『佐野本北条系図』。

23　名越教時(父：名越朝時，母：北条時房女)
1：嘉禎1(1235).　生(1)
2：建長6(1254).12.12　刑部少輔・叙爵(20)
3：康元1(1256).4.　引付衆(22)
4：弘長2(1262).1.19　中務権大輔(28)
5：文永2(1265).6.11　評定衆(31)
6：　3(1266).3.2　従五位上(32)
7：　7(1270).⑨.23　遠江守(36)
8：　9(1272).2.11　没(依二月騒動)(38)
［典拠］
父：分脈。
母：関評・文永9年条。
1：没年齢より逆算。
2：関評・文永9年条。
3：関評・康元元年条。
4：関評・文永9年条，弘長3年とす。弘長2年条，弘長2年とす。鏡では弘長3年正月1日条ですでに中務権大輔であるため，弘長2年ならん。
5：鏡・文永2年6月11日条。関評・文永2年条。
6：関評・文永9年条。
7：関評・文永7年・文永9年条。
8：関評・文永9年条。鎌記裏書・文永9年条。武記裏書・文永9年条。間記。大日記・文永9年条，10月1日とするも誤。

24　名越時基(父：名越朝時，母：未詳)
1：嘉禎2(1236).　生(1)
2：年月日未詳　刑部少輔
3：文永10(1273).6.21　引付衆(38)
4：弘安1(1278).3.16　評定衆(43)
5：　3(1280).11.　遠江守(45)
6：　6(1283).4.　三番引付頭人(48)
7：　7(1284).4.　出家(法名道西)(49)
8：永仁1(1293).6.5　辞三番引付頭人(58)
9：　2(1294).10.24　三番引付頭人(59)
10：　4(1296).1.12　二番引付頭人(61)
11：　5(1297).　三番引付頭人(62)
12：正安1(1299).4.1　辞三番引付頭人(64)
[典拠]
父：分脈。
1：出家時の年齢より逆算。
2：関評・文永10年条。
3：関評・文永10年条。
4：関評・弘安元年条。
5：関評・弘安3年条。
6：関評・弘安6年条。
7：関評・弘安7年条。年齢は『佐野本北条系図』に「弘安七年乙酉四月出家法名道西四十九才」とあるに拠る。
8：武記・永仁元年条。鎌記・永仁元年条。
9：武記・永仁2年条。鎌記・永仁2年条。
10：鎌記・永仁4年条。
11：鎌記・永仁5年条。
12：鎌記・正安元年条。

25　名越朝貞(父：名越時基，母：二階堂行久女)
生年未詳
1：正和4(1315).3.　在中務大輔
2：元弘3(1333).5.22　没
[典拠]
父：分脈。
母：『入来院平氏系図』(『入来院文書』〈『東大写真』〉)に「母常陸入道行日女」とある。
1：『公衡公記』正和4年3月16日条に載せる丹波長周注進状の3月8日鎌倉大火被災者の交名中に「遠江中務大輔(遠江入道道西子)」とあるのが，分脈の朝貞の官途と一致する。この交名の人びとは当時の鎌倉政権要路者ばかりであり，朝貞も当時，評定・引付衆に在職していた可能性がある。
2：太平記・巻10「高時并一門以下於東勝寺自害事」の「小町中務太輔朝実」は朝貞の誤記か。

26　極楽寺重時(父：北条義時，母：比企朝宗女)
1：建久9(1198).6.6　生(1)
2：承久2(1220).12.15　修理権亮(23)

3：貞応 2 (1223) . 4 .10　駿河守・叙爵(26)
4：元仁 1 (1224) .10.17　復任(27)
5：寛喜 2 (1230) . 3 .11　六波羅北方(33)
6：嘉禎 2 (1236) .11.22　従五位上(39)
7：　　3 (1237) .11.29　転相模守(40)
8：暦仁 1 (1238) . 7 .20　正五位下(41)
9：寛元 1 (1243) .⑦.27　従四位下(46)
10：　　2 (1244) . 6 .22　従四位上(47)
11：宝治 1 (1247) . 7 . 3　東下(50)
12：　　　　　. 7 .27　連署
13：建長 1 (1249) . 6 .14　陸奥守(52)
14：康元 1 (1256) . 3 .11　出家(法名観覚)・辞連署(59)
15：弘長 1 (1261) .11. 3　没(於・極楽寺別業)(64)

［典拠］
父：分脈。
母：鎌記・宝治元年条。
1：武記・宝治元年条。北次第。
2：鎌記・宝治元年条。関評・康元元年条。武記・宝治元年条。
3：鎌記・宝治元年条。関評・康元元年条。武記・宝治元年条，貞応 3 年とす。
4：関評・康元元年条。武記・宝治元年条。
5：鏡・寛喜 2 年 3 月11日条・ 4 月11日条。六次第。開闢。武記・寛喜 2 年条，異説として13日を載す。帝王・巻24，関評・康元元年条，鎌記・寛喜 2 年条・宝治元年条，北次第， 2 日とす。分脈， 3 月25日とす。大日記・寛喜 2 年条，時に23歳とす。
6：関評・康元元年条。武記・宝治元年条。
7：関評・康元元年条。武記・宝治元年条。開闢。鎌記・宝治元年条， 2 年11月21日とす。
8：関評・康元元年条。武記・宝治元年条。
9：関評・康元元年条。武記・宝治元年条，従四位上とす。鎌記・宝治元年条，22日とす。
10：鎌記・宝治元年条。関評・康元元年条。
11：鏡・宝治元年 7 月17日条。分脈。武記・寛喜 2 年条。開闢， 5 日とす。六次第，12日とす。鎌記・宝治元年条。関評・宝治元年条・康元元年条。北次第。
12：鏡・宝治元年 7 月27日条。鎌記・宝治元年条。関評・宝治元年条・康元元年条。武記・宝治元年条。
13：関評・建長元年条・康元元年条。武記・宝治元年条。大日記・宝治元年条。鎌記・宝治元年条，開闢，帝王・巻25， 4 日とす。
14：鏡・康元元年 3 月11日条。北次第。帝王・巻25，関評・康元元年条，法名親覚とす。分脈，武記・宝治元年条，大日記・康元元年条，開闢， 2 月とす。鎌記・宝治元年条，建長元年 8 月とす。
15：鏡・弘長元年11月 3 日条。分脈。鎌記・宝治元年条。関評・康元元年条。武記・宝治元年条・弘長元年条。鎌記裏書・弘長元年条。開闢。北次第。大日記・弘長元年(4 日とも)，帝王・巻25，23日とす。

27　赤橋長時(父：極楽寺重時，母：平時親女)
1：寛喜 2 (1230) . 2 .27　生(1)
2：寛元 3 (1245) .12.29　左近将監・叙爵(16)
3：宝治 1 (1247) . 7 .18　六波羅北方(18)
4：康元 1 (1256) . 3 .28　東下(27)

5：康元1(1256).6.23　評定衆(不経引付)
6：　　　　　.7.20　武蔵守(国務)
7：　　　　　.11.22　執権
8：正嘉2(1258).12.14　従五位上(29)
9：弘長2(1262).2.21　復任(33)
10：文永1(1264).7.3　出家(法名専阿)(35)
11：　　　　　.8.21　没

［典拠］

父：分脈。

母：鎌記・康元元年条。関評・文永元年条。

1：北次第。武記・康元元年条，寛喜元年とす。

2：関評・文永元年条。武記・康元元年条。鎌記・康元元年条，右近将監とす。

3：鏡・宝治元年7月18日条。武記・宝治元年条，寛元4年閏7月(異説4月)25日進発とす。大日記・宝治元年条，6日鎌倉を立つとす。分脈，6日上洛とす。開闢，名越時長と誤る。鎌記・康元元年条。関評・宝治元年条。北次第。

4：鎌記・康元元年条。関評・文永元年条。武記・宝治元年条，24日とす。分脈，5月24日下向とす。北次第，21日とす。帝王・巻25。開闢，寛元元年と誤記。

5：鎌記・康元元年条。関評・康元元年条。

6：鎌記・康元元年条。関評・康元元年条・文永元年条。武記・康元元年条。大日記・康元元年条。開闢。

7：鏡・康元元年11月22日条。分脈，武記・康元元年条，大日記・康元元年条，帝王・巻25，10月とす。開闢，10月1日とし，異説に10月22日および同24日政所始を載す。大日記・康元元年条，7月24日政所着座とす。北次第，11月とし，異説に10月22日を載せ，また7月24日「始着政所」とす。鎌記・康元元年条。関評・康元元年条・文永元年条。

8：鎌記・康元元年条。関評・文永元年条。武記・康元元年条。

9：関評・文永元年条。武記・康元元年条。鎌記・康元元年条，3日とす。

10：関評・文永元年条。武記・康元元年条。大日記・文永元年条。分脈，鎌記・康元元年条，帝王・巻26，開闢，北次第，2日とす。

11：関評・文永元年条。鎌記裏書・文永元年条。大日記・文永元年条。北次第。分脈，22日とす。武記・康元元年条，27日とす。鎌記・康元元年条，武記・康元元年条，開闢，帝王・巻26，没年齢36歳とす。

28　赤橋義宗(父：赤橋長時，母：未詳)

1：建長5(1253).　　　生(1)
2：文永5(1268).12.16　左近将監・叙爵(16)
3：　　8(1271).12.11　六波羅北方(19)
4：建治2(1276).12.4　東下(24)
5：　　3(1277).6.17　駿河守・評定衆(不経引付)(25)
6：　　　　　.8.17　没

［典拠］

父：分脈。

1：没年齢より逆算。

2：鎌記・文永8年条。関評・建治3年条。武記・文永8年条。六次第。

3：分脈。開闢，10日とす。関評・建治3年条。鎌記・文永8年条。武記・文永8年条。帝王・巻26。大日記・文永8年条，11月26日鎌倉出立とす。六次第，11月27日鎌倉出立とす。

4：分脈。開闢。六次第。帝王・巻26。関評・建治3年条。鎌記・文永8年条。武記・文永8年条。大日記・建治2年条。
5：建治・6月25日条。鎌記・文永8年条。関評・建治3年条。武記・文永8年条。六次第。
6：建治・8月17日条。鎌記・文永8年条。関評・建治3年条。武記・文永8年条。分脈。六次第，異説として10日を載す。

29 赤橋久時(父：赤橋義宗，母：未詳)

1：文永9(1272).		生(1)
2：正応1(1288)	.8.3	右馬助・叙爵(17)
3：　2(1289)	.⑩.6	刑部少輔(18)
4：永仁1(1293)	.4.4	六波羅北方(22)
5：　3(1295)	.8.8	従五位上(24)
6：	.12.29	越後守
7：　5(1297)	.6.18	東下(26)
8：　6(1298)	.4.9	評定衆(不経引付)(27)
9：正安3(1301)	.8.22	一番引付頭人(30)
10：乾元1(1302)	.2.18	二番引付頭人(31)
11：嘉元2(1304)	.3.6	寄合衆・官途奉行(33)
12：	.6.6	武蔵守
13：　3(1305)	.8.1	一番引付頭人(34)
14：徳治1(1306)	.6.12	正五位下(35)
15：　2(1307)	.1.28	辞一番引付頭人(36)
16：	.2.9	辞武蔵守
17：	.3.26	出家(法名因憲)
18：	.11.28	没

［典拠］
父：分脈。
1：没年齢より逆算。
2：鎌記・永仁元年条。武記・永仁元年条，右馬允とす。六次第，10月2日とし，異説に8月3日を載す。
3：鎌記・永仁元年条。六次第，10月7日とす。
4：『実躬卿記』永仁元年4月4日条。分脈。武記・永仁元年条。大日記・永仁元年条。開闢。六次第。帝王・巻27，3月20日とす。鎌記・永仁元年条，3月とす。
5：鎌記・永仁元年条。武記・永仁元年条，六次第，5日とす。
6：鎌記・永仁元年条。武記・永仁元年条。帝王・巻27。六次第。開闢，10月とす。
7：分脈。開闢。六次第。大日記・永仁5年条(翌日53歳で没と記すも誤)。鎌記・永仁元年条。武記・永仁元年条，5月18日とす。
8：鎌記・永仁元年条。
9：鎌記・正安3年条。六次第，9月とす。
10：鎌記・乾元元年条。
11：鎌記・永仁元年条。
12：鎌記・永仁元年条。六次第。
13：鎌記・嘉元3年条。
14：鎌記・永仁元年条。
15：鎌記・徳治2年条。

16：鎌記・永仁元年条。
17：鎌記・永仁元年条。六次第，法名「閑窓」とす。
18：鎌記・永仁元年条。六次第。武記・永仁元年条，4月とす。

30　赤橋守時(父：赤橋久時，母：北条宗頼女)

1：永仁3(1295).　生(1)
2：徳治2(1307).11.1　左近将監・叙爵(13)
3：応長1(1311).6.5　評定衆(不経引付)(17)
4：正和1(1312).12.30　従五位上(18)
5：　2(1313).7.26　一番引付頭人(19)
6：　4(1315).12.15　讃岐守・正五位下(21)
7：文保1(1317).12.27　二番引付頭人(23)
8：元応1(1319).2.18　武蔵守(25)
9：　.⑦.13　一番引付頭人
10：嘉暦1(1326).4.24　執権(32)
11：　.8.　転相模守
12：　2(1327).⑨.2　従四位下(33)
13：元弘1(1331).1.5　従四位上(37)
14：　3(1333).5.18　没(39)

［典拠］
父：分脈。
母：鎌記・嘉暦元年条。北次第，宗頼の子兼時の女とす。だが，永仁3年には兼時は32歳であり，その女が子を生む可能性は皆無でないにしても，無理があり，鎌記の方が信憑性が高いと判断される。
1：没年齢より逆算。
2：北次第。鎌記・嘉暦元年条，10月とす。
3：鎌記・嘉暦元年条。
4：鎌記・嘉暦元年条。北次第。
5：鎌記・正和2年条。鎌記・嘉暦元年条，正和4年とす。
6：北次第。
7：鎌記・文保元年条
8：北次第。鎌記・嘉暦元年条。
9：鎌記・元応元年条。
10：鎌記・嘉暦元年条。北次第。分脈，3月17日とす。
11：鎌記・嘉暦元年条。
12：鎌記・嘉暦元年条。北次第，嘉暦4年9月2日とす。
13：北次第。
14：北次第。太平記・巻10「赤橋相模守自害事付本間自害事」。分脈，16日とす。

31　赤橋英時(父：赤橋久時，母：未詳)

生年未詳
修理亮(将次第・元弘3年条『歴代鎮西志』8。『歴代鎮西要略』3)

1：元亨1(1321).12.6　在鎮西探題
2：元弘3(1333).5.25　没(於・鎮西)

［典拠］

父：分脈。
1：元亨元年12月6日付「関東御教書」(『益永文書』)の宛名「武蔵修理亮殿」が英時に比定され，探題在職が確認される。川添昭二氏『九州の中世世界』(海鳥社，1994年)162頁参照。『史料綜覧』，12月25日とするも根拠不明。
2：太平記・巻11「筑紫合戦事」。『歴代鎮西志』8。『歴代鎮西要略』3。『佐野本北条系図』。将次第・元弘3年条，27日とす。

32 常葉時茂(父：極楽寺重時，母：平時親女)
1：仁治2(1241).　　　生(1)
2：康元1(1256).4.27　六波羅北方(16)
3：正嘉1(1257).2.22　左近将監・叙爵(17)
4：文永4(1267).10.23　陸奥守(27)
5：　　7(1270).1.27　没(於・京都)(30)
［典拠］
父：分脈。
母：鎌記・康元元年条。武記・康元元年条。『野辺本北条系図』(『野辺文書』)，「女房備後局」とす。
1：没年齢より逆算。
2：鏡・康元元年4月13日条・27日条。分脈，6月6日とす。開闢，武記・康元元年条，大日記・康元元年条，6月入洛とす。
3：鎌記・康元元年条。開闢。武記・康元元年条，27日とす。六次第，6月とす。
4：鎌記・康元元年条。武記・康元元年条。開闢。帝王・巻26。六次第。
5：鎌記・康元元年条。武記・康元元年条・文永7年条。開闢。帝王・巻26。六次第。分脈，31歳とす。

33 常葉時範(父：常葉時茂，母：北条政村女)
1：正元1(1259).　　　生(1)
2：弘安8(1285).3.11　左馬助・叙爵(27)
3：　　10(1287).1.　　引付衆(29)
4：正応1(1288).11.18　備前守(30)
5：永仁5(1297).7.16　従五位上(39)
6：嘉元1(1303).12.14　六波羅北方(45)
7：　　2(1304).6.6　遠江守(46)
8：徳治2(1307).1.29　正五位下(49)
9：　　　　.8.14　没(於・京都)
［典拠］
父：分脈。
母：鎌記・嘉元元年条。
1：没年齢より逆算。
2：鎌記・嘉元元年条。
3：鎌記・嘉元元年条。
4：鎌記・嘉元元年条。
5：鎌記・嘉元元年条。
6：鎌記・嘉元元年条。開闢。武記・嘉元元年条，15日とす。大日記・嘉元元年条，11月21日とす。分脈，30日上洛とす。開闢，29日入洛とす。
7：鎌記・嘉元元年条。開闢。

8：鎌記・嘉元元年条。
9：分脈。鎌記・嘉元元年条。武記・嘉元元年条，11日65歳とす。開闢，没年齢を44歳とす。大日記・延慶元年条，延慶元年4月18日38歳とす。『佐野本北条系図』延慶元年4月14日(異説，18日)38歳とす。

34 常葉範貞(父：常葉時範，母：未詳)
生年未詳
1：嘉元2(1304).10.2　左近将監・叙爵
2：正和4(1315).7.26　引付衆
3：　5(1316).11.23　従五位上
4：元応2(1320).12.　評定衆
5：元亨1(1321).11.21　六波羅北方
6：正中2(1325).10.26　越後守
7：嘉暦3(1328).6.29　正五位下
8：元徳1(1329).12.13　転駿河守
9：　2(1330).11.2　東下
10：　.12.2　三番引付頭人
11：元弘3(1333).5.22　没
［典拠］
父：分脈。
1：鎌記・元亨元年条。
2：鎌記・元亨元年条。
3：鎌記・元亨元年条。
4：鎌記・元亨元年条。
5：大日記・元亨元年条。開闢。鎌記・元亨元年条。分脈，開闢，12月7日上洛とす。
6：鎌記・元亨元年条。開闢。
7：鎌記・元亨元年条。
8：鎌記・元亨元年条。開闢。武記・元亨元年条，10月20日とす。
9：分脈。開闢，9日とす。武記・元亨元年条，10月2日とす。
10：鎌記・元徳2年条。
11：太平記・巻10「高時幷一門以下於東勝寺自害事」。

35 塩田義政(本名：時景)(父：極楽寺重時，母：家女房少納言局)
1：仁治3(1242).　生(1)
2：正元1(1259).4.17　左近将監・叙爵(18)
3：弘長2(1262).2.21　復任(21)
4：文永2(1265).6.11　引付衆(24)
5：　3(1266).3.6　辞引付衆(為引付廃止)(25)
6：　4(1267).11.　評定衆(26)
7：　6(1269).4.27　三番引付頭人(28)
8：　7(1270).5.20　駿河守(29)
9：　10(1273).6.8　連署(32)
10：　.6.17　始参評定
11：　.7.1　武蔵守・着政所
12：建治2(1276).2.26　復任(35)

13：建治3(1277).4.4　出家(依病)(法名政義)(36)
14：　　　　　　.5.22　遁世・逐電(始詣信濃国善光寺)
15：　　　　　　.6.　所帯収公
16：弘安4(1281).11.27　没(於・信濃国塩田荘)(40)

［典拠］
父：分脈。
母：『関東往還記』弘長2年6月20日条。北次第。『野辺本北条系図』(『野辺文書』)。『前田本平氏系図』。
本名：開闔。大日記・文永10年条。
1：没年齢より逆算。北次第，寛元元年正月3日とす。
2：鎌記・文永10年条。関評・建治3年条。武記・文永10年条，2月26日とす。
3：鎌記・文永10年条。関評・建治3年条。
4：鏡・文永2年6月11日条。関評・文永2年条。
5：鏡・文永3年3月6日条。関評・文永3年条。
6：関評・文永4年条。
7：関評・文永6年条。
8：鎌記・文永10年条。関評・文永7年条・建治3年条。武記・文永10年条。
9：鎌記・文永10年条。関評・文永10年条・建治3年条。開闔。北次第。『前田本平氏系図』。分脈，17日とす。帝王・巻26，8月8日とす。
10：関評・文永10条。大日記・文永10年条，北次第，同日「加判」とす。
11：鎌記・文永10年条。関評・文永10条・建治3年条。武記・文永10年条。帝王・巻26。北次第，7月3日「初着政所」とす。開闔，政所始を3月とす。大日記・文永10年条，11日とし，3月「着座政所」とす。
12：鎌記・文永10年条。関評・建治3年条。
13：建記・4月4日条。鎌記・文永10年条。関評・建治3年条。帝王・巻26。武記・文永10年条。開闔，法名「道義」とす。大日記・建治3年条，法名「通義」とす。分脈，6日とし，法名「正義」とす。北次第，30日とす。
14：建記・6月2日条・同5日条。関評・建治3年条。鎌記・文永10年条，大日記・建治3年条，北次第，28日とす。
15：鎌記・文永10年条。関評・建治3年条。北次第。
16：鎌記・文永10年条。関評・建治3年条。帝王・巻26。開闔。分脈，28日とす。武記・文永10年条，8日(異説，28日)とす。大日記・建治3年条，28日とす。北次第，29日，30歳とす。

36　塩田国時(父：塩田義政，母：未詳)
生年未詳
陸奥守(分脈)
法名教覚(分脈。太平記・巻10「塩田父子自害事」，「道祐」とす)
1：徳治2(1307).1.28　二番引付頭人
2：応長1(1311).10.25　一番引付頭人
3：正和2(1313).7.26　辞一番引付頭人
4：元弘3(1333).5.22　没

［典拠］
父：分脈。
1：鎌記・徳治2年条。
2：鎌記・応長元年条。

3：鎌記・正和2年条。
4：太平記・巻10「塩田父子自害事」。

37　塩田藤時(父：塩田国時，母：未詳)
生年未詳
左近大夫将監(『前田本平氏系図』。『正宗寺本北条系図』。『佐野本北条系図』)
1：嘉暦1(1326).3.16　在評定衆
2：元弘3(1333).5.22　没
［典拠］
父：『前田本平氏系図』。『正宗寺本北条系図』。『佐野本北条系図』。
1：金文374。職員表・嘉暦元年条の佐藤氏の考証参照。
2：『正宗寺本北条系図』。『佐野本北条系図』。

38　塩田俊時(父：塩田国時，母：未詳)
生年未詳
中務大輔(分脈。金文443。太平記・巻10「塩田父子自害事」，民部大輔とす)
1：元徳1(1329).11.11　評定衆
2：元弘1(1331).1.23　四番引付頭人
3：　3(1333).5.22　没
［典拠］
父：分脈。
1：金文443。
2：鎌記・元弘元年条。
3：太平記・巻10「塩田父子自害事」。

39　塩田時春(また時治)(父：塩田義政，母：未詳)
生没年未詳
越後守(分脈。『佐野本北条系図』。『前田本平氏系図』，備前守とす)
従五位下(分脈)
1：元亨2(1322).7.12　三番引付頭人
2：嘉暦1(1326).3.　出家(法名道順)
3：　2(1327).4.17　二番引付頭人
4：元徳2(1330).12.2　辞二番引付頭人
［典拠］
父：分脈。
名：鎌記など「時春」とす。分脈，『前田本平氏系図』，『正宗寺本北条系図』など「時治」とす。
1：鎌記・元亨2年条。
2：『南朝編年記略』1・嘉暦元年5月13日条の引付頭人に「遠江左近将監平時春入道道順(三番。故駿河守義政二男。塩田)」とあり，これは鎌記・同年条と一致。また，鎌記によれば元亨2年7月12日の三番頭人に「時春」があり，4年後の嘉暦元年5月13日に三番頭人「道順」があるのであるから，「道順」は「時春」が出家したものであることは首肯されよう。出家年次は職員表・嘉暦元年条の推定のごとく，高時に従ったものであろう。だが，『南朝編年記略』の「時春入道道順」の通称「遠江左近将監」は駿河守であった義政の子としては，いささか異様である。佐藤進一氏は職員表・元応2年条で，上記『南朝編年記略』とともに『前田本平氏系図』にある名越時幸の子「時春(母駿河守有時女。太郎)」を掲げ，「遠江守経歴者は塩田家には見られず，却っ

て名越家に多いことを考えると，時春はあるいは右系図のいう如く名越家の人かもしれない」としている。名越時幸は寛元 4 (1246)年 6 月 1 日宮騒動に際し，自刃しているから，この人の子供であれば，嘉暦元年には最低でも80歳以上になる。それまで幕府要職に就いていないこのような高齢者が高時政権になって突然登用されるとは考え難く，それまでの得宗の出家・卒去に従わずに高時の出家に従ったというのも不自然であろう。少なくとも，この時春は『前田本平氏系図』の時幸の子時春ではないであろう。するとこの人に該当する北条氏の人は分脈・『前田本平氏系図』で塩田義政の子にある時治(トキハル)ということになる。これは『南朝編年記略』の上記記事と系統が一致する。よって，通称に多少問題はあるものの，ここでは『南朝編年記略』に従っておく。

3：鎌記・嘉暦 2 年条。

4：鎌記・元徳 2 年条。

40 普音寺業時(父：極楽寺重時，母：家女房筑前局)

1：仁治 2 (1241).　　　生(1)
2：正元 1 (1259). 4 .17　弾正少弼・叙爵(19)
3：　　　　　　. 7 .27　兼左馬権助
4：弘長 2 (1262). 2 .21　復任(22)
5：文永 2 (1265). 6 .11　引付衆(25)
6：　　3 (1266). 3 . 6　辞引付衆(為引付廃止)(26)
7：　　6 (1269). 4 .27　引付衆(29)
8：建治 2 (1276). 3 .　評定衆(36)
9：　　　　　　. 4 .14　辞左馬権助
10：　　3 (1277). 5 .18　兼越後守(37)
11：　　　　　　. 8 .29　三番引付頭人
12：弘安 3 (1280).11. 4　転駿河守(40)
13：　　4 (1281).10.　一番引付頭人(41)
14：　　6 (1283). 4 .16　連署(43)
15：　　　　　　. 7 .20　従五位上
16：　　　　　　. 9 .26　正五位下
17：　　7 (1284). 8 . 8　陸奥守(44)
18：　　10(1287). 6 .18　出家(法名鑑忍)(47)
19：　　　　　　. 6 .26　没

［典拠］

父：分脈。

母：北次第。『野辺本北条系図』(『野辺文書』)，「女房備後局」とす。

1：没年より逆算。北次第，仁治 3 年とす。

2：鎌記・弘安 6 年条。武記・弘安 6 年条。

3：鎌記・弘安 6 年条。

4：鎌記・弘安 6 年条，「弘安」とするも弘長の誤ならん。

5：鏡・文永 2 年 6 月11日条。関評・文永 2 年条。

6：鏡・文永 3 年 3 月 6 日条。関評・文永 3 年条。

7：関評・文永 6 年条。

8：関評・建治 2 年条。

9：鎌記・弘安 6 年条。関評・建治 2 年条。

10：鎌記・弘安 6 年条。関評・建治 3 年条。武記・弘安 6 年条。建記・5 月 5 日条・5 月30日条。

11：建記・8月29日条。関評・建治3年条(二番とするが，三番の誤)。
12：鎌記・弘安6年条。関評・弘安3年条。武記・弘安6年条。
13：関評・弘安4年条。
14：鎌記・弘安6年条。関評・弘安6年条。帝王・巻26，14日とす。分脈，2月14日とす。北次第，2月14日とし，25日評定始，3月3日判形始，5月28日着政所とす。開闢，弘安2年4月14日(異説，弘安6年2月14日)とし，25日評定始，6月28日政所始とす。
15：鎌記・弘安6年条。
16：鎌記・弘安6年条。
17：鎌記・弘安6年条。関評・弘安6年条。武記・弘安6年条。開闢。帝王・巻26。大日記・弘安7年条。
18：分脈。北次第。帝王・巻26。開闢。鎌記・弘安6年条，8日とす。武記・弘安6年条，18日(異説4日)とす。法名，武記・弘安6年条，北次第，鑒忍とす。開闢，覚忍とす。
19：分脈。鎌記・弘安6年条。武記・弘安6年条。北次第。開闢。帝王・巻26。鎌記裏書・弘安10年条。

41　普音寺時兼(父：普音寺業時，母：未詳)
尾張守(分脈)
従五位下(分脈)

1：文永3(1266).　生(1)
2：弘安9(1286).6.　四番引付頭人(21)
3：永仁1(1293).6.5　辞四番引付頭人(28)
4：　3(1295).3.　在評定衆(30)
5：　4(1296).6.14　没(31)

［典拠］
父：分脈。
1：没年齢より逆算。
2：鎌記・弘安9年条。
3：武記・永仁元年条。鎌記・永仁元年条。
4：永記・3月2日条「尾州」，鎌記裏書・永仁3年7月10日条「尾張前司時兼」。職員表・永仁3年条参照。
5：分脈。

42　普音寺基時(父：普音寺時兼，母：未詳)

1：弘安9(1286).　生(1)
2：正安1(1299).11.4　左馬助・叙爵(14)
3：　3(1301).6.7　六波羅北方(16)
4：嘉元1(1303).10.20　東下(18)
5：　2(1304).6.6　越後守(19)
6：　.8.25　従五位上
7：　3(1305).8.22　三番引付頭人(20)
8：徳治1(1306).2.21　讃岐守(21)
9：延慶1(1308).11.8　正五位下(23)
10：　2(1309).3.15　四番引付頭人(24)
11：　3(1310).2.18　三番引付頭人(25)
12：応長1(1311).10.25　二番引付頭人(26)

13：正和 2 (1313). 7 .26　辞二番引付頭人(28)
14：　　3 (1314). 9 .21　辞讃岐守(29)
15：　　4 (1315). 7 .12　執権(30)
16：　　　　. 7 .13　評定始
17：　　　　. 7 .26　相模守
18：　　5 (1316). 6 .23　政所着座(31)
19：　　　　. 7 . 9　辞執権
20：　　　　.11.19　出家(法名信忍)
21：元弘 3 (1333). 5 .22　没(48)

［典拠］

父：分脈。
1 ：没年齢より逆算。
2 ：北次第。六次第。
3 ：鎌記・正安 3 年条。開闢。帝王・巻27，17歳とす。六次第，21日入洛17歳とす。分脈，23日上洛とす。北次第。
4 ：鎌記・正安 3 年条。開闢。六次第，10月 8 日関東下向とす。武記・正安 3 年条， 7 月 9 日下向とす。分脈，大日記・嘉元元年条，10月 9 日関東下向とす。北次第，10月10日とす。
5 ：鎌記・正安 3 年条。
6 ：北次第。六次第。
7 ：鎌記・嘉元 3 年条。
8 ：北次第。
9 ：北次第。
10：鎌記・延慶 2 年条。
11：鎌記・延慶 3 年条。
12：鎌記・応長元年条。
13：鎌記・正和 2 年条。
14：北次第。
15：武記・正和 4 年条。大日記・正和 4 年条。分脈，北次第，11日とす。鎌記・正和 4 年条， 8 月12日とす。開闢， 8 月12日とす。
16：武記・正和 4 年条。
17：大日記・正和 4 年条。開闢。武記・正和 4 年条， 7 月12日とす。北次第， 4 月 6 日とす。
18：北次第。
19：北次第。武記・正和 4 年条， 7 月10日とす。大日記・正和 5 年条，10月 1 日とす。
20：北次第。武記・正和 4 年条，開闢， 7 月20日とす。大日記・正和 5 年条，10月18日法名「観恩」とす。
21：太平記・巻10「信忍自害事」。開闢。北次第。『佐野本北条系図』，62歳とす。

43　普音寺仲時(父：普音寺基時，母：未詳)

弾正少弼(分脈)
越後守(分脈)
従五位下(分脈)

1 ：徳治 1 (1306).　　　生(1)
2 ：元徳 2 (1330).12.27　六波羅北方(25)
3 ：元弘 3 (1333). 5 . 9　没(28)

［典拠］

父：分脈。
1：没年より逆算。
2：分脈。武記・元弘元年条。開闢。
3：『近江国番場宿蓮華寺過去帳』。太平記・巻9「越守仲時已下自害事」。分脈，7日とす。開闢，8日とす。

44　極楽寺忠時(父：極楽寺重時，母：未詳)
1：建長1(1249).　　　生(1)
2：建治3(1277).12.12　左近将監・叙爵(29)
3：弘安4(1281).11.11　引付衆(33)
4：　7(1284).10.2　没(36)
［典拠］
父：関評・弘安7年条。『前田本平氏系図』。『正宗寺本北条系図』。
1：没年齢より逆算。
2：関評・弘安7年条。
3：関評・弘安4年条。
4：関評・弘安7年条。

45　北条政村(父：北条義時，母：伊賀朝光女)
1：元久2(1205).6.22　生(1)
2：寛喜2(1230).1.13　常陸大掾(26)
3：　.①.4　式部少丞
4：　.10.20　叙爵
5：嘉禎2(1236).3.4　右馬助(32)
6：　.4.14　右馬権頭
7：　3(1237).9.15　従五位上(33)
8：暦仁1(1238).8.28　正五位下(34)
9：延応1(1239).　　評定衆(35)
10：仁治1(1240).4.5　辞右馬権頭(36)
11：寛元2(1244).6.22　従四位下(40)
12：建長1(1249).12.9　一番引付頭人(45)
13：康元1(1256).3.30　連署(52)
14：　.4.5　陸奥守
15：正嘉1(1257).5.7　賜越後国々務(53)
16：　.6.12　相模守
17：文永1(1264).8.5　執権(60)
18：　.12.22　従四位上
19：　2(1265).3.28　左京権大夫(61)
20：　3(1266).3.2　正四位下(62)
21：　5(1268).3.5　連署(64)
22：　10(1273).5.18　出家(法名覚崇)(69)
23：　.5.27　没
［典拠］
父：分脈。
母：鏡・元久2年6月22日条。鎌記・康元元年条。関評・文永10年条。武記・康元元年条。北次第。

1：鏡・元久2年6月22日条。北次第。武記・康元元年条。
2：関評・文永10年条。鎌記・康元元年条，4月とす。
3：鎌記・康元元年条。関評・文永10年条。武記・康元元年条。
4：鎌記・康元元年条。関評・文永10年条，15日とす。武記・康元元年条，25日とす。
5：鎌記・康元元年条。関評・文永10年条。武記・康元元年条。
6：鎌記・康元元年条。関評・文永10年条。武記・康元元年条，22歳とす。
7：鎌記・康元元年条。関評・文永10年条。武記・康元元年条，25日とす。
8：鎌記・康元元年条。関評・文永10年条。武記・康元元年条。
9：鎌記・康元元年条。関評・延応元年条。
10：鎌記・康元元年条。関評・仁治元年条・文永10年条。武記・康元元年条。
11：鎌記・康元元年条。関評・文永10年条。武記・康元元年条，23日とす。
12：関評・建長元年条。鎌記・康元元年条，11月13日とす。
13：鏡・康元元年3月30日条。鎌記・康元元年条。関評・康元元年条・文永10年条。北次第，26日評定出仕始，4月5日「着始政所」とす。開闢。大日記・正嘉元年条，7日とす。分脈，14日とす。
14：鎌記・康元元年条。関評・康元元年条・文永10年条。武記・康元元年条。開闢。大日記・正嘉元年条，4月5日とす。
15：関評・文永10年条。北次第。
16：鎌記・康元元年条。関評・正嘉元年条・文永10年条。開闢，異説に22日を載す。武記・康元元年条，22日とす。大日記・正嘉元年条，23日とす。
17：鎌記・康元元年条。帝王・巻26。北次第。開闢。関評・文永10年条(文永元年条，11日とす)。
18：鎌記・康元元年条。関評・文永10年条，大日記・正嘉元年条，21日とす。武記・康元元年条，28日とす。
19：関評・文永2年条・文永10年条。武記・康元元年条。帝王・巻26。大日記・正嘉元年条。開闢，異説に20日を載す。鎌記・康元元年条，右京権大夫とす。
20：鎌記・康元元年条。関評・文永10年条。大日記・正嘉元年条。北次第。武記・康元元年条，2年とす。
21：関評・文永5年条・文永10年条。帝王・巻26。開闢。北次第。
22：分脈。鎌記・康元元年条。武記・文永10年条。大日記・正嘉元年条。帝王・巻26。北次第。関評・文永10年条，開闢，「覚宗」とす。武記・康元元年条，「覚宗」とし，異説に「観覚」を載す。
23：鎌記・康元元年条。関評・文永10年条。武記・康元元年条・文永10年条。大日記・正嘉元年条。帝王・巻26。北次第。鎌記裏書・文永10年条。開闢。分脈，21日とす。

46 北条時村(元・時遠)(父：北条政村，母：三浦重澄女)

1：	仁治3(1242).	生(1)
2：	弘長2(1262).1.19	左近将監・叙爵(21)
3：	文永6(1269).4.27	引付衆(28)
4：	7(1270).10.	評定衆(29)
5：	8(1271).7.8	陸奥守(30)
6：	10(1273).6.25	二番引付頭人(32)
7：	建治3(1277).8.29	止二番引付頭人(36)
8：	.12.22	六波羅北方
9：	弘安5(1282).7.14	辞陸奥守(41)
10：	.8.23	武蔵守
11：	6(1283).9.12	従五位上(42)
12：	7(1284).8.8	正五位下(43)

13：弘安10(1287).8.14　東下(46)
14：　　　　　　.12.24　一番引付頭人
15：正応2(1289).5.　寄合衆(48)
16：　　　　　　.8.7　従四位下
17：永仁1(1293).10.20　執奏(52)
18：　　2(1294).10.24　一番引付頭人(53)
19：正安3(1301).8.23　連署(60)
20：嘉元1(1303).11.17　兼左京権大夫(62)
21：　　2(1304).6.6　辞武蔵守(63)
22：　　3(1305).4.23　没(64)

［典拠］
父：分脈。
母：『北条系図』(続類従・系図部)。纂要「北条」。『浅羽本北条系図』。『佐野本北条系図』。『三浦系図』(続類従・系図部)，三浦胤義女とす。
本名：大日記・弘安元年条。
1：没年齢より逆算。
2：鎌記・正安3年条。関評・建治3年条。武記・弘安元年条(「弘安」と誤記)。
3：関評・文永6年条。
4：関評・文永7年条。
5：鎌記・正安3年条。関評・文永8年条・建治3年条。
6：関評・文永10年条。
7：建記・8月29日条。関評・建治3年条。
8：建記・12月21日条。開闔。鎌記・建治3年条・正安3年条，関評・建治3年条，北次第，21日とす。武記・弘安元年条，23日鎌倉出立とし，弘安元年2月21日事始とす。六次第，13日(異説12日)鎌倉出立とす。分脈，弘安元年5月16日とす。大日記・弘安元年条，12月23日とす。
9：関評・建治3年条。鎌記・正安3年条。
10：鎌記・建治3年条・正安3年条。関評・建治3年条。大日記・弘安元年条，弘安4年とす。
11：鎌記・正安3年条。関評・建治3年条。
12：関評・建治3年条。
13：分脈。関評・建治3年条。武記・弘安10年条。開闔。六次第。北次第，22日とす。鎌記・正安3年条，弘安6年9月18日とす(建治3年条は弘安10年8月とす)。
14：鎌記・弘安10年条。
15：鎌記・正安3年条。
16：鎌記・正安3年条。関評・建治3年条。
17：武記・永仁元年条。鎌記・永仁元年条。
18：武記・永仁2年条。鎌記・永仁2年条。
19：鎌記・正安3年条。帝王・巻27。開闔。大日記・正安3年条(10月25日政所始とす)。分脈，武記・正安3年条，関評・建治3年条，北次第，22日とす。
20：開闔。鎌記・正安3年条，嘉元2年とするも誤記ならん。
21：鎌記・正安3年条。開闔。
22：間記。分脈。鎌記・正安3年条。武記・正安3年条。関評・建治3年条。大日記・嘉元3年条。鎌記裏書・嘉元3年条。開闔(65歳とも)。北次第。
※高橋慎一朗氏「北条時村と嘉元の乱」(『日本歴史』553，1994年)。

47　北条煕時(元・貞泰)(父：北条為時，母：未詳)

1：弘安2(1279).　生(1)
2：永仁1(1293).7.20　左近将監・叙爵(15)
3：　3(1295).　引付衆(17)
4：　6(1298).12.9　小侍所(20)
5：正安1(1299).2.28　従五位上(21)
6：　3(1301).8.22　評定衆(23)
7：　.8.25　四番引付頭人
8：乾元1(1302).11.18　右馬権頭(24)
9：　.9.11　六番引付頭人
10：嘉元2(1304).9.25　五番引付頭人(26)
11：　.12.7　四番引付頭人
12：　3(1305).8.1　三番引付頭人(27)
13：　.8.22　二番引付頭人
14：同年　京下奉行
15：徳治1(1306).6.12　正五位下(28)
16：　2(1307).1.28　一番引付頭人(29)
17：　.2.9　武蔵守
18：延慶2(1309).4.9　寄合衆(31)
19：応長1(1311).10.3　連署・評定始(33)
20：　.10.24　相模守
21：正和1(1312).6.2　執権(34)
22：　4(1315).7.12　出家(法名道常)(37)
23：　.7.19　没

［典拠］
父：分脈。
本名：鎌記・応長元年条。北次第。
1：没年齢より逆算。
2：鎌記・応長元年条。北次第。
3：永記・7月12日条「左親衛」。鎌記・応長元年条。
4：鎌記・応長元年条。
5：鎌記・応長元年条。北次第，正月28日，2月21日両説を載す。
6：鎌記・応長元年条。
7：鎌記・応長元年条。同書・正安3年条は引付改編を8月22日とす。職員表・同年条の佐藤氏の考証参照。
8：鎌記・応長元年条。北次第，11日とす。
9：鎌記・乾元元年条。
10：鎌記・嘉元2年条。
11：鎌記・嘉元2年条。
12：鎌記・嘉元3年条。
13：鎌記・嘉元3年条。
14：鎌記・応長元年条。
15：鎌記・応長元年条。北次第，年脱，異説に5月を載す。
16：鎌記・徳治2年条。
17：鎌記・応長元年条。武記・応長元年条。北次第。
18：鎌記・応長元年条。金文324。

19：分脈。鎌記・応長元年条。開闢。北次第，13日とす。評定始，北次第に拠る。大日記・応長元年条，12月12日「以来加判」とす。
20：鎌記・応長元年条。開闢，北次第，26日とす。
21：鎌記・応長元年条。開闢。武記・応長元年条，3日とす。北次第，7月とす。
22：大日記・正和4年条。鎌記・応長元年条，開闢，8月12日とす。
23：大日記・正和4年条。武記・応長元年条，鎌記裏書・正和4年条，7月18日とす。鎌記・応長元年条，8月19日とす。開闢，8月8日とす(9月4日33歳とも)。分脈，8月9日78歳とす。北次第，38歳とす。

48　北条茂時(父：北条煕時，母：北条貞時女)
生年未詳
小侍所別当(纂要)

1：文保1(1317).7.29　左近将監・叙爵
2：嘉暦1(1326).5.13　一番引付頭人
3：　.9.4　右馬権頭
4：元徳1(1329).12.24　正五位下
5：　2(1330).7.7　連署
6：元弘3(1333).5.22　没

［典拠］
父：分脈。
母：北次第。
1：北次第。
2：鎌記・嘉暦元年条。
3：北次第。
4：北次第。
5：北次第。武記・元徳2年条，19日評定始とす。大日記・元徳2年条，9日「加判。評定始」とす。纂要，9日「加判」とす。
6：分脈。太平記・巻10「高時并一門以下於東勝寺自害事」。北次第，21日とす。

49　北条政長(父：北条政村，母：未詳)
式部大夫(関評・弘安元年条)
正五位下(分脈)

1：建長2(1250).　生(1)
2：弘安1(1278).3.16　引付衆(29)
3：　7(1284).1.　評定衆(35)
4：　.8.　駿河守
5：　9(1286).6.　五番引付頭人(37)
6：永仁1(1293).6.5　辞五番引付頭人(44)
7：正安3(1301).7.14　没(52)

［典拠］
父：分脈。
1：没年齢より逆算。
2：関評・弘安元年条。
3：関評・弘安7年条。
4：関評・弘安7年条。

5：鎌記・弘安9年条。
6：武記・永仁元年条。鎌記・永仁元年条。
7：分脈。

50 北条時敦(父：北条政長，母：長井時秀女)

1：弘安4(1281).　生(1)
2：正安1(1299).6.27　修理権亮・叙爵(19)
3：嘉元1(1303).4.　左近将監(23)
4：徳治1(1306).8.10　引付衆(26)
5：　2(1307).12.2　兼弾正少弼(27)
6：延慶3(1310).5.11　従五位上(30)
7：　.7.25　六波羅南方
8：　.8.13　越後守
9：正和4(1315).6.27　転六波羅北方(35)
10：元応2(1320).5.24　没(於・京都)(40)

［典拠］
父：分脈。
母：鎌記・延慶3年条。
1：没年齢より逆算。
2：鎌記・延慶3年条。
3：鎌記・延慶3年条。
4：鎌記・延慶3年条。
5：鎌記・延慶3年条。
6：鎌記・延慶3年条。
7：鎌記・延慶3年条。武記・応長元年条，応長元年に掛くも，日付一致，8月18日入洛とす。開闔，8月12日入洛とす。
8：鎌記・延慶3年条。開闔。
9：武記・正和4年条。開闔。鎌記・延慶3年条，「維貞上洛之後，移北方」とす。
10：鎌記・延慶3年条。武記・応長元年条。開闔。『佐野本北条系図』。

51 北条時益(父：北条時敦，母：未詳)

生年未詳
左近将監(分脈)
従五位下(分脈)
1：元徳2(1330).7.　六波羅南方
2：元弘3(1333).5.7　没

［典拠］
父：分脈。
1：武記裏書・元徳2年条，7月20日上洛進発とす。大日記・元弘元年条，7月21日鎌倉出立とす。開闔，7月19日鎌倉出立，8月7日入洛とす。将次第・元徳2年条，「七月廿一日立鎌倉，住南方」とす。纂要，7月21日六波羅南方とす。分脈，8月26日上洛とす。武記・元弘元年条，「元徳二十八七上洛」とあり，8月7日上洛の誤記ならん。
2：太平記・巻10「主上・々皇御沈落事」。開闔。大日記・正慶2年条。纂要。分脈，7日没落，9日自害とす。

52　伊具有時(父：北条義時，母：伊佐朝政女)

1：正治2(1200).　生(1)
2：貞応1(1222).12.21　大炊助(23)
3：貞永1(1232).6.29　叙爵・民部少輔(33)
4：嘉禎3(1237).7.13　従五位上・辞民部少輔(38)
5：　.11.29　駿河守
6：仁治2(1241).6.7　正五位下(42)
7：同年　評定衆
8：寛元1(1243).　以後依所労不出仕(44)
9：文永7(1270).3.1　出家(法名蓮忍)・没(71)

[典拠]

父：分脈。
母：関評・寛元元年条(貞永元年条に錯入)。
1：没年齢より逆算。
2：関評・寛元元年条(貞永元年条に錯入)。
3：関評・寛元元年条(貞永元年条に錯入)。
4：関評・寛元元年条(貞永元年条に錯入)。
5：関評・寛元元年条(貞永元年条に錯入)。
6：関評・寛元元年条(貞永元年条に錯入)。
7：関評・仁治2年条。
8：関評・寛元元年条(貞永元年条に錯入)。鏡・仁治2年11月30日条に「今日，駿河守有時雖辞申評定衆，無許容云々」とあり，寛元元年3月19日条まで，活動が確認される。
9：関評・寛元元年条(貞永元年条に錯入)。『佐野本北条系図』，2日とす。

53　伊具斎時(元・時高)(父：伊具通時，母：未詳)

駿河守(分脈)

1：弘長2(1262)　生(1)
2：嘉元1(1303).4.11　七番引付頭人(42)
3：　2(1304).9.25　六番引付頭人(43)
4：　.12.7　五番引付頭人
5：　3(1305).8.1　四番引付頭人(44)
6：延慶2(1309).1?　改名(斎時)(48)
7：　.3.15　五番引付頭人
8：　.8.　四番引付頭人
9：応長1(1311).10.25　三番引付頭人(50)
10：正和2(1313).7.26　二番引付頭人(52)
11：文保1(1317).12.27　辞二番引付頭人(56)
12：元徳1(1329).9.3　没(68)

[典拠]

父：分脈。
改名：分脈。
1：没年齢より逆算。
2：鎌記・嘉元元年条。
3：鎌記・嘉元2年条。
4：鎌記・嘉元2年条。

5：鎌記・嘉元3年条。
6：鎌記によれば，徳治2(1307)年正月28日の引付改編までは「時高」，延慶2(1309)年3月15日の引付改編では「斎時」とされており，斎時の改名はこの期間である。おそらく，延慶2年正月21日の高時元服に際して改名したものであろう。
7：鎌記・延慶2年条。
8：鎌記・延慶2年条。「八月止熈時頭」とあり，一番頭人北条熈時が罷免されているので，残りの頭人が繰り上がったと推定される。
9：鎌記・応長元年条。
10：鎌記・正和2年条。
11：鎌記・文保元年条。
12：常楽記・嘉暦4年9月3日条。

54 金沢実時(父：金沢実泰，母：天野政景女)

1：元仁1(1224).　生(1)
2：文暦1(1234).6.30　小侍所別当(11)
3：暦仁1(1238).3.18　掃部助・宣陽門院蔵人(15)
4：建長4(1252).4.30　引付衆(29)
5：　5(1253).2.　評定衆(30)
6：　7(1255).12.13　越後守・叙爵(32)
7：康元1(1256).4.29　三番引付頭人(33)
8：文永1(1264).6.16　二番引付頭人(41)
9：　.10.25　越訴頭人
10：　2(1265).6.27　従五位上(42)
11：　3(1266).3.6　辞二番引付頭人(為引付廃止)(43)
12：　4(1267).4.　辞越訴頭人(44)
13：　6(1269).4.27　二番引付頭人(46)
14：　10(1273).6.25　一番引付頭人(50)
15：建治1(1275).5.　篭居(武蔵国六浦，依所労)(52)
16：　2(1276).10.23　没(於・六浦別業)(53)

［典拠］
父：分脈。
母：関評・建治2年条。
1：没年齢より逆算。
2：鏡・文暦元年6月30日条。
3：関評・建治2年条。
4：鏡・建長4年4月30日条。関評・建長4年条。
5：関評・建長5年条。
6：関評・建長7年条・康元元年条・建治2年条。
7：鏡・康元元年4月29日条。関評・康元元年条。
8：関評・文永元年条。
9：関評・文永元年条。
10：関評・建治2年条。
11：鏡・文永3年条3月6日条。関評・文永3年条。
12：関評・文永4年条。
13：関評・文永6年条。

14：関評・文永10年条。
15：関評・建治元年条。
16：分脈。関評・建治2年条。

55　金沢顕時(元・時方)(父：金沢実時，母：北条政村女)

1：宝治2(1248).　生(1)
2：正嘉1(1257).11.23　元服(10)
3：文永2(1265).　左近将監・叙爵(18)
4：　6(1269).4.27　引付衆(22)
5：弘安1(1278).2.　評定衆(31)
6：　3(1280).11.　越後守(33)
7：　4(1281).10.　四番引付頭人(34)
8：　8(1285).11.24　配流(上総国埴生荘。霜月騒動縁座)(38)
9：同年　出家(法名恵日)
10：永仁1(1293).4.27　被召返(46)
11：　.10.20　執奏
12：　2(1294).10.24　四番引付頭人(47)
13：　4(1296).1.12　三番引付頭人(49)
14：　5(1297).　四番引付頭人(50)
15：　6(1298).4.1　辞四番引付頭人(51)
16：正安3(1301).3.28　没(54)

［典拠］

父：関靖氏「金沢氏系図について」(『日本歴史』12，1948年)。同氏『金沢文庫の研究』(講談社，1951年)3～23頁。

母：『関東往還記』弘長2年7月18日条「越州室(相州女。顕時母)」(関靖氏『金沢文庫の研究』45頁参照)。『佐野本北条系図』政村女条。

本名：鏡・正嘉元年11月23日条。

1：元服時の年齢より逆算。

2：鏡・正嘉元年11月23日条。

3：鏡・文永2年正月2日条には「越後四郎顕時」であったのが，6月13日条では「左近大夫将監顕時」となっており，顕時の左近将監任官・叙爵はこの半年間である。

4：関評・文永6年条。

5：関評・弘安元年条。

6：関評・弘安3年条。

7：関評・弘安4年条。

8：分脈。鎌記裏書・弘安8年条。『北条系図』(続類従・系図部)。『佐野本北条系図』。配流の理由は顕時の正妻が泰盛の女であったことによる。これは『浅羽本北条系図』の顕時女の註に「足利讃岐守源貞氏妻。母城安達陸奥守藤泰盛女。千代野。所謂如大禅師無着也」とあるによってわかる。なお，この女は貞氏の嫡子で早世した高義(尊氏・直義の異母兄)を生んでいる(『足利系図』〈続類従・系図部〉)。

9：顕時は「霜月騒動聞書」(熊谷直之氏所蔵『梵網戒本疏日珠抄裏文書』)に「越後守殿被召籠」とあり，弘安8年11月17日の霜月騒動時点までは出家していないことが確認される。霜月騒動直後に出家したものか。法名は『北条系図』(続類従・系図部)に拠る。

10：武記裏書・弘安8年条。鎌記裏書・弘安8年条。

11：武記・永仁元年条。鎌記・永仁元年条。

12：武記・永仁２年条。鎌記・永仁２年条。
13：鎌記・永仁４年条。
14：鎌記・永仁５年条。
15：鎌記・永仁６年条。
16：分脈。『興福寺略年代記』正安３年条，３月26日とす。『北条系図』（続類従・系図部），正安２年とす。『佐野本北条系図』，55歳とす。

56 金沢貞顕（父：金沢顕時，母：遠藤為俊女）

1：弘安１(1278).　生(1)
2：永仁２(1294).12.16　左衛門尉・東二条院蔵人(17)
3：　４(1296).４.21　叙爵(19)
4：　.４.24　右近将監
5：　.５.15　左近将監
6：正安２(1300).10.１　従五位上(23)
7：乾元元(1302).７.７　六波羅南方(25)
8：　.８.11　中務大輔
9：嘉元２(1304).６.２　越後守(27)
10：徳治２(1307).１.29　正五位下(30)
11：延慶１(1308).12.　東下(31)
12：　２(1309).４.９　寄合衆(32)
13：　10.２　辞武蔵守
14：　３(1310).６.25　六波羅北方(33)
15：　.６.28　右馬権頭
16：応長１(1311).６.　辞右馬権頭(34)
17：　.10.24　武蔵守
18：正和３(1314).12.　東下(37)
19：　４(1315).７.11　連署(38)
20：　５(1316).12.11　従四位下(39)
21：元応１(1319).２.　辞武蔵守(42)
22：　２(1320).10.２　従四位上(43)
23：元亨２(1322).９.17　修理権大夫(45)
24：嘉暦１(1326).３.16　執権(49)
25：　.３.26　出家(法名崇鑑)
26：元弘３(1333).５.22　没(56)

［典拠］
父：分脈。
母：『佐野本北条系図』。『遠藤系図』（続類従・系図部）。
1：北次第の没年齢より逆算。武記・正和４年条は，出家時72歳とするが誤。
2：北次第。
3：北次第。
4：北次第。
5：北次第。
6：北次第。
7：分脈。武記・乾元元年条，７月７日進発，27日入洛とす。大日記・乾元元年条７月７日「立鎌倉」，26日入洛とす。北次第。開闢。『実躬卿記』正安４年７月26日条。

8：北次第。
9：北次第。開闢，6日とす。
10：北次第。
11：武記・乾元元年条，12月下向，翌年正月下着とす。開闢，延慶2年正月2日とす。北次第，延慶2年正月とす。
12：金文324。
13：北次第。
14：分脈。北次第。鎌記・延慶3年条，15日とす。開闢，26日とす。武記・応長元年条，応長元年7月12日入洛とす。
15：北次第。開闢。
16：北次第。
17：北次第。武記・応長元年条，元応元年とし，正和4年条，正和5年7月10日とす。
18：『金沢文庫資料図録－書状編1』(神奈川県立金沢文庫，1992年)223頁の百瀬今朝雄氏の推定に拠る。開闢，10月(異説，11月)13日とす。武記・応長元年条，正和2年11月下向とす。
19：分脈。北次第。大日記・正和4年条。鎌記・正和4年条，開闢，8月12日とし，26日評定始とす。
20：北次第。
21：北次第。
22：北次第。
23：北次第。開闢，11月とす。
24：鎌記・正和4年条。北次第。開闢。
25：分脈。大日記(生田美喜蔵氏所蔵本)・嘉暦元年条(異説に4月を載す)。武記・正和4年条「正中三五十八出家(七十二)」とす。北次第「同四廿六出家」とす。開闢，6月26日とす。
26：北次第。太平記・巻10「高時幷一門以下於東勝寺自害事」。開闢，23日とも。

57　金沢貞将(父：金沢貞顕，母：未詳)
生年未詳

1：	年月日未詳	評定衆・官途奉行
2：	文保2(1318).12.	五番引付頭人
3：	元応1(1319).⑦.13	四番引付頭人
4：	元亨2(1322).7.12	辞四番引付頭人
5：	正中1(1324).11.16	六波羅南方
6：	嘉暦1(1326).9.4	武蔵守
7：	元徳2(1330).⑥.28	東下
8：	.7.24	一番引付頭人
9：	元弘3(1333).5.22	没

[典拠]
父：分脈。
1：金文183。
2：鎌記・文保2年条。
3：鎌記・元応元年条。
4：鎌記・元亨2年条。
5：『花園天皇宸記』元亨4年11月16日条。開闢。大日記・正中元年条。鎌記・正中元年条，8月29日とす(開闢にも同様の記述あり)。分脈，元亨4年7月16日，嘉暦元年9月4日の両説を載す。
6：武記・正中元年条。開闢，8月1日とす。
7：分脈。武記・正中元年条。武記・元徳2年条，7月11日下向とす。

8：鎌記・元徳２年条，「貞時」とあるも貞将の誤記ならん。
9：太平記・巻10「大仏貞直幷金沢貞将討死事」。分脈。なお，太平記によれば，貞将は同日，得宗高時により，「両探題」に補すべき「御教書」を与えられている。同時に相模守に移されていることから，この「探題」は執権を意味すると考えられる。この太平記の記事に従えば，貞将は17代目にして鎌倉最後の執権であったことになる。

58 金沢貞冬(父：金沢貞顕，母：未詳)
生年未詳
右馬助(『前田本平氏系図』)
1：元徳１(1329).春.　引付衆
2：　.12.4　評定衆・官途奉行
［典拠］
父：『前田本平氏系図』。
1・2：金文392。

59 甘縄顕実(父：金沢顕時，母：遠藤為俊女，養父：甘縄時家)
兵部大輔(『前田本平氏系図』。『正宗寺本北条系図』)
伊予守(『前田本平氏系図』。『正宗寺本北条系図』。『佐野本北条系図』)
越後守(『佐野本北条系図』)
駿河守(常楽記・嘉暦２年３月26日条。『正宗寺本北条系図』)
従五位下(『前田本平氏系図』。『佐野本北条系図』)
1：文永10(1273).　生(1)
2：徳治２(1307).1.28　六番引付頭人(35)
3：延慶２(1309).3.15　七番引付頭人(37)
4：　.8.　六番引付頭人
5：応長１(1311).10.25　五番引付頭人(39)
6：正和２(1313).7.26　三番引付頭人(41)
7：元応１(1319).⑦.13　二番引付頭人(47)
8：嘉暦２(1327).3.26　没(55)
［典拠］
父：『前田本平氏系図』。『正宗寺本北条系図』。『佐野本北条系図』。
母：『佐野本北条系図』。『遠藤系図』(続類従・系図部)。
養父：『佐野本北条系図』に「伯父時家養子」とある。時家は，同系図に金沢顕時の子としてみえ，苗字は「甘名宇」とす。
1：没年より逆算。
2：鎌記・徳治２年条。
3：鎌記・延慶２年条。
4：鎌記・延慶２年条。一番頭人北条熈時が罷免されており，二番頭人以下が繰り上がったと推定される。
5：鎌記・応長元年条。
6：鎌記・正和２年条。
7：鎌記・元応元年条。
8：常楽記・嘉暦２年３月26日条。『佐野本北条系図』，２月とす。
※：永井晋氏「金沢貞顕と甘縄顕実」(『六浦文化研究』３，1991年)。

60　金沢(上総)実政(父：金沢実時，母：未詳)
従五位上(分脈)
1：建長1(1249).　生(1)
2：建治1(1275).11.　下向(鎮西。為異国征伐)(27)
3：弘安6(1283).9.8　上総介(35)
4：　.10.　長門守護
5：永仁4(1296).9.　鎮西探題(48)
6：正安3(1301).9.　出家(実道)(53)
7：乾元1(1302).12.7　没(54)
［典拠］
父：関靖氏「金沢氏系図について」(『日本歴史』12，1948年)の考証に拠る。
1：没年齢より逆算。
2：帝王・巻26。17歳とす。
3：帝王・巻26。
4：帝王・巻26。25歳とす。
5：帝王・巻27，「永仁四年亦遷鎮西」。『歴代鎮西志』8，『歴代鎮西要略』3，永仁3年9月とす。開闢，「永仁四十二被仰付。同十一十二着」。以上史料を勘案するに，永仁4年9月ならん。
6：帝王・巻27。
7：帝王・巻27。金文7。分脈，5月18日とす。『歴代鎮西志』8，『歴代鎮西要略』3，5月18日鎮西探題辞職とするも，これは分脈の卒去日時と一致し，なんらかの混乱があるものと推定される。法名，開闢，『佐野本北条系図』に拠る。『北条系図』(続類従・系図部)，「実通」とす。『浅羽本北条系図』，「実道」とし，異説に「実通」を載す。
※：川添昭二氏「鎮西探題金沢実政について」(1)(2)(3)(『金沢文庫研究』56・57・58，1960年)。

61　金沢(上総)政顕(父：金沢実政，母：未詳)
没年未詳
従五位下(分脈『佐野本北条系図』)
上総介(分脈『佐野本北条系図』)
1：文永6(1269).　生(1)
2：正安3(1301).11.2　鎮西探題(33)
3：正和4(1315).7以後　辞鎮西探題(47)
4：年月日未詳　出家(法名顕道)
［典拠］
父：分脈。
1：鎮西探題就任時の年齢より逆算。
2：帝王・巻27。
3：政顕の鎮西探題としての確認される最後の職務活動は正和4年7月27日付「鎮西下知状」(『尊経閣古文書纂・東福寺文書』)である(瀬野精一郎氏「鎮西探題と北条氏」〈『金沢文庫研究』256，1979年〉)。
4：『北条系図』(続類従・系図部)。『佐野本北条系図』。『浅羽本北条系図』，異説に「顕通」を載す。

62　金沢(上総)種時(父：金沢政顕，母：未詳)
生没年未詳
左近将監(分脈)
1：正和4(1315).7以後　鎮西探題代理

2：文保1(1317).2 **or** 3.　辞鎮西探題代理

［典拠］

父：分脈。

1：川添昭二氏「北条種時について」(『金沢文庫研究』100，1964年)。父政顕離任と同時に代理として探題権を行使とす。

2：阿蘇随時の鎮西探題就任に拠る。

63　北条時房(元・時連)(父：北条時政，母：未詳)

1：安元1(1175).　生(1)

2：建仁2(1202).6.25　改名(28)

3：元久2(1205).3.28　主殿権助(31)

4：　.4.10　式部少丞

5：　.8.9　叙爵・遠江守

6：　.9.21　転駿河守

7：承元1(1207).1.14　転武蔵守(33)

8：建保5(1217).12.12　転相模守(43)

9：　6(1218).10.11　従五位上(44)

10：承久3(1221).6.15　六波羅南方(47)

11：元仁1(1224).6.19　東下(50)

12：　.6.28　連署

13：寛喜3(1231).12.30　正五位下(57)

14：文暦1(1234).1.26　従四位下(60)

15：嘉禎2(1236).3.4　兼修理権大夫(62)

16：　3(1237).1.5　従四位上(63)

17：　.11.29　辞相模守(63)

18：暦仁1(1238).②.27　正四位下(64)

19：仁治1(1240).1.24　没(66)

［典拠］

父：分脈。

本名：鏡・建仁2年6月25日条。開闢。

1：没年齢より逆算。鎌記・元仁元年条，3年とす。

2：鏡・建仁2年6月25日条。

3：鎌記・元仁元年条。武記・元仁元年条(「権」なし)。関評・仁治元年条，18日とす。

4：関評・仁治元年条。鎌記・元仁元年条，民部丞とす。

5：鎌記・元仁元年条。関評・仁治元年条。武記・元仁元年条。

6：鎌記・元仁元年条。関評・仁治元年条。武記・元仁元年条。

7：鏡・承元元年2月20日条。関評・仁治元年条。鎌記・元仁元年条，武記・元仁元年条，4年とす。

8：鎌記・元仁元年条。関評・仁治元年条。武記・元仁元年条，13日とす。

9：鎌記・元仁元年条。関評・仁治元年条。武記・元仁元年条。

10：鏡・承久3年6月15日条。分脈。鎌記・元仁元年条。関評・仁治元年条。開闢。北次第。六次第。

11：鏡・元仁元年6月26日条。分脈。大日記・元仁元年条。鎌記・元仁元年条。関評・仁治元年条。北次第。

12：鏡・元仁元年6月28日条。鎌記・元仁元年条。

13：鎌記・元仁元年条。関評・仁治元年条。武記・元仁元年条。

14：鎌記・元仁元年条。関評・仁治元年条。武記・元仁元年条。

15：鎌記・元仁元年条。関評・仁治元年条(嘉禎２年条，２月30日とす)。開闢。武記・元仁元年条，２月30日とす。
16：鎌記・元仁元年条。武記・元仁元年条。関評・仁治元年条，２年とす。
17：鎌記・元仁元年条。武記・元仁元年条。関評・嘉禎３年条(仁治元年条，嘉禎２年とし，異説に12月を載す)。開闢。
18：鎌記・元仁元年条。関評・仁治元年条。武記・元仁元年条。
19：鏡・仁治元年正月24日条。鎌記・元仁元年条。関評・仁治元年条。武記・元仁元年条。鎌記裏書・仁治元年条。開闢。北次第。

64　佐介時盛(父：北条時房，母：未詳)

1：建久８(1197).　生(１)
2：貞応１(1222).８.28　掃部権助(26)
3：元仁１(1224).６.29　六波羅南方(28)
4：嘉禎２(1236).７.20　越後守・叙爵(40)
5：　３(1237).４.９　従五位上(41)
6：暦仁１(1238).８.28　正五位下(42)
7：仁治３(1242).１.29　辞六波羅南方(46)
8：　.６.　出家(法名勝円)
9：建治１(1275).12.12　上洛(79)
10：　３(1277).５.２　没(於・京都)(81)

［典拠］
父：分脈。
1：没年より逆算。
2：鎌記・元仁元年条。武記・元仁元年(権なし)条。六次第。
3：鏡・元仁元年６月29日条。分脈，６日とす。鎌記・元仁元年条。武記・元仁元年条。
4：鎌記・元仁元年条。武記・元仁元年条。
5：鎌記・元仁元年条。武記・元仁元年条。
6：鎌記・元仁元年条。武記・元仁元年条。
7：開闢，「仁治三年下向関東」。六次第，「自元仁元至仁治三在京」。大日記・仁治３年条，「正月十九日時盛下向関東」。武記・仁治元年条，「正廿九時盛関東下向」。分脈，「正応二正廿九下向」。将次第・仁治元年条，「正月廿九日下向関東」。以上を勘案するに，仁治３年正月29日ならん。
8：鎌記・元仁元年条。武記・元仁元年条・仁治３年条。
9：鎌記・元仁元年条。
10：分脈。鎌記・元仁元年条。武記・元仁元年条。六次第，異説に３日を載す。

65　佐介時国(父：佐介時員，母：未詳，祖父時盛猶子)

1：弘長３(1263).　生(１)
2：建治１(1275).12.13　上洛(13)
3：　３(1277).10.16　左近将監・叙爵(15)
4：　.12.19　六波羅南方
5：弘安７(1284).６.20　東下(依悪行)(22)
6：　.７.14　出家(法名親縁)
7：　.10.３　没(常陸国伊佐郡)

［典拠］
父：分脈。六次第。『佐野本平氏系図』。『浅羽本北条系図』。『北条系図』(続類従・系図部)。鎌記・

建治元年条，時兼とす。帝王・巻26，『前田本平氏系図』，時俊とす。開闢，『正宗寺本北条系図』，政俊とす。

猶子：六次第。『前田本平氏系図』。

1：没年齢より逆算。

2：鎌記・建治元年条。武記・建治３年条，12月13日祖父時盛を相伴い上洛とす。六次第，12月13日「祖父禅門同道入洛」とす。分脈，『佐野本北条系図』，27日上洛とす。開闢，10月２日とす。大日記・建治３年条，同年12月入洛とす。

3：建記・10月29日条。鎌記・建治元年条。六次第。開闢，建治元年とするも日付一致。武記・建治３年条，６日右近将監とす。

4：建記・12月19日条。武記・建治３年条，12月19日「可一方奉行之由被成御教書」とす。六次第，12月19日「可為六波羅」関東御教書を受けたとす。建治元年に上洛していた時国の同３年12月19日の南方探題就任という記事について，森茂暁氏は『鎌倉時代の朝幕交渉』（思文閣出版，1991年）284頁註［59］において，武記および六次第の記事と発給文書を考証し，時国の正式な探題着任は建治３年12月であったが，同年９月には実質的に探題の役割を果たしていたと結論しており，これに従う。

5：分脈。武記・建治３年条・弘安７年条。六次第。『佐野本北条系図』。『北条系図』（続類従・系図部）。『浅羽本北条系図』。鎌記・建治元年条，22日とす。開闢，23日とす。帝王・巻26，22日とす。

6：武記・建治３年条。開闢。

7：鎌記・建治元年条，常陸国伊佐郡下向，10月３日卒とす。武記・建治３年条，10月３日「於常州被誅了」とす。六次第，10月４日自害とし，異説として９月常陸に逝去とす。分脈，『北条系図』（続類従・系図部），『浅羽本北条系図』，８月13日「被誅」とす。開闢，８月とす。『佐野本北条系図』，10月13日とす。没年齢，六次第に拠る。

66 佐介盛房（父：佐介政氏，母：未詳）

1：仁治３（1242）.　生（１）
2：弘安５（1282）.２.28　右近将監・叙留（41）
3：　９（1286）.６.６　引付衆（45）
4：　10（1287）.10.　評定衆（46）
5：正応１（1288）.２.４　六波羅南方（47）
6：　.２.28　左近将監
7：　.８.27　丹波守
8：　２（1289）.８.20　従五位上（48）
9：永仁５（1297）.５.17　東下（56）
10：　.７.８　没

［典拠］

父：分脈。

1：没年齢より逆算。

2：鎌記・正応元年条。武記・正応元年条。六次第。

3：鎌記・正応元年条。

4：鎌記・正応元年条。

5：大日記（生田美喜蔵氏所蔵本）・正応元年条。帝王・巻27。開闢。分脈，武記・正応元年条，19日とす。鎌記・正応元年条。

6：大日記（生田美喜蔵氏所蔵本）・正応元年条。

7：鎌記・正応元年条。開闢。帝王・巻27。武記・正応元年条，28日とす。

8：鎌記・正応元年条。六次第，正応元年とす。
9：開闔。武記・正応元年条，「永仁五十七」・「永仁五五下着(自六原)」とあり，前文は5月の脱ならん。分脈，16日とす。鎌記・正応元年条・永仁5年条，5日とす。
10：鎌記・正応元年条。六次第。分脈，武記・正応元年条，大日記・永仁5年条，9日とす。

67　北条宗房(父：北条時隆，母：未詳)
生没年未詳
右馬助(関評・弘安元年条)
1：弘安1(1278).3.16　引付衆
2：　4(1281).4.　左馬助
3：　7(1284).3.　土佐守
4：　.4.　出家(法名道妙)
［典拠］
父：『前田本平氏系図』。『正宗寺本北条系図』。『佐野本北条系図』。
1：関評・弘安元年条。
2：関評・弘安4年条。
3：関評・弘安7年条。
4：関評・弘安7年条。『前田本平氏系図』。

68　北条時広(父：北条時村，母：未詳，養父：北条時房)
1：貞応1(1222).　生(1)
2：寛元3(1245).9.12　式部少丞(24)
3：宝治1(1247).1.5　叙爵(26)
4：　.3.6　武蔵権守
5：正嘉2(1258).1.13　越前守(37)
6：文応1(1260).4.17　去越前守(39)
7：文永1(1264).11.15　引付衆(43)
8：　2(1265).3.9　従五位上(44)
9：　.6.11　評定衆
10：　6(1269).4.27　四番引付頭人(48)
11：建治1(1275).6.25　没(54)
［典拠］
父：関評・建治元年条に「修理権大夫時房朝臣孫。行念法師男」とあり，鏡・承久2年正月14日条および分脈によって「行念」が時房の次男時村の法名とわかる。資時の子とする系図があるも誤ならん。
養父：『浅羽本北条系図』。
1：没年齢より逆算。
2：関評・建治元年条。
3：関評・建治元年条。
4：関評・建治元年条。
5：関評・建治元年条。
6：関評・建治元年条。
7：関評・文永元年条。
8：関評・建治元年条。
9：鏡・文永2年6月11日条。関評・文永2年条。

10：関評・文永6年条。
11：関評・建治元年条。

69 北条資時(父：北条時房，母：足立遠元女)
1：正治1(1199). 生(1)
2：承久2(1220).1.14 出家(法名真昭)(22)
3：嘉禎3(1237).4.11 評定衆(39)
4：建長1(1249).12.9 三番引付頭人(51)
5： 3(1251).5.5 没(53)
[典拠]
父：分脈。
母：関評・建長3年条。
1：没年齢より逆算。
2：鏡・承久2年正月14日条。分脈。
3：鏡・嘉禎3年4月11日条。関評・嘉禎3年条。
4：関評・建長元年条。
5：鏡・建長3年5月5日条。関評・建長3年条。

70 大仏朝直(父：北条時房，母：足立遠元女)
1：建永1(1206). 生(1)
2：天福1(1233).1.28 木工権頭(28)
3： .2.18 式部少丞
4：文暦1(1234).1.11 式部大丞(29)
5： .1.26 叙爵・相模権守
6：嘉禎3(1237).9.15 備前守(32)
7：暦仁1(1238).3.18 従五位上(33)
8： .4.6 武蔵守
9：延応1(1239). 評定衆(34)
10：仁治2(1241).7.17 正五位下(36)
11：寛元1(1243).7.8 遠江守(38)
12： 4(1246).4.15 武蔵守(41)
13：建長1(1249).12.9 二番引付頭人(44)
14：康元1(1256).4.29 一番引付頭人(51)
15： .7.20 辞武蔵守
16：文永1(1264).5.1 没(59)
[典拠]
父：分脈。
母：関評・文永元年条。
1：没年齢より逆算。
2：関評・文永元年条。
3：関評・文永元年条。
4：関評・文永元年条。
5：関評・文永元年条。
6：関評・文永元年条。
7：関評・文永元年条。

8：関評・文永元年条。
9：関評・延応元年条。
10：関評・文永元年条。
11：関評・寛元元年条(貞永元年条に錯入)・文永元年条。
12：関評・寛元4年条・文永元年条。
13：関評・建長元年条。
14：鏡・康元元年4月29日条。関評・康元元年条。
15：関評・康元元年条・文永元年条。
16：分脈。関評・文永元年条，3日とす。
※：倉井理恵氏「北条朝直の政治的立場－泰時・経時期を中心に－」(駒沢大学『史学論集』27，1997年)。

71　大仏宣時(父：大仏朝直，母：足立遠光女)
1：暦仁1(1238).　生(1)
2：文永2(1265).6.11　引付衆(28)
3：　3(1266).3.6　辞引付衆(為引付廃止)(29)
4：　4(1267).6.23　武蔵守・叙爵(30)
5：　6(1269).4.27　引付衆(32)
6：　10(1273).7.1　辞武蔵守(36)
7：　.9.7　評定衆
8：建治3(1277).8.29　二番引付頭人(40)
9：弘安6(1283).4.　一番引付頭人(46)
10：　.12.16　従五位上
11：　8(1285).9.2　正五位下(48)
12：　10(1287).8.19　連署(50)
13：正応2(1289).6.23　陸奥守(52)
14：　.8.7　従四位下
15：正安3(1301).8.22　辞連署(64)
16：　.9.4　出家(法名忍昭)
17：元亨3(1323).6.30　没(86)
［典拠］
父：分脈。
母：武記・弘安10年条。
1：没年より逆算。北次第，仁治元年とす。
2：関評・文永2年条。
3：鏡・文永3年3月6日条。関評・文永3年条。
4：鎌記・弘安10年条。武記・弘安10年条。
5：関評・文永6年条。
6：関評・文永10年条。
7：関評・文永10年条。
8：建記・8月29日条。関評・建治3年条。
9：関評・弘安6年条。
10：鎌記・弘安10年条。
11：鎌記・弘安10年条。北次第。
12：分脈。鎌記・弘安10年条。大日記・弘安10年条(33歳とす)。帝王・巻26。『前田本平氏系図』。武

記・弘安10年条，18日仰出，19日評定始とす。北次第，29日とし，異説に19日を載す。
13：鎌記・弘安10年条。帝王・巻27。武記・弘安10年条，２月とす。
14：鎌記・弘安10年条。武記・弘安10年条。帝王・巻27。
15：北次第。
16：分脈。鎌記・弘安10年条。武記・弘安10年条(異説に８月22日を載す)。大日記・正安３年条。帝王・巻27。北次第。
17：鎌記・弘安10年条。武記・弘安10年条。帝王・巻27。北次第，没年齢84歳とす。

72 大仏宗宣(父：大仏宣時，母：北条時広女)

1：	正元１(1259).	生(１)
2：	弘安５(1282).２.28	雅楽充(24)
3：	.３.13	式部少丞
4：	.８.６	叙爵
5：	９(1286).６.	引付衆(28)
6：	10(1287).10.	評定衆(29)
7：	正応１(1288).10.７	上野介(30)
8：	永仁１(1293).５.20	越訴頭人(35)
9：	.７.	小侍奉行
10：	.10.20	執奏
11：	２(1294).８.３	従五位上(36)
12：	.10.24	辞執奏(為執奏廃止)
13：	４(1296).１.12	四番引付頭人(38)
14：	.10.	寄合衆・京下奉行
15：	５(1297).３.６	辞越訴頭人(39)
16：	.７.	辞四番引付頭人
17：	.７.10	六波羅南方
18：	正安２(1300).10.１	正五位下(42)
19：	３(1301).９.27	陸奥守(43)
20：	乾元１(1302).１.17	東下(44)
21：	.２.18	一番引付頭人
22：	.８.	官途奉行
23：	嘉元１(1303).８.27	越訴頭人(45)
24：	３(1305).７.22	連署(47)
25：	延慶１(1308).７.19	従四位下(50)
26：	応長１(1311).10.３	執権(53)
27：	正和１(1312).５.29	出家(法名須昭)(54)
28：	.６.12	没

［典拠］
父：分脈。
母：鎌記・嘉元３年条。北次第。
1：没年より逆算。
2：鎌記・嘉元３年条，「正安」とあるも弘安の誤記ならん。北次第，21日とす。
3：鎌記・嘉元３年条，「正安」とあるも弘安の誤記ならん。北次第。
4：鎌記・嘉元３年条，「正安」とあるも弘安の誤記ならん。北次第。
5：鎌記・嘉元３年条，「正安」とあるも弘安の誤記ならん。

6：鎌記・嘉元3年条，「正安」とあるも弘安の誤記ならん。
7：鎌記・嘉元3年条。北次第，六次第，17日とす。
8：鎌記・永仁元年条・嘉元3年条。
9：鎌記・嘉元3年条。
10：武記・永仁元年条。鎌記・永仁元年条・嘉元3年条。
11：鎌記・嘉元3年条。六次第。北次第，22日正五位上とす。
12：武記・永仁元年条。鎌記・永仁元年条。
13：鎌記・永仁4年条・嘉元3年条。
14：鎌記・嘉元3年条。
15：鎌記・永仁5年条に「三月六日評云，被止越訴」とあるに拠る。
16：六波羅南方探題就任により辞任。
17：鎌記・永仁5年条・嘉元3年条。北次第。開闢，帝王・巻27，大日記・永仁5年条，7月10日鎌倉出立，27日入洛とす。分脈，六次第，27日入洛とす。武記・永仁5年条，20日(異説10日)とし，また27日を載す。
18：鎌記・嘉元3年条。北次第。六次第。
19：鎌記・嘉元3年条。帝王・巻27。北次第(武蔵守とす)。武記・永仁5年条，10月28日とす。
20：分脈。大日記・乾元元年条。開闢。六次第。武記・正安3年条，正安3年正月17日とす。北次第，28日とす。
21：鎌記・乾元元年・嘉元3年条条。
22：鎌記・嘉元3年条。
23：鎌記・嘉元3年条。
24：鎌記・嘉元3年条。開闢。武記・嘉元3年条，北次第，21日とし，8月8日「始政所着座」とす。分脈，27日とす。
25：鎌記・嘉元3年条。北次第。六次第。
26：鎌記・嘉元3年条。開闢。北次第，13日とす。
27：鎌記・嘉元3年条。開闢。北次第。分脈，大日記・正和元年条，25日「順昭」とす。武記・嘉元3年条，正和2年とし，異説に元年を載す。
28：分脈。鎌記・嘉元3年条。常楽記・正和元年6月12日条。鎌記裏書・正和元年条。北次第。大日記・正和元年条，56歳とし，異説に54歳を載す。開闢，没年齢を57歳とす。武記・嘉元3年条，正和2年とし，異説に元年を載す。

73　大仏維貞(本名・貞宗)(父：大仏宗宣，母：常葉時茂女)

1：	弘安8(1285).	生(1)
2：	正安3(1301).7.15	式部少丞(17)
3：	.8.20	叙爵
4：	嘉元1(1303).5.18	右馬助(19)
5：	2(1304).7.10	引付衆(20)
6：	3(1305).5.6	小侍奉行(21)
7：	徳治1(1306).8.4	評定衆(22)
8：	2(1307).1.28	五番引付頭人(23)
9：	延慶1(1308).7.19	従五位上(24)
10：	2(1309).3.15	六番引付頭人(25)
11：	3(1310).2.18	五番引付頭人(26)
12：	応長1(1311).10.25	四番引付頭人(27)
13：	正和2(1313).7.26	辞四番引付頭人(29)

14：正和3(1314).③.25　正五位下(30)
15：　　　　　　　.10.21　陸奥守
16：　　4(1315).9.2　六波羅南方(31)
17：正中1(1324).8.17　東下(40)
18：　　　　　　　.10.30　評定衆
19：嘉暦1(1326).　　　越訴頭人(42)
20：　　　　　　　.4.24　連署
21：　　　　　　　.10.10　修理大夫
22：　　2(1327).7.　　従四位下(43)
23：　　　　　　　.9.6　辞修理大夫(依病)
24：　　　　　　　.9.7　出家(法名慈眼)・没

[典拠]
父：分脈。
母：鎌記・嘉暦元年条。北次第。『佐野本北条系図』，宇都宮経綱女とす。
本名：鎌記・嘉暦元年条。
1：没年より逆算。
2：鎌記・嘉暦元年条。北次第，13日とす。
3：鎌記・嘉暦元年条。北次第。
4：鎌記・嘉暦元年条。北次第，17日とす。
5：鎌記・嘉暦元年条。
6：鎌記・嘉暦元年条。
7：鎌記・嘉暦元年条。
8：鎌記・徳治2年条。同書・嘉暦元年条，12月6日とす。
9：鎌記・嘉暦元年条。北次第。
10：鎌記・延慶2年条。
11：鎌記・延慶3年条。
12：鎌記・応長元年条。
13：鎌記・正和2年条。
14：鎌記・嘉暦元年条。
15：鎌記・嘉暦元年条。北次第。
16：鎌記・正和4年条・嘉暦元年条。開闢。分脈，18日とす。武記・正和4年条，北次第，3日とす。大日記・正和4年条，12月9日上洛とす。
17：大日記・正中元年条。開闢，19日とす。武記・正和4年条の8月30日下向は大日記の鎌倉下着の日時と一致。北次第，29日「下着于関東」とす。
18：鎌記・嘉暦元年条。
19：鎌記・嘉暦元年条，嘉暦2年に掛くも，同書は嘉暦元年の修理権大夫任官も嘉暦2年としており，かつ連署が越訴頭人を兼務することは考え難いので，これは嘉暦元年の誤記と推定される。よって越訴頭人就任は嘉暦元年4月連署就任以前と考えられる。
20：鎌記・嘉暦元年条。開闢，異説として20日を載す。大日記・嘉暦元年条，27日評定始とす。北次第。分脈，3月とす。
21：北次第。開闢。鎌記・嘉暦元年条，嘉暦2年とす。
22：鎌記・嘉暦元年条。北次第。
23：北次第。
24：常楽記・嘉暦2年9月7日条。鎌記・嘉暦元年条。開闢。鎌記裏書・嘉暦2年条。大日記・嘉暦2年条，北次第，『佐野本北条系図』(没日20日とす)，42歳とす。法名，北次第に拠る。

74　大仏家時(父：大仏維貞，母：未詳)
1：正和1(1312).　生(1)
2：年月日未詳　右馬権助
3：元徳1(1329).11.11　評定衆(18)
4：元弘3(1333).5.22　没(22)
［典拠］
父：分脈
1：金文443に，評定衆就任時18歳とあるにより，逆算。
2：金文443。
3：金文443。
4：分脈。太平記・巻10「高時幷一門以下於東勝寺自害事」。

75　大仏宗泰(父：大仏宣時，母：未詳)
生没年未詳
従五位下(『佐野本北条系図』)
民部少輔(『前田本平氏系図』。『佐野本北条系図』)
土佐守(『正宗寺本北条系図』)
1：永仁3(1295).　在引付衆
2：　6(1298).4.9　四番引付頭人
3：正安1(1299).4.1　三番引付頭人
4：　3(1301).8.　二番引付頭人
5：乾元1(1302).2.18　三番引付頭人
6：嘉元3(1305).8.1　二番引付頭人
7：　.8.22　辞二番引付頭人
［典拠］
父：『前田本平氏系図』。『正宗寺本北条系図』。『佐野本北条系図』。
1：永記・閏2月12日条。引付にみえる「民部少」が官途から宗泰に比定される。
2：鎌記・永仁6年条。
3：鎌記・正安元年条。
4：鎌記・正安3年条。
5：鎌記・乾元元年条。
6：鎌記・嘉元3年条。
7：鎌記・嘉元3年条。

76　大仏貞直(父：大仏宗泰，母：未詳)
生年未詳
従五位下(『佐野本北条系図』)
右馬助(『佐野本北条系図』)
式部大夫(『前田本平氏系図』)
陸奥守(『前田本平氏系図』。『正宗寺本北条系図』。『佐野本北条系図』)
1：元亨2(1322).7.12　四番引付頭人
2：嘉暦2(1327).4.17　三番引付頭人
3：元徳2(1330).12.2　二番引付頭人
4：元弘3(1333).5.22　没

［典拠］

父：『前田本平氏系図』。『正宗寺本北条系図』。『佐野本北条系図』。

1：鎌記・元亨2年条。

2：鎌記・嘉暦2年条。

3：鎌記・元徳2年条。

4：太平記・巻10「大仏貞直并金沢貞将討死事」。『正宗寺本北条系図』。『佐野本北条系図』。

77 大仏貞房(父：大仏宣時，母：未詳)

1：文永9(1272).　生(1)

2：正応2(1289).12.29　式部大丞(18)

3：　3(1290).3.7　叙爵(19)

4：永仁3(1295).12.29　刑部少輔(24)

5：正安3(1301).8.23　引付衆(30)

6：徳治1(1306).7.19　越前守(35)

7：　2(1307).12.13　評定衆(36)

8：延慶1(1308).2.7　従五位上(37)

9：　.12.7　六波羅北方

10：　2(1309).12.2　没(於・京都)(38)

［典拠］

父：武記・延慶元年条。開闢。『前田本平氏系図』。『正宗寺本北条系図』。分脈，『佐野本北条系図』，宗宣の子とするが，これでは宗宣14歳の子供となり，比較的不自然なため採用せず。

1：没年齢より逆算。

2：鎌記・延慶元年条。

3：鎌記・延慶元年条。

4：鎌記・延慶元年条。

5：鎌記・延慶元年条。

6：鎌記・延慶元年条。

7：鎌記・延慶元年条。

8：鎌記・延慶元年条。

9：大日記・延慶元年条。開闢，「十一月廿日出鎌倉。十二月七日(戊時)入洛」。鎌記・延慶元年条，南方とするが誤。武記・延慶元年条，南方とするが誤，11月20日上洛とす。分脈，11月26日とす。

10：鎌記・延慶元年条。開闢。分脈，6日とす。武記・延慶元年条。『佐野本北条系図』，28歳とす。

78 大仏貞宣(父：大仏宣時，母：未詳)

生没年未詳

丹波守(『前田本平氏系図』。『正宗寺北条系図』。『佐野本北条系図』)

従五位下(『佐野本北条系図』)

1：正和2(1313).7.26　四番引付頭人

2：元応1(1319).⑦.13　三番引付頭人

3：元亨2(1322).7.12　辞三番引付頭人

［典拠］

父：『前田本平氏系図』。『正宗寺北条系図』。『佐野本北条系図』。

1：鎌記・正和2年条。

2：鎌記・元応元年条。

3：鎌記・元亨2年条。

79　北条時俊(父：北条清時。母：未詳)
生年未詳
従五位下(『前田本平氏系図』)
安芸守(分脈。『前田本平氏系図』)
1：延慶3(1310).7.　在評定衆
2：元弘3(1333).6.　出家
3：建武1(1334).3.21　没
［典拠］
父：分脈。
1：佐藤進一氏は延慶3年7月付の一番引付番文(『斑目文書』)で頭人北条熈時の次位，評定衆長井宗秀の上位に記載されている「安芸守」を時俊に比定している(職員表・同年条)。頭人に次ぎ，当時寄合衆でもあった宗秀の上位に位置付けられていることから，この「安芸守」は佐藤氏のいうとおり北条氏一門と推定され，時期的に安芸守を名乗る北条氏の人としては時俊がふさわしいであろう。よって，佐藤氏の説に従う。
2：太平記・巻11「金剛山寄手等被誅事付佐介貞俊事」によれば，この時出家・降参した金剛山寄手の中に「佐介安芸守」があり，『佐野本北条系図』はこれを時俊に比定している。同寄手の中には時俊の子貞俊もあるので，「佐介安芸守」は時俊としてよいと考えられる。延慶3年に安芸守であった者が元弘にも同官職を称しているというのは面妖であるが，「前」が略されている可能性はあろう。『大日本史料』元弘3年6月5日条参照。
3：金剛山寄手の処刑は『近江国番場蓮華寺過去帳』(類従・雑部)によれば3月21日。2にみた太平記によれば，「佐介安芸守」も阿弥陀峰で誅されている。『過去帳』にある「陸奥国佐介入道」が同人であろうか。『佐野本北条系図』は処刑を元弘3年5月と誤っている。

80　安達義景(父：安達景盛，母：武藤頼佐女)
1：承元4(1210).　生(1)
2：嘉禎3(1237).11.29　出羽介(秋田城務宣下)・叙爵(28)
3：延応1(1239).　評定衆(30)
4：仁治2(1241).6.7　従五位上(32)
5：　3(1242).1.　東使(33)
6：寛元4(1246).　在寄合衆(37)
7：建長4(1252).4.30　五番引付頭人(43)
8：　5(1253).5.13　出家(法名願智)(44)
9：　.6.3　没
［典拠］
父：分脈。
母：分脈。
1：没年齢より逆算。
2：関評・建長5年条。
3：関評・延応元年条。
4：関評・建長5年条。従五位下とするが，2ですでに叙爵しており，分脈にも「従五上」とあるので，これは従五位上の誤。
5：鎌記裏書・仁治3年正月14日条。関評・建長5年条。歴代皇記・仁治3年正月19日条。
6：鏡・寛元4年6月10日条。
7：鏡・建長4年4月30日条。関評・建長4年条。

8：鏡・建長5年5月13日条。
9：鏡・建長5年6月3日条。分脈。関評・建長5年条。

81 関戸頼景(父：安達義景，母：未詳)
1：寛喜1(1229).　生(1)
2：建長5(1253).　引付衆(25)
3：正嘉1(1257).3.29　丹後守・叙爵(29)
4：弘長3(1263).6.2　上洛(為在京)・六波羅評定衆(35)
5：　.12.　出家(法名道智)
6：文永9(1272).2.　座事被召下関東。所帯二ケ所収公(44)
7：正応5(1292).1.9　没(64)
[典拠]
父：分脈。
1：没年齢より逆算。
2：関評・建長5年条。鏡・建長5年12月22日条。
3：関評・正嘉元年条・弘長3年条。
4：鏡・弘長3年6月2日条。関評・弘長3年条。
5：関評・弘長3年条。鏡・弘長3年11月22日条。鏡は時頼卒去当日の11月22日に出家とするが，頼景は在京しているので，関評記載のごとく実際の出家は12月であろう。
6：関評・弘長3年条。二月騒動に連座か。
7：関評・弘長3年条。

82 安達泰盛(父：安達義景，母：小笠原時長女)
1：寛喜3(1231).　生(1)
2：建長5(1253).12.22　引付衆(23)
3：　6(1254).12.　秋田城介(24)
4：康元1(1256).4.　五番引付頭人(26)
5：　.6.23　評定衆
6：弘長2(1262).6.29　辞五番引付頭人(32)
7：文永1(1264).6.16　三番引付頭人(34)
8：　.10.25　越訴頭人
9：　3(1266).3.6　辞三番引付頭人(為引付廃止)(36)
10：　.6.　在寄合衆
11：　4(1267).4.　辞越訴頭人(37)
12：　6(1269).4.27　五番引付頭人(39)
13：建治1(1275).10.　在恩沢奉行(45)
14：弘安5(1282).7.14　兼陸奥守(52)
15：　.10.　辞秋田城介
16：　7(1284).4.4　出家(法名覚真)(54)
17：　.5.　辞五番引付頭人
18：　8(1285).11.17　没(55)
[典拠]
父：分脈。
母：分脈。
1：関評・弘安4年条の安達宗景の引付衆就任記事に「于時廿三。父例云々」とあり，泰盛は引付衆

就任時23歳であったことがわかり，これにより逆算。
2：鏡・建長5年12月22日条。関評・建長5年条。
3：関評・建長6年条。
4：関評・康元元年条。
5：関評・康元元年条。
6：関評・弘長2年条。
7：関評・文永元年条。
8：関評・文永元年条。
9：関評・文永3年条。鏡・文永3年3月6日条。
10：鏡・文永3年6月20日条。
11：関評・文永4年条。
12：関評・文永6年条。
13：『蒙古襲来絵詞』「詞七」。「御をんふきやう」とあり。
14：『勘仲記』弘安5年7月14日条。関評・弘安5年条。
15：関評・弘安5年条。
16：分脈。関評・弘安7年条。法名，分脈「覚心」とするも，関評・弘安7年条および鎌記裏書・弘安8年条の「覚真」に従う。
17：関評・弘安7年条。嫡子宗景が五番引付頭人就任。
18：分脈。鎌記裏書・弘安8年条。武記裏書・弘安8年条。大日記・弘安8年条。間記。

83　安達宗景(父：安達泰盛，母：未詳)
1：正元1(1259).　生(1)
2：弘安4(1281).2.　引付衆(23)
3：　5(1282).2.　評定衆(24)
4：　.10.16　秋田城介
5：　7(1284).5.　五番引付頭人(26)
6：　8(1285).11.17　没(27)
［典拠］
父：分脈。
1：関評・弘安4年条に引付衆就任時23歳とあるにより逆算。
2：関評・弘安4年条。
3：関評・弘安5年条。
4：関評・弘安5年条。
5：関評・弘安7年条。
6：分脈。武記裏書・弘安8年条。大日記・弘安8年条。間記。

84　安達時盛(父：安達義景，母：未詳)
1：仁治2(1241).　生(1)
2：年月日未詳　左衛門尉
3：弘長3(1263).11.22　出家(法名爐忍。のち，道供)(23)
4：文永3(1266).7.　東使(26)
5：　4(1267).11.　評定衆(27)
6：建治2(1276).9.　遁世(入寿福寺)(36)
7：　.9.15　所帯悉収公。
8：弘安8(1285).6.10　没(於・高野。兄弟無服。義絶之故)(45)

［典拠］
父：分脈。
1：没年齢より逆算。
2：関評・文永4年条。
3：鏡・弘長3年11月22日条。関評・建治2年条。
4：『新抄』文永3年7月21日条。
5：関評・文永4年条。
6：関評・建治2年条。
7：関評・建治2年条。
8：関評・建治2年条。

85　安達師顕(父：安達時長，母：未詳)
生没年未詳
1：正和4(1315).3.　在越後権介
［典拠］
父：分脈。
1：『公衡公記』正和4年3月16日条にある3月8日の鎌倉大火の被災者を伝える丹波長周注進状に「城越後権介(師顕)」とあり，ここに記載されている人びとは多く寄合衆・評定衆等の鎌倉政権要職者であり，師顕も同等の地位にあったと考えられる。

86　安達師景(父：安達重景，母：未詳)
生年未詳
1：正和4(1315).3.　在加賀守
2：元弘3(1333).5.22　没
［典拠］
父：分脈。
1：『公衡公記』正和4年3月16日条にある3月8日の鎌倉大火の被災者を伝える丹波長周注進状に「城加賀守(師景)」とあり，官途も分脈と一致。このとき，鎌倉政権中枢に地位のあった可能性があることは**85**安達師顕に同じ。
2：太平記・巻10「高時幷一門以下於東勝寺自害事」。「城加賀前司師顕」とあるが，官途から師景の誤記ならん。

87　安達高茂(父：安達師景，母：未詳)
生年未詳
1：元弘3(1333).5.22　在美濃守・没
［典拠］
父：分脈。
1：分脈。太平記・巻10「高時幷一門以下於東勝寺自害事」。分脈，「城介」とあるも確認できず。

88　安達顕盛(父：安達義景，母：飛鳥井雅経女)
1：寛元3(1245).　生(1)
2：年月日未詳　左兵衛尉
3：文永6(1269).4.27　引付衆(25)
4：　11(1274).3.22　加賀守・叙爵(30)
5：弘安1(1278).3.16　評定衆(34)

6：弘安3(1280).2.8　没(36)
[典拠]
父：分脈。
母：分脈。
1：没年齢より逆算。
2：関評・文永6年条。分脈，関評・弘安3年条，左衛門尉とす。
3：関評・文永6年条。
4：分脈。関評・弘安3年条。関評・文永11年条，伊賀守とするも誤。
5：関評・弘安元年条。
6：分脈。関評・弘安3年条。

89　安達時顕(父：安達宗顕，母：山河重光女)
生年未詳
左兵衛尉(分脈)
秋田城介(分脈)
1：正安年間(1299～1302).東使
2：徳治1(1306).2.　東使
3：　2(1307).1.　東使
4：延慶2(1309).4.　在寄合衆
5：　3(1310).10.　東使
6：正和2(1313).7.26　五番引付頭人
7：　5(1316).　在寄合衆
8：文保2(1318).12.　六番引付頭人
9：元応1(1319).⑦.13　五番引付頭人
10：嘉暦1(1326).3.　出家(法名延明)
11：　2(1327).4.17　四番引付頭人
12：元徳2(1330).1.24　辞四番引付頭人
13：元弘3(1333).5.22　没
[典拠]
父：分脈。
母：分脈。
1：『花園天皇宸記』元弘元年10月21日条。
2：『歴代皇紀』嘉元4年2月条。
3：『一代要記』徳治2年正月22日条。
4：金文324。
5：大日記(生田美喜蔵氏所蔵本)裏書・延慶3年条。『元徳二年三月日吉社並叡山御幸記』(類従・帝王部)。
6：鎌記・正和2年条。
7：金文135。
8：鎌記・文保2年条。
9：鎌記・元応元年条。
10：纂要「安達」。鎌記・嘉暦元年条，この年5月13日の引付番文で時顕は法名の延明を称しており，3月の高時出家に従ったと推定される。
11：鎌記・嘉暦2年条。
12：鎌記・元徳2年条。

13：分脈。太平記・巻10「高時并一門以下於東勝寺自害事」。纂要「安達」。

90　安達高景（父：安達時顕，母：未詳）
生年未詳
讃岐権守（分脈。纂要「安達」）
秋田城介（分脈。纂要「安達」）
1：嘉暦1（1326）．3．　在評定衆
2：元弘1（1331）．1．23　五番引付頭人
3：　　　　　．9．　東使
4：　3（1333）．5．22　没
［典拠］
父：分脈。
1：金文374にみえる嘉暦元年3月16日の評定参加メンバー西座に「前讃岐権守」とあり，高景の官途に一致。父時顕がこの年3月に出家したと推定されるので，高景はその後継としてまもなく秋田城介に任官したものと思われ，これは高景と考えられる。
2：鎌記・元弘元年条。
3：『光明寺残篇』元弘元年9月18日条。『花園天皇宸記』元弘元年10月14日条別記・20日条・21日条。鎌記裏書・元徳3年条。武記裏書・元弘元年条。
4：纂要「安達」。太平記・巻10「高時并一門以下於東勝寺自害事」の東勝寺自害者中にある「城介高量」は高景の誤記か。ただし，建武元(1334)年に北条氏一門名越時如とともに「高景」なる人物が津軽糠部郡持寄城に挙兵しており，これが『関城繹史』（『常陸史料』）の説くごとく安達高景であったとすれば，彼は鎌倉を落ち延び津軽に下ったことになる（『元弘日記裏書』〈東大謄写〉建武元年11月条。奥富敬之氏「鎌倉北条氏の族的性格」〈森克己博士古希記念会編『史学論集対外関係と政治文化』2「政治文化　古代・中世編」吉川弘文館，1974年〉199～203頁参照）

91　安達長景（父：安達義景，母：飛鳥井雅経女）
生年未詳
1：年月日未詳　左衛門尉・検非違使
2：弘安1（1278）．11．　引付衆
3：　2（1279）．3．2　美濃守
4：　6（1283）．7．　東使
5：　　　　　．4．　出家（法名智海）
6：　8（1285）．11．17　没（為霜月騒動）
［典拠］
父：分脈。
母：分脈。
1：関評・弘安元年条。分脈（右衛門尉）。
2：関評・弘安元年条。
3：関評・弘安2年条。
4：『公衡公記』弘安6年7月1日条。『一代要記』弘安7年2月2日条。
5：関評・弘安4年条。
6：武記裏書・弘安8年条。「霜月騒動聞書」（熊谷直之氏所蔵「梵網戒本疏日珠抄裏文書」）。

92　安達時景（父：安達義景，母：飛鳥井雅経女）
生年未詳

左衛門少尉(関評・弘安5年条)
検非違使(分脈)
1：弘安5(1282).11.　引付衆
2：　7(1284).4.　出家(法名智玄)
3：　8(1285).11.17　没(為霜月騒動)
[典拠]
父：分脈。
母：分脈。
1：関評・弘安5年条。
2：関評・弘安7年条。
3：分脈に「十郎判官」「弘安八自害」とあり,「霜月騒動聞書」(熊谷直之氏所蔵「梵網戒本疏日珠抄裏文書」)に「十郎判官入道」とあるのと一致する。

93　大曾禰長泰(父：大曾禰時長,母：未詳)
1：建暦1(1211).　生(1)
2：年月日未詳　左衛門尉
3：宝治元(1247).8.　東使(37)
4：建長1(1249).12.13　引付衆(39)
5：　6(1254).10.16　上総介・叙爵(44)
6：正嘉1(1257).10.　東使(47)
7：弘長2(1262).8.12　没(52)
[典拠]
父：分脈。
1：没年齢より逆算。
2：分脈。関評・弘長2年条。
3：鏡・宝治元年8月8日条。『葉黄記』宝治元年8月17日条。
4：関評・建長元年条。
5：関評・弘長2年条。
6：鏡・正嘉元年10月13日条。
7：分脈。関評・弘長2年条,13日とす。

94　大曾禰長経(父：大曾禰長泰,母：未詳)
1：貞永1(1232).　生(1)
2：年月日未詳　左衛門尉
3：文永6(1269).4.27　引付衆(38)
4：建治1(1275).10.　東使
5：　2(1276).2.2　上総介・叙爵(45)
6：弘安1(1278).6.22　没(47)
[典拠]
父：分脈。
1：没年齢より逆算。
2：関評・文永6年条・弘安元年条。
3：関評・文永6年条。
4：『一代要記』建治元年10月18日条。
5：関評・建治2年条・弘安元年条。

6：分脈。関評・弘安元年条，20日とす。

95　大曾禰宗長(父：大曾禰長経，母：未詳)
生年未詳
左衛門尉(分脈)
従五位下(分脈)
1：弘安 6 (1283). 6 .　引付衆
2：　7 (1284).12.　上総介
3：　8 (1285).11.17　没(為霜月騒動)
[典拠]
父：分脈。
1：関評・弘安 6 年条。
2：関評・弘安 7 年条。
3：分脈に「弘安八自害」，鎌記裏書・弘安 8 年条に「大曾禰上総前司」とある。

96　大曾禰長顕(父：大曾禰宗長，母：未詳)
生年未詳
左衛門尉(分脈)
上総介(分脈)
1：元弘 3 (1333). 5 .22　没(？)
[典拠]
父：分脈。
1：分脈。大曾禰氏惣領歴代の就任官職である上総介に任官しており，「元弘討死」とあることから，霜月騒動で滅亡した大曾禰氏を再興し，鎌倉政権中枢に地位を得ていた可能性がある。

97　大曾禰義泰(父：大曾禰長泰，母：未詳)
生年未詳
左衛門尉(分脈)
1：弘安 7 (1284).　引付衆
2：同年　出家(法名覚然)
3：　8 (1285).11.17　没
[典拠]
父：分脈。
1：関評・弘安 7 年条。
2：関評・弘安 7 年条に「法名覚然」とあり，同年 4 月の時宗卒去に際し出家か。
3：「霜月騒動聞書」(熊谷直之氏所蔵「梵網戒本疏日珠抄裏文書」)に「上総三郎左衛門入道」とあり，これが鏡・正嘉 2 年 6 月11日条の「上総三郎左衛門尉義泰」，分脈の「三郎左衛門」に対応する。

98　佐々木信綱(父：佐々木定綱，母：未詳)
1：養和 1 (1181).　生(1)
2：建暦 1 (1211).10.12　左近将監(31)
3：承久 3 (1221). 4 .16　右衛門尉(41)
4：貞応 1 (1222).10.16　左衛門尉(42)
5：安貞 1 (1227).11.11　蒙使宣旨(47)
6：　2 (1228).12.26　叙留(48)

7：寛喜3(1231).1.29　近江守(51)
8：貞永1(1232).1.30　従五位上・辞近江守(52)
9：文暦1(1234).1.9　評定衆(54)
10：　.7.26　出家(法名本仏。改経仏。又虚僻)
11：嘉禎2(1236).　辞評定衆・遁世(56)
12：仁治3(1242).3.6　没(於・高野)(62)

［典拠］
父：分脈。
1：没年齢より逆算。
2：関評・嘉禎2年条。分脈，建暦3年8月とするも，鏡・建保元(＝建暦3)年正月2日条ですでに「佐々木左近将監」とあるゆえ，関評に拠る。
3：分脈。関評・嘉禎2年条。
4：分脈。関評・嘉禎2年条。
5：分脈。関評・嘉禎2年条。
6：分脈。関評・嘉禎2年条。
7：分脈。関評・嘉禎2年条。
8：関評・嘉禎2年条。
9：分脈。関評・文暦元年条。
10：分脈。関評・文暦元年条・嘉禎2年条。
11：関評・嘉禎2年条。
12：分脈。関評・嘉禎2年条，仁治2年とす。

99　京極氏信(父：佐々木信綱，母：川崎為重女)
1：承久2(1220).　生(1)
2：年月日未詳　左衛門尉
3：年月日未詳　対馬守
4：文永2(1265).6.11　引付衆(46)
5：　3(1266).3.6　辞引付衆(為引付廃止)(47)
6：　.11.　東使
7：　.12.　評定衆
8：建治2(1276).4.　東使(57)
9：弘安5(1282).7.　東使(63)
10：　6(1283).10.　近江守(64)
11：　7(1284).4.4　出家(法名導善)(65)
12：永仁3(1295).5.3　没(76)

［典拠］
父：分脈。
母：分脈。
1：没年齢より逆算。
2：分脈。
3：分脈。関評・文永2年条。
4：関評・文永2年条。
5：鏡・文永3年3月6日条。関評・文永3年条。
6：『新抄』文永3年11月6日条。
7：関評・文永3年条。

8：『一代要記』建治2年4月1日条。
9：『勘仲記』弘安5年7月4日・13日条。7月4日条に「信濃前司氏信」とあるが，対馬前司の誤ならん。
10：関評・弘安6年条。
11：分脈。関評・弘安7年条，法名「道善」とす。
12：分脈。

100　京極宗綱(父：京極氏信，母：藤原実遠女)
従五位上(分脈)

1：宝治2(1248).	生(1)
2：年月日未詳	左衛門尉
3：年月日未詳	検非違使
4：年月日未詳	能登守
5：弘安4(1281).11.11	引付衆(34)
6：　10(1287).9.	東使(40)
7：永仁3(1295).	在評定衆(48)
8：　4(1296).4.	東使(49)
9：　5(1297).9.20	没(50)

［典拠］
父：分脈。
母：分脈「京極」・「阿野」。
1：没年齢より逆算。
2：分脈。
3：分脈。
4：分脈。関評・弘安4年条。
5：関評・弘安4年条。
6：『勘仲記』弘安10年9月26日条・10月12日条。『実任卿記』(『歴代残闕日記』47)弘安10年10月12日条。
7：永記・正月5日条。
8：『興福寺略年代記』永仁4年4月条。
9：分脈。

101　京極宗氏(元・宗信)(父：京極満信，母：未詳)
従五位下(『佐々木系図』〈続類従・系図部〉)

1：文永6(1269).	生(1)
2：年月日未詳	左衛門尉
3：年月日未詳	検非違使
4：年月日未詳	評定衆
5：応長1(1311).10.26	出家(法名賢観)(43)
6：元応元(1319).⑦.	東使(51)
7：元徳1(1329).7.16	没(61)

［典拠］
父：分脈。
本名：分脈。『佐々木系図』(続類従・系図部)。
1：没年齢より逆算。

2：分脈。『佐々木系図』(続類従・系図部)。
3：分脈。『佐々木系図』(続類従・系図部)。
4：『佐々木系図』(続類従・系図部)。
5：分脈。『佐々木系図』(続類従・系図部)，一本「覚観」とす。
6：「関東使者奏聞事書」(『文保三年記』〈内閣文庫所蔵『大乗院文書』〉)「東使両人(行海／賢親《(ママ)》)奏聞条々(元応元閏七廿八)」。金文180「寺門事，御使能登入道・佐渡判官入道両人治定候了」。『佐々木系図』(続類従・系図部)に「佐渡大夫判官」とある。「佐渡判官入道」は宗氏の子息高氏の通称として知られるが，高氏の出家は嘉暦3年(分脈)なので，このときの「佐渡判官入道」は宗氏と考えられる。なお，『佐々木系図』(続類従・系図部)の一本は宗氏自身が佐渡守に任官したとするが，「判官入道」という通称から，これは誤であろう。
7：分脈。『佐々木系図』(続類従・系図部)。

102　隠岐時清(父：佐々木泰清，母：未詳)
従五位上(分脈)
1：仁治3(1242).　生(1)
2：年月日未詳　左衛門尉
3：年月日未詳　検非違使
4：年月日未詳　隠岐守
5：建治1(1275).7.6　引付衆(34)
6：弘安6(1283).6.14　評定衆(42)
7：　10(1287).6.　東使(46)
8：正安3(1301).1.　東使(60)
9：年月日未詳　出家(法名阿清)
10：嘉元3(1305).5.4　没(64)
［典拠］
父：分脈。
1：没年齢より逆算。
2：分脈。
3：分脈。
4：分脈。関評・建治元年条。
5：関評・建治元年条。
6：関評・弘安6年条。
7：『新抄』弘安10年6月2日条。
8：『歴代皇紀』正安3年正月17日条。『興福寺略年代記』正安3年正月18日条。『皇年代記』正安3年正月18日条，「佐々木隠岐前司宗清」とするも，前記史料から時清の誤記であろう。『一代要記』正安3年条は10月7日とするが，誤記ならん。
9：分脈。
10：分脈。鎌記裏書・嘉元3年条。武記裏書・嘉元3年条。

103　隠岐清高(父：隠岐宗清，母：京極宗綱女)
従五位下(分脈)
左衛門尉(分脈)
検非違使(分脈)
隠岐守(典拠3・4参照)
引付衆(分脈。『佐々木系図』〈続類従・系図部〉)

1：永仁3(1295).　　生(1)
2：正中2(1325).11.　東使(31)
3：元弘3(1333).　　東使(39)
4：　　　.5.9　没
［典拠］
父：分脈。
母：『佐々木系図』(続類従・系図部)。分脈では京極宗綱女は清高の父宗清の母とされているが，年代的に清高の母ならん。
1：没年齢より逆算。
2：『花園天皇宸記』正中2年11月22日条。
3：元弘3年5月14日付「五宮守良親王令旨」(『多賀神社文書』)。
4：分脈。『近江番場蓮華寺過去帳』，「佐々木隠岐前司清高(三十九歳)」。太平記・巻9「越後守仲時已下自害事」，「佐々木隠岐前司」。

104　宇都宮泰綱(父：宇都宮頼綱，母：北条時政女)
1：建仁3(1203).　　生(1)
2：年月日未詳　　修理亮
3：暦仁1(1238).②.15　下野守・叙爵(36)
4：仁治2(1241).4.7　従五位上(39)
5：寛元1(1243).2.26　評定衆(41)
6：　4(1246).1.5　正五位下(44)
7：弘長1(1261).11.1　没(於・京都)(59)
［典拠］
父：分脈。
母：分脈。『宇都宮系図』(続類従・系図部)。
1：没年齢より逆算。
2：関評・弘長元年条。
3：関評・弘長元年条。
4：関評・弘長元年条。
5：鏡・寛元元年2月26日条。関評・寛元元年条。
6：関評・弘長元年条。
7：鏡・弘長元年11月1日条。関評・弘長元年条，10月とす。『宇都宮系図』(続類従・系図部)一本，文応元年58歳とす。分脈，出家(法名順蓮)とす。

105　宇都宮景綱(父：宇都宮泰綱，母：名越朝時女)
1：嘉禎1(1235).　　生(1)
2：年月日未詳　　従五位下
3：年月日未詳　　尾張守
4：年月日未詳　　下野守
5：文永6(1269).4.27　引付衆(35)
6：　10(1273).6.21　評定衆(39)
7：弘安7(1284).4.　出家(法名蓮瑜)(50)
8：正応3(1290).3.　東使(56)
9：永仁1(1293).10.20　執奏(59)
10：　2(1294).10.24　五番引付頭人(60)

11：永仁6(1298).1.13　辞五番引付頭人(64)
12：　　　　　　　5.1　没
［典拠］
父：分脈。『宇都宮系図』(続類従・系図部)。
母：分脈。『宇都宮系図』(続類従・系図部)。
1：没年齢より逆算。
2：分脈。
3：分脈。
4：分脈。関評・文永6年条。
5：関評・文永6年条。
6：関評・文永10年条。
7：関評・弘安7年条。
8：鎌記裏書・正応3年3月21日条。
9：鎌記・永仁元年条。武記・永仁元年条。
10：鎌記・永仁2年条。武記・永仁2年条。
11：鎌記・永仁6年条。
12：『宇都宮系図』(『続類従』「系図部」)。

106　宇都宮貞綱(父：宇都宮景綱，母：安達義景女)
生年未詳
従五位上(分脈。『宇都宮系図』〈続類従・系図部〉)
左衛門尉(『実躬卿記』正応4年5月9日条)
備前権守(分脈。『宇都宮系図』〈続類従・系図部〉)
下野守(分脈。『宇都宮系図』〈続類従・系図部〉)
三河守(分脈。『宇都宮系図』〈続類従・系図部〉)
引付衆(分脈。『宇都宮系図』〈続類従・系図部〉)
出家(法名蓮昇)(分脈。『宇都宮系図』〈続類従・系図部〉)
1：弘長2(1262).　　　生(1)
2：正応4(1291).5.　　在京(30)
3：正安2(1300).2.　　東使(39)
4：徳治2(1307).7.　　東使(46)
5：正和5(1316).7.25　没(55)
［典拠］
父：分脈。
母：『宇都宮系図』(続類従・系図部)
1：没年齢より逆算。
2：『実躬卿記』正応4年5月9日条の新日吉社五月会流鏑馬五番に「下総三郎左衛門尉貞綱」とあり，「下総」は「下野」の誤と推定される。
3：『歴代皇紀』正安2年2月27日条，「宇津宮三河守貞綱」。『一代要記』正安2年2月27日条「東使定綱・時藤」，『元徳二年三月日吉社並叡山行幸記』(類従・帝王部)「宇都宮三河守頼綱」(正安元年条とす)，おのおの官途と時期から貞綱の誤とわかる。
4：『実躬卿記』徳治2年7月16日条。『歴代皇紀』徳治2年7月16日条。
5：『宇都宮系図』(続類従・系図部)。没年齢，『佐野本宇都宮系図』に拠る。

107　宇都宮公綱(元・高綱)(父：宇都宮貞綱，母：長井時秀女)

左馬権頭(分脈。『宇都宮系図』〈続類従・系図部〉)
備前権守(分脈。『宇都宮系図』〈続類従・系図部〉)
兵部少輔(分脈。『宇都宮系図』〈続類従・系図部〉)
左少将(『宇都宮系図』〈続類従・系図部〉)
引付衆(分脈。『宇都宮系図』〈続類従・系図部〉)
出家(法名理蓮)(『宇都宮系図』〈続類従・系図部〉)

1：乾元 1 (1302).　生(1)
2：建武 1 (1334). 8.　在雑訴決断所一番衆(33)
3：延文 1 (1356).10.20　没(55)

［典拠］
父：分脈。
母：『佐野本宇都宮系図』,「長井宮内大輔時守女」とするも官職等から時秀の誤ならん。
本名：分脈。『宇都宮系図』(続類従・系図部)。
1：没年齢より逆算。
2：『雑訴決断所結番交名』(続類従・雑部)。
3：『宇都宮系図』(続類従・系図部)。異説，45歳，11月25日とす。『佐野本宇都宮系図』の年齢では，徳治元年生。

108　後藤基綱(父：後藤基清，母：未詳)

1：養和 1 (1181).　生(1)
2：年月日未詳　左衛門少尉
3：嘉禄 1 (1225).12.21　評定衆(45)
4：寛喜 1 (1229). 2.27　蒙使宣旨(49)
5：　. 7.26　叙留
6：天福 1 (1233). 1.24　従五位上(53)
7：嘉禎 1 (1235). 9.　在恩沢奉行(55)
8：　2 (1236). 3.19　佐渡守(56)
9：　3 (1237). 9.15　正五位下(57)
10：　.10.27　玄蕃頭
11：寛元 4 (1246). 6. 7　辞評定衆(為宮騒動)(66)
12：建長 4 (1252). 4.30　引付衆(72)
13：康元 1 (1256).11.28　没(76)

［典拠］
父：分脈。
1：没年齢より逆算。
2：関評・嘉禄元年条・貞永元年条・康元元年条。
3：関評・嘉禄元年条。鏡・嘉禄元年12月21日条。
4：関評・康元元年条。
5：関評・康元元年条。
6：関評・康元元年条。
7：鏡・嘉禎元年 9 月10日条。
8：関評・康元元年条。嘉禎 2 年条，5 月とす。
9：関評・康元元年条。
10：関評・嘉禎 3 年条・康元元年条。
11：鏡・寛元 4 年 6 月 7 日条。関評・寛元 4 年条。

12：鏡・建長4年4月30日条。関評・建長4年条。
13：鏡・康元元年11月28日条。分脈。関評・康元元年条。分脈，出家(法名「寂念」または「窮仁」)とす。

109　後藤基政(父：後藤基綱，母：大江能範女)
1：建保2(1214).　生(1)
2：暦仁1(1238).②.15　蒙使宣旨・左衛門尉(25)
3：仁治2(1241).4.7　叙留(28)
4：寛元1(1243).11.16　従五位上(30)
5：建長3(1251).1.23　壱岐守(38)
6：正嘉1(1257).4.1　引付衆(44)
7：弘長3(1263).6.2　上洛(為在京)・六波羅評定衆(50)
8：文永4(1267).6.23　没(54)
[典拠]
父：分脈。
母：分脈。
1：没年齢より逆算。
2：関評・弘長3年条。
3：関評・弘長3年条。
4：関評・弘長3年条。
5：関評・弘長3年条。
6：関評・正嘉元年条。
7：鏡・弘長3年6月2日条。関評・弘長3年条。六波羅評定衆，分脈に拠る。
8：関評・弘長3年条。

110　後藤基頼(父：後藤基政，母：葛西清親女)
1：暦仁1(1238).　生(1)
2：年月日未詳　左衛門尉
3：文永6(1269).4.27　引付衆(32)
4：　7(1270).8.　上洛(為在京)(33)
5：　8(1271).7.27　蒙使宣旨(34)
6：　9(1272).11.27　叙留(35)
7：建治3(1277).9.13　筑後守(40)
8：弘安7(1284).4.　出家(法名寂基)(47)
9：正安3(1301).11.11　没(64)
10：年月日未詳　六波羅引付頭人
[典拠]
父：分脈。
母：分脈。
1：没年齢より逆算。
2：関評・文永6年条。
3：関評・文永6年条。
4：関評・文永7年条。
5：関評・文永7年条。
6：関評・文永7年条。

7：関評・文永７年条。
8：分脈。『秀郷流系図』「後藤」(続類従・系図部)。関評・文永７年条，法名「舜基」とす。
9：関評・文永７年条。
10：分脈。

111　後藤某(父：未詳，母：未詳)
生没年未詳
1：年月日未詳　信濃守
2：正中２(1325).５.25　在御所奉行
3：嘉暦１(1326).３.　出家
4：　.３.　在評定衆
［典拠］
1：『鶴岡社務記録』正中２年５月25日条に，「御所奉行摂津刑部大輔入道々準・後藤信濃前司」とある。
2：同上。
3：２・４により，この人は正中２年５月より嘉暦元年３月までの10カ月間に出家したことがわかり，この間の出家の機会として可能性の高いのは嘉暦元年３月13日の高時の出家に従ったことである。よって，このように推定しておく。
4：金文三七四にある同年３月16日の評定メンバーに「後藤信濃入道」とある。

112　三浦義村(父：三浦義澄，母：未詳)
生年未詳
1：建久１(1190).12.14　右兵衛尉
2：建暦１(1211).10.12　左衛門尉
3：承久１(1219).11.13　駿河守・叙爵
4：　３(1221).⑫.　東使
5：貞応２(1223).４.10　辞駿河守
6：　.12.17　従五位上
7：嘉禄１(1225).12.21　評定衆
8：嘉禎２(1236).12.18　正五位下
9：延応１(1239).12.５　没(為大中風)
［典拠］
父：分脈。
1：関評・延応元年条。
2：関評・延応元年条。
3：関評・延応元年条(異説，12月)。
4：「御厩司次第」(学習院大学史料館寄託『西園寺家文書』。翻刻は木村真美子氏「中世の院御厩司について」〈『学習院大学史料館紀要』10，1999年〉参照)。「駿河守泰村」とあるが，官途から義村の誤記ならん。
5：関評・延応元年条。
6：関評・延応元年条。
7：鏡・嘉禄元年12月21日条。関評・嘉禄元年条。
8：関評・延応元年条。
9：鏡・延応元年12月５日条。関評・延応元年条，15日とす。

113　三浦泰村(父：三浦義村，母：未詳)

1：元久 1 (1204).　生(1)
2：嘉禎 3 (1237). 9 .15　掃部権助(34)
3：　.10.27　式部少丞
4：　.11.29　叙爵
5：　.12.25　若狭守
6：暦仁 1 (1238). 4 . 2　評定衆(35)
7：延応 1 (1239). 4 .13　従五位上(36)
8：寛元 2 (1244). 3 . 6　正五位下(41)
9：宝治 1 (1247). 6 . 5　没(44)

［典拠］
父：分脈。
1：没年齢より逆算。
2：関評・宝治元年条。
3：関評・宝治元年条。
4：関評・宝治元年条。
5：関評・宝治元年条。
6：鏡・暦仁元年 4 月 2 日条。関評・暦仁元年条。
7：関評・宝治元年条。
8：関評・宝治元年条。
9：鏡・宝治元年 6 月 5 日条・22日条。鎌記裏書・宝治元年条。武記裏書・宝治元年条。大日記・宝治元年条。没年齢，関評・宝治元年条には64歳とあるが，『承久記』(元和 4 年古活字本)下の承久の乱での宇治橋合戦条に「相模国住人三浦駿河次郎泰村，生年十八歳」とあり，これに従えば，元久元(1204)年生，没年齢44歳となる。『三浦系図』(続類従・系図部)によれば，泰村とともに滅亡した次男景泰が13歳，九男皆駒丸が 4 歳であることから，『承久記』の年齢が妥当と考えられる。

114　三浦光村(父：三浦義村，母：未詳)

1：元久 2 (1205).　生(1)
2：寛喜 3 (1231). 4 .14　蒙使宣旨・左衛門尉(27)
3：天福 1 (1233). 4 .25　叙爵(29)
4：嘉禎 2 (1236). 7 .20　従五位上(32)
5：　3 (1237). 1 .29　壱岐守(33)
6：暦仁 1 (1238). 3 . 7　河内守(34)
7：仁治 2 (1241). 6 . 7　能登守(37)
8：寛元 2 (1244).　評定衆(40)
9：　3 (1245). 4 . 8　正五位下(41)
10：宝治 1 (1247). 6 . 5　没(43)

［典拠］
父：関評・宝治元年条。『三浦系図』(続類従・系図部)。
1：没年齢より逆算。
2：関評・宝治元年条。
3：関評・宝治元年条。
4：関評・宝治元年条。
5：関評・宝治元年条。

6：関評・宝治元年条。
7：関評・宝治元年条。
8：関評・寛元2年条。鏡・寛元2年4月21日条。
9：関評・宝治元年条。
10：鎌記裏書・宝治元年条。武記裏書・宝治元年条。関評・宝治元年条。大日記・宝治元年条。鏡・宝治元年6月5日条・22日条。

115 武藤景頼(父：武藤頼茂，母：未詳)

1：元久2(1205).	生(1)
2：年月日未詳	左衛門尉
3：建長1(1249).12.13	引付衆(45)
4：　2(1250).2.26	御所奉行(46)
5：　4(1252).2.	東使(48)
6：康元1(1256).1.21	太宰権少弐・叙爵(52)
7：正元1(1259).9.	評定衆(55)
8：弘長3(1263).11.22	出家(法名心蓮)(59)
9：文永3(1266).11.	東使(62)
10：　4(1267).8.4	没(63)

［典拠］
父：分脈。
1：没年齢より逆算。
2：関評・文永4年条。纂要「少弐・武藤」。
3：関評・建長元年条。纂要「少弐・武藤」。
4：鏡・建長2年2月26日条。
5：鏡・建長4年2月20日条。関評・文永4年条。
6：関評・文永4年条。纂要「少弐・武藤」。
7：関評・正元元年条。纂要「少弐・武藤」。
8：鏡・弘長3年11月22日条。関評・弘長3年条・文永4年条。纂要「少弐・武藤」。
9：『新抄』文永3年11月6日条。
10：関評・文永4年条。纂要「少弐・武藤」。

116 武藤景泰(父：武藤景頼，母：未詳)
生年未詳

1：年月日未詳	左衛門尉
2：文永8(1271).9.	引付衆
3：弘安6(1283).7.	太宰権少弐
4：　8(1285).11.17	没(為霜月騒動)

［典拠］
父：纂要「少弐・武藤」。
1：関評・文永8年条。纂要「少弐・武藤」。
2：関評・文永8年条。纂要「少弐・武藤」。
3：関評・弘安6年条。纂要「少弐・武藤」。
4：鎌記裏書・弘安8年条。「霜月騒動聞書」(熊谷直之氏所蔵「梵網戒本疏日珠抄裏文書」)。

117 伊賀光宗(父：伊賀朝光，母：二階堂行政女，二階堂行政猶子)

1：治承2(1178).　生(1)
2：年月日未詳　左衛門尉
3：年月日未詳　式部丞
4：承久1(1219).9.6　政所執事(42)
5：元仁1(1224).⑦.29　辞政所執事・所帯五十二ヶ所収公(47)
6：　.8.29　配流(信濃国)
7：年月日未詳　叙爵
8：年月日未詳　出家(法名光西)
9：嘉禄1(1225).12.22　免許・所帯八ヶ所被返之(48)
10：寛元2(1244).　評定衆(67)
11：正嘉1(1257).1.23　没(80)

［典拠］
父：分脈。
母：『秀郷流系図』「佐伯」(続類従・系図部)。武記・承久元年条。
猶子：武記・承久元年条。
1：没年齢より逆算。
2：鎌記・承久元年条。武記・承久元年条。
3：鎌記・承久元年条。関評・正嘉元年条。
4：鏡・承久元年9月6日条。鎌記・承久元年条。
5：鏡・元仁元年閏7月29日条。関評・正嘉元年条。
6：鏡・元仁元年8月29日条。
7：鏡・嘉禄元年12月22日条。関評・寛元2年条。
8：鏡・嘉禄元年12月22日条。関評・寛元2年条。分脈，法名「元西」とす。
9：鏡・嘉禄元年12月22日条。関評・正嘉元年条。
10：関評・寛元2年条。
11：関評・正嘉元年条。

118　伊賀光政(父：伊賀宗義，母：未詳)
1：元仁1(1224).　生(1)
2：年月日未詳　左衛門尉
3：正元1(1259).　引付衆(36)
4：文永3(1266).3.6　辞引付衆(為引付廃止)(43)
5：　5(1268).11.17　山城守・叙爵(45)
6：　6(1269).4.27　引付衆(46)
7：建治1(1275).12.　上洛(為在京)(52)
8：弘安7(1284).4.　出家(法名光阿)(61)
9：永仁5(1297).12.4　没(74)
10：年月日未詳　六波羅越訴頭人

［典拠］
父：分脈。関評・建治元年条，伊賀光高とす。
1：没年齢より逆算。
2：関評・正元元年条・建治元年条。
3：関評・正元元年条。
4：鏡・文永3年3月6日条。関評・文永3年条。
5：関評・建治元年条。

6：関評・文永6年条。
7：関評・建治元年条。
8：関評・建治元年条。
9：関評・建治元年条。
10：分脈。

119 中条家長(父：義勝房法橋盛尋，母：未詳，養父：八田知家)
1：永万1(1165).　生(1)
2：貞応2(1223).4.10　出羽守・叙爵(59)
3：嘉禄1(1225).12.21　評定衆(61)
4：嘉禎2(1236).8.25　没(72)
［典拠］
父：分脈。関評・嘉禎2年条。
養父：分脈。
1：没年齢より逆算。
2：関評・嘉禎2年条。
3：関評・嘉禄元年条。鏡・嘉禄元年12月21日条。
4：鏡・嘉禎2年8月25日条。関評・嘉禎2年条。

120 土屋宗光(父：土屋宗遠，母：未詳)
1：元暦1(1184).　生(1)
2：年月日未詳　左衛門尉
3：文暦1(1234).　評定衆(51)
4：嘉禎1(1235).5.15　没(52)
［典拠］
父：関評・嘉禎元年条。
1：没年齢より逆算。
2：関評・文暦元年条。
3：関評・文暦元年条。
4：鏡・嘉禎元年5月15日条。関評・嘉禎元年条。

121 結城朝光(元・宗朝)(父：小山政光，母：八田宗綱女)
1：仁安3(1168).　生(1)
2：承元1(1207).4.10　左衛門尉(40)
3：寛喜1(1229).10.5　上野介・叙爵(62)
4：嘉禎1(1235).5.22　評定衆(68)
5：同年　出家(日阿)
6：　.⑥.3　辞評定衆
7：建長6(1254).2.24　没(87)
［典拠］
父：分脈。『結城系図』(続類従・系図部)一本，源頼朝とす。
母：『結城系図』(続類従・系図部)。『秀郷流系図』「結城」(続類従・系図部)。『宇都宮系図』(続類従・系図部)。『結城系図』一本，宇都宮宗円(宗綱父)女とす。
本名：『結城系図』(続類従・系図部)。『秀郷流系図』「結城」(続類従・系図部)。
1：没年齢より逆算。

2：関評・嘉禎元年条。
3：関評・嘉禎元年条。
4：鏡・嘉禎元年5月22日条。関評・嘉禎元年条。
5：鏡・嘉禎元年5月22日条「上野介」，閏6月3日条「上野入道」。朝光の出家はこの間ということになる。法名は分脈および鏡・建長6年2月24日条に拠る。
6：鏡・嘉禎元年閏6月3日条。関評・嘉禎元年条。
7：鏡・建長6年2月24日条。分脈。関評・嘉禎元年条。

122　狩野為佐(元・為光)(父：狩野行光，母：未詳)

1：	養和1(1181).	生(1)
2：	年月日未詳	左衛門尉
3：	文暦1(1234).6.19	評定衆(54)
4：	嘉禎2(1236).11.22	民部小丞(56)
5：	3(1237).1.7	叙爵(57)
6：	.4.21	肥後守
7：	暦仁1(1238).4.6	従五位上(58)
8：	延応1(1239).9.9	太宰少弐(59)
9：	仁治2(1241).11.10	正五位下(61)
10：	寛元4(1246).6.7	辞評定衆(為宮騒動)(66)
11：	建長5(1253).12.22	引付衆(73)
12：	正嘉2(1258).10.27	出家(法名蓮佐)(78)
13：	文応1(1260).	不出仕(依老耄)(80)
14：	弘長3(1263).8.14	没(83)

［典拠］
父：分脈。
本名：関評・嘉禎2年条。関評，嘉禎2年改名とするも，鏡は嘉禎3年3月10日条まで「為光」としており，改名はこれ以降ならん。
1：没年齢より逆算。
2：関評・文暦元年条・文応元年条。
3：鏡・文暦元年6月19日条。関評・文暦元年条。
4：関評・嘉禎2年条・文応元年条。
5：関評・嘉禎3年条・文応元年条。
6：関評・嘉禎3年条。文応元年条は7月とするも，鏡・嘉禎3年6月23日条に「肥後守為佐」とあるので，4月ならん。
7：関評・文応元年条。
8：関評・延応元年条・文応元年条。
9：関評・文応元年条。
10：鏡・寛元4年6月7日条。関評・寛元4年条。
11：鏡・建長5年条12月22日条。関評・建長5年条。
12：関評・正嘉2年条・文応元年条。鏡・弘長3年8月14日条，法名を「蓮祐」とす。
13：関評・文応元年条。
14：鏡・弘長3年8月14日条。関評・文応元年条。

123　千葉秀胤(父：千葉常秀，母：未詳)
生年未詳

上総権介(関評・寛元4年条。『千葉大系図』2)
1：仁治2(1241).11.10　叙爵
2：寛元1(1243).⑦.27　従五位上
3：　2(1244).　評定衆
4：　4(1246).6.7　辞評定衆(為宮騒動)
5：宝治1(1247).6.7　没(為宝治合戦)
[典拠]
父：関評・寛元4年条。『千葉大系図』2。
1：関評・寛元4年条。
2：関評・寛元4年条。
3：関評・寛元2年条。鏡・寛元2年4月21日条。
4：鏡・寛元4年6月7日条。関評・寛元4年条。
5：鏡・宝治元年6月7日条。大日記・宝治元年条。鎌記裏書・宝治元年条，武記裏書・宝治元年条，5日とするも誤。

124　小田時家(父：八田知家，母：未詳)
1：正治2(1200).　生(1)
2：年月日未詳　図書助
3：暦仁1(1238).3.7　伊賀守・叙爵(39)
4：正元1(1259).　引付衆(60)
5：弘長1(1261).11.　出家(法名道円)(62)
6：文永1(1264).11.15　評定衆(65)
7：　8(1271).2.5　没(72)
[典拠]
父：分脈。関評・文永8年条。分脈，一説に知家男宍戸家政とす。
1：没年齢より逆算。
2：関評・文永8年条。
3：関評・文永8年条。「伊勢守」とするも誤。
4：関評・正元元年条。
5：関評・弘長元年条。文永8年条，10月とするも，同年11月に極楽寺重時が没しており，これに殉じたものと推定される。
6：関評・文永元年条。
7：関評・文永8年条。

125　中原師員(父：中原師茂，母：未詳)
1：文治1(1185).　生(1)
2：年月日未詳　明経准得業生
3：建久8(1197).12.15　権少外記(13)
4：　9(1198).3.22　少外記(14)
5：　.11.22　叙爵
6：正治1(1199).3.23　大蔵権少輔(15)
7：建仁2(1202).4.15　直講(18)
8：　.⑩.24　賜権少輔兼字
9：元久2(1205).2.2　従五位上(21)
10：建永1(1206).5.13　兼越前介(22)

11：建保3(1215).1.13　正五位下・辞大蔵権少輔(31)
12：　6(1218).1.13　助教(34)
13：嘉禄1(1225).12.21　評定衆(41)
14：寛喜1 or 2(1229or30).　穀倉院別当(45or46)
15：　3(1231).2.　東使？(47)
16：　.2.19　兼大外記
17：　.5.3　兼摂津守
18：　.6.6　辞大外記
19：貞永1(1232).12.15　博士(48)
20：文暦1(1234).4.2　兼大膳権大夫(50)
21：嘉禎1(1235).1.　東使(51)
22：　.6.17　辞博士
23：　2(1236).12.18　主計頭(52)
24：暦仁1(1238).4.18　従四位上(54)
25：仁治2(1241).?.1　正四位下(57)
26：　9.　在恩沢奉行
27：寛元2(1244).12.　在官途奉行(60)
28：建長3(1251).6.5　四番引付頭人(67)
29：　.6.15　出家(法名行厳)
30：　.6.20　辞四番引付頭人
31：　.6.22　没

［典拠］

父：分脈。
1：没年齢より逆算。
2：関評・建長3年条。
3：関評・建長3年条。
4：関評・建長3年条。
5：関評・建長3年条。
6：関評・建長3年条。
7：関評・建長3年条。
8：関評・建長3年条。
9：関評・建長3年条。
10：関評・建長3年条。
11：関評・建長3年条。
12：関評・建長3年条。
13：鏡・嘉禄元年12月21日条。関評・嘉禄元年条。
14：関評・建長3年条。
15：『民経記』寛喜3年2月24日条。
16：関評・建長3年条。
17：関評・建長3年条。
18：関評・建長3年条。
19：関評・建長3年条。
20：関評・文暦元年条・建長3年条。
21：『玉蘂』嘉禎元年正月15日・18日・19日条(「師貞」と誤記)。『明月記』嘉禎元年正月12日・4月6日・同16日条。

22：関評・建長3年条。
23：関評・嘉禎2年条・建長3年条。
24：関評・建長3年条。
25：関評・建長3年条。
26：鏡・仁治2年9月3日条。
27：鏡・寛元2年12月20日条。
28：鏡・建長3年6月5日条。鎌記・建長3年条。
29：鏡・建長3年6月15日条。関評・建長2年条・建長3年条，建長2年とす。
30：鏡・建長3年6月20日条。鎌記・建長3年条，30日とす。
31：鏡・建長3年6月22日条。関評・建長3年条。
※：永井晋氏「中原師員と清原教隆」(『金沢文庫研究』281，1988年)。

126 中原師連(父：中原師員，母：未詳)

1：	承久2(1220).	生(1)
2：	年月日未詳	明経得業生
3：	嘉禎2(1236).12.19	権少外記(17)
4：	3(1237).7.27	兼掃部権助(18)
5：	.11.29	叙爵
6：	暦仁1(1238).②.27	従五位上(19)
7：	仁治1(1240).12.18	正五位下・辞掃部権助(21)
8：	2(1241).9.24	縫殿頭(22)
9：	寛元4(1246).2.23	兼長門介(27)
10：	建長6(1254).12.1	引付衆(35)
11：	文永1(1264).11.15	評定衆(45)
12：	8(1271).3.	篭居(依中風)(52)
13：	.3.25	出家(法名性円)
14：	弘安6(1283).5.4	没(64)

［典拠］
父：分脈。
1：没年齢より逆算。
2：関評・文永8年条。
3：関評・文永8年条。
4：関評・文永8年条。
5：関評・文永8年条。
6：関評・文永8年条。
7：関評・文永8年条。
8：関評・文永8年条。
9：関評・文永8年条。
10：鏡・建長6年12月1日条。関評・建長6年条。
11：関評・文永元年条。
12：関評・文永8年条。
13：関評・文永8年条。
14：関評・文永8年条。

127 摂津親致(父：中原師連，母：未詳)

1：宝治1(1247).　生(1)
2：年月日未詳　左近将監(25)
3：文永8(1271).4.　引付衆
4：弘安1(1278).2.　評定衆(32)
5：　.5.　摂津守
6：　7(1284).4.　出家(法名道厳)(38)
7：　8(1285).12.27　問注所執事(39)
8：正応2(1289).12.　在御所奉行(43)
9：　5(1292).4.　東使(46)
10：永仁1(1293).10.　辞問注所執事(47)
11：　3(1295).　官途奉行(49)
12：　4(1296).5.　在御所奉行(50)
13：同年　安堵奉行
14：　6(1298).2.28　越訴頭人(52)
15：正安1(1299).1.6　奏事(53)
16：　2(1300).10.9　辞越訴頭人(54)
17：乾元1(1302).9.11　八番引付頭人(56)
18：嘉元1(1303).4.11　辞八番引付頭人(57)
19：　.4.14　没

［典拠］
父：分脈。
1：没年齢より逆算。
2：鎌記・弘安8年条。関評・文永8年条。
3：鎌記・弘安8年条。関評・文永8年条。
4：鎌記・弘安8年条。関評・弘安元年条。
5：関評・弘安元年条。鎌記・弘安8年条。
6：鎌記・弘安8年条。関評・弘安7年条。
7：鎌記・弘安8年条。武記・弘安8年条。
8：『門葉記』「冥道供七　関東冥道供現行記」正応2年12月27日条。この日行われた将軍惟康親王の病気平癒のための修法の奉行が「摂津守」であった。当時の摂津守は親致であり，その職務内容から，彼は当時御所奉行であったと思われる。
9：『実躬卿記』正応5年4月14日条。
10：鎌記・永仁元年条。この日，太田時連が還補。
11：鎌記・弘安8年条。「官選奉行」とあるも，「官途」の誤ならん。
12：『門葉記』「冥道供七　関東冥道供現行記」永仁4年5月26日条。この日行われた将軍惟康親王御息所の病気平癒のための修法の奉行が「摂津前司」であった。官途からこれは親致であり，職務内容から，彼は当時御所奉行であったと思われる。
13：鎌記・弘安8年条。
14：鎌記・弘安8年条・永仁6年条。
15：鎌記・弘安8年条。
16：鎌記・正安2年条に「十月九日止越訴，相州家人五人奉行之」とあるに拠る。
17：鎌記・弘安8年条・乾元元年条。
18：鎌記・嘉元元年条。
19：鎌記・弘安8年条。

128 摂津親鑒(父：摂津親致，母：未詳)

生年未詳

正五位下(分脈。『中原系図』〈続類従・系図部〉)

隼人正(分脈。『中原系図』〈続類従・系図部〉)

刑部権大輔(金文374・414等に拠る。分脈，『中原系図』〈続類従・系図部〉，「権」なし)

出家(法名道準＝官職・通称に拠る)

1：正安3(1301).8.　東使
2：嘉元3(1305).12.　在寺社奉行
3：徳治2(1307).7.　東使
4：正和1(1312).8.　在越訴頭人
5：　4(1315).　問注所執事補佐
6：　.6.　若宮事始大奉行
7：文保1(1317).3.　東使
8：正中1(1324).7.　在御所奉行
9：　2(1325).5.25　在御所奉行
10：嘉暦1(1326).3.　在評定衆
11：　2(1327).4.17　五番引付頭人
12：　2(1330).1.24　四番引付頭人
13：元弘1(1331).1.23　辞四番引付頭人
14：　3(1333).5.22　没(為鎌倉滅亡)

［典拠］

父：分脈。

1：『興福寺略年代記』正安3年8月10日条。『皇年代記』正安3年8月10日条。

2：嘉元3年12月15日付「摂津親鑒下知状案」(『金剛三昧院文書』)。

3：『実躬卿記』徳治2年7月14日条。『歴代皇紀』徳治2年7月14日条。

4：正和元年8月18日付「平忠綱譲状」(『第二回西武古書大即売展目録』)。分脈。『中原系図』(続類従・系図部)。

5：武記・正和4年条に「摂津刑部大輔親鑑《ママ》被相副時連」とある。

6：『鶴岡社務記録』正和4年6月27日条。

7：『一代要記』文保元年3月条。『続史愚抄』文保元年4月7日条。『歴代皇紀』文保元年条，4月7日上洛とす。

8：『門葉記』「冥道供七　関東冥道供現行記」元亨4年7月11日条。この日行われた将軍守邦親王の病気平癒修法の奉行が「刑部大輔入道」＝親鑒であった。職務内容から，彼は当時御所奉行であったと思われる。

9：『鶴岡社務記録』正中2年5月25日条「御所奉行摂津刑部大輔入道々準・後藤信濃前司」に拠る。

10：金文374。分脈。『中原系図』(続類従・系図部)。

11：鎌記・嘉暦2年条。

12：鎌記・元徳2年条。

13：鎌記・元弘元年条。

14：太平記・巻10「高時并一門以下於東勝寺自害事」。

129 摂津高親(父：摂津親鑒，母：未詳)

生年未詳

従五位上(分脈。『中原系図』〈続類従・系図部〉)

宮内大輔(分脈。『中原系図』〈続類従・系図部〉)

引付衆(分脈。『中原系図』〈続類従・系図部〉)
1：元徳2(1330).2.　在官途奉行
2：元弘3(1333).5.22　没(為鎌倉滅亡)
[典拠]
父：分脈。『中原系図』(続類従・系図部)。『中原系図』(『門司文書』)は親鑒の弟とす。
1：金文419に「官途執筆宮内大輔高親」とある。なお，「職員表」元徳2年条補注参照。
2：太平記・巻10「高時幷一門以下於東勝寺自害事」。

130　摂津親如(父：摂津親致，母：未詳)
生没年未詳
土佐守(『中原系図』〈続類従・系図部〉)
評定衆(『中原系図』〈続類従・系図部〉)
[典拠]
父：『中原系図』(続類従・系図部)

131　摂津致顕(父：摂津親如，母：未詳)
生没年未詳
隼人正(『中原系図』〈続類従・系図部〉)
引付衆(『中原系図』〈続類従・系図部〉)
1：建武1(1334).　関東廂番三番衆
2：　出家(法名宗準)
3：康永3(1344).　在引付衆(室町幕府)
4：貞和5(1349).　在引付衆(室町幕府)
[典拠]
父：『中原系図』(続類従・系図部)。
1：『建武年間記』(類従・雑部)。「前隼人正致顕」とある。
2：康永3年「室町幕府引付番文」(『結城文書』1)。四番に「摂津隼人正入道」がみえ，これは暦応4年8月7日付「摂津親秀譲状」(『美吉文書』)の「隼人正入道宗準」と同人と推定される。官途から宗準は致顕の法名と考えられる。
3：2参照。
4：貞和5年「室町幕府引付番文」(『新田八幡宮文書』3)。四番に「摂津隼人入道」がみえる。

132　摂津親秀(父：摂津親致，母：未詳)
生没年未詳
従五位上(分脈。『中原系図』〈続類従・系図部〉)
右近将監(鎌記裏書・嘉暦元年7月条。金文369。『中原系図』〈続類従・系図部」〉)
掃部頭(分脈。『中原系図』〈続類従・系図部〉)
評定衆(分脈。『中原系図』〈続類従・系図部〉)
1：嘉暦1(1326).1.17　在御所奉行
2：　.7.　東使
3：建武4(1337).5.　在安堵方頭人(室町幕府)
4：暦応2(1339).　在引付方頭人(室町幕府)
5：　3(1340).　在引付方頭人(室町幕府)
[典拠]
父：分脈。

1：金文369。「大夫将監親秀」が将軍御所での申次を行っている。
2：鎌記裏書・嘉暦元年7月条。
3：建武4年5月15日付「摂津親秀奉書」(『新編会津風土記』1)。
4：暦応2年3月4日・6月18日付「摂津親秀奉書」(『広峯神社文書』)。同3月18日付「摂津親秀奉書」(『吉川家文書』2)。同12月27日付「摂津親秀奉書」(『長防風土記』)。
5：暦応3年2月4日付「摂津親秀奉書」(『東大寺文書』「第四回採訪十八」)。同4月18日付「摂津親秀奉書」(『広峯神社文書』)。同10月11日付「摂津親秀奉書」(『東大寺文書』「第二回採訪三」)。

133 長井泰秀(父：長井時広，母：未詳)

1：建暦2(1212).　生(1)
2：寛喜1(1229).1.30　備前大掾(去年内給)(18)
3：.2.1　蔵人・聴禁色
4：.2.3　左衛門少尉
5：.5.6　叙爵
6：文暦1(1234).12.21　従五位上(23)
7：嘉禎3(1237).4.9　正五位下(26)
8：.7.12　左衛門大尉・蒙使宣旨
9：暦仁1(1238).②.15　甲斐守(27)
10：仁治2(1241).6.28　評定衆(30)
11：建長5(1253).12.21　没(近年依所労不出仕)(42)

［典拠］

父：分脈。
1：没年齢より逆算。
2：関評・建長5年条。
3：関評・建長5年条。
4：関評・建長5年条。
5：関評・建長5年条。
6：関評・建長5年条。
7：関評・建長5年条。
8：関評・建長5年条。
9：関評・建長5年条。
10：鏡・仁治2年6月28日条。関評・仁治2年条。
11：鏡・建長5年12月21日条。関評・建長5年条。

134 長井時秀(父：長井泰秀，母：佐々木信綱女)

生没年未詳

1：建長6(1254).12.1　引付衆
2：正嘉元(1257).10.　東使
3：正元1(1259).⑩.　宮内権大輔
4：文永1(1264).12.　東使
5：.6.11　評定衆
6：8(1271).11.　備前守
7：弘安5(1282).7.　東使
8：7(1284).4.　出家(法名西規)

［典拠］

父：分脈。
母：分脈。
1：鏡・建長6年12月1日条。関評・建長6年条。
2：鏡・正嘉元年10月13日条。
3：関評・正元元年条。
4：『新抄』文永元年12月14日条・文永2年3月18日条。
5：鏡・文永2年6月11日条。関評・文永2年条。
6：関評・文永8年条。
7：『勘仲記』弘安5年7月4日・13日条。
8：関評・弘安7年条。

135　長井宗秀(父：長井時秀，母：安達義景女)
正五位下(分脈)
掃部頭(分脈)
甲斐守(分脈)
1：文永2(1265).　　生(1)
2：弘安5(1282).4.26　引付衆(18)
3：　　.10.29　宮内権大輔
4：永仁1(1293).5.20　越訴頭人(29)
5：　　.10.20　執奏
6：　2(1294).2.　東使(30)
7：　　.10.24　辞執奏
8：　3(1295).　　在寄合衆・評定衆(31)
9：　5(1297).3.6　辞越訴頭人(33)
10：　6(1298).1.13　五番引付頭人(34)
11：正安1(1299).4.1　四番引付頭人(35)
12：　3(1301).8.　五番引付頭人(37)
13：　　.8.　出家(法名道雄)
14：　　.8.25　越訴頭人
15：乾元1(1302).9.11　七番引付頭人(38)
16：嘉元1(1303).4.11　八番引付頭人(39)
17：　　.8.　辞越訴頭人
18：　2(1304).9.25　七番引付頭人(40)
19：　　.12.7　辞七番引付頭人
20：　3(1305).8.1　五番引付頭人(41)
21：徳治2(1307).1.28　七番引付頭人(43)
22：延慶2(1309).3.15　辞七番引付頭人(45)
23：嘉暦2(1327).11.7　没(63)
[典拠]
父：分脈。
母：分脈・安達義景女条。
1：没年齢より逆算。
2：関評・弘安5年条。
3：関評・弘安5年条。分脈，宮内大輔とす。
4：鎌記・永仁元年条。

5：武記・永仁元年条。鎌記・永仁元年条。
6：『実躬卿記』永仁2年2月20日・3月5日条・同18日条・同3年5月6日条。『勘仲記』永仁2年2月24日条。『興福寺略年代記』永仁2年条。永記・5月14日条。
7：武記・永仁2年条。鎌記・永仁2年条。
8：永記・5月16日条・6月26日条。
9：鎌記・永仁5年条。武記・永仁5年条。
10：鎌記・永仁6年条。
11：鎌記・正安元年条。
12：鎌記・正安3年条。
13：鎌記・正安3年条の8月22日の引付頭人交名では「(五)宗秀」と俗名であったものが，翌乾元元年条の2月18日の引付頭人交名では「(五)道雄」と法名になっており，時期的に正安3年8月の貞時出家に従ったものと推定される。
14：鎌記・正安3年条。佐藤進一氏は「職員表」正安3年条で，8月25日(もしくは9月)と推定。北条宗方が8月25日に越訴頭人に就しているので，宗秀も同日ならん。
15：鎌記・乾元元年条。
16：鎌記・嘉元元年条。
17：鎌記・嘉元3年条の大仏宗宣の履歴に「嘉元々八廿七越訴奉行」とあり，宗秀と交替したことがわかる。
18：鎌記・嘉元2年条。
19：鎌記・嘉元2年条。
20：鎌記・嘉元3年条。
21：鎌記・徳治2年条。
22：鎌記・延慶2年条。
23：常楽記・嘉暦2年11月7日条に「長井掃部頭入道(道応)他界(六十三。乙丑誕生)」とあり，通称から宗秀と推定される。『中原系図』(『門司文書』)の宗秀の註に「嘉暦二九月死」とあり，月は異なるものの没年は常楽記と一致するので，宗秀の没年が嘉暦2年であることは間違いないと思われる。

136　長井貞秀(父：長井宗秀，母：未詳)

生年未詳
兵庫頭(分脈)
中務少輔(分脈)
評定衆(分脈)

1：永仁2(1294).3以前　蔵人・左衛門少尉
2：　3.5　検非違使
3：徳治1(1306).4.25　将軍二所詣代官
4：延慶2(1309).3.　没

［典拠］
父：分脈。
1・2：『勘仲記』永仁2年3月5日条。分脈。
3：鎌記裏書・徳治元年4月25日条，「御代官長井兵庫頭貞秀」とある。
4：『金沢文庫資料図録－書状編1』(神奈川県立金沢文庫編著。1992年)224・299頁の百瀬今朝雄氏の推定に拠る。

137　長井挙冬(元・高冬)(父：長井貞秀，母：未詳)

1：正和3(1314).　生(1)
2：年月日未詳　右馬助
3：元弘元(1331).11.　東使(18)
4：貞和3(1347).3.24　没(34)
[典拠]
父：分脈。
名：2の史料では「長井右馬助高冬」，4では「長井右馬助挙冬」であり，苗字・官途・「高」と「挙」の音の共通から，高冬は北条高時の偏諱を受けた高冬を挙冬に改名したものであろう。
1：没年より逆算。
2：鎌記裏書・元徳3年11月条。『花園天皇宸記』元弘元年11月26日条。『増鏡』巻19「くめのさら山」。
3：同上。
4：常楽記・貞和3年3月24日条。

138　長井高秀
系譜・生没年未詳
治部少輔(金文443)
1：元徳元(1329).　東使
[典拠]
1：金文443。「治部少輔高秀京着之後，何様事等候哉。貞重以下一門，定もてなし候らんと覚候」とあり，高秀は六波羅評定衆長井貞重の一門で，上洛したことがわかる。よって，高秀は系譜未詳であるが，長井氏で鎌倉在住ということになり，長井関東評定衆家の人と推定される。

139　長井時千(父：長井宗秀，母：未詳)
生没年未詳
従五位下(分脈)
宮内権大輔(分脈)
1：延慶3(1310).7.　在引付衆
[典拠]
父：分脈。
1：延慶3年付「関東引付衆結番交名注文案」(『斑目文書』)にある7月21日の一番引付交名中に見える「宮内権大輔」を佐藤進一氏は時千に比定しており(職員表・延慶3年条)，これに従う。

140　長井貞広(父：長井時秀，母：未詳)
従五位下(分脈)
左近将監(分脈)
評定衆(分脈)
1：文永8(1271).　生(1)
2：延慶1(1308).9.　東使(38)
3：　3(1310).10.　東使(40)
4：正和3(1314).　政所執事補佐(44)
5：元亨3(1323).6.13　没(53)
[典拠]
父：分脈。
1：没年齢より逆算。

2：『歴代皇紀』徳治3年9月3日条，「東使長井備前左近大夫入道洞淵」。『続史愚抄』延慶元年9月2日条，「関東使左近大夫入道道潤(長井)」。備前守時秀の子で左近将監であった貞広に比定される。

3：大日記(生田美喜蔵氏所蔵本)裏書・延慶3年条「長井左近大夫将監入道」。『元徳二年三月日吉社並叡山行幸記』(類従・帝王部)，「長井左近大夫入道々漸」。2と法名は異なるが，通称が一致するため，同人ならん。

4：武記・正和3年条，「長井備前左近大夫将監入道道衙被相副行暁」。2と法名は異なるが，通称が一致するため，同人ならん。

5：常楽記・元亨3年6月13日条，「長井将監入道他界(五十三。道衎)」。通称および法名(「道衎」と2の「洞淵」は音が共通)から貞広と推定される。

141　毛利季光(父：大江広元，母：未詳)

1：建仁2(1202).　生(1)
2：建保4(1216).12.14　左近将監(15)
3：　5(1217).2.8　蔵人(16)
4：　.4.9　叙爵
5：承久1(1219).1.27　出家(法名西阿)(18)
6：天福1(1233).11.3　評定衆(32)
7：宝治1(1247).6.5　没(46)

［典拠］
父：分脈。
1：没年齢より逆算。
2：関評・宝治元年条。
3：関評・宝治元年条。
4：関評・宝治元年条。
5：関評・宝治元年条。
6：鏡・天福元年11月3日条。関評・天福元年条。
7：関評・宝治元年条。鏡・宝治元年6月5日条。鎌記裏書・宝治元年条。武記裏書・宝治元年条。

142　海東忠成(父：大江広元，母：未詳)
生年未詳

1：安貞1(1227).5.11　蔵人・宣陽門院判官代
2：　.7.11　左近将監
3：　.8.2　叙爵
4：寛喜2(1230).10.25　従五位上
5：貞永1(1232).⑨.27　正五位下
6：仁治1(1240).8.14　刑部権少輔
7：寛元2(1244).4.5　従四位下
8：　3(1245).　評定衆
9：宝治1(1247).6.11　辞評定衆(為宝治合戦。同意毛利季光。)
10：文永2(1265).　没(於・京都)

［典拠］
父：分脈。『玉燭宝典』6裏書「海東系図」。
1：関評・宝治元年条。
2：関評・宝治元年条。

3：関評・宝治元年条。
4：関評・宝治元年条。
5：関評・宝治元年条。
6：関評・宝治元年条。
7：関評・宝治元年条。
8：関評・寛元3年条。
9：鏡・宝治元年6月11日条。関評・宝治元年条。
10：関評・宝治元年条。

143　那波政茂(父：大江宗元男，母：未詳)
生年未詳
1：延応1(1239).10.28　左近将監
2：仁治2(1241).4.7　叙爵
3：寛元2(1244).8.22　従五位上
4：建長6(1254).12.1　引付衆
5：正嘉1(1257).6.22　刑部権少輔
6：弘長3(1263).9.3　没
[典拠]
父：分脈。
1：関評・弘長3年条。「右近将監」とするも誤。
2：関評・弘長3年条。
3：関評・弘長3年条。
4：鏡・建長6年12月1日条。関評・建長6年条。分脈，関東評定衆とするも誤。
5：関評・弘長3年条。正嘉元年条，12日とす。
6：鏡・弘長3年9月3日条。関評・弘長3年条。

144　二階堂行盛(信濃流二祖)(父：二階堂行光，母：未詳)
1：養和1(1181).　生(1)
2：年月日未詳　左衛門尉
3：建保6(1218).12.9　民部少丞(38)
4：承久3(1221).1.5　叙爵(41)
5：　.1.13　紀伊権守
6：元仁1(1224).⑦.29　政所執事(44)
7：嘉禄1(1225).7.12　出家(法名行然)(45)
8：　.12.21　評定衆
9：建長3(1251).8.9　従五位上(但出家之間，承久3年4月11日付)(71)
10：　4(1252).4.30　四番引付頭人(72)
11：　5(1253).12.8　没(73)
[典拠]
父：分脈。
1：没年齢より逆算。
2：鎌記・元仁元年条。関評・建長5年条。武記・建保元年条。
3：鎌記・元仁元年条。関評・建長5年条。武記・建保元年条。
4：鎌記・元仁元年条。関評・建長5年条。武記・建保元年条。
5：鎌記・元仁元年条。武記・建保元年条。

6：鏡・元仁元年閏7月29日条。鎌記・元仁元年条，8月1日とす。武記・元仁元年条。武記・建保元年条，建保元年とし，異説に元仁元年を載す。
7：鏡・嘉禄元年7月12日条。分脈，11日とす。法名，鏡・建長5年12月9日条，分脈，関評，鎌記等に拠る。大日記・建保元年条，「行念」とす。
8：鏡・嘉禄元年12月21日条。関評・嘉禄元年条。
9：武記・建保元年条。
10：鏡・建長4年4月30日条。関評・建長4年条。
11：分脈。鎌記・元仁元年条。関評・建長5年条。武記・建保元年条。鏡・建長5年12月9日条，9日とす。

145 二階堂(筑前)行泰(父：二階堂行盛，母：未詳)

1：建暦1(1211).		生(1)
2：年月日未詳		左衛門尉
3：嘉禎3(1237).	1.24	民部少丞(27)
4：	.10.27	叙爵
5：寛元1(1243).	6.12	従五位上・止民部(33)
6：	.11.2	筑前守
7：建長1(1249).	12.13	引付衆(39)
8：　5(1253).	12.8	政所執事(43)
9：	.12.22	五番引付頭人
10：康元1(1256).	4.	辞五番引付頭人(46)
11：	.11.23	出家(法名行善)
12：正元1(1259).		評定衆(49)
13：弘長2(1262).		辞政所執事(52)
14：文永1(1264).		政所執事(54)
15：　2(1265).	10.2	没(55)

［典拠］
父：分脈。
1：没年齢より逆算。
2：鎌記・建長5年条。関評・文永2年条。
3：鎌記・建長5年条。関評・文永2年条。武記・文永元年条，康元元年と誤記，異説として嘉禎3年を載せるも4月と誤記。
4：鎌記・建長5年条。関評・文永2年条。武記・文永元年条，寛元元年と誤記。
5：鎌記・建長5年条。関評・文永2年条。武記・文永元年条。
6：鎌記・建長5年条。関評・文永2年条。武記・文永元年条，康元元年と誤記。
7：関評・建長元年条。
8：鏡・建長5年12月8日条。鎌記・建長5年条。関評・建長5年条。武記・建長5年条。
9：鏡・建長5年12月22日条。関評・建長5年条。
10：関評・康元元年条。
11：鏡・康元元年11月23日条。鎌記・建長5年条。関評・康元元年条・文永2年条。大日記・建長5年条。
12：関評・正元元年条。
13：関評・弘長2年条。嫡子行頼が政所執事就任。
14：鎌記・文永元年条。関評・文永元年条。武記・文永元年条。
15：鏡・文永2年10月2日条。鎌記・文永元年条。関評・文永2年条。武記・文永元年条。分脈，57

歳とす。

146　二階堂(筑前)行頼(父：二階堂行泰，母：未詳)

1：寛喜2(1230).　生(1)
2：年月日未詳　左衛門尉
3：宝治1(1247).8.　東使(18)
4：文応1(1260).9.8　加賀守・叙爵(31)
5：弘長2(1262).　政所執事(33)
6：　.12.11　引付衆
7：　3(1263).11.10　没(34)

［典拠］
父：分脈。
1：没年齢より逆算。
2：関評・弘長3年条。鎌記・弘長2年条。武記・弘長2年条。
3：『葉黄記』(内閣文庫所蔵写本)宝治元年8月17日条に「関東使者(筑前々司行泰子歟／大曾禰左衛門尉〈義景親昵云々〉)入洛。其勢四五百騎云々」とあり，この日入洛した東使は大曾禰長泰と，二階堂行泰の子息であったことがわかる。そこで行泰の子の当時の年齢をみると，嫡子行頼18歳，その弟行実12歳であり，行実以下が東使を務めた可能性は低く，行頼がこのときの東使と推定される。
4：鎌記・弘長2年条。関評・弘長3年条。武記・弘長2年条。
5：鎌記・弘長2年条。関評・弘長2年条。武記・弘長2年条。
6：関評・弘長2年条。
7：鏡・弘長3年11月10日条。分脈。鎌記・弘長2年条。関評・弘長3年条。武記・弘長2年条，11日とし，また44歳とするも，父9歳の子となってしまうため誤。

147　二階堂(筑前)行実(父：二階堂行泰，母：未詳)

1：嘉禎2(1236).　生(1)
2：年月日未詳　左衛門尉
3：文永2(1265).6.11　引付衆(30)
4：同年　政所執事
5：　3(1266).3.6　辞引付衆(為引付廃止)(31)
6：　5(1268).9.14　信濃守・叙爵(33)
7：　6(1269).4.27　引付衆(34)
8：　.7.13　没

［典拠］
父：分脈。
1：没年齢より逆算。
2：関評・文永6年条。鎌記・文永2年条。武記・文永2年条。
3：鏡・文永2年6月11日条。関評・文永2年条。
4：鎌記・文永2年条。関評・文永2年条。武記・文永2年条。大日記・文永2年条。
5：鏡・文永3年3月6日条。関評・文永3年条。
6：鎌記・文永2年条。関評・文永6年条。武記・文永2年条。
7：関評・文永6年条。
8：分脈。関評・文永6年条。大日記・文永6年条。鎌記・文永2年条，12日・33歳とす。武記・文永2年条，没年齢を24歳とす。

148　二階堂(筑前)行佐(父：二階堂行泰，母：未詳)
1：嘉禎 3 (1237).　　生(1)
2：年月日未詳　　左衛門尉
3：文永 7 (1270).5.　　引付衆(34)
4：　9 (1272).7.11　近江守・叙爵(36)
5：　.7.21　因幡守
6：建治 3 (1277).3.14　出家(法名行円)(41)
7：　.6.2　没(近年依所労不出仕)
［典拠］
父：分脈。
1：没年齢より逆算。
2：関評・建治 3 年条。
3：関評・文永 5 年条。
4：関評・建治 3 年条。
5：関評・建治 3 年条。
6：分脈。関評・建治 3 年条。
7：分脈。関評・建治 3 年条，5 日・40歳とす。『佐野本二階堂系図』40歳とす。

149　二階堂(筑前)行時(父：二階堂行佐，母：未詳)
生没年未詳
従五位下(分脈)
左衛門尉(分脈)
民部丞(分脈。『二階堂系図』〈続類従・系図部〉)
河内権守(分脈)
評定衆(『二階堂系図』〈続類従・系図部〉)
1：正応 4 (1291).5.　　在京
2：正安 3 (1301).8.24　出家(法名行勝)
［典拠］
父：分脈。
1：『実躬卿記』正応 4 年 5 月 9 日条の新日吉社五月会流鏑馬三番に「因幡三郎左衛門尉藤原行時」とある。
2：分脈。

150　二階堂(伊勢)行綱(父：二階堂行盛，母：未詳)
1：建保 4 (1216).　　生(1)
2：仁治 3 (1242).3.7　蒙使宣旨・左衛門尉(27)
3：寛元 1 (1243).4.12　叙留(28)
4：　3 (1245).1.13　伊勢守(30)
5：建長 1 (1249).12.13　引付衆(34)
6：康元 1 (1256).11.23　出家(法名行願)(41)
7：文永 1 (1264).4.　　評定衆(49)
8：　.12.　　東使
9：　6 (1269).7.　　政所執事(54)
10：弘安 4 (1281).6.7　没(66)

［典拠］
父：分脈。
1：没年齢より逆算。
2：関評・弘安4年条。武記・文永6年条。鎌記・文永6年条，右衛門尉とす。
3：鎌記・文永6年条。関評・弘安4年条。武記・文永6年条。
4：鎌記・文永6年条。関評・弘安4年条。武記・文永6年条。
5：関評・建長元年条。
6：鏡・康元元年11月23日条。鎌記・文永6年条。武記・文永6年条。関評・弘安4年条，11月出家とした後「私五月歟」とす。分脈，5月とす。5月に私的に出家を遂げていたものか。
7：関評・文永元年条。
8：『新抄』文永元年12月14日条・同2年3月18日条。
9：鎌記・文永6年条。関評・文永6年条。武記・文永6年条。大日記・文永6年条。
10：分脈。鎌記・文永6年条。関評・弘安4年条。武記・文永6年条。

151　二階堂(伊勢)頼綱(父：二階堂行綱，母：未詳)
1：延応1(1239).　生(1)
2：文永6(1269).12.25　蒙使宣旨・左衛門尉(31)
3：　9(1272).7.11　叙留(34)
4：　11(1274).7.25　下総守(36)
5：建治1(1275).7.6　引付衆(37)
6：弘安4(1281).7.　政所執事(43)
7：　5(1282).2.　評定衆(44)
8：　6(1283).10.24　没(45)
［典拠］
父：分脈。
1：没年齢より逆算。
2：鎌記・弘安4年条。関評・弘安6年条。武記・弘安4年条。
3：鎌記・弘安4年条。関評・弘安6年条。武記・弘安4年条。
4：鎌記・弘安4年条。関評・弘安6年条。武記・弘安4年条。
5：関評・建治元年条。
6：鎌記・弘安4年条。関評・弘安4年条。武記・弘安4年条。
7：関評・弘安5年条。
8：分脈。鎌記・弘安4年条。関評・弘安6年条。武記・弘安4年条，46歳とす。

152　二階堂(伊勢)盛綱(父：二階堂行綱，母：未詳)
生没年未詳
従五位下(分脈)
左衛門尉(分脈)
検非違使(分脈。『二階堂系図』〈続類従・系図部〉)
伊勢守(分脈)
摂津守(『二階堂系図』〈続類従・系図部〉)
安堵奉行(『二階堂系図』〈続類従・系図部〉)
1：寛元2(1244).　生(1)
2：弘安7(1284).4.　出家(法名行覚，後行誓)(41)
3：正応1(1288).1.　東使(45)

4：永仁 3 (1295).　　　在評定衆(52)
5：元徳 2 (1330).11.6　没(87)

［典拠］

父：分脈。
1：没年齢より逆算。
2：分脈。法名，分脈「行真」とするも，『実躬卿記』弘安11年正月19日条「伊勢入道行覚」，『公衡公記』弘安11年正月19日条「関東御使伊勢入道行覚(俗名盛綱)」，22日条「関東使(行覚)」，『続史愚抄』正応元年正月20日条「関東伊勢守入道行覚」とあり，永記には「勢入(盛綱，行誓)」とある。
3：2参照。
4：永記・正月5日条。
5：常楽記・元徳2年11月6日条。

153　二階堂(伊勢)時綱(父：二階堂盛綱，母：未詳)

没年未詳
従五位下(分脈)
左衛門尉(分脈)
検非違使(分脈。『二階堂系図』〈続類従・系図部〉)
三河守(分脈。『二階堂系図』〈続類従・系図部〉)
評定衆(『二階堂系図』〈続類従・系図部〉)
引付頭人(武記・元弘3年条)

1：弘安 3 (1280).　　　生(1)
2：延慶 1 (1308).6.　　東使(29)
3：応長 1 (1311).10.10　出家(法名行譚)(32)
4：文保 2 (1318).10.　　在御所奉行(39)
5：　　　　　.10.　　東使
6：元弘 3 (1333).　　　政所執事(鎌倉府)(54)
7：建武 1 (1334).3.9　辞政所執事(鎌倉府)(55)
8：康永 3 (1344).　　　在引付衆(室町幕府)(65)
9：貞和 2 (1346).3.2　政所執事(室町幕府)(67)
10：　　3 (1347).12.　辞政所執事(室町幕府)(68)
11：　　5 (1349).　　在評定衆(室町幕府)(70)
12：同年　　　　　　在引付衆(室町幕府)
13：観応 1 (1350).3.　在御所奉行(室町幕府)(71)

［典拠］

父：分脈。
1：出家時の年齢より逆算。
2：『歴代皇紀』徳治3年6月27日条。武記裏書・延慶元年7月12日条。『興福寺略年代記』延慶元年条。『皇年代記』延慶元年条。
3：分脈。『佐野本二階堂系図』。『二階堂系図』(続類従・系図部)，法名「行信」とす。将次第・建武元年条，法名「行諠」とす。
4：『大日本編年史』文保2年10月15日条。武記・元弘3年条。
5：『洞院大納言藤公敏卿記』(『歴代残闕日記』12)文保2年10月18日条。『大日本編年史』文保2年10月15日条。
6：武記・元弘3年条。開闔(俗名行綱とするも誤)。大日記・元弘3年条。いずれも時綱の同年政所

執事就任を記すも，5月の鎌倉滅亡までは二階堂貞藤が同職にあったと推定され，室町幕府はまだ存在しない。武記，開闢が時綱に続き建武元年条に政所執事(大日記は問注所執事)として載せる長井広秀は，武記に「上野親王庁務」とあり，『建武年間記』により，関東廂番として鎌倉にあったことがわかるので，上野太守成良親王(『本朝皇胤紹運録』)を戴く建武政権の関東統治機関である鎌倉府の政所執事であったと考えられる。よって，時綱が就任したのも鎌倉府の政所執事と推定される。

7：将次第・建武元年条に，3月9日鎌倉合戦時「逐電。不知行方云々」とある。
8：康永3年『室町幕府引付番文』(『結城文書』1)。
9：武記・貞和2年条。
10：武記・貞和3年条。12月3日(異説3月2日)，粟飯原清胤が就任。
11：『御評定着座次第』(類従・雑部)貞和5年正月6日条。
12：貞和5年『室町幕府引付番文』(『新田八幡宮文書』3)。
13：『祇園社家記録』貞和6年3月18日条。

154　二階堂(伊勢)政雄(父：二階堂行綱，母：未詳)

生年未詳
従五位下(分脈)
左衛門尉(分脈)
能登守(分脈。『二階堂系図』〈続類従・系図部〉)
将軍家御厨子所別当(分脈)
安堵奉行(『二階堂系図』〈続類従・系図部〉)
評定衆(『二階堂系図』〈続類従・系図部〉)

1：正安3(1301).8.23　出家(法名行海)
2：嘉元3(1305).5.　在政所奉行人
3：徳治1(1306).2.　東使
4：　2(1307).1.　東使
5：元応元(1319).⑦.　東使
6：正中年間(1324〜1326).没

[典拠]

父：分脈。
1：分脈。
2：嘉元3年5月30日付「北条師時書下」(尊経閣文庫所蔵『宝菩提院文書』)の宛名に「能登入道殿」とあるのが，官途より政雄に比定される。
3：『歴代皇紀』嘉元4年2月条。
4：『一代要記』徳治2年正月11日条。
5：元応元年閏7月28日付「関東使者奏聞事書」(『文保三年記』〈内閣文庫所蔵『大乗院文書』〉)「東使両人(行海／賢親《(ママ)》)」，金文180「寺門事，御使能登入道・佐渡判官入道両人治定候了」とある。
6：分脈。

155　二階堂(伊勢)貞雄(父：二階堂政雄，母：二階堂行藤女)

生没年未詳
従五位下(分脈)
兵衛尉(分脈)
因幡守(分脈・『二階堂系図』〈続類従・系図部〉)
寺社奉行(『二階堂系図』〈続類従・系図部〉)

1：嘉暦 1 (1326). 3.　出家(行源)
[典拠]
父：分脈。
母：『佐野本二階堂系図』。
1：分脈。

156　二階堂(伊勢)行高(元・高雄)(父：二階堂政雄，母：二階堂行藤女)
従五位下(分脈)
左衛門尉(分脈)
検非違使(分脈)
評定衆(『二階堂系図』〈続類従・系図部〉)
1：正安 1 (1299).　生(1)
2：嘉暦 1 (1326). 3.　出家(行淳)(28)
3：元弘 3 (1333). 5. 5　没(35)
[典拠]
父：分脈。
母：『佐野本二階堂系図』。
本名：分脈。
1：出家時の年齢より逆算。
2：分脈。『二階堂系図』(続類従・系図部)，法名「行凉」とす。
3：分脈。『佐野本二階堂系図』，没年齢を28歳とす。

157　二階堂(信濃)行忠(父：二階堂行盛，母：未詳)
1：承久 3 (1221).　生(1)
2：康元 1 (1256). 7.24　蒙使宣旨・左衛門尉(36)
3：　.11.23　出家(法名行一)
4：正嘉 1 (1257).③. 2　引付衆(37)
5：文永 1 (1264). 4.　評定衆(44)
6：　3 (1266). 7.　東使(46)
7：　5 (1268).12.　東使(48)
8：建治 1 (1275).10.　東使(55)
9：弘安 6 (1283). 7.　東使(63)
10：　.12.18　政所執事
11：　10(1287). 3.　東使(67)
12：正応 3 (1290).11.21　没(70)
[典拠]
父：分脈。
1：没年齢より逆算。
2：鎌記・弘安 6 年条。武記・弘安 6 年条。
3：鏡・康元元年11月23日条。分脈。鎌記・弘安 6 年条。武記・弘安 6 年条。
4：鏡・正嘉元年閏 3 月 2 日条。関評・正嘉元年条，4 月 1 日とす。
5：関評・文永元年条。
6：『新抄』文永 3 年 7 月21日条。
7：『一代要記』文永 5 年12月25日条。
8：『一代要記』建治元年10月18日条。

9：『公衡公記』弘安6年7月1日条。『一代要記』弘安7年2月2日条。
10：鎌記・弘安6年条。関評・弘安6年条。武記・弘安6年条。
11：『新抄』弘安10年3月11日条・4月1日条・6月8日条。
12：鎌記・弘安6年条。武記・弘安6年条。分脈，大日記・正応3年条，『佐野本二階堂系図』，71歳とす。

158　二階堂(信濃)行宗(父：二階堂行忠，母：天野義景女)
1：寛元4(1246).　生(1)
2：年月日未詳　左衛門尉
3：年月日未詳　丹後守
4：弘安1(1278).11.　引付衆(33)
5：　7(1284).4.4　出家(法名行円)(39)
6：　9(1286).4.11　没(41)
[典拠]
父：分脈。
母：分脈。
1：没年齢より逆算。
2：分脈。
3：分脈。関評・弘安元年条。
4：関評・弘安元年条。
5：分脈。関評・弘安7年条。
6：分脈。

159　二階堂(信濃)行貞(父：二階堂行宗，母：未詳)
1：文永6(1269).　生(1)
2：正応3(1290).11.14　政所執事(22)
3：　4(1291).10.21　蒙使宣旨・左衛門尉(23)
4：　5(1292).10.1　叙留(24)
5：永仁1(1293).10.　辞政所執事(25)
6：　3(1295).　在引付衆(27)
7：　.6.　信濃守
8：　4(1296).4.　東使(28)
9：　6(1298).10.1　山城守(30)
10：正安3(1301).1.　東使(33)
11：　.8.23　出家(法名行暁)
12：乾元1(1302).11.　政所執事(34)
13：延慶2(1309).11.　東使(41)
14：嘉暦1(1326).　在評定衆(58)
15：元徳1(1329).2.2　没(俄受大中風之所労)(61)
[典拠]
父：分脈。
1：没年齢より逆算。
2：鎌記・正応3年条。武記・正応3年条。
3：鎌記・正応3年条。
4：鎌記・正応3年条。

5：鎌記・永仁元年条。二階堂行藤が政所執事に就任。
6：永記・閏2月23日条「丹延」・6月23日「信州」。
7：鎌記・正応3年条。
8：『興福寺略年代記』永仁4年4月条。
9：鎌記・正応3年条。
10：『歴代皇紀』正安3年正月17日条。『興福寺略年代記』正安3年正月18日条。『皇年代記』正安3年正月18日条。『一代要記』，正安3年10月7日条に載するも誤記ならん。
11：分脈。鎌記・正応3年条。
12：鎌記・乾元元年条。武記・乾元元年条。
13：『元徳二年三月日吉社並叡山行幸記』（類従・帝王部）。
14：金文374。同年3月16日の評定メンバーに「山城入道」とある。
15：常楽記・嘉暦4年2月2日条。鎌記・乾元元年条。武記・乾元元年条。死因，武記に拠る。

160　二階堂（信濃）貞衡（父：二階堂行貞，母：未詳）
従五位下（分脈）

1：正応4（1291）．	生（1）
2：年月日未詳	左衛門尉
3：年月日未詳	美作守
4：嘉暦1（1326）．3．	出家（法名行恵）（36）
5：元徳1（1329）．5．19	政所執事（39）
6：元弘2（1332）．1．7	没（42）
7：年月日未詳	安堵奉行

［典拠］
父：分脈。
1：没年齢より逆算。
2：分脈。
3：分脈。
4：分脈。分脈，『佐野本二階堂系図』，法名「行忠」とす。法名は鎌記・元徳元年条，武記・元徳元年条，大日記・元徳元年条に拠る。
5：鎌記・元徳元年条。
6：鎌記・元徳元年条。常楽記・元徳4年条。分脈，大日記・元弘元年条，元徳3＝元弘元年とす。
7：武記・元徳元年条。「安堵方頭」とある。

161　二階堂（信濃）盛忠（元・盛政）（父：二階堂行忠，母：未詳）
従五位上（分脈）
左衛門尉（分脈）
検非違使（分脈）
摂津守（分脈）

1：建長5（1253）．	生（1）
2：弘安10（1287）．3以前	叙爵・検非違使（35以前）
3：正応5（1292）．4．	東使（40）
4：永仁3（1295）．	在引付衆（43）
5：正安2（1300）．6．8	没（48）

［典拠］
父：分脈。

本名：分脈。
1：没年齢より逆算。
2：『新抄』弘安10年3月11日・4月13日条。
3：『実躬卿記』正応5年4月14日条。
4：永記・正月12日条「摂州」。
5：分脈。

162　二階堂(信濃)忠貞(父：二階堂盛忠，母：未詳)
生年未詳
従五位下(分脈)
左衛門尉(分脈)
検非違使(分脈)
伊勢守(分脈)
1：弘安3(1280).　生(1)
2：正中2(1325).2.　東使(46)
3：嘉暦1(1326).3.　出家(法名行意)(47)
4：元弘3(1333).　東使(54)
5：　.5.8　没
[典拠]
父：分脈。
1：没年齢より逆算。
2：『花園天皇宸記』正中2年2月9日条・19日条。
3：分脈。
4：元弘3年5月14日付「五宮守良親王令旨」(『多賀神社文書』)。
5：分脈。『近江番場蓮華寺過去帳』の「二階堂伊勢入道行照(五十四歳)」，太平記・巻9「越後守仲時已下自害事」の「二階堂伊豫入道」が，法名・受領名に混乱があるものの，六波羅滅亡に殉じたとする点が分脈と一致するため，忠貞に比定される。年齢は『近江番場蓮華寺過去帳』に拠る。

163　二階堂行村(隠岐流祖)(父：二階堂行政，母：未詳)
正五位下(関評・暦仁元年条。鏡・暦仁元年2月16日条の卒伝は従五位下とす)
大隅守(分脈。関評・暦仁元年条)
1：久寿2(1155).　生(1)
2：承元4(1210).7.24　図書充(56)
3：　.12.17　左衛門尉
4：建保1(1213).3.5　蒙使宣旨(59)
5：　3(1215).4.11　叙留(61)
6：　6(1218).11.19　隠岐守(64)
7：承久1(1219).1.28　出家(法名行西)(65)
8：　3(1221).⑫.　東使(67)
9：嘉禄1(1225).12.21　評定衆(71)
10：暦仁1(1238).2.16　没(於・伊勢国益田荘)(84)
[典拠]
父：分脈。
1：没年齢より逆算。
2：関評・暦仁元年条。異説，21日とす。

3：関評・暦仁元年条。
4：関評・暦仁元年条。
5：関評・暦仁元年条。
6：関評・暦仁元年条。
7：鏡・承久元年正月28日条。分脈，27日とするが，同日は実朝暗殺の当日で時間的にも鏡の記述に従うべきであろう。
8：「御厩司次第」（学習院大学史料館寄託『西園寺家文書』。翻刻は木村真美子氏「中世の院御厩司について」〈『学習院大学史料館紀要』10，1999年〉参照）。
9：鏡・嘉禄元年12月21日条。関評・嘉禄元年条。
10：鏡・暦仁元年2月16日条。関評・暦仁元年条。分脈，6月とす。『佐野本二階堂系図』，80歳とす。

164　二階堂（懐島）基行（また元行，行幹）（父：二階堂行村，母：未詳）

1：正治1（1199）.　生（1）
2：年月日未詳　左衛門尉・検非違使
3：承久1（1219）.1.28　出家（法名行阿）（21）
4：延応1（1239）.　評定衆（41）
5：仁治1（1240）.12.15　没（42）

［典拠］
父：分脈。
異名：分脈。
1：没年齢より逆算。
2：分脈。関評・延応元年条。
3：関評・仁治元年条，4月27日とし，分脈，正月27日とするが，鏡によれば父行村は正月27日に暗殺された将軍実朝に殉じて同28日に出家している。その行村について分脈は基行と同じく正月27日出家としており，基行も父とともに出家したものと考えられる。
4：関評・延応元年条。
5：鏡・仁治元年12月15日条。分脈。関評・仁治元年条。

165　二階堂（懐島）行氏（父：二階堂基行，母：未詳）

1：承久3（1221）.　生（1）
2：正嘉2（1258）.1.13　蒙使宣旨・左衛門尉（38）
3：正元1（1259）.4.17　叙留（39）
4：同年　引付衆
5：弘長1（1261）.7.21　隠岐守（41）
6：　3（1263）.11.22　出家（法名道智）（依所労此後不出仕）（43）
7：文永8（1271）.6.7　没（51）

［典拠］
父：分脈。
1：没年齢より逆算。
2：関評・弘長3年条。
3：関評・弘長3年条。
4：関評・正元元年条。
5：関評・弘長元年条・弘長3年条。
6：鏡・弘長3年11月22日条。分脈。関評・弘長3年条。
7：分脈。関評・弘長3年条は没年齢を50歳とするが，正嘉2年の年齢は38歳とし，こちらが分脈の

年齢と一致するので，分脈に拠る。

166　二階堂(懐島)行景(父：二階堂行氏，母：後藤基綱女)
1：仁治 3 (1242).　生(1)
2：年月日未詳　左衛門尉
3：建治 1 (1275). 7 . 6　引付衆(34)
4：弘安 1 (1278). 8 . 3　蒙使宣旨(37)
5：　3 (1280).10.　隠岐守(39)
6：　7 (1284). 4 . 4　出家(法名道願)(43)
7：　8 (1285).11.17　没(為霜月騒動)(44)
[典拠]
父：分脈。
母：分脈。
1：没年齢より逆算。
2：関評・建治元年条。
3：関評・建治元年条。
4：関評・弘安元年条。
5：関評・弘安 3 年条。
6：分脈。関評・弘安 7 年条。
7：分脈(異説34歳)。鎌記裏書・弘安 8 年条。大日記・弘安 8 年条。間記。

167　二階堂(出羽)行義(父：二階堂行村，母：未詳)
1：建仁 3 (1203).　生(1)
2：嘉禎 2 (1236). 2 .30　蒙使宣旨・左衛門尉(34)
3：　3 (1237). 2 .28　叙爵(35)
4：　.10.27　出羽守
5：暦仁 1 (1238). 4 . 2　評定衆(36)
6：延応 1 (1239). 9 . 9　従五位上(37)
7：仁治 3 (1242). 1 .　東使(40)
8：寛元 3 (1245).11. 2　正五位下(43)
9：文応 1 (1260). 7 .20　出家(法名道空)(58)
10：弘長 2 (1262)～3 (1263)　依所労籠居(60～61)
11：　3 (1263).10.14　始出仕(61)
12：文永 5 (1268).①.25　没(66)
[典拠]
父：分脈。
1：没年齢より逆算。
2：関評・文永 5 年条。
3：関評・文永 5 年条。
4：関評・文永 5 年条。
5：鏡・暦仁元年 4 月 2 日条。関評・暦仁元年条。
6：関評・文永 5 年条。
7：鎌記裏書・仁治 3 年正月14日条。関評・文永 5 年条。『歴代皇紀』仁治 3 年正月19日条。
8：関評・文永 5 年条。
9：分脈。関評・文応元年条・文永 5 年条。

10：鏡・弘長3年10月14日条「此一両年依病篭居」。関評・弘長3年条には「四五ケ年依所労籠居之処，十月十四日始出仕」とあるが，鏡では弘長元年7月13日条まで活動がみられるので，鏡に拠る。
11：鏡・弘長3年10月14日条。関評・弘長3年条。
12：分脈。関評・文永5年条。

168　二階堂(出羽)行有(父：二階堂行義，母：未詳)
従五位上(分脈)
左衛門尉(分脈)
尾張守(分脈)
備中守(分脈。関評・文永2年条)
1：承久3(1221).　生(1)
2：文永2(1265).6.11　引付衆(45)
3：　3(1266).3.6　辞引付衆(為引付廃止)(46)
4：　6(1269).4.27　引付衆(49)
5：　7(1270).10.　評定衆(50)
6：建治3(1277).2.29　安堵奉行(57)
7：弘安7(1284).4.　出家(法名道證)(64)
8：正応5(1292).6.5　没(72)
［典拠］
父：分脈。
1：没年齢より逆算。
2：鏡・文永2年6月11日条。関評・文永2年条。
3：鏡・文永3年3月6日条。関評・文永3年条。
4：関評・文永6年条。
5：関評・文永7年条。
6：建記・2月29日条。
7：分脈。関評・弘安7年条。
8：分脈。

169　二階堂(出羽)行藤(父：二階堂行有，母：未詳)
1：寛元4(1246).　生(1)
2：弘安5(1282).4.26　引付衆(37)
3：　.11.7　蒙使宣旨・左衛門少尉
4：正応1(1288).4.15　叙留(43)
5：　.7.24　出羽守
6：　3(1290).3.　東使(45)
7：永仁1(1293).10.19　政所執事(48)
8：　2(1294).2.　東使(49)
9：　3(1295).　在評定衆・寄合衆(50)
10：　5(1297).3.15　従五位上(52)
11：　6(1298).2.28　越訴頭人(53)
12：正安1(1299).4.1　五番引付頭人(54)
13：　2(1300).　辞五番引付頭人(55)
14：　.10.9　辞越訴頭人

15：正安3(1301).8.　出家(法名道我。改道暁。また道円)(56)
16：乾元1(1302).8.27　没(57)
［典拠］
父：分脈。
1：没年齢より逆算。
2：関評・弘安5年条。
3：関評・弘安5・6・7年条。武記・永仁元年条。鎌記・永仁元年条，5日35歳とす。
4：鎌記・永仁元年条。
5：鎌記・永仁元年条。
6：鎌記裏書・正応3年3月21日条。
7：鎌記・永仁元年条。武記・永仁元年条。
8：『勘仲記』永仁2年2月24日条。『実躬卿記』永仁2年4月10日条・5月17日条・同3年5月7日条。永記・5月17日条。『興福寺略年代記』永仁2年2月条。
9：永記・5月20日条・6月26日条，「羽州」。
10：鎌記・永仁元年条。武記・永仁元年条，弘安7年2月11日とす。
11：鎌記・永仁元年条。
12：鎌記・永仁元年条・正安元年条。
13：職員表・正安2年条。佐藤氏は鎌記・永仁元年条の太田時連の履歴にある「同(正安)二為引付番書頭付」を時連の五番引付頭人就任が誤記されたものとして，行藤との交替を推定しており，これに従う。
14：鎌記・正安2年条。
15：分脈。鎌記・永仁元年条，法名を道暁から道我に改めたとし，道円なし。
16：分脈。鎌記・永仁元年条，22日とす。

170　二階堂(出羽)貞藤(父：二階堂行藤，母：未詳)
従五位下(分脈)
越訴頭人(『二階堂系図』〈続類従・系図部〉)

1：文永4(1267).　生(1)
2：年月日未詳　左衛門尉・検非違使
3：年月日未詳　出羽守
4：延慶1(1308).⑧.　東使
5：元応2(1320).2.　出家(法名道蘊)(54)
6：元徳2(1330).1.24　五番引付頭人(64)
7：元弘1(1331).1.23　辞五番引付頭人(65)
8：　.9.　東使
9：　2(1332).1.24　政所執事(66)
10：　3(1333).5.22　辞政所執事(為鎌倉滅亡)(67)
11：建武1(1334).8.　八番制雑訴決断所四番衆(68)
12：　.12.28　没
［典拠］
父：分脈。
1：没年より逆算。
2：分脈。『二階堂系図』(続類従・系図部)。
3：分脈。『二階堂系図』・『工藤二階堂系図』(続類従・系図部)。
4：『興福寺略年代記』延慶元年条，『皇年代記』延慶元年条，9月2日入洛とす。『歴代皇紀』徳治

3 年条，後 8 月29日入洛とす。
5：分脈。『二階堂系図』・『工藤二階堂系図』（続類従・系図部）。左記史料は法名を「道藴」とするが，『花園天皇宸記』元弘元年10月 1 日条別記・20日条・21日条，鎌記裏書・元徳 3 年条，太平記などに拠り，「道蘊」とす。
6：鎌記・元徳 2 年条。
7：鎌記・元弘元年条。
8：『光明寺残篇』元弘元年 9 月18日条。『花園天皇宸記』元弘元年10月 1 日条別記・20日条・21日条。鎌記裏書・元徳 3 年条。武記裏書・元弘元年条。
9：鎌記・正慶元年条。「天徳四正廿四補之」とあるが，元徳四＝元弘 2 ＝正慶元年の誤。武記・正慶元年条に， 2 月23日政所評定始とある。
10：鎌倉滅亡により，政所自体が消滅。
11：『雑訴決断所結番交名』（続類従・雑部）。
12：『金綱集第六巻裏書』。『近江番場宿蓮華寺過去帳』（類従・雑部）・『六波羅南北過去帳』（東大謄写），30日とするも，文書史料である『金綱集』裏文書に従う。没年齢，『近江番場宿蓮華寺過去帳』62歳，『六波羅南北過去帳』68歳とす。両書は同一史料の写しであり，いずれかの誤写である。『六波羅南北過去帳』に従っておく。常楽記・建武元年条，11月21日とす。

171　二階堂（出羽）時藤（父：二階堂行藤，母：未詳）
生没年未詳
従五位下（分脈）
左衛門尉（分脈）
検非違使（分脈）
備中守（分脈）
安堵奉行（『二階堂系図』〈続類従・系図部〉）
越訴頭人（『二階堂系図』〈続類従・系図部〉）
1：正安 2 (1300) . 2 .　　東使
2：　　3 (1301) . 8 . 8　出家（法名道存）
3：正和 1 (1312) .10.28　遁世
［典拠］
父：分脈。
1：『歴代皇紀』正安 2 年 2 月17日条。『一代要記』正安 2 年 2 月27日条。『元徳二年三月日吉社並叡山行幸記』（類従・帝王部）は正安元年とし「二階堂備中前司貞藤」とするが，官途から時藤の誤記とわかる。
2：分脈。纂要「二階堂」。『二階堂系図』・『工藤二階堂系図』（続類従・系図部）。
3：鎌記裏書・正和元年条。

172　二階堂（出羽）成藤（父：二階堂盛行，母：未詳，養父：二階堂時藤）
生没年未詳
従五位下（分脈）
左衛門尉（分脈）
美濃権守（分脈）
越中権守（分脈）
三河守（分脈）
安芸守（分脈。『二階堂系図』〈続類従・系図部〉）
評定衆（『二階堂系図』〈続類従・系図部〉）

1：建武 1 (1334). 8 .　在八番制雑訴決断所五番衆
2：　3 (1336). 4 .　在武者所五番衆
3：康永 3 (1344).　在引付衆(室町幕府)
4：貞和 5 (1349).　在引付衆(室町幕府)
5：文和 1 (1352).　政所執事(鎌倉府)
6：　2 (1353).　辞政所執事(鎌倉府)
7：　4 (1355).　政所執事(鎌倉府)
8：延文 1 (1356).　辞政所執事(鎌倉府)

［典拠］
父：分脈，盛行の子として「為時藤子相続」。纂要「二階堂」，同じく「時藤猶子」。
養父：分脈。
1：『雑訴決断所結番交名』(続類従・雑部)。
2：『建武年間記』(続類従・雑部)。
3：康永 3 年「室町幕府引付番文」(『結城文書』 1)，一番「安芸守」。
4：貞和 5 年「室町幕府引付番文」(『新田八幡宮文書』 3)，三番「安芸守」。
5：大日記・文和元年条。
6：大日記・文和 2 年条。粟飯原清胤(法名道最)が就任。
7：大日記・文和 4 年条。
8：大日記・延文元年条。畠山国清が兼任。

173　二階堂(出羽)義賢(元・行資)(父：二階堂行義，母：宇佐美祐政女)
1：元仁 1 (1224).　生(1)
2：年月日未詳　左衛門尉
3：文永 2 (1265). 3 .20　民部少丞(42)
4：　. 4 .13　叙爵
5：建治 1 (1275). 7 . 6　引付衆(52)
6：　2 (1276). 2 . 2　伊賀守(53)
7：弘安 3 (1280). 7 .29　没(近年依所労不出仕)(57)

［典拠］
父：分脈。
母：関評・弘安 3 年条。
異名：分脈。関評・弘安 3 年条。
1：没年齢より逆算。
2：分脈。関評・弘安 3 年条。
3：関評・弘安 3 年条。
4：関評・弘安 3 年条。
5：関評・建治元年条。
6：関評・建治 2 年条・弘安 3 年条。
7：関評・弘安 3 年条。

174　二階堂(出羽)行頼(父：二階堂行義，母：未詳)
生没年未詳
左衛門尉(分脈。関評・弘安 6 年条)
1：弘安 6 (1283). 6 .　引付衆
2：　7 (1284). 4 . 2　出家(法名道静)

［典拠］
父：分脈。
1：関評・弘安6年条。
2：分脈。関評・弘安7年条。

175　二階堂(常陸)行久(父：二階堂行村，母：未詳)

1：元久2(1205).　生(1)
2：延応1(1239).4.13　蒙使宣旨・左衛門尉(35)
3：仁治2(1241).4.9　叙留(37)
4：　.7.26　従五位上
5：寛元1(1243).4.9　常陸介(39)
6：年月日未詳　正五位下
7：寛元3(1245).9.　出家(法名行日)(41)
8：建長1(1249).7.　評定衆(45)
9：弘長1(1261).3.20　辞評定衆(為不加判起請連署)(57)
10：文永3(1266).12.17　没(62)

［典拠］
父：分脈。
1：没年齢より逆算。
2：関評・弘長元年条。
3：関評・弘長元年条。
4：関評・弘長元年条。
5：関評・弘長元年条。
6：関評・弘長元年条。
7：分脈。関評・弘長元年条。
8：関評・建長元年条。
9：鏡・弘長元年3月20日条。関評・弘長元年条。
10：関評・弘長元年条，「文禄三年」とするも，文永の誤記ならん。

176　二階堂(常陸)行清(元・行雄)(父：二階堂行久，母：未詳)

1：寛喜3(1231).　生(1)
2：年月日未詳　左衛門尉
3：文永6(1269).4.27　引付衆(39)
4：　9(1272).7.11　因幡守・叙爵(42)
5：　.7.21　近江守
6：建治1(1275).12.　上洛(為在京)(45)
7：　3(1277).4.2　没(於・京都)(47)

［典拠］
父：分脈。
本名：分脈。
1：没年齢より逆算。
2：関評・文永6年条・建治元年条。
3：関評・文永6年条。
4：関評・建治元年条。
5：関評・建治元年条。

6：関評・建治元年条。
7：分脈。関評・建治元年条。

177　二階堂(常陸)行顕(父：二階堂行清，母：未詳)
生年未詳
従五位上(分脈)
左衛門尉(分脈)
検非違使(分脈)
常陸介(分脈)
1：延慶1(1308).8.　東使
2：応長1(1311).11.　出家
3：正和1(1312).　没
［典拠］
父：分脈。
1：『歴代皇紀』徳治3年8月7日条。『続史愚抄』延慶元年8月7日条。
2・3：分脈に「正和元出，応長元十一卒」とあるが，これは出・卒が逆と推定される。

178　二階堂(常陸)行世(父：二階堂行清，母：未詳)
生没年未詳
従五位下(分脈)
左衛門尉(分脈)
民部大夫(分脈)
1：嘉元3(1305).5.　在政所奉行人
2：延慶3(1310).7.　在引付衆
［典拠］
父：分脈。
1：嘉元3年5月30日付「北条師時書下」(尊経閣文庫所蔵『宝菩提院文書』)の宛名に「因幡民部大夫入道殿」とある。本文書は嘉元の乱で滅亡した北条宗方跡を醍醐寺座主に打ち渡すべきことを執権師時が因幡民部大夫入道に命じたもので，その職務から民部大夫入道は政所奉行人と推定される。また，同年6月10日，将軍御所の「御慎事出来」により「二階堂ノ因幡民部入道屋形」が臨時の御所とされている(6月10日付「禅海書状」〈『高野山文書』「又続宝簡集」78〉)。「因幡民部大夫入道」は因幡守行清を父とし民部大夫であった行世に比定される。
2：「関東引付衆結番交名注文案」(『斑目文書』)に，延慶3年7月21日の一番引付に「因幡民部大夫入道」とある。

179　二階堂(和泉)行方(父：二階堂行村，母：未詳)
1：建永1(1206).　生(1)
2：年月日未詳　左衛門尉
3：嘉禎2(1236).11.22　式部少丞(31)
4：　3(1237).1.5　叙爵(32)
5：　.1.24　大和権守
6：仁治1(1240).12.18　大蔵少輔(35)
7：　2(1241).4.7　従五位上(36)
8：寛元2(1244).4.5　和泉守(39)
9：建長1(1249).12.13　引付衆(44)

10：建長 2 (1250) . 2 .26　在御所奉行(45)
11：　　4 (1252) . 2 .　東使(47)
12：　　5 (1253) .12.22　四番引付頭人(48)
13：正元 1 (1259) . 9 .　評定衆(54)
14：文応元(1260) .11.11　在御所奉行(55)
15：弘長 2 (1262) . 6 .29　辞四番引付頭人(57)
16：　　3 (1263) .10. 8　中風発病(58)
17：文永 1 (1264) .12.10　篭居(依病)・出家(法名道昭)(59)
18：　　4 (1267) . 4 . 8　没(62)

［典拠］

父：分脈。
1 ：没年齢より逆算。
2 ：関評・文永元年条。
3 ：関評・文永元年条。
4 ：関評・文永元年条。
5 ：関評・文永元年条。
6 ：関評・文永元年条。
7 ：関評・文永元年条。
8 ：関評・文永元年条。
9 ：関評・建長元年条。
10：鏡・建長 2 年 2 月26日条。
11：鏡・建長 4 年 2 月20日条。関評・文永元年条。
12：鏡・建長 5 年12月22日条。関評・建長 5 年条。
13：関評・正元元年条。
14：鏡・文応元年11月11日条。
15：関評・弘長 2 年条。
16：鏡・弘長 3 年10月 8 日条。関評・文永元年条。
17：分脈。関評・文永元年条，法名「道照」とす。
18：分脈。関評・文永元年条， 6 月とす。

180　二階堂(和泉)行章(父：二階堂行方，母：佐々木信綱女)

1 ：嘉禎 1 (1235) .　生(1)
2 ：年月日未詳　左衛門尉
3 ：文永 7 (1270) . 5 .　引付衆(36)
4 ：　　11(1274) . 3 .22　信濃守・叙爵(40)
5 ：　　. 4 .16　没

［典拠］

父：分脈。
母：関評・文永11年条。
1 ：没年齢より逆算。
2 ：分脈。関評・文永 7 年条・文永11年条。
3 ：関評・文永 7 年条。
4 ：関評・文永11年条。
5 ：分脈。関評・文永11年条。

181　矢野倫重(父：矢野行倫，母：未詳)

1：建久1(1190).　生(1)
2：年月日未詳　越中大掾
3：承元3(1209).2.8　権少外記(20)
4：　4(1210).1.14　少外記(21)
5：建暦1(1211).1.5　叙爵(22)
6：　.1.18　日向介
7：嘉禄1(1225).12.21　評定衆(36)
8：貞永1(1232).1.30　大和守(43)
9：天福1(1233).1.28　辞大和守(44)
10：嘉禎3(1237).1.24　対馬守(48)
11：仁治2(1241).6.7　従五位上(52)
12：寛元2(1244).6.4　没(55)

[典拠]

父：関評・寛元2年条。
1：没年齢より逆算。
2：関評・寛元2年条。
3：関評・寛元2年条。
4：関評・寛元2年条。
5：関評・寛元2年条。関評・嘉禄元年条に民部大夫とあるも外記大夫の誤。
6：関評・寛元2年条。
7：関評・嘉禄元年条。鏡・嘉禄元年12月21日条。
8：関評・貞永元年条・寛元2年条。
9：関評・寛元2年条。
10：関評・嘉禎3年条・寛元2年条。
11：関評・寛元2年条。
12：鏡・寛元2年6月4日条。関評・寛元2年条。

182　矢野倫長(父：矢野倫重，母：未詳)

1：承元4(1210).　生(1)
2：嘉禎1(1235).12.22　兵庫充(26)
3：　3(1237).1.24　権少外記(28)
4：暦仁1(1238).1.12　少外記(29)
5：延応1(1239).1.5　叙爵(30)
6：　.1.24　筑前介
7：寛元2(1244).12.2　評定衆(35)
8：建長3(1251).1.22　対馬守(42)
9：　5(1253).9.26　在寄合衆(44)
10：文永4(1267).10.5　出家(法名善長)(58)
11：　6(1269).　依所労不出仕之間不入引付(60)
12：　10(1273).2.15　没(64)

[典拠]

父：関評・文永10年条。
1：没年齢より逆算。
2：関評・文永10年条。

3：関評・文永10年条。
4：関評・文永10年条。
5：関評・文永10年条。
6：関評・文永10年条。
7：関評・寛元2年条。
8：関評・建長3年条・文永10年条。
9：鏡・建長5年9月26日条。
10：関評・文永4年条・文永10年条。
11：関評・文永6年条。
12：関評・文永10年条。

183 矢野倫経(父：矢野倫長カ，母：未詳)
生没年未詳

1：	年月日未詳	玄蕃充
2：	文永6(1269).4.27	引付衆
3：	建治2(1276).4.	評定衆
4：	弘安6(1283).12.17	壱岐守
5：	7(1284).4.	出家(法名善厳)

［典拠］
父：系図15参照。
1：関評・文永6年条。
2：関評・文永6年条。
3：関評・建治2年条。
4：関評・弘安6年条。
5：関評・弘安7年条。

184 矢野倫景(父：矢野倫長カ，母：未詳)
生没年未詳
豊後権守(建武元年八月付「中尊寺衆徒申状案」〈『中尊寺経蔵文書』3〉)
加賀守(正安三年正月十一日付「薬勝寺沙汰次第注文」〈『紀伊続風土記』4〉)

1：	弘安9(1286).⑫.	在寺社奉行
2：	10(1287).8.	在寺社奉行
3：	正応1(1288).4.	在寺社奉行
4：	永仁1(1293).12.	在寺社奉行
5：	2(1294).12.	在評定衆(奉行)
6：	3(1295).	在寄合衆・評定衆・寺社奉行
7：	5(1297).5.	在寺社奉行

［典拠］
父：系図15参照。
1：弘安9年閏12月23日付「得宗家執事書状」(『大慈寺文書』)。
2：建武元年8月付「中尊寺衆徒申状案」(『中尊寺経蔵文書』3)。
3：建武元年8月付「中尊寺衆徒申状案」(『中尊寺経蔵文書』3)。
4：永仁元年12月28日付「矢野倫景奉書」(『醍醐寺文書』)。
5：永仁2年12月2日付鎌倉追加法650条。
6：寄合衆・評定衆：永記・正月5日条・6月26日条。

寺社奉行：延慶2年6月付「武雄社大宮司藤原国門申文案」(『武雄神社文書』)。
7：正安3年正月11日付「薬勝寺沙汰次第注文」(『紀伊続風土記』附録4)。

185　矢野倫綱(父：矢野倫景カ，母：未詳)
生没年未詳
加賀権守(延慶2年12月21日付「矢野倫綱奉書」〈『九条家文書』〉)
伊賀守(元応元年7月12日付「関東下知状」〈『守矢文書』〉)
出家(法名善久)(4参照)
1：延慶1(1308).6.　東使
2：　2(1309).6.　鎮西奉行
3：　.12.　寺社奉行
4：建武2(1335).11.9以前　没
［典拠］
父：系図15参照。
1：『歴代皇紀』徳治3年6月24日条。武記裏書・延慶元年7月12日条。『興福寺略年代記』延慶元年条。『皇年代記』延慶元年条。
2：延慶2年6月付「武雄社大宮司藤原国門申文案」(『武雄神社文書』)。
3：延慶2年12月21日付「矢野倫綱奉書」(『九条家文書』)。
4：建武2年11月9日付「橘行貞請文案」(『正木文書』)。「矢野伊賀入道善久跡」とある。

186　矢野某(父：矢野倫綱，母：未詳)
生没年未詳
加賀権守(1参照)
1：元徳2(1330).3.19　寺社京下奉行
［典拠］
父：1参照。
1：金文424。「去十九日矢野伊賀入道二男加賀権守・信濃入道孫子勘解由判官，寺社京下奉行に被成候」。この「矢野伊賀入道」は矢野倫綱に比定される。

187　町野康俊(父：三善康信，母：未詳)
1：仁安2(1167).　生(1)
2：年月日未詳　右兵衛尉
3：承元1(1207).10.29　民部少丞・左衛門尉(41)
4：　2(1208).1.20　民部大丞(42)
5：　.7.17　叙爵
6：承久3(1221).8.6　問注所執事(55)
7：嘉禄1(1225).12.21　評定衆(59)
8：寛喜1(1229).10.5　加賀守(63)
9：嘉禎1(1235).7.8　従五位上(69)
10：暦仁1(1238).6.10　辞問注所執事(72)
11：　.6.14　出家・没(於・京都)
［典拠］
父：鎌記・承久3年条。関評・暦仁元年条。武記・貞応元年条。
1：没年齢より逆算。
2：関評・暦仁元年条。

3：鎌記・承久3年条。関評・暦仁元年条。武記・貞応元年条。
4：鎌記・承久3年条。関評・暦仁元年条。武記・貞応元年条。
5：鎌記・承久3年条。武記・貞応元年条。関評・暦仁元年条，11日とす。
6：鏡・承久3年8月6日条。鎌記・承久3年条。武記・貞応元年条，貞応元年とし，異説に承久3年を載す。
7：関評・嘉禄元年条。鏡・嘉禄元年12月21日条。
8：鎌記・承久3年条。関評・暦仁元年条。武記・貞応元年条。
9：鎌記・承久3年条。関評・暦仁元年条。武記・貞応元年条。
10：鏡・暦仁元年6月10日条。
11：鏡・暦仁元年6月14日条。鎌記・承久3年条。関評・暦仁元年条。武記・貞応元年条。

188 町野康持(父：町野康俊，母：未詳)
1：建永1(1206). 生(1)
2：年月日未詳 左兵衛尉
3：貞永1(1232).12.15 民部少丞・左衛門尉・叙爵(27)
4：暦仁1(1238).6.10 問注所執事(33)
5：同年 評定衆
6：仁治1(1240).12.20 従五位上・止民部少丞(35)
7：寛元2(1244).5.15 備後守(39)
8：　4(1246).6.7 辞問注所執事・評定衆(為宮騒動)(41)
9：建長4(1252).4.30 引付衆(47)
10：正嘉1(1257).10.26 没(52)
［典拠］
父：関評・正嘉元年条。
1：没年齢より逆算。
2：関評・正嘉元年条。
3：鎌記・暦仁元年条。関評・正嘉元年条。武記・暦仁元年条，左衛門尉に「元」を付す。
4：鏡・暦仁元年6月10日条。関評・暦仁元年条。鎌記・暦仁元年条。武記・暦仁元年条。
5：関評・暦仁元年条。
6：鎌記・暦仁元年条。関評・正嘉元年条。武記・暦仁元年条。
7：鎌記・暦仁元年条。関評・寛元2年条・正嘉元年条。武記・暦仁元年条。
8：鏡・寛元4年6月7日条。関評・寛元4年条。
9：鏡・建長4年4月30日条。関評・建長4年条。
10：鏡・正嘉元年10月26日条。鎌記・暦仁元年条。関評・正嘉元年条。武記・暦仁元年条。

189 町野政康(父：町野康持，母：未詳)
生年未詳
1：文永2(1265).3.20 民部少丞
2：　.4.12 叙爵
3：　6(1269).4.27 引付衆
4：建治1(1275).12. 上洛(為在京)・六波羅評定衆
5：弘安8(1285).5.22 加賀守
6：正応2(1289).2.28 没(於・鎌倉)
［典拠］
父：関評・建治元年条。

1：関評・建治元年条。
2：関評・建治元年条。
3：関評・文永6年条。
4：関評・建治元年条。六波羅評定衆は建記・12月16日条の「六波羅政務条々」「人数事」に「備後民部大夫」とあるに拠る。
5：関評・建治元年条。
6：関評・建治元年条。没年齢を77歳とするが誤(系図15－註(7)参照)。

190　町野宗康(父：町野政康，母：未詳)
生没年未詳
1：年月日未詳　左衛門尉
2：弘安6(1283).6.　引付衆
3：年月日未詳　但馬守
4：嘉元3(1305).4.　在六波羅評定衆
5：徳治1(1306).10.　在六波羅評定衆
［典拠］
父：関評・弘安6年条に「町野備後」とあり，これは町野備後守康持を父とする町野政康と共通するため，宗康は康持の子で政康の弟と推定される。
1：関評・弘安6年条。
2：関評・弘安6年条。
3：『実躬卿記』嘉元3年4月27日条。
4：『実躬卿記』嘉元3年4月27日条。
5：『実躬卿記』徳治元年10月17日条。

191　太田康連(父：三善康信，母：未詳)
1：建久4(1193).　生(1)
2：貞応2(1223).4.10　玄蕃充(31)
3：嘉禄1(1225).12.21　評定衆(33)
4：天福1(1233).12.22　民部少丞(41)
5：嘉禎1(1235).1.23　叙爵・阿波権守(43)
6：寛元4(1246).8.1　問注所執事(54)
7：康元1(1256).9.30　辞問注所執事(64)
8：　.10.3　没
［典拠］
父：関評・康元元年条。
1：没年齢より逆算。
2：鎌記・宝治元年条。関評・康元元年条。武記・宝治元年条。
3：鏡・嘉禄元年12月21日条。関評・嘉禄元年条。
4：鎌記・宝治元年条。関評・天福元年条・康元元年条。武記・宝治元年条。
5：鎌記・宝治元年条。関評・康元元年条。武記・宝治元年条(異説に近江権守を載す)。関評・嘉禎元年条，5月とす。
6：鏡・寛元4年8月1日条。関評・寛元4年条。武記・宝治元年条，宝治元年とし，異説として宝治3年5月を載す。
7：鏡・康元元年9月30日条。
8：鏡・康元元年10月3日条。鎌記・宝治元年条。武記・宝治元年条。大日記(生田美喜蔵氏所蔵

本)・康元元年条。関評・康元元年条，65歳とす。

192　太田康宗(父：太田康連，母：未詳)

1：建暦2(1212).　生(1)
2：年月日未詳　左兵衛尉
3：建長6(1254).10.6　民部少丞・左衛門尉(43)
4：　.12.17　民部大丞
5：康元1(1256).1.6　叙爵(45)
6：　.1.27　伊勢権守・民部宿官
7：　.4.　引付衆
8：　.9.30　問注所執事
9：正嘉2(1258).　評定衆(47)
10：弘長2(1262).3.　籠居(依中風所労)(51)
11：文永2(1265).3.22　没(54)

[典拠]

父：鏡・康元元年9月30日条。関評・弘長2年条。
1：没年齢より逆算。
2：関評・弘長2年条。
3：鎌記・康元元年条。武記・康元元年条，「元左衛門尉」とす。関評・弘長2年条，16日とす。
4：鎌記・康元元年条。関評・天福元年条・弘長2年条。武記・康元元年条。
5：関評・弘長2年条。武記・康元元年条。
6：関評・弘長2年条。武記・康元元年条。
7：関評・康元元年条。
8：鏡・康元元年9月30日条。鎌記・康元元年条。関評・康元元年条。武記・康元元年条。
9：関評・正嘉2年条。
10：関評・弘長2年条。武記・康元元年条。
11：鏡・文永2年3月22日条。関評・弘長2年条。武記・康元元年条，25日とす。

193　太田康有(父：太田康連，母：未詳)

1：寛喜1(1229).　生(1)
2：弘長2(1262).3.28　問注所執事(34)
3：　.6.5　評定衆(不経引付)
4：　.⑦.4　勘解由判官
5：建治3(1277).　在寄合衆(49)
6：弘安3(1280).11.13　美作守・叙爵(52)
7：　5(1282).12.27　籠居(於寄合座中風絶入)(54)
8：　6(1283).　出家(法名善有)(55)
9：正応3(1290).5.11　没(62)

[典拠]

父：関評・弘安5年条。
1：没年齢より逆算。
2：鎌記・弘長2年条。関評・弘長2年条。武記・弘長2年条。
3：関評・弘長2年条。
4：関評・弘安5年条(弘長2年条は7月とす)。武記・弘長2年条(異説として2月17日を載す)。鎌記・弘長2年条，3月17日とす。

5：建記・10月20日条。
6：鎌記・弘長2年条。関評・弘安3年条・弘安5年条。武記・弘長2年条。
7：鎌記・弘長2年条。関評・弘安5年条。武記・弘長2年条。
8：鎌記・弘長2年条。関評・弘安5年条。武記・弘長2年条。
9：関評・弘安5年条。同条は没年齢を63歳としているが，同じ文中に「中風之年，五十四。所労九年」とあり，弘長2年条は同年の問注所執事就任年齢を34歳，弘安5年条は同年の美作守任官年齢を52歳としている。これらより計算すれば，没年齢は62歳となる。鎌記・弘長2年条，武記・弘長2年条は没年を弘安6年とするも，没月日・没年齢は5月11日62歳としている。

194　太田時連(父：太田康有，母：未詳)

1：文永6(1269).　生(1)
2：年月日未詳　勘解由判官
3：弘安6(1283).　問注所執事(15)
4：　8(1285).12.27　辞問注所執事(17)
5：　9(1286).12.27　引付衆(18)
6：永仁1(1293).10.19　問注所執事(25)
7：　.12.3　評定衆
8：　4(1296).　寺社奉行(28)
9：　6(1298).12.28　信濃守・叙爵(30)
10：正安1(1299).　京下執筆(31)
11：　2(1300).　五番引付頭人(32)
12：　3(1301).8.　辞五番引付頭人(33)
13：延慶2(1309).4.　在寄合衆(奉行)(41)
14：　.6.　鎮西奉行
15：　.11.　東使
16：正和1(1312).　辞問注所執事・配流(44)
17：　2(1313).　問注所執事(45)
18：元亨1(1321).　辞問注所執事(53)
19：嘉暦1(1326).3.　出家(法名道大)(58)
20：元弘1(1331).11.　東使(63)
21：　3(1333).　在四番制雑訴決断所二番衆(65)
22：建武1(1334).8.　在八番制雑訴決断所六番衆(66)
23：　3(1336).　問注所執事(室町幕府)(68)
24：暦応4(1341).12.21　辞問注所執事(73)
25：貞和1(1345).2.9　没(77)

[典拠]
父：武記・永仁元年条。
1：没年齢より逆算。
2：鎌記・弘安6年条。
3：鎌記・弘安6年条。武記・弘安6年条。
4：鎌記・弘安8年条。同日，摂津親致が問注所執事に就任しており，時連は罷免されたことになる。武記・弘安6年条は28日とす。
5：鎌記・弘安6年条。
6：鎌記・永仁元年条。武記・永仁元年条。
7：鎌記・弘安6年条。

8：鎌記・永仁元年条。
9：鎌記・永仁元年条。
10：鎌記・永仁元年条。
11：鎌記・永仁元年条の時連履歴にある「同(正安)二為引付番書頭付」を佐藤進一氏は五番引付頭人就任の誤記と推定(職員表・正安2年条)。これに従う。
12：鎌記・正安3年条。
13：金文324。
14：延慶2年6月付「武雄社大宮司藤原国門申文案」(『武雄神社文書』)。
15：『元徳二年三月日吉社並叡山行幸記』(類従・帝王部)。
16：武記・正和元年条。嫡子貞連が問注所執事就任。配流は『元徳二年三月日吉社並叡山行幸記』(類従・帝王部)に拠る。
17：武記・正和2年条。
18：武記・元亨元年条。嫡子貞連が問注所執事就任。
19：鎌記・永仁元年条。
20：鎌記裏書・元徳3年11月条。『西源院本太平記』巻4「奉流宮々事」，元弘2年正月10日上洛とす。
21：『雑訴決断所結番交名』(『比志島文書』4)。
22：『雑訴決断所結番交名』(続類従・雑部)。
23：武記・建武3年条。
24：武記・暦応4年条。嫡孫顕行が問注所執事就任。
25：『園太暦』，『師守記』，常楽記，貞和元(康永4)年2月10日条。『師守記』・常楽記，10日とするも，『園太暦』に「去夜卒去」とあるので9日とす。

195　太田貞連(父：太田時連，母：未詳)
生没年未詳
左近大夫(武記・元亨元年条)

1：正和1(1312).　問注所執事
2：　2(1313).　辞問注所執事
3：元亨1(1321).　問注所執事
4：嘉暦1(1326).　在評定衆
5：元弘3(1333).5.22　辞問注所執事(為鎌倉滅亡)
6：同年　在四番制雑訴決断所三番衆

[典拠]
父：武記・正和元年条・元亨元年条。
1：武記・正和元年条。
2：武記・正和2年条。父時連が還補。
3：武記・元亨元年条。
4：金文374に「評定目六並硯役信濃左近大夫」。「信濃」は父時連の任官職信濃守に拠る。
5：鎌倉滅亡により問注所自体が消滅。
6：『雑訴決断所結番交名』(『比志島文書』4)。

196　太田時直(父：太田貞連，母：未詳)
生没年未詳
勘解由判官(1参照)

1：元徳2(1330).3.19　寺社京下奉行

[典拠]

父：1参照。
1：金文424。「去十九日矢野伊賀入道二男加賀権守・信濃入道孫子勘解由判官，寺社京下奉行に被成候」とある。この「信濃入道」(太田時連)の「孫子勘解由判官」は『萩藩閥閲録』30「梱杜伊織」所収の三善系図にある「(貞蓮《(ママ)》三男)太田勘解由判官時直(始左近太夫，後越前守，問注所執事，法名月海)」に比定される。

197　斎藤長定(父：清原清定，母：未詳)
1：建久8(1197).　生(1)
2：年月日未詳　左兵衛尉
3：年月日未詳　出家(法名浄円)
4：嘉禄1(1225).12.21　評定衆(29)
5：延応1(1239).10.11　没(43)
［典拠］
父：分脈「清原」・「疋田」。関評・延応元年条。纂要「清原」。『舟橋家譜』。
1：没年齢より逆算。
2：関評・嘉禄元年条。
3：関評・嘉禄元年条。
4：鏡・嘉禄元年12月21日条。関評・嘉禄元年条。
5：鏡・延応元年10月11日条。関評・延応元年条。『舟橋家譜』。

198　斎藤清時(父：斎藤長定，母：未詳)
生年未詳
1：年月日未詳　左衛門尉
2：弘長3(1263).　引付衆
3：文永3(1266).2.9　没
［典拠］
父：分脈「清原」・「疋田」。関評・文永3年条。纂要「清原」。
1：関評・弘長3年条。
2：関評・弘長3年条。
3：関評・文永3年条。

199　清原満定(父：清原清定，母：未詳)
1：建久6(1195).　生(1)
2：年月日未詳　左衛門尉
3：仁治1(1240).1.22　評定衆(46)
4：建長2(1250).4.　在官途奉行(56)
5：弘長3(1263).11.2　没(69)
［典拠］
父：分脈。纂要「清原」。『舟橋家譜』。
1：没年齢より逆算。
2：関評・延応元年条。
3：鏡・仁治元年正月22日条。関評・延応元年条，延応元年とす。
4：鏡・建長2年4月25日条。
5：鏡・弘長3年11月2日条。『舟橋家譜』。関評・弘長3年条。

200　清原教隆（父：清原仲隆，母：未詳）
1：正治 1（1199）.　　　　生（1）
2：年月日未詳　　　　　明経得業生
3：安貞 1（1227）.12.25　権少外記（29）
4：寛喜 1（1229）. 1 . 5　叙爵（31）
5：　　　　　　　. 1 .　相模介・外記宿官
6：貞永 1（1232）. 2 .30　音博士（34）
7：暦仁 1（1238）. 1 . 5　従五位上・辞音博士（40）
8：仁治 1（1240）.⑩.28　正五位下・辞外記（42）
9：　　2（1241）. 3 .26　三河守（43）
10：建長 4（1252）. 4 .30　引付衆（54）
11：正元 1（1259）. 9 .25　直講（61）
12：弘長 1（1261）. 4 . 7　辞直講（63）
13：　　2（1262）.10.　辞引付衆（64）
14：文永 2（1265）. 3 .28　大外記（67）
15：　　　　　　　. 7 .18　没（於・京都）

［典拠］
父：関評・弘長 2 年条。『清原系図』（続類従・系図部）。纂要「清原」。『舟橋家譜』。
1：没年齢より逆算。
2：関評・弘長 2 年条。
3：関評・弘長 2 年条。
4：関評・弘長 2 年条。
5：関評・弘長 2 年条。
6：関評・弘長 2 年条。
7：関評・弘長 2 年条。
8：関評・弘長 2 年条。
9：関評・弘長 2 年条。
10：鏡・建長 4 年 4 月30日条。関評・建長 4 年条。
11：関評・弘長 2 年条。
12：関評・弘長 2 年条。
13：関評・弘長 2 年条。
14：関評・弘長 2 年条。
15：鏡・文永 2 年 7 月18日条。関評・弘長 2 年条。『清原系図』（続類従・系図部」）。纂要「清原」。『舟橋家譜』。
※：永井晋氏「中原師員と清原教隆」（『金沢文庫研究』281，1988年）。

201　清原教元（父：清原直隆，母：未詳）
生没年未詳
正五位上（『清原系図』〈続類従・系図部〉）
大外記（『清原系図』〈続類従・系図部〉）
博士（『清原系図』〈続類従・系図部〉）
大学助（『清原系図』〈続類従・系図部〉）
大舎人頭（『清原系図』〈続類従・系図部〉）
直講（『清原系図』〈続類従・系図部〉）
宮内少輔（『清原系図』〈続類従・系図部〉）

兵部少輔(『清原系図』〈続類従・系図部〉)
土佐守(『清原系図』〈続類従・系図部〉)
侍読(『清原系図』〈続類従・系図部〉)
評定衆(『清原系図』〈続類従・系図部〉)
1：正和5(1316).12.　在官途奉行
2：元亨2(1322).6.22　出家(法名観宗)
［典拠］
父：『清原系図』(続類従・系図部)。纂要「清原」。
1：職員表・正和5年条の考証に従う。
2：『清原系図』(続類従・系図部)。纂要「清原」，23日とす。

202　清原季氏(父：大判事基光，母：未詳)
1：治承3(1179).　生(1)
2：年月日未詳　弾正忠
3：年月日未詳　中宮少属
4：貞永1(1232).4.11　左衛門少志・蒙使宣旨(54)
5：天福1(1233).4.5　右衛門大志(55)
6：嘉禎1(1235).10.8　右衛門尉(57)
7：　2(1236).3.4　叙爵(58)
8：同年　評定衆
9：寛元1(1243).9.20　没(65)
［典拠］
父：関評・寛元元年条。
1：没年より逆算。
2：関評・寛元元年条。
3：関評・寛元元年条。
4：関評・寛元元年条。
5：関評・寛元元年条。
6：関評・寛元元年条。
7：関評・寛元元年条。
8：関評・嘉禎2年条。
9：鏡・寛元元年9月20日条。

203　佐藤業時(父：佐藤明時，母：未詳，中原仲業猶子)
1：建久1(1190).　生(1)
2：年月日未詳　相模大掾
3：嘉禄1(1225).12.21　評定衆(36)
4：貞永1(1232).⑨.27　民部少丞(43)
5：　.12.15　民部大丞
6：文暦1(1234).1.26　叙爵(45)
7：仁治2(1241).5.20　辞評定衆(52)
8：　.5.26　配流(鎮西)
9：寛元1(1243).7.20　原免・自鎮西帰参(54)
10：建長1(1249).6.11　没(60)
［典拠］

父：纂要「佐藤」。『秀郷流系図』「後藤」（続類従・系図部）。
養父：関評・仁治２年条。纂要「佐藤」，佐藤仲業とす。『秀郷流系図』「後藤」（続類従・系図部」），内藤仲業とす。
1：没年齢より逆算。
2：関評・嘉禄元年条・仁治２年条。
3：鏡・嘉禄元年12月21日条。関評・嘉禄元年条。
4：関評・貞永元年条。纂要「佐藤」。関評・仁治２年条，閏７月とするも，同年に閏７月なきため誤。
5：関評・仁治２年条。纂要「佐藤」。
6：関評・仁治２年条。纂要「佐藤」。
7：鏡・仁治２年５月20日条。
8：鏡・仁治２年５月26日条。関評・仁治２年条。纂要「佐藤」。
9：鏡・寛元元年７月20日条。纂要「佐藤」。関評・仁治２年条，寛元３年とす。
10：関評・仁治２年条。纂要「佐藤」。

204　佐藤業連（父：佐藤業時，母：未詳）
生年未詳
中務丞（関評・建治２年条）
1：建治２(1276)．4．　評定衆（不経引付）
2：　3(1277)．　在寄合衆
3：弘安３(1280)．11．13　民部少丞
4：　．12．12　民部大丞
5：　5(1282)．12．　東使
6：　6(1283)．　在得宗家公文所職員
7：　．1．5　叙爵
8：　．2．23　加賀権守
9：　10(1287)．4．4　没
［典拠］
父：纂要「佐藤」。『秀郷流系図』「後藤」（続類従・系図部）。
1：関評・建治２年条。纂要「佐藤」。
2：建記・10月20日条。
3：関評・弘安３年条。纂要「佐藤」。
4：関評・弘安３年条。纂要「佐藤」。
5：『勘仲記』弘安５年12月５日条。
6：弘安６年３月25日付「得宗袖判執事奉書」（『円覚寺文書』）。本書108・109頁参照。
7：関評・弘安６年条。纂要「佐藤」。
8：関評・弘安６年条。纂要「佐藤」。
9：『新抄』弘安10年４月16日条。

205　長崎高資（父：長崎高綱，母：未詳）
生年未詳
左衛門尉（『間記』。『太平記』。『門葉記』「冥道供　関東冥道供現行記」正中３年３月６日条）
1：正和５(1316)．⑩．18　在得宗家執事
2：嘉暦元(1326)．3．16　在評定衆
3：元弘３(1333)．5．22　没

［典拠］
父：『間記』。纂要「長崎」。
1：同日付「得宗家公文所奉書」(『多田神社文書』)。
2：金文374。
3：『南朝編年紀略』1。ただし，太平記など他史料にはみえず。

［番外］
① 伊賀宗綱
分脈に「評定衆」とあるも，他史料と合わず，信憑性なし。

② 伊賀光泰
分脈に「評定衆」とあるも，他史料と合わず。建記・12月19日条の「六波羅政務条々」「人数事」に見える「式部二郎右衛門尉」が光泰に比定される(森幸夫氏「六評考」)ため，六波羅評定衆ならん。

③ 長井時広
分脈に「関東評定衆」とあるも，他史料と合わず，信憑性なし。

④ 蘆名盛宗
『葦名系図』・『葦名系図幷添状　全』(『東大謄写』)に「葦名三郎左衛門尉。従五位下。遠江守。関東引付評定衆。徳治二年九月十五日卒。四十九歳。法名道真」とあるも，他史料によって確認できず。

⑤ 小山貞朝
分脈・纂要「小山」に「評定衆」，『下野国誌』11に「下野守。従五位下。四郎左衛門尉。鎌倉評定衆」とあるも，他史料によって確認できず。分脈に「徳治二——関東下向之時頓死」とあるため，あるいは六波羅評定衆か。
⑥ 中条景長
分脈に「関東奉行。評定衆」とある。関東奉行とあることと父頼平が六波羅評定衆であることから，六波羅評定衆ならん。

⑦ 後藤基雄
『纂要』「後藤」に「評定衆」とあるも，分脈に「六原《(ママ)》評定衆」とある基隆についても『纂要』は基雄と同じく単に「評定衆」と記すので，基雄も六波羅評定衆ならん。

⑧ 清原俊隆
『清原系図』(『続類従』「系図部」)，『舟橋家譜』，『纂要』に「関東評定衆」とあるも，関評にみえず，信憑性なし。

⑨ 清原将繁
『清原系図』(『続類従』「系図部」)，『舟橋家譜』に「関東評定衆」とあるも，他史料にみえず，信憑性なし。